AUTODESK INVENTOR 2024

To Fast Track

Preface

이 책은 공항의 Fast Track과 같이 정석보다 좀 더 빠르게 Autodesk Inventor 주요 기능을 습득하여 현업에 바로 적용할 수 있도록 하기 위한 목적으로 작성되었습니다. ㈜이디앤씨는 Autodesk Inventor전문 교육 서적을 꾸준히 만들어 왔습니다. 가장 최근 발간한 Autodesk Inventor 교재는 2019년도 교재로, 인벤터에서 다룰 수 있는 대부분의 설계 방법들을 소개하여 두 권으로 나누어 출판되었습니다. 이 책에는 주요 기능과 함께 평상 시 잘 다루지 않는 기능들과 어려운 내용까지 모두 포함하고 있어서 포함하고 있는 기술과 내용이 많았습니다. 다양한 기능들을 많이 알고 활용하는 것도 중요하지만 일부 산업분야의 유저에게는 이런 다양한 정보가 필요 없을 수도 있습니다. 예를 들면 금형을 설계하는 유저와 산업용 장비를 개발하는 유저는 사용하는 기능들이 많이 다릅니다. 그렇기에 대부분의 인벤터 유저들은 주로 사용하는 기능이 한정적이고 주 사용기능들 외의 정보들은 불필요할 수 있습니다.

이렇게 많은 기능들과 내용들은 이제 막 배우기 시작한 초심자나 실무에 바로 투입되어야 하는 실무자에게는 어느 부분이 중요하고 어떤 기능을 직접 적용해야 하는지 판단이 어려우므로 혼란스러울 수 있습니다.

필자는 Autodesk CAD 전문 엔지니어로 시작해 고객 지원 업무를 수행한지 16년이 넘었습니다. 그 동안 각 분야의 수많은 사용자들과 만나 인벤터 초기 학습의 어려움과 인벤터에 대한 의견을 나누어 왔습니다. 그렇게 많은 분들을 도와드렸던 경험과 노하우를 바탕으로 책을 통해 배우게 되실 많은 분들에게 혼란과 고민 없이 따라 보기만 해도 실무에 바로 적용할 수 있는 교재를 구상하게 되었고 필수 항목만을 모아 직관적이고 빠르게 배우실 수 있도록 책을 쓰게 되었습니다.

이 책은 인벤터에서 제공하는 지침서나 도움말과 같이 활용할 수 있는 이론과 함께 사용자들로부터 요청이 많았던 '조립품 관련 기능들과 활용 방법'에 대해 좀 더 다양하게 다루었습니다. 또한 성향이 다르거나 관심사항이 다른 독자들도 모두 공통으로 볼 수 있고 도움이 될 만한 내용으로 구성하였습니다.

이 책을 통해 인벤터를 배우고자 하시는 분들에게 도움이 되고자 몇 가지 인벤터 학습 가이드를 제시해드립니다.

첫째, 이 책에서 제안 드리는 방법은 항상 정답이 아닙니다. 필자가 생각하는 최선의 방법일 뿐이며 시간이 지나고 나중에 다시 더 좋은 방법이 보일 수 있으며 다른 시각을 갖고 있는 사용자분들이 더 좋은 방법을 발견할 수도 있습니다. 그러므로 책을 통한 학습이 끝나더라도 항상 새롭게 업데이트 되는 신기능들과 기술자료에 관심을 가지는 것이 좋습니다.

둘째, **여러가지 다양한 기능을 쓰는 것보다는 간단한 기능이 현실적으로 도움이 됩니다.** 어느 자습서든 할 수 있는 많은 기능을 소개하고 있습니다. 모델을 작성할 때 돌출 피쳐로 작성이 가능한 간단한 부분을 굳이 스윕, 로프트를 사용할 필요는 없습니다. 이는 작업 시간뿐만 아니라 이후 후속조치나 설계 변경 시 많은 수정 시간을 초래합니다. 그러므로 모델을 '어떻게 하면 쉽게 만들 것인가'와 나중에 수정될 내용까지 고려하는 것이 좋습니다.

셋째, **여러분은 생각보다 인벤터를 잘 다루고 있지 않습니다.** 인벤터 사용에 문제가 없고 실무에 크게 문제가 없다고 인벤터를 잘 사용하는 것은 아닙니다. 하나의 동일한 모델을 서로 다른 사람이 작업했을 때, 결과는 같지만 과정이 다르기 때문에 후속 작업에서 차이가 발생하기 시작합니다. 어려운 기능을 쓰고 복잡하게 만든 모델도 쉬운 기능으로 대체하고 단순한 방법으로 적용해가는 과정으로 모델을 개선시킬 수도 있습니다. 많은 분들이 매번 쓰던 기능만 쓰게 되고 활용하는 기능은 전체의 10%도 안 된다는 이야기를 자주 듣습니다. 인벤터를 잘 사용하는 실무자들도 책을 봐야 하고 교육을 받아야 하는 이유입니다.

넷째, **설계는 도면 관리를 함께 했을 때 완성됩니다.** 도면 관리에 대한 이야기를 꺼냈을 때 불과 10년 전만 해도 개념부터 설명해야 했지만 지금은 대부분의 사용자들이 이에 대해 알고 있으며 시급한 업무 상황 또는 오랫동안 자신만의 방식으로 사용했던 습관 때문에 시도하지 못하는 경우가 많습니다. 인벤터를 사용하시는 분들에게 PDM이라는 것은 더 이상 낯선 단어가 아닙니다. PDM을 사용하면 인벤터에서는 제공하지 않는 설계 복사와 같은 강력한 기능과 새로운 검색을 경험할 수 있습니다. 결국 우리는 제품 생산을 위한 도면을 만들기 위해 3D CAD를 사용하므로 도면 관리와 함께 해야 인벤터를 활용을 극대화 시켜 완벽히 사용할 수 있습니다.

* PDM : Product Data Management의 약자로 설계 업무에서 도면과 같이 수반되는 모든 데이터를 관리 할 수 있는 시스템

이렇게 제시해드린 네 가지 가이드는 교재를 모두 학습한 이후부터 더욱 더 체감하고 진가를 느끼게 되실 것입니다.

이 책이 출간되기까지는 많은 어려움과 시행착오가 있었습니다. 집필 일정이 계획대로 진행이 되지 않아 주말에도 모니터를 들여다보며 고민했고 고객과의 일정도 중요했기에 지속적으로 책을 쓰는 기간이 길어지며 쉽지 않은 시간들이 지속되었습니다. 우여곡절 속에서도 출간을 할 수 있었던 이유는 집필에 집중할 수 있도록 도와준 엔지니어 동료들 덕분이었습니다. 특히 끝까지 책임감을 가지고 함께 집필을 이어 나가준 공동저자 김다애님에게 감사드립니다. 더불어 이 교재를 발간하면서 많은 관심과 도움을 주신 ㈜이디앤씨 오토데스크 사업부 동료들에게 다시 한번 감사의 인사를 드립니다.

2024. 2. 27 서윤원

Contents

Track. 01
Autodesk Inventor Professional 환경

01 Autodesk Inventor 이해   8
    1.1 Autodesk Inventor 설계 방식 이해   8
    1.2 인벤터 기본 문서 형식   9

02 기본 인터페이스 이해   10
    2.1 홈 구성 확인   12
    2.2 신속 접근 도구 막대 및 리본 탭   16
    2.3 문서 활성 인터페이스   22

03 인터페이스 사용자화   26
    3.1 사용자화 (리본 탭, 키보드, 표식 메뉴)   26
    3.2 리본 탭 표시 상태 변경   32

04 프로젝트 이해   35
    4.1 프로젝트 파일 구성   35
    4.2 프로젝트 파일 생성 절차   37

Track. 02
2D 스케치 작성하기

01 스케치 생성 방법   42
    1.1 기본 구성 평면 사용   42
    1.2 형상의 편평한 면   44

02 스케치 환경 이해   45
    2.1 스케치 활성   46
    2.2 스케치 환경의 색상 구성   47
    2.3 상태 막대와 스케치 환경의 특화 도구   48
    2.4 스케치 환경의 표식 메뉴   49
    2.5 스케치 생성 전 단위 설정   50

03 스케치 요소 작성 방법   54
    3.1 스케치 요소 작성 방법 - 스플라인, 원, 타원   55
    3.2 스케치 요소 작성 방법 - 호, 직사각형   61
    3.3 스케치 요소 작성 방법 - 모깎기, 텍스트, 점   66

04 스케치 편집 도구   72
    4.1 이동, 복사, 회전   72
    4.2 자르기, 연장, 분할   75
    4.3 축척, 늘이기, 간격띄우기   78
    4.4 직사각형, 원형, 미러 패턴   79

05 치수 및 구속조건   83
    5.1 치수   83
    5.2 구속조건   87

실습 1 : 도면 예제   94

Track. 03
3D 스케치 작성하기

01 스케치 생성 방법   98
    1.1 3D 스케치 시작   98

02 스케치 환경 이해   99
    2.1 상태 막대와 스케치 환경의 특화 도구   100
    2.2 스케치 환경의 표식 메뉴   101

03 스케치 요소 작성 방법   102
    3.1 스케치 요소 작성 방법 - 선, 나선형 곡선   102
    3.2 스케치 요소 작성 방법 - 호, 스플라인   105
    3.3 스케치 요소 작성 방법 - 점, 절곡부   107
    3.4 스케치 요소 작성 방법 - 교차 곡선, 윤곽 곡선, 곡면에 투영, 면상의 곡선   109

04 치수 및 구속조건   113
    4.1 치수   113
    4.2 구속조건   116
    4.3 패턴   123
    4.4 3D 스케치 수정   123

Track. 04
부품 생성하기

01 부품 피처 유형   130
- 1.1 스케치 기반 피처   130
- 1.2 스케치 없이 구성되는 피처   150
- 1.3 패턴   186
- 1.4 작업 피처   195

02 iProperties, 재질, 모양   203
- 2.1 iProperties   203
- 2.2 재질   204
- 2.3 모양   206

실습 1 : 간단한 부품 모델링하기   209
실습 2 : 도면 예제   214

Track. 05
판금 생성하기

01 판금 피처   219
- 1.1 작성 패널 기능   219
- 1.2 수정 패널 기능   228

실습 1 : 판금 부품 시작하기   234
실습 2 : 판금 부품 생성하기   241

Track. 06
구속을 사용하여 조립하기

01 조립품 시작하기   248
02 조립 방식의 유형   250
03 조립품 구속을 사용하여 조립하기   251
- 3.1 조립품의 구조   252
- 3.2 구속 조건 공통   252
- 3.3 메이트 구속 조건   253
- 3.4 각도 구속 조건   257
- 3.5 접선 구속 조건   261
- 3.6 삽입 구속 조건   262
- 3.7 대칭 구속 조건   264

04 동작 구속을 사용하여 조립하기   265
- 4.1 회전 유형   265
- 4.2 회전-변환 유형   267
- 4.3 변이 구속   268

05 구속조건 세트 구속 조건   270

실습 1 : 구속조건의 시작   272
실습 2 : 구속조건 드라이브 설정하기   284
실습 3 : 원통형 CAM에 변이 구속 적용하기 (선택)   287

Track. 07
조립 환경의 이해

01 관계를 표시하고 숨기기   292
- 1.1 표시 및 숨기기   292
- 1.2 편집하기   293
- 1.3 위반 상태 표시   294

02 구성 요소 조작하기   295
- 2.1 자유 이동   295
- 2.2 자유 회전   296

03 가변 설계 기법   297
- 3.1 가변 및 비 가변 작업 피쳐의 차이   297

04 유연성   298
05 패턴   299
- 5.1 연관 탭   300
- 5.2 직사각형 탭   301
- 5.3 원형 탭   302

06 미러   303
07 구성요소 복사   306
08 접촉 분석 활성화   308

실습 1 : 가변 부품 만들기   310

Track. 08
대용량 조립품 관리하기

01 설계 뷰 표현 ... 318
    1.1 뷰 표현 ... 319
    1.2 뷰의 객체 가시성 적용 방법 ... 319
    1.3 위치 표현 ... 321

02 모형 상태 ... 323
    2.1 세부 수준 표현 ... 323
    2.2 대체를 사용한 단순화 표현 ... 324

03 파일 열기 옵션 ... 332

실습 1 : 뷰 표현 따라하기 ... 334
실습 2 : 형상 단순화 따라 하기 ... 340

Track. 09
프리젠테이션

01 프리젠테이션 환경 ... 348
    1.1 프리젠테이션의 시작 ... 348

02 프리젠테이션 도구 ... 350
    2.1 새 스토리 보드 ... 350
    2.2 새 스냅샷 뷰 ... 350
    2.3 구성 요소 미세조정 ... 351
    2.4 불투명도 ... 351
    2.5 카메라 캡처 ... 352
    2.6 도면 뷰 작성 ... 352
    2.7 프리젠테이션의 게시 ... 353

실습 1 : 조립품에 대한 분해 뷰 ... 354

Track. 10
도면 작성하기

01 템블릿 및 스타일 만들기 ... 368
    1.1 도면 템플릿 작성 ... 368
    1.2 도면 자원 활용하기 ... 370
    1.3 도면 경계 만들기 ... 372
    1.4 제목 블록 만들기 ... 373
    1.5 스케치 기호 ... 376

02 뷰 배치하기 ... 379
    2.1 기준 뷰 ... 379
    2.2 투영된 뷰 ... 380
    2.3 보조 뷰 ... 381
    2.4 단면 뷰 ... 381
    2.5 상세 뷰 ... 383
    2.6 오버레이 뷰 ... 384
    2.7 브레이크 아웃 뷰 ... 385
    2.8 오리기 뷰 ... 385
    2.9 끊기 뷰 ... 386

실습 1 : 사용자 템플릿 만들기 ... 387
실습 2 : 도면 뷰 작성하기 ... 396
실습 3 : 도면의 다양한 표현 방법 ... 407
실습 4 : 조립품 도면 만들기 ... 416

Track. 11
모델링 데이터 활용하기

01 템플릿 생성하기 ... 426
    1.1 템플릿의 옵션 설정 ... 426
    1.2 템플릿을 라이브러리로 활용 ... 429

02 인벤터의 설계 복사 ... 430
03 Inventor iLogic 설계 복사 ... 432
04 Pack and Go를 통한 설계 파일 저장 ... 435
05 인벤터 파일의 재 사용 ... 437
    5.1 Design Assistant를 활용한 이름 바꾸기 ... 437
    5.2 Design Assistant를 활용한 복사 ... 439
    5.3 모형 참조 대체 ... 442

06 도면 자원 전송 마법사 ... 446
07 작업 스케쥴러 ... 452

Track

Autodesk Inventor Professional 환경

01 Autodesk Inventor 이해

1.1 Autodesk Inventor 설계 방식 이해

인벤터(해당 교재에서는 Autodesk Inventor를 인벤터로 칭합니다.)는 **매개변수(Parameter)**를 활용한 **피쳐(feature)** 기반의 3D모델링 소프트웨어입니다. 또한 조립품, 부품, 도면, 프리젠테이션 간에 **양방향 연관성**으로 인해 이 중 어떤 환경에서 모델에 수정 사항이 발생하면 다른 환경에도 수정 사항이 반영됩니다.

- **매개변수**는 함수를 정의함에 있어 사용되는 변수를 의미합니다. 인벤터는 여러 개의 독립적인 변수를 사용한 공식에 의해 직선 또는 곡선이나 표면 등의 그래픽 데이터를 정의하여 처리합니다. 매개변수로 사용자가 작성한 3D모델을 구성하고 제어하기 위해 사용할 수 있으며 예를 들어 스케치를 작성하는 중 선에 대한 길이를 정의하기 위해 입력한 값이나 반경에 부여된 값 등이 매개변수라고 볼 수 있습니다.

추가적으로 오른쪽의 그림을 통해 예를 들면, 선형 치수 15mm와 각도 치수 45°가 매개변수이며 언제든지 해당 치수들을 통해 스케치 형상을 조정할 수 있습니다. 하지만 꼭 매개변수가 2D 스케치에만 해당되는 것은 아니며 3D 형상에서의 돌출 높이도 매개변수에 해당됩니다. 또한 숫자로 표현되는 값이 아닌 함수로 표현되는 값을 매개 변수로 정의하여 활용할 수 있습니다.

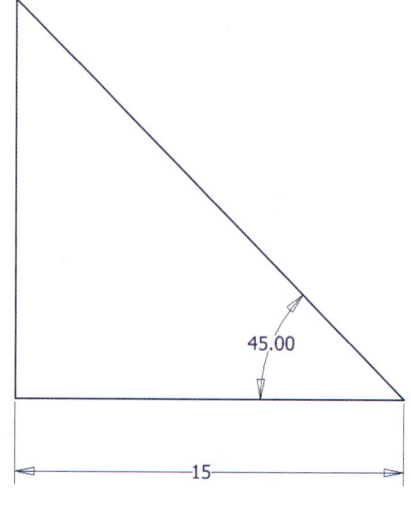

스케치로 작업하는 경우 '완전하게 구속'하는 것이 중요하며 2D 스케치 Track에서 중점적으로 다루도록 하겠습니다.

- **피쳐**는 3D 모델에서 수정 가능한 가장 작은 단위의 블럭입니다. 인벤터는 여러 기능들을 통해 생성된 하나 이상의 피쳐(돌출, 회전, 로프트 등) 조합을 통해 솔리드 또는 부품을 생성할 수 있습니다.

- **양방향 연관성**은 부품, 조립품, 도면, 프리젠테이션의 모든 인벤터 내의 문서는 참조되어 작업이 되는 순간부터 양방향으로 연결이 되기 때문에 어느 한 문서에서의 모델 변경 사항이 발생될 경우 연관된 문서에도 모델의 변경 사항이 반영되는 식의 양방향 연관성을 갖습니다.

1.2 인벤터 기본 문서 형식

인벤터를 통해 부품, 조립품, 도면, 프리젠테이션 등의 작업을 할 수 있으며 해당 작업들은 각 환경에 적합한 템플릿이 있습니다. 모든 템플릿은 인벤터설치와 동시에 함께 설치되는 기본 템플릿이 있으며 각 문서 유형에 따른 확장자는 아래와 같습니다.

기본 템플릿 저장 위치: C:\Users\Public\Documents\Autodesk\Inventor(버전)\Templates

유형	확장자	용도
부품	.ipt	스케치, 피쳐, 솔리드로 구성되어 있으며 조립품에 입력 가능
조립품	.iam	부품 조립품, 부품으로 구성되며 접합과 구속조건을 통해 동작 정의
도면	.idw, .dwg	작성된 부품/조립품에 뷰와 치수, 주석을 추가한 설계 문서 작성
프리젠테이션	.ipn	도면 문서에 활용할 분해 뷰 작성 조립 순서, 분해 순서 관련 애니메이션 작성
프로젝트	.ipj	연관된 항목들이 저장되는 위치(저장 / 검색 경로 정보)

[그림 1-1] 인벤터 기본 문서 확장자

〈NOTE〉

Product Design & Manufacturing Collection에서 인벤터에 임베디드되는 다른 제품을 설치한 경우 다양한 형식의 기본 템플릿이 있으나 교재에서 다뤄질 내용에 해당되는 문서 유형만을 기재했습니다.

02 기본 인터페이스 이해

인벤터를 실행하면 [그림 1-2]와 같이 초기 화면이 나타납니다.

해당 화면을 통해 실행하고 있는 인벤터의 버전을 확인하실 수 있으며 아래의 바를 통해 현재 로드 현황을 대략적으로 확인할 수 있습니다.

[그림 1-2] 인벤터 실행 초기 화면

〈NOTE〉

2020년부터 적용된 로그인 제품의 경우 License service가 업데이트 되어야 정상적으로 실행될 수 있으며 실행 중에 위의 화면이 사라지는 경우 License 인식 불가 또는 인벤터 업데이트가 필요한 상황입니다. 자체적으로 업데이트가 불가능한 경우 이디앤씨로 문의바랍니다.

정상적으로 인벤터가 실행된 후에는 아래의 그림과 같이 초기 실행 화면이 구성됩니다. 또한 아래 이미지의 환경은 초기 화면에 대한 별도의 설정을 하지 않은 초기 상태로 응용프로그램 옵션에서 일부 내용을 변경할 수 있습니다.

[그림 1-3] 인벤터 메인 화면

〈NOTE〉
도구 탭>응용프로그램 옵션>일반의 우측 가장 하단에 위치한 '내 홈' 영역에서 '시작 시 내 홈 표시'를 해제하게 되면 위의 기본 시작 구성에서 새로만들기, 프로젝트, 최근 문서가 포함된 내 홈을 구성하지 않을 수 있습니다. 추가적으로 바로 아래에서 설정할 수 있는 값을 통해 최근 문서에서 표시할 문서의 최대 수를 지정할 수 있습니다.

인벤터에서 부품 문서를 열었을 경우를 기반으로 기본적인 구성은 아래와 같습니다.

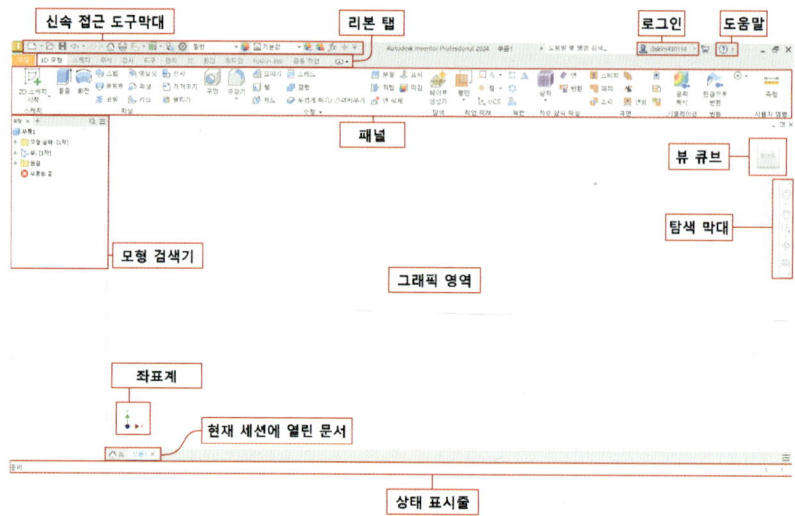

[그림 1-4] 인벤터 부품의 기본 구성

2.1 홈 구성 확인

홈은 아래와 같이 구성됩니다.

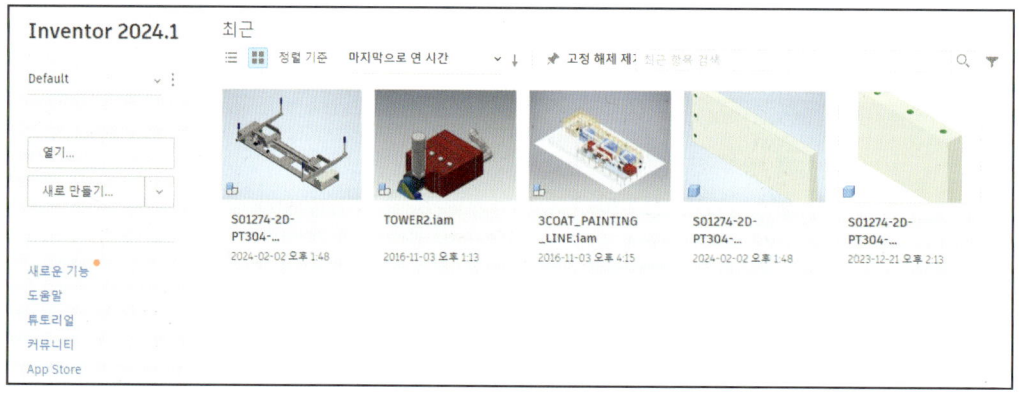

[그림 1-5] Autodesk Inventor 내 홈

홈은 '프로젝트 및 새로 만들기', '최근 문서' 영역으로 나뉘어지며 각 용도는 아래와 같습니다.

1) 프로젝트 설정, 파일 열기, 새로 만들기

기존에 구성된 프로젝트 목록 중 설정하여 활성화하거나 기존 작성된 파일을 열고 새로운 파일 작성 작업의 동선을 짧게 하여 실행할 수 있도록 구성되어 있습니다.

제품명 Inventor 2024뒤에는 현재 설치되어 있는 업데이트 릴리즈를 표시합니다.

프로젝트

기존에 구성되어 있는 프로젝트를 활성화하거나 새로운 프로젝트 파일을 생성할 수 있습니다.

① 기존 프로젝트 목록을 확인하고 필요한 프로젝트를 활성화합니다.
② 새로운 프로젝트 생성 또는 기존 프로젝트의 옵션을 변경할 수 있습니다.

[그림 1-6] 프로젝트 활성 및 구성

②에서의 설정을 클릭하면 프로젝트 설정 창이 팝업되며 특정 프로젝트를 선택하면 해당 프로젝트에 대한 세부 옵션을 변경할 수 있습니다. 새로 만들기를 통해 새로운 프로젝트를 생성하여 새로 작업하는 데이터에 대한 프로젝트 파일을 구성할 수 있습니다. 찾아보기를 통해서는 받은 데이터의 프로젝트 파일 또는 기존에 구성해두었던 프로젝트 파일을 불러올 수 있습니다.

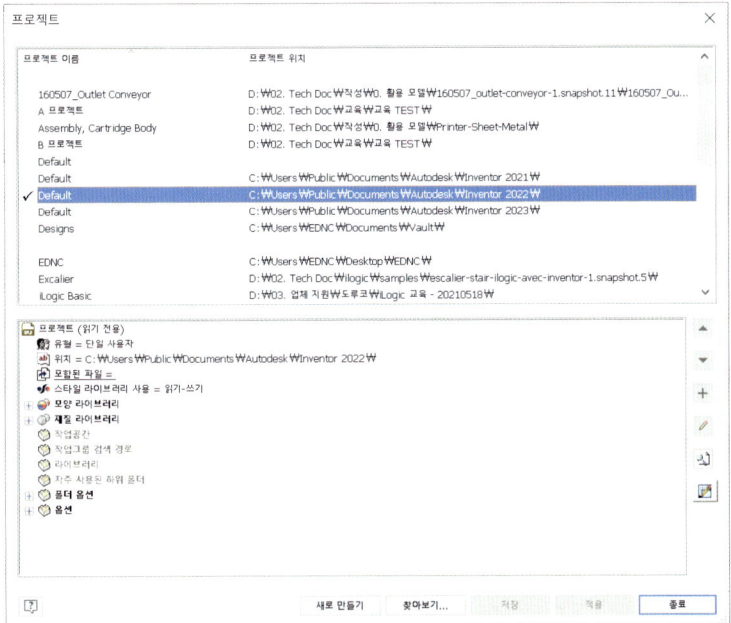

열기 및 새로 만들기

위에서 확인한 기본 옵션에서 오른쪽에 위치한 고급 옵션을 활성화하면 [그림 1-7]과 같이 기본 템플릿 폴더로 지정된 위치에서 활성화할 수 있는 템플릿 목록을 확인하고 새 문서를 활성화 할 수 있습니다.

[그림 1-7] 옵션을 통한 새 문서 활성

① 열기 : 기존 작업된 문서를 확인하여 선택 및 열어줍니다.
② 새로 만들기 : 프로젝트 파일에 지정된 템플릿 폴더에서 새 문서로 생성할 템플릿을 선택하여 생성합니다.
③ ∨ : 지정한 템플릿 단위를 통해 해당 유형이 표시 되고 선택 시 새 문서로 생성합니다.

2) 최근 문서

활성된 프로젝트에서 최근에 활성화한 문서의 목록을 확인할 수 있습니다. 표시할 파일의 유형, 정렬 기준을 설정할 수 있으며, 앞의 내용에서 설명드린 사항과 같이 <u>도구 탭>응용프로그램 옵션>일반</u>에서 최근 문서 영역에 표시할 파일의 개수를 지정할 수 있습니다.

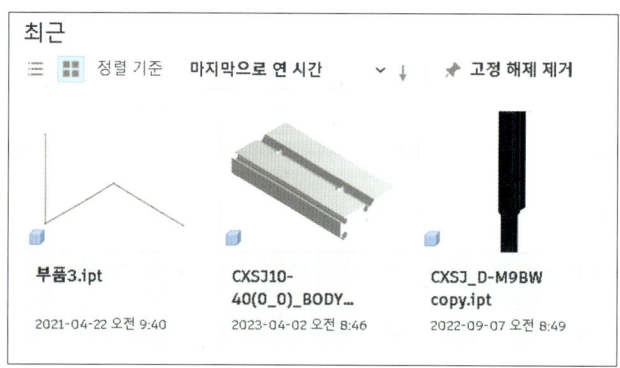

최근 문서 정렬 시 스타일을 목록형 또는 썸네일(이미지) 형으로 구분하여 설정할 수 있으며 정렬 기준을 이름, 위치, 수정 날짜, 마지막으로 연 시간, 크기, 공급 업자로 설정하여 기준에 맞춰 정렬할 수 있습니다.

최근 문서 기능 중 필터 기능을 사용하면 정렬된 항목 중 오늘, 최근 7일, 최근 30일, 최근 3개월 데이터만 추릴 수 있으며 부품 또는 조립품을 지정하여 해당 문서 유형만을 표시하도록 설정할 수 있습니다.

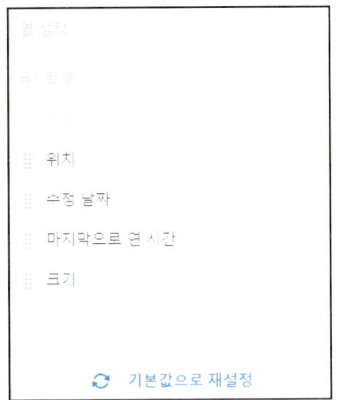 

최근 문서 중 특정 항목을 선택할 수 있으며 선택 시에는 해당 항목을 열거나 최근 문서 내에서 별도로 제거할 수 있는 옵션이 활성화됩니다. 또한 고정 핀 아이콘을 클릭하여 해당 문서를 고정할 항목에 추가할 수 있기 때문에 고정 후에는 [고정 해제 제거]를 통해 고정된 문서를 제외한 모든 문서를 제거할 수도 있습니다.

3) 새로운 기능 및 튜토리얼

설치된 버전에 추가된 새로운 기능이나 도움말, 튜토리얼, 커뮤니티, App Store에 접근할 때에 사용할 수 있습니다. 새로운 기능, 도움말, 커뮤니티, App Store는 별도의 웹 링크에 연결되어 필요한 내용을 확인할 수 있으나 튜토리얼은 인벤터 내에서 바로 실행되는 튜토리얼을 통해 인벤터에서 필요한 여러 기능들에 대해 순차적으로 확인하고 따라할 수 있습니다.

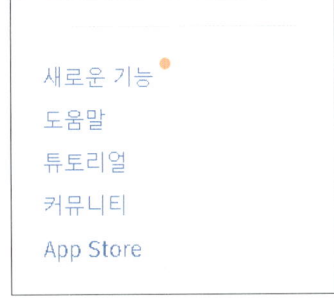

[그림 1-8] 파일 상세 정보

2.2 신속 접근 도구 막대 및 리본 탭

제목표시중에 위치한 신속 접근 도구막대와 리본 탭을 통해 인벤터에서의 모든 기능들을 실행할 수 있습니다. 신속 접근 도구막대 및 리본 탭은 필요 시 구성을 변경할 수 있습니다.

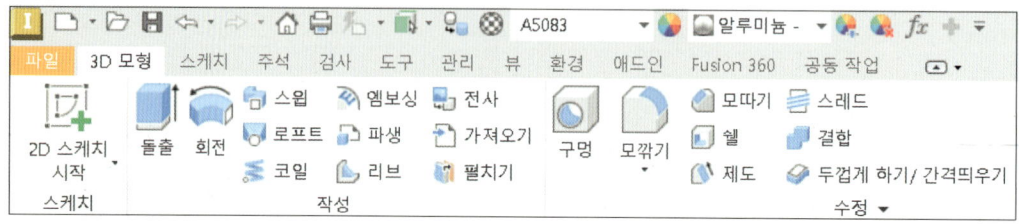

〈NOTE〉
2020년 이후부터 적용된 로그인 방식의 경우 제목 표시줄 오른쪽에서 로그인된 계정을 확인하고 Autodesk 관리 페이지로 접근하여 보유 또는 할당된 제품의 정보를 확인할 수 있습니다.

1) 신속 접근 도구 막대

홈 화면을 포함한 모든 설계 환경에 구성되며 작업 중인 환경에서 사용되지 않는 기능의 경우 비 활성화되어 실행하거나 적용할 수는 없습니다. 신속 접근 도구막대의 화살표를 통해 구성할 기능을 추가/제거할 수 있습니다. 또한 아무런 문서가 열려있지 않은 상황에서의 도구막대 구성은 [그림 1-10]과 같습니다.

[그림 1-9] 신속 접근 도구막대 사용자화

[그림 1-10] 문서가 열려있지 않은 경우

만약 '리본 아래 표시'를 클릭할 경우 리본 탭 아래에 신속 접근 도구막대를 위치하도록 설정할 수 있으며 리본 아래에 배치된 경우에는 '리본 위에 표시'로 해당 명칭이 변경됩니다.

리본 아래 표시   리본 위에 표시

'리본 아래 표시'를 설정하는 경우 [그림 1-11]로 전환됩니다.

[그림 1-11] '리본 아래 표시' 적용 시

기본으로 활성화되어 있는 기능 목록은 체크하여 해당 목록에 추가 및 해제하여 목록에서 제외할 수 있습니다.

[그림 1-12] 신속 접근 도구막대 사용자화 목록

신속 접근 도구 막대 구성 (부품/조립품 활성 시)

① 새로 만들기 : 템플릿 지정을 통해 새 파일 생성/풀다운 옵션으로 기본 템플릿으로 생성

② 열기 : 파일 탐색기 창을 통한 기존 파일 열기

③ 저장 : 작업 중인 파일 저장 (신규/기존 모두 포함)

④ 명령 취소 : 작업 중 바로 전의 작업으로 적용

⑤ 명령 복구 : 명령 취소 시 이전 작업에서 다시 앞의 작업으로 적용

⑥ 홈 : 내 홈 화면으로 전환
⑦ 로컬 업데이트 : 활성 부품 또는 일부 조립품의 변경 사항 업데이트
⑧ 선택 도구 : 선택 우선 순위 설정 (부품, 면, 스케치 등)
⑨ 모양 미세 조정 : 그래픽에 거칠게 표현되는 면을 부드럽게 처리
  (자동 미세 조정 활성 시, 급행 모드의 Express 열기 시 해당 기능 활성 불가)
⑩ 재질 : 재질 검색기 창 활성 또는 드롭 다운을 통한 재질 지정
⑪ 모양 : 모양 검색기 창 활성 또는 드롭 다운을 통한 모양 지정
  (면/부품 등의 다양한 유형으로 지정 가능)
⑫ 조정 : 선택 요소(면, 부품 등)에 세부 조절로 모양 적용
⑬ 지우기 : 선택 요소(면, 부품 등)에 적용된 기존 모양 제거
⑭ 매개변수 : 입력된 치수, 사용자 매개변수 등을 관리하는 매개변수 창 열기
⑮ Design Doctor : 형상 오류, 피쳐 오류, 구속조건 오류 등의 오류 확인 및 진단

〈NOTE〉
명령 취소 및 복구는 리스트로 확인할 수 있으며 마우스로 조작을 통해 여러 단계를 한 번에 취소 및 복구할 수 있습니다. 단, 인벤터를 종료하면 이 리스트는 모두 사라집니다.

2) 리본 탭

인벤터에서 사용하는 기능들은 모두 리본 탭에 구성되어 있는 패널에서 실행할 수 있습니다. 리본 탭은 신속 접근 도구 막대 아래에 있으며 필요에 따라서는 크기, 구성 등의 모양을 변경할 수 있습니다. 리본 탭은 작업 중인 환경에 따라 다르게 구성되며 간단히 탭의 구성을 확인한 후 각 Track에서 상세 기능을 다루도록 하겠습니다.

3D모형 탭

부품 설계 시 사용할 수 있는 기능들로 구성되어 있으며 스케치 기반으로 피쳐 생성, 스케치 없이 적용되는 피쳐, 작업 평면, 작업 축 등 생성 등의 기능으로 구성되어 있습니다. 해당 탭에서는 편의를 위해 2D스케치를 생성하는 기능이 포함되어 있습니다.

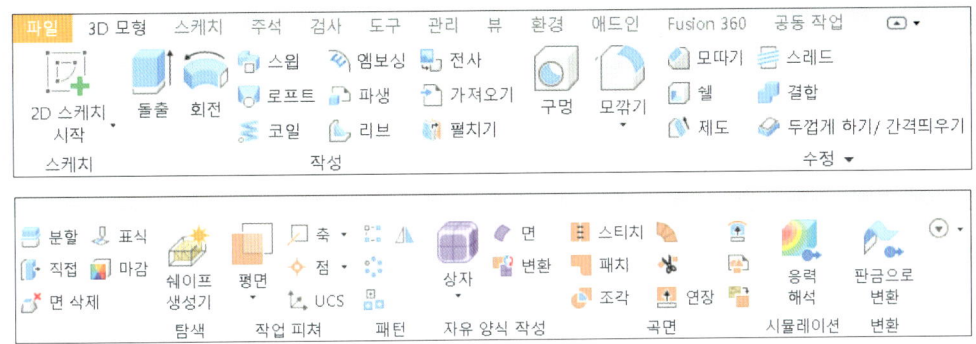

스케치 탭

부품 작업의 기초가 되는 스케치 작성에 필요한 기능들로 구성된 탭입니다. 작성, 수정, 패턴 패널에서는 스케치 요소를 생성하고 수정하는 작업을 하며 구속조건 패널의 기능들을 통해서는 입력된 스케치 요소에 치수 또는 구속조건을 부여할 수 있습니다.

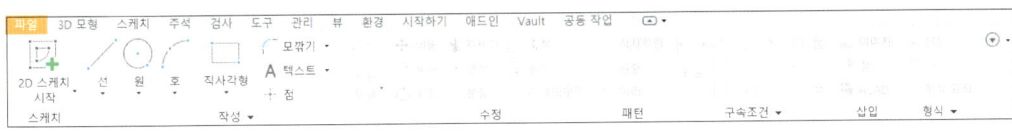

판금 탭

판금 부품을 작성할 시 사용할 수 있는 도구들로 구성되어 있으며 판금 템플릿의 문서가 활성화된 환경에서만 해당 탭이 생성되며 해당 기능들을 사용할 수 있게 됩니다. 필요할 경우 판금 작업 중 표준 부품 모델 환경으로 전환할 수 있습니다.

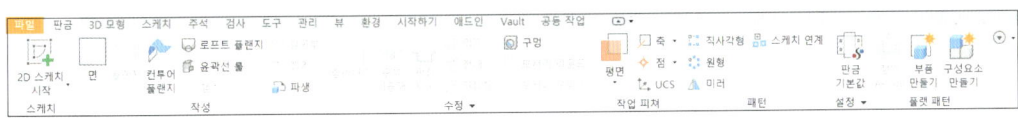

주석 탭

부품에 별도의 치수 및 공차, 텍스트 입력을 위한 기능으로 구성되어 있으며 3D모형을 공유할 시 해당 치수가 바로 가시적으로 적용됩니다.

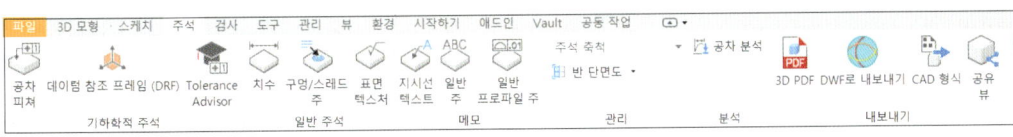

검사 탭

작업 된 형상의 길이, 각도를 측정하거나 조립품의 경우에는 부품 간의 간섭 여부, 곡면의 곡률 등의 형상에 대한 정보를 확인 및 검사를 할 수 있는 기능들로 구성되어 있습니다.

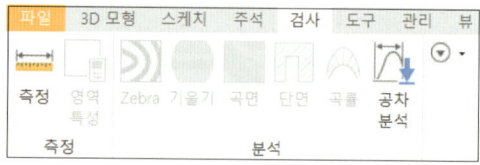

조립 탭

조립품 템플릿이 활성화된 상태에서 생성되는 탭이며 부품을 로드하여 조립할 경우 사용할 수 있는 기능들로 구성되어 있습니다.

설계 탭

조립품 작업 중 라이브러리를 활용하여 볼트 연결, 프레임 삽입, 기어, 벨트, 키 생성 등의 편의와 관련된 기능으로 구성되어 있습니다.

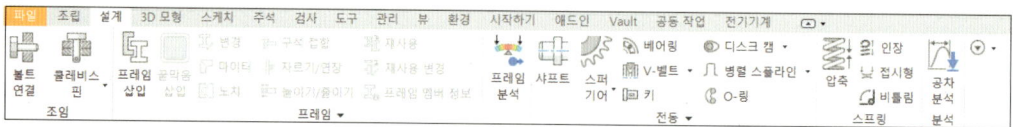

도구 탭

인벤터의 모든 환경에서 적용할 수 있는 전반적인 옵션을 설정하거나 현재 열려있는 문서에 대한 설정, 재질 설정, 모양 설정 등의 기능들로 구성되어 있습니다.

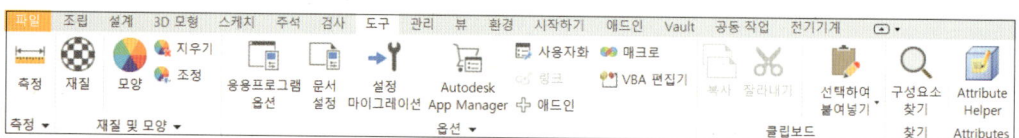

뷰 배치 탭

도면 작성 중 뷰 배치와 관련된 기능, 파단, 부분 단면도 등을 생성하기 위한 기능으로 구성되어 있습니다. 추가적으로 시트 패널에 구성되어 있는 새 시트를 통해 해당 도면 파일에 새 시트를 추가적으로 생성할 수 있습니다.

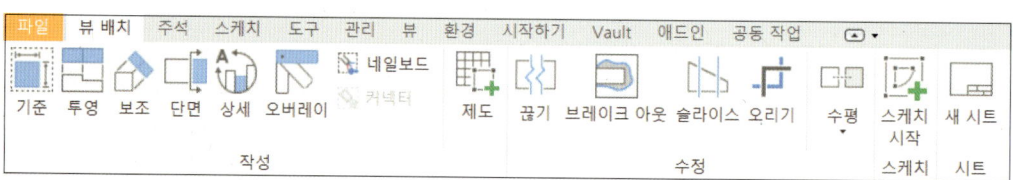

주석 탭

도면에서 사용할 수 있는 주석 기능들로 구성된 탭입니다. 위에서 안내된 3D환경에서 사용할 수 있는 주석과는 다른 기능들로 구성되어 있으며 배치된 뷰에 치수를 입력하거나 부품 리스트 입력, 기호 및 텍스트 입력 등의 작업을 적용할 수 있습니다.

뷰 탭

작업하는 설계 환경에 따라 해당 탭은 다르게 구성되며 그래픽 영역에 표시되는 상태를 수정하거나 요소의 상태를 가시적/비가시적 상태로 전환하거나 특정 위치에서의 단면 표시 등의 뷰와 관련된 작업을 적용할 수 있습니다.

[도면 작업 중 뷰 탭 구성]

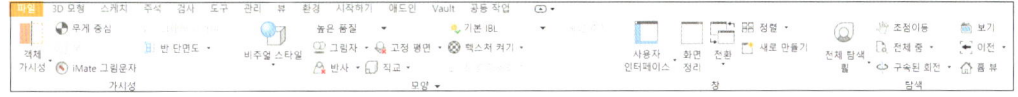

[부품 및 조립품 작업 중 뷰 탭 구성]

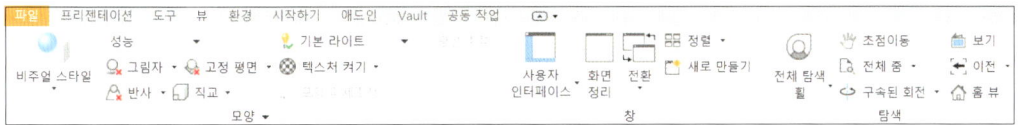

[프리젠테이션 작업 중 뷰 탭 구성]

환경 탭

인벤터 설치 시 기본적으로 함께 설치되거나 PDMC(Product Design Manufacturing Collection) 중 인벤터에 임베디드 되는 제품이 설치된 경우 환경 탭에서 아이콘을 클릭하여 애드인 하거나 가장 오른쪽에 위치한 애드인 버튼을 통해 선택적으로 애드인할 수 있습니다. 해당 탭도 작업 중인 문서 유형에 따라 다르게 구성되며 해당 환경에 사용할 수 없는 기능은 비 활성화됩니다.

[조립품 작업 중 환경 탭 구성]

[부품 작업 중 환경 탭 구성]

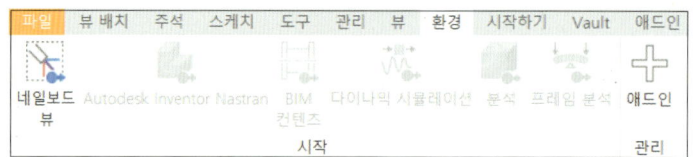

[도면 작업 중 환경 탭 구성]

리본 탭 표시 변경

앞에서 확인한 각 리본 탭의 구성 또는 리본 탭에서 표시되는 아이콘, 글자의 크기를 사용자화 할 수 있습니다. 리본 탭의 상세한 구성 변경에 대해서는 인터페이스 사용자화에서 다루도록 하겠습니다. 상위 매뉴에 표시된 우측 화살표를 클릭할 경우 목록을 통해 탭을 표시할 유형을 선택할 수 있으며 ▲ 버튼 클릭 시에는 구성된 표시 유형을 순환하며 변경할 수 있습니다.

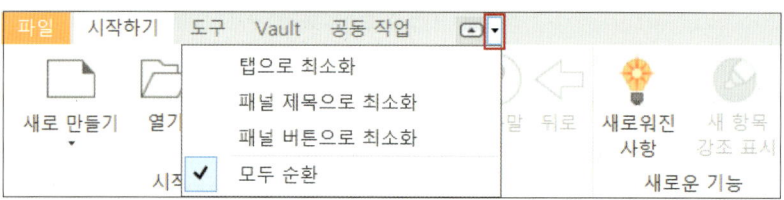

[그림 1-13] 리본 탭 표시 유형 목록 확인

2.3 문서 활성 인터페이스

1) 모형 검색기

부품, 조립품, 도면, 프리젠테이션에 상관없이 왼쪽의 영역에서 모형 검색기를 보실 수 있습니다. [그림 1-14]와 같이 왼쪽에 탭으로 구성되며 해당 문서에서 적용된 작업을 시간 순서로 표시합니다. 부품, 조립품, 도면, 프리젠테이션에서의 구성된 항목에는 모두 차이가 있으며 이는 템플릿에 따라 다르게 구성될 수 있습니다.

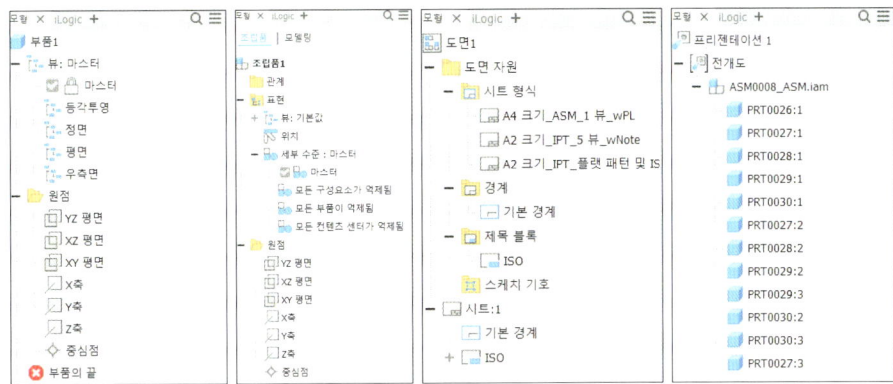

[그림 1-14] 각 환경에 따른 모형 검색기 구성

〈NOTE〉

모형 검색기에 구성된 각 탭을 클릭한 후 마우스 드래그하여 해당 탭을 도킹에서 해제하여 개별적인 창으로 전환할 수 있습니다. 추가적으로 우측의 돋보기 아이콘을 클릭할 경우 특정 단어를 통한 검색을 하거나 하위 3개 아이콘을 통해 필터링 해제, 해석되지 않은 파일을 검색, 오래된 파일 필터링을 적용할 수 있습니다.

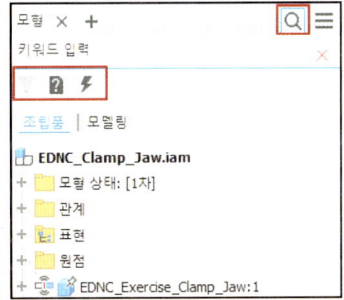

2) 뷰 큐브

뷰 큐브는 그래픽 영역에서 오른쪽 상단에 위치한 뷰 설정 및 뷰 전환에 사용할 수 있습니다.

마우스 커서 위치를 클릭하면 해당 위치에서의 뷰로 그래픽 영역에 업데이트 됩니다.

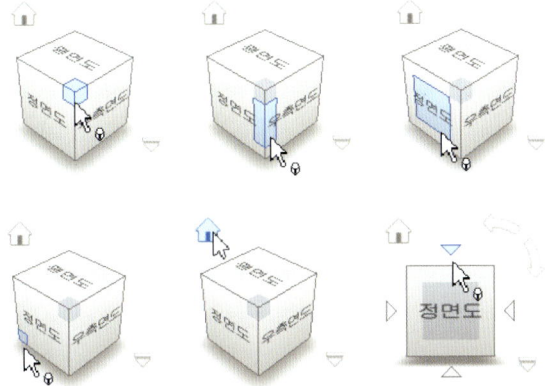

[그림 1-15] 뷰 큐브 – 뷰 전환 방법

홈 뷰 설정

뷰 큐브 전환 중 홈 버튼을 클릭하면 전환되는 뷰는 자주 확인할 필요가 있는 뷰로 지정할 수 있습니다. 만약 등각 상태의 뷰를 전체적인 설계 상태를 확인하기 위해 자주 활성화하는 경우 해당 뷰를 홈 뷰로 저장할 수 있으며 [그림 1-16]과 같이 설정하면 됩니다. 해당 설정은 활성된 문서에만 적용되며 앞으로의 모든 문서에 적용하고자 할 경우에는 해당 문서를 템플릿으로 저장해야 모든 문서에 반영할 수 있습니다.

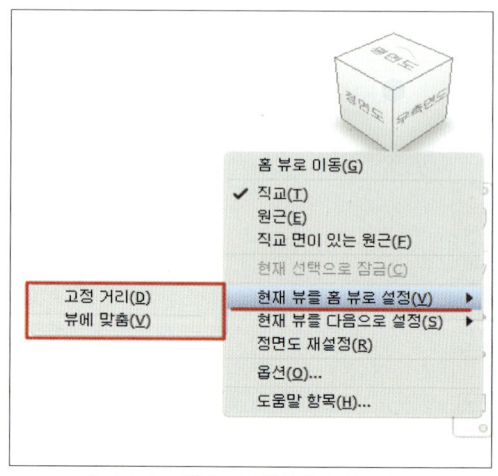

[그림 1-16] 현재 뷰를 홈 뷰로 설정

고정 거리 : 현재 거리 고정
- 나중에 추가되는 부품, 제거되는 부품 발생 시에도 거리 유지
- 홈 뷰를 클릭하였을 때 고정 거리를 만들었던 위치로 이동

뷰에 맞춤 : 전체 부품을 뷰에 맞춘 상태
- 나중에 추가되는 부품, 제거되는 부품 발생 시 감안하여 확대/축소
- 홈 뷰를 클릭하였을 때 모든 부품이 뷰 안에 모두 포함되도록 이동

정면도, 평면도 변경

특정 뷰를 평면도 또는 정면도로 변경하고자 하는 경우 특정 뷰의 방향을 설정한 뒤 [그림 1- 17]에서의 현재 뷰를 다음으로 설정을 통해 선택하여 변경할 수 있습니다.

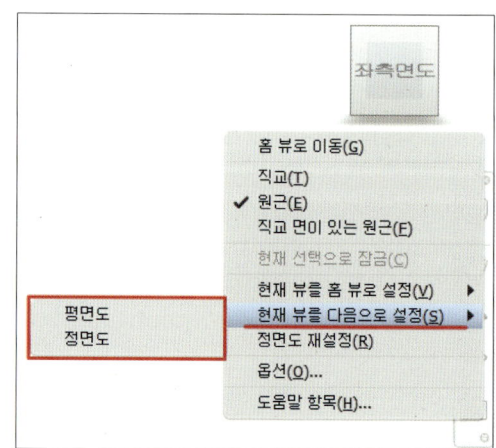

[그림 1-17] 현재 뷰를 다음으로 설정

3) 탐색 막대

부품, 조립품, 도면이 활성화되어 있는 경우 오른쪽에서 탐색 막대를 찾을 수 있습니다. 탐색 막대는 부품 및 조립품에서 구성되는 기능과 도면에서 구성되는 기능이 다르며 부품 및 조립품에서는 탐색 막대에는 모델을 탐색하는 데에 사용되는 도구로 구성되어 있습니다. 해당 기능들을 통해 탐색 관련 기능을 빠르게 접근함으로 설계 프로세스에서의 동선을 단축할 수 있습니다.

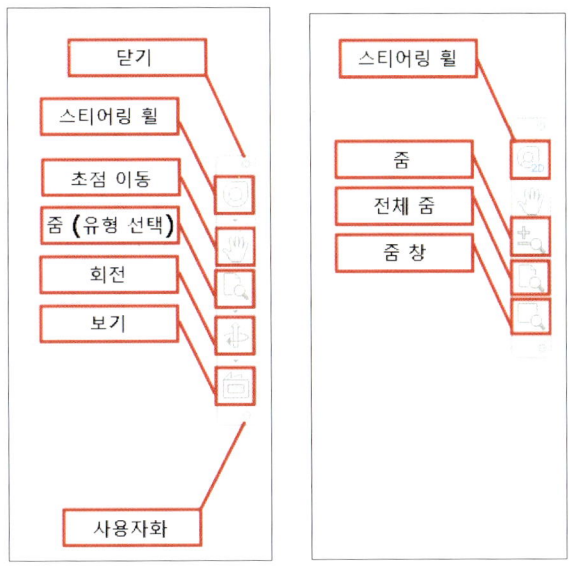

[그림 1-18] 부품 및 조립품 탐색 막대 & 도면 탐색 막대

4) 상태 막대

맨 아래에 표시되며 왼쪽 영역에는 상황에 따른 메시지를 표시하며 오른쪽 영역에는 문서 수량을 표시합니다. 어떠한 명령이 활성 상태일 때에는 기능 진행 시 필요한 다음 작업을 표시해주게 되어 도움을 줄 수 있습니다. 내 홈이거나 열려 있는 문서가 없을 경우, 리본 탭, 파일 탭, 상태 막대 등의 위에 올려두었을 경우에는 '도움말을 보려면 F1 키를 누르십시오.' 메시지가 표시됩니다. 상태 막대 오른쪽의 문서 수량 표시는 왼쪽 영역에는 활성 문서의 수량, 오른쪽 영역은 세션에 열려있는 문서의 수량을 표현하는데 특히 조립품의 전체 부품 수를 확인하는 데 중요한 표시 항목입니다.

03 인터페이스 사용자화

인터페이스, 단축키 등을 사용자화 할 수 있으며 PC 포맷을 할 경우 또는 해당 사용자 값을 타인에게 같은 환경에서 작업할 수 있도록 제공할 경우 적용 사항들을 파일로 내보내고 공유 받은 파일을 적용할 수 있습니다.

3.1 사용자화 (리본 탭, 키보드, 표식 메뉴)

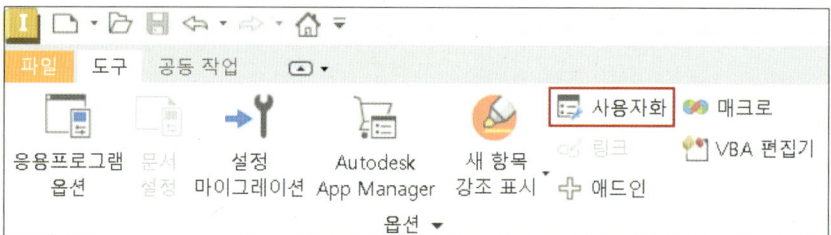

사용자화는 도구 탭>옵션 패널>사용자화 클릭 시 사용자화 창이 별도로 팝업되며 팝업된 창에는 총 세 개의 탭으로 구성되어 리본 탭, 단축키, 표식 메뉴를 사용자화하고 사용자화 파일을 출력할 수 있습니다.

사용자화 창 아래에는 '가져오기', '내보내기'를 통해 적용 사항을 파일로 출력할 경우 '내보내기'를 통해 파일로 출력할 수 있으며, '가져오기'를 통해서는 출력된 파일을 불러올 수 있습니다.

리본 탭

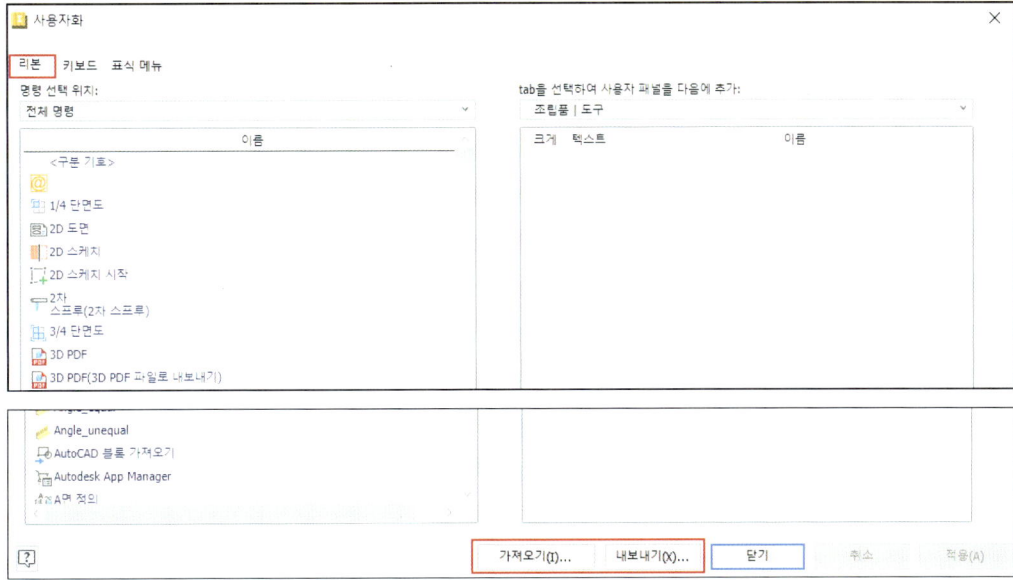

리본 탭에서는 인벤터 상단에서 탭으로 구성된 리본 탭에 구성된 기능들을 추가할 수 있는 탭입니다. 아래 그림과 같이 'tab을 선택하여 사용자 패널을 다음에 추가' 하단에 위치한 화살표를 클릭할 경우 특정 기능을 어느 탭에 추가할 것인지 설정할 수 있습니다.

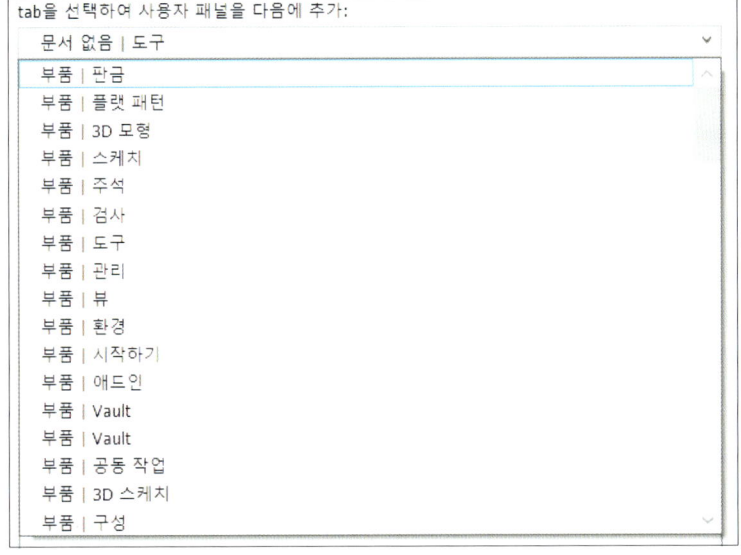

[그림 1-19] 'tab을 선택하여 사용자 패널을 다음에 추가' 화면

기능을 추가할 탭을 설정한 후 왼쪽에서 추가할 기능을 선택하고 화살표 버튼을 클릭하면 활성화해둔 탭 내에 해당 기능을 입력할 수 있습니다.

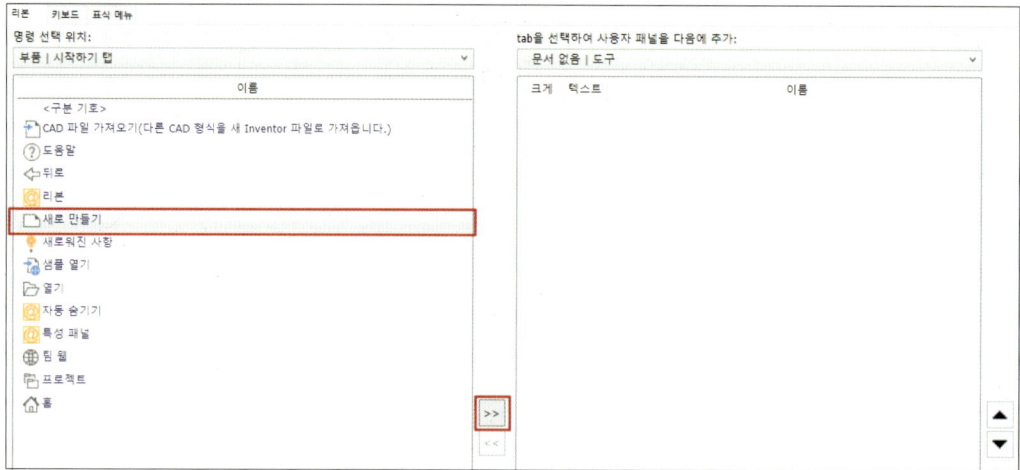

정상적으로 추가된 경우 [그림 1-20]과 같이 오른쪽 영역에서 해당 기능의 표시 상태를 적용할 수 있도록 체크 박스와 함께 구성됩니다. '크게'를 체크할 경우 추가된 기능의 아이콘을 크게 설정할 수 있으며 '텍스트'를 체크할 경우 해당 기능의 이름을 추가하여 표현합니다.

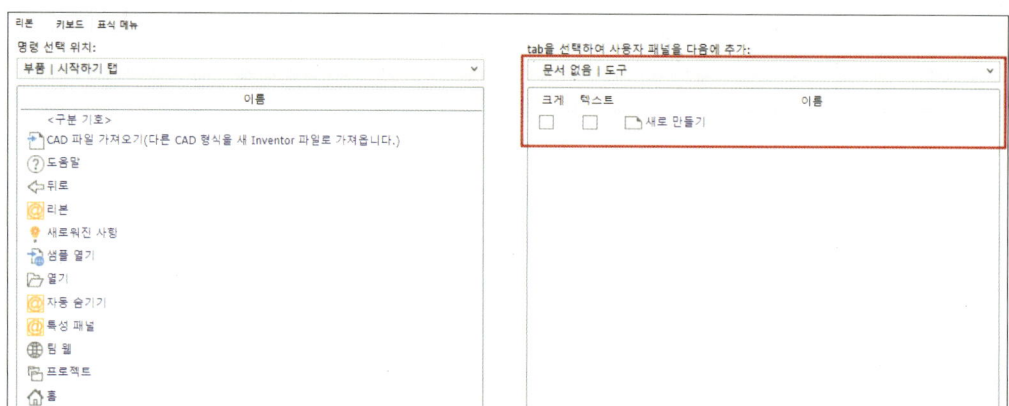

[그림 1-20] 탭에 필요한 기능 추가(Custom)

추가된 기능에서 '크게'와 '텍스트' 설정에 대한 차이는 [그림 1-21]과 같으며 별도의 '사용자 명령' 패널이 생성되어 해당 탭에 추가한 기능들이 순차적으로 정렬됩니다.

아래는 '크게', '텍스트' 체크 해제했을 경우와 '크게', '텍스트' 체크했을 때의 예시입니다.

[그림 1-21] 사용자 명령 작업

키보드 탭

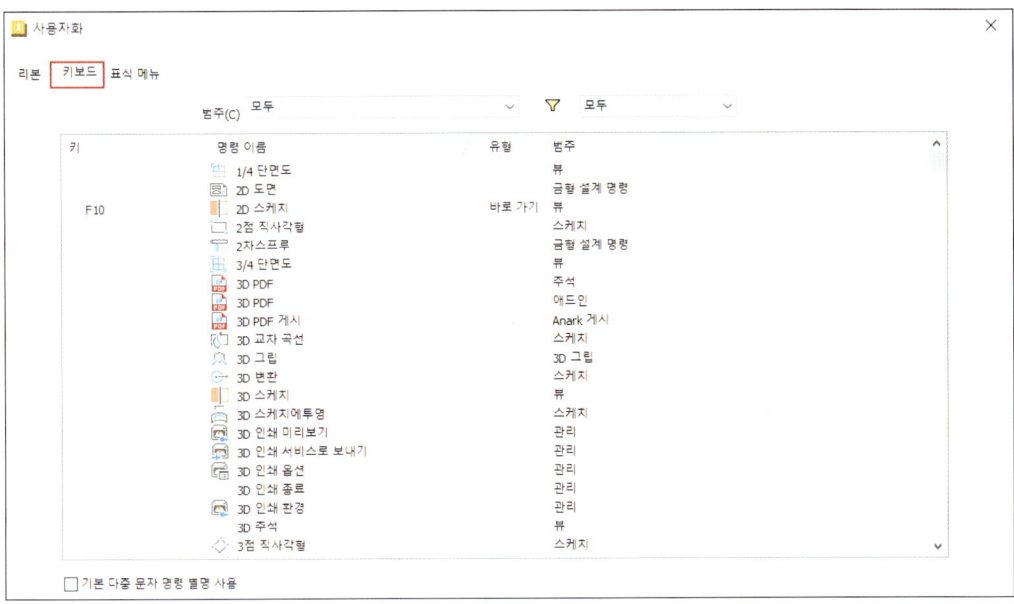

키보드 탭에서는 조금 더 빠르게 필요한 기능을 실행할 수 있도록 단축키를 새롭게 지정하거나 기존에 지정되어 있던 단축키의 값을 바꿀 수 있습니다. 인벤터를 새로 설치한 경우에도 기본적으로 구성되어 있는 단축키 목록이 있으며 인벤터 재설정을 하면 적용된 단축키 목록을 초기화하고 기본값으로 다시 적용할 수 있습니다.

범주에서는 단축키로 지정할 기능의 범주를 찾을 수 있으며 필요한 기능을 찾은 경우 왼쪽의 '키' 열에서 해당 기능을 지정시킬 단축키를 설정할 수 있습니다. 설정 방법은 해당되는 기능의 키 셀을 클릭한 후 단축키로 지정할 키를 바로 누르면 됩니다. (예: Ctrl+R)

오른쪽에 위치한 필터에서는 모두, 지정됨, 지정되지 않음을 선택하여 표시할 수 있도록 설정할 수 있습니다.

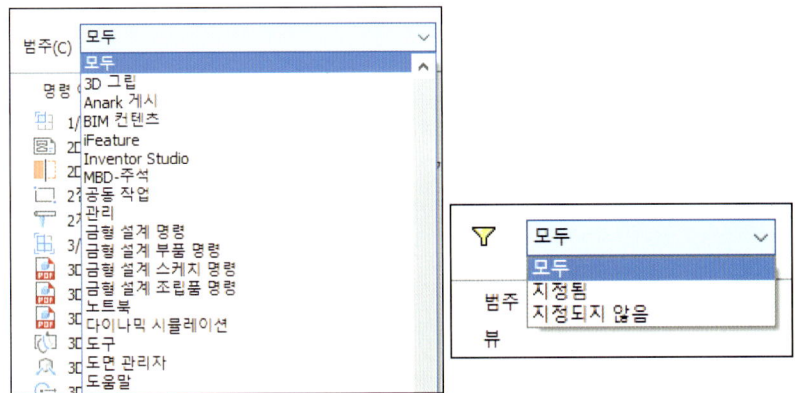

[그림 1-22] 키보드의 범주 및 필터

표식 메뉴 탭

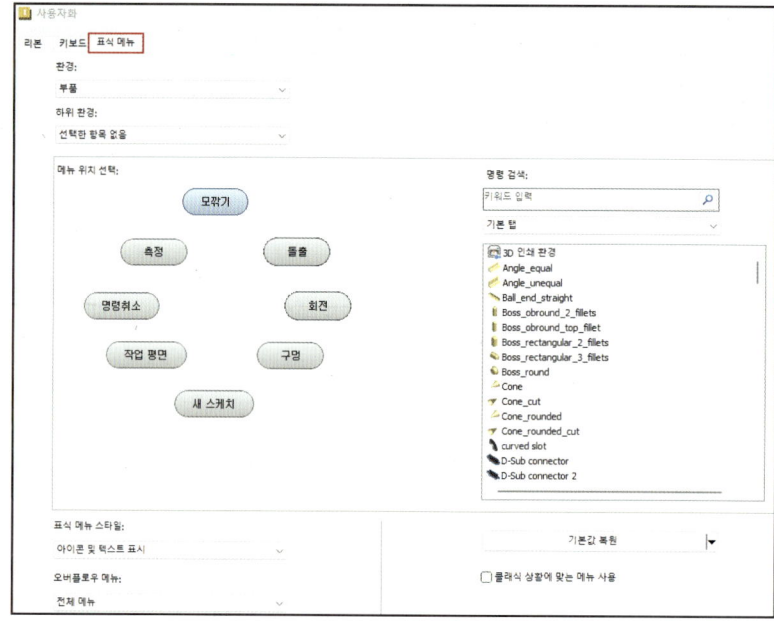

표식 메뉴 탭은 부품, 조립품, 도면, 스케치 등의 환경에서 오른쪽 마우스 버튼을 클릭하거나 오른쪽 마우스 버튼을 클릭한 상태로 특정 방향으로 드래그 할 경우 사용할 수 있는 기능으로 키보드의 활용에 한계가 있거나 마우스 조작으로 기능 실행이 편한 사용자들이 활용하는 기능 실행 방식입니다.

변경할 환경을 우선 설정한 후 해당 환경에서의 어떠한 작업 시 사용할 표식 메뉴의 구성 변경이 필요한지를 하위 환경에서 추가적으로 설정해야 정확한 환경에서의 표식 메뉴 구성을 변경할 수 있습니다. 환경, 하위 환경을 모두 설정한 후에는 메뉴 위치 선택의 구성이 기존 해당 환경에서 설정되어 있던 표식 메뉴의 구성으로 업데이트 됩니다.

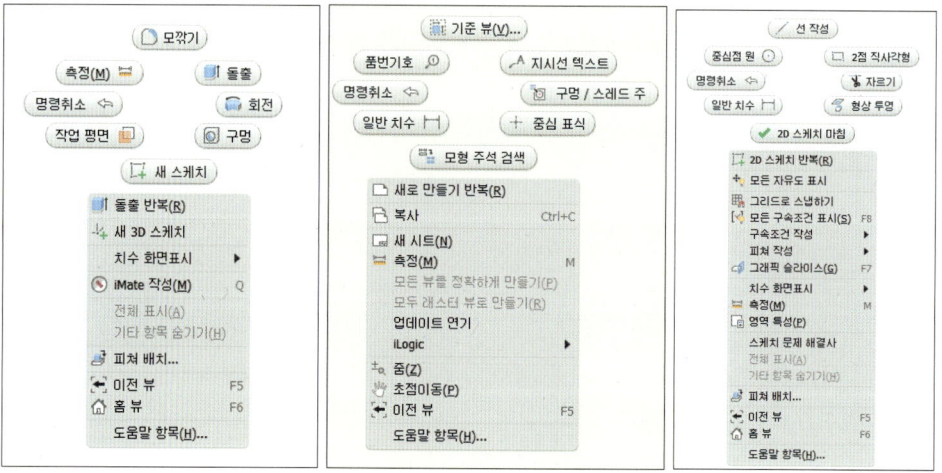

[그림 1-23] 부품/도면/스케치 환경에서 표식 메뉴

사용자화에서 필요한 모든 사항을 적용한 후에는 창 하단에 위치한 버튼들을 통해 변경 사항을 가져오거나 내보내기 할 수 있습니다.

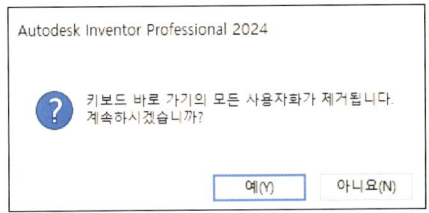

모든 키 재설정 버튼을 통해 사용자화를 초기화 할 수 있습니다.

클립보드에 복사를 하면 문서 파일이나 메모장에 단축 명령어들을 붙여넣기 할 수 있습니다.

〈NOTE〉

인벤터 재설정 시에는 단축키뿐만 아니라 응용 프로그램 옵션, 프로젝트 로드 목록, 리본 탭 구성 등의 모든 사용자화 값이 재설정되므로 단축키에 대한 값만을 초기화할 경우 아래의 '모든 키 재설정' 버튼을 통해 초기화하시면 됩니다.

모든 사용자화 값 초기화는 Windows>Autodesk Inventor 20XX>Inventor 재설정 유틸리티를 통해 재설정할 버전을 선택하여 적용할 수 있습니다.

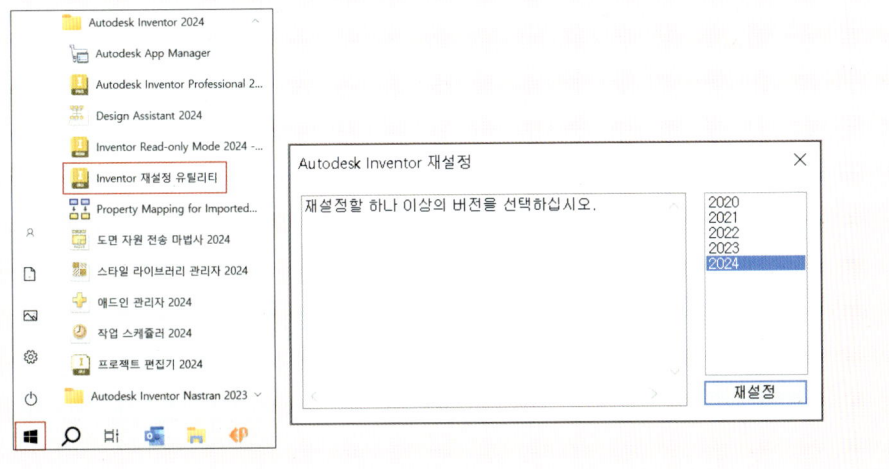

3.2 리본 탭 표시 상태 변경

앞에서 소개된 내용으로 리본 탭을 통해서도 다른 탭에서 사용되는 기능들을 원하는 리본 탭에 추가하여 적용하는 것을 확인했습니다. 추가적으로 리본 탭의 위치, 리본 탭에서 표시되는 글자 크기 등을 변경할 수 있습니다.

모든 리본 탭에는 오른쪽에 빈 공간이 있습니다. 빈 공간에서 오른쪽 마우스 버튼을 클릭하면 생성되는 기능들을 통해 추가적으로 리본 탭 구성을 변경할 수 있습니다.

리본 모양

리본 탭의 패널에서 표시되는 기능의 아이콘, 글꼴에 대한 속성을 변경할 수 있습니다.

[그림 1-24]를 통해 각 리본 모양에 따른 아이콘 상태를 확인할 수 있습니다.

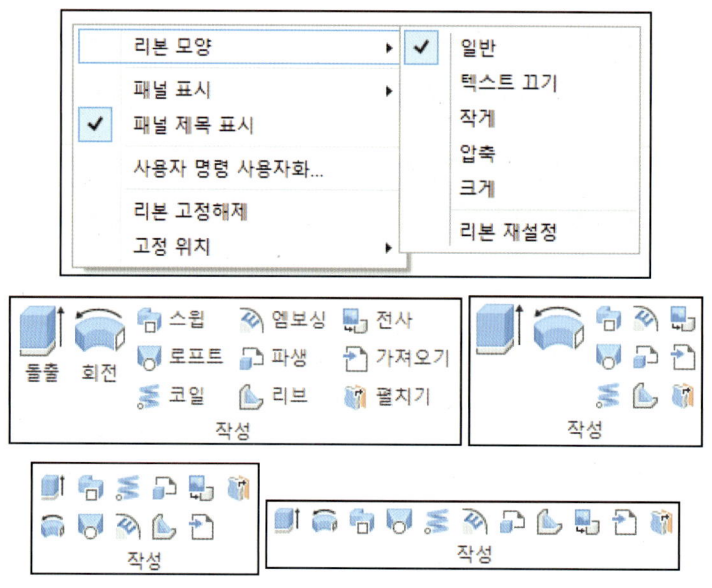

[그림 1-24] 다양한 리본 모양

아래는 패널 제목 표시 항목이 체크 및 제거된 상태입니다.

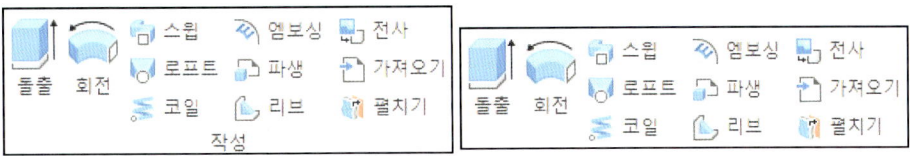

[그림 1-25] 패널 제목 표시

패널 표시

부품 혹은 조립품의 환경에 맞게 활성화 되어있는 탭에 구성된 패널을 제어할 수 있으며 체크를 통해 보이거나 제거할 수 있습니다. 마우스 오른쪽 버튼의 메뉴를 클릭하거나 패널 표시 아이콘을 클릭하여 간단히 제어할 수 있습니다.

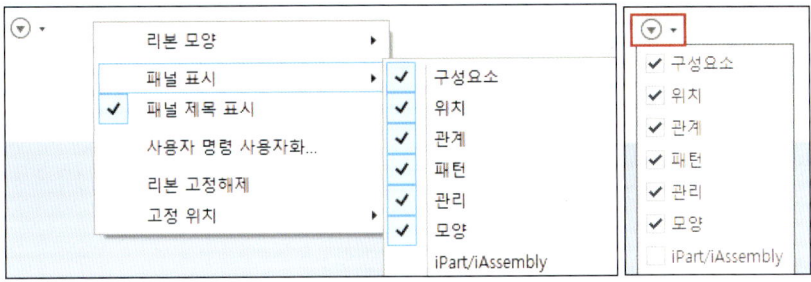

사용자 명령 사용자화…

도구 탭>사용자화 창이 팝업되며 리본 탭으로 전환되어 리본 탭의 구성을 사용자화 하도록 가이드합니다. 해당 창의 사용 방법은 앞서 소개된 사용자화 내용을 참고 및 적용할 수 있습니다.

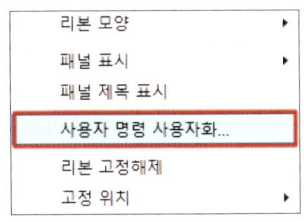

리본 고정 해제

리본 고정 해제 시 별도의 창으로 분리되며 '리본 막대'를 클릭 후 드래그 할 경우 해당 창의 위치를 자유롭게 이동할 수 있습니다.

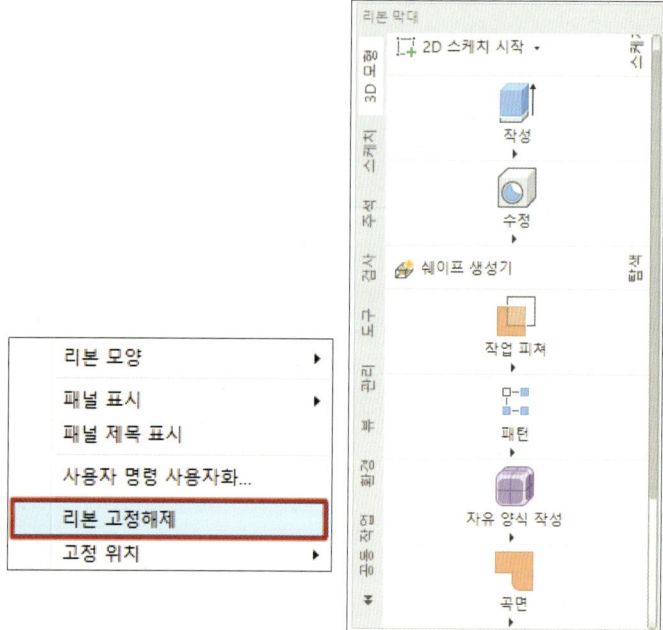

[그림 1-26] '리본 고정 해제' 시 리본 막대 창으로 분리

이동으로 설정된 경우 리본 막대 창이 가장 앞으로 표시되며 창을 원래의 위치 또는 지정 위치에 고정이 필요한 경우 리본 막대 제목 줄에서 오른쪽 마우스 버튼을 통해 '맨 위에 고정', '왼쪽에 고정', '오른쪽에 고정'으로 특정 위치에 리본 막대를 고정할 수 있습니다.

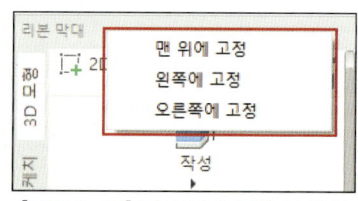

[그림 1-27] 리본 막대 고정 시 옵션

고정 위치

리본 막대의 고정 위치를 기본 위치인 위쪽에서 다른 방향으로 변경할 경우 세 개의 옵션을 통해 변경할 수 있습니다. '맨 위', '왼쪽', '오른쪽' 옵션으로 구성되어 있으며 변경할 옵션을 선택하면 바로 화면이 업데이트 되며 리본 막대의 위치가 변경됩니다.

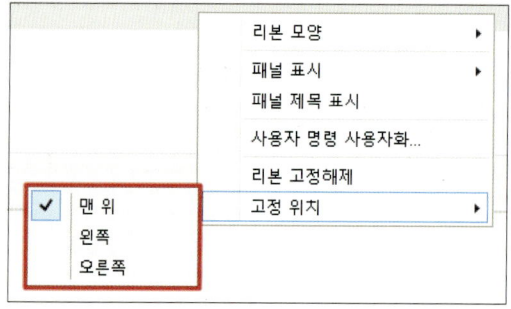

04 프로젝트 이해

프로젝트는 특정 설계 데이터와 연관된 템플릿, 폴더, 파일 등을 구성한 후 각 설계 데이터 작업 시 해당 구성에 엑세스할 수 있도록 돕는 시스템입니다. 대부분의 설계 데이터는 부품, 조립품, 표준품(재고품) 등으로 구성되어 있으며 프로젝트 파일을 통해 각 설계 데이터의 폴더 및 라이브러리를 구분할 경우 프로젝트 마다 검색 폴더를 지정하거나 파일 찾기를 통해 부품을 로드할 필요없이 프로젝트 구성 및 활성을 통해 각 프로젝트의 설정을 불러올 수 있습니다. 인벤터를 설치할 경우 자동으로 기본 프로젝트가 생성되며 별도로 프로젝트를 생성하지 않았을 경우 해당 프로젝트(Default.ipj)를 사용할 수 있으나 추후 파일을 불러오는 부분에 문제가 발생될 수 있으므로 각 설계 데이터에 적합한 프로젝트 파일을 생성하여 설정하는 것을 기본으로 합니다.

프로젝트 파일의 확장자는 .ipj이며, .xml 형식의 텍스트 파일입니다.

4.1 프로젝트 파일 구성

파일>관리>프로젝트 클릭 시 [그림 1-28]과 같이 프로젝트 관리 창이 팝업되며 프로젝트 창의 가운데를 기준으로 상단에는 인벤터를 설치한 후 생성하거나 불러온 프로젝트의 목록이 표시되며 하단에는 선택된 프로젝트의 설정 값을 확인할 수 있습니다.

'새로 만들기'를 통해 새 프로젝트 파일을 생성할 수 있으며, 기존 프로젝트 파일이 로컬 또는 서버에 존재할 경우 '찾아보기…'을 통해 불러올 수 있습니다.

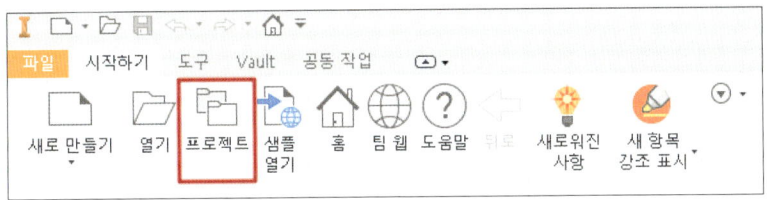

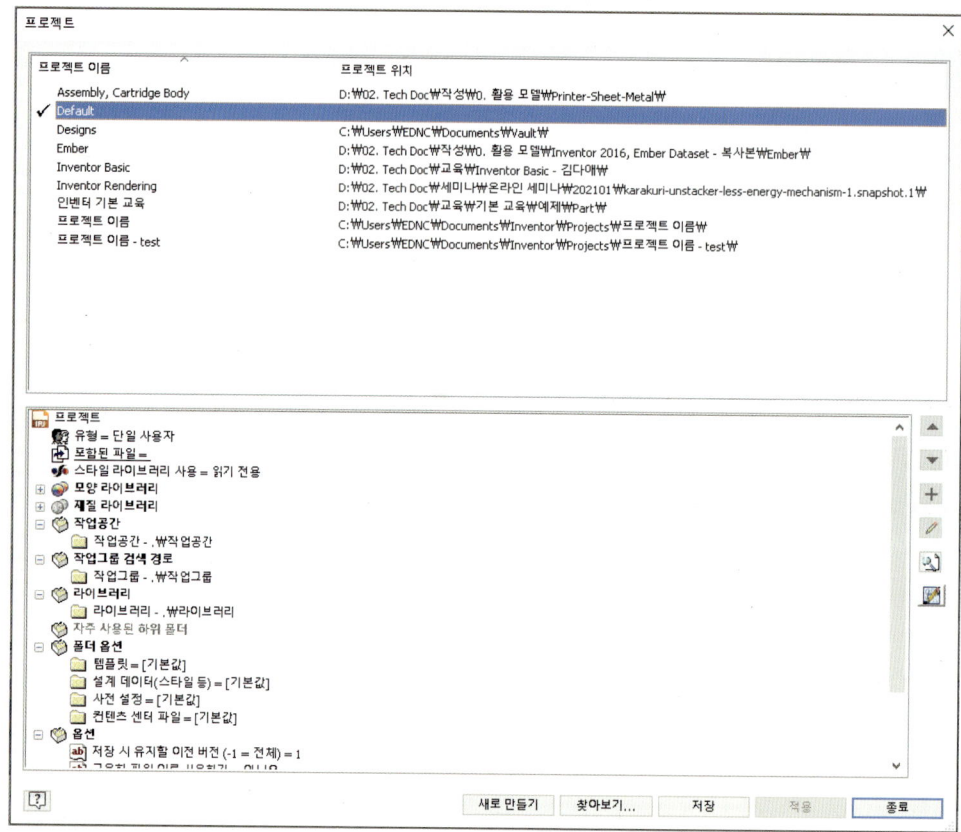

[그림 1-28] 프로젝트 창

프로젝트 파일 구성 옵션

- 유형 : 활성 프로젝트의 유형을 나타내며 단일 및 Vault사용자로 구분
- 포함된 파일 : 프로젝트에 포함할 다른 프로젝트 파일에 대한 경로를 추가
- 스타일 라이브러리 사용 : 읽기-쓰기와 읽기 전용으로 구분되며 스타일 라이브러리 수정이 필요한 경우 읽기-쓰기로 전환 후 수정, 스타일 라이브러리의 수정을 방지해야할 경우 읽기 전용으로 설정
- 작업 공간 : 프로젝트 파일 생성 시 지정한 작업공간 표시
- 작업그룹 검색 경로: 프로젝트가 생성될 때 지정되며 모든 프로젝트의 작업그룹은 하나로 설정
- 라이브러리 : 해당 프로젝트에 사용된 다운로드 받은 라이브러리 또는 생성한 라이브러리 파일 위치 경로
- 자주 사용된 하위 폴더: 프로젝트 하위의 자주 사용하는 폴더를 미리 경로 지정
- 폴더 옵션: 해당 프로젝트에서 사용할 설계 데이터, 템플릿, 컨텐츠 센터 파일 위치 지정
- 옵션 :
  - 저장 시 유지할 이전 버전: Old Versions 폴더에 저장할 버전의 수(기본: 1, 모든 버전 저장: -1)
  - 고유한 파일 이름 사용하기: 프로젝트의 하위 폴더를 포함하여 고유 이름을 작성할지 지정
  - 이름 : 프로젝트의 이름 표시
  - 바로가기 : 활성 프로젝트의 바로 가기 이름

- 소유자 : 해당 프로젝트의 소유자
- 릴리즈 ID : 릴리즈된 프로젝트 데이터의 버전 식별
- 가져온 구성요소 폴더 이름 : 가져온 구성요소를 저장할 경우 생성할 폴더 이름 지정
- 가져온 맨 위 단계 조립품 폴더 이름 : 부품에서 생성한 조립품 파일을 저장할 경우 생성할 폴더 이름 지정

4.2 프로젝트 파일 생성 절차

01 파일>관리>프로젝트 클릭 시 프로젝트 관리 창에서 '새로 만들기'를 클릭합니다.

[그림 1-29] 프로젝트 관리 창

02 '새로 만들기' 버튼 클릭 시 [그림 1-30]과 같이 Inventor 프로젝트 마법사 창이 팝업되며 해당 창에는 두 개의 옵션을 통해 프로젝트 파일의 유형을 지정할 수 있습니다.

- 새 단일 사용자 프로젝트: 로컬 PC에 프로젝트 파일 생성
- 새 Vault 프로젝트: Autodesk Vault 사용 시 Vault 연관 프로젝트 생성

프로젝트 유형을 선택한 후 다음 버튼을 클릭합니다.

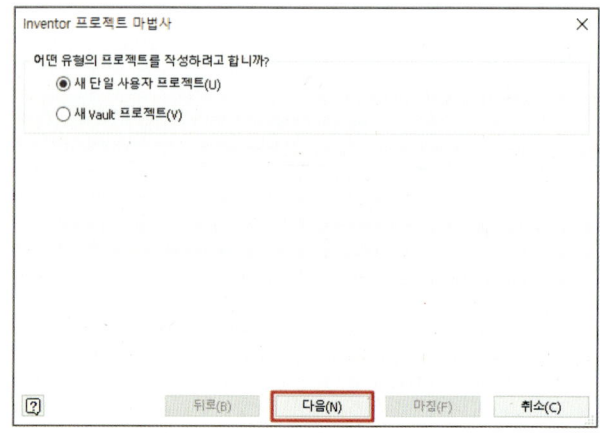

[그림 1-30] Inventor 프로젝트의 유형

해당 내용에서는 Autodesk Vault 기반이 아닌 관계로 '새 단일 사용자 프로젝트'로 기본으로 설정한 후 프로젝트 파일 생성 내용을 설명합니다.

03 프로젝트 파일의 정보를 입력한 후 '다음'을 클릭합니다.

- 이름 : 파일로 저장되며 프로젝트 창에 표시될 프로젝트의 이름 지정
- 프로젝트(작업공간) 폴더 : 프로젝트 파일이 존재하며 작업공간으로 지정될 폴더 설정
- 작성할 프로젝트 파일 : 자동으로 지정한 프로젝트 폴더에 지정한 프로젝트 이름으로 설정

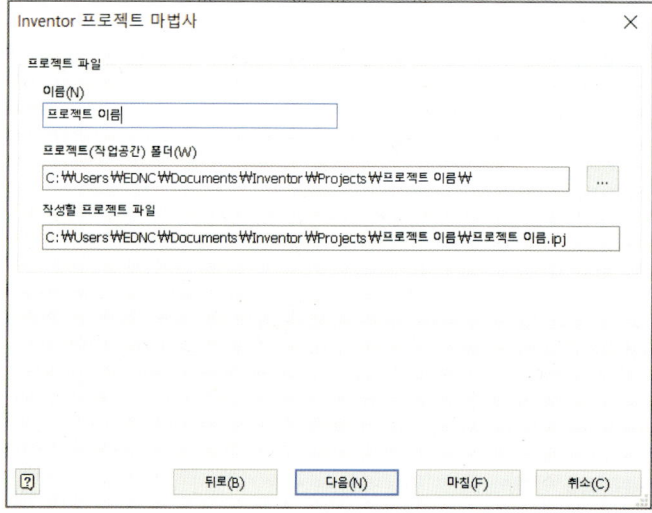

04 생성 중인 프로젝트에서 사용할 라이브러리 선택 및 오른쪽 방향을 가리키는 화살표 버튼을 통해 해당 프로젝트에서 사용할 라이브러리로 추가합니다. 만약 잘못 추가한 경우 왼쪽을 가리키는 화살표 버튼을 통해 추가된 목록 '새 프로젝트'에서 라이브러리 항목을 제외할 수 있습니다.

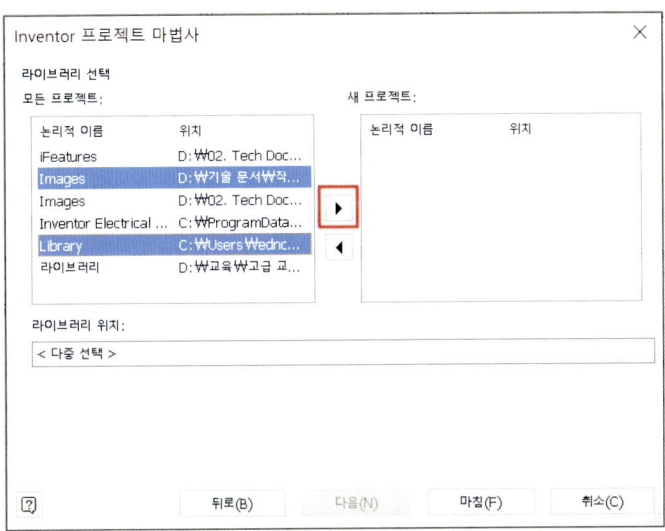

05 모든 설정을 마친 후에는 '마침'을 클릭합니다. 마침과 동시에 생성한 프로젝트가 활성되며 프로젝트 목록에 추가된 것을 볼 수 있습니다. 이후 추가적인 설정은 위의 프로젝트 세부 옵션을 참고하여 설정하면 됩니다.

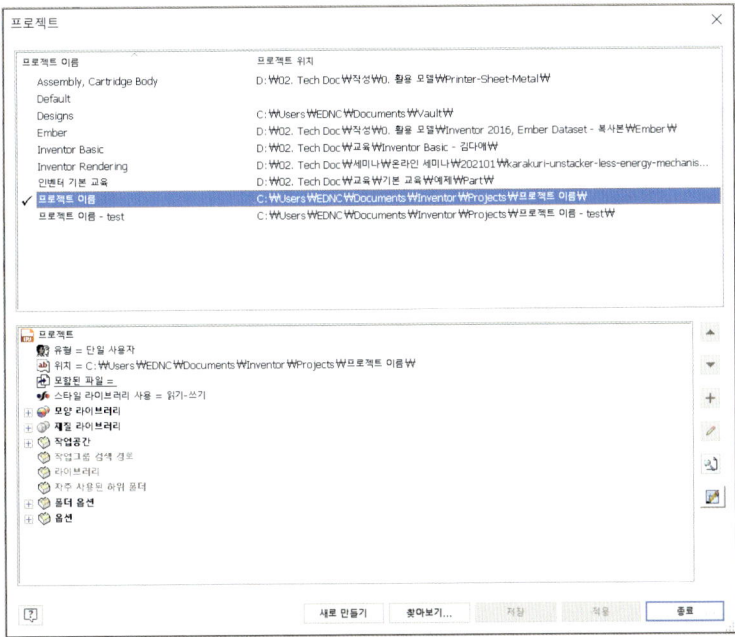

프로젝트 파일 활성 방법

홈 화면의 좌측 패널에서 프로젝트명의 아래 버튼을 클릭하여 만들어서 사용되었던 프로젝트 목록을 확인하여 선택합니다.

목록 중 활성화할 프로젝트를 선택한 후 "적용" 혹은 항목을 더블 클릭하면 해당 프로젝트가 활성화됩니다.

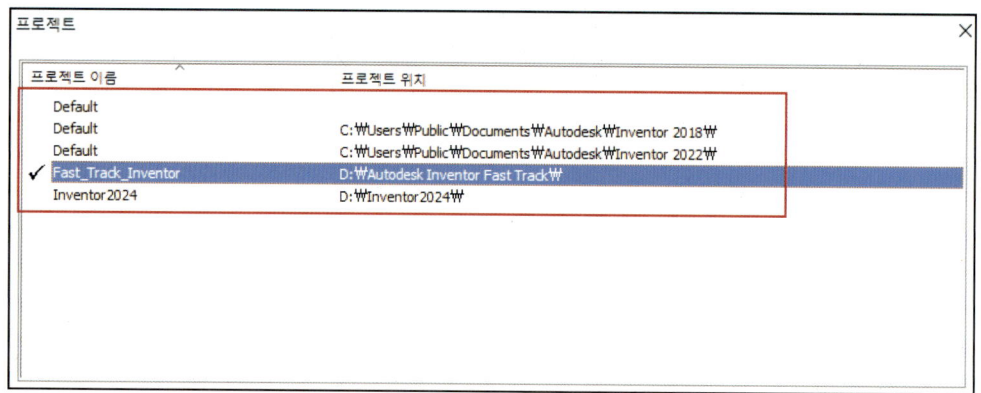

프로젝트를 변경하려면 열려 있는 문서를 모두 닫아야 가능 합니다.

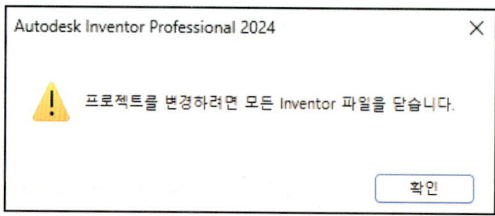

Track

2D 스케치 작성하기

인벤터에서 대부분의 형상 작업은 2D스케치를 기반으로 3D형상을 생성합니다. 01 Track에서 소개된 바와 같이 매개변수 기반으로 설계를 하며 2D, 3D에 무관하게 모두 특정 값을 통해 형상의 길이, 크기와 같은 치수를 제어할 수 있습니다. 2D스케치는 평평한 면(평면)에 선, 원, 호 등의 2D객체를 생성하여 스케치를 생성하고 해당 스케치를 기반으로 돌출, 회전, 스윕 등의 형상을 생성하여 피쳐(feature)를 구성합니다. 또 이러한 피쳐들을 통해 하나의 부품이 구성됩니다.

설계 데이터의 구성 단계는 아래와 같으며 가장 기본이 되는 스케치를 생성하는 방법과 스케치를 구성하는 요소와 구속 조건 및 치수 기입 방법을 확인하겠습니다.

최상위 조립품 > 상위 조립품 > 하위 조립품 > 부품 > 피쳐 > 스케치

01 스케치 생성 방법

스케치를 생성하기 위해서는 편평한 면에서 스케치를 생성할 수 있습니다. 기본 새 부품 문서를 생성하여 작업하는 경우 기존 형상이 없기 때문에 기본적으로 구성된 평면에서 스케치를 시작하며 기존에 작업된 3D형상이 있을 경우 3D형상에서의 편평한 면을 사용하여 스케치를 작성할 수 있습니다.

각 상황에 따른 스케치 생성 방법을 확인할 수 있습니다.

1.1 기본 구성 평면 사용

시작하기 탭>새로 만들기에서 Standard.ipt 를 더블클릭하면 새 부품 문서가 생성됩니다.

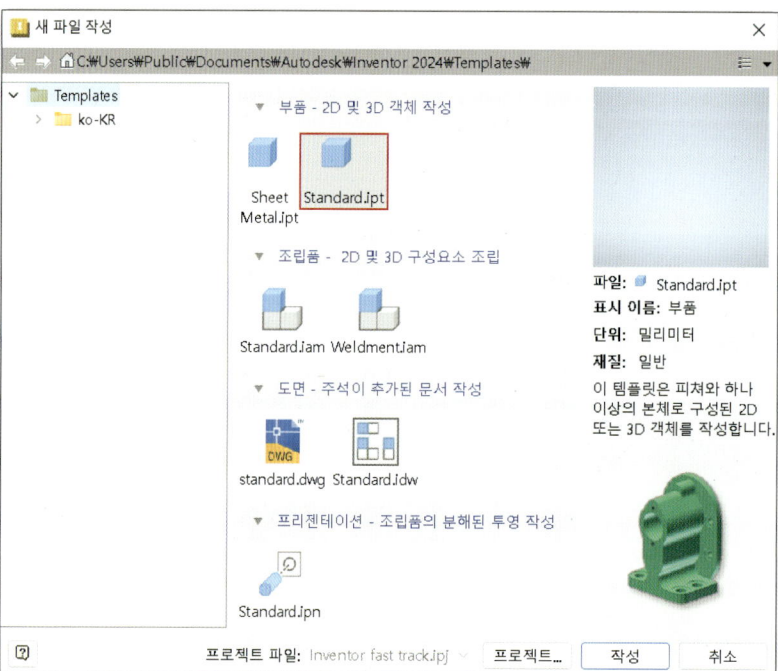

인벤터에서 부품, 조립품 문서에는 기본적으로 원점 폴더가 구성되어 있습니다. 모형 검색기에서 원점 폴더 왼쪽의 + 를 클릭하여 폴더를 확장하면 기본적으로 구성된 평면과 축, 중심점을 확인할 수 있습니다. 기본으로는 YZ, XZ, XY 평면이 구성되어 있으며, 해당 평면을 통해 새로운 스케치를 생성할 수 있습니다.

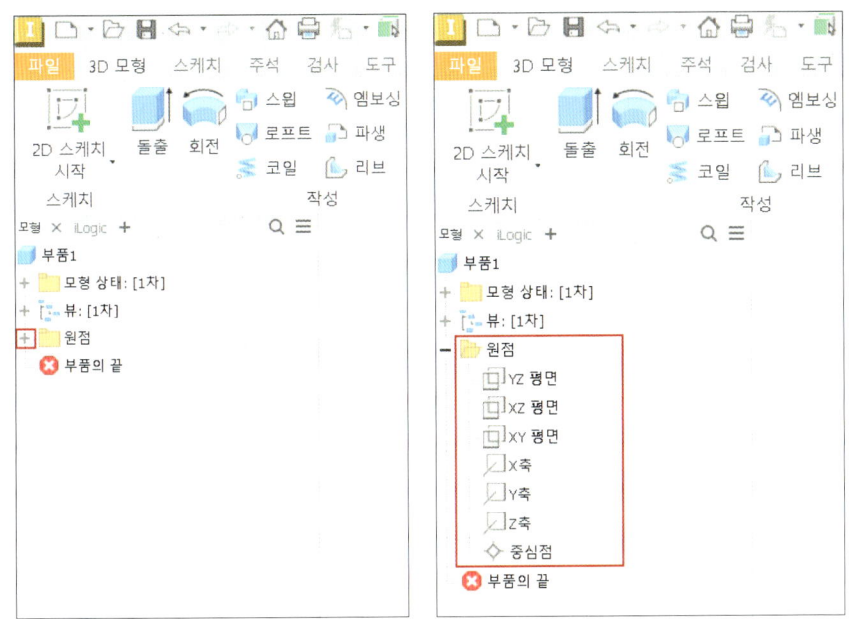

[그림 2-1] 원점 폴더 확장 전과 후

확장된 폴더 내에서 스케치 생성이 필요한 면을 선택하여 해당 평면에 새로운 스케치를 생성하여 작업할 수 있습니다. 스케치 생성에 있어서도 여러 순서를 통해 생성할 수 있으며, 아래의 방법 중 사용하시기에 적합한 방법을 찾아 적용하시기 바랍니다.

모형 검색기 내의 평면 선택으로 새 스케치 생성

모형 검색기 내의 스케치 생성이 필요한 평면에서 오른쪽 마우스 버튼을 클릭하여 '새 스케치'를 클릭하면 선택한 평면에 새로운 스케치를 생성할 수 있습니다.

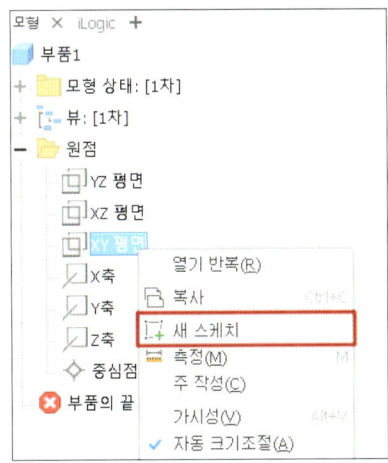

1.2 형상의 편평한 면

스케치를 기반으로 이미 형상화된 솔리드 또는 피쳐에 편평한 면이 있다면 해당 면을 선택하여 새로운 스케치를 생성할 수 있습니다. 아래 그림에서 확인할 수 있는 것과 같이 표식 메뉴, 스케치 탭 활용 등의 방법으로 편평한 면에 새 스케치를 생성할 수 있습니다.

① 편평한 면에서 왼쪽 마우스 버튼 클릭 후 '스케치 작성' 아이콘 클릭
② 편평한 면에서 오른쪽 마우스 버튼 클릭 후 표식 메뉴에서 '새 스케치' 클릭
③ 3D모형 탭>스케치 패널>2D스케치 시작 후 면 선택 또는 면 선택 후 2D스케치 시작 클릭

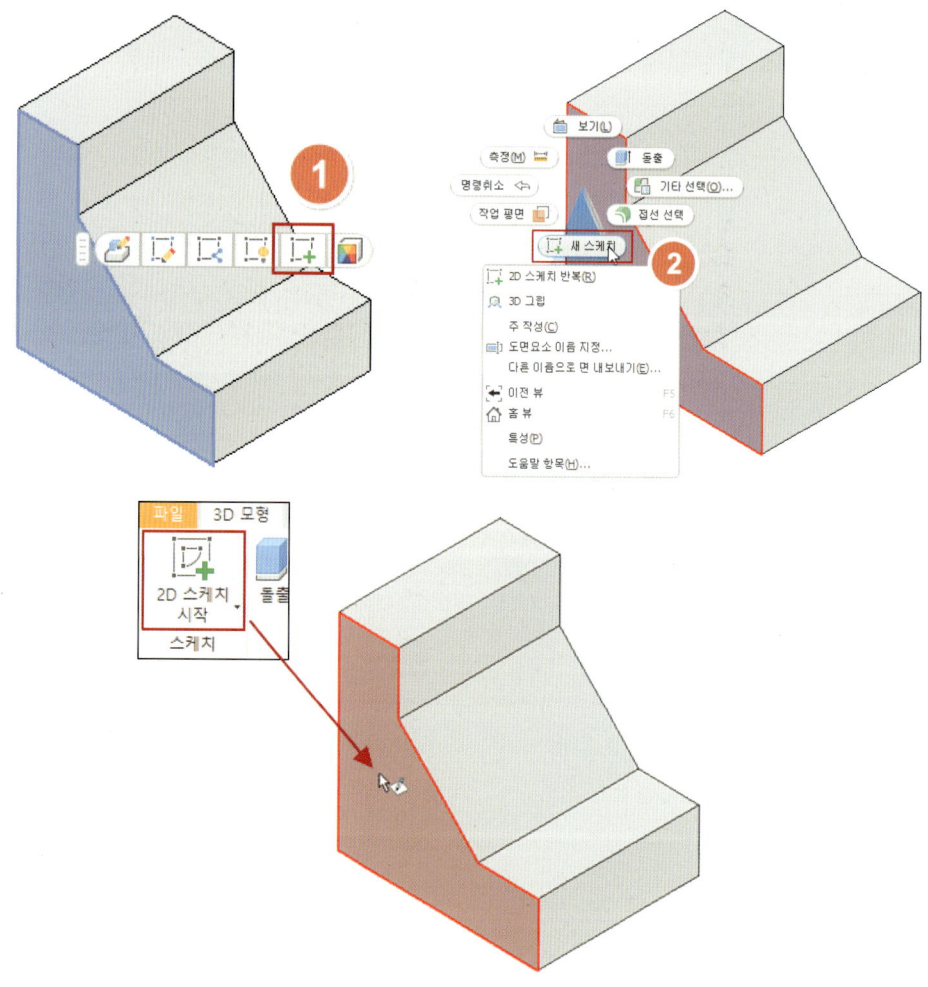

[그림 2-2] 기존 형상 기반 스케치 생성 방법

02 스케치 환경 이해

대부분의 피쳐들은 스케치를 기반으로 이루어진 피쳐가 많습니다. 스케치 기반으로 이루어질 수 있는 피쳐의 예로는 돌출, 스윕, 회전 등이 있으며, 스케치 없이 생성될 수 있는 피쳐는 모깎기, 모따기, 구멍, 쉘 등이 있습니다. 한 스케치에는 하나 또는 여러 스케치 요소(객체)로 이루어질 수 있으며 인벤터 스케치를 정의하는 것으로는 치수와 구속조건이 있습니다.

입력된 치수 또는 구속조건을 통해 스케치를 제어하기 위해 필요한 조건을 완벽히 갖출 수 있으며 스케치가 완벽히 정의된 후에 추가적으로 치수 또는 구속조건이 부여될 경우에는 초과로 정의되기 때문에 오류가 발생하게 되며 이미 입력된 구속조건이 중복적으로 들어가는 것도 불가능하기 때문에 치수 또는 구속조건을 부여할 때에 오류가 발생한다면 이미 입력되어 있는 조건인지 확인하며 스케치를 정의하면 됩니다.

스케치를 작성하는 과정에 정답이 있지는 않지만 최종 목적은 완전한 구속조건을 만들어야 하는 것이며 작업자의 의도에 맞게 작성되어야 합니다.

스케치 환경에서는 어느 구속조건이 부여되었는지 스케치 요소의 상태에 따른 색상이나 위에 언급한 완전히 정의된 상태 등을 확인하여 이후의 작업에 참고하여 작업할 수 있도록 구성되어 있습니다. 스케치 작업 중 참고할 수 있는 상태들을 확인하겠습니다.

2.1 스케치 활성

인벤터 내의 모든 기능을 활성화하게 되면 해당 기능이 존재하는 탭이 활성화되거나 특성 탭이 활성화됩니다. 이전에 설명된 스케치 생성 방법을 통해 스케치를 생성함과 동시에 자동으로 스케치 탭이 활성되 되며 스케치 작업 시 사용할 기능들을 바로 실행할 수 있게 됩니다.

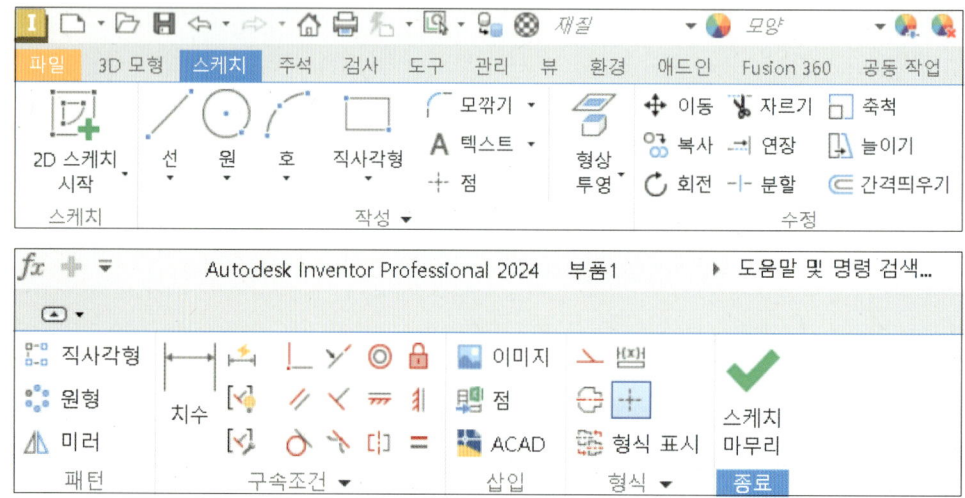

스케치 탭은 여러 패널들로 구성되어 있으며 각 패널에서 실행할 수 있는 기능은 아래와 같습니다.

- 스케치 : 2D 또는 3D스케치 시작
- 작성 : 선, 원, 사각형, 형상 투영 등의 기능으로 새로운 스케치 요소 생성
- 수정 : 이동, 복사, 자르기, 간격띄우기 등의 기능으로 입력된 스케치 요소 편집
- 패턴 : 직사각형, 원형, 미러 기능으로 스케치 요소를 규칙화된 배열로 배치
- 구속조건 : 일치, 평행, 수평, 수직 등의 구속조건을 스케치 요소에 부여
- 삽입 : 이미지, 점(csv), AutoCAD 파일을 스케치 내에 입력
- 형식 : 구성(점선), 중심선, 연계치수, 중심점으로 스케치 요소를 해당 유형으로 지정

정상적으로 스케치를 생성하거나 편집하는 상황에는 위의 그림과 같이 스케치 탭>종료 패널>스케치 마무리가 생성되어 해당 명령을 통해 스케치를 종료할 수 있게 됩니다.

2.2 스케치 환경의 색상 구성

인벤터 내의 모든 환경에는 색상 체계에 따라 구성되어 표시됩니다. 이러한 색상 체계는 기본적으로 구성되어 있는 체계를 사용하거나 필요한 경우 다르게 구성하여 사용할 수 있습니다. 색상 체계에는 스케치 환경에 대한 설정뿐만 아니라 부품, 조립품, 도면 등의 여러 환경에서의 세부 항목에 대한 색상 설정을 할 수 있습니다. 이미 구성되어 있는 색상 체계의 몇 예시로는 고대비, 밝게, 어둡게, 프리젠테이션이 있습니다.

색상 체계는 도구 탭>옵션 패널>응용프로그램 옵션에서 색상 탭을 클릭하면 [그림 2-3]과 같은 설정을 통해 표시될 작업 환경을 구성할 수 있으며 적용 후에는 상단에서 구성된 화면에 대해 미리보기로 확인할 수 있습니다.

① 캔버스 내 색상 체계 : 구성된 색상 체계 목록 중 활성이 필요한 항목을 선택하여 활성화합니다.
② 구성표 사용자화 : 선택한 색상 체계의 세부 항목의 색상으로 별도 편집할 수 있습니다
③ 배경 : 부품 및 조립품 작업 시 배경에 대해 '색상', '그라데이션', '배경 이미지' 중 선택하여 설정할 수 있습니다.
④ 반사 환경 : 부품 및 조립품 형상에서 반사가 적용되는 재질에서 표현할 반사 이미지를 설정할 수 있습니다.

[그림 2-3] 캔버스 내 구성된 색상 체계 목록

2.3 상태 막대와 스케치 환경의 특화 도구

스케치를 활성화하는 것과 동시에 상태 막대에는 스케치 관련 도구들과 스케치 완전 정의 상태를 확인할 수 있습니다. 완전 정의 상태는 두 가지의 상태로 구분됩니다.

- 완전하게 구속됨 : 활성화된 스케치 내의 모든 스케치 요소 모두 완전 정의 상태
- x개의 치수 필요 : 활성화된 스케치 내의 요소 중 x개의 치수 입력 후 완전 정의 가능

상대 막대 내에 스케치 활성화 상태에서만 구성되는 도구들은 총 6개이며 왼쪽에서부터 각 도구의 아이콘 및 내용은 아래와 같습니다.

- 그리드로 스냅하기 : 스케치 요소 생성 시 스케치 영역 내의 그리드 위치에 스냅
- 전체 구속 조건 표시 / 숨기기 : 스케치 내의 전체 구속조건을 표시하거나 숨김
- 값 / 이름 / 표현식 / 공차 / 정확한 값 : 스케치 화면에 표현할 치수의 상태 지정
    - 값 : 계산된 값으로 표시
    - 이름 : 매개변수 이름으로 표시
    - 표현식 : 지정된 파라메트릭 표현식으로 표시
    - 공차 : 지정된 공차를 포함하여 표시
    - 정확한 값 : 정밀도를 무시하고 값으로 표시
- 그래픽 슬라이스 : 활성 스케치 평면 기준으로 단면 처리
- 모든 자유도 표시 : 활성 스케치 내에 모든 스케치 요소의 자유도 표시
- 완화 모드 : 조건에 따라 구속조건이 입력되어 있더라도 요소의 이동이 가능하도록 설정

2.4 스케치 환경의 표식 메뉴

스케치 환경뿐만 아니라 여러 환경에서 표식 메뉴를 활용하여 자주 사용하는 명령어들을 빠르게 실행할 수 있도록 설정할 수 있습니다. [그림 2-4]과 같이 기본적으로 구성된대로 사용할 수도 있으나 자주 사용되는 항목에 대해 별도로 사용자화하여 [그림 2-5]의 방법을 통해 필요한 기능들로 사용자화할 수 있습니다. 표식 메뉴의 사용자화는 도구 탭>옵션 패널>사용자화에서 표식 메뉴 탭 내의 설정을 변경하여 표식 메뉴 구성을 바꿀 수 있습니다.

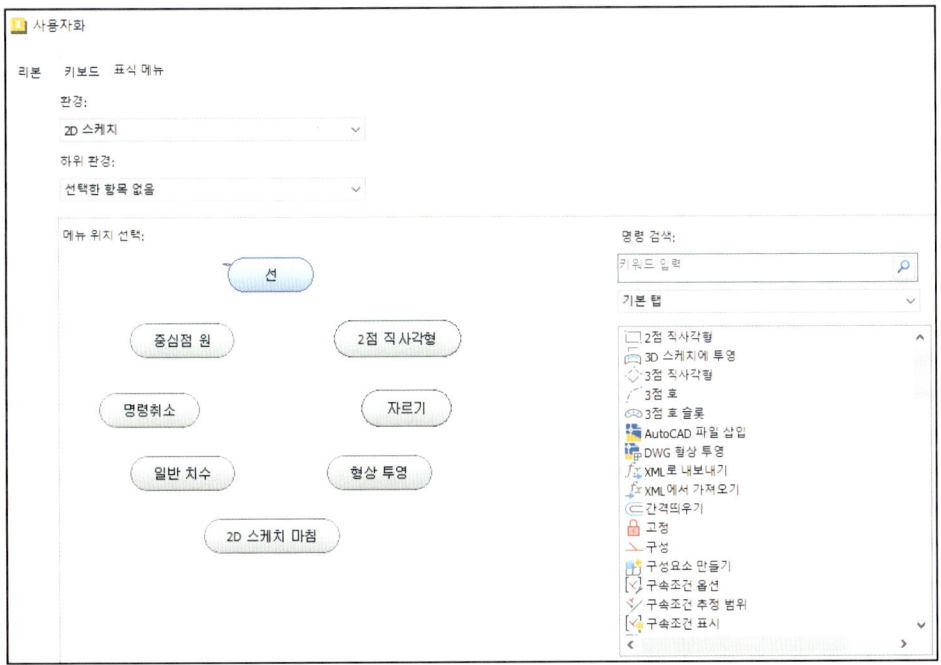

[그림 2-4] 사용자화 화면

표식 메뉴 명령 변경 방법
① 환경과 하위 환경을 선택합니다.
② 변경이 필요한 환경으로 전환한 후 변경할 메뉴 위치를 클릭합니다.
③ 설정할 명령을 명령 검색합니다.
④ 검색된 명령을 클릭합니다.

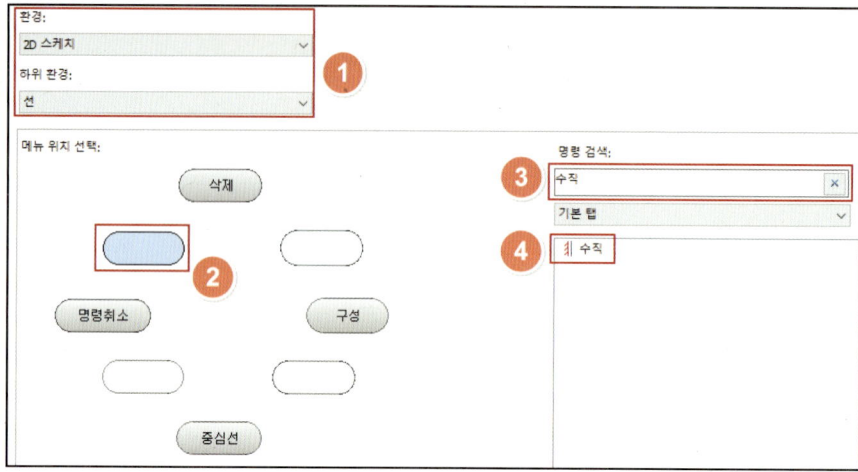

[그림 2-5] 사용자화의 표식 메뉴 수정

2.5 스케치 생성 전 단위 설정

기본적으로 템플릿을 설정하여 인벤터 내에서 문서를 생성하기 때문에 단위를 별도로 설정하지 않아도 생성한 템플릿 기반의 단위로 활성화됩니다. 하지만 템플릿 작업을 별도로 해두지 않았거나 이미 문서를 활성화한 상태에서 단위를 변경하고자 할 경우 아래의 방법을 통해 확인 및 변경할 수 있습니다.

응용프로그램 옵션에서는 모든 문서에 적용되는 설정인 반면에 각 문서에서의 환경 설정을 별도로 설정할 수 있는 옵션이 '문서 설정'입니다. 도구 탭>옵션 패널>문서 설정 위치에 있으며 문서 설정 내에서 각 문서마다의 설정 항목에는 차이가 있으므로 활성화된 문서에 따라 확인하여 필요한 사항을 변경 및 반영할 수 있습니다.

부품 문서에서 '문서 설정' 창을 띄울 경우 표준, 단위, 스케치, 모델링, BOM, 기본 공차 탭으로 구성되어 있으며 관련된 내용을 적용할 수 있습니다.

해당 창 내에서 설정하는 것은 열려있는 문서에만 적용되는 것이기 때문에 인벤터 전체적인 설정으로 반영할 경우 응용프로그램 옵션을 통해 적용 해야 하며 문서 설정 내에서만 적용할 수 있는 항목은 적용한 후 템플릿으로 저장하면 해당 템플릿에 설정 사항들을 영구적으로 사용되도록 생성할 수 있습니다.

표준 탭에서는 그래픽 영역에서의 모델에 비춰질 조명 스타일을 설정하거나 모델의 표시 상태(모서리, 음영 등)를 변경하거나 재질 특성의 변경 및 3D주석을 입력할 경우에 활성화할 표준을 지정할 수 있습니다.

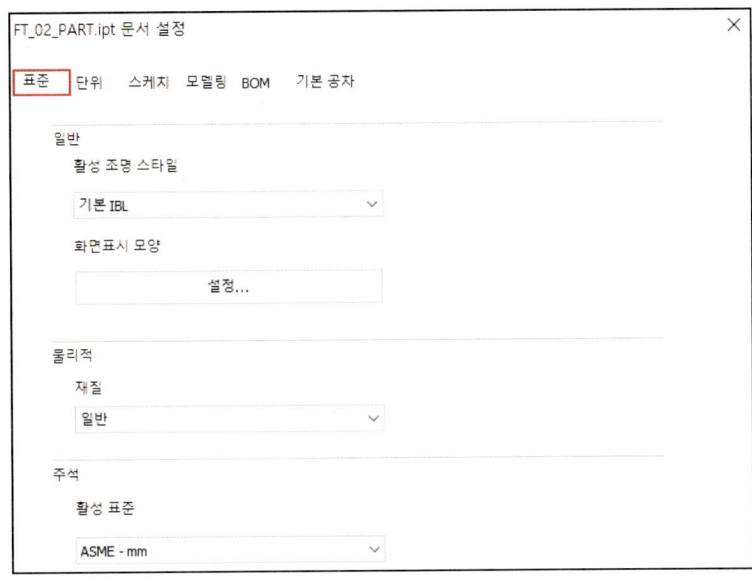

단위 탭에서는 길이, 시간, 각도, 질량에 대한 각 표시 단위를 설정할 수 있으며 모델링 시 표시될 치수의 소수점 단위를 지정하거나 스케치 시 표시될 치수 또는 값의 유형을 지정할 수 있습니다. 한 번 입력된 치수의 경우 기존 단위를 유지하기 때문에 치수 변경이 필요한 경우 이에 유념하여 작업해야 합니다.

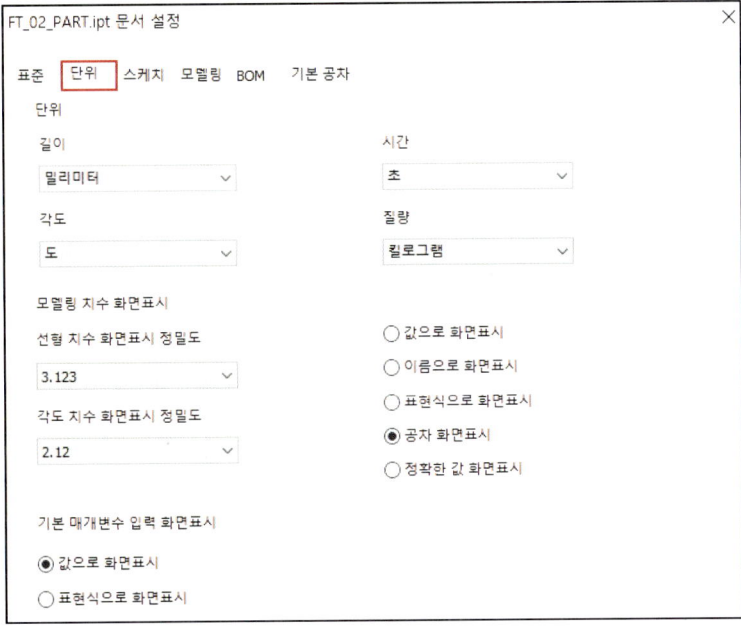

스케치 탭에서는 스냅 점 간의 간격을 설정할 수 있으며, 모형 스케치의 선 가중치를 정의할 수 있습니다.

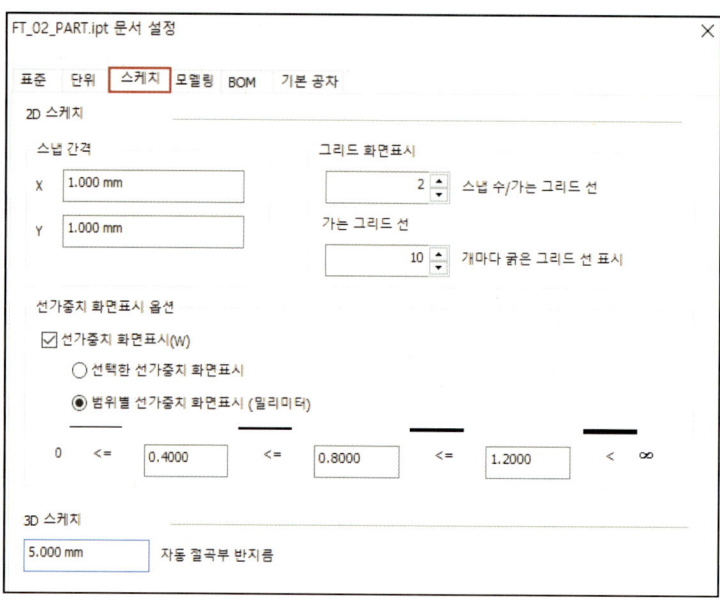

모델링 탭 내에서는 해당 부품을 조립품에서 가변적으로 사용되는 옵션과 3D스냅 간격 및 초기 뷰 범위 등을 설정할 수 있습니다.

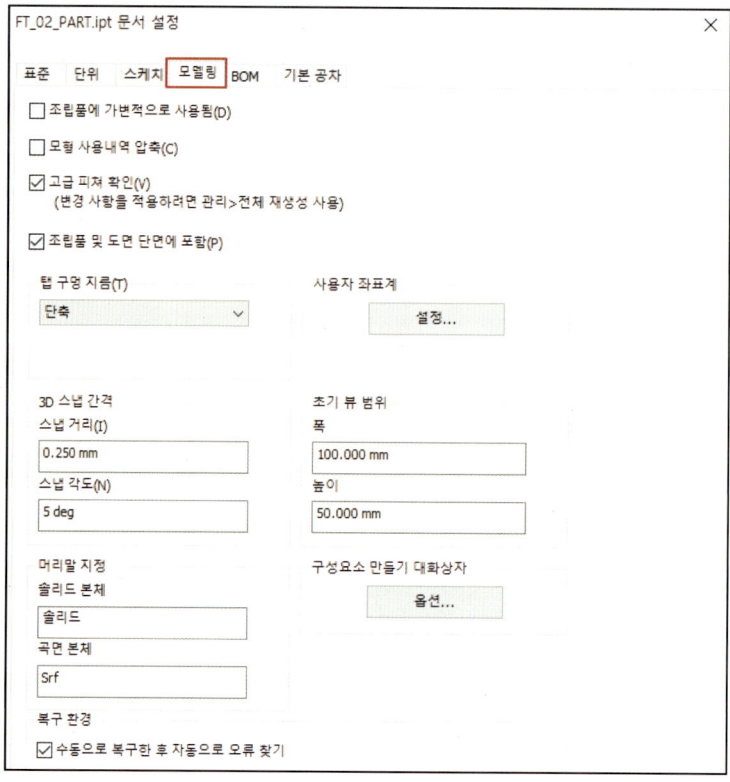

아래 예시와 같이 25mm를 입력하고 문서의 단위를 mm에서 cm로 변경 후 해당 치수를 편집할 경우 기존에 입력된 값이 그대로 유지되어 있기 때문에 가시적으로 보이는 값은 변경되더라도 편집 시 값은 그대로 유지되어 있는 것을 확인할 수 있습니다.

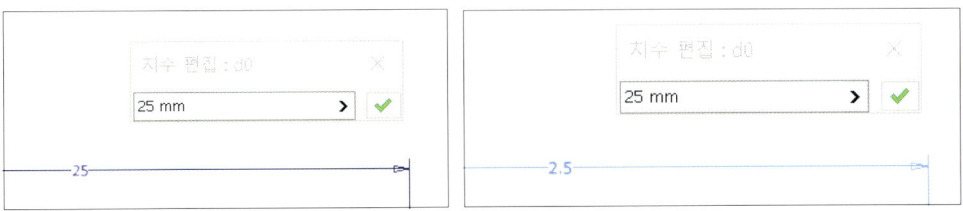

[그림 2-6] mm에서 cm로 단위 변경 후 치수 편집 시

위와 같이 치수 편집 시 유의해야할 상황이 발생할 수 있기 때문에 스케치 또는 치수를 입력하기 전에 먼저 해당 문서의 단위를 변경한 후 치수를 입력하는 것을 권장합니다.

03 스케치 요소 작성 방법

새 스케치를 생성하거나 기존 스케치를 편집할 수 있도록 활성화해둔 상태에서는 새로운 스케치 요소를 생성할 수 있습니다. 스케치는 미리 구속조건이나 치수 기입에 대해 구상한 후 생성하는 것이 추후 구속조건 또는 치수 기입에 대한 시행 착오를 줄일 수 있습니다.

모든 스케치 요소를 생성할 경우에는 작성하고자 하는 기능 위에 마우스를 두었을 때 해당 기능에 대한 상세한 도움말이 표시되면서 요소 생성 순서 및 방법에 대해 확인할 수 있습니다. 대부분의 스케치 요소는 왼쪽 마우스 버튼 클릭을 통해 스케치 요소의 시작점과 마치는 위치를 구성할 수 있으며 오른쪽 마우스 버튼을 통해 일시적인 스냅의 유형 변경과 좌표 유형 등의 옵션을 변경할 수 있습니다.

위에서 언급된 각 기능 위에 마우스 커서를 두었을 대 생성되는 툴팁(상세한 도움말)의 표시는 응용프로그램을 통해 설정할 수 있습니다. 위치는 도구 탭>옵션 패널>응용프로그램 옵션>일반 탭의 '툴팁 모양'에서 세부 설정할 수 있습니다.

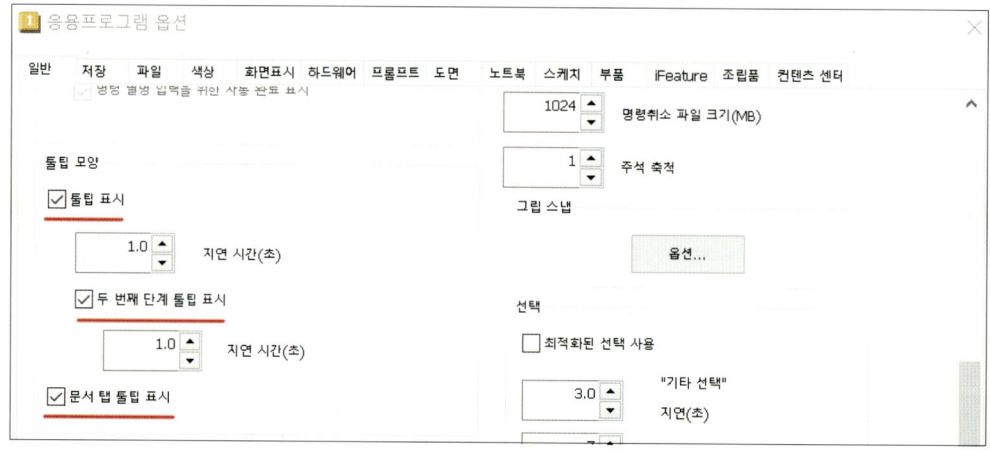

[그림 2-7] 툴팁 표시 옵션 관련

스케치 탭>작성 패널 내에는 다양한 종류의 스케치 도구들이 있습니다. 해당 탭 내의 각 도구들의 사용 방법을 확인하여 필요한 스케치 요소를 생성할 수 있습니다.

3.1 스케치 요소 작성 방법 – 스플라인, 원, 타원

스케치 탭>작성 패널에는 선, 원, 사각형 등의 스케치 요소를 작성하는 기능들이 있습니다. 그 중 선과 원에 대한 기능은 아래와 같이 드롭다운으로 옵션을 제공하고 있습니다.

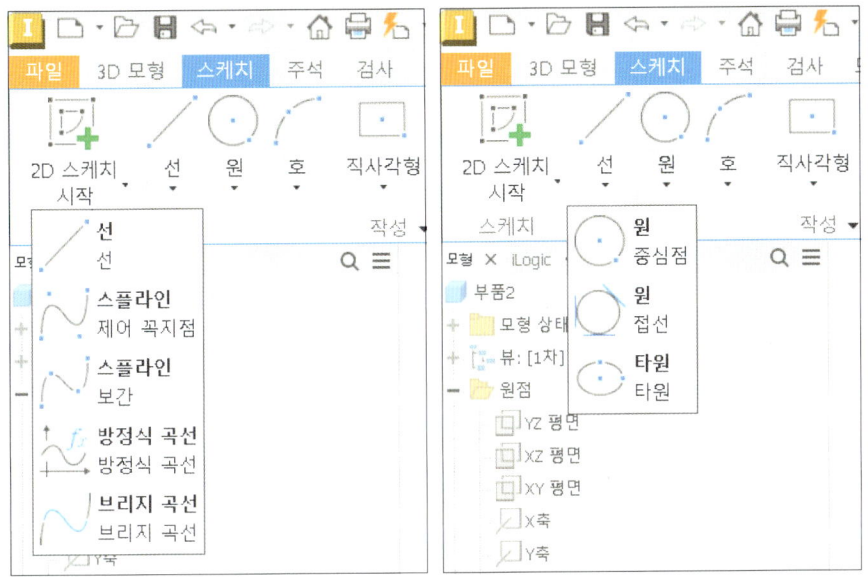

1) 선

선은 대부분의 모델링에 많이 사용되는 항목 중 하나입니다. 선은 단순히 왼쪽 마우스 버튼을 여러 차례 클릭하는 과정으로 작성할 수 있습니다. 각 유형의 스케치 요소를 생성하고 완전 정의 기준으로 치수 및 구속 조건을 부여하도록 합니다.

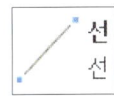

선이 실행된 후에는 마우스 커서에 좌표 값이 바로 표현되며 마우스 왼쪽 버튼을 클릭할 경우 바로 선 그리기가 시작되기 때문에 마우스 커서를 이동할 경우 선이 늘어나는 형상으로 따라오는 것을 보실 수 있습니다. 예를 들면 선을 그리기 위해 바로 좌표값X, Y값을 입력하여 선의 시작 위치와 끝 위치를 지정할 수 있으며 마우스 커서를 동시에 활용할 경우 선의 길이와 각도를 활용하여 생성할 수 있습니다.

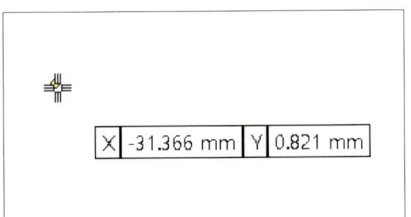 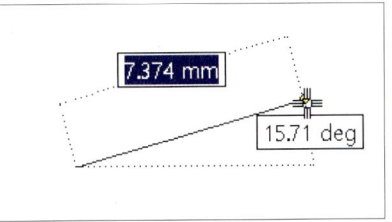

[그림 2-8] 스케치 도구 – 선 실행 및 작성

⟨NOTE⟩

선 입력 전에 커서를 움직이면 좌표가 동적으로 표현되는 포인터 입력의 치수 표시와 두 번째로 선택되는 점에는 치수 입력이 표시됩니다. 입력 시 표시되는 점의 위치 또는 두 번째 점의 위치를 표시해주는 옵션에 대해서도 제어할 수 있습니다.

간단한 선을 그릴 때 TAB 키와 Enter 키를 적절하게 누르며 진행하면 치수가 자동으로 기입되어 편리하게 작도할 수 있습니다.

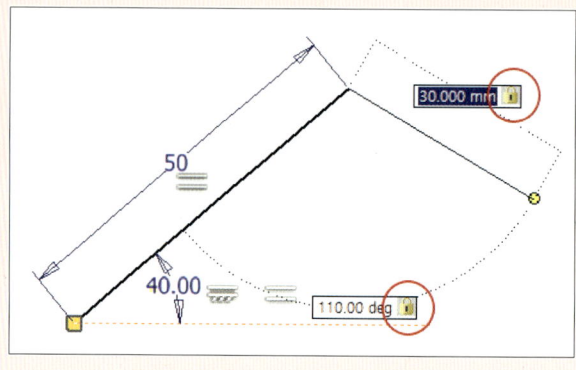

스케치 구성

형상 작업을 위한 선이 아닌 참고를 위한 선을 작성할 경우에는 해당 선을 '구성' 상태로 변경하여 점선 형상으로 변경할 수 있고 이렇게 구성 선으로 변경된 상태에서는 형상 작업에 영향을 미치

[그림 2-9] 스케치의 구성 도구

지 않는 선으로 변경할 수 있습니다. 일반 직선뿐만 아니라 스케치 내의 요소들 중 점선으로 표현할 요소를 선택하여 구성 항목으로 변경할 수 있습니다. 어떠한 스케치 요소도 선택되지 않은 상태에서 구성 옵션이 활성화되어 있을 경우 그 이후에 작성되는 모든 항목이 점선으로 생성되므로 유의하여 필요한 작업에 맞추어 활성화합니다.

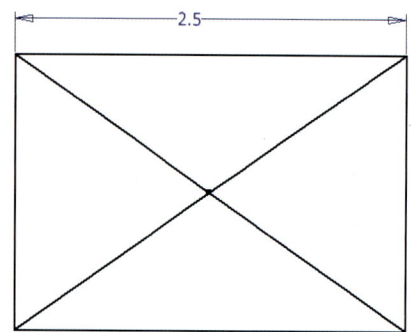
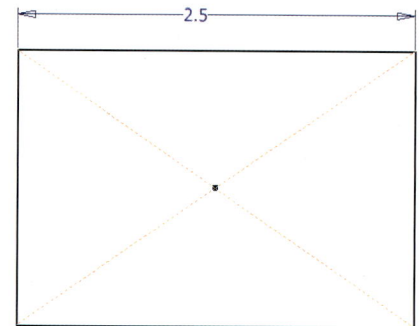

[그림 2-10] 구성 적용 전과 후

헤드업 디스플레이

도구 탭>옵션 패널>응용프로그램 옵션>스케치 탭>헤드업 디스플레이를 사용하도록 설정한 후 설정 버튼을 클릭하면 상세 옵션을 추가적으로 설정할 수 있습니다. 헤드업 디스플레이(HUD) 사용을 해제할 경우에는 커서에서 표시되는 치수 입력 창이 사라지는 것을 확인할 수 있습니다.

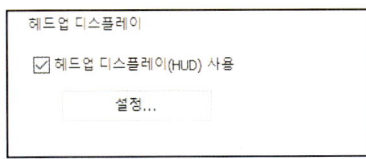

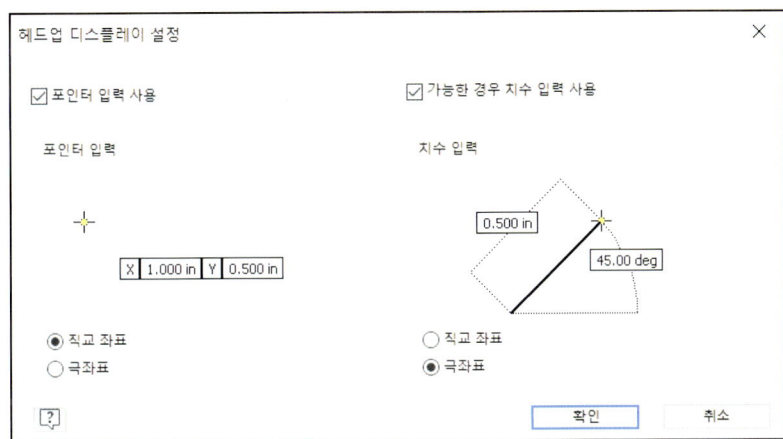

정확한 입력

스케치 요소를 생성할 때에 위치 지정이 필요한 모든 항목에는 '정확한 입력' 기능을 활용하여 입력할 요소의 좌표 값을 입력하여 형상을 생성할 수 있습니다. 스케치 탭>작성 패널>정확한 입력을 통해 기능을 실행할 수 있으며 절대 또는 상대 좌표 기준으로 값을 입력하여 스케치 요소를 구성합니다.

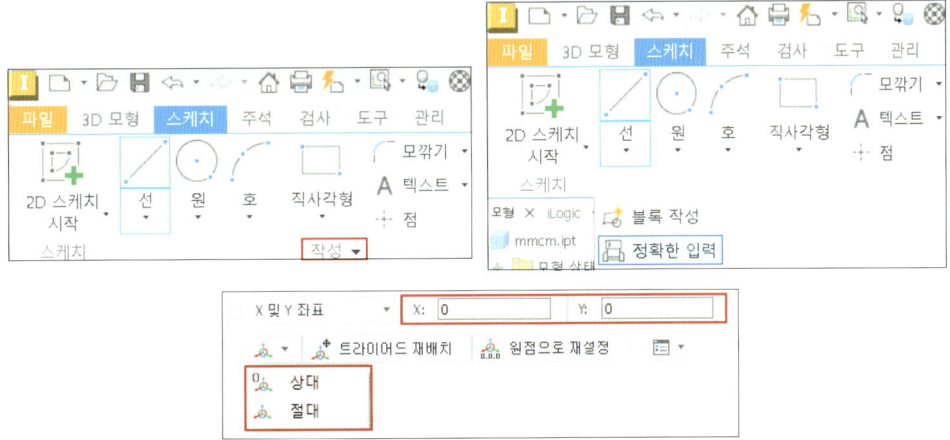

정확한 입력 기능에는 여러 상황에 맞게 필요한 옵션을 활성화하여 입력할 수 있습니다.
- 상대, 절대 : 상대 또는 절대 좌표 기준으로 입력하도록 설정할 수 있으며 해당 값을 기반으로 설정된 값 유형에 입력한 값이 반영됩니다.

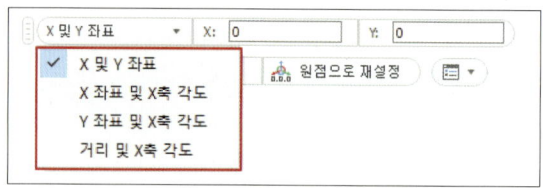

- 값 유형 설정 :
  ① X 및 Y 좌표 : 새 점의 X, Y 좌표 값을 정의하여 스케치 요소를 생성합니다.
  ② X 좌표 및 X 축 각도 : X 좌표 값과 각도를 정의하여 스케치 요소를 생성합니다.
  ③ Y 좌표 및 X 축 각도 : Y 좌표 값과 각도를 정의하여 스케치 요소를 생성합니다.
  ④ 거리 및 X 축 각도 : 거리와 각도를 정의하여 스케치 요소를 생성합니다.

2) 스플라인

스플라인을 구성하는 경우에는 일반 선과 다르게 별도의 좌표 값을 입력하는 보조 도구는 활성화되지 않습니다. 또한 스플라인을 작성하는 것과 동시에 선의 곡률을 변경하는 핸들러가 생성됩니다. 생성된 핸들러를 통해 선의 곡률을 자유로이 변경하고 치수로 제어할 수 있습니다.

스플라인 구성은 제어 꼭지점과 보간 이렇게 두 가지의 종류의 스플라인에는 다른 유형의 핸들러가 생성됩니다.

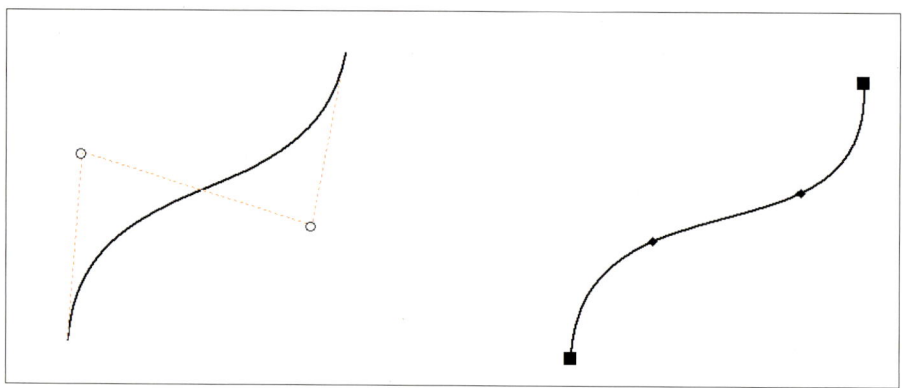

[그림 2-11] 스플라인의 제어 꼭지점 및 보간

- 스플라인 제어 꼭지점 : 선의 시작 점과 끝 점을 잇는 위치에 핸들러가 생성되어 선을 모두 구성한 후 해당 핸들러를 조정하여 스케치를 구성할 수 있습니다.
- 스플라인 보간 : 일반 선을 구성하는 것과 같이 스케치 하지만 사이에 위치한 모든 점들을 활용하여 이어진 하나의 선의 곡률을 제어할 수 있습니다.

3) 원

형상의 구멍 또는 일정 반경으로 둥근 형상을 스케치할 경우 원을 스케치하고 활용할 수 있습니다. 부동 반경의 원을 스케치하는 방법은 중심점과 접선 이렇게 두 가지 방법으로 생성할 수 있으며 중심점은 원의 중심점과 반경 길이에 해당되는 원의 둘레 위치를 클릭하여 생성합니다. 접선은 원과 접하는 세 개의 선 요소를 선택하여 내접원을 생성하는 방법입니다. 각 상황에 따라 두 유형 중 하나를 선택하여 원을 생성할 수 있습니다.

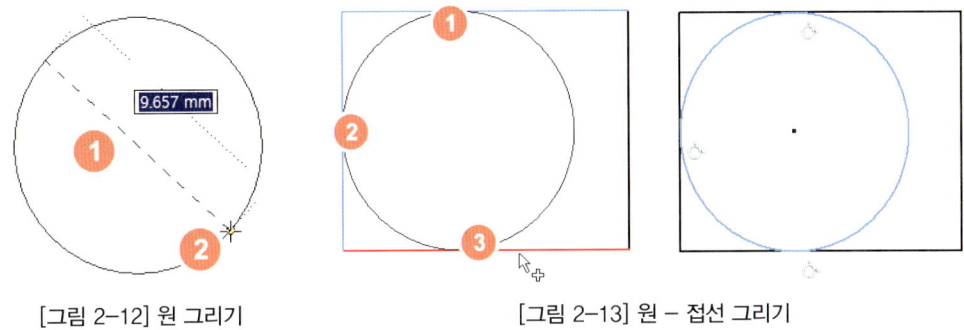

[그림 2-12] 원 그리기   [그림 2-13] 원 - 접선 그리기

4) 타원

타원은 장축과 단축을 지정하여 구성할 수 있으며 중심점을 클릭한 후 장축 → 단축 또는 단축 → 장축 순으로 클릭하여 생성할 수 있습니다. 타원의 치수와 구속조건을 입력할 경우에는 타원의 중심에서 시작하는 보조선을 생성하고 수평 또는 수직 구속조건을 넣어 위치를 고정시킨 후 단축, 장축에 대한 길이를 지정하여 정의할 수 있습니다.

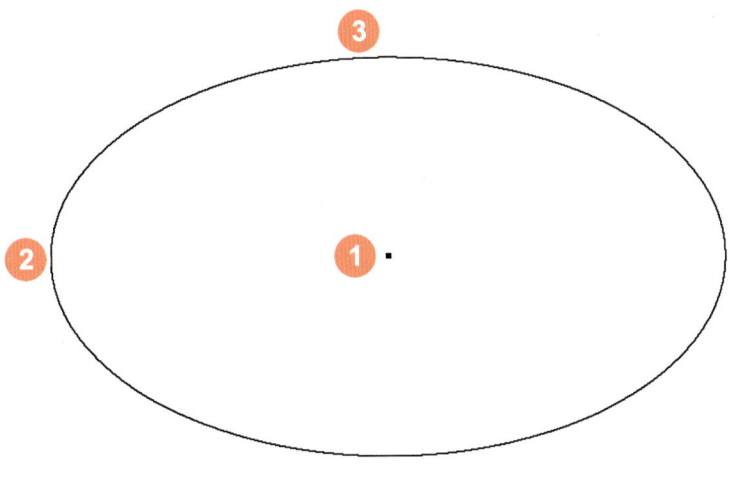

[그림 2-14] 타원 그리기

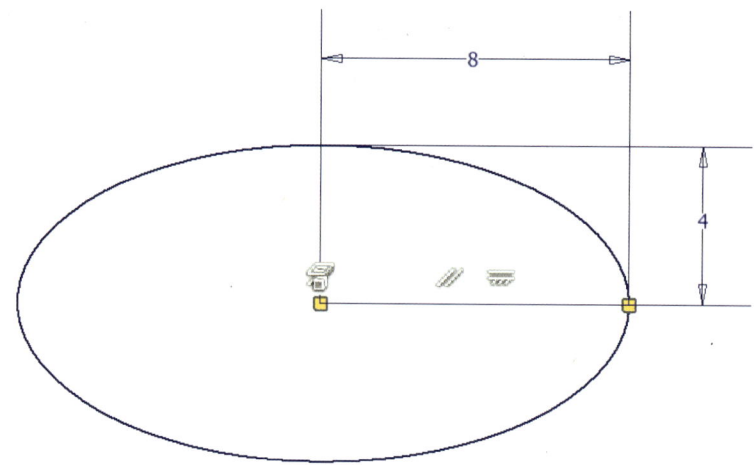

[그림 2-15] 타원 정의를 위한 치수 및 구속조건

〈NOTE〉

타원 구성 시 첫 번째로 지정하는 축방향에는 수평 또는 수직 구속조건을 자동으로 부여하며 생성할 수 있으므로 판단 하에 구속조건이 부여되도록 스케치 요소를 생성하는 것이 좋습니다.

 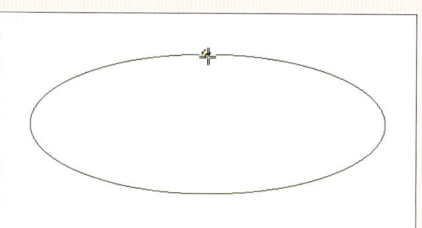

[그림 2-16] 타원이 작성되는 순서

3.2 스케치 요소 작성 방법 – 호, 직사각형

스케치 탭>작성 패널에 하위 항목으로 호와 직사각형의 구성 방법은 아래와 같이 드롭다운으로 옵션을 제공하고 있습니다.

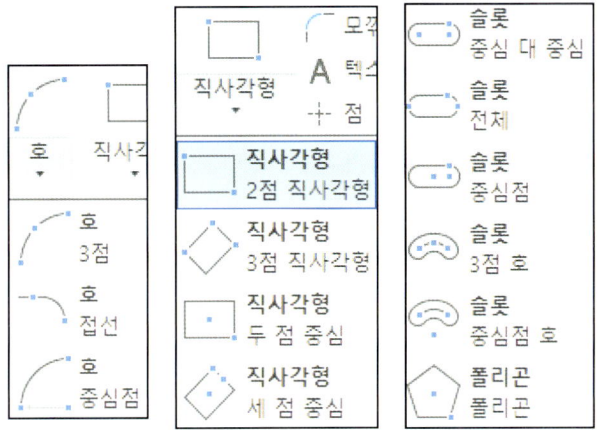

1) 호

스케치 탭>작성 패널>호에서의 드롭다운은 아래와 같이 3개의 유형으로 나누어 지며 필요한 상황에 적합한 유형의 호를 사용하시면 됩니다.

- 호 3점 : 호의 시작점과 끝점, 호의 반경에 해당되는 점을 선택하여 구성합니다. 선 기능에서 언급된 정확한 입력도구를 선택하여 호를 정의할 수도 있습니다.

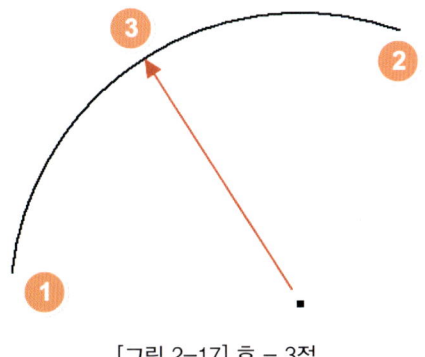

[그림 2-17] 호 – 3점

- 호 접선 : 열린 스케치 요소에 접하는 호를 정의할 수 있습니다. 열린 스케치는 [그림 2-18]과 같이 일반

직선의 끝 또는 호의 끝에 접선으로 연결되어 생성됩니다.
- 호 중심점 : 중심점을 지정한 후 호의 양 끝을 지정하여 호를 구성할 때에 사용할 수 있습니다. 이미 중심점에 대한 위치 및 각 끝 점의 위치가 정의된 경우 유용하게 사용할 수 있습니다.

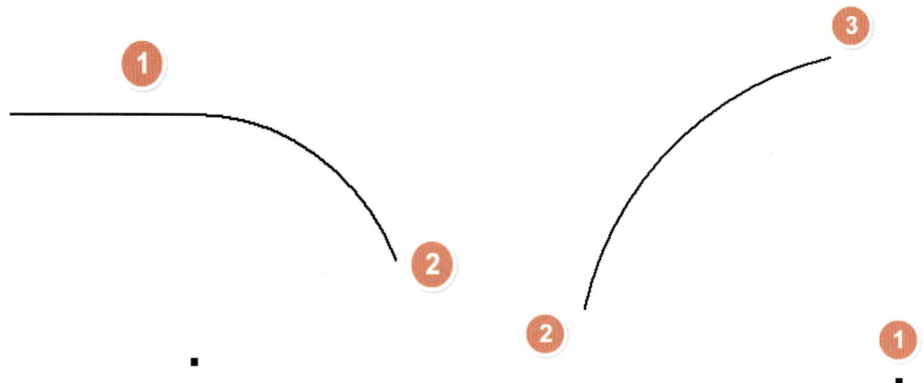

[그림 2-18] 호의 접선 및 중심점

2) 직사각형

스케치 탭>작성 패널>직사각형 드롭다운>직사각형

- 직사각형 2점 직사각형 : 두 개의 반대 모서리점을 지정하여 사각형을 생성합니다. 상태 표시줄에는 '첫 번째 구석 선택' 이라는 문구와 함께 첫 번째 구석을 지정하도록 활성화됩니다. 클릭한 후 마우스를 이동하면 커서를 따라 사각형의 끝 구석이 따라오는 것이 보이며 두 번째 구석을 클릭하면 사각형이 생성됩니다. 2점 직사각형은 수평, 수직으로만 구성된 직사각형입니다.

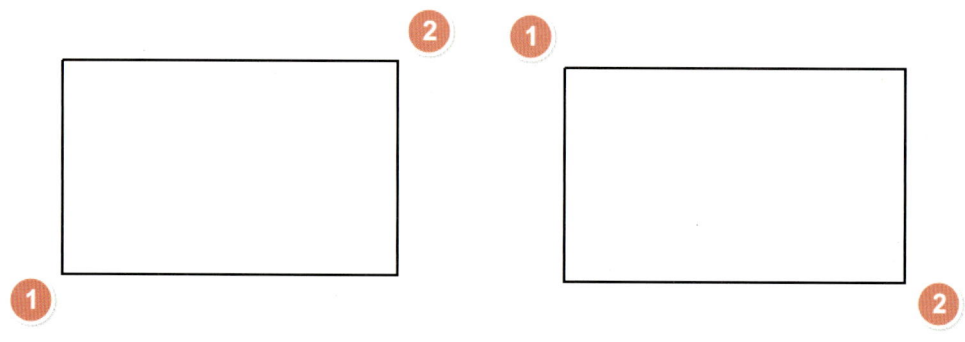

[그림 2-19] 직사각형의 2점 직사각형

- 직사각형 3점 직사각형 : 직사각형이지만 수평 또는 수직이 아닌 직사각형을 생성할 때에 사용할 수 있습니다. 3개의 구석을 클릭하여 생성할 수 있습니다.

- 직사각형 두 점 중심 : 직사각형의 중심과 구석 한 부분을 선택하여 생성할 수 있습니다. 중심점에서부터 각 코너에는 구성 형식으로 된 선이 자동으로 생성되어 중심 기준으로 양쪽의 폭이나 높이가 같아질 수 있도록 구속 조건 또한 자동으로 생성됩니다.

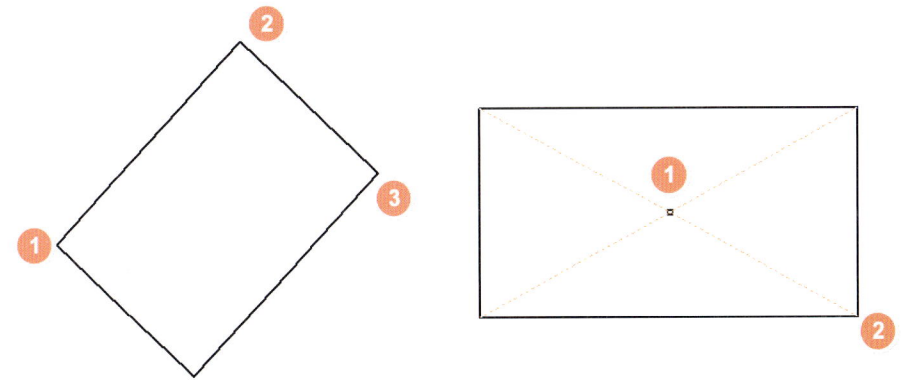

[그림 2-20] 직사각형의 3점 및 두 점 중심

- 직사각형 세 점 중심 : 사각형의 중심점과 사각형의 가로 길이에 해당되는 중간점을 선택하고 구석에 위치한 점을 지정하여 구성할 수 있는 유형입니다. 첫 번째로 직사각형의 중심점을 선택한 후에는 커서를 따라 가로 길이를 지정할 수 있도록 점선이 따라옵니다. 두 번째로 클릭한 후에는 선택된 위치에서 양방향으로 같은 길이의 선이 생성됩니다.

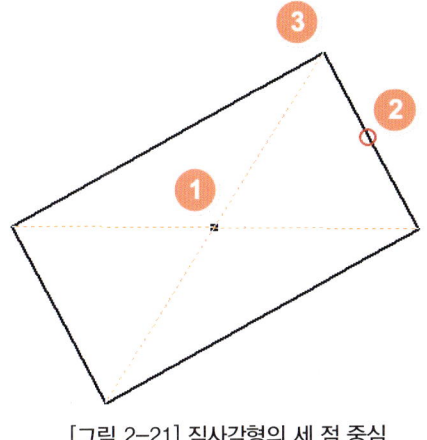

[그림 2-21] 직사각형의 세 점 중심

직선 슬롯

스케치 탭>작성 패널>직사각형 드롭다운>슬롯

- 슬롯 중심 대 중심 : 슬롯의 양쪽 호의 중심과 중심을 지정하여 슬롯을 생성하는 유형입니다. 기능을 실행한 후에는 '시작 중심점 선택'이라는 문구와 함께 슬롯의 한 쪽 끝 호의 중심을 선택하도록 안내합니다.

반대쪽에 해당되는 호의 중심점을 지정하고 원의 반지름 크기를 지정하면 슬롯이 생성됩니다.

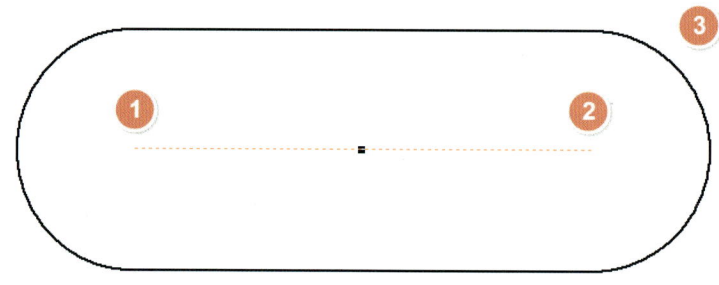

[그림 2-22] 슬롯의 중심 대 중심

- 슬롯 전체 : 슬롯 형상의 끝과 끝을 지정하여 생성할 수 있는 유형입니다. 슬롯 전체는 슬롯의 전체 길이를 정의하고 슬롯의 반지름을 정의하여 슬롯 형상을 구성합니다. 슬롯 전체로 구성한 슬롯은 가운데에 구성 선이 호에 닿아있는 것을 확인할 수 있습니다.

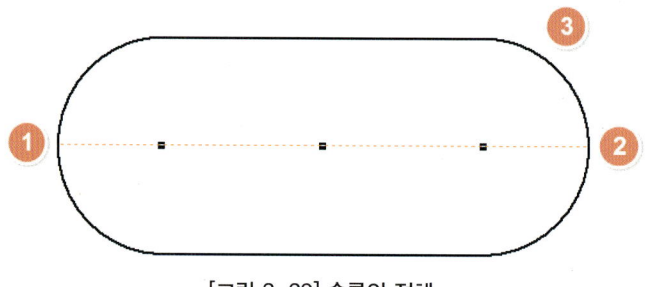

[그림 2-23] 슬롯의 전체

- 슬롯 중심점 : 슬롯의 가운데 중심점을 기준으로 슬롯 전체의 반 길이와 반지름을 정의하여 슬롯을 구성하는 유형입니다. 첫 번째의 점으로는 슬롯의 가운데 중심점을 지정한 후 슬롯의 반 길이를 지정하고 반지름을 지정하여 슬롯을 구성할 수 있습니다.

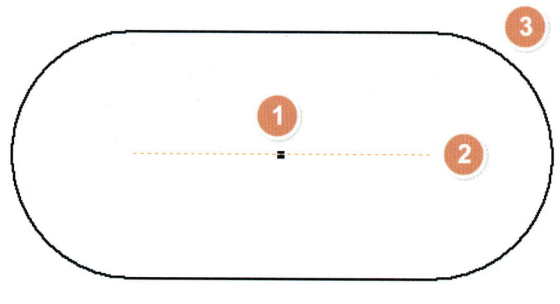

[그림 2-24] 슬롯의 중심점

호 슬롯

슬롯을 작성하는 순서만 다를 뿐 결과는 동일하게 만들어집니다.

- 슬롯 3점 호 : 3점을 지정할 때와 동일하게 구성한 후 슬롯의 너비를 지정하는 방식으로 구성되는 유형입니다. 슬롯의 중심에 위치한 호의 양끝 점을 선택한 후 호의 중심점을 선택하고 슬롯의 너비를 지정하면 슬롯이 생성됩니다.
- 슬롯 중심점 호 : 중심점을 구성한 후 슬롯의 너비를 지정하는 방식으로 슬롯을 구성하는 유형입니다. 슬롯의 가운데에 위치한 호의 원점을 선택하고 호의 각 끝을 선택한 후 슬롯의 너비를 지정하면 슬롯 중심점 호를 생성할 수 있습니다.

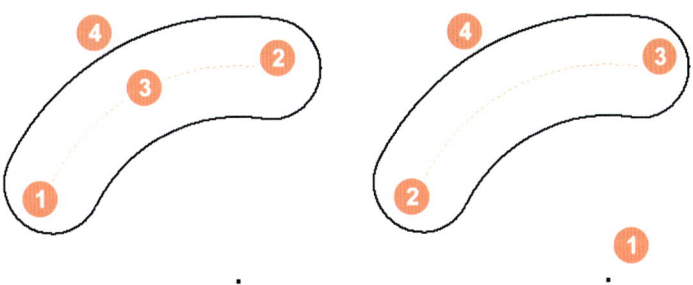

[그림 2-25] 슬롯의 3점 호 및 중심점 호

폴리곤

다각형을 구성한다고 할 경우 폴리곤을 사용하여 다각형을 생성할 수 있습니다. 다각형 옵션으로는 내접과 외접을 선택할 수 있습니다.

내접 옵션을 선택할 경우 원에 내접한 다각형을 생성하며 가상의 원 안에 그려지게 됩니다. 외접 옵션은 원에 외접한 다각형을 생성할 경우이며 구속조건 또는 치수 입력 시에 해당 사항들을 확인하여 필요한 옵션을 통해 다각형을 구성합니다.

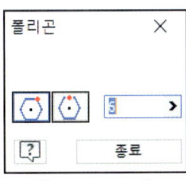

[그림 2-26] 폴리곤(다각형) 구성 대화 상자

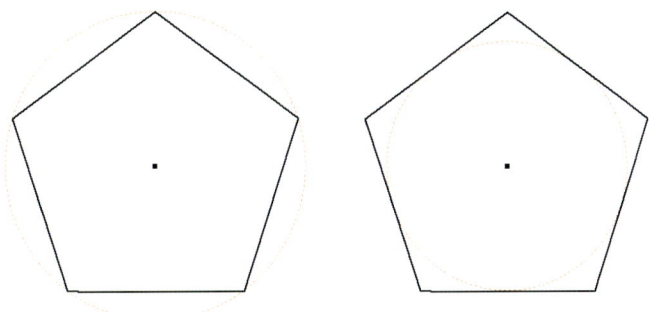

[그림 2-27] 내접 및 외접 폴리곤

〈NOTE〉
다각형을 통해서는 3~120각형을 구성할 수 있으며 3보다 낮거나 120보다 높은 값이 입력될 경우 아래와 같이 오류가 발생됩니다.

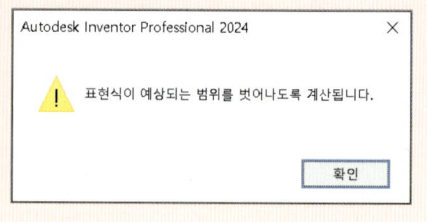

3.3 스케치 요소 작성 방법 – 모깎기, 텍스트, 점

스케치 탭>작성 패널에 하위 항목으로 모깎기, 모따기와 텍스트, 점의 구성 방법을 제공합니다.

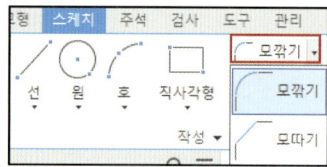 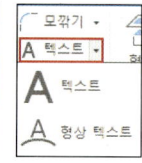 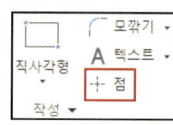

1) 모깎기

스케치 탭>작성 패널>모깎기 드롭다운>모깎기

모깎기는 선과 선이 닿는 구석 부분에 양쪽의 접선으로 호를 생성하여 스케치의 날카로운 모서리를 둥글게 깎아줍니다. 별도의 스케치 요소를 직접 작업하는 것이 아닌 기존 스케치 요소를 선택하여 적용할 수 있는 스케치 요소입니다.

모깎기를 실행하면 구석에 입력될 호의 반경을 지정하는 창이 활성화되며 순서는 [그림2-28]과 같습니다. 창에 위치한 = 등호는 실행된 상태에서 입력된 모든 모깎기를 하나의 치수에서 제어하게 할 경우에 활성화 하며 각각의 값을 넣을 경우에는 비 활성화 해놓고 작업할 수 있습니다.

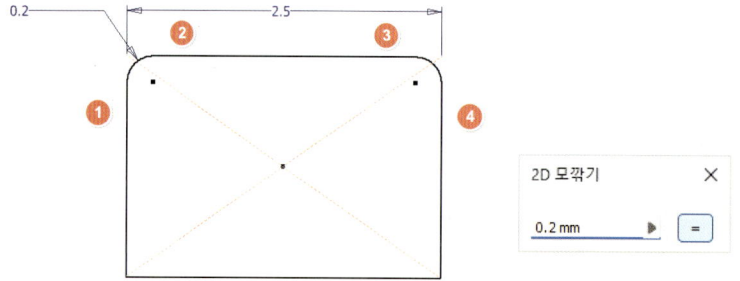

[그림 2-28] 모깎기 구성 순서

2) 모따기

스케치 탭>작성 패널>모깎기 드롭다운>모따기

모따기는 선과 선이 닿는 구석 부분에 일정 각도로 선을 구성하여 날카로운 모서리를 각지게 다듬어 줍니다. 모깎기와 마찬가지로 별도의 스케치 요소를 직접 작업하지 않고 기존 스케치 요소를 선택하여 적용할 수 있는 스케치 요소입니다

모따기 적용 시에도 별도의 창이 팝업되어 입력되는 모따기를 하나의 값으로 함께 제어할 것인지 별도로 제어할 것인지를 선택하여 등호 아이콘을 통해 이를 적용할 수 있습니다. 또한 필요한 모따기 유형을 3가지의 방법을 통해 적용할 수 있으니 확인하여 필요한 방식으로 적용합니다.

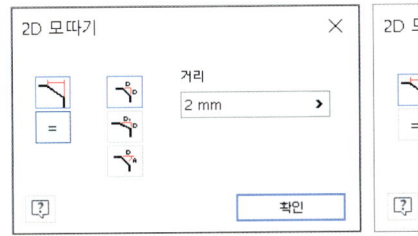 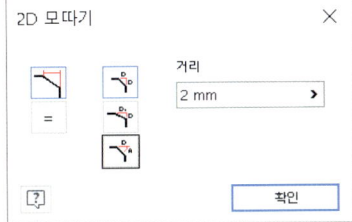

[그림 2-29] 모따기 등호의 활성화 상태

모따기 입력과 동시에 치수를 입력할 경우에는 아이콘을 활성화합니다.

아래의 모따기 옵션 중 필요한 옵션을 선택합니다.
- 등거리 : 선택한 선의 점 또는 교차점으로부터 동일한 간격의 거리로 정의합니다.
- 부등거리 : 선택된 선 각각에 지정된 거리로 정의합니다.
- 거리 및 각도 : 첫 번째에 선택된 선으로부터의 각도와 두 번째 선택된 선의 교차점으로부터의 거리를 정의합니다.

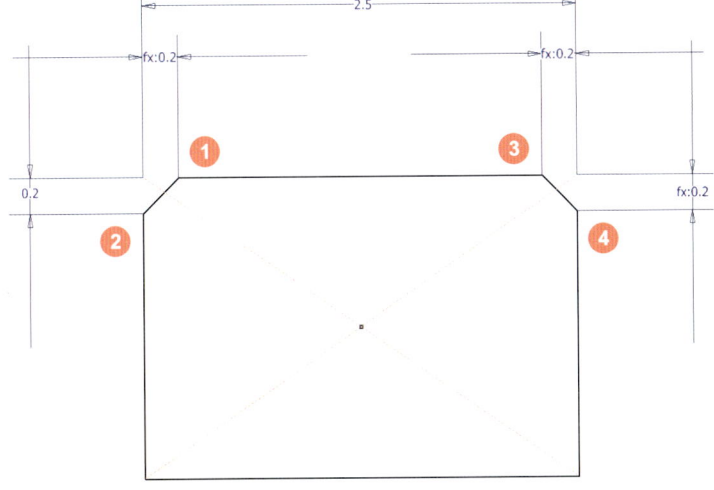

[그림 2-30] 모깎기 작성 순서

3) 텍스트

회사의 로고나 명판에 입력될 정보(도면 번호 등)를 위해 텍스트 기능으로 모델에 음각 또는 양각의 형상을 생성하는 경우가 있습니다. 스케치 환경에서 평면을 선택한 후 생성할 수 있으며 기존에 구성된 선을 따라 텍스트를 생성할 것인지 수평하게 텍스트를 생성할 것인지를 지정하여 구성할 수 있습니다.

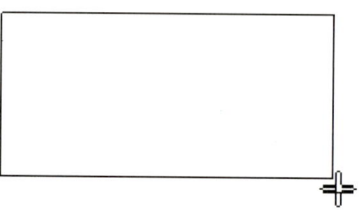

[그림 2-31] 텍스트 입력 상자 지정

텍스트를 구성하기 위해서는 [그림 2-32]과 같이 텍스트 입력에 필요한 영역을 지정한 후 텍스트 입력 관련 창을 띄울 수 있으며 해당 창 내에서 피쳐 생성을 위한 텍스트를 입력하여 구성할 수 있습니다.

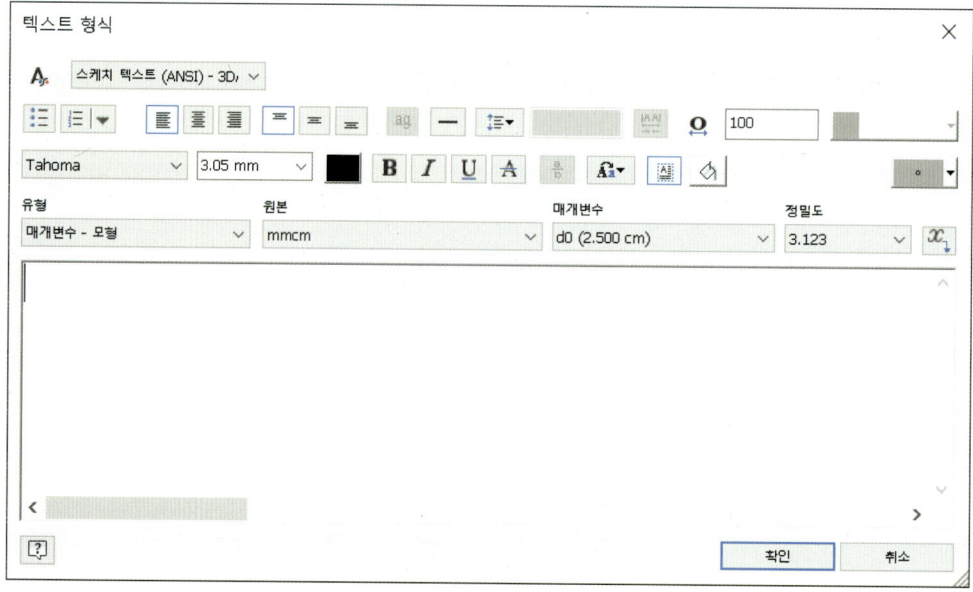

[그림 2-32] 텍스트 형식 창

텍스트 형식 창의 가장 상단에는 이미 구성된 텍스트 스타일을 드롭 다운으로 선택할 수 있고 그 외에도 다양하게 입력할 텍스트에 대해 설정할 수 있는 사항이 있으며 [그림 2-33] 내용을 통해 일반적으로 텍스트 창 내에서 적용할 수 있는 사항들을 확인할 수 있습니다.

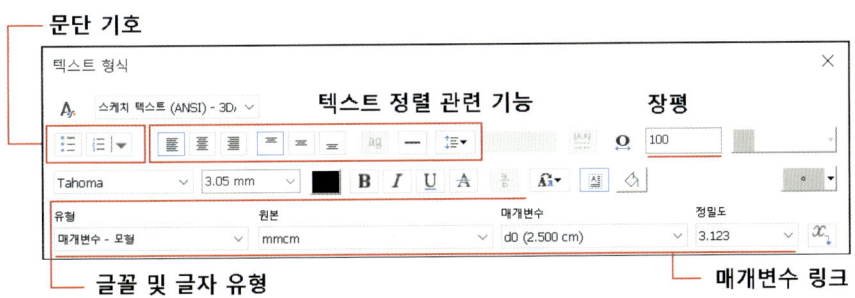

[그림 2-33] 텍스트 형식 옵션

텍스트 형식 창에서 문단 또는 텍스트 정렬이나 글꼴 관련된 부분은 일반 문서 서식 관련으로도 많이 접하셨을 것이기 때문에 익숙하지만 매개변수 링크와 관련된 부분은 익숙하지 않을 수 있습니다. 매개변수 링크는 말 그대로 텍스트에 표현할 값을 기존에 Inventor iProperties 또는 매개변수에 존재하는 값을 텍스트에 링크하여 표현하는 것입니다.

텍스트로 표현할 매개변수 값을 지정한 후에는 필히 x 버튼을 클릭하셔야 입력 란에 정상적으로 필요한 값이 링크되어 입력됩니다. 입력된 값에는 괄호<>가 표현되며 짙은 회색으로 음영 처리가 되어 있는 것을 볼 수 있으며 이렇게 표현되어야 정상으로 매개변수 또는 속성(iProperties)과 연결된 값이라고 판단할 수 있습니다. [그림 2-35]의 이미지와 같이 링크된 값의 이름과 표현되는 값은 다르며 결과적으로 표현할 값이 의도한 바와 같이 제대로 표시 되는지까지 확인합니다.

[그림 2-34] 연결되는 매개변수 추가

[그림 2-35] 텍스트 형식 내에 표현되는 텍스트와 입력된 텍스트

스케치 내의 특정 요소를 따라 텍스트를 생성해야할 경우 형상 텍스트로 구성할 수 있습니다.

스케치 탭>작성 패널>형상 텍스트를 실행하면 상태 표시줄에는 '텍스트를 정렬할 형상 선택'과 함께 마우스 커서가 변경됩니다. 이 때에 선, 호, 원을 선택하면 선택된 형상을 따라 텍스트를 구성할 수 있습니다.

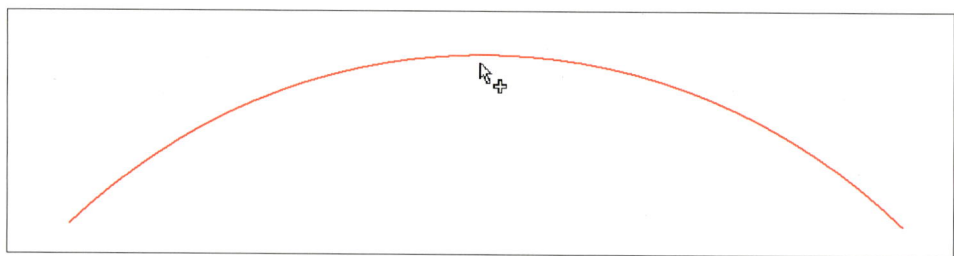

[그림 2-36] 스케치의 형상 텍스트

스케치 요소를 선택한 후에는 형상-텍스트 창이 활성화되며 일반 텍스트와 대부분 유사하지만 추가적으로 선택된 스케치 요소에서의 방향이나 위치를 설정할 수 있습니다. '맞춤 텍스트'를 활성화하면 늘이기를 통해 선택한 요소에 지정한 비율로 지정할 수 있으며 적용할 때 입력합니다.

맞춤 텍스트를 활성화할 경우 정렬(왼쪽, 가운데, 오른쪽) 및 늘이기 관련 기능은 적용할 수 없게 전환되며 비활성화 시 다시 변경 가능하도록 전환됩니다.

- 맞춤 텍스트 아이콘 :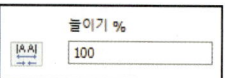

〈NOTE〉

텍스트 입력 후 해당 텍스트에 대한 글꼴 또는 크기를 변경할 경우 입력된 텍스트 중 변경이 필요한 부분을 선택하여 변경해야 합니다. 더블 클릭하여 다시 텍스트 입력 창을 띄울 수 있으며 Enter 또는 확인을 통해 텍스트 입력을 마칠 수 있습니다.

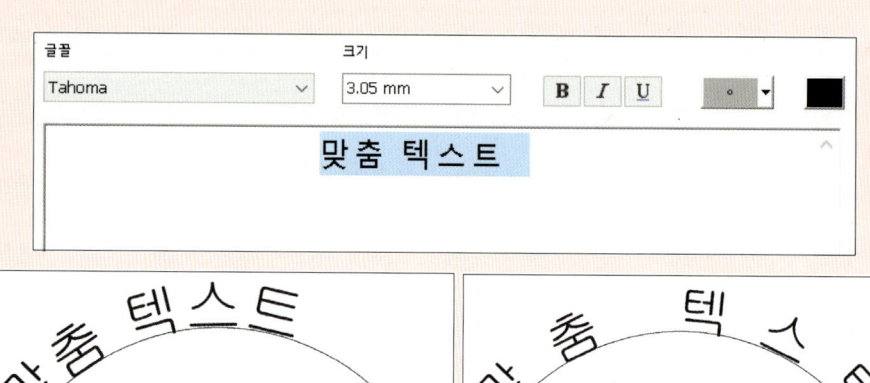

[그림 2-37] 맞춤 텍스트 옵션 적용 전과 후

4) 점

점 도구를 사용하면 스케치 환경 내에서 점을 생성할 수 있습니다.

3D작업 피쳐로의 점도 있지만 2D스케치 내에서의 점을 구성하게 되면 AutoCAD DWG 파일을 불러온 후 배치할 기준점으로 사용하거나 구멍을 생성하기 위한 중심점으로 활용하는 등으로 점을 사용할 수 있습니다.

점 기능을 활성화하면 마우스 커서 아이콘이 변경되며 좌표 값이 커서의 우측 하단에 함께 표시됩니다. 이때에 점이 생성되길 원하는 위치를 클릭하면 해당 위치에 점이 생성됩니다. 점도 선이나 원 등의 다른 스케치 요소와 마찬가지로 마우스 버튼 클릭이 아닌 바로 점의 좌표 값을 입력하면 좌표 값 위치에 점이 생성됩니다.

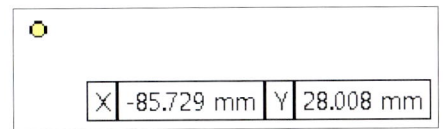

[그림 2-38] 점 기능 활성화 후 변경된 마우스 커서

생성한 점 또는 생성할 점을 중심점 형식으로 적용하여 구멍 생성 시 자동으로 구멍 위치로 인식하게 할 경우 점 생성 시에 중심점 형식을 활성화하거나 입력된 점의 형식을 전환하여 설정할 수 있습니다. 이미 입력된 점은 선택하여 스케치 탭>형식 패널>중심점을 활성화하면 전환되며 입력 시에는 바로 중심점을 활성화하여 입력하는 점마다 중심점 형식으로 생성하도록 설정할 수 있습니다.

[그림 2-39] 중심점 작성 모드

[그림 2-40] 일반 점 및 중심점

04 스케치 편집 도구

위의 과정들을 통해 스케치 작업이 어느정도 진행이 되었다면 기존 스케치에 대한 변경이 필요한 경우가 많습니다. 이 경우에는 스케치 탭>수정 패널의 기능들을 활용하여 이동, 분할, 연장, 회전 등의 작업을 통해 기존 스케치를 편집할 수 있습니다. 또한 입력된 스케치들을 같은 수량으로 규칙적으로 구성할 경우에는 패턴 기능에 포함되어 있는 직사각형, 원형, 미러의 형식으로 배열할 수 있습니다.

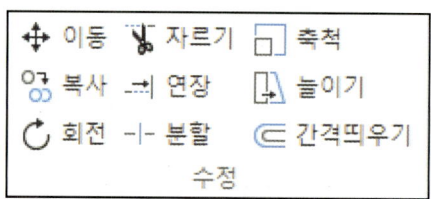

[그림 2-41] 스케치 수정 도구 패널

4.1 이동, 복사, 회전

1) 이동

스케치 탭>수정 패널>이동을 통해 입력된 스케치 요소의 위치를 옮길 때 사용합니다. 옮길 스케치 요소와 이동 명령을 실행하는 순서는 상관이 없으나 필수 항목으로 선택해야 합니다. 이동 명령을 선택하는 방법에 있어서는 아래와 같이 확인할 수 있습니다.

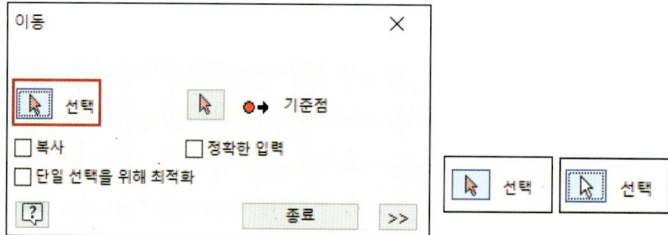

[그림 2-42] 스케치 요소의 선택 상태

- **선택** : 선택 항목의 마우스 커서 색상을 통해 현재 선택이 필요한지 유무를 확인할 수 있으며 마우스 커서 색상이 흰색일 경우가 필요한 요소가 선택된 상태입니다. 스케치 요소 이동뿐만 아니라 다른 기능 내에서도 마우스 커서의 색상이 붉은 색으로 표현된다면 선택되어야할 항목의 선택이 아직 필요한 상태이기 때문에 필히 객체를 선택해 줍니다.

  선택된 객체에 대해 선택 해제를 해야할 경우에는 키보드의 Ctrl을 누른 상태에서 선택 해제할 스케치 요소를 마우스 왼쪽 버튼으로 클릭하여 지정하면 선택 해제할 수 있습니다.

- **기준점** : 스케치 요소를 이동할 때의 기준이 되는 점으로 기준점이 지정되면 지정된 위치에서 선택된 스케치 요소를 원하는 위치로 이동할 수 있습니다.

- **복사** : 이동하기 위해 선택한 객체를 지정한 위치에 이동하며 원본도 함께 유지합니다.

- **정확한 입력** : 스케치 탭>작성 패널>정확한 입력 기능을 실행하여 X, Y에 해당되는 좌표 지정을 통해 선택된 요소들을 이동합니다.

- **단일 선택을 위해 최적화** : 이동할 스케치 요소들을 선택한 후 자동으로 기준점을 선택할 수 있도록 설정하는 옵션이며 비활성화 시에는 직접 기준점 기능을 활성화한 후 기준점을 지정해야 합니다.

〈NOTE〉
이동 또는 회전 창의 아래에는 확장 버튼이 있으며 해당 버튼을 클릭할 경우 확장된 화면을 통해 추가적인 옵션들을 확인하고 설정할 수 있습니다. 인벤터에서는 공통으로 보이는 버튼입니다.

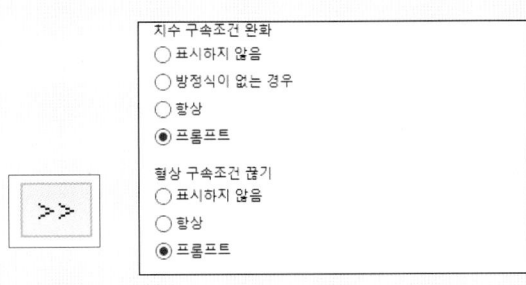

- **치수 구속조건 완화**
  - 표시하지 않음 : 입력된 치수를 완화하지 않습니다.
  - 방정식이 없는 경우 : 다른 치수에 활용된 치수의 경우에는 완화하지 않습니다.
  - 항상 : 선택한 형상과 연관된 모든 선형 및 각도 치수를 다시 계산하며 선택 사항 내의 모든 치수를 완화합니다.
  - 프롬프트 : 치수 완화 실패 시 문제 내용에 대해 표시합니다.

- **형상 구속조건 끊기**
  - 표시하지 않음 : 입력된 구속조건을 끊지 않습니다.

- 항상 : 선택한 형상과 연관된 고정 구속 조건을 제거하며 선택된 형상과 선택되지 않은 형상 사이의 평행, 직각, 동일 구속조건을 제외하고 삭제됩니다.
- 프롬프트 : 구속조건 제거 실패 시 관련 내용을 표시합니다.

2) 복사

스케치 탭>수정 패널>복사를 통해 선택한 스케치 요소를 지정한 위치에 복사할 수 있습니다. 선택하는 방법에 있어서 앞에 소개된 내용과 같으며 세부 설정 옵션은 제공하지 않습니다.

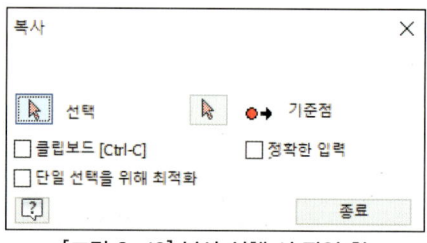

[그림 2-43] 복사 실행 시 팝업 창

- **선택** : 복사할 스케치 요소를 선택 또는 선택 완료 후 클릭하며, 선택 시에는 흰 마우스 커서 아이콘, 선택이 필요한 경우에는 붉은 마우스 커서 아이콘으로 표시됩니다.

- **기준점** : 스케치 요소를 복사할 때의 기준이 되는 점으로 기준점이 지정되면 지정된 위치에서 선택된 스케치 요소를 원하는 위치로 복사할 수 있습니다.

- **클립보드 [Ctrl+C]** : 클립보드에 반영하여 일회 복사가 아닌 여러 번의 붙여넣는 작업을 적용하도록 설정할 수 있습니다.

- **정확한 입력** : 스케치 탭>작성 패널>정확한 입력 기능을 실행하여 X, Y에 해당되는 좌표 지정을 통해 선택된 요소들을 복사합니다.

- **단일 선택을 위해 최적화** : 복사할 스케치 요소들을 선택한 후 자동으로 기준점을 선택할 수 있도록 설정하는 옵션이며 비활성화 시에는 직접 기준점 기능을 활성화한 후 기준점을 지정해야 합니다.

3) 회전

스케치 탭>수정 패널>회전을 통해 입력된 스케치 요소를 특정 방향 및 각도를 통해 회전할 수 있습니다. 선택하는 방법에 있어서 앞에 소개된 내용과 같으며 이동에서와 같이 아래쪽의 '>>' 버튼을 통해 구속조건과 치수에 대한 완화 또는 제거 관련 옵션을 세부적으로 설정할 수 있습니다.

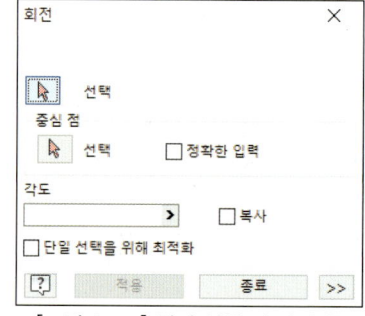

[그림 2-44] 회전 실행 시 팝업 창

- **선택** : 회전할 스케치 요소를 클릭할 수 있으며 선택 시에는 흰 마우스 커서 아이콘으로 표시되고 선택이 필요한 경우에는 붉은 마우스 커서 아이콘으로 표시됩니다.

- **중심 점** : 스케치 요소를 회전할 때에 기준이 될 중심점을 지정할 수 있습니다.

- **정확한 입력** : 스케치 탭>작성 패널>정확한 입력 기능을 실행하여 X, Y에 해당되는 좌표 지정을 통해 선택된 요소들을 이동합니다.

- **각도** : 스케치 요소를 회전할 각도를 입력합니다.

- **복사** : 선택한 스케치 요소 원본을 유지한 상태에서 회전한 스케치 요소를 추가로 생성합니다.

- **단일 선택을 위해 최적화** : 회전할 스케치 요소들을 선택한 후 자동으로 기준점을 선택할 수 있도록 설정하는 옵션이며 비 활성화 시에는 직접 기준점 기능을 활성화한 후 기준점을 지정해야 합니다.

4.2 자르기, 연장, 분할

1) 자르기

스케치 탭>수정 패널>자르기을 통해 입력된 스케치에서 필요하지 않은 부분을 잘라낼 수 있습니다. 자를 형상 위에 마우스 커서를 올려둘 경우 잘릴 부분에 대해 점선으로 미리보기가 실시간으로 표시되며 자를 스케치 요소를 가로지르는 객체가 있을 경우 그 기준으로 자를 수 있도록 표시됩니다. 자를 객체에 마우스 커서를 올려 본 뒤 예상되는 상황을 확인하여 클릭하면 점선으로 표시된 요소의 영역만을 제거할 수 있습니다.

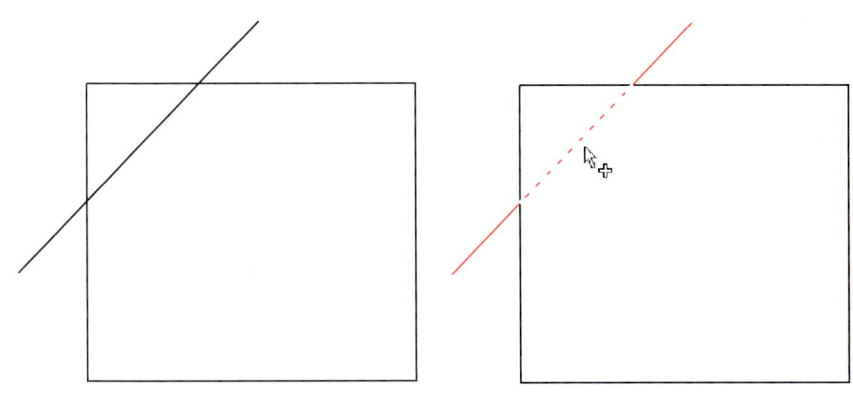

[그림 2-45] 스케치 자르기

스케치 요소의 일부가 잘리게 되면 [그림 2-45]과 같이 잘려진 두 객체의 연관성은 자동으로 끊어지기 때문에 사각형의 선에 일치하는 구속 조건 외에는 모두 제거되어 정확한 정의를 위해서는 별도의 치수 및 구속조건을 다시 입력 해야합니다. 해당 상황 외에도 자른 후 입력되어 있던 치수가 제거되는 등의 상황이 있기 때문에 스케치 요소를 자른 후에는 한 번 더 확인하여 정의합니다.

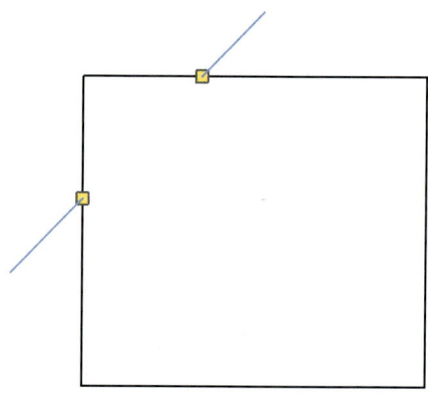

[그림 2-46] 객체를 자른 후

<NOTE>

자르기, 연장, 분할 중 하나의 기능을 실행한 상태에서 화면의 빈 영역에서 오른쪽 마우스 버튼을 클릭할 경우 마크업 메뉴를 통해 자르기, 연장, 분할 중 하나를 선택하여 전환할 수 있으며 전환한 후에는 해당 기능이 실행된 상황과 같으므로 자르거나 연장 혹은 분할 작업을 적용하면 됩니다.

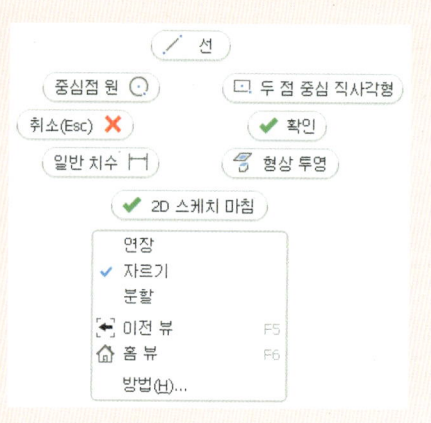

2) 연장

스케치 탭>수정 패널>연장을 통해 특정 스케치 요소의 길이를 연장할 수 있습니다. 만약 스케치를 닫힌 영역으로 구성해야할 경우에 특정 스케치 요소를 연장하면 된다면 연장 기능 또는 정의되지 않은 끝점에 구속조건을 부여하여 닫힌 영역으로 구성할 수 있으나 연장하지 않고 구속조건을 부여하여 스케치를 정의하는 경우 의도하지 않은 방향으로 스케치가 틀어지는 경우가 있기 때문에 기존 상태를 유지하고 특정 스케치 요소의 길이만 늘릴 경우에는 연장을 통해 적용합니다.

아래 그림과 같이 연장할 스케치 요소에 마우스 커서를 올릴 경우 원본 요소는 붉은 색으로 표현되며 검은 선으로 연장되어 구성될 스케치 요소를 화면에 표시합니다. 표시되는 방식으로 연장하고자 한다면 바로 스케치 요소를 클릭하여 연장을 적용하면 됩니다.

[그림 2-47] 스케치 연장

만약 스케치 요소의 양쪽에 빈 공간이 존재한다면 방향을 확인한 후 연장할 방향에 가까운 부분으로 마우스를 놓아야 원하는 방향으로 연장할 수 있습니다. 이 때에도 연장될 요소에 대해 미리 확인할 수 있으며 클릭할 경우 바로 연장되어 일치 구속조건이 자동으로 생성되는 것을 확인할 수 있습니다.

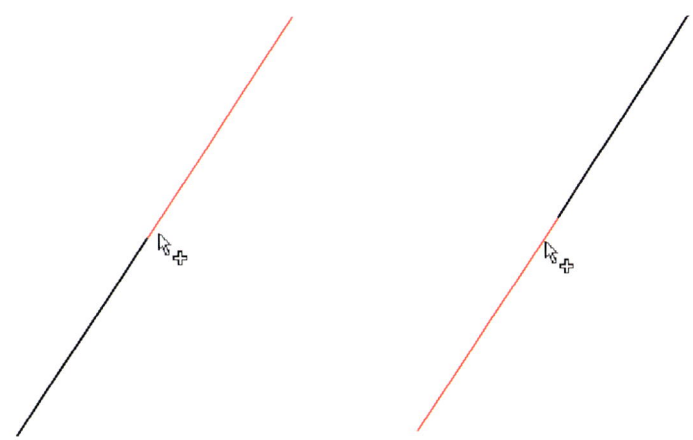

[그림 2-48] 마우스 위치에 따른 스케치 연장

3) 분할

스케치 탭>수정 패널>분할을 통해 이어져있는 스케치 요소를 지나는 스케치 요소 기준으로 분할할 수 있습니다. 분할하고자 하는 요소의 분할할 위치 근처에 마우스 커서를 올려두면 스케치 요소가 붉은 색으로 강조되며 분할될 위치에는 X 모양과 함께 분할될 것이라는 것을 미리 확인할 수 있습니다. 단, 이미 분할된 객체를 다시 연결할 수 없기 때문에 필요 시 확인하여 분할합니다.

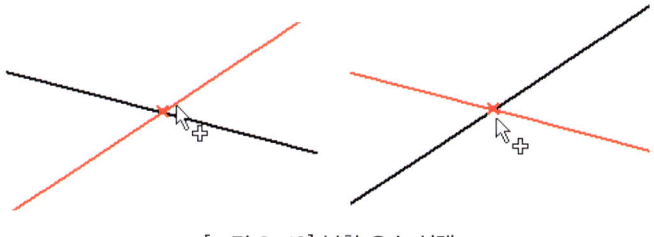

[그림 2-49] 분할 요소 선택

분할이 완료된 후에는 지정된 기준점 기반으로 붉은색으로 하이라이트 되었던 스케치 요소가 둘로 나누어지며 나머지 요소는 제거되지 않습니다.

4.3 축척, 늘이기, 간격띄우기

1) 축척

스케치 탭>수정 패널>축척을 통해 입력된 스케치의 크기를 변경할 수 있습니다. 대상 스케치 요소를 선택하고 형상 축척 시 기준이 될 형상을 지정한 후에 축척 계수에 변경할 크기에 대한 비율을 입력하면 1보다 클 경우에는 비례하여 선택한 스케치 요소가 커지며 1보다 작은 값을 입력하면 비례하여 선택한 스케치 요소가 작아집니다. 앞의 다른 기능들과 마찬가지로 아래쪽의 '>>' 버튼을 통해 확장하여 표현되는 구속조건과 치수에 대한 완화 또는 제거 관련 옵션을 세부적으로 설정할 수 있습니다.

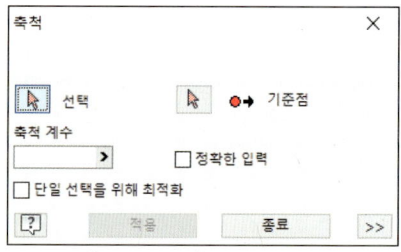

[그림 2-50] 스케치 축척

- **선택** : 대상 스케치 요소를 선택 또는 선택 완료 후 클릭하여 선택 시에는 흰 마우스 커서 아이콘으로 선택이 필요한 경우에는 붉은 마우스 커서 아이콘으로 표시됩니다.

- **기준점** : 스케치 요소를 축척할 때에 기준이 될 중심점을 지정할 수 있습니다.

- **축척 계수** : 0 ~ 10000000000 사이의 값을 입력할 수 있습니다.

- **정확한 입력** : 축척 적용 시에는 정확한 입력에 값을 입력해도 의미있는 결과가 도출되지 않습니다.

- **단일 선택을 위해 최적화** : 대상 스케치 요소들을 선택한 후 자동으로 기준점을 선택할 수 있도록 설정하는 옵션이며 비활성화 시에는 직접 기준점 기능을 활성화한 후 기준점을 지정해야 합니다.

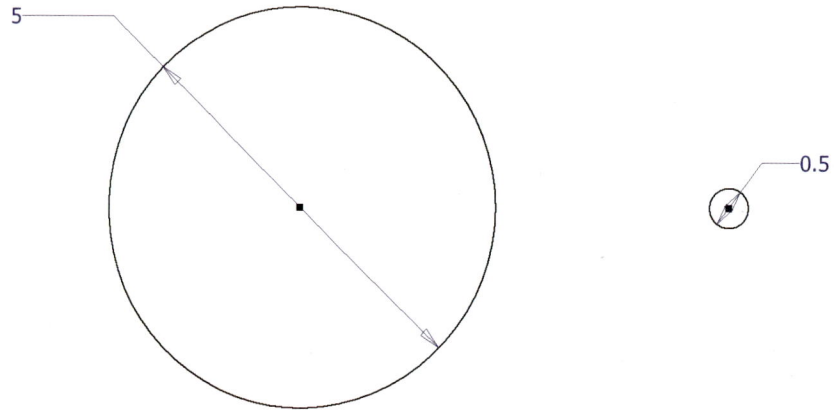

[그림 2-51] 스케치 축척 0.1배 적용의 예

2) 늘이기

스케치 탭>수정 패널>늘이기를 통해 입력된 스케치들을 선택하여 연결된 스케치 요소들은 연결 상태를 유지하여 원하는 위치까지 스케치 요소들을 이동하며 늘릴 수 있습니다. 앞의 다른 기능들과 마찬가지로 아래쪽의 '>>' 버튼을 통해 확장하여 표현되는 구속조건과 치수에 대한 완화 또는 제거 관련 옵션을 세부적으로 설정할 수 있습니다.

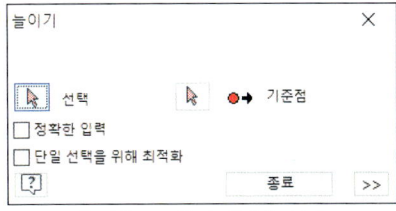

[그림 2-52] 스케치 늘이기

3) 간격띄우기

스케치 탭>수정 패널>간격띄우기를 통해 입력된 스케치 요소들을 지정한 간격만큼 띄운 위치에 새로운 스케치 요소를 생성할 경우 간격띄우기 기능을 통해 생성할 수 있습니다. 만약 하나의 폐곡선 영역으로 구성된 스케치 요소들이 있다면 이를 하나로 된 루프로 선택하여 간격을 띄운 요소들을 생성할 것인지 아니면 직접 선택한 요소만을 띄울 것인지를 선택할 수 있습니다.

[그림 2-53]과 같이 간격띄우기 창이 실행된 상태로 빈 그래픽 영역 위에서 오른쪽 마우스 버튼을 클릭할 경우 표식 메뉴 하위에 연관된 옵션을 제공합니다.

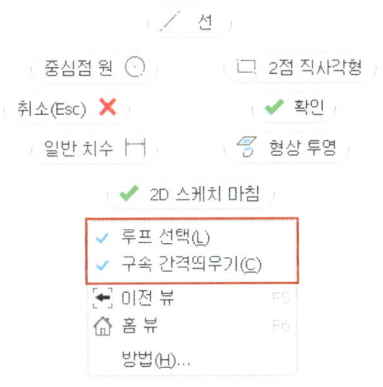

[그림 2-53] 간격띄우기 표식 메뉴

4.4 직사각형, 원형, 미러 패턴

1) 직사각형 패턴

스케치 탭>패턴 패널>직사각형을 통해 입력된 스케치를 일정한 간격 및 방향으로 복사 및 배열할 수 있습니다. 직사각형을 실행하기 전 패턴으로 배열할 스케치 요소를 우선 구성한 다음 직사각형 기능을 실행하여 방향과 배열될 요소 간의 거리 및 갯수를 지정하면 입력된 정보에 따라 패턴을 적용할 수 있습니다. [그림 2-54]와 같이 형상은 복사하여 배열할 원을 선택하고 배열할 방향1과 방향2를 모서리를 선택합니다. 인스턴스의 개수와 간격을 지정하여 미리보기를 확인합니다. 만약 방향이 다를 경우 반전 아이콘을 클릭하여 변경할 수 있습니다.

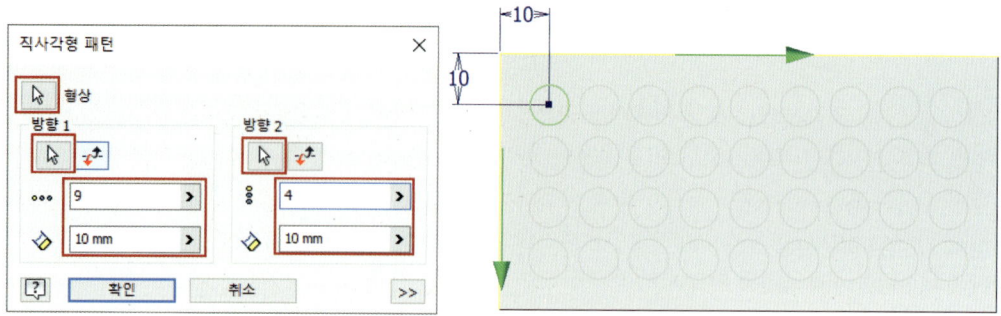

[그림 2-54] 직사각형 패턴의 형상 및 방향 지정

3D형상에서의 직사각형 패턴도 있으나 스케치 환경 내에서의 직사각형 또는 원형 패턴에서는 규칙적인 패턴 내에서의 특정 요소를 선택하여 억제할 수 있습니다. 그렇기 때문에 필요에 따라 규칙적인 배열 내에서 특정 요소를 제외해야하는 경우에는 스케치 패턴을 통해 직사각형 또는 원형 패턴을 적용하며 아래와 같은 옵션을 적용하여 일부 패턴 요소를 억제합니다.

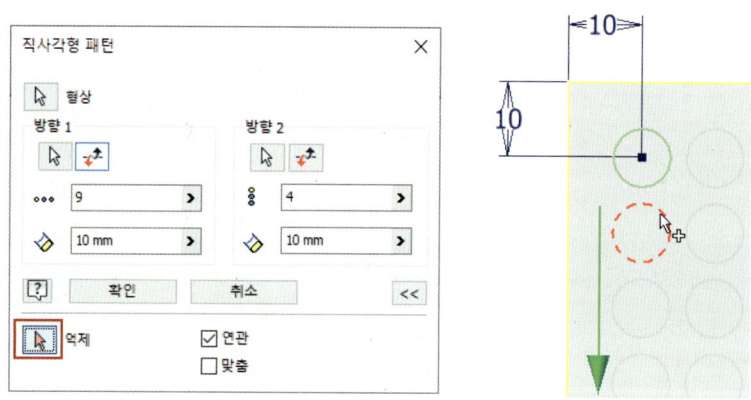

[그림 2-55] 스케치 패턴의 억제 옵션

[그림 2-56]의 결과처럼 억제된 요소는 은색 실선으로 표현되며 확인 버튼을 클릭하면 억제된 요소를 제외하고 패턴됩니다. 또한 억제 기능을 통해 선택된 요소들의 경우에는 스케치 내에서의 '구성' 옵션이 적용된 요소와 동일하게 점선으로 구성되어 형상으로 돌출 작업을 할 때 영향을 주지 않는 요소로 전환되어 생성되는 것을 볼 수 있습니다.

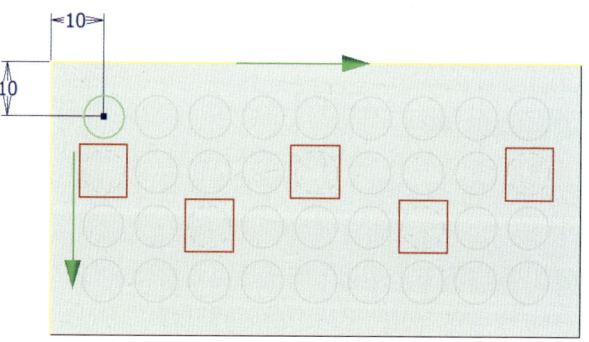

[그림 2-56] 패턴 옵션을 통한 억제

2) 원형 패턴

스케치 탭>패턴 패널>원형을 통해 입력된 스케치를 중심 축 기준으로 원형으로 일정한 간격으로 복사 및 배열할 수 있습니다. 원형을 실행하기 전 패턴으로 배열할 스케치 요소를 우선 구성한 다음 원형 기능을 실행하여 축과 패턴 적용 각도 및 개수를 지정하면 입력된 정보에 따라 패턴을 적용할 수 있습니다. 아래 그림 형상은 배열할 원을 선택하고 2번 항목에는 배열할 요소의 중심 축을 지정하면 회색으로 복사될 객체에 대한 미리보기를 확인할 수 있습니다. 인스턴스가 균등하지 않거나 각도를 줄 경우 만들어지게 되는 순서를 변경해야 할 수 있는데 이때는 반전 아이콘을 클릭하여 변경할 수 있습니다.

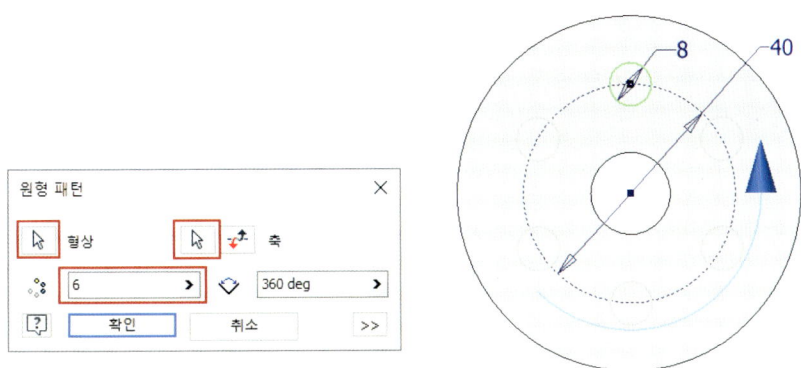

[그림 2-57] 원형 패턴의 형상 및 축 지정

원형 패턴에도 동일하게 패턴 시 옵션을 확장하여 억제 기능을 적용할 수 있으며 직사각형 패턴과 동일하게 억제 적용 시에는 억제된 요소는 점선으로 억제되지 않은 요소는 실선으로 생성됩니다.

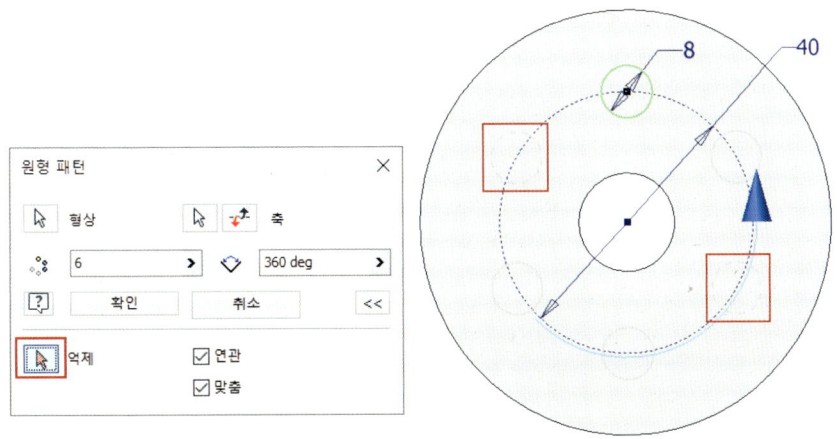

3) 미러 패턴

스케치 탭>패턴 패널>미러를 통해 입력된 스케치를 중심선 기준으로 반대편에 대칭 형상을 생성할 수 있습니다. 미러를 실행하기 전 대칭할 스케치 요소를 우선 구성한 다음 미러 기능을 실행하여 중심선과 대칭할 요소를 지정하면 반대편에 대칭된 형상이 생성됩니다.

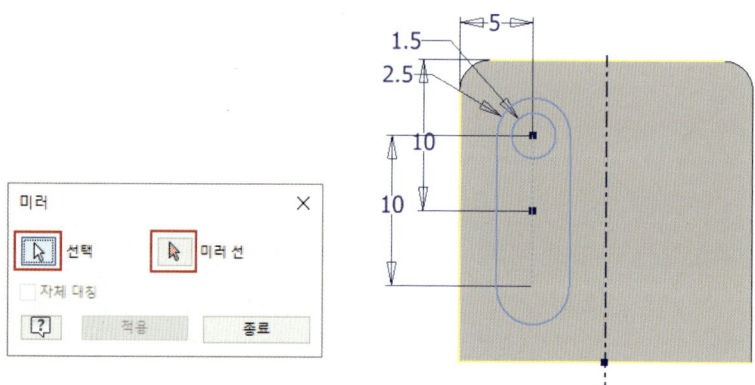

[그림 2-58] 미러 적용 시 요소 선택 및 중심선 선택

미러 창의 '적용'을 클릭해야 기능이 실행되며 미리보기는 제공하지 않습니다. Ctrl + 마우스 왼쪽 클릭을 통해 선택된 형상을 추가 혹은 제외할 수 있습니다. 미러 기능 내의 자체 대칭 옵션은 미러 시 중심선을 지나는 스플라인을 미러해야할 경우 자체 대칭 기능으로 이어지며 대칭되는 형상으로 만들 수 있습니다. 일반 선으로 작업할 경우는 비활성화 상태입니다.

전체 조건을 적용한 후에 미러를 실행하면 미러된 요소에는 대칭 구속조건이 생성되며 원본 스케치 요소가 변경됨에 따라 미러된 요소도 함께 변경되는 것을 확인할 수 있습니다.

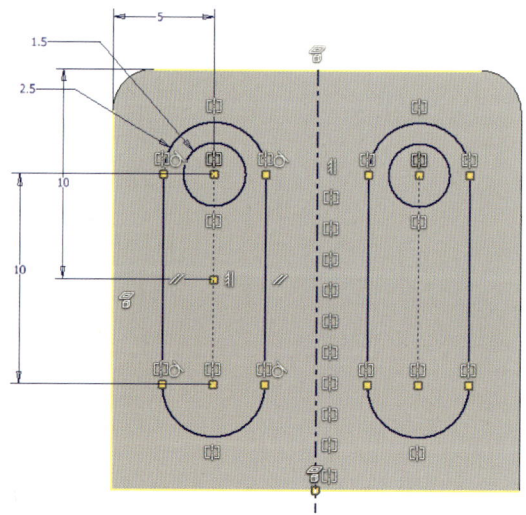

[그림 2-59] 미러된 요소에 자동 입력된 대칭 구속조건

05 치수 및 구속조건

위의 과정들을 통해 구성된 스케치 요소 또는 스케치 요소를 생성함과 동시에 각 스케치 요소에 대한 크기와 위치를 정확하게 정의하기 위해 치수 또는 구속조건을 입력 해야합니다. 치수 또는 구속조건은 <u>스케치 탭>구속조건 패널</u>에 구성된 기능들을 활용하여 치수를 입력하거나 자동 치수, 일치, 평행, 동심 등의 구속조건을 입력할 수 있습니다. 일반적인 치수는 모두 '치수' 기능을 통해 입력할 수 있으며 각 상황에 따른 치수 입력 방법과 구속 조건 입력 방법을 알아보도록 합니다.

5.1 치수

1) 일반 치수 기입

<u>스케치 탭>구속조건 패널>치수</u>를 통해 입력된 스케치 요소에 지능적 치수를 입력할 수 있습니다. 지능적 치수로 칭한 이유는 세로 형상에는 수직 치수, 가로 형상에는 수평 치수, 원형에는 지름 치수 등과 같이 각 상황에 따라 지능적으로 입력되어야할 치수 유형을 바로 표시하여 원하는 치수 상태일 때 클릭하고 필요한 값을 입력하면 입력한 값에 따라 형상이 해당 크기로 변경되도록 입력할 수 있습니다. 이 때에 유의해야할 사항은 입력한 치수에 따라 형상이 일그러질 수 있기 때문에 모든 스케치를 입력하기 전에 미리 크기를 대략 짐작한 후 대략적이라도 크기를 감안하여 스케치를 해야 나중에 치수 또는 구속조건을 입력하면서 형상이 크게 바뀌는 일이 없도록 할 수 있습니다.

치수 기능을 실행한 후 치수 입력이 필요한 요소를 선택하고 빈 영역을 선택하여 해당 스케치 요소에 대한 크기를 지정할 수 있습니다.

2) 일반 치수 기입 - 수직, 수평, 정렬

수직(세로), 수평(가로), 정렬(대각) 형상에 대한 치수를 입력할 경우 마우스 커서의 위치 또는 옵션에 따라 각 유형에 대한 치수를 원하는 때에 맞추어 입력할 수 있습니다.

수직

수직한 형상에 치수를 기입할 경우에는 선, 선과 선 또는 점과 점을 클릭한 후 형상의 직각 위치에 마우스 커서를 둔 후 빈 영역을 클릭하여 입력이 필요한 치수 값을 부여하여 치수를 정의할 수 있습니다.

수평

수평한 형상에 치수를 기입할 경우에는 선, 선과 선 또는 점과 점을 클릭한 후 형상의 직각 위치에 마우스 커서를 둔 후 빈 영역을 클릭하여 입력이 필요한 치수 값을 부여하여 치수를 정의할 수 있습니다.

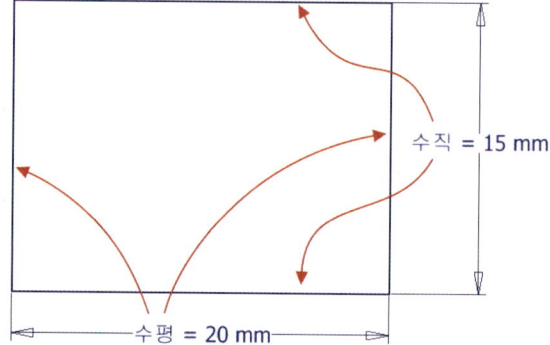

정렬

기울어진 스케치 요소에 치수를 기입할 경우에는 해당 선을 클릭한 후 오른쪽 마우스 버튼을 클릭하고 정렬 옵션을 활성화한 후 빈 영역을 클릭하여 입력이 필요한 치수 값을 부여하는 과정을 통해 치수를 정의할 수 있습니다.

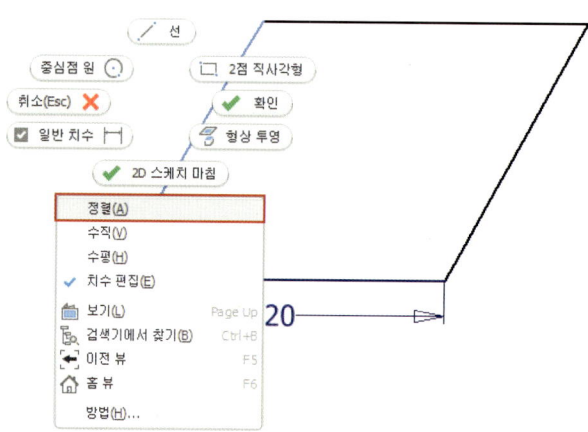

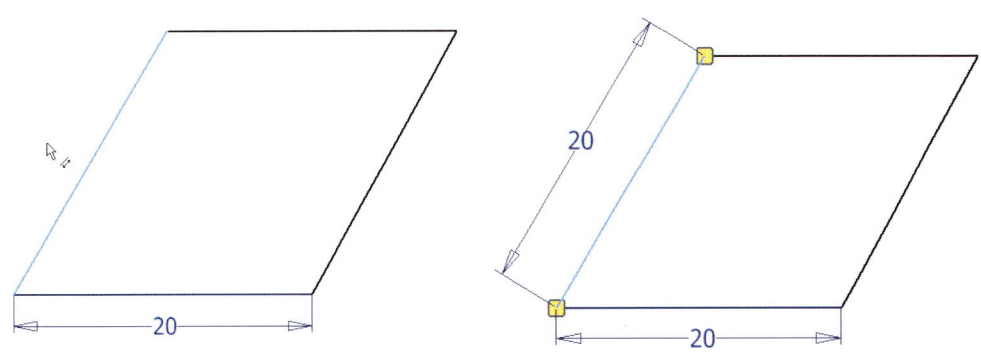

[그림 2-60] 정렬 치수 기입 전과 후

3) 일반 치수 기입 – 각도

스케치 요소에 각도 치수를 입력하는 방법은 두 가지입니다. 하나는 선과 선을 선택하여 사이의 각도를 지정하는 방법과 세 점을 선택하여 해당되는 위치의 각도를 입력할 수 있습니다.

선과 선 사이 각도

각도를 입력하고자 하는 양 쪽의 선을 선택한 후 마우스 커서의 위치를 이동하여 원하는 위치에서의 각도로 입력할 수 있습니다.

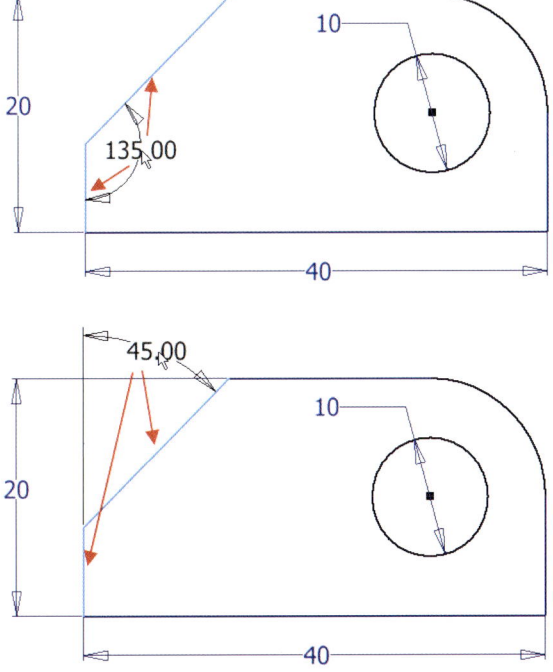

세 점 사이의 각도

각도 입력이 필요하지만 선이 없는 경우에는 세 개의 점을 통해 점 사이의 각도를 입력할 수 있습니다. 치수 기능을 실행한 후 점 세 개를 연달아 클릭하면 선택한 순서에 따라 두 번째로 선택한 점의 위치에 해당되는 각도를 입력할 수 있습니다.

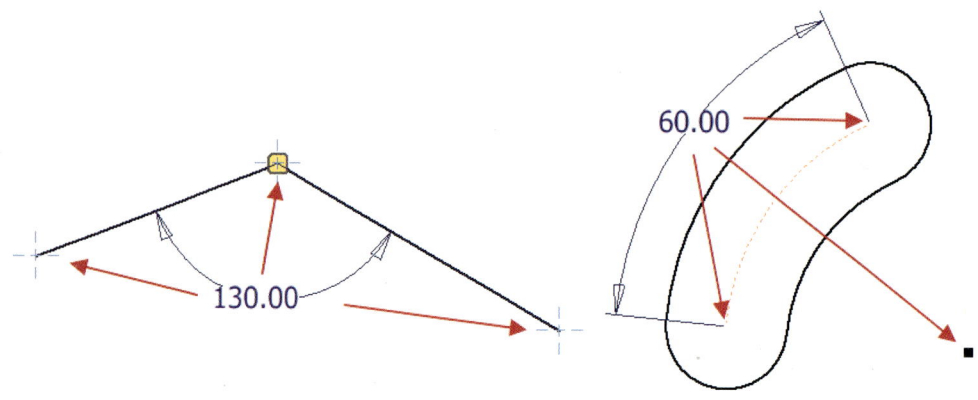

4) 일반 치수 기입 - 지름, 반지름

지름 또는 반지름 치수 입력도 선형 치수 입력 방식과 동일합니다. 원형 스케치 요소를 클릭한 후 빈 영역을 클릭하여 원하는 치수를 입력하게 되면 지름 또는 반지름 치수가 기입됩니다.

지름

별도의 설정하는 과정없이 바로 원 스케치 요소를 선택하여 지름 치수를 기입할 수 있습니다. 반지름 치수를 기입하고자 할 경우 기입 과정에서 치수 유형을 변경할 수 있습니다.

반지름

별도의 설정 없이 호 스케치 요소를 선택한 후 빈 영역을 선택하면 바로 반지름 치수를 기입할 수 있습니다. 만약 호에 반지름이 아닌 지름 치수 또는 호의 길이 치수를 입력하고자 할 경우 유형 변경을 통해 치수를 기입할 수 있습니다.

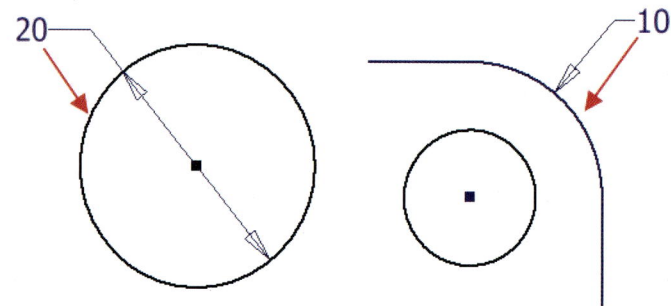

만약 원 스케치 요소에 반지름 치수를 입력하거나 호 스케치 요소에 지름 치수를 입력할 경우에는 오른쪽 마우스 버튼 클릭 후 치수 유형 하위 옵션을 변경하여 입력되는 치수 유형을 변경할 수 있습니다. 치수 유형에서는 그림과 같이 지름, 반지름뿐만 아니라 호일 경우에는 호의 길이를 입력할 수 있는 옵션이 있습니다.

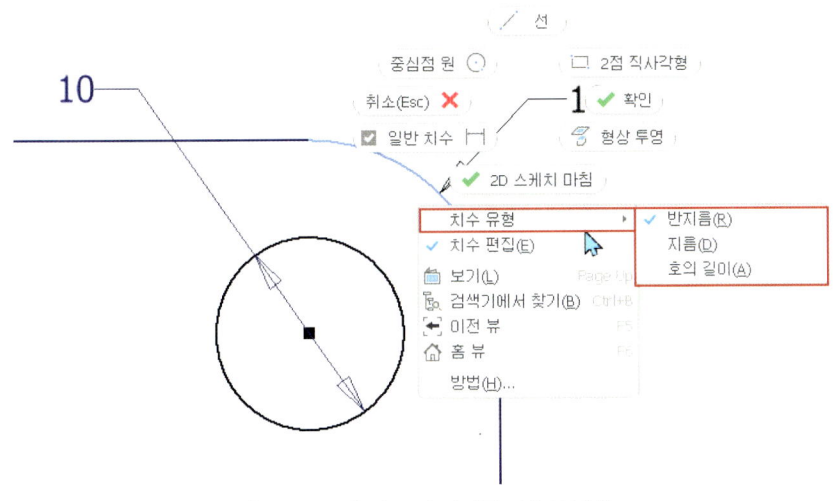

[그림 2-61] 지름 및 반지름 치수의 전환

5.2 구속조건

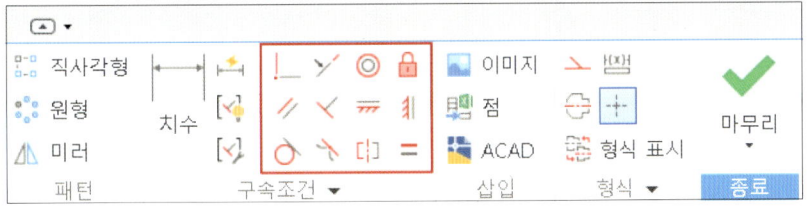

치수 입력만으로는 형상의 모든 자유도를 제어하기 힘들 수 있습니다. 치수 변경 시를 고려하여 일치, 동심, 동일선상 등의 형상 간의 조건을 부여하여 스케치를 정의할 수 있도록 하는 것이 구속조건입니다. 여러가지 유형의 구속 조건에 대해 파악하고 필요한 상황에 적절한 구속조건을 활용할 수 있다면 불필요하게 여러 치수를 기입하지 않고도 스케치를 완전 정의할 수 있습니다.

1) 일치 구속조건

2D또는 3D스케치에 투영된 다른 스케치 등에 일치하도록 구성합니다. 점과 점에 일치하도록 구속조건을 부여하거나 선에 점이 일치되도록 구속조건을 부여할 수 있습니다. 만약 선과 점에 구속조건을 부여한

후에는 특정 거리 치수를 추가적으로 부여해야지만 정확한 위치에 대해 완전 정의를 할 수 있습니다.

일치 구속조건을 실행한 후 일치시킬 두 요소를 선택하면 해당되는 요소들에 일치 구속조건이 부여됩니다. 첫 번째로 선택한 요소 기준으로 두 번째 요소에 적용 또는 완전 구속된 형상 기준으로 일치 구속조건이 부여되며 스케치 요소가 이동되는 것을 확인할 수 있습니다. [그림 2-62]와 같이 일치 전에는 두 선의 끝 점이 떨어져 있지만 일치 구속조건을 부여한 후에는 두 선의 끝 점이 하나로 일치되어 있는 것을 확인할 수 있습니다.

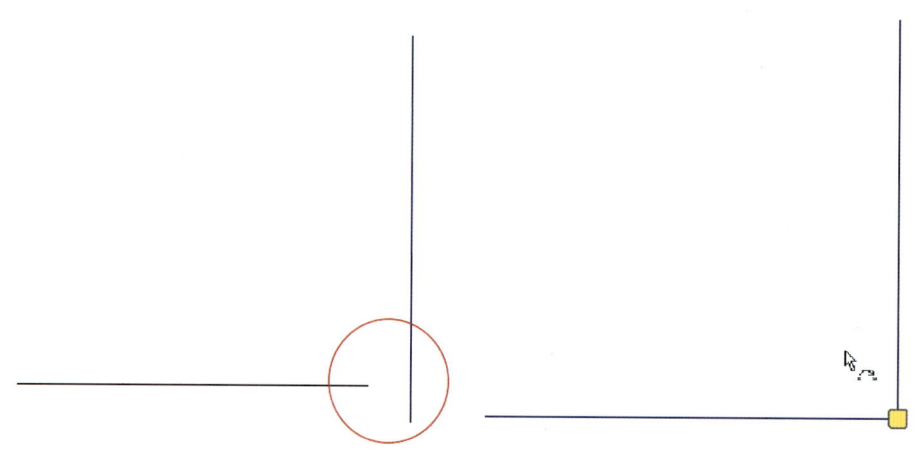

[그림 2-62] 일치 구속조건 입력 전과 후

2) 동일선상 구속조건

두 개의 선이 동일한 선상에 놓이도록 설정할 때 입력할 수 있는 구속조건입니다. 예를 들어 슬롯의 중심선을 다른 선과 같은 선상에 두고자 한다던지 할 때에 적용할 수 있는 구속조건이며 구속조건을 먼저 실행하고 스케치 요소를 선택하거나 두 개의 선을 먼저 선택한 상태에서 동일선상 구속조건을 부여하면 두 선이 길이를 제외하고 정확히 일치됩니다.

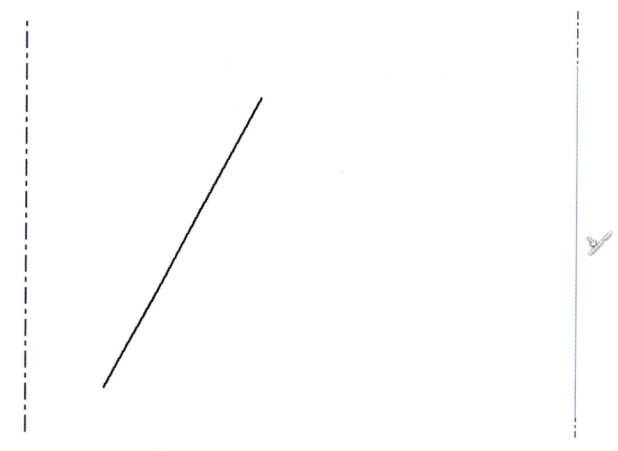

[그림 2-63] 동일선상 구속조건 입력 전과 후

3) 동심 구속조건

두 개의 원의 중심을 일치시킬 때 입력할 수 있는 구속조건입니다. 다른 구속조건과 동일하게 먼저 두 원을 선택한 후 동심 구속조건을 부여하거나 동심 구속조건을 먼저 실행한 후 두 원을 선택하여 구속조건을 부여할 수 있습니다.

두 원의 중심점은 동심 구속조건에 사용할 수 없기 때문에 동심 조건을 부여할 때에는 필히 원 또는 호를 선택하여 구속조건을 부여 해야합니다.

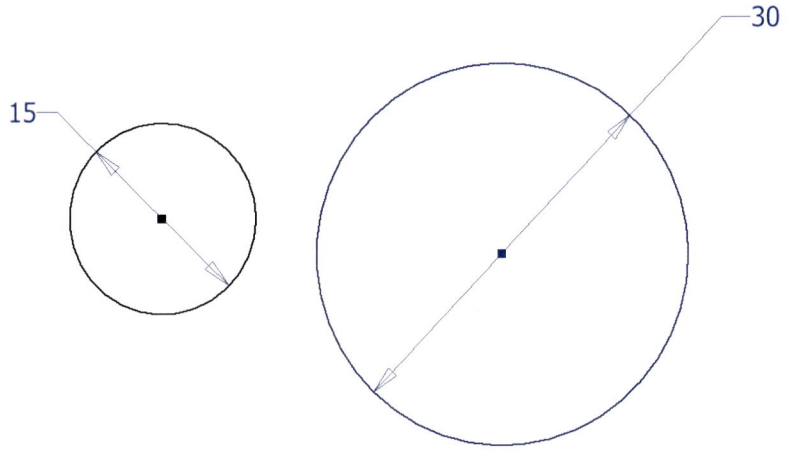

[그림 2-64] 동심 구속조건 입력 전

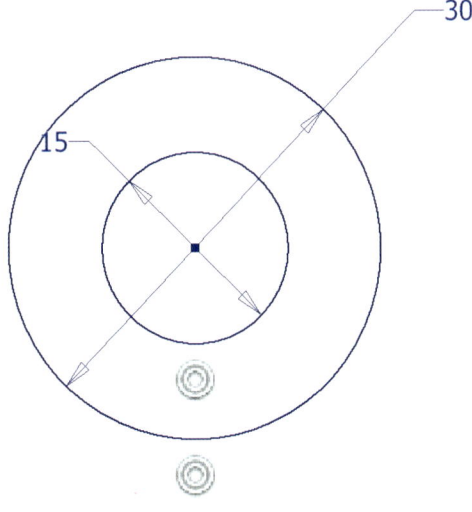

[그림 2-65] 동심 구속조건 입력 후

4) 고정 구속조건

AutoCAD에서 스케치 요소를 복사하거나 특정 요소를 고정된 상태에서 치수 또는 구속조건을 별도로 입력해야할 경우 고정 구속조건으로 고정이 필요한 스케치 요소를 아예 움직이지 않도록 고정해둘 수 있습니다. 구속조건을 표시하여 필요하지 않을 경우 고정 구속조건을 제거하면 다른 구속조건을 입력할 수 있습니다.

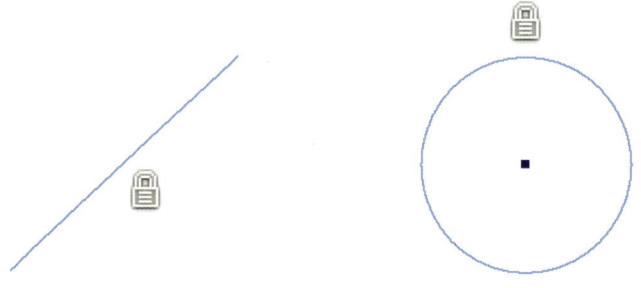

〈NOTE〉
원이나 호를 작성하거나 스케치가 복잡하여 구속 조건을 주는 과정에 형상이 뒤틀리거나 움직이는 경우에 특정 객체를 임시로 고정해 둘 때 활용되기도 합니다.

모든 입력된 구속조건은 F8을 통해 표시할 수 있으며 F9를 통해 다시 숨길 수 있습니다.

5) 평행 구속조건

두 선 스케치 요소에 평행한 조건을 입력해야할 경우 평행 구속조건 사용할 수 있습니다. 평행 구속조건의 실행 및 객체 선택의 순서에는 상관이 없습니다. 평행 조건이 들어가 있는 상태에서 마우스로 한쪽을 조작해보면 두 개의 선이 평행을 유지한 채로 움직이는 것을 보실 수 있습니다.

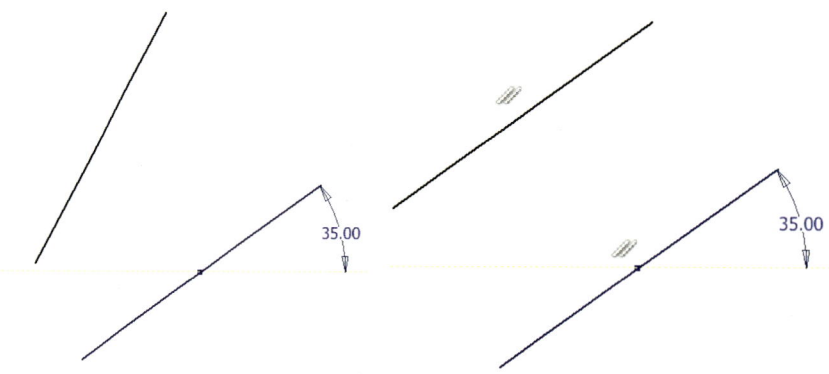

[그림 2-66] 평행 구속조건 입력 전과 후

6) 직각 구속조건

두 선 스케치 요소에 직각 조건을 입력해야할 경우 직각 구속조건을 통해 두 선이 직각의 조건이 부여될 수 있도록 설정할 수 있습니다. 직각 구속조건을 실행한 후 조건을 부여할 두 선을 선택하면 두 선에 구속조건을 입력할 수 있습니다.

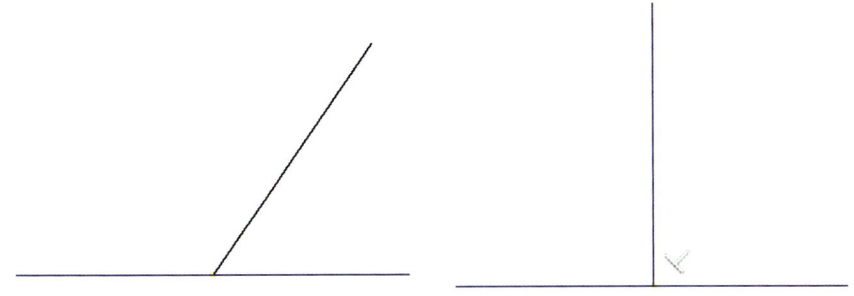

[그림 2-67] 직각 구속조건 입력 전과 후

7) 수평 구속조건

선 스케치 요소에 수평 조건을 입력해야할 경우 수평 구속조건 입력하여 조건을 부여할 수 있습니다. 수평 구속조건을 실행한 후 수평 조건이 필요한 선들을 클릭하면 수평 조건이 부여됩니다.

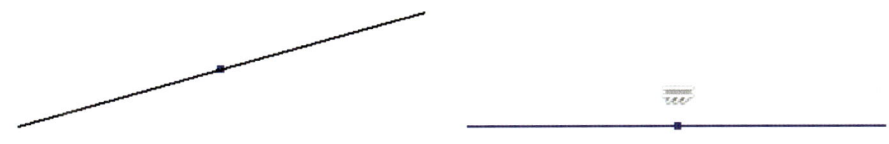

[그림 2-68] 수평 구속조건 입력 전

8) 수직 구속조건

선 스케치 요소에 수직 조건을 입력해야할 경우 수직 구속조건 입력하여 조건을 부여할 수 있습니다. 수직 구속조건을 실행한 후 수직 조건이 필요한 선들을 클릭하면 수직 조건이 부여됩니다.

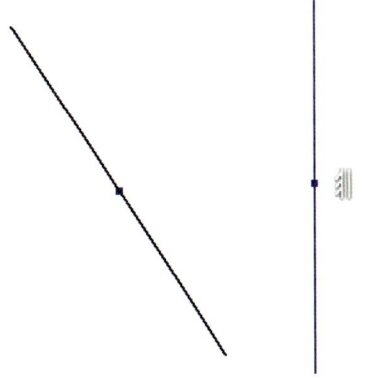

[그림 2-69] 수직 구속조건 입력 전과 후

9) 접선 구속조건

선과 원 스케치 요소에 접선 조건을 입력해야할 경우 접선 구속조건 입력하여 조건을 부여할 수 있습니다. 접선 구속조건을 실행한 후 접선 조건이 필요한 원과 선 또는 호와 선, 호와 호, 원과 호 등을 클릭하면 접선 조건이 부여됩니다.

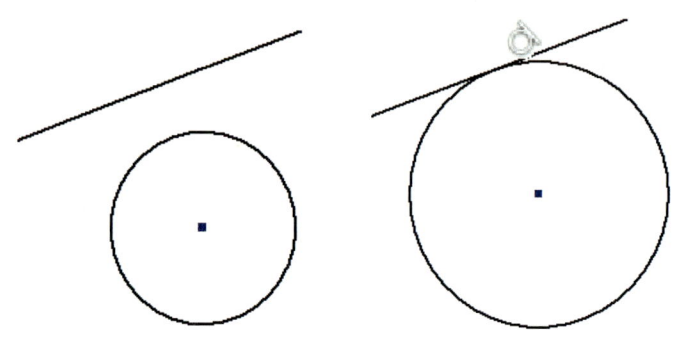

[그림 2-70] 접선 구속조건 입력 전과 후

10) 부드럽게(G2) 구속조건

선과 곡선 또는 곡선과 곡선을 부드럽게 이을 경우 부드럽게(G2) 구속조건을 입력하여 해당 조건을 부여할 수 있습니다. 부드럽게(G2) 구속조건을 실행한 후 부드럽게 이을 두 선 또는 곡선을 클릭하면 부드럽게(G2) 구속조건이 적용됩니다.

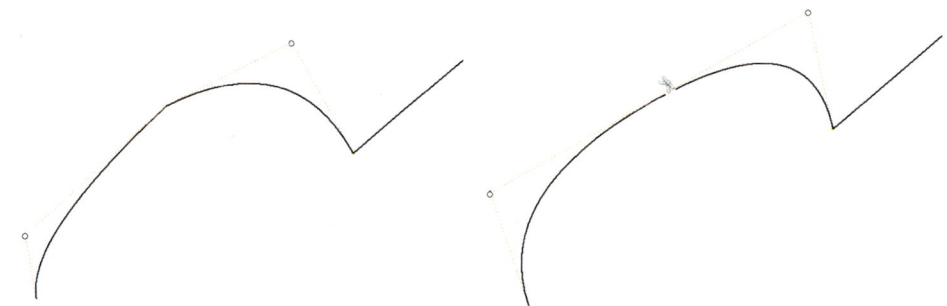

[그림 2-71] 부드럽게(G2) 구속조건 입력 전과 후

11) 대칭 구속조건

가운데 직선을 기준으로 양쪽의 형상에 대칭 조건을 부여할 수 있습니다. 대칭 구속조건을 실행한 후 대칭 조건을 입력할 스케치 요소를 먼저 지정한 후 대칭 조건이 필요한 반대편의 스케치 요소와 기준이 될 직선을 순차적으로 클릭하면 대칭 구속조건이 부여됩니다.

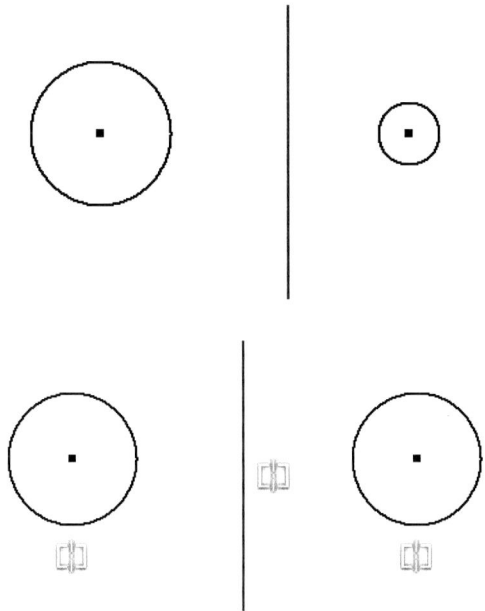

[그림 2-72] 대칭 구속조건 입력 전과 후

12) 같음 구속조건

두 선 또는 두 원의 크기를 같게 설정하고자 할 경우 같음 구속조건을 통해 적용할 수 있습니다. 같음 구속조건을 실행한 후 크기를 같게 설정할 선과 선 또는 원과 원을 클릭하면 두 스케치 요소의 크기가 같아지며 같음 구속조건이 부여됩니다.

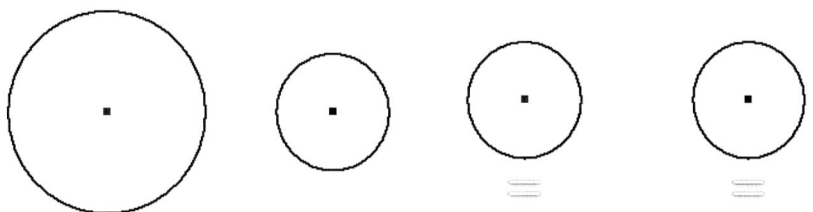

[그림 2-73] 같음 구속조건 입력 전과 후

실습 1 : 도면 예제

이 실습에서는 학습할 내용은 아래와 같습니다.

- 다양한 2D스케치 방법을 통한 작도 능력
- 상황에 따른 구속조건 및 치수 기입을 통한 완전구속

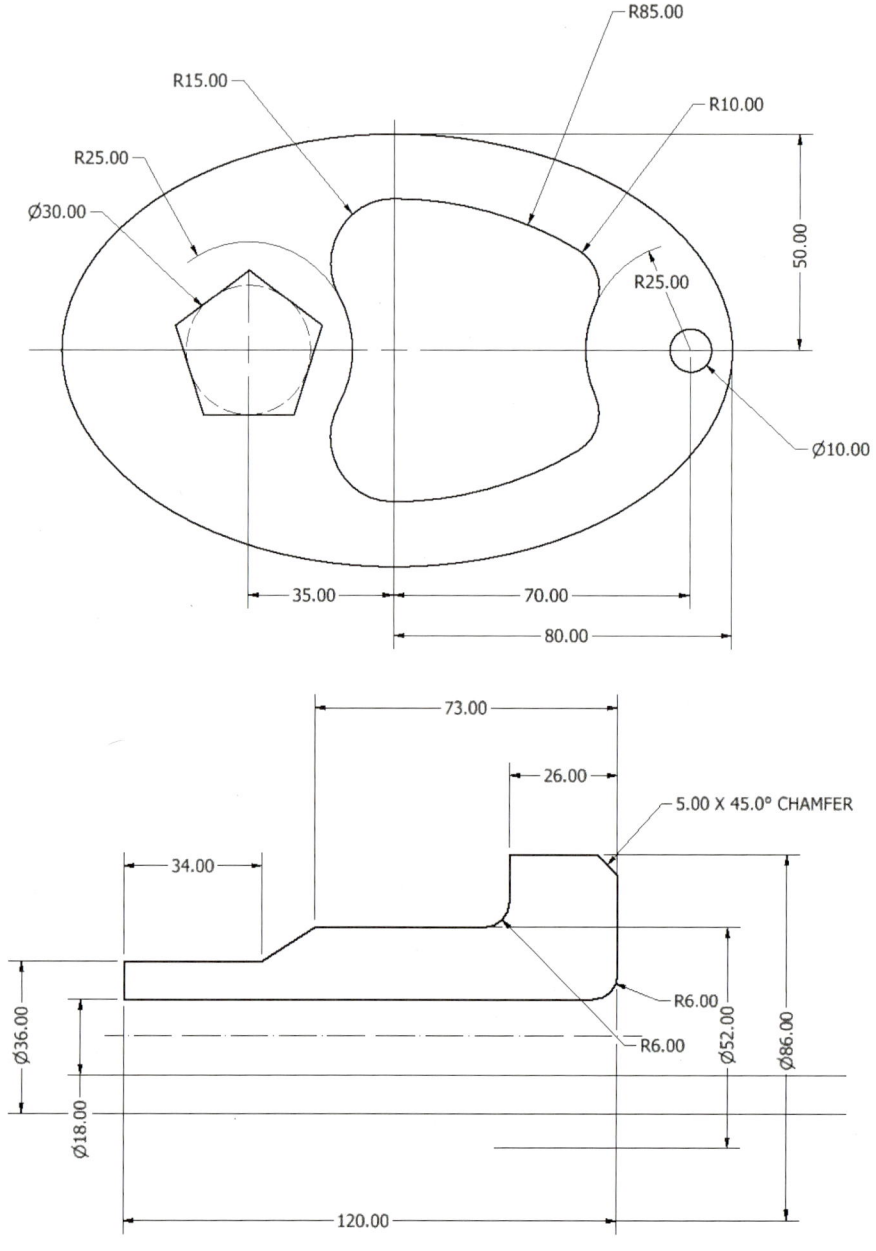

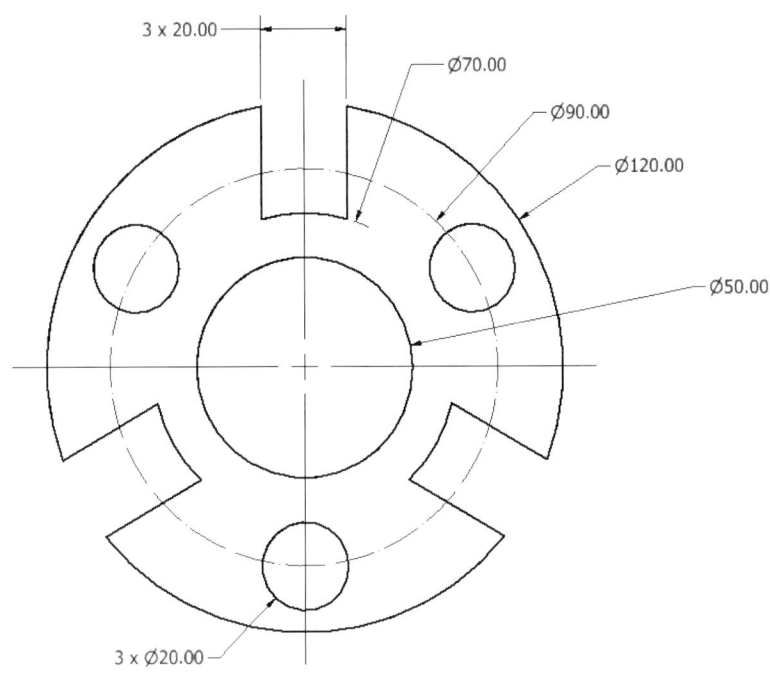

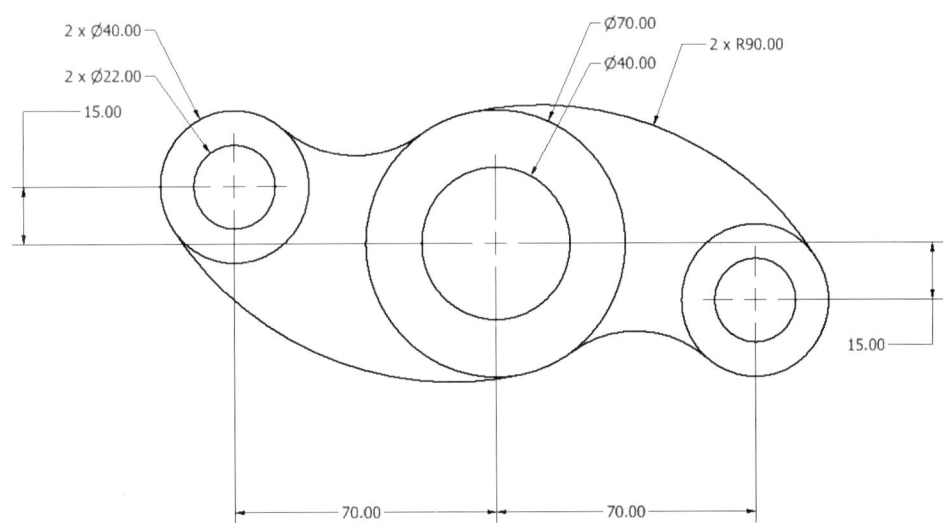

Track

3D 스케치 작성하기

인벤터에서 대부분의 형상 작업은 2D스케치를 기반으로 3D형상을 생성하며 2D스케치로 구성할 수 없는 경우 또는 3D골조 스케치가 필요한 경우에는 3D스케치를 통해 골조 디자인을 구성할 수 있습니다. 3D스케치도 2D 스케치와 기본적인 사항은 동일하며 1장에서 안내된 사항과 같이 매개변수 기반으로 설계를 하고 특정 값을 통해 형상의 길이 및 크기와 같은 치수를 통해 제어할 수 있습니다. 2D스케치는 평평한 면(평면)에 스케치 요소들을 생성하지만 3D스케치는 평면을 이용해 스케치하지 않고 공간 내에 필요한 방향 또는 값을 정의하며 3D공간 내에 요소들을 생성합니다.

3D스케치를 구성하는 요소와 구속 조건 및 치수 기입 방법을 확인하겠습니다.

01 스케치 생성 방법

스케치를 생성하기 위해서는 부품 환경에서만 작업할 수 있으며 3D모형 탭 또는 스케치 탭 내의 스케치 중 3D스케치를 통해 3D스케치 환경을 불러올 수 있습니다. 3D스케치의 경우에는 별도의 평면이 필수로 필요하지 않은 관계로 평면이 없더라도 생성할 수 있습니다. 다만, 구속 조건 또는 치수를 부여하기 위해 평면을 참조 형상으로 활용할 수 있습니다.

3D스케치를 활성화하는 방법은 2D스케치와는 다르게 간단합니다.

1.1 3D 스케치 시작

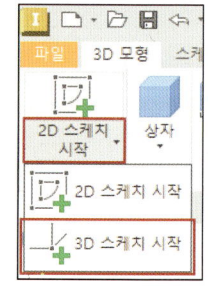

<u>3D모형 탭>스케치 패널>3D스케치 시작</u>을 클릭하면 바로 3D스케치 환경으로 전환되어 기능이 바로 표시되지 않은 경우 2D스케치 시작 풀다운 메뉴를 통해 3D스케치 시작을 클릭합니다.

3D스케치 환경이 정상적으로 활성화된 경우 일반적인 2D스케치 탭이 아닌 3D스케치를 작업할 때에 사용할 수 있는 기능들로 구성된 별도의 3D스케치 전용 탭이 생성되며 활성화됩니다.

[그림 3-1] 3D스케치 환경

02 스케치 환경 이해

3D스케치 환경은 앞에서 소개되었던 2D스케치와 치수 또는 구속조건을 통해 형상의 크기 및 상태를 정의한다는 것을 기반으로 크게 다르지 않습니다. 2D스케치로 형상 작업이 어렵거나 시간이 오래 걸릴 경우에는 3D스케치를 활용하여 형상 작업을 하면 작업 시간을 단축할 수 있습니다. 3D스케치를 통해 구성할 수 있는 피쳐는 스윕과 곡면 작업입니다. 한 스케치에는 하나 또는 여러 스케치 요소(객체)로 이루어질 수 있으며 01 Track에서 소개된 내용 같이 인벤터 스케치를 정의하는 것으로는 치수와 구속조건이 있습니다.

입력된 치수 또는 구속조건을 통해 스케치를 제어하기 위해 필요한 조건을 완벽히 갖출 수 있으며 스케치가 완벽히 정의된 후에 추가적으로 치수 또는 구속조건이 부여될 경우에는 초과로 정의되기 때문에 오류가 발생하게 됩니다. 이미 입력된 구속조건이 중복적으로 들어가는 것도 불가능하기 때문에 치수 또는 구속조건을 부여할 때에 오류가 발생한다면 이미 입력되어 있는 조건인지를 체크하면서 스케치를 정의하면 됩니다.

3D스케치 환경에서는 어느 구속조건이 부여되었는지 스케치 요소의 상태에 따른 색상을 통해 위에 언급한 완전히 정의된 상태 등을 확인하여 이후의 작업에 참고하여 작업할 수 있도록 구성되어 있습니다. 스케치 작업 중 참고할 수 있는 상태들을 확인하겠습니다.

3D스케치 활성

인벤터 내의 모든 기능을 활성화하게 되면 해당 기능이 존재하는 탭이 활성화되거나 특성 탭이 활성화됩니다. 이전에 설명된 스케치 생성 방법을 통해 스케치를 생성함과 동시에 [그림 3-1]과 같이 자동으로 스케치 탭이 활성화 되면서 3D스케치 작업에 활용할 수 있는 기능들이 표시되어 있는 것을 확인할 수 있습니다. 3D스케치를 활성화했을 경우에는 모형 검색기 내에 [그림 3-2]와 같이 3D스케치 라는 피쳐 항목이 새롭게 생성됩니다.

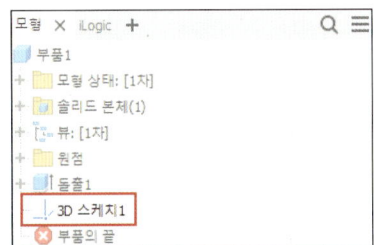

[그림 3-2] 모형 검색기 내의 3D스케치 피쳐

2.1 상태 막대와 스케치 환경의 특화 도구

2D스케치와는 다르게 상태 막대를 통해 3D스케치에서 필요한 치수의 수량이나 현재 완전 구속되었는지의 여부를 확인할 수는 없으나 3D스케치를 활성화할 경우 생성되는 보조 도구를 통해 여러 스케치 및 치수 입력 환경을 변경할 수 있습니다.

스케치 보조 도구는 왼쪽에서부터 아래와 같은 기능으로 사용할 수 있습니다.

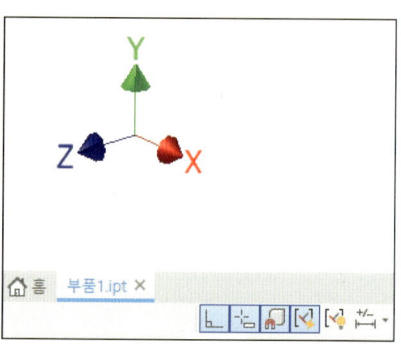

[그림 3-3] 상태 막대를 통한 스케치 보조 도구

- 직교 모드 : X, Y, Z 방향으로 직교 상태 유지
  (단축키: Ctrl+R)
- 동적 치수 : 스케치할 때 상자를 통해 치수 입력창 활성/비활성
- 객체 스냅 : 이미 구성된 객체들에 스냅 설정 활성/비활성
- 구속조건 추정 : 구속조건 입력 자동 활성/비활성
- 공차: 표시되는 치수의 표현식 변경

〈NOTE〉
치수 입력 중 공차의 드롭다운 목록은 아래와 같습니다.

- 값   스케치 치수를 계산된 값으로 표시
- 이름   매개변수 이름으로 표시
- 표현식   지정된 파라메트릭 표현식으로 표시
- 공차   지정된 공차가 포함된 스케치 치수 표시
- 정확한 값   정밀도를 무시하고 스케치 치수를 값으로 표시

2.2 스케치 환경의 표식 메뉴

3D스케치가 활성화된 상태로 그래픽 영역에서 오른쪽 마우스 버튼을 클릭할 경우 3D스케치에 활용할 수 있는 기능들로 구성된 표식 메뉴를 확인할 수 있습니다. 앞에 소개된 대로 표식 메뉴는 사용자가 쓰는 기능들로 재구성할 수 있으므로 필요하지 않은 기능은 제외하고 사용하는 기능들로 다시 구성하는 것을 권장 드립니다.

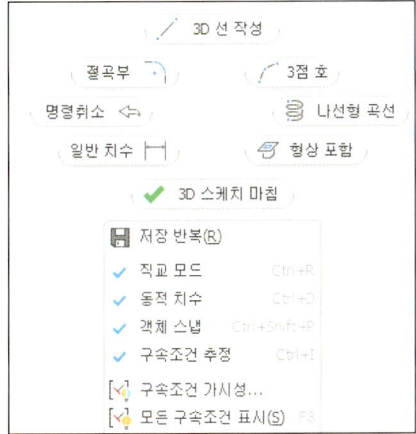

[그림 3-4] 3D 스케치 환경의 표식 메뉴

03 스케치 요소 작성 방법

새 스케치를 생성하거나 기존 스케치를 편집할 수 있도록 활성화해둔 상태에서는 새로운 스케치 요소를 생성할 수 있습니다. 스케치는 상태 막대의 스케치 도구의 직교 또는 스냅 등을 활용하여 미리 구속조건이나 치수 기입에 대해 충분히 구상한 후 작업하는 것이 나중에 추가 단계를 최소화 할 수 있습니다.

모든 스케치 요소를 생성할 경우에는 작성하고자 하는 기능 위에 마우스를 두었을 때 해당 기능에 대한 상세한 도움말이 표시되면서 요소 생성 순서 및 방법에 대해 확인할 수 있습니다. 대부분의 스케치 요소는 왼쪽 마우스 버튼 클릭을 통해 스케치 요소의 시작점과 마치는 위치를 구성할 수 있으며 오른쪽 마우스 버튼을 통해 일시적인 스냅의 유형 변경과 좌표 유형 등의 옵션을 변경할 수 있습니다.

3D스케치 탭>그리기 패널 내에는 다양한 종류의 스케치 도구들이 있습니다. 해당 탭 내의 각 도구들의 사용 방법을 확인하여 필요한 스케치 요소를 생성할 수 있습니다.

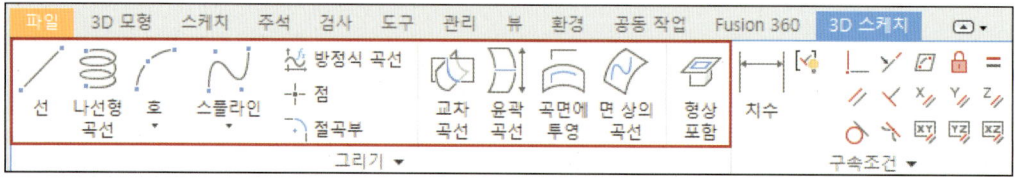

3.1 스케치 요소 작성 방법 – 선, 나선형 곡선

3D스케치 탭>그리기 패널에는 선, 나선형 곡선, 호 등의 스케치 요소를 작성하는 기능들이 있습니다. 그 중 선과 나선형 곡선에 대한 부분으로는 아래와 같은 절차로 구성할 수 있습니다.

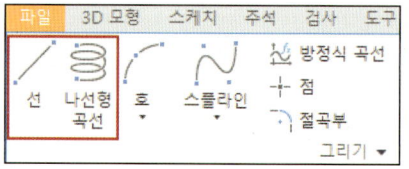

1) 선

선은 대부분의 모델링에 많이 사용되는데 선을 실행하여 구성할 때에는 아래의 두 유형으로 나누어 구성할 수 있습니다.

- 선을 임의의 위치에 그린 후 치수 및 구속조건 입력
- 정확한 위치를 위한 좌표값 입력

선을 실행하면 그래픽 영역에서 선을 구성하는 점의 위치에 대한 좌표 값을 입력할 수 있도록 활성화됩니다. 해당 입력 창에 값을 입력할 경우 선의 각 점에 대한 위치를 지정하여 구성할 수 있으나 구속조건까지 입력되는 것은 아니기 때문에 정확한 위치를 위해서는 구속조건을 별도로 입력해야 합니다.

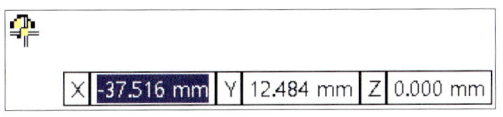

[그림 3-5] 3D 스케치 - 선 실행 시 좌표 값 입력 창

선을 통해 프레임 배치를 위한 skeleton을 구성할 경우에는 앞선 [그림 3-3]에서의 스케치 보조 도구 중 직교 모드를 통해 자동으로 구속조건이 입력되도록 하여 별도 구속조건을 입력해야 하는 절차를 줄일 수 있습니다. 실습 내용을 통해 직교 모드의 선 구성에 대해 확인할 수 있습니다.

〈NOTE〉

모든 3D스케치 구성요소를 생성할 때에는 기준이 되는 점 또는 선을 지정한 후 구성하는 것이 좋습니다. 기준이 되는 요소를 지정한 후 해당 형상에서부터 시작하면 구속조건이나 치수를 부여하기 보다 수월하기 때문에 기준이 될 구성요소를 미리 지정하는 것이 좋고 만약 기본 형상으로 구성되어 있는 중심점을 기준 구성요소로 지정할 경우에는 3D스케치 환경이 활성화된 상태에서 모형 검색기의 원점 하위 '중심점'의 가시성을 켜둔 후 일치 구속조건을 통해 일치시켜야 정확하게 스케치를 구성할 수 있습니다.

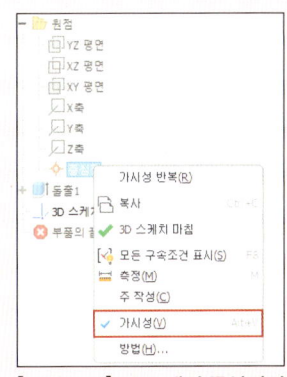

[그림 3-6] 3D스케치 중심점의 가시성

가시적으로 보이는 중심점이 있는 상태에서 선을 원점 근처에 두게 되면 중심점이 하이라이트 되어 해당 위치에 일치 구속조건이 자동으로 생길 것이라는 것을 확인할 수 있습니다.

선을 작성할 때에 임의 공간에 클릭하여 평면 혹은 축 기준을 선택하여 작성할 수도 있고 3D형상이나 요소를 기반으로 위치를 잡아 3D스케치를 구성할 수도 있습니다. 시작점에서부터 직교 모드가 활성화되어 있을 경우에는 x, y, z 축 방향으로 선을 생성하게 되면 별도의 기준 선택이나 구속조건을 입력하지 않더라도 해당 방향에 자동으로 고정되어 있는 것을 확인할 수 있습니다.

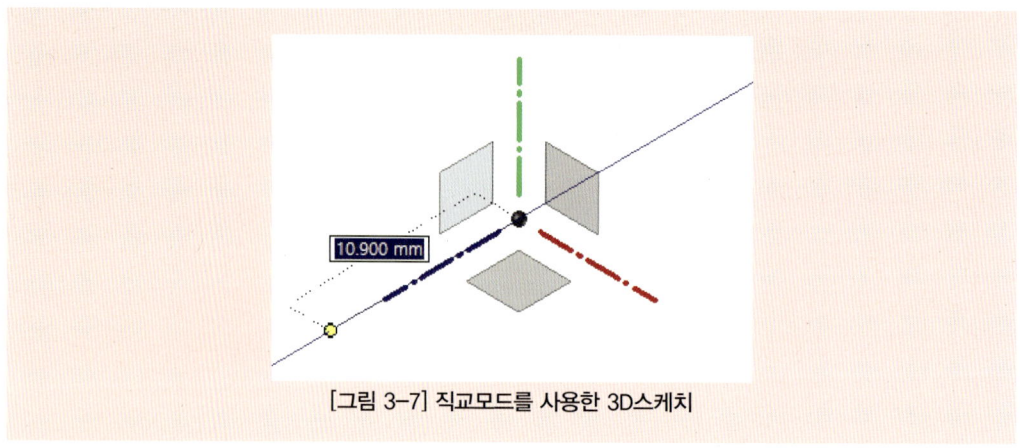

[그림 3-7] 직교모드를 사용한 3D스케치

2) 나선형 곡선

직선이 아닌 특정 높이와 회전 수 등으로 구성된 나선형 곡선을 3D스케치로 구성할 경우에는 '나선형 곡선'을 사용할 수 있습니다. 3D모형의 기능 중 코일이라는 기능을 통해서도 단순한 나선형 형상을 생성할 수 있지만 곡면 작업이나 별도의 복잡한 나선형 곡선 생성을 위해서는 3D스케치의 나선형 곡선을 활용하여 피쳐를 구성할 수 있습니다.

3D스케치가 활성화 되어있는 상태에서 3D스케치 탭>그리기 패널>나선형 곡선을 클릭하여 실행하면 나선형 곡선을 구성할 세부 값 입력 창이 활성화됩니다.

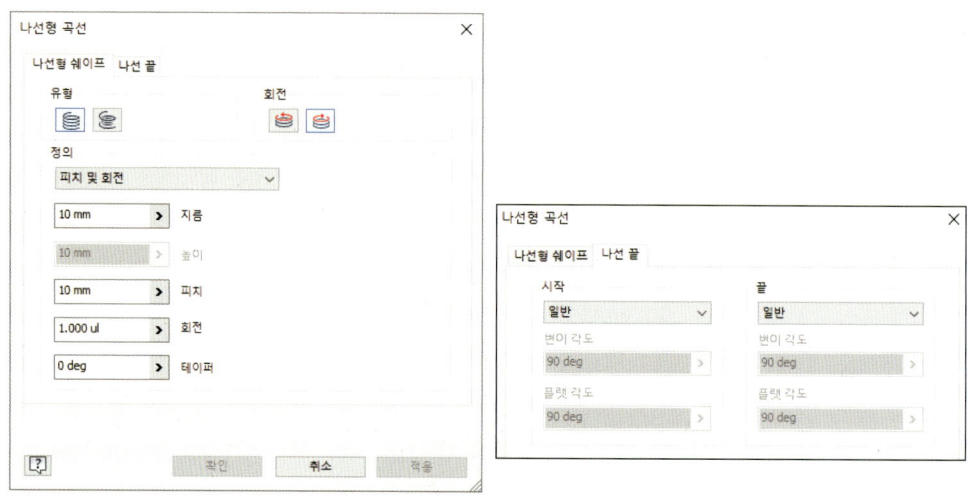

[그림 3-8] 3D스케치의 나선형 곡선

나선형 곡선 창 내에는 나선형 쉐이프와 나선 끝 탭으로 구성되어 있으며 나선형 쉐이프 탭에서는 나선형의 유형, 회전 방향, 나선형의 세부 정의를 지정할 수 있습니다.

나선 끝 탭에서는 나선형 곡선의 끝 부분을 어떻게 표현할 것인지를 세부적으로 지정할 수 있습니다. 나선형 곡선의 시작점을 지정한 후에 직접 정의 항목에 값을 입력하여 나선형 곡선을 구성할 수도 있지만 그래픽 영역에서 나선형 곡선의 시작점과 지름 등의 항목을 클릭하는 과정을 통해 나선형 곡선을 형상화할 수도 있습니다. 나선형 곡선을 구성할 때에도 선과 같이 직교 모드가 활성화되어 있을 경우 x, y, z 축의 방향만 지정하게 되면 해당 방향에 대해 별도의 구속조건을 입력하지 않더라도 자동으로 입력됩니다.

나선형 곡선에 다음과 같은 값을 입력하면 [그림 3-9]와 같은 결과를 얻게 됩니다.

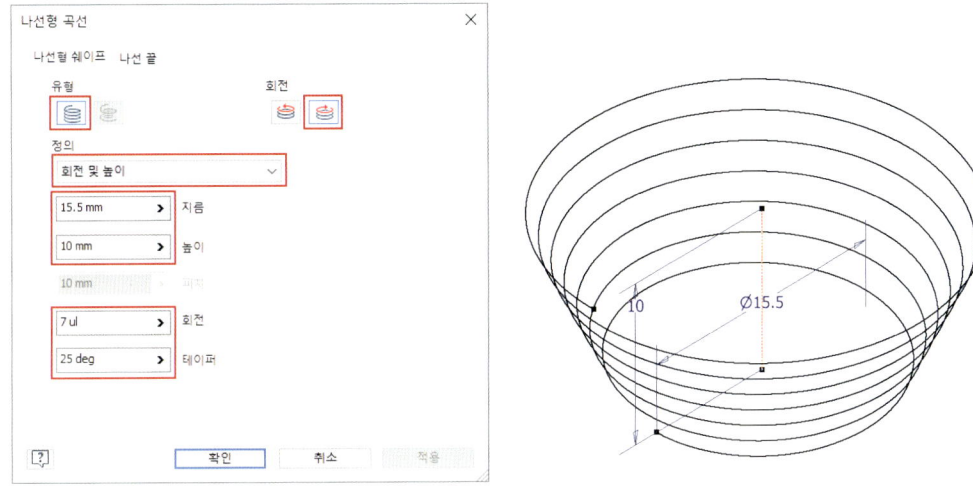

[그림 3-9] 나선형 곡선의 예시

3.2 스케치 요소 작성 방법 – 호, 스플라인

3D스케치 탭>그리기 패널에서 호, 스플라인에 대한 부분으로는 아래와 같은 내용으로 사용할 수 있습니다.

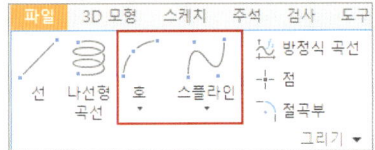

1) 호

3D스케치 탭>그리기 패널>호는 세 점 호와 중심점 호로 나뉘어 있습니다. 세 점 호는 3개의 점을 지정하여 구성되는 호이며, 중심점 호는 호의 중심점과 반경을 지정하여 구성할 수 있는 호 유형입니다.

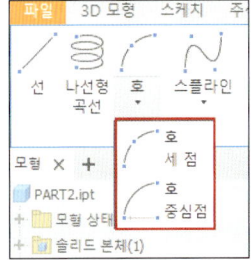

세 점 호

시작 점, 끝 점, 반지름에 대한 정의를 통해 호를 생성합니다.

만약 기존에 구성된 스케치 형상을 참고하여 세 점 호를 구성할 경우 [그림 3-10]과 같은 순서로 형상을 선택하여 세 점 호를 생성할 수 있습니다. 세 점 호의 순서 중 그리기 전에 해당 점을 배치할 평면을 1번처럼 우선 지정하게 되면 해당 평면에 점을 위치시킬 수 있습니다. 이렇게 될 경우 별도의 복잡한 구속조건을 입력하지 않아도 되기 때문에 스케치 구성에 따른 시간을 절약할 수 있습니다.

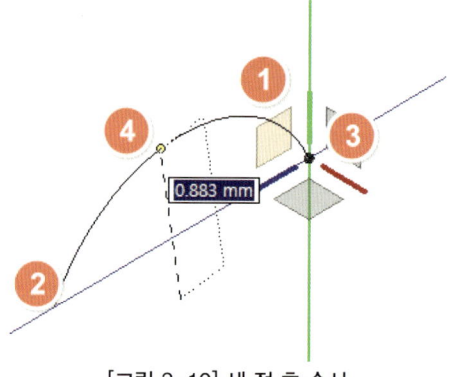

[그림 3-10] 세 점 호 순서

중심점 호

중심점과 양 끝점에 대한 정의를 통해 호를 생성합니다.

기존 형상에 중심점 호를 구성할 경우 [그림 3-11]와 같은 순서로 구성할 수 있으며 그리기 전에 호의 끝 점을 위치할 평면을 먼저 선택하게 되면 해당 평면에 끝점을 일치시키므로 별도의 구속조건을 입력하지 않아도 되기 때문에 스케치 구성에 시간을 절약할 수 있습니다.

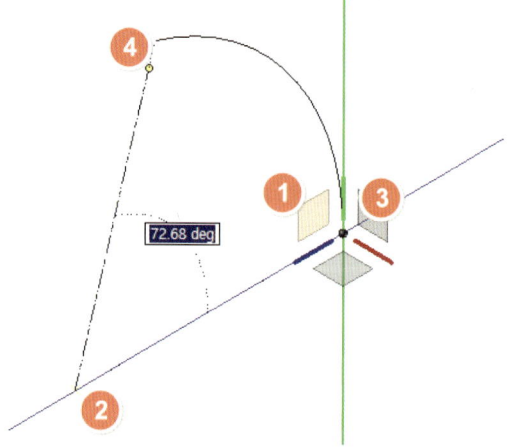

[그림 3-11] 중심점 호 생성 시 순서

〈NOTE〉

3D스케치를 구성할 때의 유의할 사항은 직교 모드를 최대한 활용하는 것과 스케치 중 활성화되어있는 평면을 활용하여 최대한 원하는 위치에 스케치를 둘 수 있도록 하는 것이 필요합니다. 그래야만 스케치를 완전 정의하기 위해 입력해야할 구속조건 또는 치수를 최소화 할 수 있고 나중에 스케치를 변경한 후에도 원하는 방식대로 변경이 용이하다는 것입니다.

2) 스플라인

3D스케치 탭>그리기 패널>스플라인은 제어 꼭지점 스플라인과 보간 스플라인으로 나뉘어 있습니다.

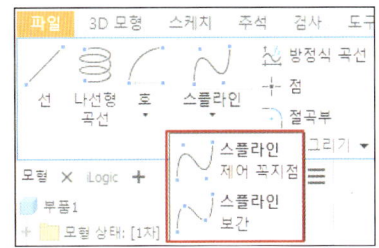

2D스케치에서와 동일하게 제어 꼭지점 스플라인과 보간 스플라인으로 구성되어 있습니다. 제어 꼭지점은 스플라인에 구성된 제어 꼭지점을 통해 스플라인 형상을 제어할 수 있으며 보간 스플라인은 지정된 점을 통과하는 스플라인을 보간법으로 구성합니다.

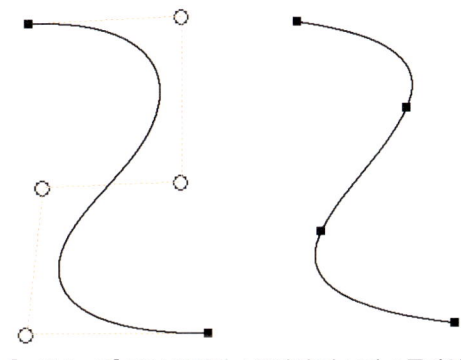

[그림 3-12] 제어 꼭지점 스플라인 및 보간 스플라인

3.3 스케치 요소 작성 방법 – 점, 절곡부

3D스케치 탭>그리기 패널에서 점, 절곡부에 대한 부분으로는 아래와 같은 내용으로 구성할 수 있습니다.

1) 점

3D스케치 탭>그리기 패널>점을 통해 3차원 공간에서 필요한 위치에 점을 생성할 수 있습니다. 2D스케치에서는 2개의 축 방향에 대한 값을 입력할 수 있지만 3D스케치 내에서는 3개의 축방향에 대한 값을 입력하여 점의 위치를 지정하여 생성할 수 있고 원하는 위치를 클릭하여 생성할 수도 있습니다.

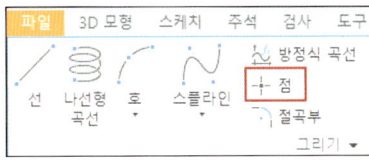

다른 스케치들과 마찬가지로 점을 구성할 때 기존 형상들을 활용하여 스케치를 구성하면 보다 쉽게 구속 조건을 입력할 수 있습니다.

2) 절곡부

3D스케치 탭>그리기 패널>절곡부를 통해 입력된 3D스케치 내의 선을 모깎기와 같이 각진 끝 모서리를 절곡부로 변경할 수 있습니다. 절곡부를 실행한 후 절곡부 적용이 필요한 선과 선을 클릭하거나 선과 선이 맞닿는 코너 부분 위에 마우스를 올려두면 [그림 3-13]과 같이 절곡부 형상이 미리보기로 표시되는 것을 확인할 수 있습니다.

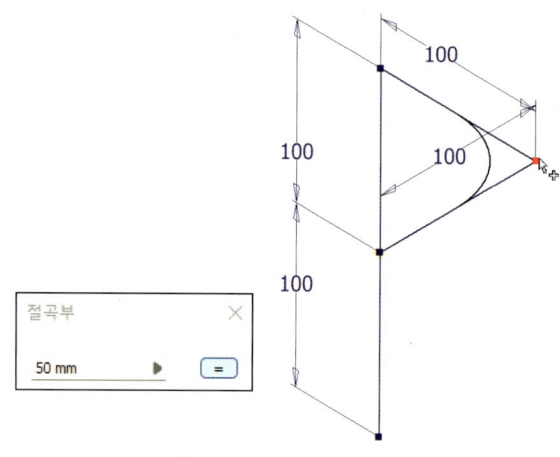

[그림 3-13] 절곡부 입력

〈NOTE〉

절곡부를 생성한 후 절곡부에 대한 치수를 제거할 경우 절곡부도 함께 제거되므로 치수만을 제거할 수 없기 때문에 원호만 필요할 경우에는 별도로 3점 호 또는 중심점 호로 호를 생성해야 합니다.
하지만 [그림 3-14]와 같이 3개의 선이 맞닿는 부분에서는 자동으로 절곡부를 형상화할 요소를 인식하지 못하기 때문에 해당 상황에서는 선을 개별적으로 선택해야 합니다. 다만 선을 선택하여 절곡부를 입력할 경우 당연히 남아있는 한 선은 끊어지기 때문에 이를 감안하여 절곡부를 생성하고 이후에 스케치 요소에 대한 편집 작업을 해야합니다.

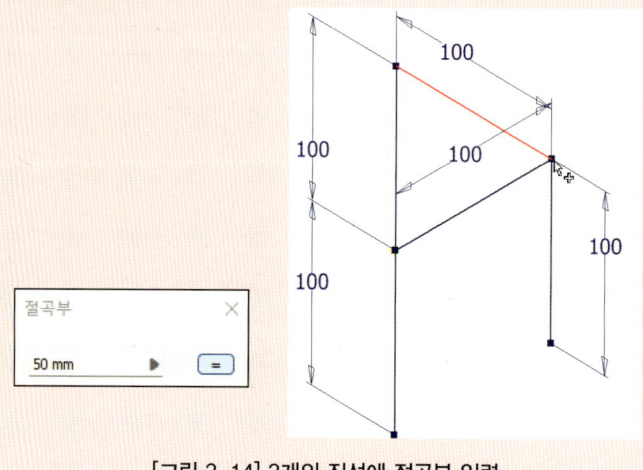

[그림 3-14] 3개의 직선에 절곡부 입력

3.4 스케치 요소 작성 방법 – 교차 곡선, 윤곽 곡선, 곡면에 투영, 면상의 곡선

3D스케치 탭>그리기 패널에서 다양한 방식의 기능을 통해 곡면 형상 간의 또는 곡면 형상 위에 형상을 투영하여 3D스케치를 생성할 수 있습니다. 해당 내용에 대해서 간단히 소개하도록 하겠습니다.

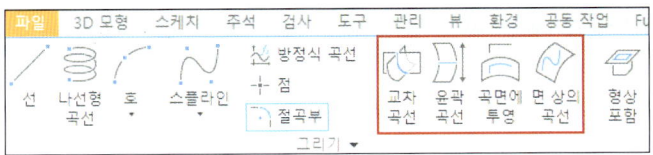

1) 교차 곡선

3D스케치 탭>그리기 패널>교차 곡선은 두 개의 면이 맞닿는 부분에 대한 곡선을 3D스케치로 생성할 수 있습니다. 곡면 형상을 통한 모델링을 구현할 때에 교차 곡선을 통해 3D스케치 곡선을 생성하고 이를 따라 솔리드를 생성하는 작업을 할 수도 있습니다.

교차 곡선을 실행하기 위해서는 우선 최소 곡면 2개가 해당 부품 문서 내에 존재해야하며 순서와 관계없이 두 곡면을 선택한 후 확인 시 바로 교차 곡선이 생성됩니다.

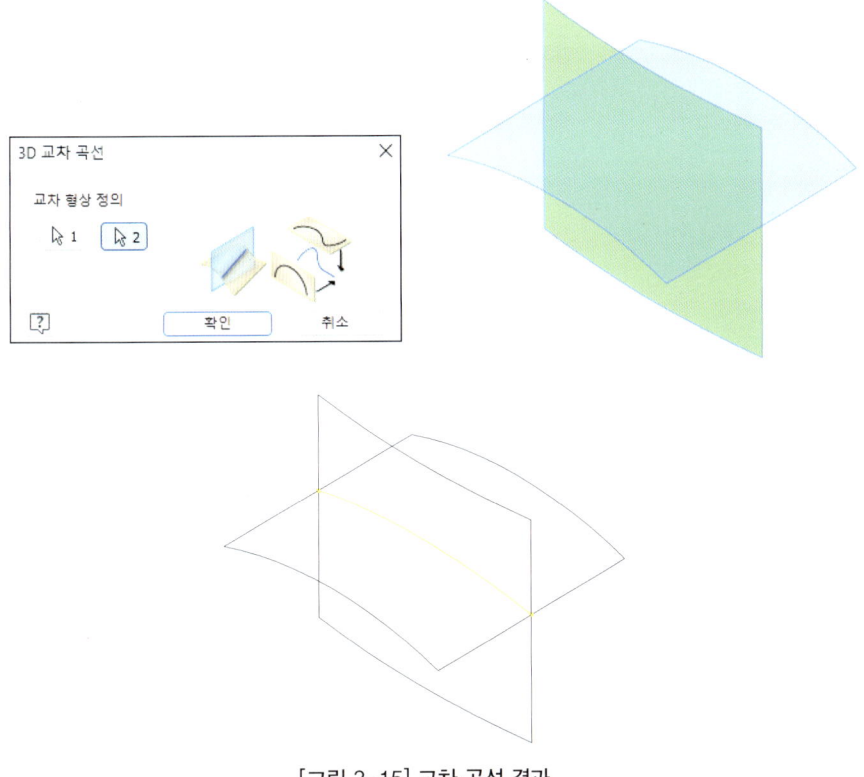

[그림 3-15] 교차 곡선 결과

2) 윤곽 곡선

3D스케치 탭>그리기 패널>윤곽 곡선을 지정한 평면 기준으로 곡면에 해당되는 외부 곡선을 3D스케치로 생성합니다. 같은 형상이더라도 어떠한 평면을 선택하여 윤곽 곡선을 생성하느냐에 따라 다른 곡선이 생성될 수 있습니다. [그림 3-16]과 같이 선택할 경우 [그림 3-17]과 같이 곡선이 생성되는 것을 확인할 수 있습니다.

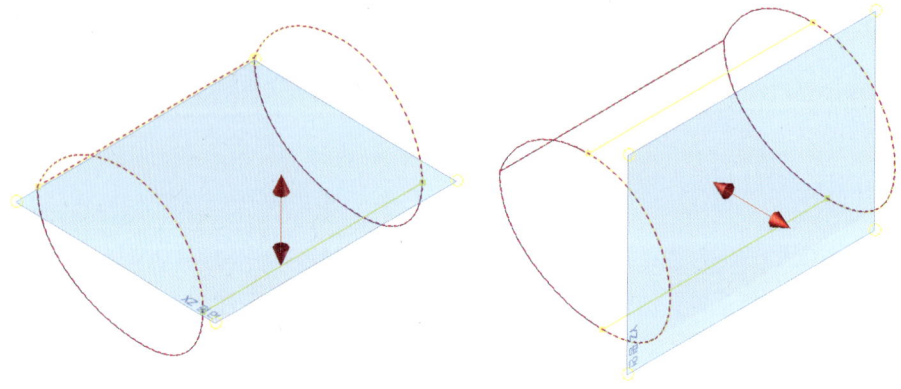

[그림 3-16] 윤곽 곡선 생성을 위한 곡면 및 평면 선택

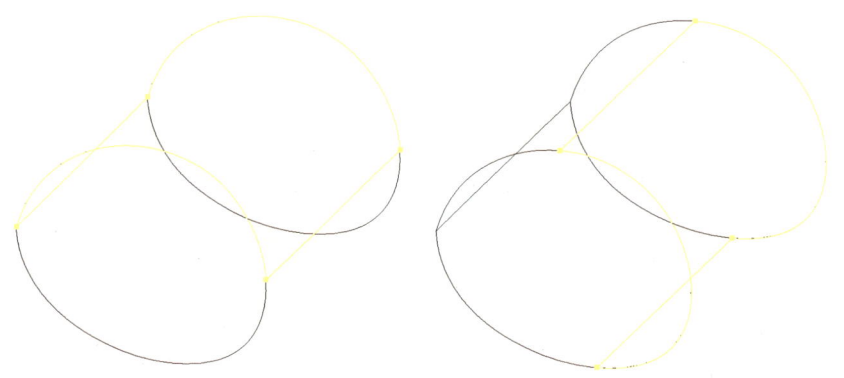

[그림 3-17] 윤곽 곡선 결과

3) 곡면에 투영

3D스케치 탭>그리기 패널>곡면에 투영은 이미 구성되어 있는 다른 2D 또는 3D의 스케치를 원하는 곡면에 투영하여 생성하는 방식입니다. 투영할 곡면과 곡선(형상의 외형선 포함) 또는 스케치를 지정하고 투영할 유형을 선택하면 적용 또는 확인 시 곡면 상에 투영된 곡선을 확인할 수 있습니다.

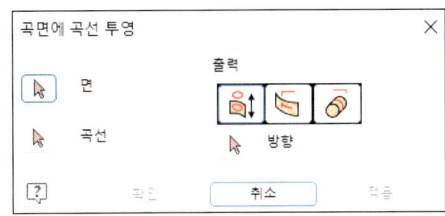

[그림 3-18] 곡면에 곡선 투영

곡면에 투영을 클릭하면 확인되는 대화 상자는 아래와 같으며 출력 유형에 대한 상세 옵션은 아래와 같습니다.

출력 옵션

- 벡터를 따라 투영 : 투영할 방향을 지정하여 해당 방향에 따라 투영
- 가장 가까운 점으로 투영 : 가장 가까운 점에 수직인 곡면을 따라 투영
- 곡면으로 감싸기 : 전개 가능한 면에 감싸며 3D스케치 생성

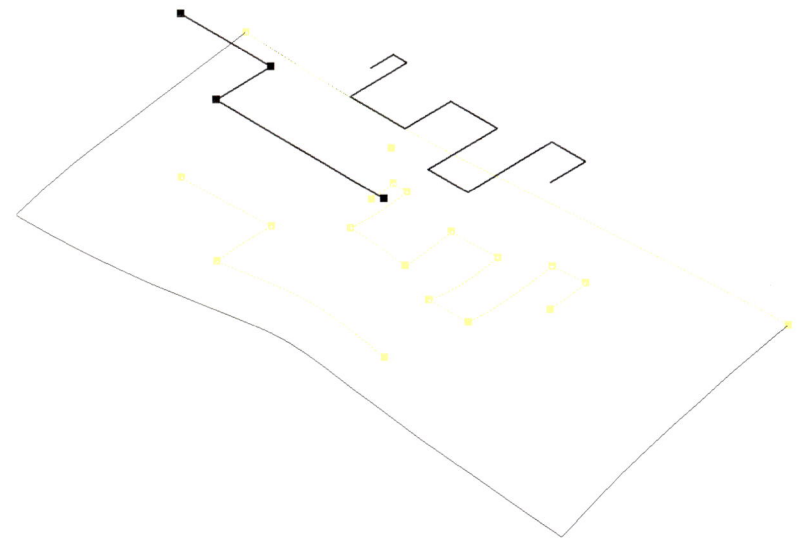

[그림 3-19] 곡면에 곡선 투영 생성 결과

곡면에 투영 시 옵션이 여러 개로 구성되어 있기 때문에 각 옵션 중 원하는 형상이 투영되는 항목을 파악하여 구성하면 되며 투영 후 노란 선(사용자화 가능)으로 투영된 곡선을 확인할 수 있습니다.

4) 면 상의 곡선

<u>3D스케치 탭>그리기 패널>면 상의 곡선</u>은 곡면 위에 별도의 스케치를 구성해야할 경우 [그림 3-20]과 같이 면 상의 곡선을 활용하여 별도의 투영 기능을 활용하지 않고 바로 면 위에 스케치를 구성할 수 있습니다. 곡면 상의 모든 요소(면, 모서리선, 점)를 활용하여 스케치할 수 있으며 추가적으로 치수를 부여하여 다른 요소와 마찬가지로 스케치를 완전 정의할 수 있습니다.

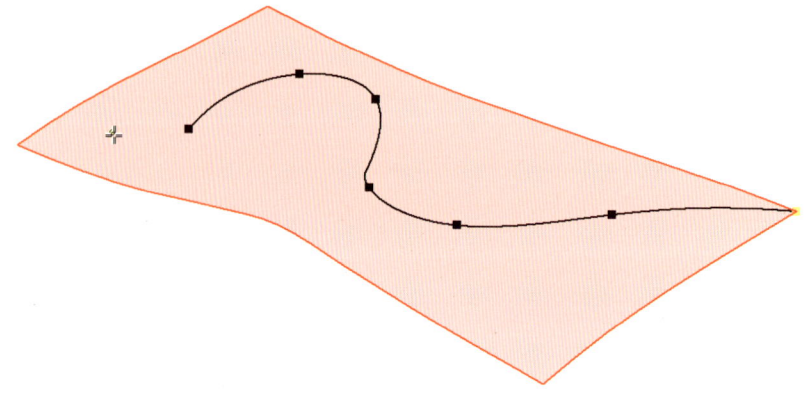

[그림 3-20] 면 상의 곡선 결과

5) 형상 포함

<u>3D스케치 탭>그리기 패널>형상 포함</u>은 2D스케치에서 보다 상세히 설명된 형상 투영과 동일하며 이미 형상에 존재하는 모서리선, 면, 점 등을 현재 3D스케치 내로 스케치 객체화하여 생성합니다. 이를 통해 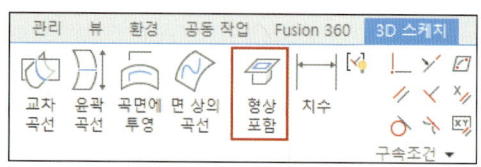 새로운 곡면을 생성하거나 곡면을 통해 솔리드를 생성할 때에 해당 기능을 활용할 수 있습니다.

04 치수 및 구속조건

2D스케치와 마찬가지로 구성된 3D스케치 요소의 정확한 크기 및 위치를 정의하기 위해서는 <u>3D 스케치 탭>구속조건 패널</u>에 구성된 치수와 구속조건을 통해 정의할 수 있습니다.

앞의 내용에서도 언급된 바와 같이 3D스케치에서는 직교 모드가 존재하기 때문에 해당 모드를 활성화한 후 선형 스케치를 구성할 경우 설정하지 않았을 때보다 구속조건을 적게 부여할 수 있고 자동으로 입력되는 구속조건들을 활용한다면 치수나 구속조건을 적게 부여해도 되기 때문에 최대한 자동으로 입력되는 항목들을 의도에 맞춰 활용하는 것이 좋습니다.

2D스케치에서 설명된 구속조건 외에 3D스케치 요소에 적합한 구속조건들로 구성되어 있는 것을 볼 수 있습니다. 각 상황에 따른 치수 입력 방법과 구속 조건에 대해 알아보도록 하겠습니다.

4.1 치수

1) 일반 치수 기입 - 실행

<u>3D스케치 탭>구속조건 패널>치수</u>를 통해 입력된 스케치 요소들에 지능적 치수를 입력할 수 있습니다. 2D스케치 치수에서와 동일하게 지능적 치수인 이유는 세로 형상에는 수직 치수, 가로 형상에는 수평 치수, 원호 및 원형 스케치 요소에는 지름 또는 반지름 치수로 유형이 자동으로 변경되며 치수를 입력할 수 있기 때문입니다. 스케치를 대략적으로 구성한 상태에서 치수를 입력할 때에는 필히 형상이 일그러질 수 있는 부분을 염두하여 치수를 부여해야합니다.

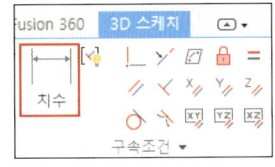

3D스케치를 구성할 때에는 우선 원점 폴더의 '중심점' 가시성을 켜두어야 바로 중심점에 일치하며 스케치 요소들을 구성할 수 있습니다. 만약 가시성이 켜져 있지 않은 상태에서 스케치 요소를 생성한다면 허공에 구성하는 것과 같기 때문에 나중에 일치 구속조건을 추가적으로 부여해야 합니다.

원점 폴더의 '중심점' 가시성은 원점 폴더를 확장하여 중심점에서 오른쪽 마우스 버튼 클릭 후 '가시성'을 체크하면 그래픽 영역 내에 중심점이 표시됩니다.

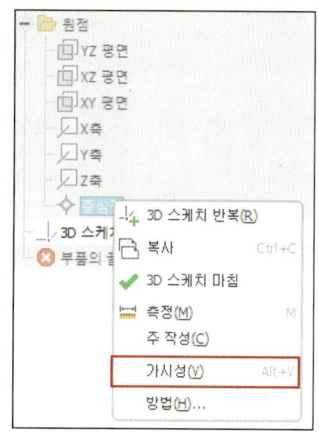

2) 일반 치수 기입 - 수직 / 수평

3D스케치 형상의 경우에는 선의 길이를 입력하는 방식과 방향성에 대해서는 축 방향에 대한 구속조건을 병행하여 사용하거나 추가적인 치수 및 구속조건을 통해 정의할 수 있습니다. 그렇기 때문에 수직 또는 수평에 형상에 대한 치수를 입력하기 전에 대략적인 방향성에 대해 미리 정의를 내려 놓은 후 길이에 대한 치수를 입력하는 것이 혼선이 일어나지 않고 스케치 요소에 대해 정의하기 좋은 방법이라고 볼 수 있습니다.

수직

수직한 스케치 요소에 치수를 기입할 경우에는 선 또는 점과 점을 클릭한 후 그래픽 영역을 클릭하면 치수 입력 창이 발생되며 값을 입력하여 치수를 정의할 수 있습니다. 선의 양 끝 점을 클릭하여 치수를 입력하거나 선을 바로 클릭하여 치수를 입력할 수 있습니다.

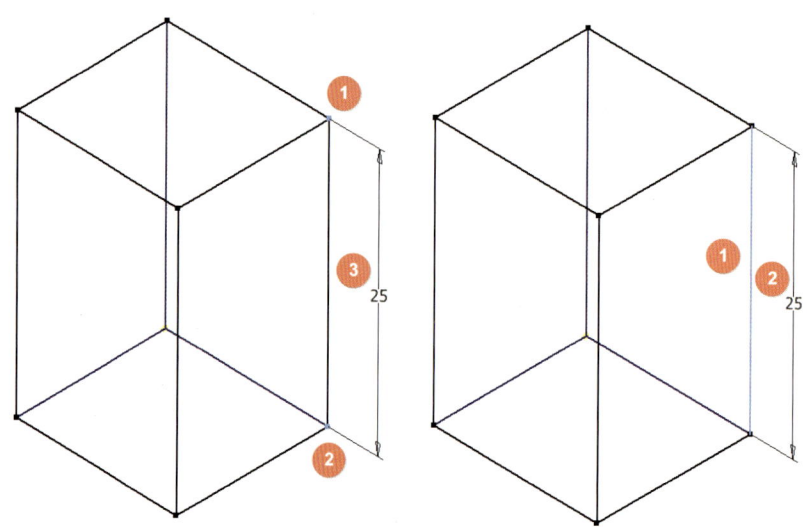

[그림 3-21] 수직 치수 입력

수평

수평한 스케치 요소에 치수를 기입할 경우에도 선 또는 점과 점을 클릭한 후 그래픽 영역을 클릭하면 치수 입력 창이 발생되며 값을 입력하여 치수를 정의할 수 있습니다. 선의 양 끝 점을 클릭하여 치수를 입력하거나 선을 바로 클릭하여 치수를 입력할 수 있습니다.

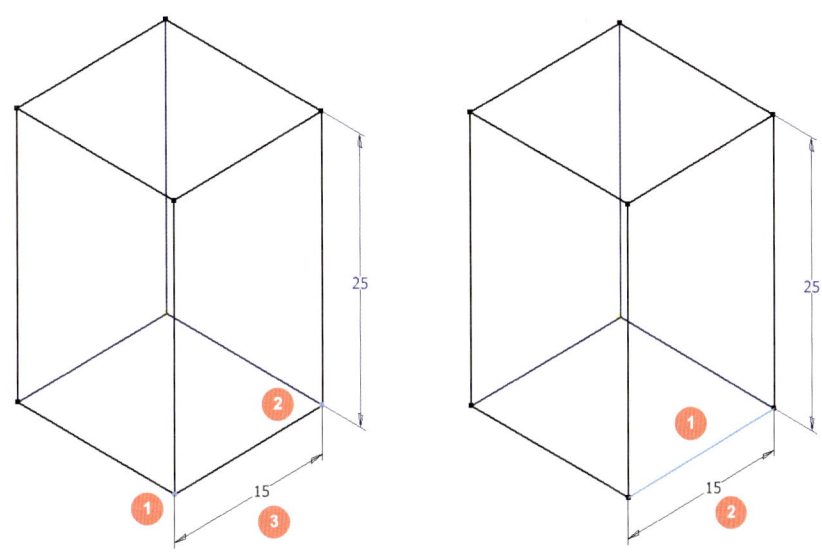

[그림 3-22] 수평 치수 입력

〈NOTE〉

만약 치수 기입 중 입력 창이 생성되지 않을 경우에는 치수 편집 옵션이 활성화되어 있지 않을 수 있기 때문에 치수 기능이 활성화되어 있는 상태에서 오른쪽 마우스 버튼을 통해 치수 편집 옵션이 활성화되어 있는지 확인한 후 비활성화 되어 있다면 다시 클릭하여 활성화한 후 치수를 입력하면 자동으로 치수 입력창이 발생되므로 필요한 치수를 바로 기입할 수 있습니다.

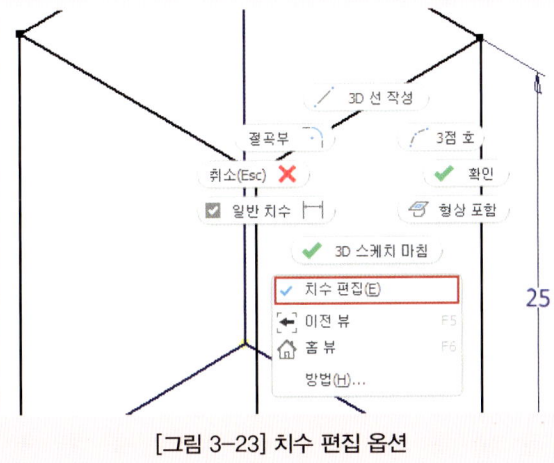

[그림 3-23] 치수 편집 옵션

3) 일반 치수 기입 - 각도

스케치 요소에 각도 치수를 입력하는 방법은 선과 선을 클릭하여 사이 각도를 입력할 수 있습니다. 2D스케치에서는 각도 치수 입력이 점 세 개를 선택하여 입력할 수도 있지만 3D스케치 요소에 각도 치수를 입력할 경우에는 선과 선에만 입력되기 때문에 이를 혼동하지 않고 선과 선을 선택하여 필요한 위치에 각도 치수를 입력합니다.

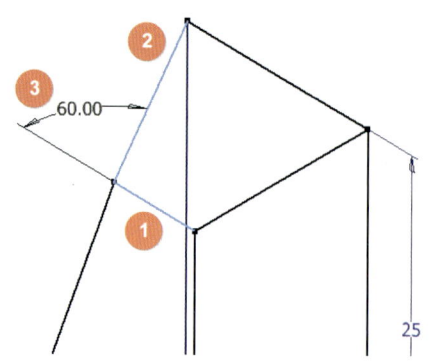

4) 일반 치수 기입 - 반지름

3D스케치 환경에서는 별도의 원을 생성할 수 없으며 선과 선 사이에 절곡부(모깎기)를 부여할 수 있습니다. 추가적으로 3점호와 중심점 호를 통해서도 호를 생성할 수 있으며 이러한 스케치 요소에도 반지름 치수를 부여할 수 있습니다.

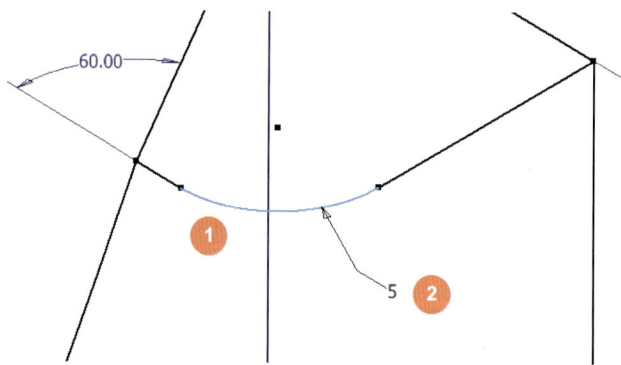

4.2 구속조건

치수 입력만으로는 형상의 모든 부분을 정의하기 힘들 수 있습니다. 치수 변경 시를 고려하여 일치, 평행, x/y/z 축 따라 등의 형상 간 조건을 부여하여 스케치를 정의할 수 있도록 하는 것이 구속조건 입니다. 2D스케치뿐만 아니라 3D스케치 상에서도 이러한 구속조건을 통해 필요한 상황에 적절히 활용하게 된다면 불필요하게 여러 치수를 기입하지 않고도 스케치를 원하는 방향으로 완전 정의할 수 있습니다.

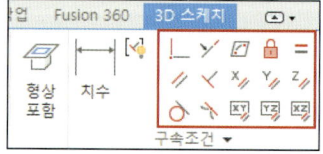

모든 구속조건은 실행 후 해당 구속조건이 필요한 스케치 요소들을 클릭하여 구속조건을 부여할 수 있고

필요한 구속조건 입력을 모두 마친 후에는 ESC 키를 통해 비활성화할 수 있습니다.

1) 일치 구속조건

형상 투영된 2D스케치 요소 또는 3D스케치 요소들에 선이나 점이 일치되도록 구속조건을 부여할 수 있습니다. 일치 구속조건을 실행한 후 일치시킬 두 요소를 선택하면 해당되는 요소들에 일치 구속조건이 부여되고 첫 번째로 선택한 요소 기준으로 두 번째 요소에 적용 또는 완전 구속된 형상 기준으로 일치 구속조건이 부여되어 스케치 요소가 이동되는 것을 확인할 수 있습니다.

아래 그림과 같이 일치 전에는 가시성을 활성화한 중심점과 스케치 요소들이 떨어져 있지만 일치 구속조건을 부여한 후에는 중심점과 일치되어 있는 것을 확인할 수 있습니다.

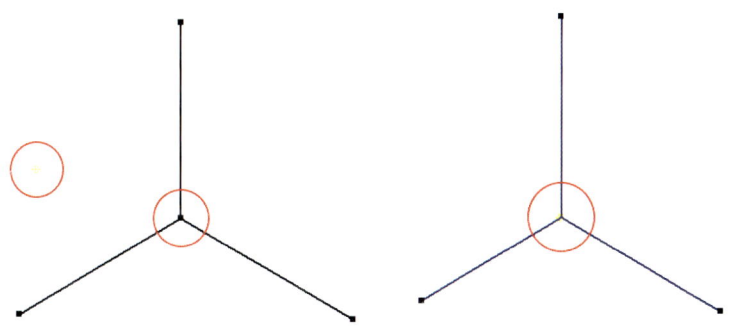

[그림 3-24] 일치 구속조건 전과 후

〈NOTE〉

2D스케치 요소를 3D스케치 환경에서 구속조건 또는 치수 기입을 위해 활용하고자 한다면 <u>3D스케치 탭>그리기 패널>형상 포함</u> 기능을 통해 3D스케치 환경에 불러온 후 구속조건을 부여할 수 있기 때문에 필요한 경우 활용할 항목들을 투영하여 구속조건 또는 치수 입력에 사용하면 됩니다.

추가적으로 3D형상의 외형선을 구속조건에 활용하고자 할 경우 입력할 구속조건을 실행해둔 상태에서 3D스케치 요소를 선택한 후 3D형상의 외형선을 선택하면 구속조건을 부여할 수 있습니다. 이 때에는 자동으로 3D형상의 외형선이 3D스케치 환경에 투영되어 스케치 요소로 생성됩니다.

2) 동일선상 구속조건

두 개의 선이 동일한 선상에 놓이도록 설정할 때 입력할 수 있는 구속조건입니다. 2D스케치 형상에서의 선과 동일한 선상에 두고자 할 경우에는 미리 형상 포함시킨 후 선택하면 되며 이미 구성된 3D형상의 외형선들은 모두 선택 가능하며 선택 시 자동으로 투영되는 항목이기 때문에 3D형상에서의 외형선은 별도로 형상 포함을 통해 투영해둘 필요가 없습니다.

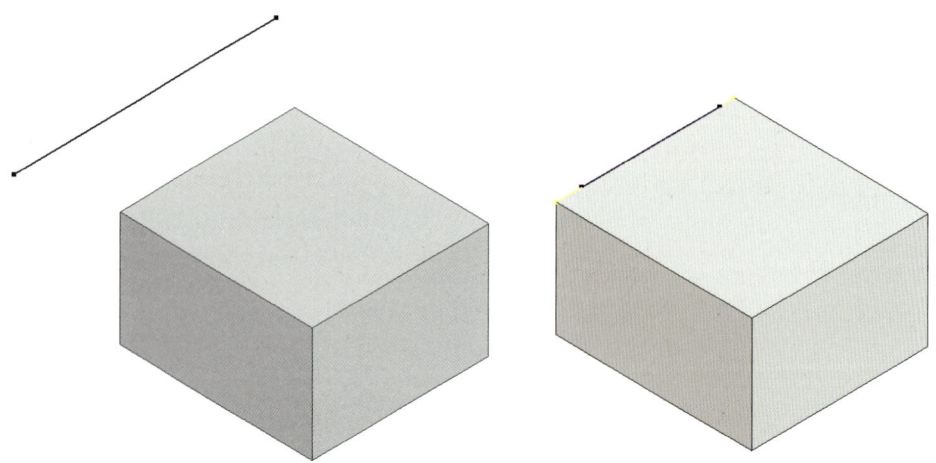

[그림 3-25] 동일선상 구속조건 입력 전과 후

3) 면 상의 구속조건

평면 상에 곡선 또는 직선을 면에 붙여 구성하고자 할 경우 면 상의 구속조건을 통해 면에 일치하여 구성할 수 있습니다. 다만 곡면에는 면 상의 구속조건이 적용되지 않기 때문에 평면형 면을 선택하여 구속조건을 부여할 수 있습니다.

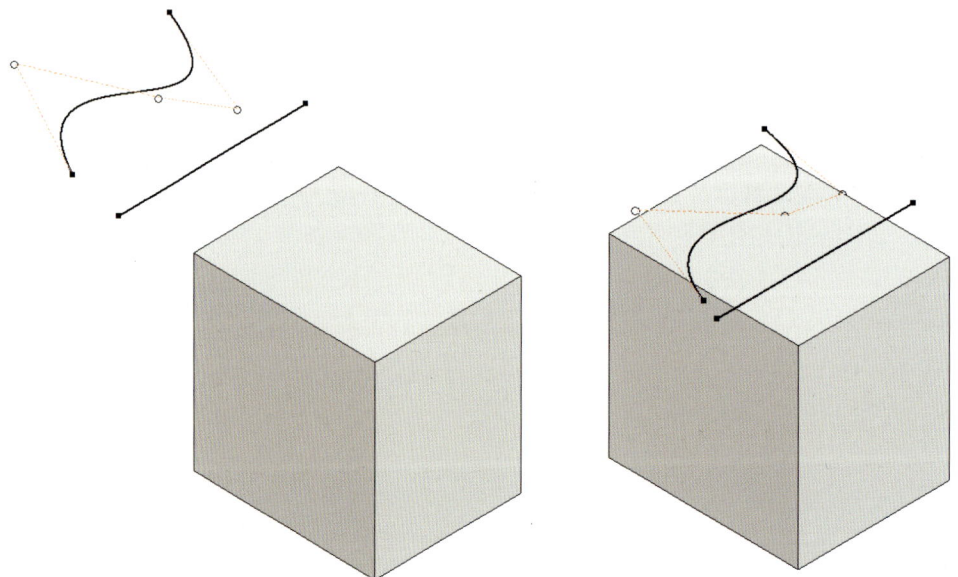

[그림 3-26] 면 상의 구속조건 입력 전과 후

4) 고정 구속조건

임의의 위치에 구성한 스케치 요소 또는 3D스케치를 불러온 항목에 대해 움직이지 않도록 고정해둘 경우 고정 구속조건을 사용할 수 있습니다. 필요하지 않을 경우에는 F8키를 통해 구속조건을 표시하게 설정하고 고정 구속조건을 제거하면 다른 구속조건을 입력할 수 있습니다.

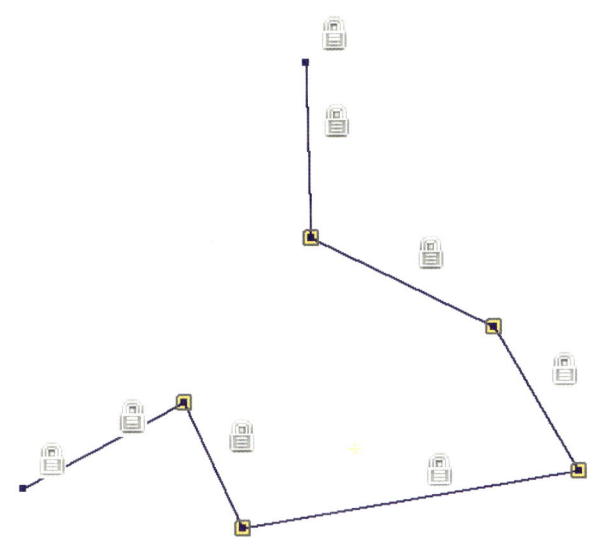

5) 같음 구속조건

두 선 또는 두 호의 크기를 같게 설정하고자 할 경우 같음 구속조건을 통해 적용할 수 있습니다. 같음 구속조건을 실행한 후 크기를 같게 설정할 선과 선 또는 호와 호를 클릭하면 두 스케치 요소의 크기가 같아지며 같음 구속조건이 부여됩니다.

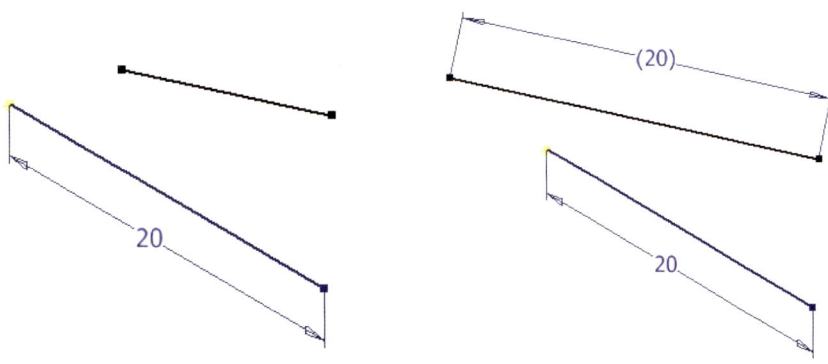

[그림 3-27] 같음 구속조건 입력 전과 후

6) 평행 구속조건

두 선에 평행한 조건을 입력해야 할 경우 평행 구속조건을 통해 두 선이 평행하도록 설정할 수 있습니다. 평행 구속조건을 실행한 상태로 두 선을 차례로 클릭하면 평행 구속조건을 부여할 수 있습니다.

아래 그림과 같이 x축 따라 평행한 선과 구속조건이 없는 선이 있을 경우 두 선에 평행 구속조건을 부여하게 되면 평행 조건이 적용됩니다.

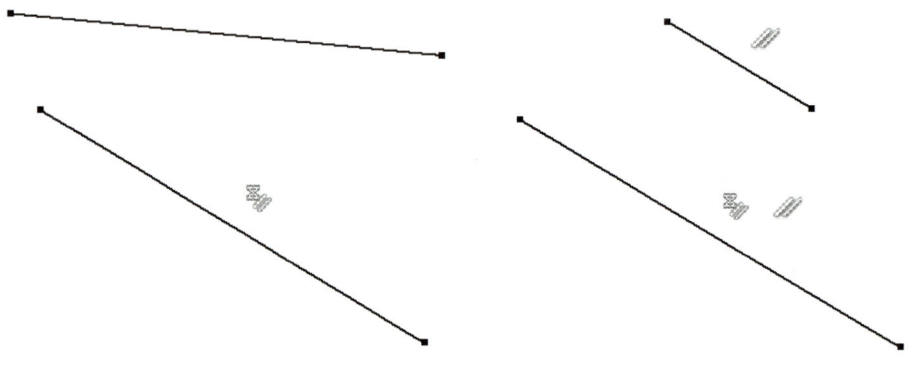

[그림 3-28] 평행 구속조건 입력 전과 후

7) 직각 구속조건

두 선 스케치 요소에 직각 조건을 입력해야 할 경우 직각 구속조건을 통해 두 선이 직각이 되도록 설정할 수 있습니다. 직각 구속조건을 실행한 후 조건을 부여할 두 선을 선택하면 두 선에 구속조건을 입력할 수 있습니다. 다만, 3D스케치 특성상 그림을 통해 직각 조건이 부여되었는지에 대해 확인이 어려울 것이므로 직접 구속조건을 부여해보는 것을 추천합니다.

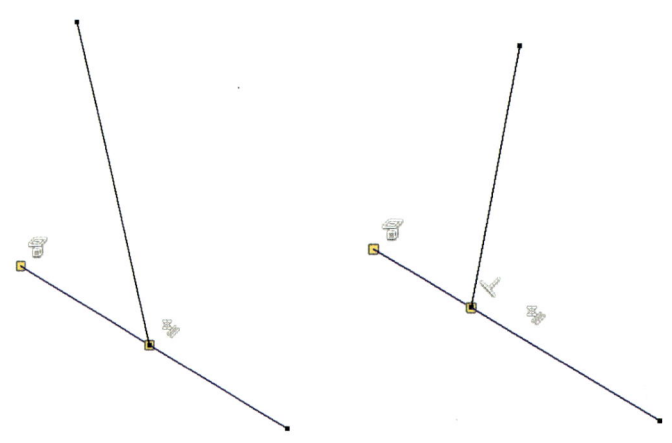

[그림 3-29] 직각 구속조건 입력 전과 후

8) X, Y, Z 축에 평행 구속조건

한 선에 특정 축을 따라 평행하도록 설정할 경우 X축에 평행, Y축에 평행, Z축에 평행 구속조건을 통해 특정 축 방향을 따라 평행하도록 설정할 수 있습니다. X축에 평행, Y축에 평행, Z축에 평행 중 하나를 실행한 상태에서 해당 구속조건을 부여할 선을 선택하면 축과 평행하는 조건이 부여됩니다.

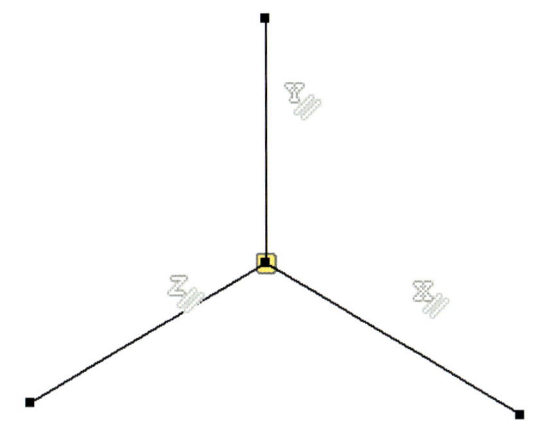

[그림 3-30] 축에 평행한 구속조건 입력

9) 접선 구속조건

선과 호 스케치 요소에 접선 조건을 입력해야할 경우 접선 구속조건 입력하여 조건을 부여할 수 있습니다. 접선 구속조건을 실행한 후 접선 조건이 필요한 호와 선 또는 호와 호 등을 클릭하면 접선 조건이 부여됩니다.

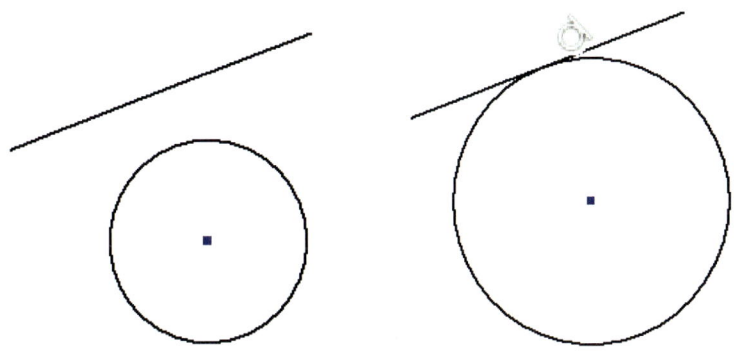

10) 부드럽게(G2) 구속조건

선과 곡선 또는 곡선과 곡선을 부드럽게 연결할 경우 부드럽게(G2) 구속조건을 입력하여 해당 조건을 부여할 수 있습니다. 부드럽게(G2) 구속조건을 실행한 후 부드럽게 이을 두 선 또는 곡선을 클릭하면 부드럽게(G2) 구속조건이 부여됩니다.

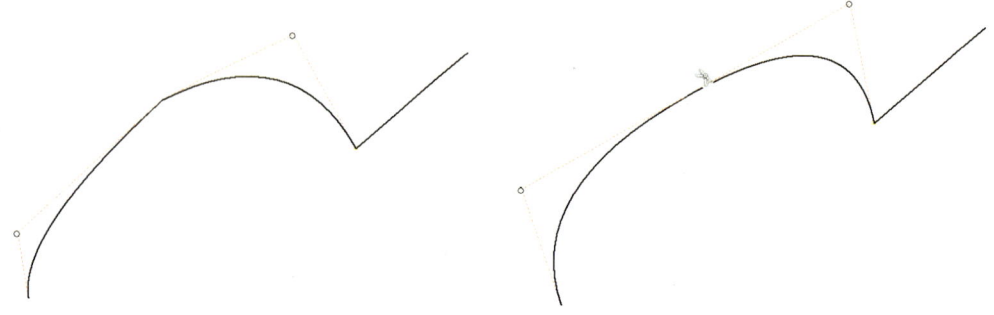

11) XY, YZ, XZ평면에 평행 구속조건

선이나 곡선을 원점 폴더 내의 기본 평면 XY, YZ, XZ 기반으로 평행하도록 설정할 수 있습니다. XY평면에 평행, YZ평면에 평행, XZ평면에 평행 구속조건을 실행한 후 해당 조건이 필요한 스케치 요소를 선택하면 평행 조건이 부여됩니다. [그림 3-31]에서는 XY평면 기준으로만 이미지를 확인할 수 있지만 나머지 평면에도 동일하게 구성되므로 평면에 평행하도록 설정할 경우에는 해당 구속조건을 활용하면 됩니다. 이미지로 보면 일치와 같아 보이지만 평행과 일치는 다르기 때문에 구속조건을 입력해야 합니다.

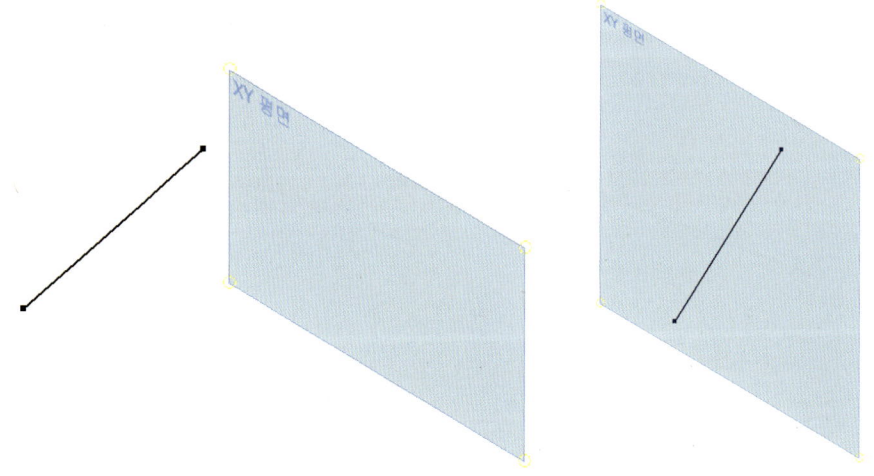

[그림 3-31] XY평면 기준 평면에 평행 구속조건 입력 전과 후

4.3 패턴

3D스케치 내에서는 패턴으로 구성할 수 있는 부분이 미러만 구성되어 있고 원형 및 직사각형 패턴은 구성되어 있지 않습니다. 필요한 경우에는 3D모형 기능 또는 2D스케치 내에서 패턴을 구성 해야합니다.

3D스케치 탭>패턴 패널>미러를 실행하면 평면 기준으로 3D스케치 요소에 대해 대칭을 적용할 수 있습니다.

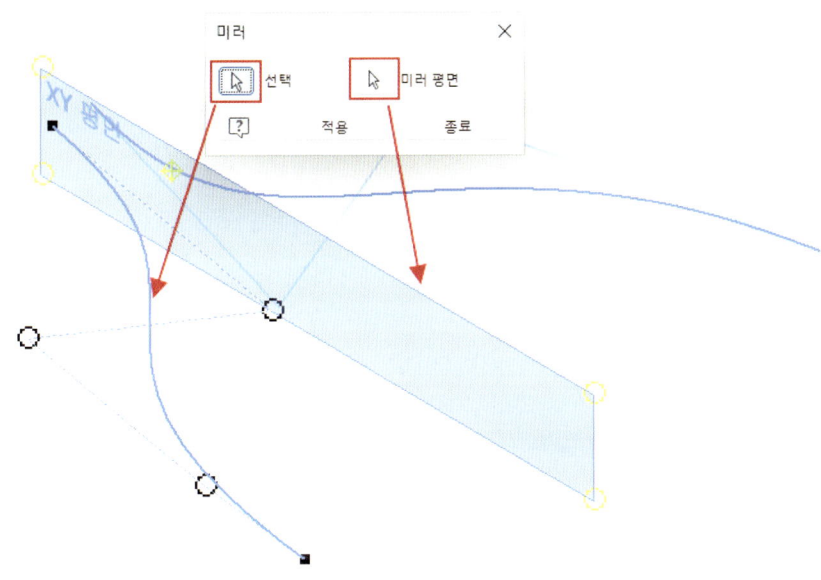

[그림 3-32] 미러 패턴 구성

4.4 3D 스케치 수정

3D스케치 탭>수정 패널을 통해 3D스케치를 편집할 경우 여러 기능들이 구성되어 있습니다. 3D변환, 자르기, 연장, 분할 관련 기능을 활용할 수 있으며 3D변환을 제외한 자르기, 연장, 분할은 2D스케치에서의 기능과 같습니다.

1) 3D 변환

3D스케치 탭>수정 패널>3D변환을 통해서는 2D스케치에서의 직접 기능과 같이 구성된 3D스케치를 이

동하거나 회전을 하려할 때에 필요한 값을 입력하거나 핸들러를 통해 끌어 위치 또는 크기를 변경할 수 있습니다. 3D변환 기능을 실행하면 그래픽 영역에 어떤 모드와 공간 구성에 대한 설정을 기반으로 핸들러가 생성되며 핸들러를 통해 방향 또는 값을 지정하여 이동이나 회전을 할 수 있습니다.

3D변환 기능을 실행한 상태에서 3D스케치 요소를 선택하면 바로 아래의 그림과 같이 핸들러가 표시됩니다. 만약 구속조건이 어느정도 부여되어있다면 3D변환을 통해 이동이나 회전을 할 경우 구속조건이 유지된 상태에서 변환되므로 원하는 방향으로 이동되지 않을 경우 이미 입력된 구속조건에 의해 변환되지 않는 것인지 확인해야합니다.

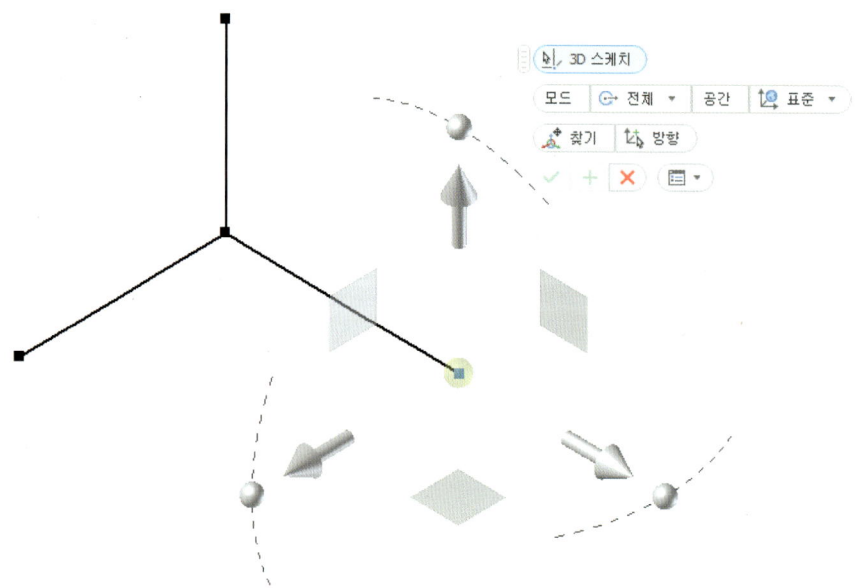

표시된 핸들러를 선택한 후 원하는 방향으로 끌 경우 치수 입력창이 활성화되어 값을 입력하여 변환할 수 있도록 자동으로 구성됩니다. 핸들러 중에 화살표 또는 평면 아이콘은 해당 방향으로의 이동 시에 사용할 수 있으며 화살표 끝의 점선으로 구성된 호의 경우에는 회전을 할 경우에 사용할 수 있는 아이콘입니다.

그림에서의 강조된 항목에는 이동하거나 회전할 정확한 값을 입력하여 구성할 수 있습니다.

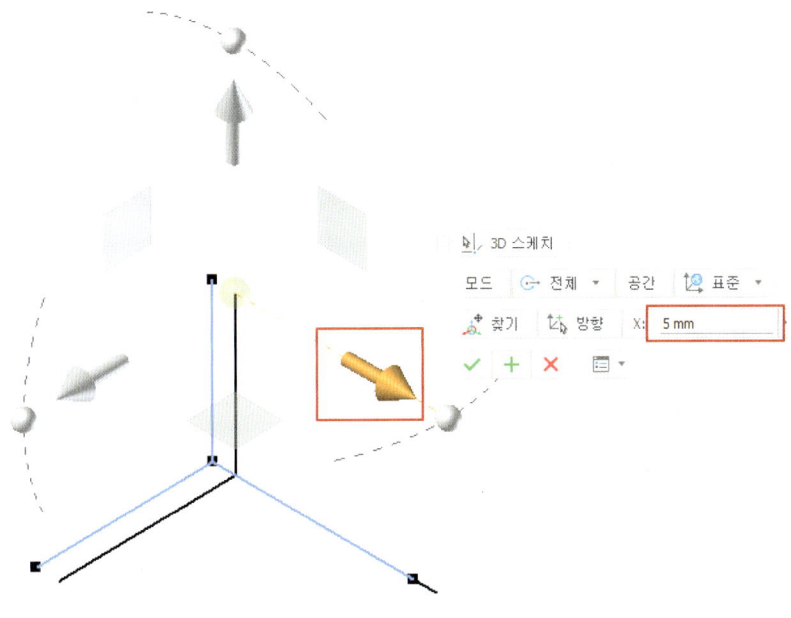

2) 자르기

3D스케치 탭>수정 패널>자르기를 통해 입력된 스케치에서 필요하지 않은 부분을 잘라낼 수 있습니다. 자를 형상 위에 마우스 커서를 올려둘 경우 잘릴 부분에 대해 점선으로 표시되며 자를 스케치 요소를 가로지르는 객체가 있을 경우 그 기준으로 자를 수 있도록 표시됩니다. 자를 객체에 마우스 커서를 올려 본 뒤 예상되는 상황을 확인하여 클릭하면 점선으로 표시된 요소의 영역만을 제거할 수 있습니다. 자른 후 입력되어있던 치수가 제거되는 상황이 있기 때문에 스케치 요소를 자른 후에는 한 번 더 확인하여 부족한 부분을 정의합니다.

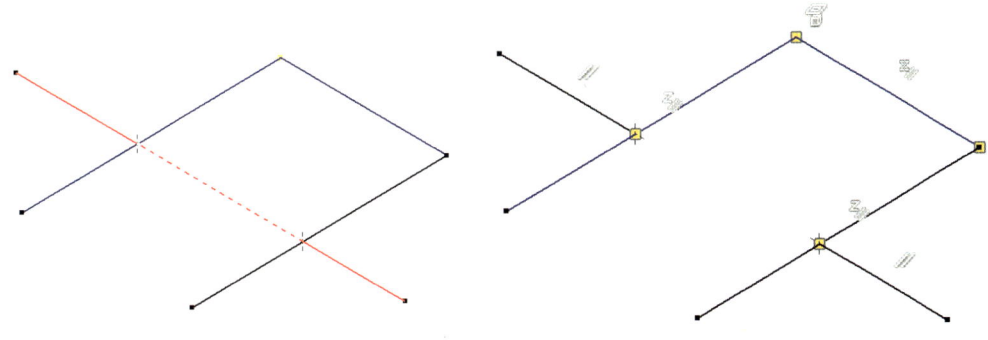

[그림 3-33] 자르기 적용 전과 후

3) 연장

3D스케치 탭>수정 패널>연장을 통해 특정 스케치 요소의 길이를 연장할 수 있습니다. 만약 스케치를 닫힌 영역으로 구성해야할 경우에 특정 스케치 요소를 연장하면 된다면 연장 기능 또는 정의되지 않은 끝점에 구속조건을 부여하여 닫힌 영역으로 구성할 수 있으나 연장하지 않고 구속조건을 부여하여 스케치를 정의하는 경우 의도하지 않은 방향으로 스케치가 틀어지는 경우가 있기 때문에 기존 상태를 유지하고 특정 스케치 요소의 길이만 늘릴 경우에는 연장을 통해 적용합니다.

연장할 스케치 요소에 마우스 커서를 올릴 경우 원본 요소는 붉은 색으로 표현되며 검은 선으로 연장되어 구성될 스케치 요소를 화면에 표시합니다. 표시되는 방식으로 연장하고자 한다면 바로 스케치 요소를 클릭하여 연장을 적용하면 됩니다.

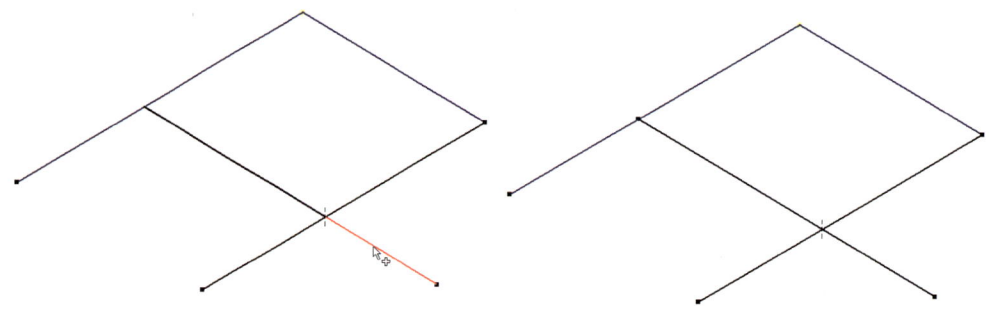

[그림 3-34] 연장 적용 전과 후

4) 분할

3D스케치 탭>수정 패널>분할을 통해 이어져있는 스케치 요소를 지나는 스케치 요소 기준으로 분할할 수 있습니다. 분할하고자 하는 요소의 분할할 위치 근처에 마우스 커서를 올려두면 스케치 요소가 붉은 색으로 강조되며 분할될 위치에는 X 모양과 함께 분할될 것이라는 것을 미리 확인할 수 있습니다. 단, 이미 분할된 객체를 다시 연결할 수 없기 때문에 필요 시 확인하여 분할합니다.

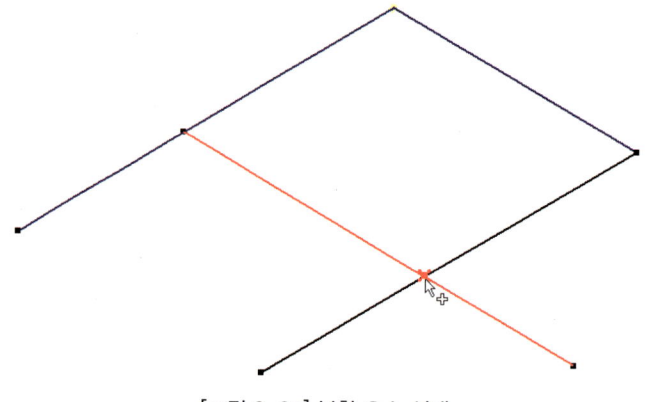

[그림 3-35] 분할 요소 선택

분할이 완료된 후에는 지정된 기준점 기반으로 하나였던 스케치 요소가 둘로 나누어지며 선이 삭제되지는 않습니다. 분할한 후 필요하지 않은 객체가 있다면 별도로 제거할 수 있습니다.

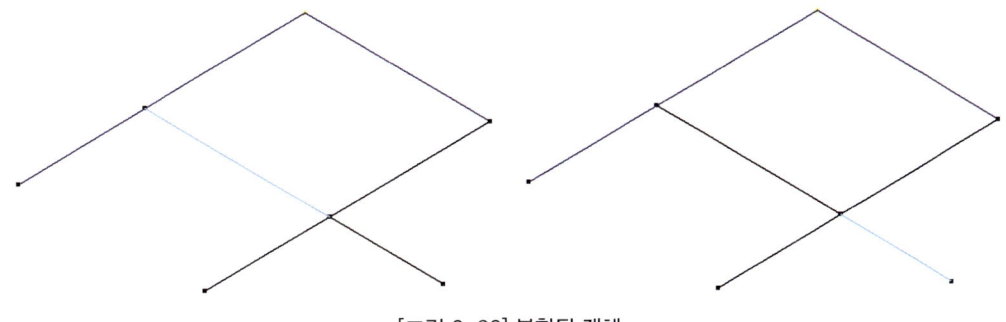

[그림 3-36] 분할된 객체

Track

부품 생성하기

인벤터에서 3D형상을 생성하기 위해 사용하는 기능들은 다양하게 제공되고 있습니다. 해당 교재는 기본 필수 과정 위주로 구성되었기에 보다 상세한 내용을 확인하기 위해서는 소개된 기능의 도움말을 참고하실 수 있습니다. 3D형상 생성을 위한 2D스케치가 다 되었다는 가정으로 적용할 수 있으며 각 내용에 대한 파일을 통해 3D형상 작업에 필요한 기능들을 이해하고 필요한 상황에 맞추어 기능을 활용할 수 있다면 복잡한 3D형상도 작업할 수 있게 됩니다.

구성된 스케치 기반으로 3D형상에 사용 가능한 각 기능들을 확인해 보도록 하겠습니다.

01 부품 피쳐 유형

인벤터의 이해를 위해 인벤터 용어들은 이미 01 Track에서 다루었습니다. 그 중 가장 먼저 설명된 부분이 인벤터의 부품들이 구성되기 위해서는 '피쳐' 단위로 구성된 모음이 부품이라는 부분에 대해 언급된 바 있습니다. 피쳐는 스케치로 구성되거나 스케치 없이 구성된 두 가지 항목으로 나뉠 수 있는데 스케치 기반으로 생성되는 피쳐들부터 먼저 확인한 후 스케치 없이 생성할 수 있는 피쳐 작업 방법에 대해 확인하겠습니다.

스케치 기반으로 구성되는 피쳐로는 돌출, 회전, 스윕, 로프트 등이며 3D모형 탭>작성 패널에 구성되어 있습니다.

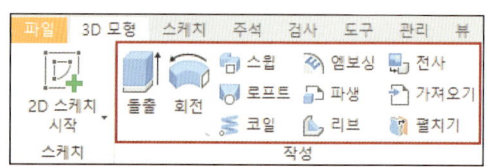

[그림 4-1] 스케치 기반 피쳐

스케치 없이 구성되는 피쳐로는 모깎기, 모따기, 쉘, 파생 등이 있으며 대부분 수정 패널에 있습니다.

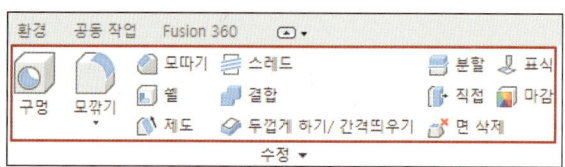

[그림 4-2] 스케치 없이 구성되는 피쳐

1.1 스케치 기반 피쳐

여러 스케치 기반 피쳐 중 왼쪽에서부터 순차적으로 각 기능의 사용 방법을 확인해 보도록 하겠습니다.

1) 돌출

3D모형 탭>작성 패널>돌출을 통해 생성된 스케치를 사용하여 스케치가 생성된 평면 기준에서 단순 수직 방향으로 솔리드 형상을 생성할 수 있습니다. 이미 생성된 부품 파일을 아래의 위치 및 파일 이름을 확인하여 인벤터에 열어둔 후 내용을 따라 적용하여 돌출을 통해 솔리드를 작성합니다.

FT_04_PARTExtrudeSample파일을 열어 스케치를 확인합니다.

치수의 가시성이 비활성화 되어 있지만 해당 스케치는 완전 정의된 스케치입니다.

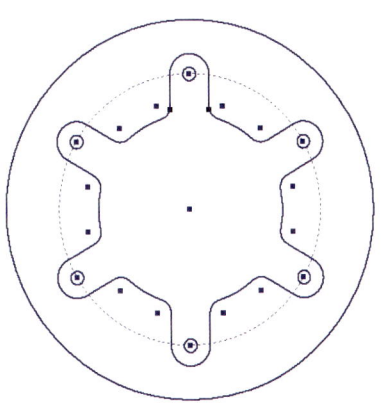

3D모형 탭>작성 패널>돌출을 클릭합니다.

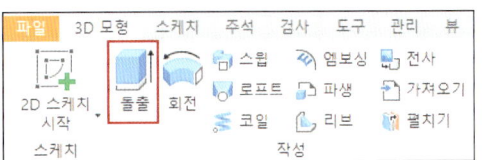

모형 검색기 창에 특성 탭을 포함해 두었다면 해당 위치에서 특성 탭으로 전환할 수 있고 별도의 창으로 활용할 수도 있습니다. 인벤터 사용 시 탭으로 보이는 대부분의 창과 기능이 동일한 방식입니다.

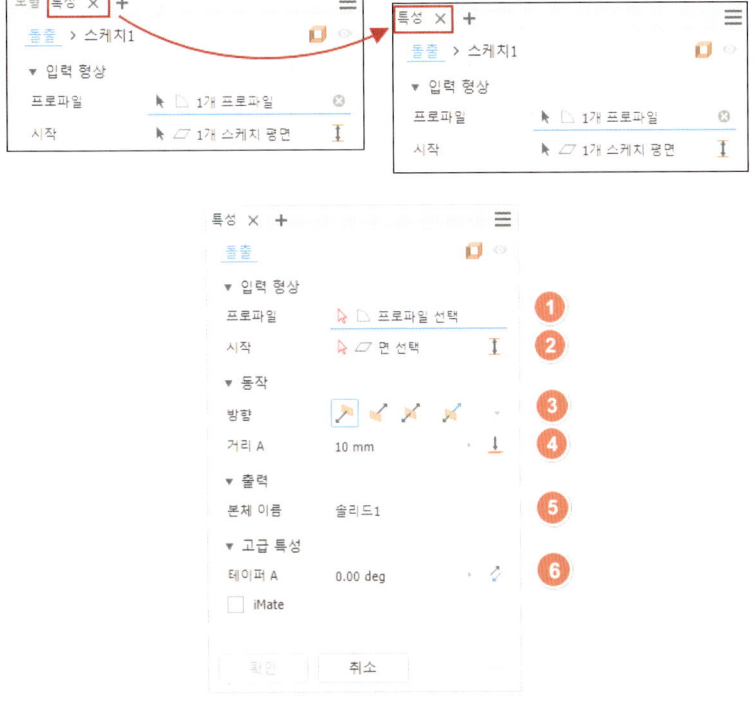

[그림 4-3] 돌출 특성

위의 그림과 같이 돌출 기능을 실행하면 전환되는 특성 창에서 입력되는 정보들을 통해 돌출 형상을 생성할 수 있습니다. 아래와 같은 정보들을 입력하여 생성할 수 있습니다.

① 프로파일 : 스케치에서 폐곡선으로 구성된 영역 중 현재 돌출 작업에 사용될 영역
② 면 선택 : 돌출이 시작될 평면 선택
③ 방향 : 돌출할 방향 지정 (기본값, 반전, 대칭, 비대칭)
④ 거리A : 돌출 높이
⑤ 본체 이름 : 생성될 솔리드의 이름 지정
⑥ 테이퍼A : 거리 A로 지정된 솔리드 구성 시 테이퍼(구배) 각도 지정

〈NOTE〉
- 단일 닫힌 영역이 있을 경우에는 해당 영역이 자동으로 프로파일로 설정됩니다. 여러 닫힌 영역이 있는 스케치 또는 여러 스케치가 구성된 경우에는 프로파일이 자동으로 선택되지는 않습니다.
- 면 선택은 필수 요소가 아니며 스케치가 구성된 평면이 시작 면으로 자동 선택됩니다.
- 비대칭으로 설정하게 되면 거리 B가 활성화되어 양방향에 대해 다른 값으로 돌출할 수 있습니다.

만약 여러 닫힌 영역으로 구성된 스케치를 활용하여 돌출을 할 경우에는 아래와 같은 방법으로 선택 또는 해제할 수 있습니다.

프로파일 선택

① 돌출할 영역 내 선택

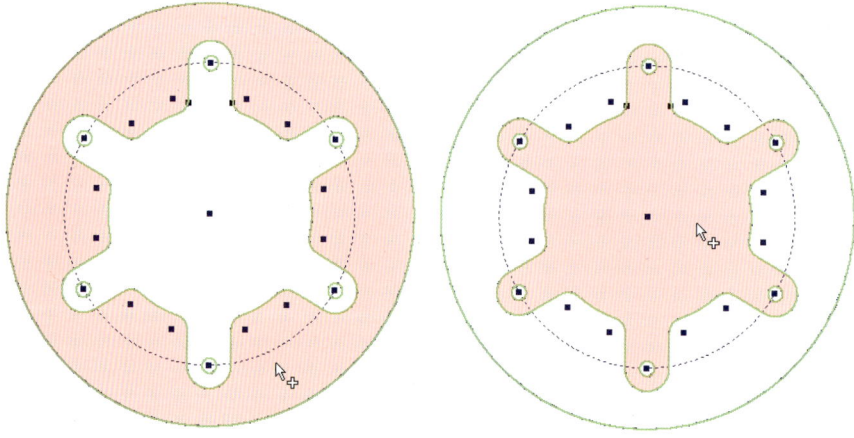

② 돌출할 영역의 외형선 선택

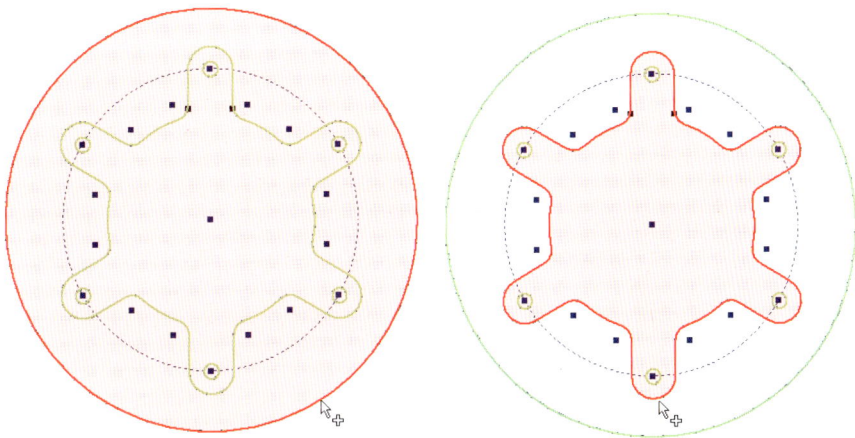

프로파일 해제

선택된 프로파일을 해제할 경우에는 Shift키 또는 Ctrl키를 누른 상태로 다시 한번 해당 영역을 선택하면 돌출할 프로파일로 지정된 영역에서 제외할 수 있습니다. Shift키 또는 Ctrl키를 누른 상태로 선택되어있는 프로파일 위에 마우스 커서를 올릴 경우 마우스 커서의 아이콘이 - 모양으로 변경되며 선택할 경우 해당 영역이 제외되는 것을 확인할 수 있습니다.

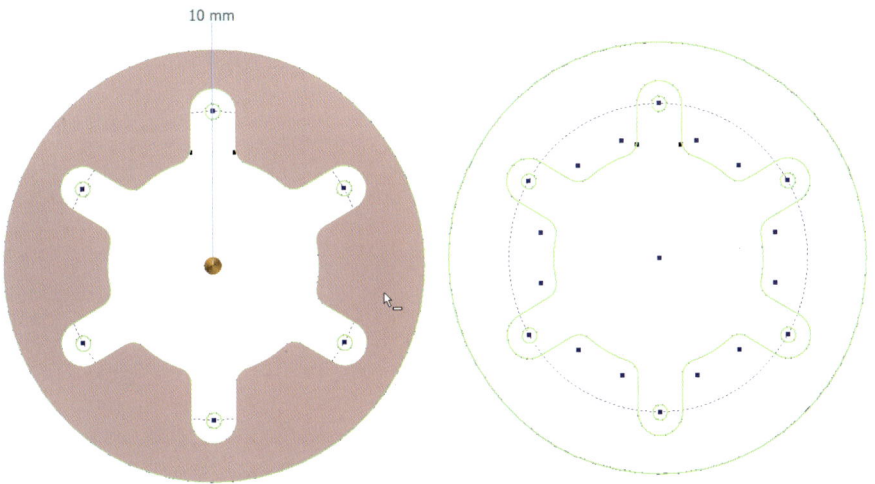

[그림 4-4] 프로파일의 선택 해제

〈NOTE〉
내부의 영역 중 일부가 선택된 상태에서 스케치의 외형선을 선택하게 되면 선택된 영역은 선택 해제되며 선택되지 않은 영역은 선택되는 방식으로 반전시킬 수 있습니다. 필요한 경우 이를 아래 그림과 같이 선택에 활용합니다.

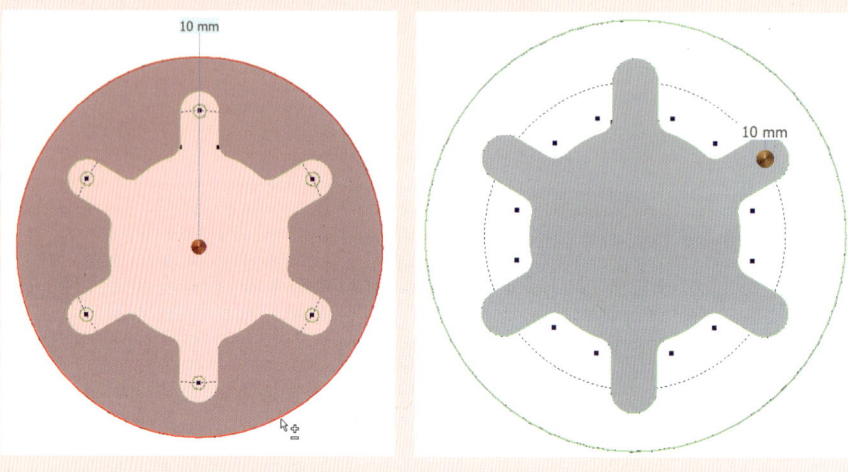

[그림 4-5] 영역이 선택된 상태에서 Shift키 또는 Ctrl키를 누른 채 외형선 선택 시

돌출하고자 하는 영역이 모두 선택되었다면 확인 버튼을 클릭하여 지정한 이름의 솔리드가 생성되는 것을 확인할 수 있습니다.

아래와 같은 특성 내용으로 설정하고 +버튼을 선택하여 솔리드를 생성합니다.

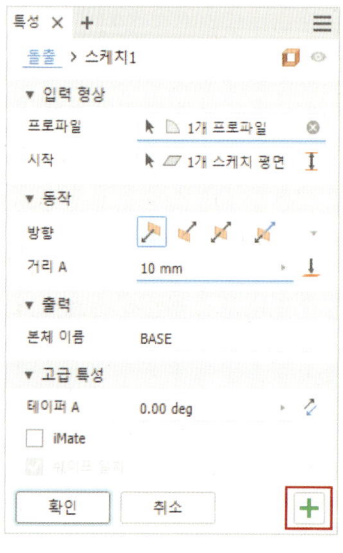
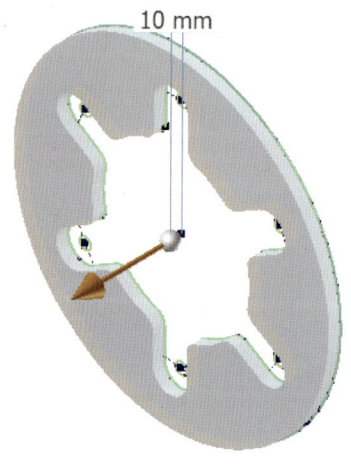

확인을 클릭할 경우에는 돌출 기능이 종료되며 'BASE'라는 이름의 솔리드가 생성됩니다. 하나의 스케치로 여러 높이의 돌출 피쳐를 생성하고자 할 경우에는 +버튼을 클릭하여 돌출 기능을 유지한 상태로 여러 높이의 여러 돌출 피쳐를 생성할 수 있습니다.

+버튼을 클릭한 후 돌출할 다른 영역 위에 마우스 커서를 두고 클릭하면 해당 영역의 프로파일이 추가할 수 있습니다. 이미 솔리드가 하나 이상 구성되어 있는 경우에는 새롭게 추가되는 피쳐를 기존 솔리드와 합치거나 단독 솔리드를 만들거나 제거할지 유무를 부울 옵션으로 설정할 수 있습니다.

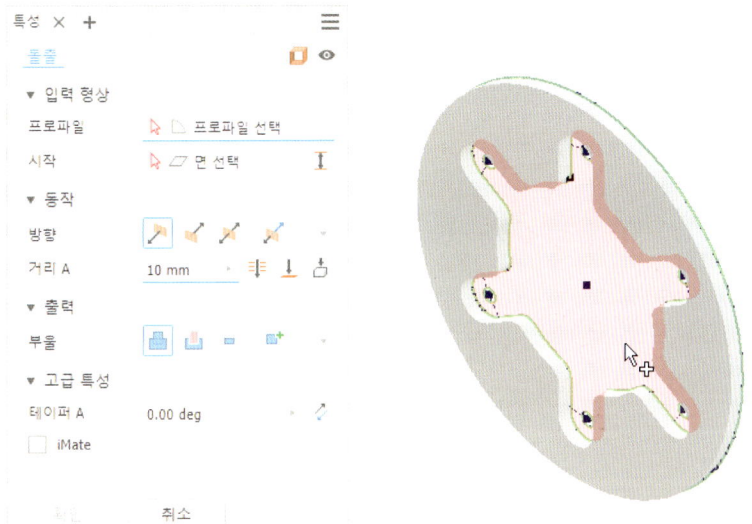

부울 옵션은 아래와 같고 사용되는 출력 및 전체 관통, 끝, 다음까지 옵션은 돌출 피쳐뿐만 아니라 모든 피쳐 구성에 동일한 의미로 사용됩니다.

① 접합 : 지정한 기존 솔리드에 붙여 생성
② 절단 : 지정한 기존 솔리드에 스케치 형상대로 부피 제거
③ 교차 : 기존 솔리드와 새 솔리드의 교차 영역에 대한 피쳐 생성
④ 새 솔리드 : 별도의 이름을 부여한 새로운 솔리드로 피쳐 생성

추가적으로 2개 이상의 솔리드가 있을 경우에는 거리 A값 오른쪽에 여러 옵션들이 구성됩니다.

① 전체 관통 : 선택한 프로파일을 통해 존재하는 모든 피쳐의 끝까지 컷 또는 솔리드 생성
② 끝 : 지정한 면까지 컷 또는 솔리드 생성
③ 다음까지 : 프로파일이 닿는 다음 솔리드를 인식하여 컷 또는 솔리드 생성

아래의 이미지와 같이 돌출 특성을 설정한 후 확인 버튼을 클릭할 경우 형상이 완료되며 특성 창을 사라집니다.

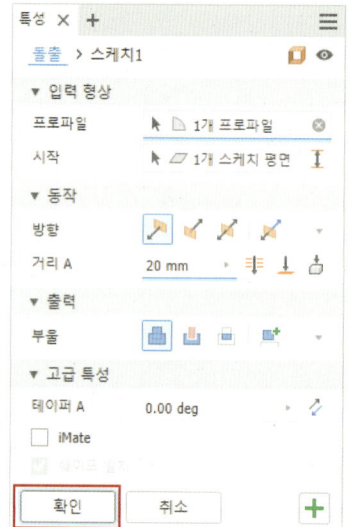
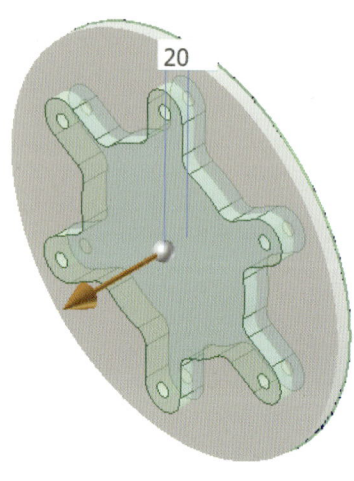

전환된 모형 검색기 내의 '모형 상태', '솔리드 본체' 또는 '곡면 본체', '뷰' 폴더는 왼쪽의 + 버튼을 통해 확장하여 내부 옵션을 확인하거나 가시성 제어, 새 값 추가 등의 작업을 할 수 있습니다.

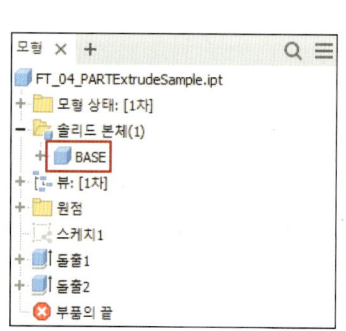
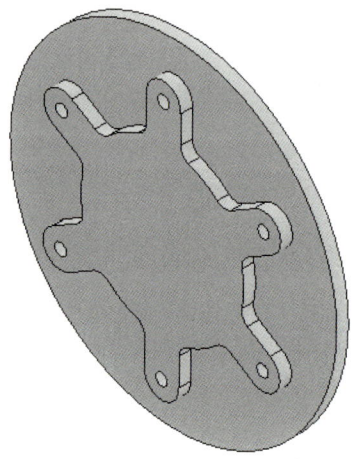

〈NOTE〉

모형 검색기 내에는 생성한 순서에 따라 피쳐 목록이 쌓여 있으며 각 피쳐의 이름도 나중에 찾기 편하도록 이름을 변경할 수 있습니다. 또한 아래와 같이 각 피쳐를 구성하는 데에 사용된 스케치들은 피쳐 왼쪽의 +버튼을 통해 확장하여 확인 및 편집할 수 있으며 이 또한 이름을 변경할 수 있습니다. 이름 변경 방법은 아래와 같습니다.

- 돌출 피쳐 클릭 후 F2키 클릭
- 돌출 피쳐 클릭 후 다시 한번 클릭

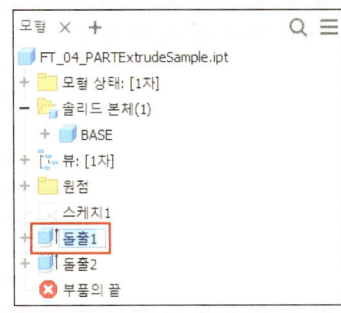

2) 회전

3D모형 탭>작성 패널>회전을 통해 구성된 스케치를 사용하여 지정한 축 중심으로 회전하며 솔리드 형상을 생성할 수 있습니다. 이미 만들어진 부품 파일을 아래의 위치 및 파일 이름을 확인하여 인벤터에 열어둔 후 내용을 따라 적용하여 회전을 통해 솔리드를 생성합니다.

FT_04_PART RevolvedSample파일을 열어 스케치를 확인합니다.

치수의 가시성이 비활성화 되어 있지만 해당 스케치는 완전 정의된 스케치입니다.

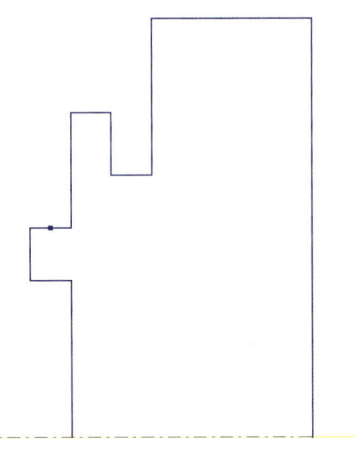

3D모형 탭>작성 패널>회전을 클릭합니다.

회전 피쳐 생성 특성은 돌출과 다른 항목이 시작 평면이 아닌 축을 지정하는 부분과 거리가 아닌 각도를 입력하여 피쳐를 정의한다는 부분이 다르며 고급 특성 하위에 별도로 테이퍼 값을 입력하는 옵션이 없습니다.

① 프로파일 : 스케치에서 폐곡선으로 구성된 영역 중 현재 회전 작업에 사용될 영역
② 축 : 회전 형상의 중심이 될 축 선택
③ 방향 : 회전할 방향 지정 (기본값, 반전, 대칭, 비대칭)
④ 각도A : 회전하여 구성할 솔리드의 각도
⑤ 본체 이름 : 생성될 솔리드의 이름 지정

FT_04_PART RevolvedSample 파일과 같이 단일 닫힌 영역으로 구성된 스케치는 별도의 옵션을 설정할 것 없이 자동으로 프로파일 및 중심선으로 지정한 선이 중심 축으로 지정되어 회전 피쳐를 즉시 만들기 쉽도록 구성되어 있습니다. 또한 자동으로 전체 회전(360도)으로 적용되기 때문에 별도로 필요한 경우에만 전체 회전이 아닌 별도의 각도를 입력하면 됩니다.

단일 닫힌 영역으로 자동으로 설정된 옵션을 변경하지 않고 확인을 클릭하면 지정한 솔리드 이름으로 구성된 형상을 확인할 수 있습니다.

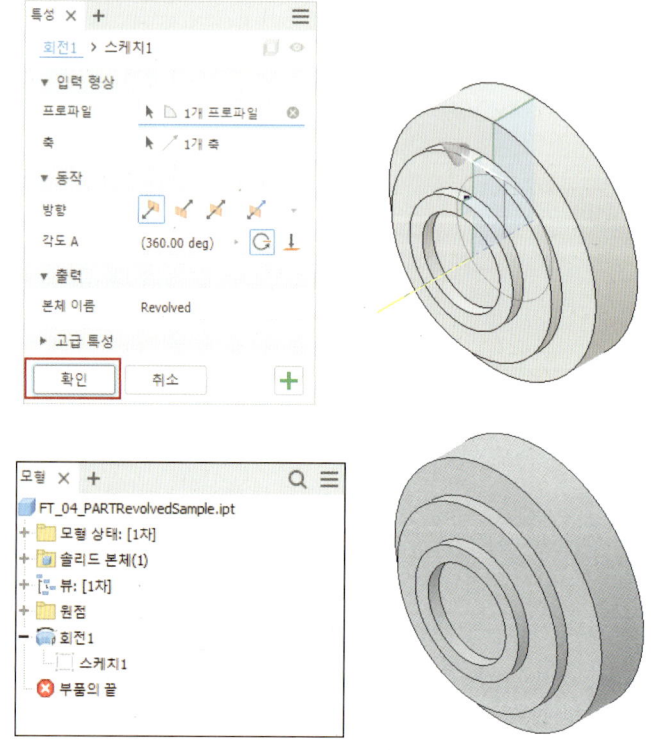

[그림 4-6] 회전 생성 결과

〈NOTE〉
솔리드 본체의 이름을 변경해두거나 피쳐, 스케치의 이름을 변경해두면 모형 검색기 내의 검색 기능을 통해 필요한 키워드를 입력하여 지정된 이름의 항목들을 검색할 수 있습니다.

3) 스윕

3D모형 탭>작성 패널>스윕을 통해 생성된 프로파일과 경로 스케치를 사용하여 프로파일이 경로를 따라 구성되는 솔리드 형상을 생성할 수 있습니다. 이미 구성된 부품 파일을 아래의 위치 및 파일 이름을 확인하여 인벤터에 열어둔 후 내용을 따라 적용하여 스윕을 통해 솔리드를 생성합니다.

FT_04_PART SweepSample파일을 열어 스케치를 확인합니다.

치수의 가시성이 비활성화 되어 있지만 해당 스케치는 완전 정의된 스케치입니다

또한 식별을 위해 경로에 해당되는 스케치의 색상은 변경해 두었습니다.

3D모형 탭>작성 패널>스윕을 클릭합니다.

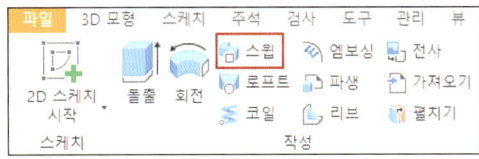

① 프로파일 : 스케치에서 닫힌 영역으로 구성된 항목으로 경로를 통해 솔리드를 구성할 항목
② 경로 : 프로파일이 따라갈 선, 곡선 또는 솔리드의 모서리 선
③ 방향 : 프로파일의 구성 방식 변경
④ 테이퍼 : 시작에서 끝으로 솔리드를 구성하며 구성되는 구배
⑤ 비틀기 : 경로를 타고가며 비틀리는 정도
⑥ 본체 이름 : 생성될 솔리드의 이름 지정

스윕 피쳐를 구성하는 과정에서도 단일 닫힌 스케치가 하나 존재한다면 자동으로 해당 스케치를 프로파일로 지정합니다. 만약 여러 닫힌 스케치로 구성된 스케치가 있다면 별도로 프로파일을 선택해 주어야 합니다.

자동으로 활성화된 경로에 노란색으로 구성된 스케치 선을 선택하게 되면 접선으로 연결된 항목들을 한 번에 이어 선택해줍니다. 접선으로 연결되지 않거나 스케치 요소의 일부가 끊겨있을 경우 선택되지 않으므로 한 번에 선택되지 않을 경우 끊어진 부분이 있는지를 확인합니다.

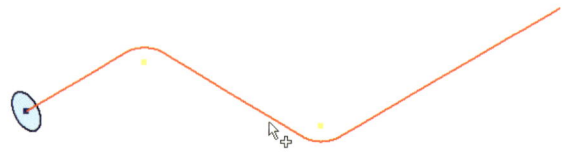

해당 선을 클릭하고 나면 미리보기가 켜져 있을 경우 솔리드로 구성되어 보여집니다.

[그림 4-7]에서 선택된 경로 개수를 확인해보면 선, 호를 모두 세어 표시되고 있는 것을 확인할 수 있습니다. 바로 확인을 클릭하면 설정한 구성으로 생성된 솔리드를 확인할 수 있습니다.

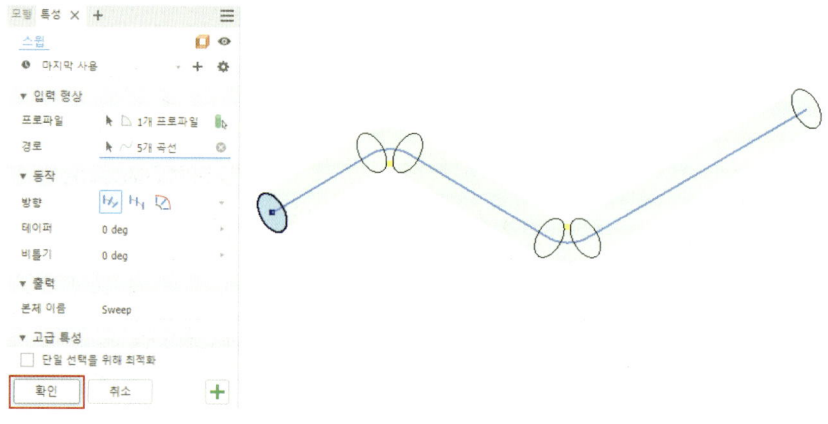

[그림 4-7] 스윕 설정 화면

솔리드 스윕

프로파일이 아닌 솔리드 형상으로 경로를 따라 스윕을 사용할 수 있습니다. 쉐이프 형상을 미리 시뮬레이션하거나 타이밍 나사를 설계할 수 있습니다. 도구 본체가 반드시 회전 또는 원통형 본체일 필요는 없지만 아래와 같은 주의 사항이 있습니다.

- 스케치에서 겹치는 세그먼트를 만들면 안됩니다.
- 스윕 경로의 시작되는 부분에 기준이 되는 본체를 배치합니다.
- G2 연속 경로를 사용하면 최상의 결과를 얻을 수 있습니다.
- 스윕형상이 실패되면 본체의 모깎기를 제거하면서 수정해야 할 수도 있습니다.

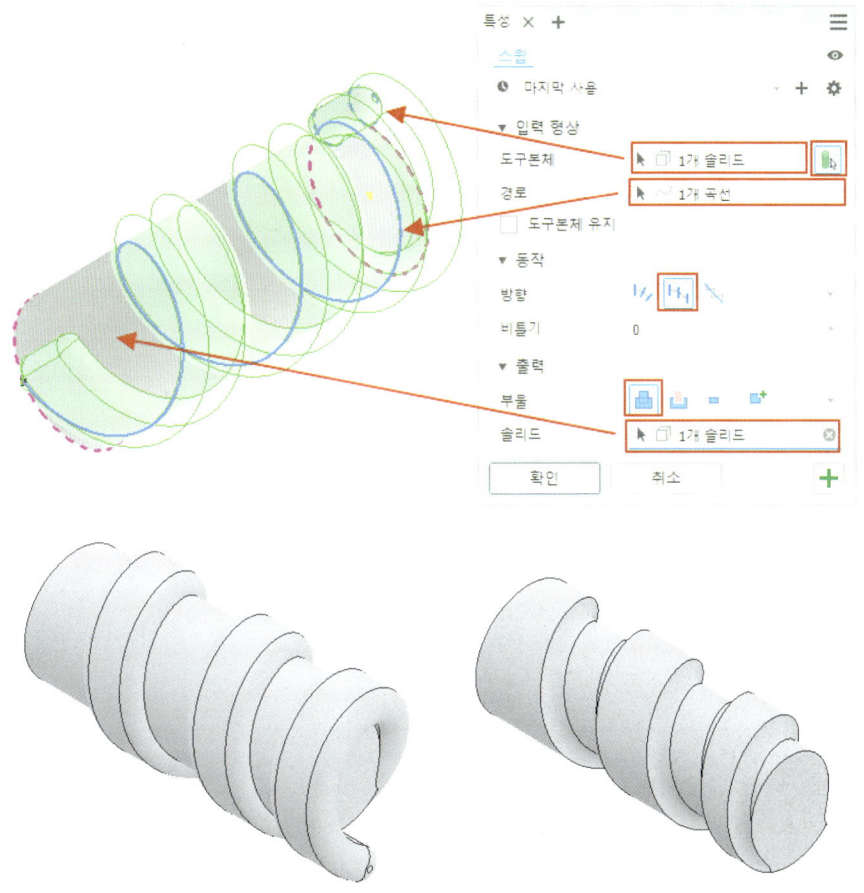

[그림 4-8] 솔리드 스윕의 돌출 및 잘라내기

4) 로프트

<u>3D모형 탭>작성 패널>로프트</u>을 통해 구성된 여러 프로파일(단면)을 사용하여 각 프로파일들이 보간으로 이어지며 구성되는 솔리드 형상을 생성할 수 있습니다. 이미 구성된 부품 파일을 아래의 위치 및 파일 이

름을 확인하여 인벤터에 열어둔 후 내용을 따라 적용하여 로프트를 통해 솔리드를 구성합니다.
FT_04_PART LoftSample파일을 열어 스케치를 확인합니다.
치수의 가시성이 비활성화 되어 있지만 해당 스케치는 완전 정의된 스케치입니다
또한 식별을 위해 경로에 해당되는 스케치의 색상은 변경해 두었습니다.

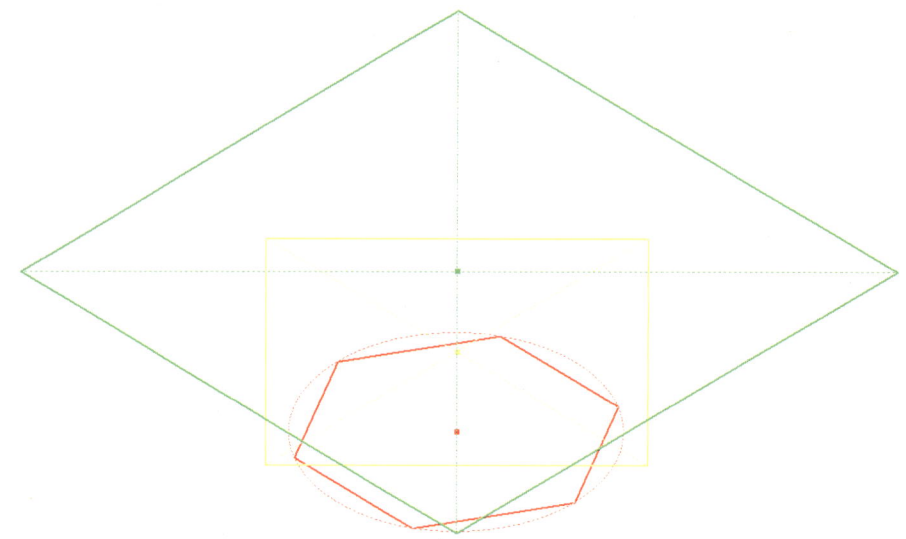

3D모형 탭>작성 패널>스윕을 클릭합니다.

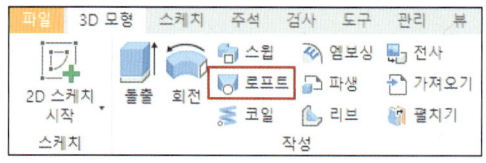

로프트를 실행할 경우 아래와 같이 별도의 로프트 창이 팝업되며 해당 창에는 곡선, 상태, 변이 탭으로 구성되어 있는 것을 확인할 수 있습니다.

곡선 탭

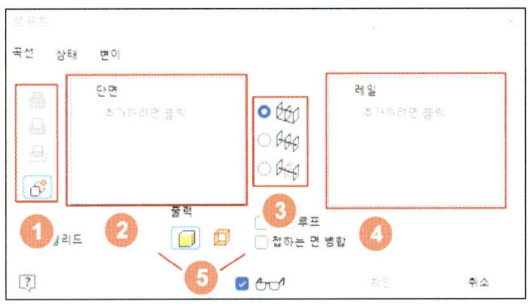

① 부울 : 기존 솔리드와 접합, 절단, 교차
② 단면 : 로프트를 구성할 각 단면 2개 이상 지정
③ 레일 옵션 : 코너, 스케치 중심, 처음과 끝에 해당되는 스케치 중심으로 레일 옵션 변경
④ 레일 : 각 단면이 따라갈 별도 가이드 레일 지정
⑤ 출력 : 솔리드 또는 곡면의 로프트를 생성 선택

상태 탭

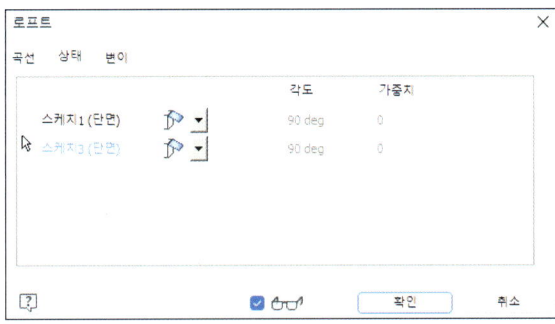

선택한 단면의 방향 상태에 대해 변경하거나 각도, 가중치를 변경하여 로프트의 형상에 세부적인 부분을 변경할 수 있습니다.

변이 탭

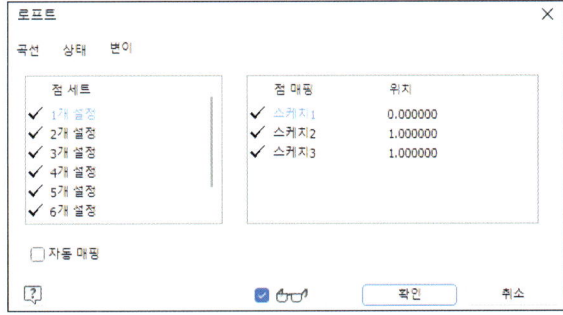

[그림 4-9] 자동 매핑 해제 후 각 항목에 대한 설정

자동 매핑이 설정된 경우에는 각 스케치의 코너를 다른 스케치의 어느 코너와 배치할지를 자동으로 구성해주며 해제되어 있을 경우에는 특정 거리를 입력하여 배치할지에 대해 지정할 수 있습니다.

곡선 탭에서 로프트로 구성할 각 단면을 지정할 때에는 '추가하려면 클릭'을 선택하여 활성화하면 '스케치 선택'으로 변경되며 이후에 단면으로 지정될 스케치들을 선택할 수 있습니다. 목록으로 구성된 스케치 중에 필요하지 않은 스케치가 있다면 선택하여 Delete 키를 통해 목록에서 다시 제외할 수 있습니다.

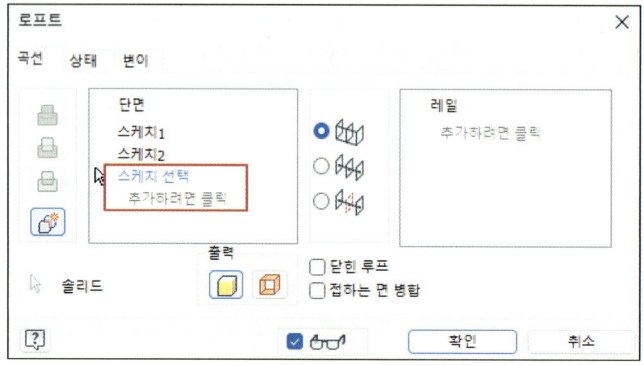

로프트 구성에 필요한 정보를 모두 적용한 후 확인 버튼을 클릭하면 솔리드가 생성되며 로프트는 다른 피쳐와 다르게 솔리드가 생성된 후에 해당 솔리드의 이름을 변경할 수 있습니다.

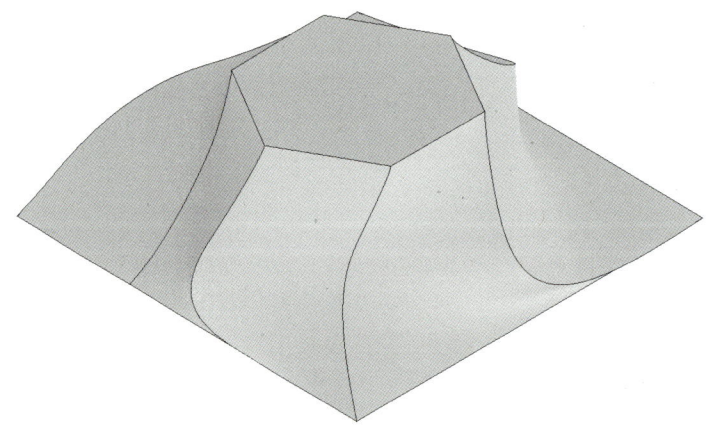

[그림 4-10] 로프트 생성 결과

5) 코일

3D모형 탭>작성 패널>코일을 통해 단면과 축을 지정하여 단면 형상이 축을 중심으로 코일 형상을 솔리드 또는 곡면으로 생성할 수 있습니다.
FT_04_PART CoilSample파일을 열어 스케치를 확인합니다.
치수의 가시성이 비활성화 되어 있지만 해당 스케치는 완전 정의된 스케치입니다.

3D모형 탭>작성 패널>코일을 클릭합니다.

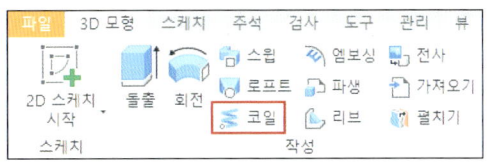

① 프로파일 : 폐곡선으로 구성된 영역 중 현재 코일 작업에 사용될 영역
② 축 : 형상의 중심이 될 축 선택
③ 방법 : 코일 구성 방법 선택 (상하 회전 및 회전, 회전 및 높이, 상하 회전 및 높이, 스파이럴)
④ 상하 회전 : 나선의 각 회전에 대한 높이 증가 지정
⑤ 회전 : 코일의 회전 수
⑥ 테이퍼 : 테이퍼 각도 지정
⑦ 본체 이름 : 생성될 솔리드의 이름 지정

프로파일은 닫힌 영역이 하나인 스케치가 있을 경우 자동으로 해당 스케치를 인식하며 축은 별도로 지정하여 구성합니다. FT_04_PART CoilSample 파일 내의 축은 Y축에 대한 가시성을 별도로 활성화해둔 상태이며 [그림 4-11]과 같이 모든 값을 입력한 후 확인 버튼을 클릭하면 완성된 코일 형상을 확인할 수 있습니다.

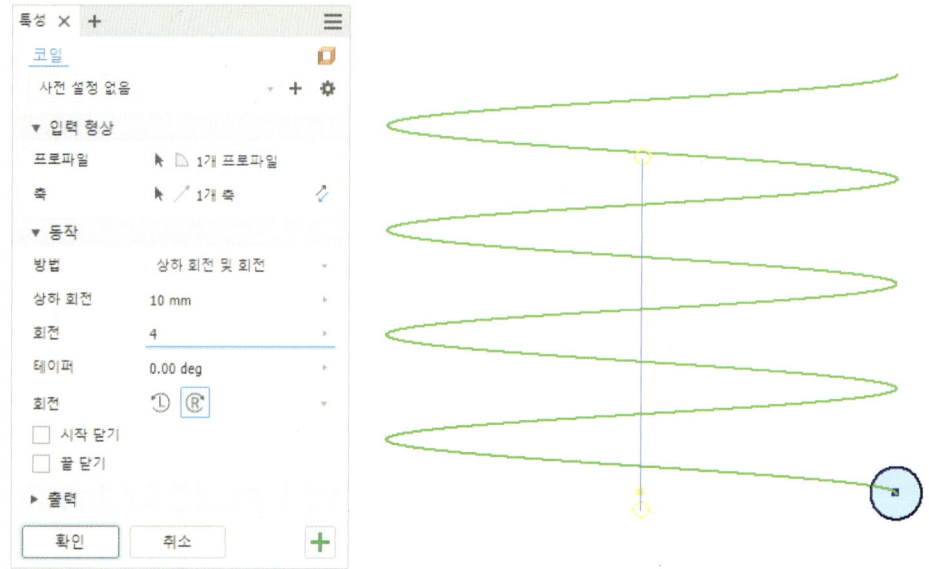

[그림 4-11] 코일 구성 관련 옵션

6) 엠보싱

3D모형 탭>작성 패널>엠보싱을 통해 닫힌 영역으로 구성된 스케치 프로파일을 통해 높이와 방향을 지정하여 볼록하거나 오목한 형상을 만들 수 있습니다.

FT_04_PART EmbossSample파일을 열어 형상을 확인합니다.

3D모형 탭>작성 패널>엠보싱을 클릭합니다.

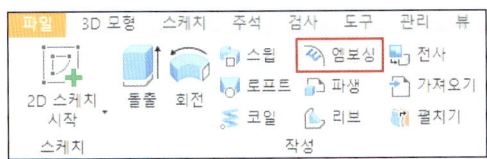

엠보싱을 실행하면 로프트와 유사하게 별도의 창이 팝업되며 여러 솔리드가 있는 부품 파일이라면 엠보싱을 적용할 하나의 솔리드를 선택해주어야 엠보싱을 해당 솔리드에 투영하여 생성할 수 있습니다.

① 프로파일 : 스케치에서 폐곡선으로 구성된 영역 중 현재 엠보싱 작업에 사용될 영역
② 깊이 : 엠보싱 형상의 높이
③ 색상 : 엠보싱 형상 생성 후 면 색상 지정
④ 면으로 부터 엠보싱, 면으로부터 오목, 평면으로부터 오목/볼록 옵션
⑤ 방향 : 기본 및 반대 방향 지정
⑥ 면에 감싸기 : 곡률 기반 수직 또는 방사 옵션

그림과 같이 설정한 후 확인 버튼을 클릭하면 녹색의 화살표가 가리키는 방향으로 지정된 깊이만큼 볼록하게 스케치 형상이 돌출되어 형상화된 것을 볼 수 있습니다.

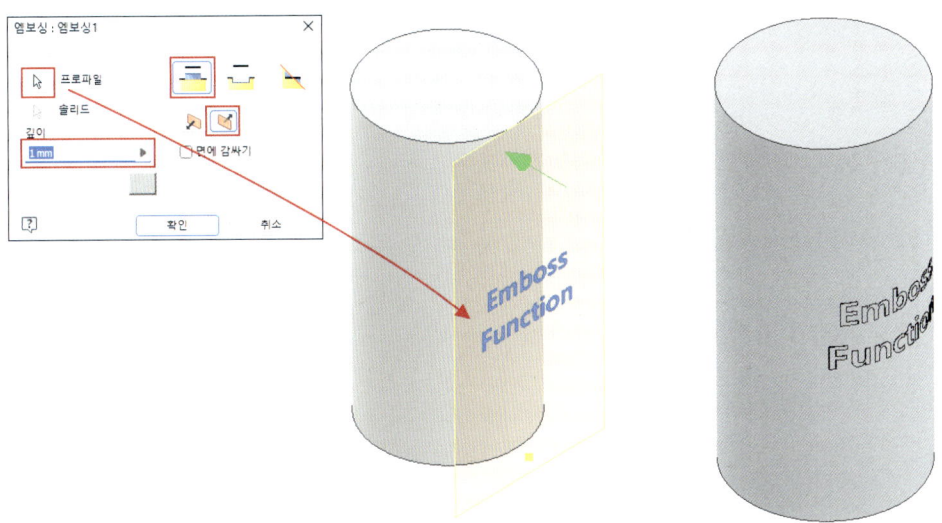

[그림 4-12] 엠보싱 생성 결과

7) 리브

3D모형 탭>작성 패널>리브을 통해 리브(보강대)가 필요한 형상에 생성할 수 있습니다. 이미 만들어진 부품 파일을 아래의 위치 및 파일 이름을 확인하여 인벤터에 열어둔 후 내용을 따라 적용하여 리브를 통해 솔리드를 생성합니다.

FT_04_PART RibSample파일을 열어 스케치를 확인합니다.

치수의 가시성이 비활성화 되어 있지만 해당 스케치는 완전 정의된 스케치입니다

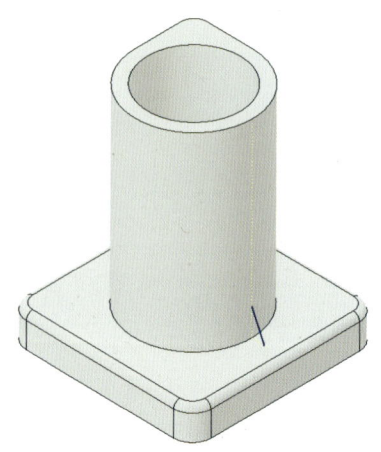

3D모형 탭>작성 패널>리브을 클릭합니다.

별도로 팝업된 리브 창은 쉐이프, 기울기, 보스 창으로 구성되어 있습니다. FT_04_PART RibSample 모델은 스케치가 하나만 구성되어 있기 때문에 리브를 실행할 경우 자동으로 프로파일이 설정되며 방향, 두께를 설정하면 미리보기가 켜져 있을 경우 구성될 형상이 그래픽 영역에 미리보기 됩니다.

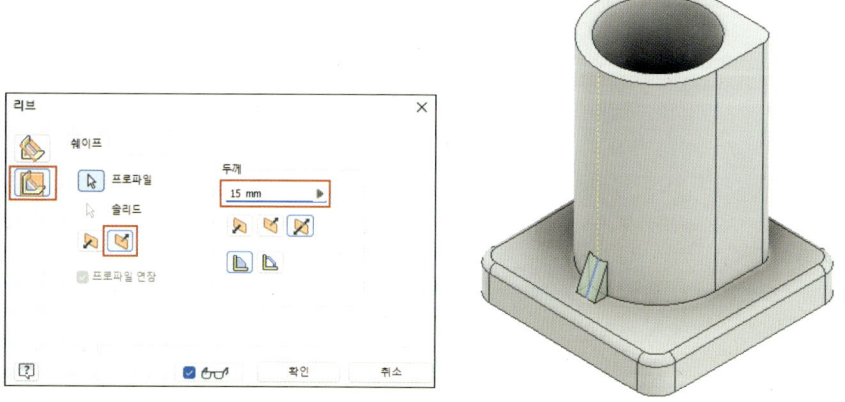

[그림 4-13] 리브 생성 옵션

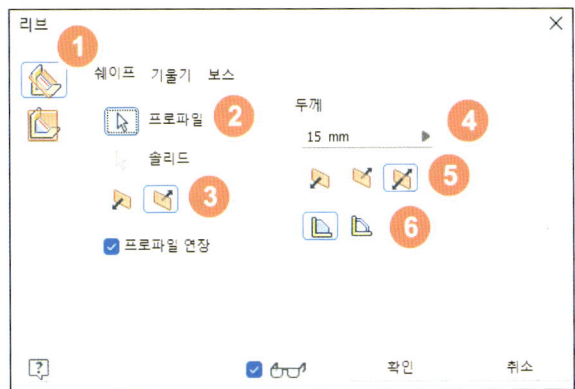

① 돌출 방향 : 스케치 평면에 수직 스케치 평면에 수평
② 프로파일 : 스케치 중 현재 리브 작업에 사용될 영역
③ 방향 : 기본 및 반대
④ 두께 : 생성될 리브의 전체 두께
⑤ 두께 방향 : 생성될 리브의 스케치 선 기준 방향 또는 양방향
⑥ 리브 깊이 : 다음 면까지, 유한 (유한 옵션일 경우 지정된 두께 만큼 리브 생성)

〈NOTE〉
미리보기가 활성화되어 있다고 하더라도 녹색으로 형상이 보이지 않을 경우에는 솔리드로 생성할 수 없는 상태이기 때문에 옵션을 변경해보며 정상적으로 녹색으로 형상이 확인되는지 미리 본 후 그래픽 영역에서 보이는 것과 같이 피쳐를 생성할 수 있습니다.

FT_04_PART RibBossSample 을 통해 다양한 옵션 설정을 확인할 수 있습니다.

• 쉐이프 : 프로파일, 방향, 두께 설정

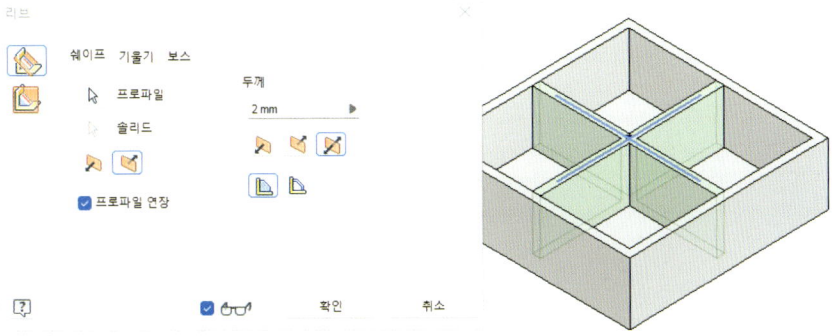

• 기울기 : 테이퍼 값 지정

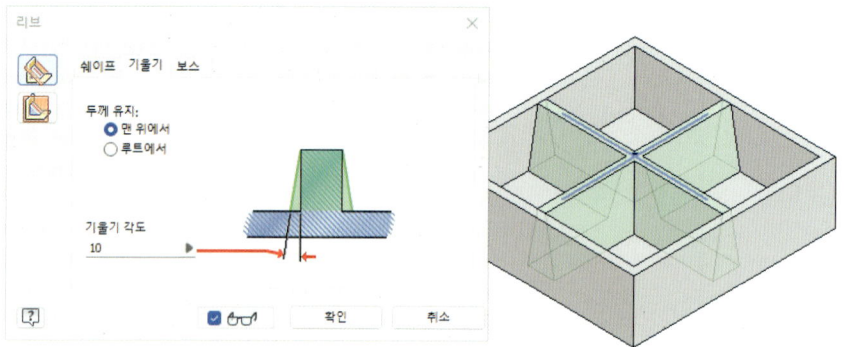

• 보스 : 구성된 리브의 커버 구성

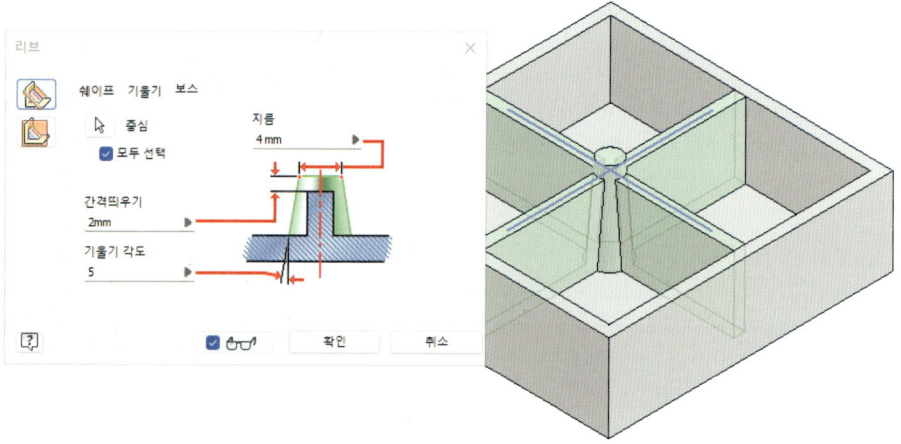

1.2 스케치 없이 구성되는 피쳐

스케치가 없이 구성되는 피쳐의 경우에는 이미 형상이 있는 상태에서 적용할 수 있는 피쳐들입니다. 여러 스케치 없이 구성되는 피쳐 중 왼쪽에서부터 순차적으로 각 기능의 사용 방법을 확인해 보도록 하겠습니다.

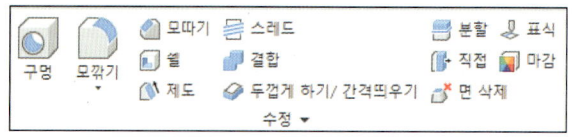

〈NOTE〉
스케치 없이 구성되는 피쳐들은 솔리드가 하나도 없는 상태에서 기능을 실행할 경우 여러 유형의 오류가 발생할 수 있습니다. 피쳐 기능을 실행했는데 그림과 같은 오류가 발생했다면 형상이 이미 구성되어 있는지를 우선 확인하여 다시 시도합니다.

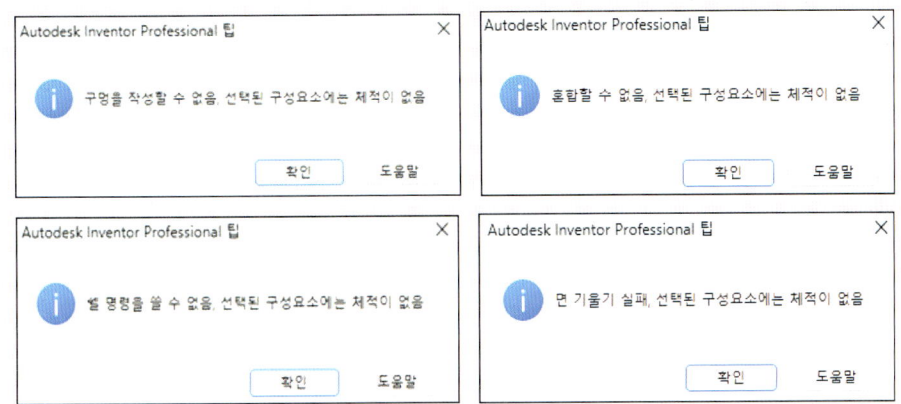

[그림 4-14] 솔리드가 없을 경우 발생되는 오류

1) 구멍

3D모형 탭>수정 패널>구멍을 통해 솔리드 위에 필요한 위치에 구멍을 생성할 수 있습니다. 일반 스케치를 활용하여 돌출로도 컷을 하여 형상을 잘라낼 수 있겠지만 구멍 기능을 활용하여 형상을 만들면 도면 작업 시에 구멍에 대한 정보가 치수 기능을 통해 입력되기 때문에 변경이 필요한 경우 형상에서 직접 변경할 수 있으며 도면에도 자동 반영되도록 만들 수 있는 장점이 있습니다.

FT_04_PARTHoleSample파일을 열어 형상을 확인합니다.

3D모형 탭> 수정 패널>구멍을 클릭합니다.

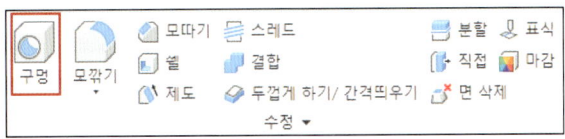

특성 탭을 통해 구멍 생성을 위한 위치, 유형, 크기 등을 지정할 수 있습니다.

① 사전 설정 : 설정된 항목을 자주 사용할 항목으로 저장 또는 편집
② 위치 : 점을 통해 위치 선택
③ 구멍 : 구멍 구성 유형 선택 (단순, 틈새, 탭, 테이퍼로 구성)
④ 시트 : 머리 부분 선택 (없음, 카운터보어, 접촉 공간, 카운터싱크)
⑤ 종료 : 컷 유형 선택 (거리, 전체 관통, 끝)
⑥ 방향 : 구멍 방향 지정 (기본값, 반전, 대칭)
⑦ 지름 : 구멍의 지름 크기 지정

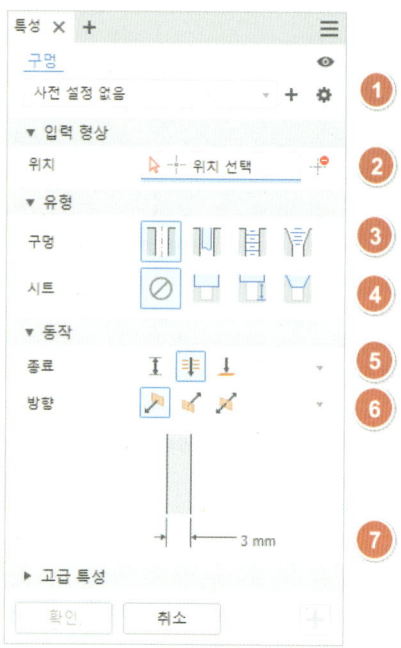

[그림 4-15] 구멍 기능의 구성

고급 특성에서 iMate를 통해 구성할 경우 iMate로 구성된 항목들끼리 자동으로 구속조건이 만들어지도록 설정할 수 있습니다.

구멍의 사전 설정

구멍의 지정했던 사양에 대해 자주 사용하게 될 경우에는 사전 설정을 통해 해당 내용을 저장하고 목록을 구성하여 사용할 수 있습니다. 저장하고자 할 사양이 구성되었다면 대화상자의 + 버튼을 선택하여 저장할 구멍의 이름을 지정하고 저장하게 되면 기본 경로에 사전 설정 값들이 저장되며 여러 인원이 설계할 경우에는 해당 사전 설정 파일을 서버에 구성하거나 공유하여 사용할 수 있습니다.

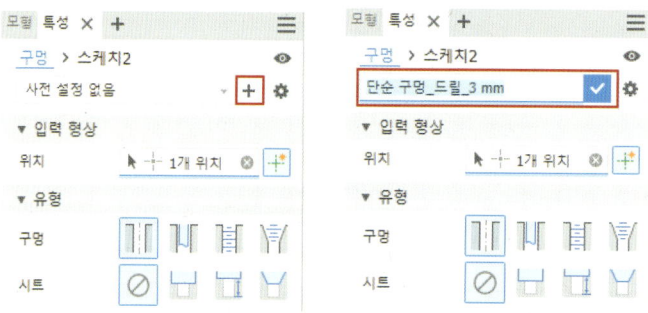

[그림 4-16] 사전 설정 작성

사전 설정을 구성한 후에는 [그림 4-17]와 같이 목록으로 구성되어 매번 자주 사용하는 형식으로 설정할 필요 없이 원하는 구멍을 생성할 수 있습니다.

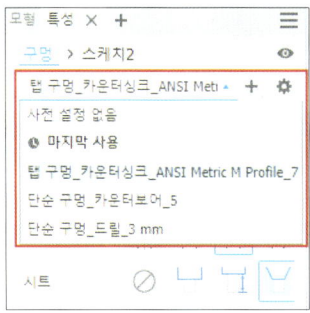

[그림 4-17] 사전 설정 목록

사전 설정 구성 시 자동으로 저장되는 기본 위치 도구 탭> 옵션 패널> 응용프로그램 옵션에서 파일 탭 내의 사전 설정에서 확인할 수 있습니다. 다른 위치로 경로를 변경할 경우에는 오른쪽에 구성된 파일 탐색기 아이콘을 클릭하여 다른 폴더 경로로 지정할 수 있습니다. 사전 설정의 경로는 스타일 라이브러리 및 템플릿과 함께 프로젝트 파일에 추가됩니다.

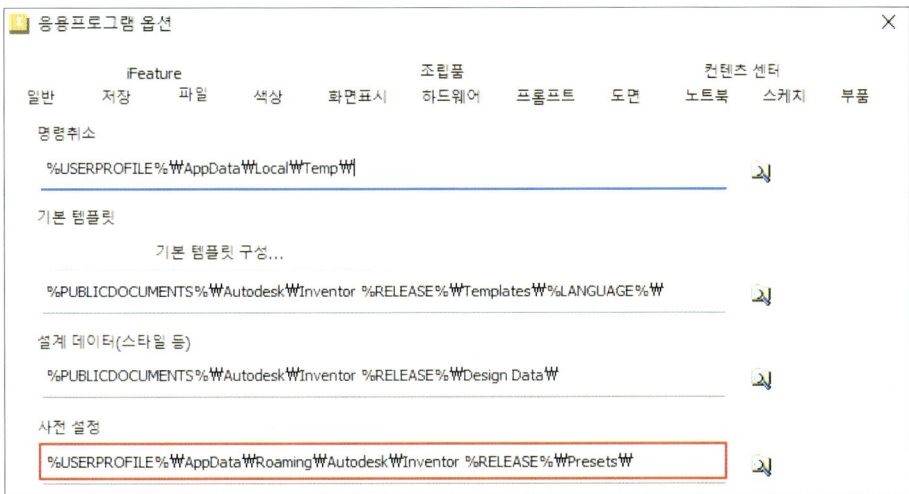

[그림 4-18] 사전 설정 위치 확인

구멍 생성

위치 선택 옵션이 활성화되어 있는 상태에서 바로 솔리드의 평평한 면을 선택하게 되면 선택된 위치에 바로 점이 생성되며 솔리드 형상에 구멍 미리보기를 확인할 수 있습니다. 미리보기는 기본적으로는 켜져있지만 사용자가 직접 끌 수도 있습니다.

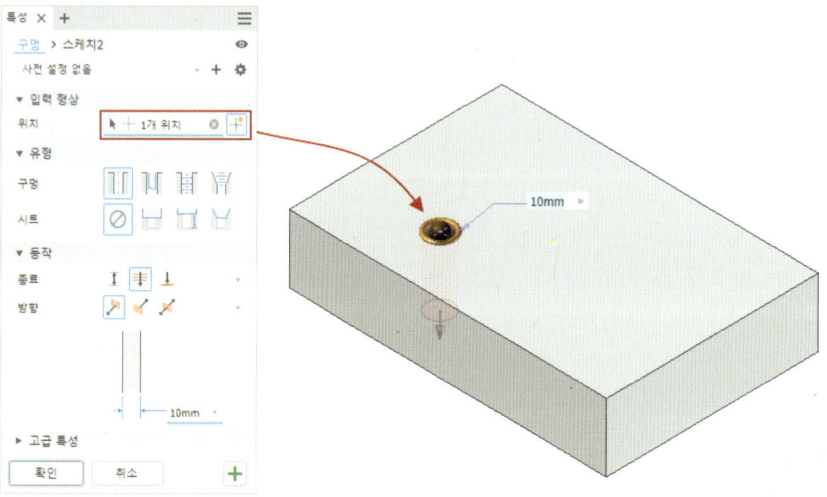

이때 구멍의 위치를 잡기 위해 [그림 4-19]처럼 두 개의 모서리를 순서대로 클릭하면서 보여지는 입력창에 거리를 입력합니다.

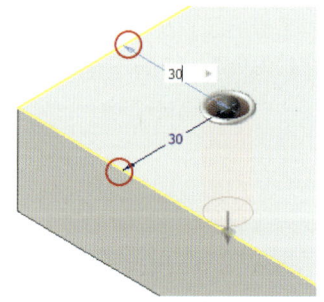

[그림 4-19] 구멍 위치 치수 입력

이미 입력한 치수는 더블 클릭을 통해 편집할 수 있으며 2D스케치와 같은 환경으로 적용하고자 할 경우에는 특성 탭 상단의 스케치를 활성화하면 점의 위치에 대한 스케치 치수를 변경하거나 추가적인 구멍 위치에 대해 스케치 환경에서 구성할 수 있습니다.

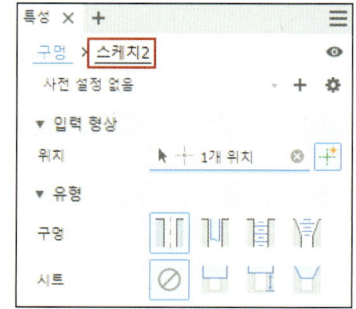

스케치를 선택하여 활성화하면 [그림 4-20]과 같이 바로 상단의 탭이 스케치 탭으로 활성화되며 일반적인 2D스케치 관련 기능들을 활용하여 해당 환경 내에 바로 스케치 요소를 생성할 수 있습니다. 모든 내용을 확인했다면 다시 구멍으로 전환합니다.

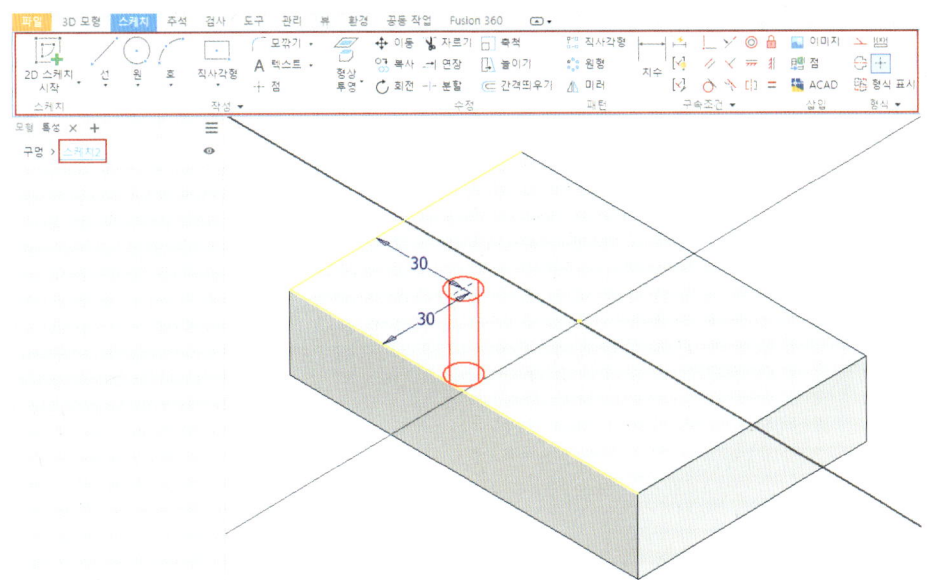

[그림 4-20] 구멍피쳐에서 스케치로의 전환

모든 정보를 원하는 값으로 지정한 후에는 확인 버튼을 클릭하여 모형 검색기 하위에 구멍 피쳐가 생성된 것을 확인합니다.

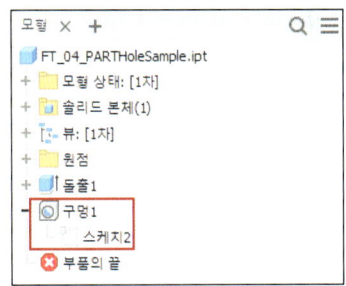

〈NOTE〉

모든 피쳐들은 생성된 순서에 따라 구성되어 있으며 의도적으로 순서를 변경할 수도 있습니다. 하지만 생성 순서는 필히 참조 관계의 상하위 관계에 따라 구성되어 있어야하며 생성된 구멍1 피쳐는 돌출1 피쳐를 참조하여 나중에 생성된 피쳐이기 때문에 돌출1을 제거하거나 돌출 1보다 위쪽으로 피쳐를 옮기려할 경우 이동되지 않는 것을 확인할 수 있습니다. 구멍1을 선택하고 드래그 앤 드롭으로 돌출1보다 위로 마우스 커서를 이동할 경우 일시정지 아이콘이 활성화되면서 피쳐 순서를 변경할 수 없는 것을 확인할 수 있습니다.

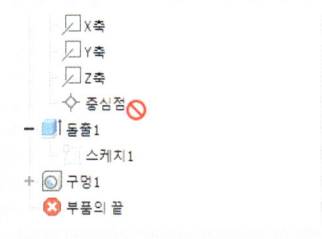

모형 검색기 내의 모든 피쳐 및 스케치는 마우스 왼쪽 버튼을 더블 클릭하여 편집할 수 있습니다. 만약 피쳐를 더블클릭하면 피쳐에 대한 설정 항목을 편집하도록 활성화되어 스케치를 더블클릭하면 스케치를 편집하도록 활성화됩니다. 또 다른 방법으로는 변경할 피쳐에 마우스 오른쪽 버튼을 클릭하면 확인되는 '스케치 편집' 또는 '피쳐 편집'을 메뉴를 통해 편집을 진행할 수도 있습니다.

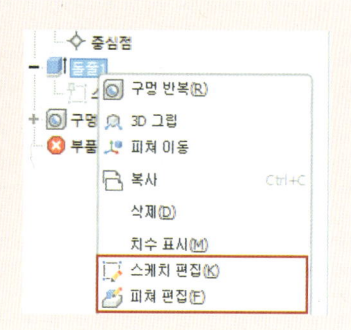

2) 모깎기

3D모형 탭>수정 패널>모깎기를 통해 형상의 날카로운 모서리를 둥글게 자르거나 채우는 작업을 할 수 있습니다.

모깎기는 드롭 다운 메뉴를 통해 기능 목록을 확인할 수 있으며 일반 모깎기 외에 면 모깎기나 전체 둥근 모깎기 등의 선택 옵션을 제공합니다.

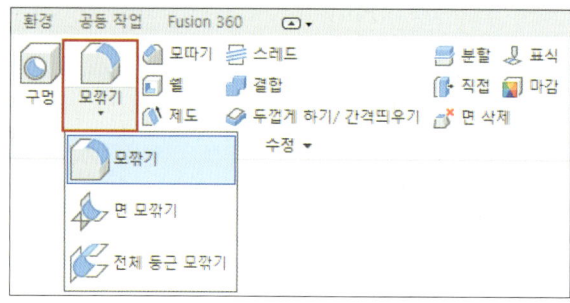

[그림 4-21] 모깎기 유형

FT_04_PARTFilletSample파일을 열어 형상을 확인합니다.

3D모형 탭>작성 패널>모깎기을 클릭합니다.

[그림 4-22] 모깎기 옵션

① 모서리 선택 : 모깎기가 부여될 솔리드의 외형선 선택
② 반경 : 생성될 모깎기의 반경 값 지정
③ 유형 : 접선, 부드러운 G2, 반전됨 유형 중 선택적 입력
④ 상수, 변수, 세트백 옵션으로 모깎기 구성
⑤ 우선 선택 : 모서리, 루프, 피쳐, 솔리드를 우선적으로 선택하도록 활성

모서리 선택이 활성화되어있는 상태에서 형상의 모서리에 마우스 커서를 둘 경우 아래 그림과 같이 지정할 모서리가 하이라이트 되는 것을 볼 수 있습니다.

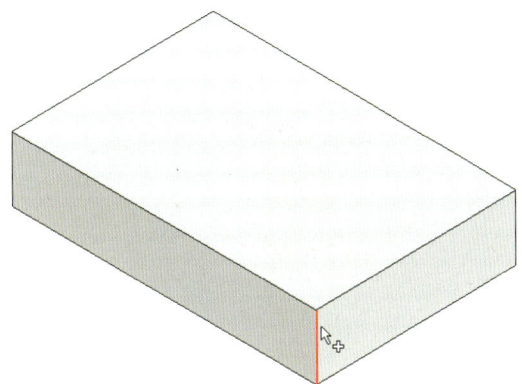

[그림 4-23] 모깎기 모서리 선택

총 4개의 모서리를 선택하여 상수 값으로 모깎기를 부여합니다. 아래와 같이 설정한 후 확인을 클릭하여 결과를 확인합니다.

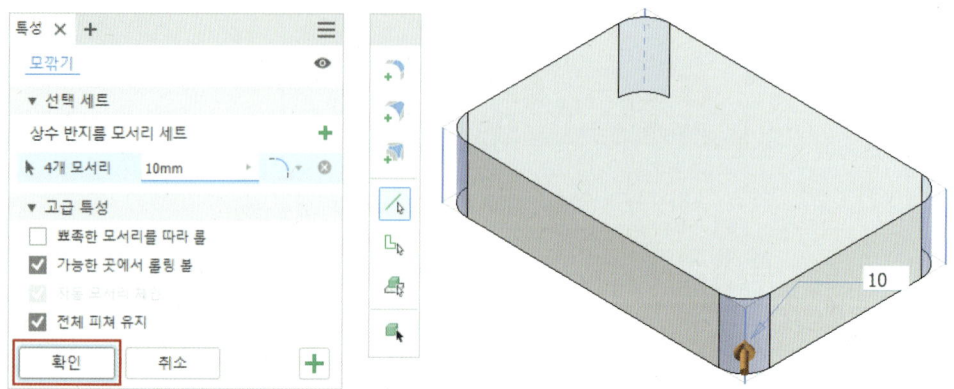

[그림 4-24] 모깎기 생성 옵션

돌출 기능과 유사하게 + 버튼을 통해서 다른 유형 또는 다른 크기의 모깎기를 부여할 수 있으며 확인을 클릭할 경우에는 지정한 값에 따라 모깎기를 부여하고 바로 기능은 종료됩니다. 다시 스케치 탭>수정 패널>모깎기를 실행한 후 추가적으로 [그림 4-25]와 같이 '자동 모서리 체인'이 활성화되어 있을 경우 이미 모깎기가 부여되어 접선으로 연결된 영역에는 루프로 선택되어 한 번에 연결된 영역을 선택할 수 있습니다.

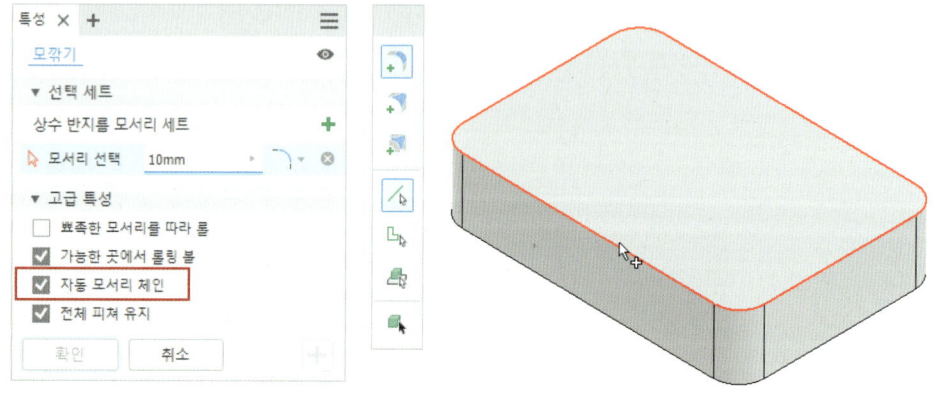

[그림 4-25] 자동 모서리 체인을 통한 루프 선택

하이라이트 된 루프를 선택하면 [그림 4-26]과 같이 모깎기가 적용될 형상을 미리보기 하실 수 있습니다.
확인 버튼을 클릭하여 모깎기 기능을 적용하며 종료합니다.

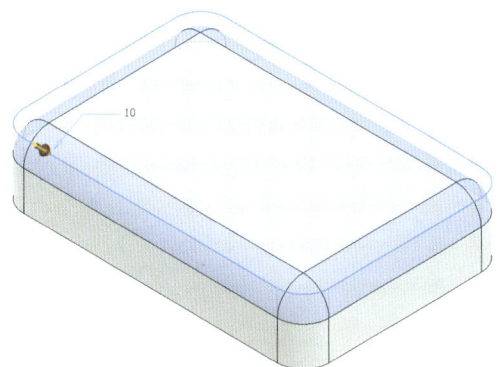

[그림 4-26] 모깎기 추가 부여

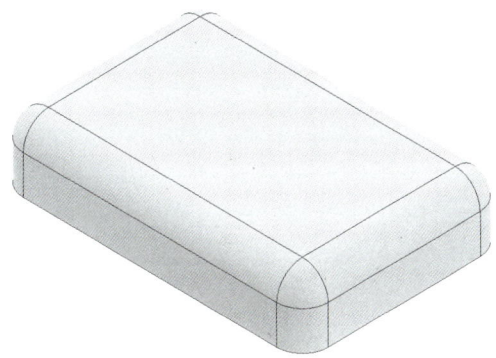

3) 모따기

<u>3D모형 탭>수정 패널>모따기</u>를 통해 형상의 날카로운 모서리를 각지게 자를 수 있습니다.

FT_04_PARTChamferSample파일을 열어 형상을 확인합니다.

3D모형 탭>작성 패널>모따기를 클릭합니다.

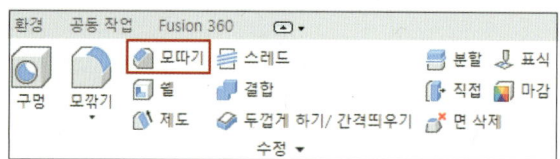

① 유형 : (동일)거리, 거리 및 각도, 두 거리
② 모서리 선택 : 모따기가 부여될 모서리 선 선택
③ 모서리 체인 : 연결된 모서리 선택, 단일 모서리
④ 모따기의 거리 및 각도 지정
⑤ 세트백, 세트백 없음 (세 구간의 모따기가 모이는 구간에 대한 옵션)

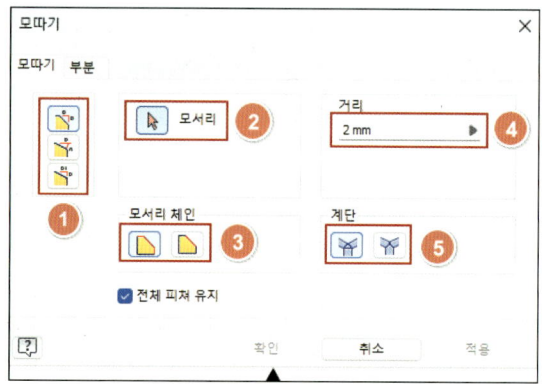

모서리 선택이 활성화되어있는 상태에서 형상의 모서리에 마우스 커서를 둘 경우 붉은 색으로 하이라이트 되며 모서리를 선택할 수 있습니다.

동일 거리 설정 후 모따기 거리를 5mm로 설정합니다.

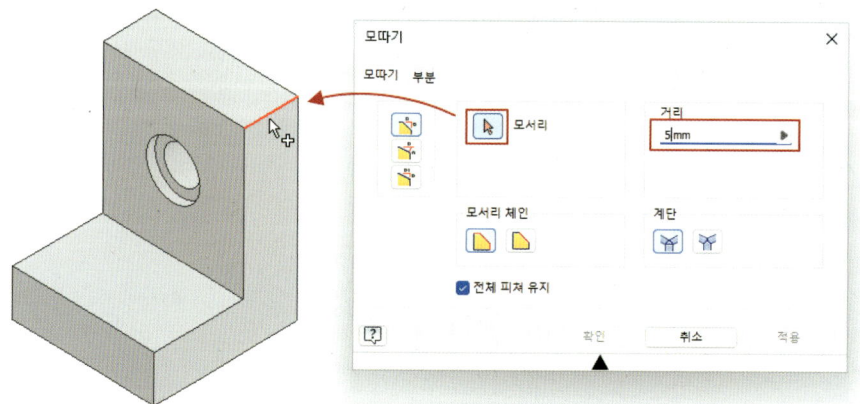

[그림 4-27] 모따기의 모서리 선택

모따기 부여가 필요한 모서리 선택 시 미리보기를 통해 모서리를 선택할 수 있습니다. 여러 모서리를 선택하면 선택한 모서리들에 모따기가 적용되는 것을 확인할 수 있으며 Ctrl 또는 Shift 키를 누른 상태로 선택을 하게 되면 다시 선택된 항목에서 제외할 수 있습니다.

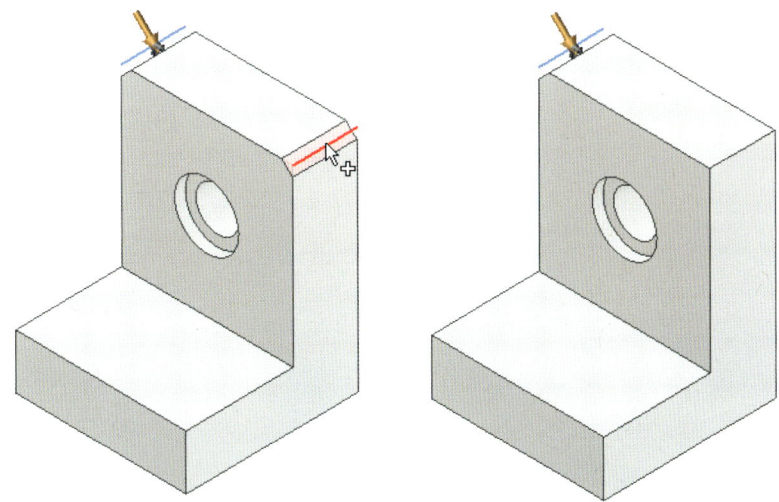

[그림 4-28] 모서리 선택 및 제외

모따기 창 하위에는 확인, 취소, 적용 버튼이 있습니다. 확인을 클릭할 경우 모따기 기능이 종료되는 동시에 적용 옵션 및 선택 사항에 따라 모따기가 부여되고 적용 버튼을 클릭할 경우에는 돌출이나 회전에서의 + 버튼과 같이 모따기 기능이 유지된 상태에서 모따기가 부여됩니다.

4) 쉘

<u>3D모형 탭>수정 패널></u>쉘을 통해 형상의 내부를 제거할 수 있습니다. 만약 특정 면을 지정하게 되면 특정 면에 대한 두께를 별도로 설정하거나 해당 면을 제거하도록 설정할 수 있습니다.

FT_04_PARTShellSample파일을 열어 형상을 확인합니다.

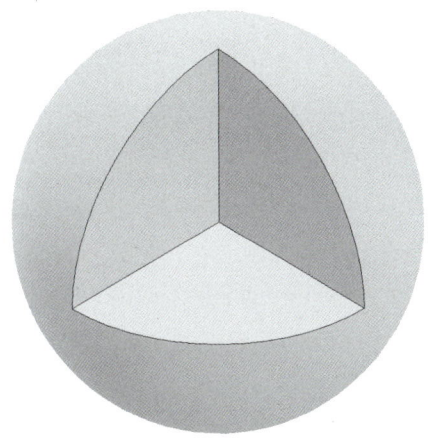

3D모형 탭>작성 패널>쉘을 클릭합니다.

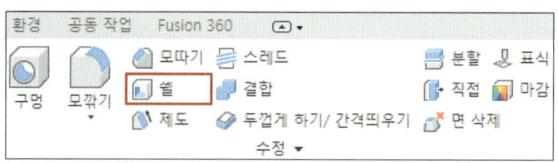

쉘을 실행함과 동시에 솔리드가 하나만 존재하는 부품에서는 바로 기본 두께로 내부가 비워지는 부분을 미리보기를 통해 확인할 수 있습니다. 면 제거 항목에 관통시킬 면을 선택하게 되면 해당 면은 제거되며 내부가 바로 보이는 것을 확인할 수 있습니다.

쉘에는 별도로 면을 선택하지 않고도 기능을 적용할 수 있으며 이 때에는 [그림 4-29]와 같이 솔리드의 모든 겉면을 유지한 상태에서 특정 두께를 남기고 내부 솔리드를 비우게 됩니다.

뷰 스타일을 숨겨진 모서리 음영처리나 숨겨진 모서리가 있는 와이어프레임으로 변경하면 일정한 두께를 가진 선을 확인할 수 있습니다.

① 쉘 경계 방향 : 내부, 외부, 양쪽면
② 면 제거 : 관통 시킬 면 선택
③ 솔리드 : 쉘을 적용할 솔리드 선택
④ 두께 : 쉘 기능으로 남을 솔리드 두께
⑤ 고유 면 두께 : 기본 두께와 별개로 적용할 두께 및 면 지정으로 별도 두께 설정

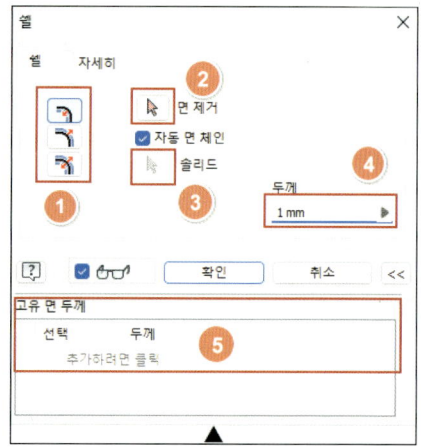

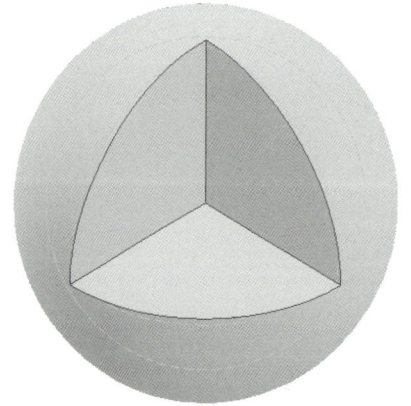
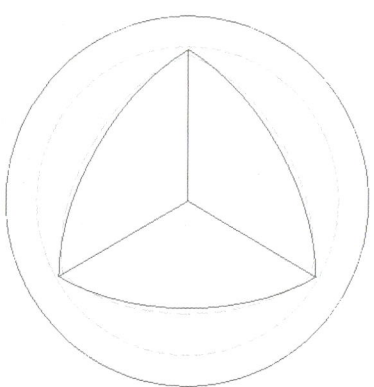

[그림 4-29] 쉘 결과의 뷰 스타일 표시

면 제거가 활성화되어 있는 상태에서 관통할 면을 선택하게 되면 [그림 4-30]과 같이 선택된 면은 사라지며 쉘 기능으로 비워진 후의 내부 형상이 보이게 됩니다.

면 제거로 구 내부의 3개의 편평한 면을 선택하고 두께를 5로 설정한 후 확인합니다.

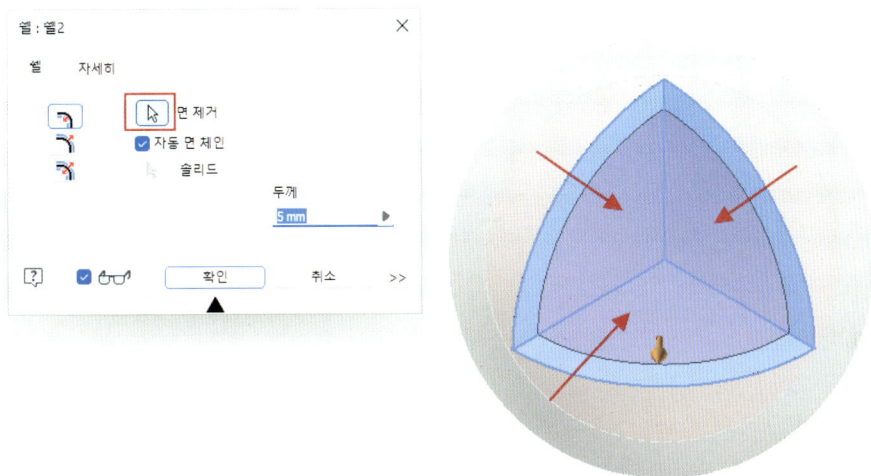

[그림 4-30] 관통할 면 선택

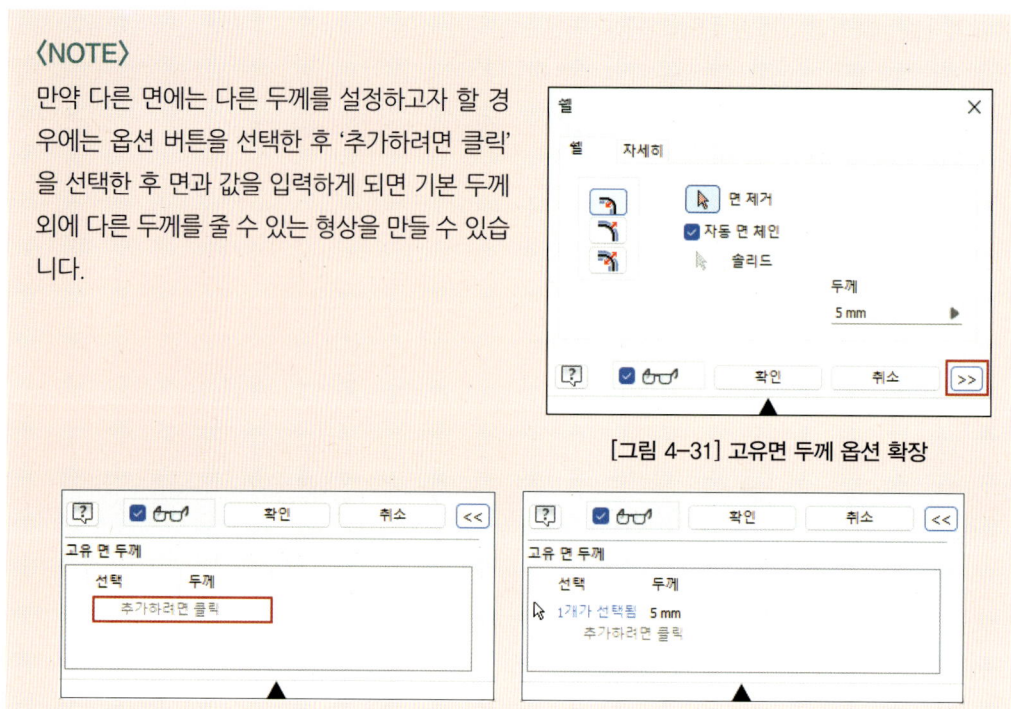

[그림 4-31] 고유면 두께 옵션 확장

5) 제도

3D모형 탭>수정 패널>제도를 통해 형상의 지정면에 대한 각도를 변경할 수 있습니다. 이를 통해 형상 생성 시 입력할 수 있는 테이퍼와 같이 형상의 측면부에 특정 각도를 부여하여 구배를 적용할 수 있습니다.

FT_04_PARTDraftSample파일을 열어 형상을 확인합니다.

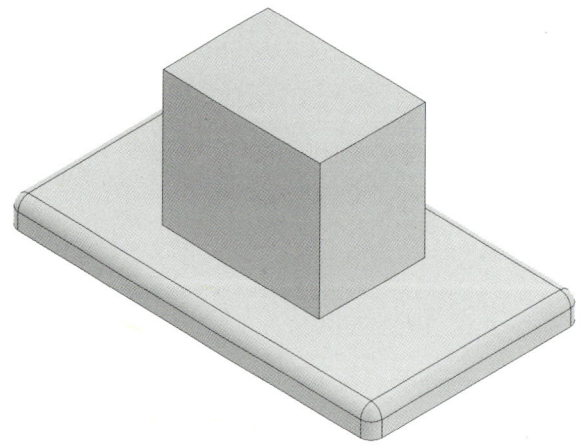

3D모형 탭>작성 패널>제도를 클릭합니다.

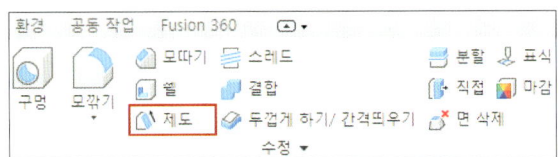

모따기는 모서리 선에 거리 또는 각도를 통해 면을 비스듬히 만들지만 제도는 면과 방향을 지정하여 선택한 면에 기울기를 부여하는 방식으로 특정 면을 비스듬히 만듭니다.

① 제도 유형 : 고정된 모서리, 고정된 평면, 분할선
② 인장 방향 : 제도 적용 인장 방향
③ 면 : 적용 면 선택
④ 기울기 각도 : 기울일 면의 각도
⑤ 기울기 각도 옵션 : 절대 및 상대 각도

아래 그림과 같이 옵션을 설정한 후 인장 방향을 윗 방향으로 설정할 경우 선택한 면이 위로 갈수록 좁아지는 형상으로 제도가 입력됩니다. 확인을 클릭하여 모델을 완성합니다.

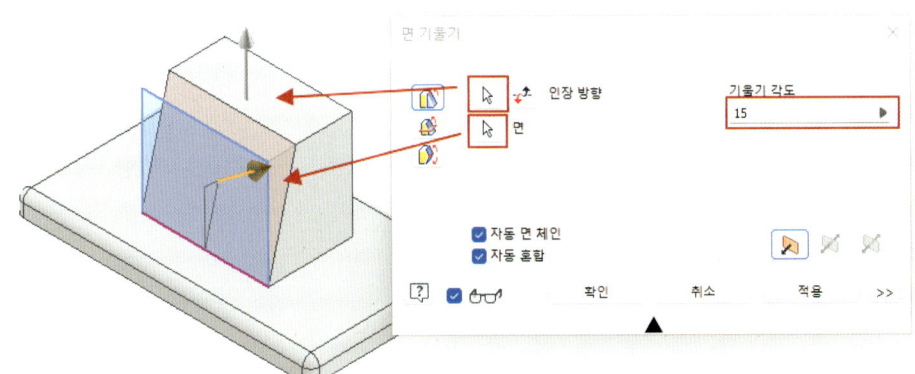

[그림 4-32] 제도 인장 방향 상단 선택

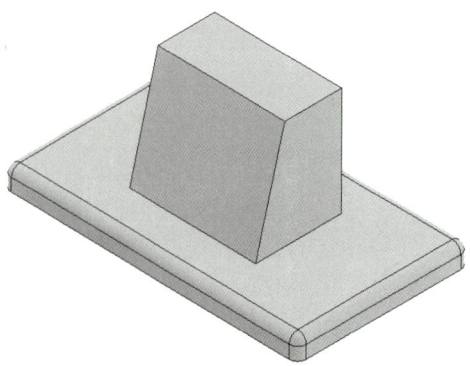

인장 방향 버튼을 선택할 경우 앞에서 생성된 결과와 다르게 위로 갈수록 넓어지는 형상으로 제도가 입력됩니다.

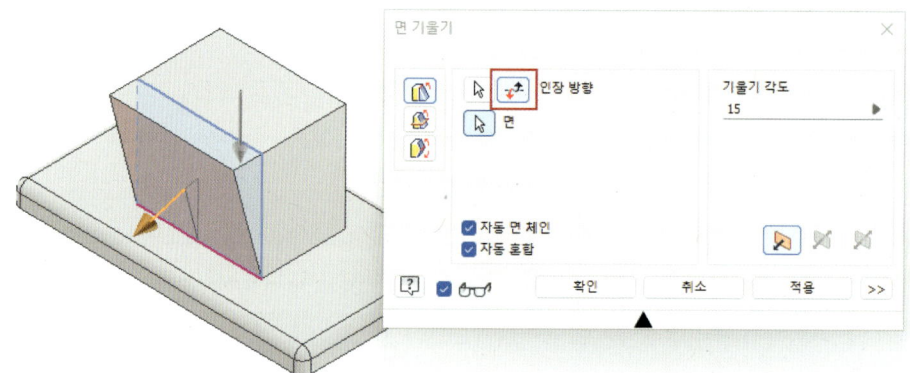

6) 스레드

3D모형 탭>수정 패널>스레드를 통해 원통면 형상으로 구성된 부분에 형상상 또는 도면상 표기할 구멍에 대한 음영 데칼과 구멍에 대한 스펙을 부여할 수 있습니다. 구멍을 통해 생성하지 않은 경우 스레드 기능을 통해 별도로 사양을 지정하여 도면 표기에 용이하도록 설정합니다.

FT_04_PARTThreadSample파일을 열어 형상을 확인합니다.

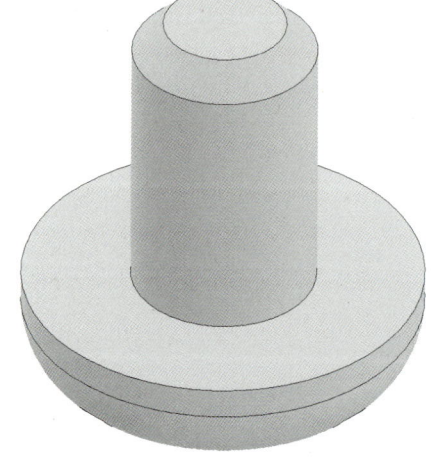

3D모형 탭>작성 패널>스레드를 클릭합니다.

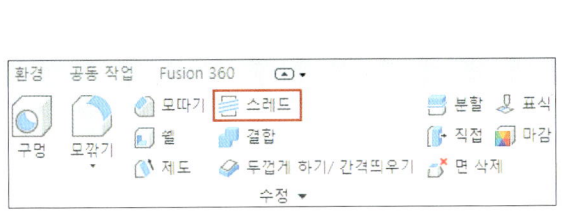

스레드에도 자주 사용하는 사양에 대해 사전 설정으로 저장한 후 사용할 수 있으며 도면에 기입할 사양에 대해서는 곡면을 선택한 후 세부 사양에 대해 지정할 옵션이 활성화됩니다. 면을 선택할 때의 유의사항은 스레드의 동작이 전체 깊이인지 일부 깊이로 스레드를 적용할 것인지를 판단하여 전체 길이가 아닌 경우는 간격띄우기 옵션을 적용해야 한다는 것입니다.

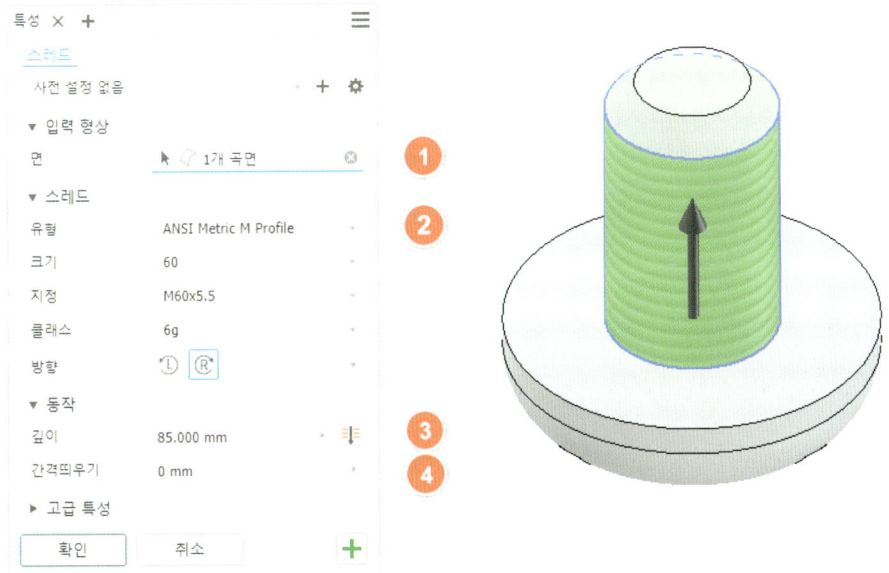

① 면 : 스레드를 부여할 1개 곡면 선택 (원통, 원뿔 선택가능)
② 스레드 : 스레드의 유형, 크기, 지정(피치), 클래스, 방향 선택
③ 동작 : 지정 깊이, 전체 깊이 옵션 활성
④ 간격띄우기 : 전체 깊이가 비활성화된 경우 시작 면으로부터의 거리 지정

만약 간격띄우기를 할 경우 위의 내용에서 언급된 사항과 같이 면을 선택할 경우 아랫방향인지 윗방향인지에 따라 스레드가 만들어지는 부분이 다르므로 필요한 방향에 대해 확인한 후 선택합니다.

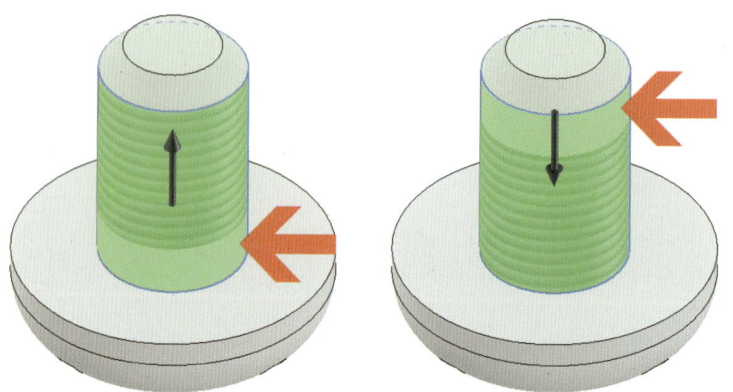

[그림 4-33] 스레드의 간격띄우기 방향

아래와 같이 값을 지정한 후 스레드의 결과를 확인합니다.

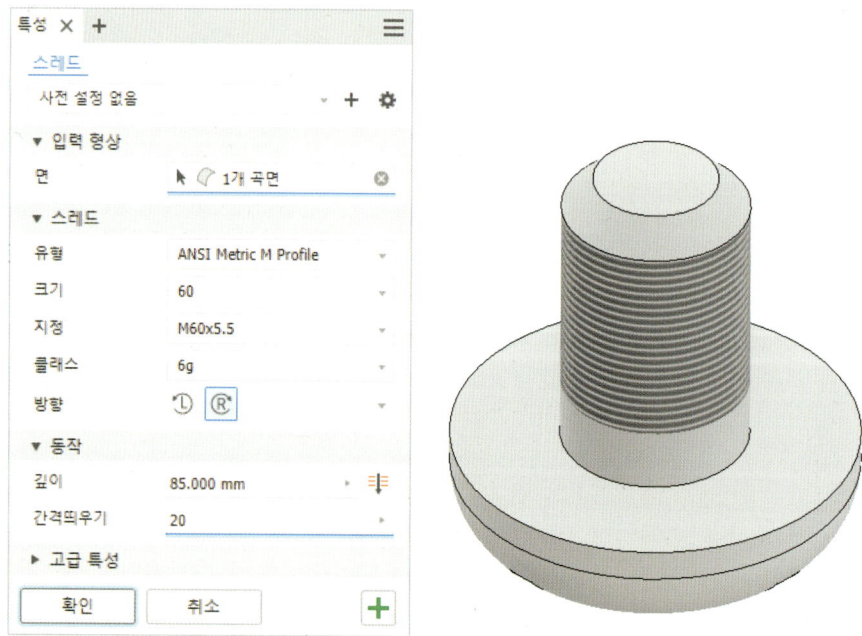

[그림 4-34] 스레드 옵션

7) 결합

3D모형 탭>수정 패널>결합을 통해 별도로 생성된 여러 솔리드를 하나의 솔리드로 접합하거나 솔리드를 통해 구성되는 교집합 영역에 대해 솔리드로 생성하는 등의 작업을 적용할 수 있습니다.

FT_04_PARTCombineSample파일을 열어 형상을 확인합니다.

3D모형 탭>작성 패널>결합을 클릭합니다.

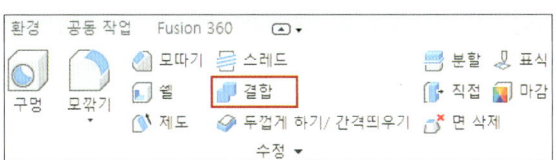

① 기본 본체면 : 스레드를 부여할 1개 곡면 선택 (원통, 원뿔 선택가능)
② 도구본체 : 스레드의 유형, 크기, 지정(피치), 클래스, 방향 선택
③ 도구본체 유지 : 도구로 사용한 본체 유지 여부
④ 부울 : 접합, 잘라내기, 교차

[그림 4-35]와 같이 기본 본체에 하나의 솔리드 및 도구본체에 다른 하나의 솔리드를 설정한 후 도구본체의 유지가 필요하다면 옵션을 체크합니다. 솔리드를 선택할 때 기본 본체와 도구 본체에 색상이 달리 부여되면서 그래픽 영역에서 바로 식별할 수 있습니다.

두 솔리드의 관계에서 부울 영역인 접합, 잘라내기, 교차 옵션을 적용하면 모두 다른 결과를 생성할 수 있습니다.

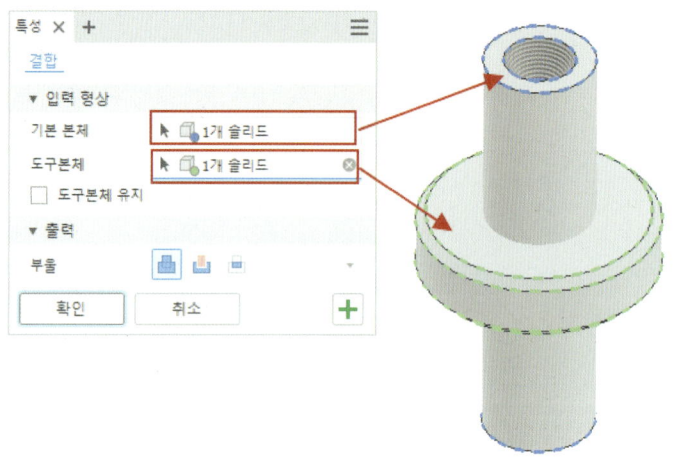

[그림 4-35] 결합 본체 선택

아래는 부울 옵션에 따른 다양한 결과 화면으로 작업자의 의도에 맞게 작업합니다.

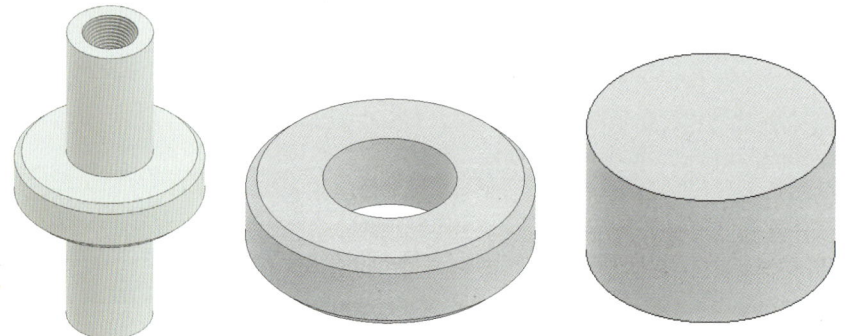

[그림 4-36] 결합 명령의 접합, 잘라내기, 교차 옵션

8) 두껍게 하기/간격띄우기

<u>3D모형 탭>수정 패널>두껍게 하기/간격띄우기</u>를 통해 기존 솔리드 또는 곡면에 기존보다 두께를 늘리거나 솔리드의 곡면을 특정 간격만큼 띄울 때에 사용할 수 있는 기능입니다.

FT_04_PARTOffsetSample파일을 열어 형상을 확인합니다.

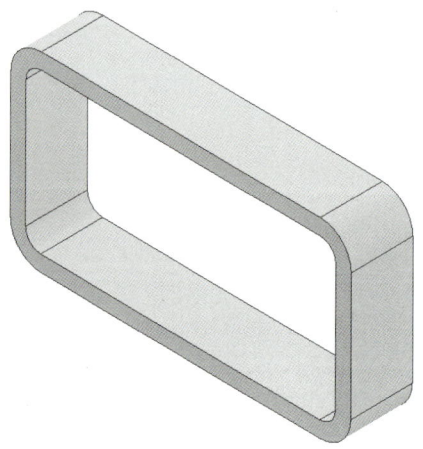

3D모형 탭>작성 패널>두껍게 하기/간격띄우기를 클릭합니다.

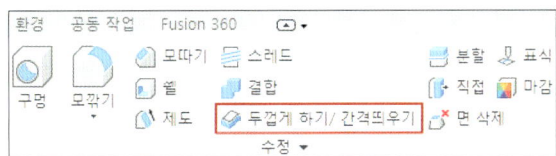

① 면 : 두께를 변경하거나 면으로 띄워올 곡면 선택
② 자동 면 체인 : 접선으로 연결된 면 일괄 선택 및 해제
③ 동작 : 방향(선택 면 기준으로 띄울 방향), 거리
④ 출력 : 결합, 잘라내기, 교차, 새 솔리드
⑤ 고급 특성 : 간격띄우기 피쳐 계산 시 두께로부터의 편차 설정

자동 면 체인을 설정하지 않고 면을 선택할 경우에는 단일 면이 선택되며 연결되어 있는 모든 면을 단번에 선택하고자 할 경우에는 자동 면 체인을 활성화한 후에 면을 선택하여 지정합니다. 자동 면 체인 옵션을 적용하기 전 후의 결과를 확인합니다.

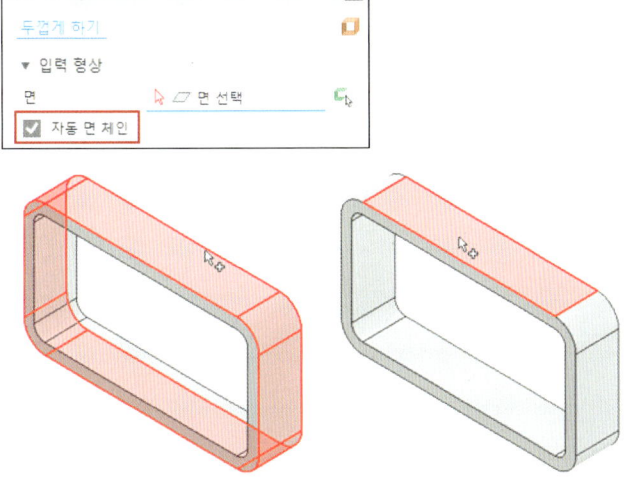

[그림 4-37] 자동 면 체인 옵션

자동 면 체인을 활성화 한 후 바깥 면을 선택하고 거리를 1mm로 설정한 다음 확인합니다.

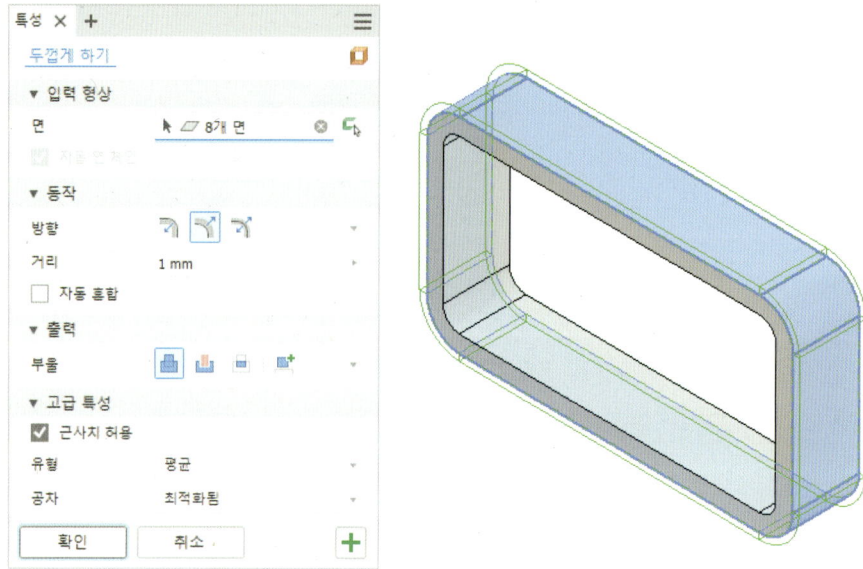

[그림 4-38] 간격띄우기 피쳐 구성

확인을 통해 간격띄우기가 적용된 후에는 모형 검색기 내에 '두껍게 하기' 피쳐가 생성되어 있는 것을 확인할 수 있습니다.

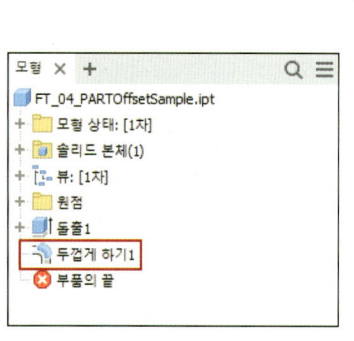
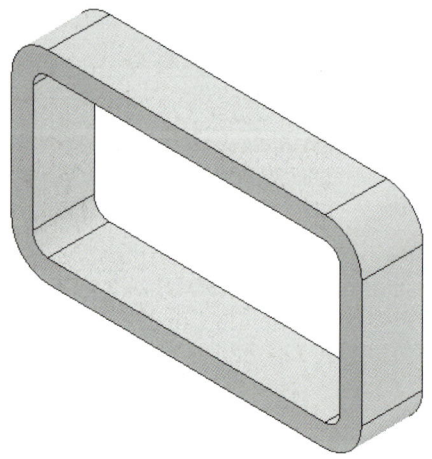

〈NOTE〉
두껍게 하기 오른쪽의 곡면 기능을 활성화하면 선택된 면이 솔리드 두께가 아닌 별도의 곡면 객체로 전환되어 옵션도 다르게 표시됩니다.

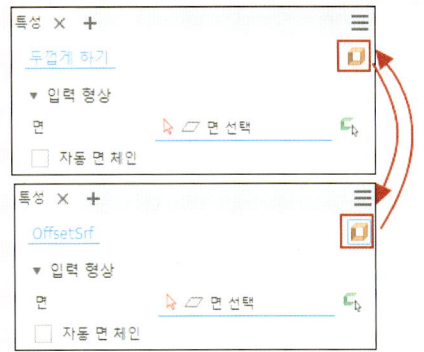

9) 분할

3D모형 탭〉수정 패널〉분할을 통해 기존 솔리드 또는 곡면을 기준 형상을 사용하여 여러 개의 솔리드로 나눌 수 있습니다.

FT_04_PARTSplitSample파일을 열어 형상을 확인합니다.

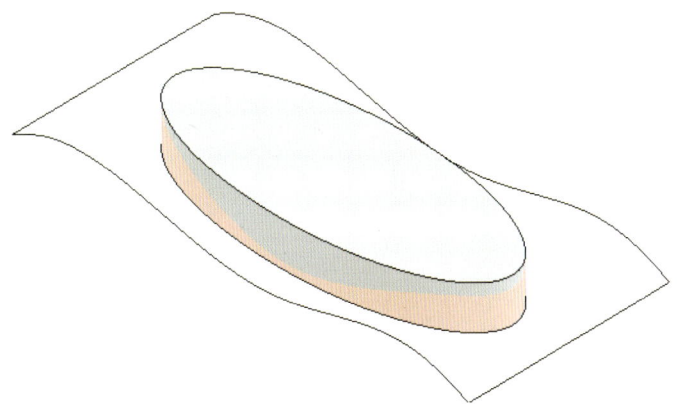

3D모형 탭〉작성 패널〉분할을 클릭합니다.

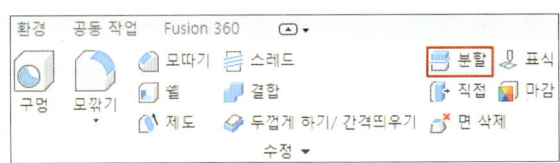

분할은 도구와 면 또는 솔리드를 대상으로 도구를 통해 지정
된 면, 솔리드, 모든 면을 분할하도록 합니다.

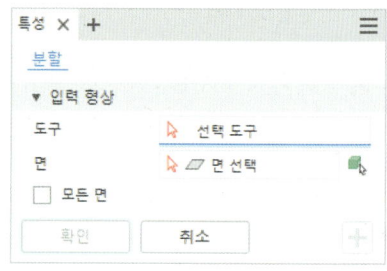

분할하는 대상이 솔리드일 경우에는 솔리드 아이콘을 활성화합니다.

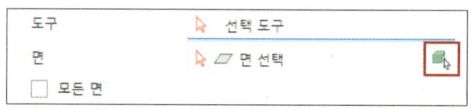

[그림 4-39] 솔리드 선택 활성

솔리드 선택을 활성화한 상태로 곡면과 솔리드를 지정하게되면 동작에서 지정 곡면 기준으로 유지할 솔
리드를 지정할 수 있습니다. + 를 선택할 경우 분할 기능이 유지되며 확인으로 선택하게 되면 분할 기능이
바로 적용됩니다.

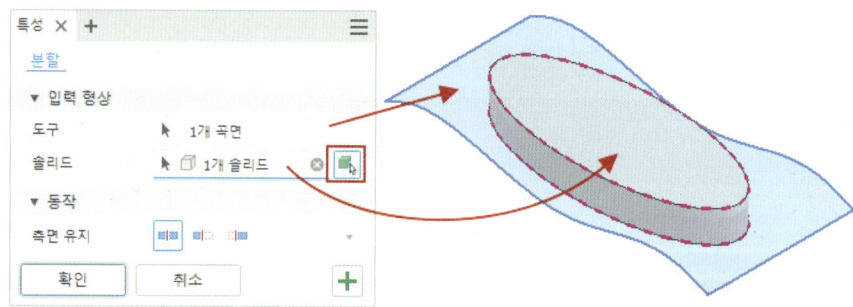

정상적으로 분할 기능이 적용된 후에는 모형탭의 솔리드 본체 폴더에 수량이 증가하는 것을 확인할 수 있
습니다.

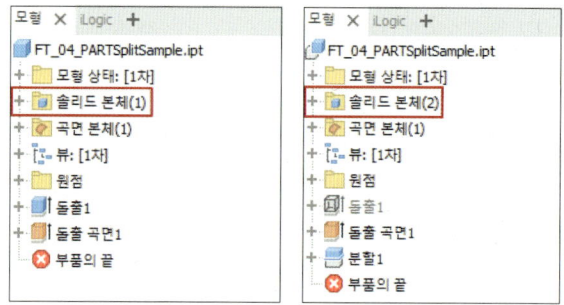

[그림 4-40] 분할 후 솔리드 본체 수량 변경

분할 객체의 가시성

분할한 후 사용되었던 분할 도구를 그래픽 영역에 표시하지 않도록 설정할 경우에는 곡면 본체 폴더에서 확인되는 곡면의 가시성을 제어하여 숨길 수 있습니다. 곡면 본체 폴더 외에도 모형 검색기 내에 작업 내역으로 구성된 도구 본체와 연관된 피쳐에서 바로 가시성을 제어할 수도 있습니다.

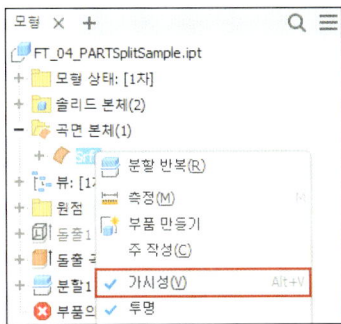

가시성이 비활성화 된 후에는 아이콘이 회색으로 변경되며 다시 가시성을 활성화할 경우에는 기존의 피쳐 또는 본체 색상으로 변경됩니다.

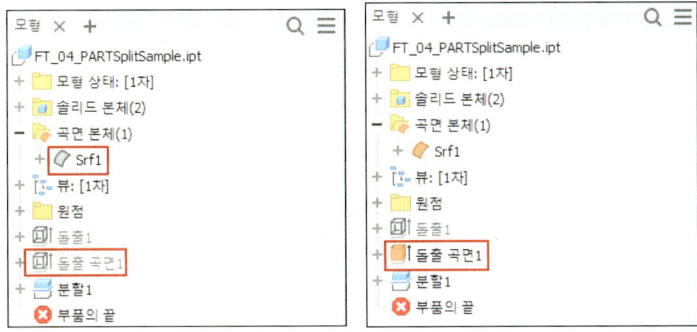

분할을 통해서 나누어진 솔리드는 동일하게 가시성을 제어할 수 있고 추가적으로 분할된 각 솔리드를 부품화하여 조립품으로 변환할 수도 있습니다. 이와 관련된 내용은 관리 탭>배치 패널>구성요소 만들기의 도움말을 통해 확인할 수 있습니다.

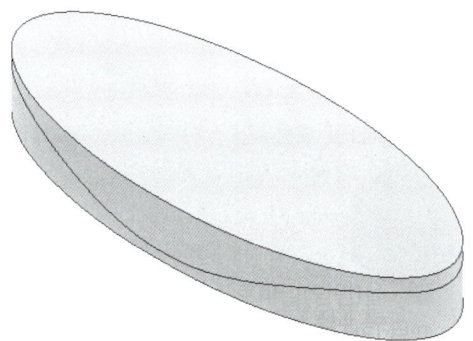

10) 직접 편집

3D모형 탭>수정 패널>직접을 통해 인벤터에서 구성한 부품의 솔리드 또는 작업 내역이 없는 중립 형식 파일의 솔리드(.stp, .igs, .x_t 등)를 열어 일부 구멍의 크기, 형상의 높이 등을 변경하려 할 때 간단히 형상을 지정하여 크기, 각도 등을 변경할 수 있습니다.

FT_04_PARTDirectSample파일을 열어 형상을 확인합니다.

직접 기능을 중립 형식 파일에도 활용할 수 있도록 해당 예제는 .ipt 형식과 .stp 형식이 존재하며, .stp 파일의 경우에는 인벤터에 드래그 앤 드롭 또는 파일 열기 창에서 STEP 파일 또는 모든 형식 파일이 보이도록 설정한 후 열기 합니다.

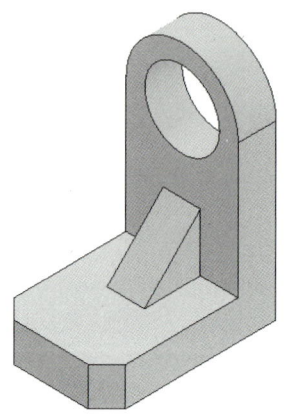

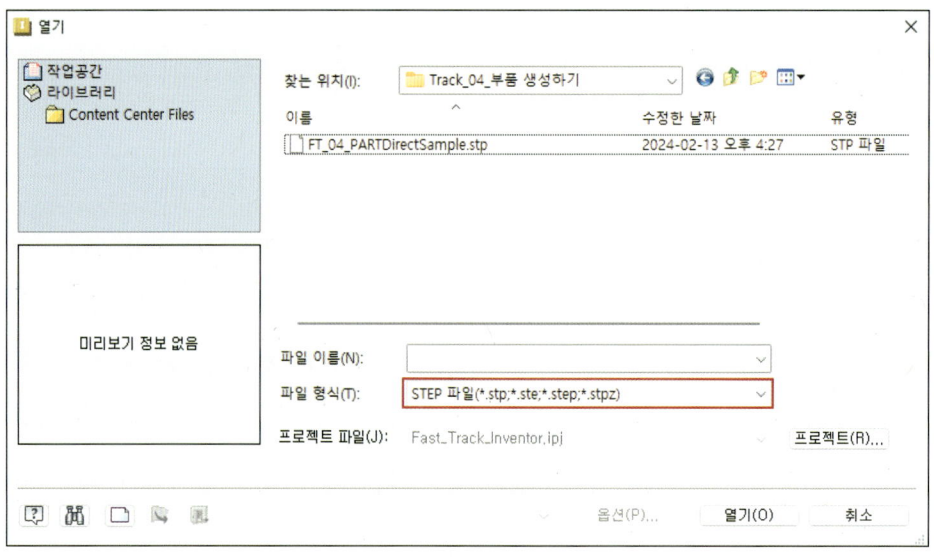

[그림 4-41] 중립 형식 파일 열기

STEP 파일을 인벤터에 열었을 경우 인벤터로 가져오기 위한 옵션 창을 확인할 수 있습니다. 불러온 후 모형 검색기에는 [그림 4-43]와 같이 '솔리드' 피쳐 이력만 존재하는 것을 볼 수 있습니다. 중립 형식 파일은 피쳐 정보 및 모델에 대한 정보를 없애고 형상만 전달되어지는 것이 대부분입니다. 이력이 없는 파일을 작업하기 위해서 사용할 수 있는 기능이 직접 기능입니다. 추가 작업을 할 때마다 피쳐 정보는 '솔리드' 피쳐 이후에 쌓이게 되고 편집이 가능합니다.

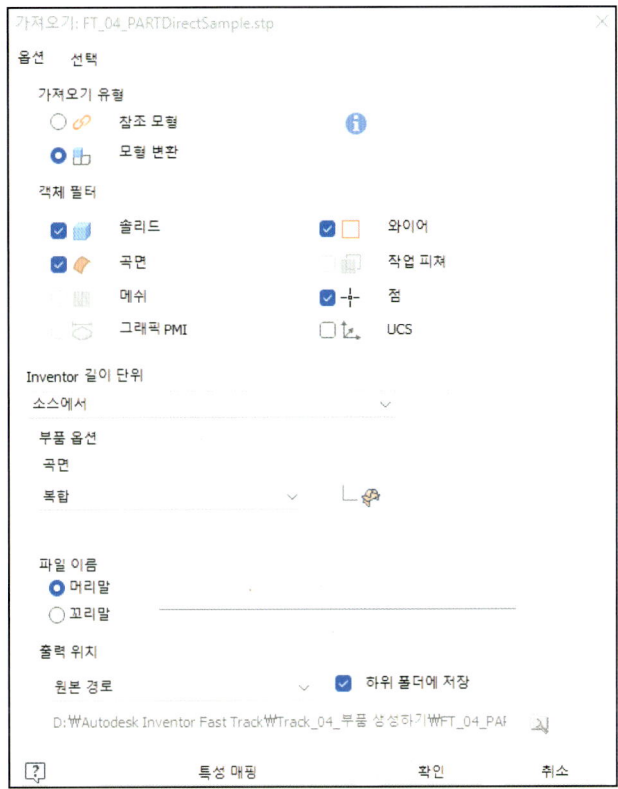

[그림 4-42] STEP 파일 가져오기 옵션 창

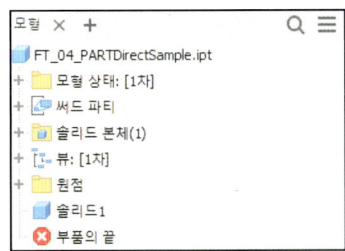

[그림 4-43] STEP 파일 열기 후 모형탐색기

STEP 파일을 열었다면 3D모형 탭>작성 패널>직접 편집을 클릭합니다.

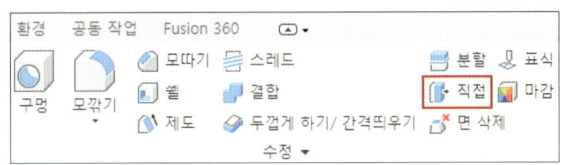

직접 기능을 실행하면 아래와 같은 인터페이스가 활성화되며 각 옵션에 따라 면 또는 솔리드를 이동하거나 크기를 변경하거나 특정 각도로 회전할 수 있습니다.

- 이동 : 솔리드 또는 면 특정 거리로 이동
- 크기 : 선택 원통면 또는 면의 위치 이동을 통한 크기 변경
- 축척 : 지정 비율로 솔리드 축소 또는 확대
- 회전 : 솔리드 또는 면을 지정 각도로 회전
- 삭제 : 선택 면 제거

이동 또는 크기나 회전으로 설정한 후 면으로 설정된 상태에서 면을 선택한 후 이동이나 회전 등을 적용하면 면이 띄워지거나 각도가 틀어진 부분을 솔리드로 채우며 솔리드가 변경됩니다. 이동 또는 축척으로 설정된 상태에서 솔리드로 설정하고 값을 적용하게 되면 하나의 솔리드로 만들어진 피쳐들이 한 번에 이동되거나 축척이 변경되는 것을 확인할 수 있습니다.

예시를 통해 직접 기능의 활용할 부분을 확인할 수 있습니다.

이동을 활성화한 후 아래 그림과 같이 면을 선택하면 선택된 피벗 포인트 기점으로 좌표 아이콘이 생성됩니다. 이때 두께 변경이 필요한 방향의 화살표를 선택한 후 드래그 앤 드롭하면 지정한 방향으로 면을 이동하며 사이 영역을 솔리드로 채워 두께를 변경할 수 있습니다.

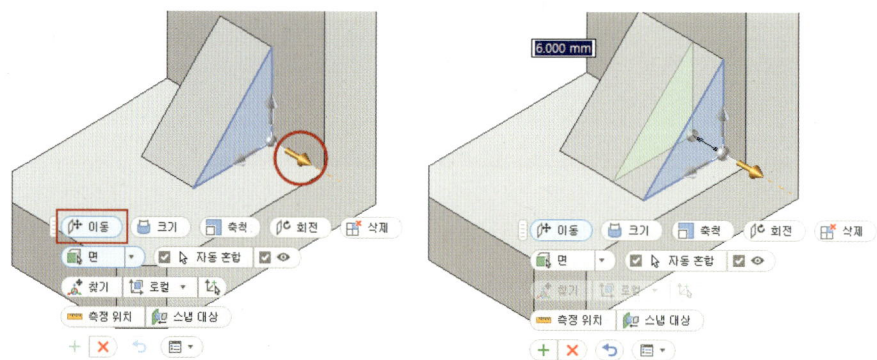

[그림 4-44] 직접 편집의 이동

필요한만큼 두께 변경이 되었다면 마우스 오른쪽 버튼을 통해 활성화되는 표식 메뉴를 통해 적용하거나 직접 기능을 실행했을 때에 발생된 미니 버튼들 중 아래의 + 버튼을 통해 적용할 수 있습니다. 적용하지

않고 종료할 경우에는 취소(Esc) 키를 누릅니다.

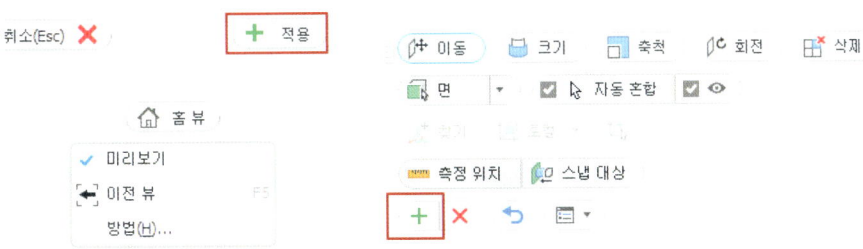

직접 편집 기능을 종료하고 나면 모형 검색기 내에는 직접 편집 피쳐가 생성됩니다.

직접 기능을 통해 편집한 이력을 세부적으로 확인하거나 변경하고자 할 경우 직접 편집 피쳐를 더블클릭 하거나 우클릭한 후 '피쳐 편집'을 통해 [그림 4-45]와 같이 구성했던 직접 기능의 목록을 확인하고 이를 편집할 수 있게 됩니다. 피쳐의 +버튼을 클릭한 후 편집 내역에서도 우클릭을 한다면 특정 작업에 대한 세부 사항을 변경할 수 있도록 표시 메뉴를 제공합니다.

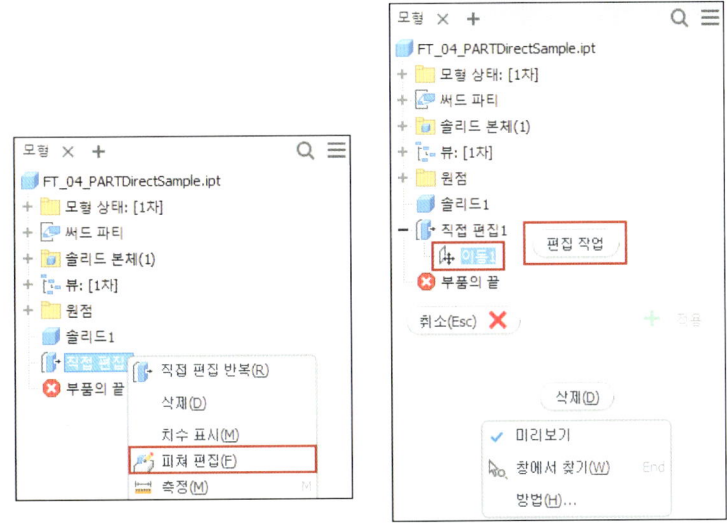

[그림 4-45] 직접 기능을 통해 구성된 피쳐 편집

크기를 활성화한 후 원통면을 선택하게 되면 원통면의 지름, 반지름 방향으로 화살표가 활성화되며 드래그 앤 드롭으로 원통면의 크기를 조절할 수 있습니다. 모두 적용한 후에는 직접 기능의 + 버튼 또는 마우스 오른쪽 버튼 클릭 후 적용합니다. 모든 항목을 적용했다면 취소(Esc) 키를 통해 직접 기능을 종료합니다.

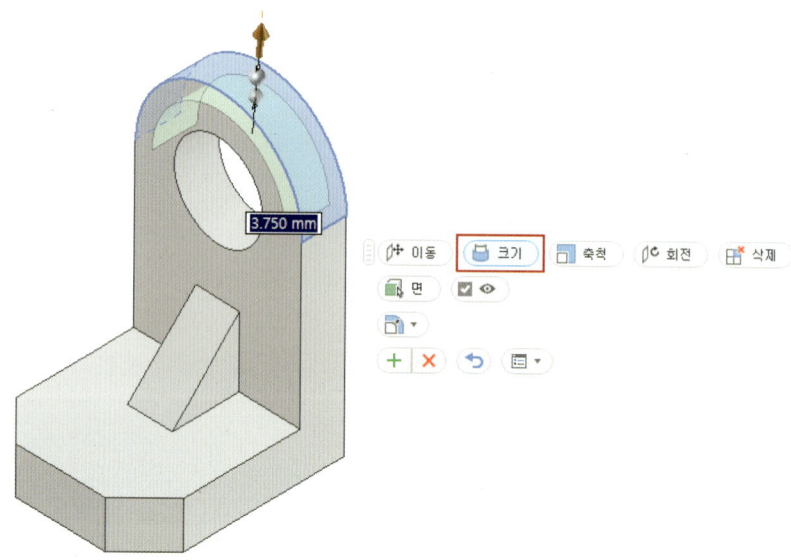

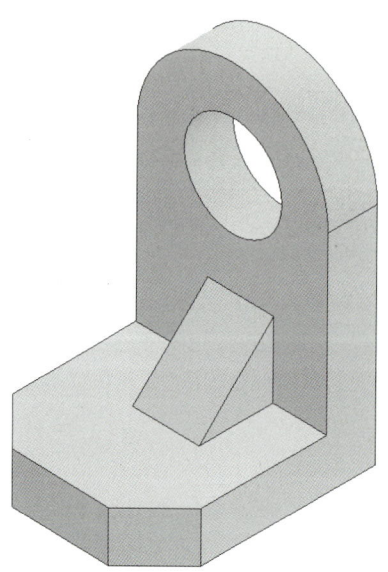

[그림 4-46] 크기 설정 후 원통면 선택 시

11) 표식

3D모형 탭>수정 패널>표식을 통해 식각(Etching) 작업을 적용하여 형상의 로고 또는 실제 식각과 같은 것을 부품의 면에 스케치를 기반화 하며 생성할 수 있습니다. 표식 기능이 없던 낮은 버전의 인벤터에서는 별도로 돌출 기능을 통해 잘라냈어야 하지만 표식 기능을 통해 별도로 솔리드를 잘라내지 않아도 필요한 선이나 글자를 각인할 수 있습니다. 단, 인벤터 2023 이상의 버전에서 사용할 수 있는 기능이기 때문에 해당 기능을 사용할 수 있는 버전과 설계 데이터를 맞춰주어야만 정상적으로 표식 기능을 사용할 수 있

습니다.

FT_04_PARMarkSample파일을 열어 형상을 확인합니다.

가시성이 제어되어 있지만 구성된 스케치는 완전 정의되어 있습니다.

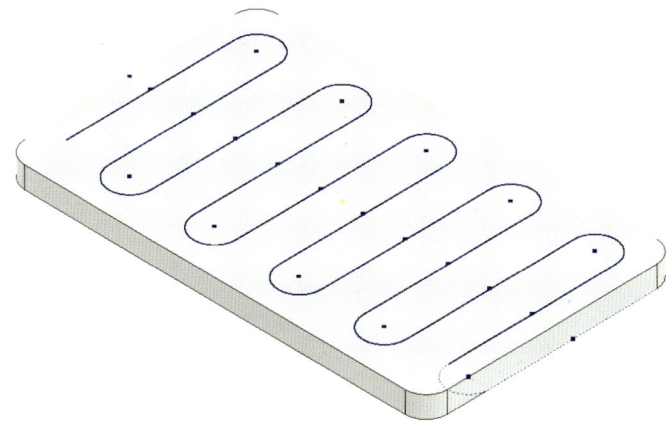

3D모형 탭>작성 패널>표식을 클릭합니다.

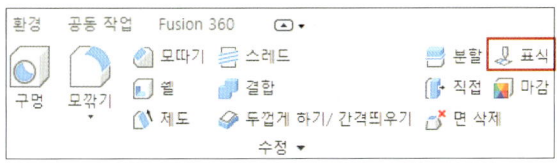

① 표식 형상 세트 : 문자, 스케치 형상을 세트로 묶어 선택
② 객체 선택 : 적용할 객체 선택 및 선택된 객체 수량 확인, 취소
③ 동작 - 방법 : 투영, 감싸기
④ 동작 - 방향 : 기본, 반전, 대칭

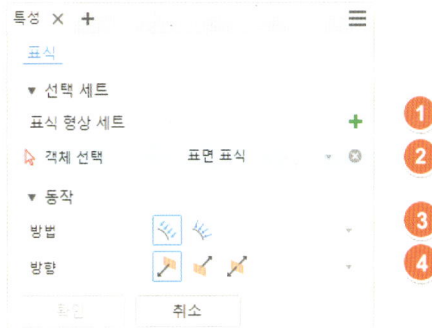

객체 선택을 활성화한 후에 표식으로 적용할 스케치들을 선택합니다. 선택 시에는 하나씩 개별로 선택하거나 [그림 4-47]과 같이 선택 상자를 통해 추가할 수도 있습니다.

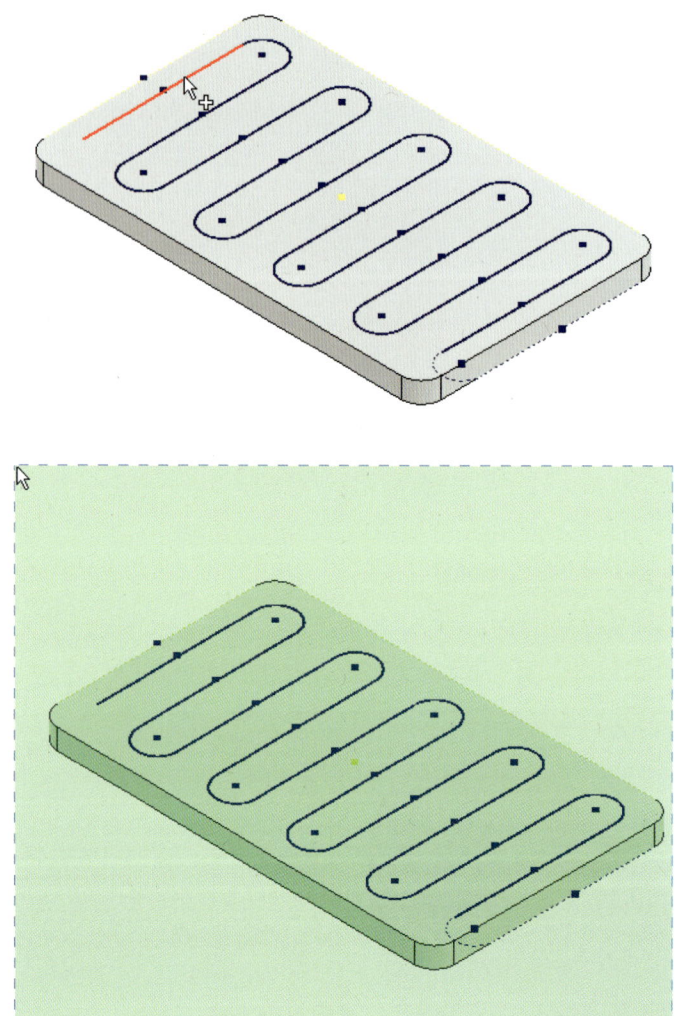

[그림 4-47] 표식 객체 선택

표식 객체가 선택된 후에는 해당 세트에는 몇 개의 객체가 선택되었는지 확인할 수 있으며 오른쪽의 X를 클릭하여 이미 선택했던 세트에 대해 해제할 수 있습니다.

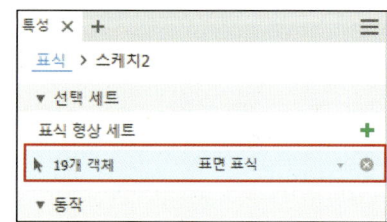

동작 아래의 방법에서는 편평한 면인지 곡률이 있는 면인지에 따라 다르게 설정합니다. 해당 모델에는 투영 옵션으로 설정하여 적용하였으며 표식에는 스타일을 별도로 설정할 수 있습니다. 표식을 적용한 후에는 표식 피쳐가 생성되며 모델에 지정한 스케치 기반으로 각인되어 있는 것을 확인할 수 있습니다.

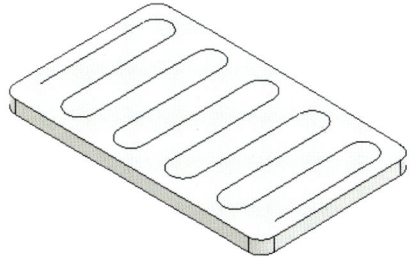

〈NOTE〉

해당 교재의 앞 장에서 소개되었던 프로젝트 관련 기능으로 스타일을 쓰기 상태로 적용해야 구성하는 스타일을 인벤터 자체에 저장할 수 있습니다.

스타일을 변경할 경우에는 관리 탭>스타일 및 표준 패널>스타일 편집기 기능을 클릭합니다. 해당 기능을 클릭함과 동시에 별도의 창이 열리게 되어 해당 창에서는 조립품, 부품, 도면 등의 각 환경에 필요한 스타일로 구성된 것을 볼 수 있습니다.

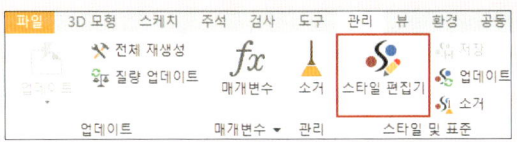

변경한 스타일을 저장하기 위해 문서를 열기 전에 프로젝트에서의 스타일을 읽기/쓰기로 변경하면 아래 그림과 같이 스타일 및 표준 패널에 저장 기능이 활성화됩니다.

[그림 4-48] 스타일 저장 활성

PC에 적용되어 있는 스타일을 기반으로 현재 문서에 반영할 경우에는 업데이트를 통해 적용하고 현재 문서의 스타일을 기반으로 PC의 스타일 라이브러리에 저장할 경우에는 저장을 통해 반영할 수 있습니다.

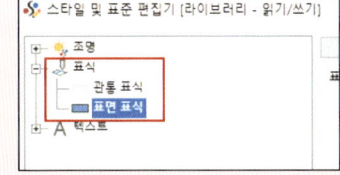

표식 기능에서 포함하고 있는 스타일은 관통 표식, 표면 표식으로 구성되어 있으며 필요에 의해 해당 스타일을 변경하여 적용할 수 있습니다.

12) 마감

3D모형 탭>수정 패널>마감을 통해 부품의 후처리에 해당되는 부분을 한 번에 입력할 수 있도록 구성되어 있습니다. 마감 기능은 인벤터 2024버전에 추가된 기능으로 앞서 소개된 표식과 동일하게 해당 기능 구성에 필요한 설계 데이터를 설정한 상태에서만 해당 기능을 사용할 수 있습니다.

FT_04_PARTFinishSample파일을 열어 형상을 확인합니다.

3D모형 탭>작성 패널>마감을 클릭합니다.

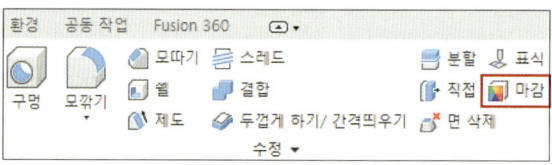

마감의 동작 내에는 총 5가지의 유형이 존재하며 각 유형에 따라 각기 다른 정보가 입력될 수 있도록 구성됩니다.

- 모양 : 모양, 주석
- 재질 코팅 : 프로세스, 모양, 설명, 간단한 설명, 두께, 주석
- 열처리 : 프로세스, 모양, 설명, 간단한 설명, 경도, 깊이, 주석
- 표면 텍스쳐 : 프로세스, 모양, 설명, 간단한 설명, 주석
- 페인트 : 프로세스, 모양, 설명, 간단한 설명, 두께, 주석

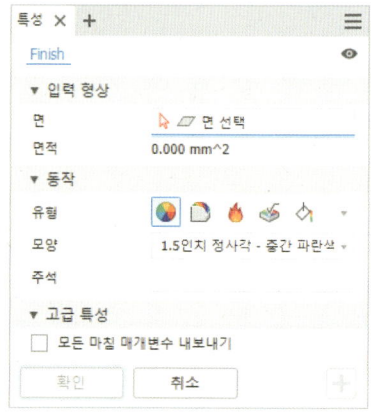

마감 기능을 통해 특정 면에 적용할 경우 별도의 마감 폴더가 구성되며 해당 폴더에는 입력한 마감의 순서대로 구성이 되어있는 것을 확인할 수 있습니다. 마감 기능으로 작업하여 이름을 정할 경우 정해진 이름으로 마감 폴더에 구성되며 입력된 마감은 더블 클릭 또는 마우스 우클릭 후 피쳐 편집을 통해 필요한 정보를 다시 재구성할 수 있습니다.

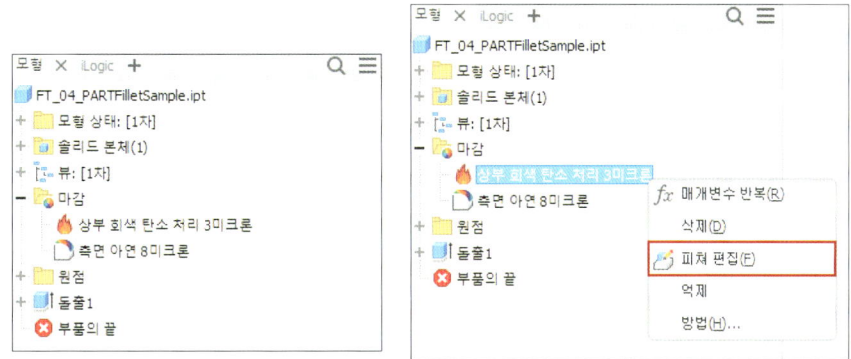

[그림 4-49] 마감 피쳐 생성 및 편집

마감 피쳐에는 면을 지정하여 입력되기 때문에 면에는 지정한 모양의 색상 또는 텍스쳐가 입력되며 이는 바로 모형에 가시적으로 표시됩니다. 이렇게 입력된 마감 피쳐의 정보는 해당 문서의 매개변수에 기록되며 [그림 4-50]과 같이 변경할 수 있는 값과 변경할 수 없는 값으로 구성되어 있으며 변경할 수 없는 정보는 해당 마감 피쳐의 피쳐 편집을 통해 변경 사항을 반영할 수 있게 됩니다.

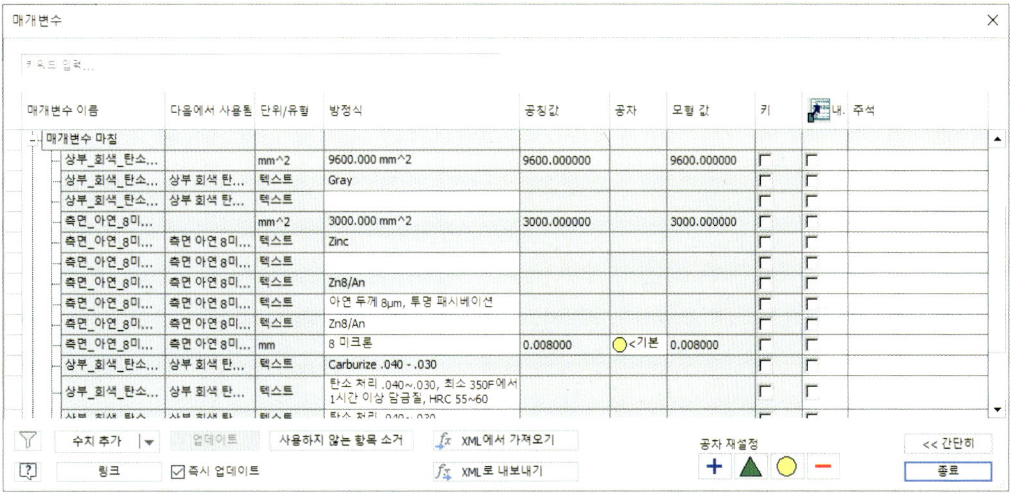

[그림 4-50] 매개변수 내에 구성된 마감 피쳐 정보

〈NOTE〉

매개변수 창을 띄우기 위해서는 관리 탭>매개변수 패널>매개변수 또는 인벤터 제목 표시줄에 구성된 매개변수를 통해 실행하여 현재 문서 내에 구성된 매개변수들을 확인하고 수정할 수 있습니다. [그림 4-50]와 같이 방정식 열에 해당되는 셀의 색상이 회색일 경우에는 적용된 값을 불러올 수만 있기 때문에 매개변수 창 내에서는 편집할 수 없으며 흰 셀로 구성되었을 경우에만 값을 변경하여 양방향으로 변경 사항을 반영할 수 있습니다.

1.3 패턴

하나의 피쳐 또는 솔리드가 반복되는 형상을 구성하는 경우 패턴 패널 내의 직사각형 패턴, 원형 패턴, 스케치 연계 또는 미러를 사용하여 구성할 형상에 필요한 유형의 패턴으로 적용할 수 있습니다. 패턴 기능은 3D모형 탭>패턴 패널 내에 구성되어 있습니다.

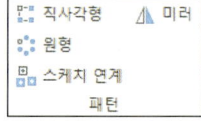

1) 직사각형

3D모형 탭>패턴 패널>직사각형을 통해 특정 두 개의 방향을 지정하여 해당 방향에 피쳐 또는 솔리드를 지정 간격을 유지하여 필요한 개수만큼 복사하여 생성할 수 있습니다.

직사각형 기능을 실행하면 별도의 직사각형 패턴 창이 발생되며 해당 창에 구성된 항목들을 통해 피쳐 또는 솔리드를 패턴할 것인지의 유형을 지정하고 방향 및 개수와 간격을 구성할 수 있습니다.

① 패턴 유형 : 피쳐 및 솔리드 중 선택
② 패턴 항목 : 단일 또는 다중 피쳐 및 솔리드 선택
③ 방향, 개수 및 간격

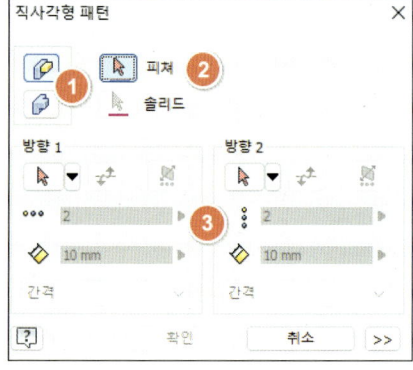

[그림 4-51] 직사각형 패턴

FT_04_PARTRecPatternSample파일을 열어 형상을 확인합니다.

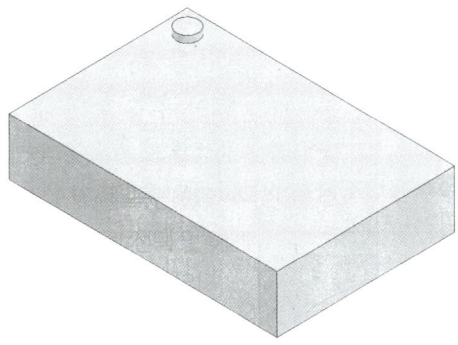

돌출2 피쳐를 형상 내에 균일한 간격으로 구성해야할 경우 직사각형 패턴을 사용할 수 있습니다. 직사각형 패턴을 실행한 후 피쳐 유형에서 피쳐 선택으로 돌출2 피쳐를 모형 검색기 또는 그래픽 영역에서 선택합니다.

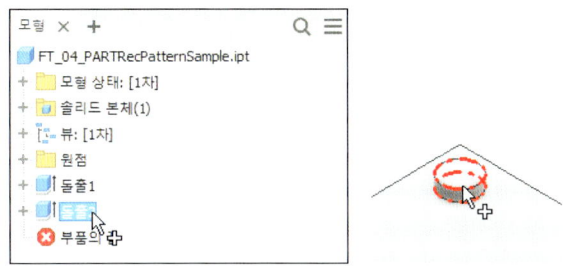

방향으로 지정할 수 있는 항목은 형상의 외형선 또는 기본축이나 구성한 축을 모두 사용할 수 있습니다. 피쳐를 선택한 후에 자동으로 방향 선택이 활성화되지는 않기 때문에 별도로 방향1, 방향2에 대한 선택 버튼을 활성화한 후 패턴할 방향에 대해 지정합니다. 방향으로는 축, 선, 면(원통면은 해당되는 축)을 선택할 수 있으며 선택한 후에는 해당 방향에 패턴될 형상의 개수, 간격 등을 입력할 수 있도록 활성화됩니다.

지정된 색상 체계에 따라 미리보기되는 형상의 패턴 방향 및 간격을 확인하고 방향을 변경하고 싶다면 반전시켜 적용합니다.

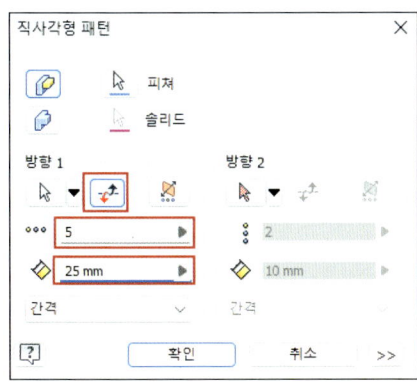
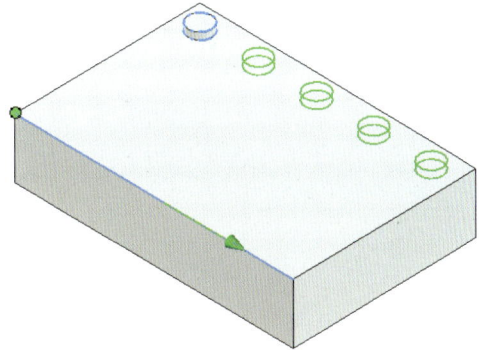

① 패턴 방향 선택
② 방향 전환
③ 원본 중심 및 원본 시작
④ 패턴 개수
⑤ 간격 또는 전체 거리
⑥ 간격, 거리, 곡선 길이

패턴의 간격이나 거리, 곡선 길이는 필요한 상황에 따라 달리 적용할 수 있으며 조건 값을 어떻게 입력하냐에 따라 다른 옵션이더라도 같은 값을 구현할 수 있기 때문에 구성이 편한 방식으로 선택하여 적용하면 됩니다. 아래처럼 결과는 같지만 거리 조건을 다르게 넣을 수도 있습니다.

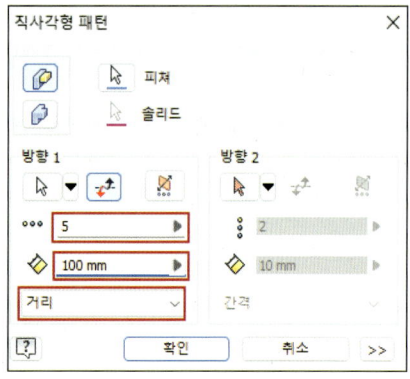
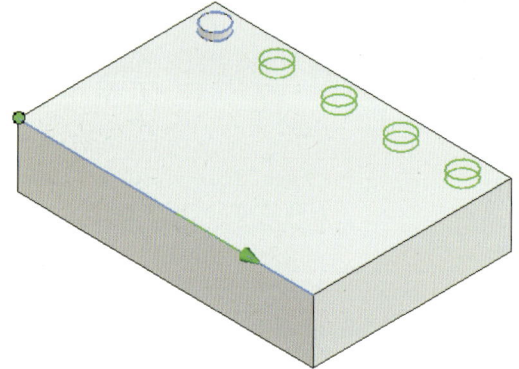

직사각형 패턴의 경우에는 방향을 하나만 지정하거나 양쪽 방향을 지정하여 적용할 수 있습니다. 필요한 경우 방향2에 해당되는 부분도 구성하여 적용할 경우 지정 방향에도 같은 피쳐를 복사하여 패턴되는 것을 확인할 수 있습니다.

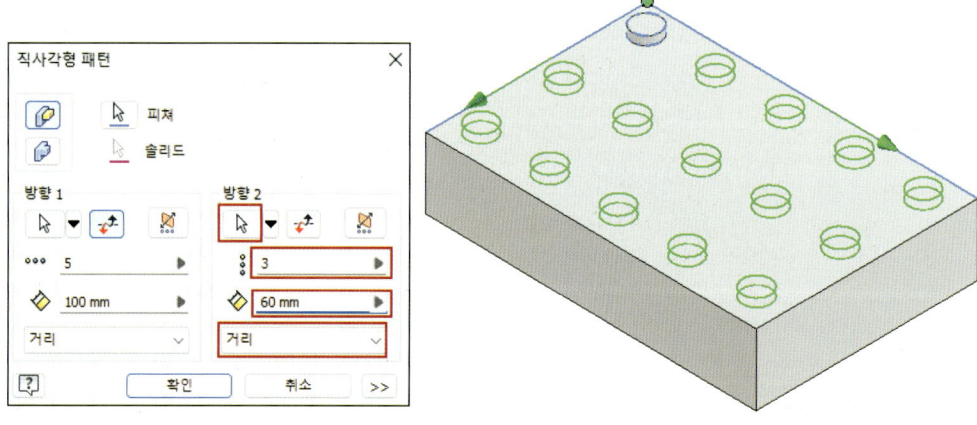

필요한 값을 모두 입력한 후에는 확인하여 직사각형 패턴을 완료합니다.

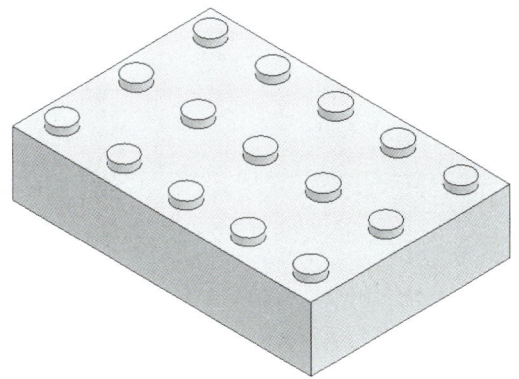

2) 원형

3D모형 탭>패턴 패널>원형을 통해 특정 축을 지정하여 피쳐 또는 솔리드를 지정 축 기준으로 각도를 유지하여 필요한 개수만큼 복사하여 구성할 수 있습니다.

원형 기능을 실행하면 별도의 원형 패턴 창이 발생되며 해당 창에 구성된 항목들을 통해 피쳐 또는 솔리드를 패턴할 것인지의 유형을 지정하고 방향 및 개수와 간격을 구성할 수 있습니다.

① 패턴 유형 : 피쳐, 솔리드 중 선택
② 패턴 항목 : 단일 또는 다중 피쳐 및 솔리드 선택, 회전 축 선택
③ 개수와 각도 선택

[그림 4-52] 원형 패턴

FT_04_PARTCirPatternSample파일을 열어 형상을 확인합니다.

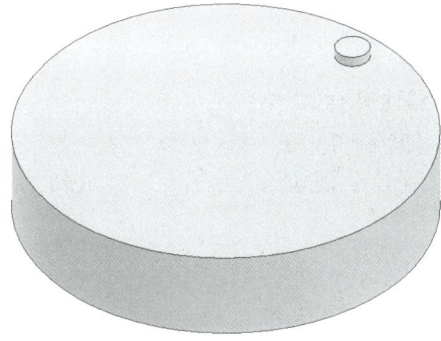

돌출2 피쳐를 형상 내에 균일한 간격으로 구성해야할 경우 원형 패턴을 사용할 수 있습니다. 원형 패턴을 실행한 후 피쳐 유형에서 피쳐 선택으로 돌출2 피쳐를 모형 검색기 또는 그래픽 영역에서 선택합니다.

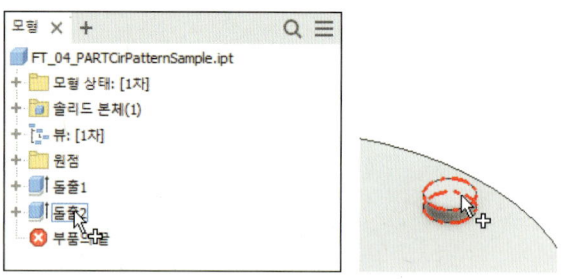

피쳐를 선택한 후에는 회전 축을 선택할 수 있도록 활성화한 후 회전 축으로는 구성된 축 또는 원점 폴더 내의 축을 선택할 수 있으며 이 외에는 원통면을 선택하여 원통 면에 해당되는 축을 지정하여 원형 패턴을 생성할 수 있습니다.

축을 지정한 후에는 배치 영역이 활성화되어 패턴할 개수와 각도를 지정한 후 패턴을 구성할 수 있습니다. 추가적으로 방향 부분에는 패턴 형상이 축을 중심으로 형상 패턴을 할 것인지 피쳐의 고유 방향을 유지한 상태로 패턴을 할 것인지를 설정할 수 있으며 별도의 기준점을 설정할 수 있습니다.

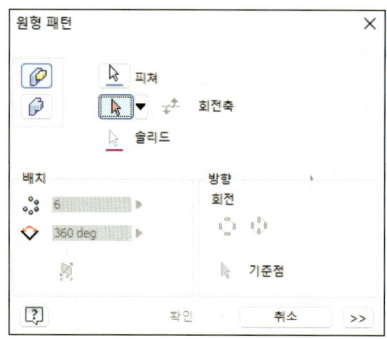 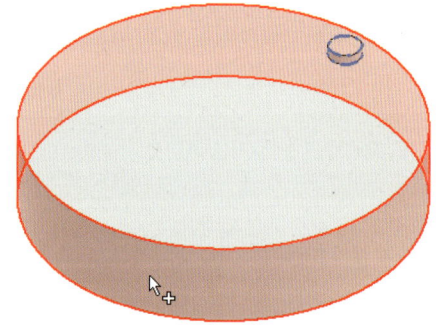

원형 패턴 하위의 추가 옵션을 통해 배치 방법을 변경할 수 있습니다.

- 증분 : 입력한 각도만큼 증분하여 패턴 요소 배치
- 맞춤 : 전체 지정 각도 내에 동일 간격으로 패턴 요소 배치

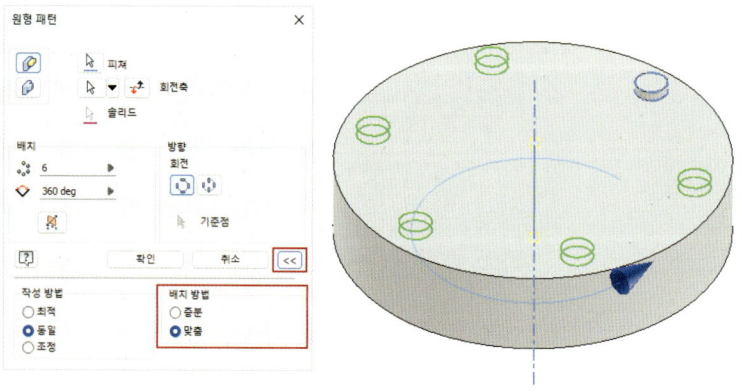

필요한 값을 모두 입력한 후에는 확인하여 원형 패턴을 완료합니다.

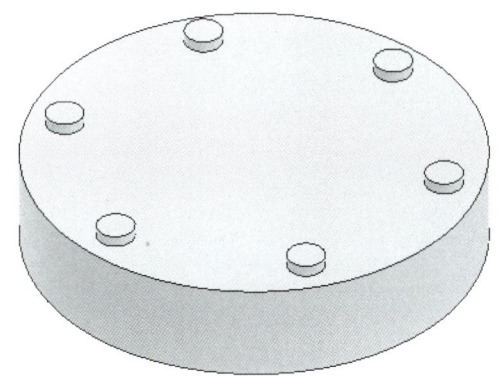

3) 스케치 연계

3D모형 탭>패턴 패널>스케치 연계를 통해 불규칙적인 형상 반복을 스케치를 기반으로 필요한 개수만큼 복사하여 구성할 수 있습니다. 스케치 연계 패턴의 경우에는 스케치를 기반으로 구성되기 때문에 필히 패턴에 사용할 수 있는 점으로 구성된 스케치가 존재해야 합니다.

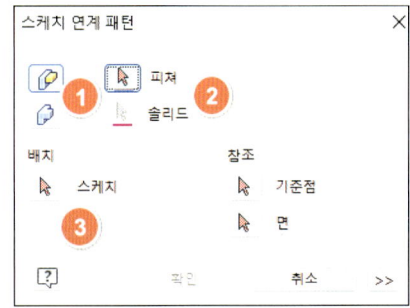

① 패턴 유형 : 피쳐, 솔리드 중 선택
② 패턴 항목 : 단일 또는 다중 피쳐 및 솔리드 선택
③ 배치 : 패턴을 구성할 스케치 선택 선택

[그림 4-53] 스케치 연계 패턴

FT_04_PARTSketPatternSample파일을 열어 형상을 확인합니다.

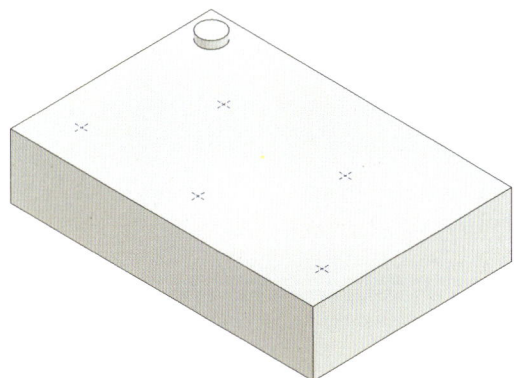

돌출2 피쳐를 형상 내에 스케치 기반으로 같은 형상을 복사해야할 경우 스케치 연계를 실행한 후 피쳐 유형에서 피쳐 선택으로 돌출2 피쳐를 모형 검색기 또는 그래픽 영역에서 선택합니다. 스케치 연계 패턴을 적용할 경우 구성된 스케치가 하나라면 해당 스케치를 자동으로 배치 스케치로 지정하며 몇 개의 패턴 점

이 있는지에 대해서는 점의 개수로 확인할 수 있습니다.

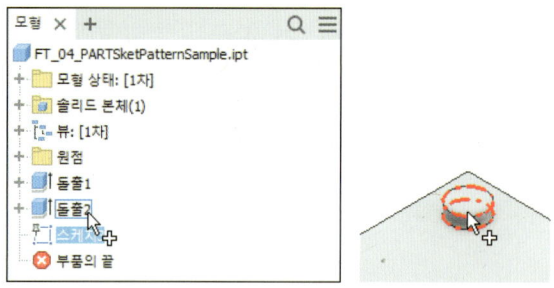

피쳐를 선택한 후에 자동으로 배치 스케치가 지정된 경우에는 바로 미리보기 이미지를 통해 패턴된 후의 형상을 확인할 수 있으며 스케치가 여러 개인 경우에는 별도로 패턴을 적용할 배치 스케치를 수동으로 선택하여 패턴을 적용할 수 있습니다.

만약 참조 형상이 있다면 기준점 및 면을 지정하여 참조할 형상을 지정할 수 있습니다.

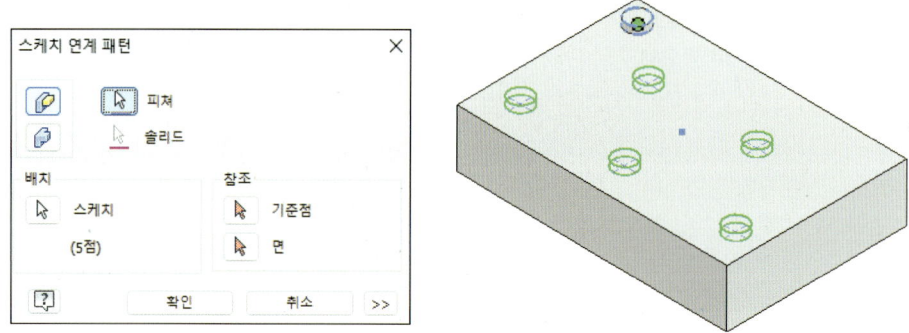

필요한 값을 모두 입력한 후에는 확인하여 스케치 연계 패턴을 완료합니다.

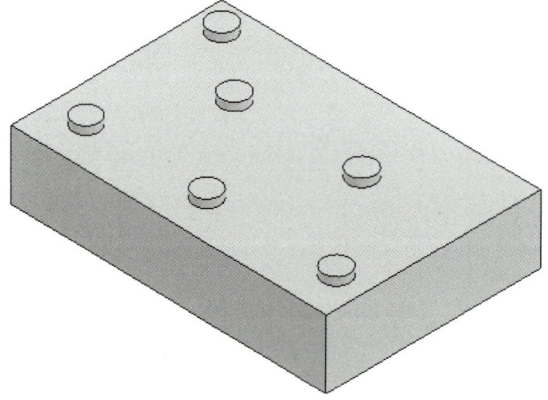

4) 미러

3D모형 탭>패턴 패널>미러를 통해 특정 면 기준으로 반대 영역에 같은 형상을 대칭으로 생성할 수 있습니다. 미러 패턴은 대칭될 평면을 기준으로 형상이 복사되기 때문에 원점 폴더 내의 평면 또는 미러할 평면을 추가로 작성하여 해당 면 기준으로 패턴을 적용할 수 있습니다.

① 패턴 유형 : 피쳐, 솔리드 중 선택
② 패턴 항목 : 단일 또는 다중 피쳐 및 솔리드 선택
③ 미러 평면 : 대칭 기준 면 선택

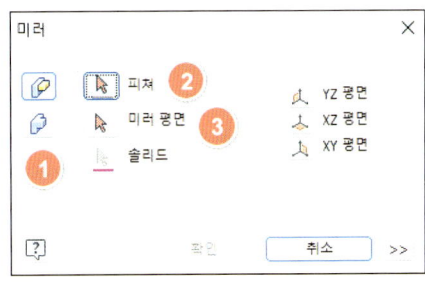

[그림 4-54] 미러 패턴

FT_04_PARTMirPatternSample파일을 열어 형상을 확인합니다.

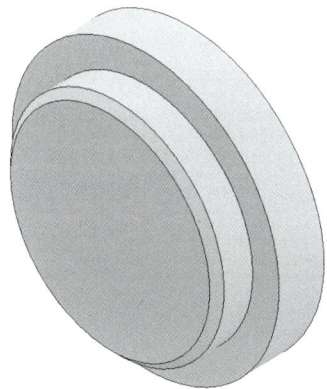

회전2 피쳐를 기준 면 기반으로 대칭 형상으로 구성할 경우 미러를 실행한 후 피쳐 유형에서 피쳐 선택으로 회전2 피쳐를 모형 검색기 또는 그래픽 영역에서 선택합니다.

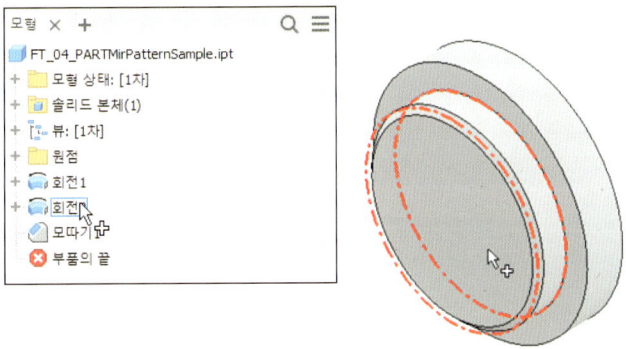

피쳐를 선택한 후에 미러 평면 선택을 활성화한 후 평면을 지정합니다. 평면은 원점 폴더를 확장하여 구성된 평면을 설정할 수 있으며 별도로 구성한 작업 평면이 있다면 작업 평면을 설정할 수도 있습니다. 해당

형상에서는 XY 평면을 미러 평면에 지정합니다.

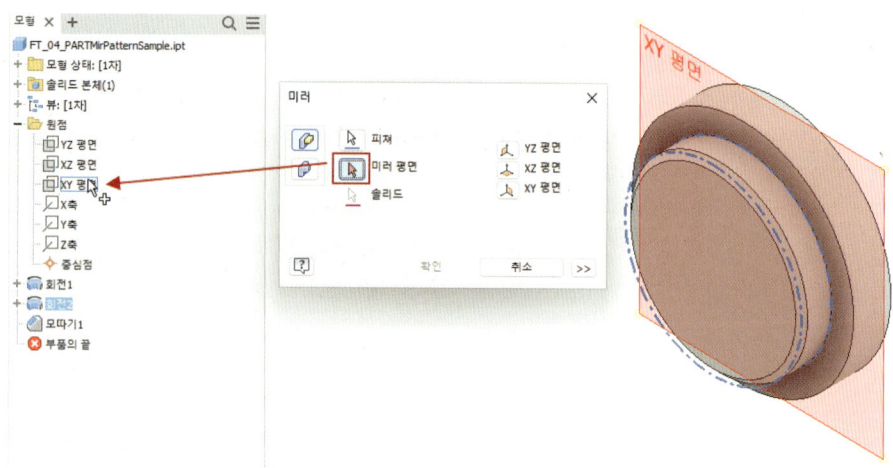

미러 평면을 지정한 후에는 미리보기 형상을 통해 미러 적용 시 대칭될 형상을 미리 확인할 수 있습니다. 확인하여 패턴을 완료합니다.

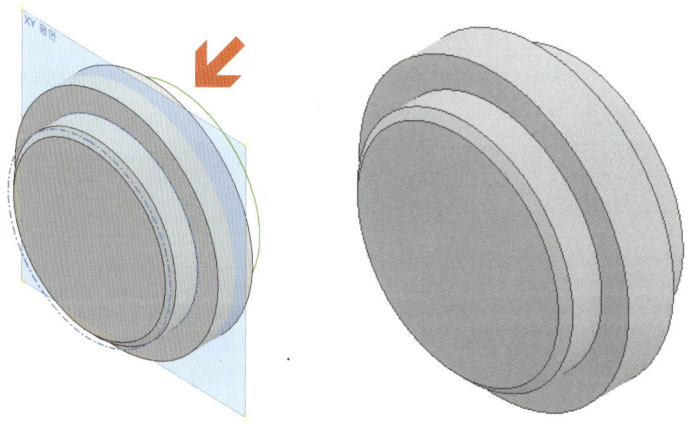

〈NOTE〉

만약 복잡한 곡면이 포함된 형상으로 구성된 모델을 패턴 또는 미러할 경우에는 간혹 예상치 못한 오류와 함께 패턴이 실행되지 않는 경우가 있습니다. 이 경우에는 추가 설정을 확장하여 최적 또는 조정 옵션을 통해 패턴 작업에 적용합니다.

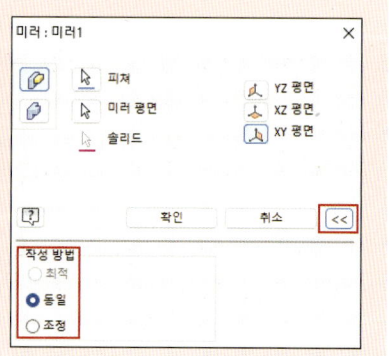

1.4 작업 피쳐

작업 피쳐는 모델링하고 조립품에서 구속 작업을 할 때에 형상이 충분하지 않을 때 작성과 배치하는 데에 사용할 수 있는 가상 구성 형상입니다. 작업 평면과 축의 경우는 시각적으로 크기를 조정할 수는 있으나 보여지는 것이 끝이 아닌 무한으로 놓인 피쳐입니다.

이러한 개념으로 모델링이나 조립품에 효과적으로 추가하여 활용할 수 있습니다. 단, 너무 많은 작업피쳐는 오히려 복잡하고 성능에도 영향을 줄 수 있습니다.

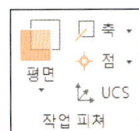

1) 작업 평면

3D모형 탭>작업 피쳐 패널>평면 도구를 통해 새로운 평면 피쳐를 생성할 수 있습니다. 평면 피쳐를 실행한 후 아래에 명시된 각 조건을 선택하면 조건에 부합한 평면을 생성할 수 있습니다.

평면을 생성하는 방법은 여러 유형이 있습니다.

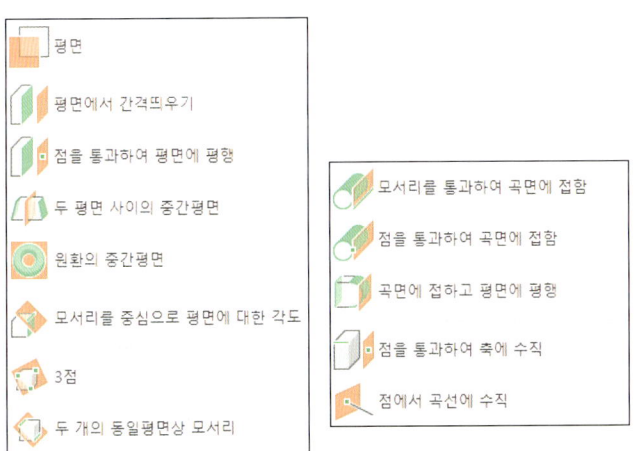

[그림 4-55] 작업 피쳐 – 평면 생성 유형

각 평면을 생성하는 유형의 상세 설명은 아래와 같습니다.

평면 선택한 조건(점/선/면)을 통해 적합한 평면을 생성합니다. 드롭다운 메뉴의 옵션을 클릭하여 생성하는 방법도 있지만 일반적으로는 평면아이콘을 클릭하여 진행하는 것이 빠릅니다. 지능형 평면 생성 방법이기 때문에 선택하는 객체에 때라 결과를 만들 수 있습니다.

평면에서 간격 띄우기 선택한 편평한 면에서부터 지정한 거리만큼을 띄운 위치에 평면을 생성합니다. 형상의 면 혹은 기존 평면을 선택하고 간격 띄우기 방향으로 마우스 끌기 합니다. 활성 입력란에 값을 입력한 다음 확인을 클릭합니다.

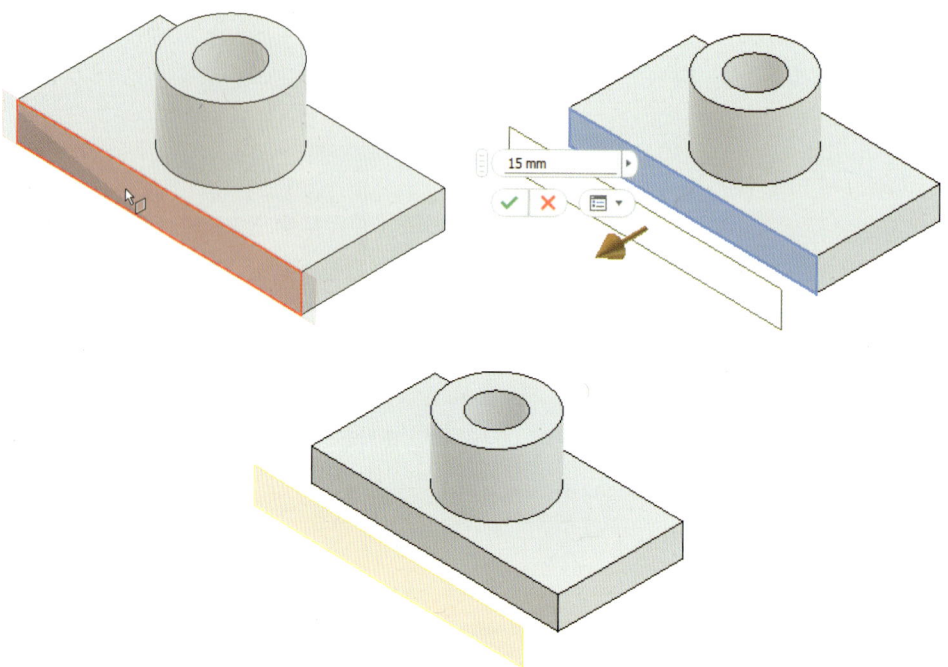

[그림 4-56] 평면에서 간격띄우기

점을 통과하여 평면에 평행 평면과 평행하면서 점을 지나는 위치에 평면 생성합니다.

점은 임의의 점으로 작업 피쳐의 점이나 모서리, 중간점, 스케치 점 모두를 포함합니다.

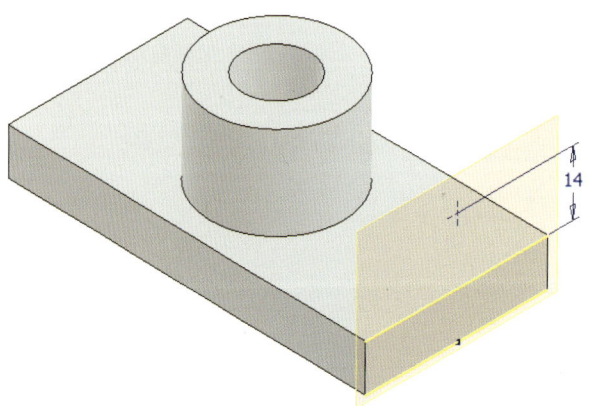

[그림 4-57] 점을 통과하여 평면에 평행

두 평면 간의 중간평면 선택한 두 면(두 면은 평행하거나 같은 각도로 기울어져 있다)의 중앙에 평면을 생성합니다. 전체 길이를 별개로 측정하거나 값을 넣지 않아도 양쪽 면을 연속으로 선택하면 쉽게 중간평면을 만들 수 있어서 많이 활용하는 방법입니다.

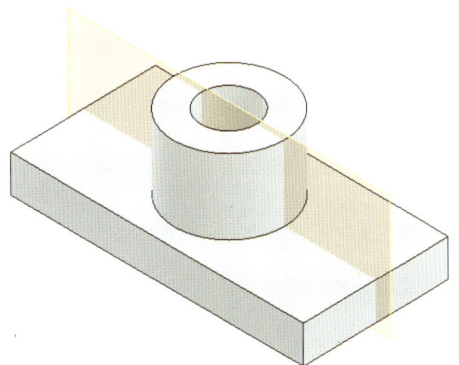

[그림 4-58] 두 평면 간의 중간평면

원환의 중간평면 선택한 원환 형상의 중심 위치에 평면을 생성합니다.

모서리를 중심으로 평면에 대한 각도 선택한 모서리 선을 기준으로 원하는 각도만큼 기울인 평면을 생성합니다.

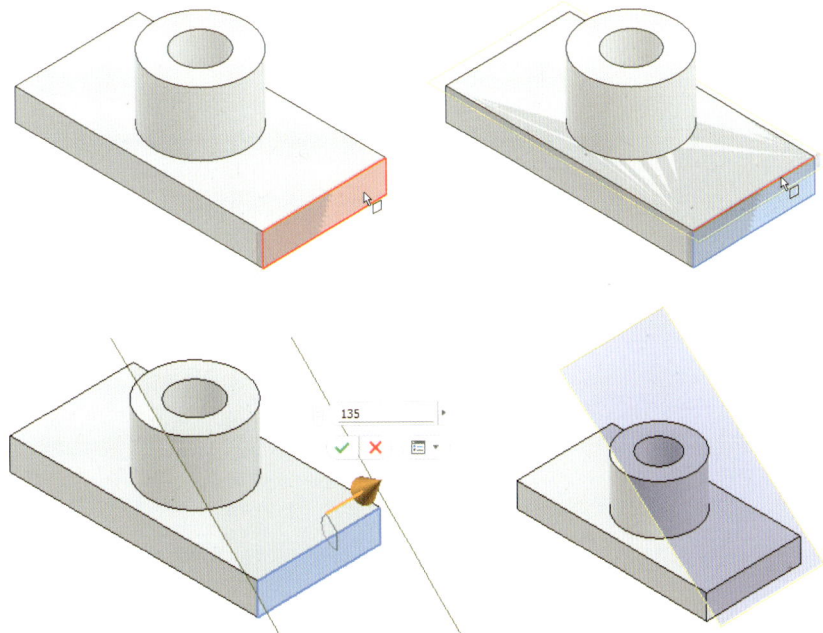

[그림 4-59] 모서리를 중심으로 평면에 대한 각도

3점 3개의 점이 교차하는 평면을 생성합니다.

 두 개의 동일평면상 모서리 두 선이 통과하는 평면을 생성합니다.

모서리를 통과하여 곡면에 접함 모서리를 통과하며 곡면에 접하는 평면을 생성합니다.

 점을 통과하여 곡면에 접함 끝점 또는 중간점이나 작업점을 통과하며 곡면에 접하는 평면을 생성합니다.

곡면에 접하고 평면에 평행 곡면에 접하며 평면에는 평행한 평면을 생성합니다. 이 방법은 면에 접하는 평면이나 평면에 수직한 평면을 생성할 때 사용합니다.

점을 통과하여 축에 수직 선의 끝 점 또는 특정 점을 지나며 선에 수직한 위치에 평면을 생성합니다. 해당 유형은 스윕 형상을 생성할 때에 프로파일 스케치를 위한 평면을 구성할 때에 사용할 수 있습니다.

점에서 곡선에 수직 해당 유형은 부품 문서에서만 생성 가능하며 모서리의 중간/끝 점을 통과하며 선택된 선에 직각인 위치에 평면을 생성합니다. 이 때에 직선이 아닌 비선형 모서리를 선택하여 평면 생성에 활용할 수 있습니다.

2) 작업 축

3D모형 탭>작업 피쳐 패널>축 도구를 통해 새로운 축 피쳐를 생성할 수 있습니다. 축 피쳐를 실행한 후 아래에 명시된 각 조건을 선택하면 조건에 부합한 축을 생성할 수 있습니다.

축을 생성하는 방법은 여러 유형이 있습니다.

[그림 4-60] 작업 피쳐 – 축 생성 유형

각 평면을 생성하는 유형의 상세 설명은 아래와 같습니다.

축 다른 객체에 파라메트릭 방식으로 부착된 구성선을 작성합니다. 모서리, 선, 평면 또는 점을 선택하여 선택한 객체를 통과하는 작업축을 작성합니다.

선 또는 모서리에 있음 선형 모서리 또는 스케치 선과 동일선상에 있는 작업축을 작성합니다. 선형 모서리나 2D또는 3D스케치 선을 선택합니다.

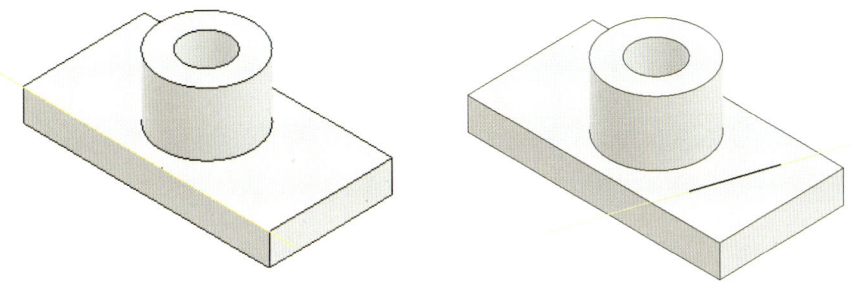

[그림 4-61] 모서리 및 스케치를 사용한 작업축

점을 통과하여 선에 평행 점을 통과하고 선형 모서리에 평행한 작업축을 작성합니다. 끝점, 중간점, 스케치 점 또는 작업점을 선택한 후 선형 모서리 또는 스케치 선을 선택합니다.

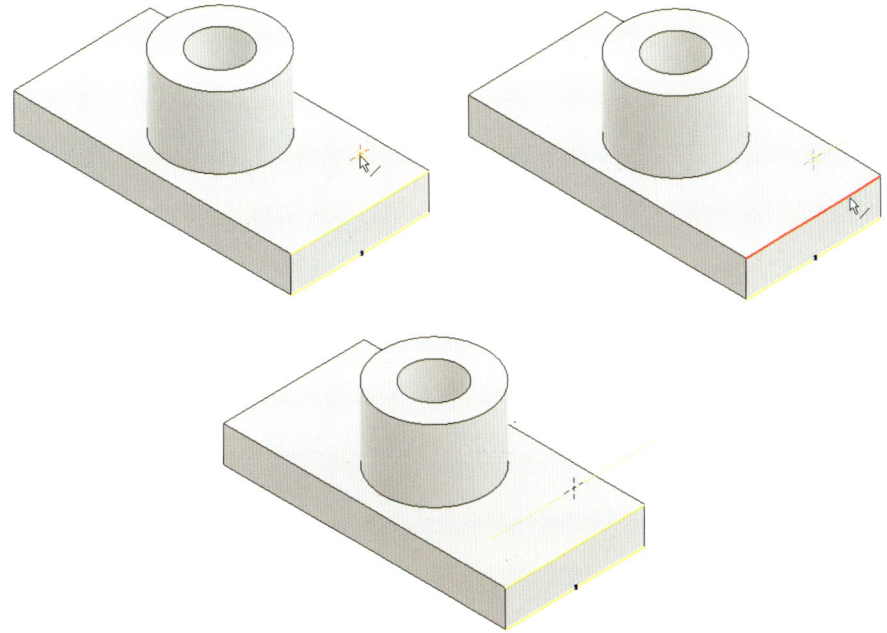

[그림 4-62] 점을 통과하여 선에 평행 작업축

두 점 통과 두 끝점, 교차점, 중간점, 스케치 점 또는 작업점을 통과하는 작업축을 작성합니다. 두 끝점, 교차점, 중간점, 스케치 점 또는 작업점을 선택합니다. 조립품에서는 중간점을 선택할 수 없습니다. 새 작업축의 양의 방향은 첫 번째 점에서 두 번째 점으로 지정됩니다.

두 평면의 교차선 두 평면의 교차선과 일치하는 작업축을 작성합니다. 평행하지 않은 두 개의 작업평면 또는 평면형 면을 선택합니다.

점을 통과하여 평면에 수직 부품 파일에만 해당됩니다. 점을 통과하고 평면에 직각인 작업축을 작성합니다. 평면형 면 또는 작업 평면 및 점을 선택합니다.

원형 또는 타원형 쉐이프의 중심 통과 원, 타원 또는 모깎기의 축과 일치하는 작업축을 작성합니다. 원, 타원 또는 모깎기의 모서리를 선택합니다.

회전된 면 또는 피쳐 통과 면 또는 피쳐의 축과 일치하는 작업축을 작성합니다. 회전된 면 또는 피쳐를 선택합니다.

3) 작업점

<u>3D모형 탭>작업 피쳐 패널>점</u> 도구를 통해 새로운 점 피쳐를 생성할 수 있습니다. 점 피쳐를 실행한 후 아래에 명시된 각 조건을 선택하면 조건에 부합한 점을 생성할 수 있습니다.

점을 생성하는 방법은 여러 유형이 있습니다.

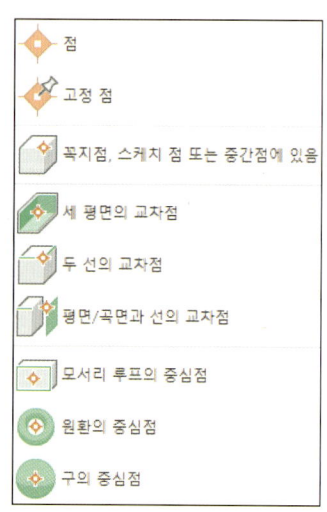

[그림 4-63] 작업 피쳐 - 점 생성 유형

점 다른 객체에 파라메트릭 방식으로 부착된 구성 점을 작성합니다. 모형 꼭지점, 모서리 및 축 교차점 또는 평행하지 않은 세 면이나 평면의 교차점을 선택하여 작업점을 작성합니다. 조립품에서는 직렬형 작업 피쳐를 사용할 수 없으며 중간점을 선택할 수 없습니다.

꼭지점, 스케치 점 또는 중간점에 있음 2D또는3D스케치 점, 꼭지점이나 선 또는 선형 모서리의 끝점 또는 중간점에 작업점을 작성합니다. 2D또는 3D스케치 점, 꼭지점이나 선 또는 선형 모서리의 끝점 또는 중간점을 선택합니다.

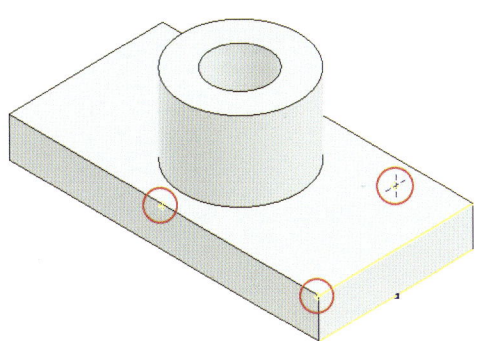

[그림 4-64] 꼭지점, 스케치 점, 중간점

세 평면의 교차점 세 작업 평면 또는 평면형 면의 교차점에 작업점을 작성합니다. 세 작업 평면 또는 평면형 면을 선택합니다.

두 선의 교차점 두 선의 교차점에 작업점을 작성합니다. 선형 모서리, 2D 또는 3D 스케치 선과 작업축 중 임의의 두 선을 선택합니다.

평면/곡면과 선의 교차점 부품 파일에만 해당됩니다. 평면형 면 또는 작업 평면과 작업축 또는 선의 교차점에 작업점을 작성합니다. 평면형 면 또는 작업 평면과 작업축 또는 선을 선택합니다. 또는 곡면과 스케치 선, 직선 모서리 또는 작업축을 선택합니다.

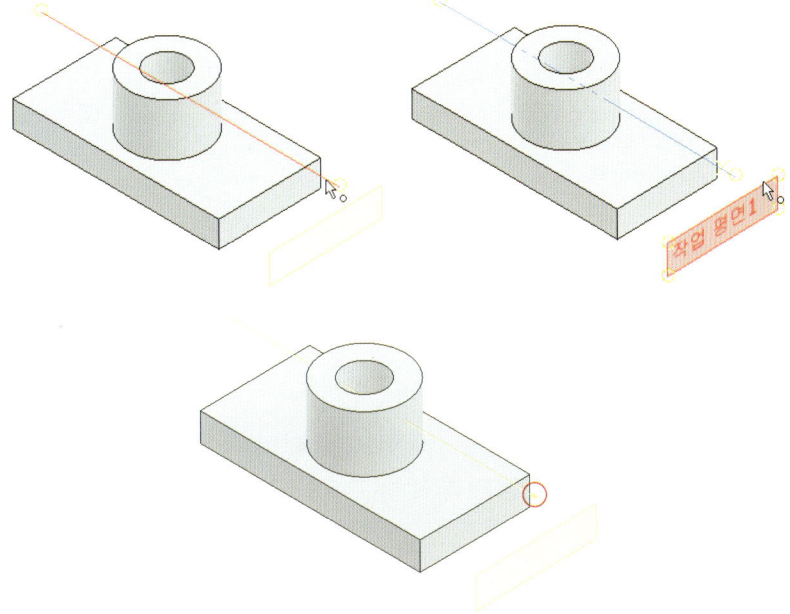

[그림 4-65] 평면과 선의 교차점

모서리 루프의 중심점 부품 파일에만 해당됩니다. 루프 선택 옵션이 활성화된 경우 임의의 닫힌 루프에 작업점을 작성합니다. 먼저, 마우스 오른쪽 버튼을 클릭하고 상황에 맞는 팝업 메뉴에서 루프 선택을 선택합니다. 그런 다음 닫힌 모서리 루프의 모서리 하나를 선택합니다.

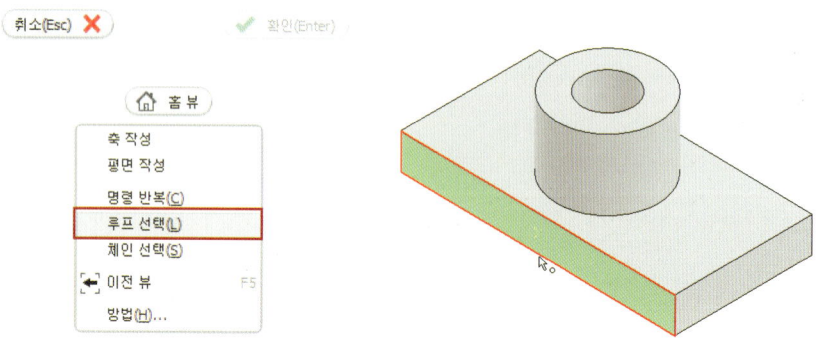

[그림 4-66] 모서리 루프의 중심점

원환의 중심점 원환의 중심 또는 중간평면을 통과하는 작업점을 작성합니다. 원환을 선택합니다.

구의 중심점 구의 중심에 작업점을 작성합니다. 구를 선택합니다.

4) 사용자 좌표계(UCS)

<u>3D모형 탭>작업 피쳐 패널>UCS</u> 도구는 3개의 작업 평면과 3개의 축 및 중심점의 집합으로 처음 원점의 기준과 다르게 좌표계를 새로 만들어서 배치하고 방향을 변경하고자 할 때 사용됩니다. 또한, 이전 파생된 피쳐들을 새로 생성된 UCS에 부분적으로 재정의하여 모델을 수정할 수 있습니다.

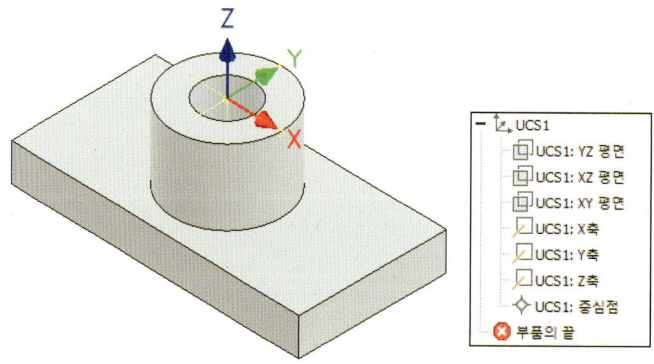

[그림 4-67] 작업 피쳐의 UCS

02 iProperties, 재질, 모양

인벤터의 부품 혹은 조립품 문서에는 iProperties를 이용하여 필요한 정보를 입력하고 이를 도면에도 연동하여 표현할 수 있습니다. 또한 재질을 부여할 경우 재질의 밀도와 부품 형상의 부피를 계산하여 전체적인 형상의 무게를 계산하여 확인할 수 있습니다. 이와 같은 기능이 인벤터 내에 구성되어 있으며 어떻게 적용할 수 있는지 확인하겠습니다.

2.1 iProperties

인벤터의 iProperties를 통해서는 해당 파일의 이름, 프로젝트명, 설계자, 승인자, 설계 일자, 승인 일자, 사용자 속성 등의 여러 값을 각 부품, 조립품, 도면에 구성할 수 있습니다. 이렇게 구성할 경우 도면에 해당 정보를 연결하여 표현할 수 있을 뿐만 아니라 BOM 또는 인벤터의 iLogic기능을 활용하여 보다 확장된 영역으로 속성들을 활용할 수 있습니다. iProperties를 실행하기 위해서는 아래의 두 가지 메뉴를 통해 창을 띄워 활성화할 수 있습니다.

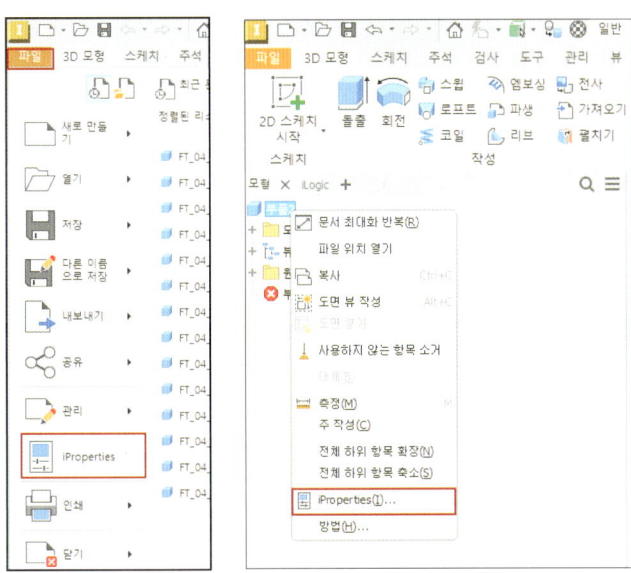

[그림 4-68] iProperties의 실행

iProperties의 구성

iProperties를 실행하게 되면 앞에서 설명한 내용과 같이 총 7개의 탭으로 구성되어 있으며 각 탭을 클릭하여 활성화할 수 있습니다. iProperties 항목을 모두 다 사용하지 않고 일부 필요한 항목만 사용하는 것이 일반적입니다. 또한 인벤터에서 제공하는 항목이 회사 내의 표준과 맞지 않을 수 있기에 사용자 탭으로만 활용하는 경우도 많습니다.

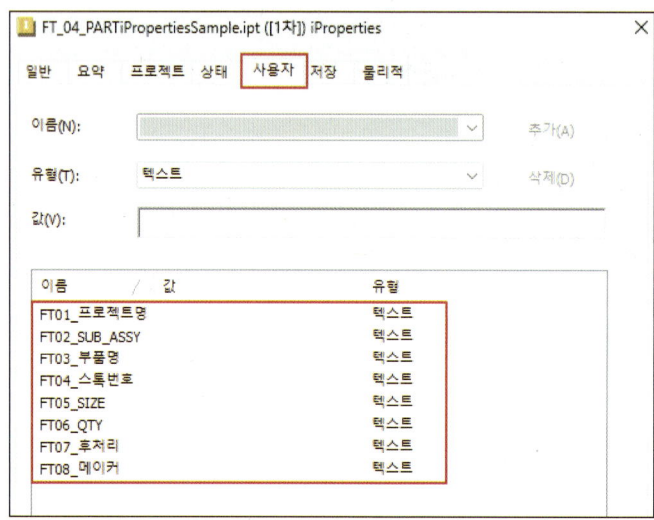

[그림 4-69] iProperties 사용자 값

2.2 재질

인벤터의 iProperties에서 물리적 탭을 통해서도 활성화된 부품의 재질을 지정할 수 있습니다. 재질을 지정할 경우에는 무게를 계산하기 위한 밀도 값뿐만 각 재질의 물리적인 특성을 포함하여 강도, 열 전도율, 프와송 비, 항복 강도, 인장 강도 등을 포함하고 있습니다. 이러한 정보들은 추후 응력 해석 또는 인벤터 NASTRAN 제품을 통해 해석할 경우 해당 정보를 함께 적용하여 유한 요소 해석을 수행할 수 있습니다.

재질 변경

제목 표시줄 내에 재질 아이콘을 클릭할 경우 재질 검색기 창을 별도로 띄워 재질에 대한 각 라이브러리의 구성 항목을 확인하거나 다른 재질을 편집 중인 부품 문서에 불러와 일부 편집 또는 바로 적용할 수 있습니다. 우측에 구성된 풀다운 항목을 통해서는 목록 내에 구성된 재질을 찾아 선택하여 적용할 수 있습니다.

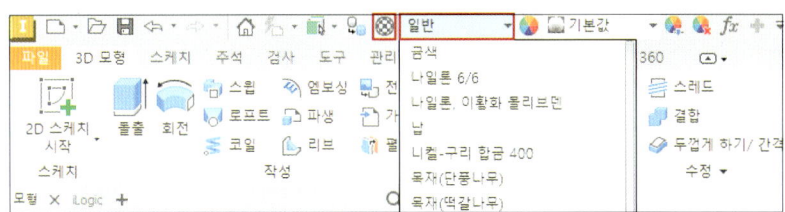

재질 검색기

도구 탭>재질 및 모양 패널>재질 도구를 선택하여 재질 검색기를 실행합니다. 재질 검색기는 [그림 4-70] 과 같이 구성되어 있으며 각 라이브러리의 재질을 더블 클릭하게 되면 편집 창이 활성화되고 활성 문서 내에 재질이 불러와지면 해당 재질에 대한 상세 값을 편집할 수 있으며 상단의 목록으로 구성된 부분이 현재 활성 문서 내에 사용하도록 저장된 재질의 목록입니다. 문서에 구성한 재질과 설계 데이터 내의 차이가 있다면 나중에 스타일 충돌이 발생할 수 있기 때문에 문제가 있을 경우에는 스타일을 저장하거나 업데이트하여 문제를 해결해야 합니다.

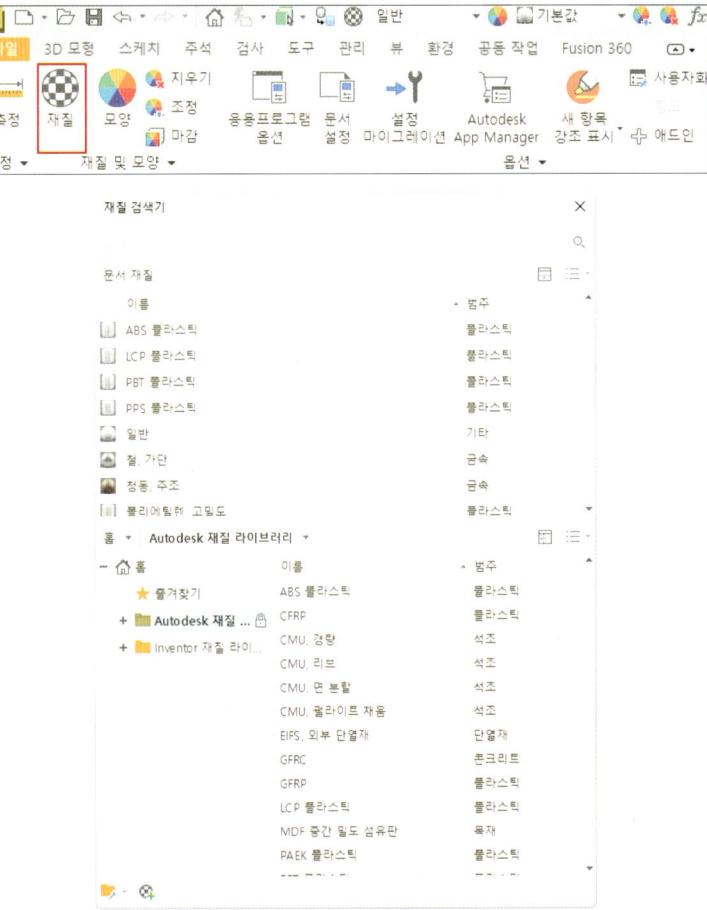

[그림 4-70] 재질 검색기

〈NOTE〉
iProperties대화 상자의 물리적 탭 내 재질 항목에서 해당 문서에 적용할 재질을 찾아 지정할 수 있습니다.

2.3 모양

인벤터의 iProperties에서 물리적 탭을 통해서도 활성화된 부품의 모양을 지정할 수 있습니다. 모양은 앞에서 소개된 재질과는 다르게 무게에 영향을 주진 않지만 해당 부분을 후처리, 페인트 정보 등을 위해 BOM에 구성할 경우 이 값을 활용하여 BOM 내에 추가적인 값으로 활용할 수 있습니다. 입력된 모양으로 인해 그래픽 영역에서 표시될 부품의 색상, 텍스쳐 등이 해당 정보가 시각적으로 표현되기 때문에 렌더링을 할 경우에 더욱 실사화된 결과 이미지를 얻을 수 있습니다. 모양은 재질과 다르게 부품 및 조립품에도 적용할 수 있습니다.

제목 표시줄 내에 모양 아이콘을 클릭할 경우 모양 검색기 창을 별도로 띄워 모양에 대한 각 라이브러리의 구성 항목을 확인하거나 다른 모양을 편집 중인 부품 문서에 불러와 일부 편집 또는 바로 적용할 수 있습니다. 우측에 구성된 풀다운 항목을 통해서는 목록 내에 구성된 모양을 찾아 선택하여 적용할 수 있습니다.

모양 검색기

도구 탭>재질 및 모양 패널>모양 도구을 선택하여 모양 검색기를 실행합니다. 모양 검색기는 [그림 4-71]과 같이 구성되어 있으며 각 라이브러리의 모양을 더블 클릭하게 되면 편집 창이 활성화되고 활성 문서 내에 모양 리스트와 함께 상세 값을 편집할 수 있습니다. 상단의 목록으로 구성된 부분이 현재 활성 문서 내에 사용하도록 저장된 모양의 목록입니다.

[그림 4-71] 모양 검색기

〈NOTE〉

모양의 경우에는 부품 문서에 전체적으로 반영되는 것이 아닌 부품 전체 또는 특정 면에 모양을 적용할 수 있기 때문에 필요 시에 의해 별도의 면에 적용된 모양 값을 일괄 또는 부분 제거하고자 할 경우 <u>도구 탭>재질 및 모양 패널>지우기</u>를 통해 특정 면을 지정하여 또는 전체 부품을 선택하여 지정된 모양 정보를 제거할 수 있습니다. 활성 문서에 별도의 재지정된 모양 값이 없다면 오류가 발생하며 정상적으로 제거할 재지정된 모양이 있다면 도구가 활성화됩니다.

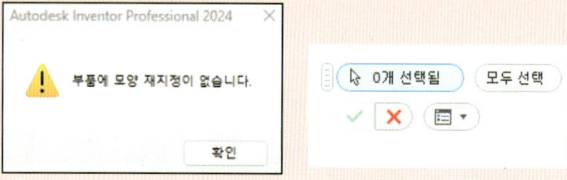

[그림 4-72] 부품 모양 재지정 유무에 따른 도구 활성

실습 1 : 간단한 부품 모델링하기

이 실습에서는 학습할 내용은 아래와 같습니다.

- 돌출, 구멍, 모깎기 생성하기
- 모서리를 중심으로 한 작업 피쳐 평면 만들기

01 FT_04_PART_Exercise.ipt 파일을 열기 합니다.

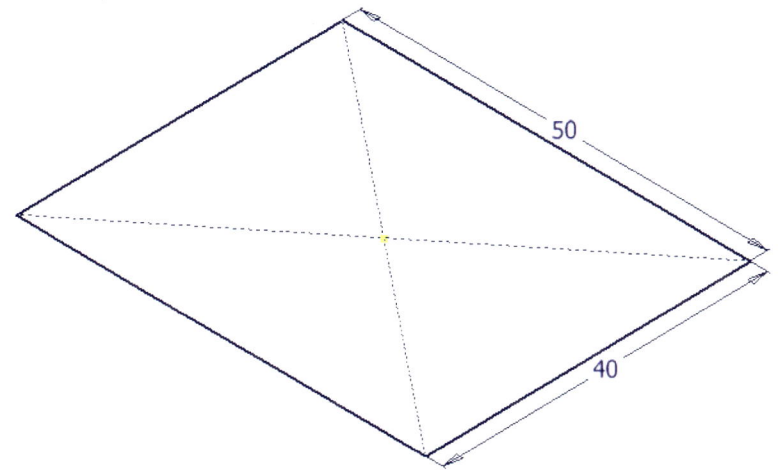

02 3D모형 탭>작성 패널>돌출을 클릭하여 5mm 입력한 후 확인을 클릭합니다.

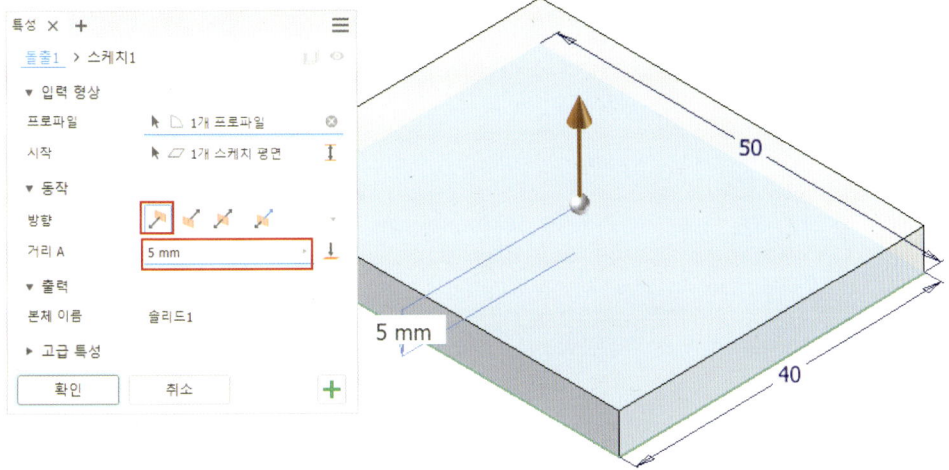

03 3D모형 탭>작업 피쳐 패널>평면>모서리를 중심으로 평면에 대한 각도 도구를 클릭합니다.

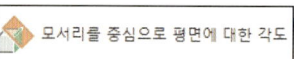

04 형상의 윗면과 모서리를 순차적으로 선택합니다.

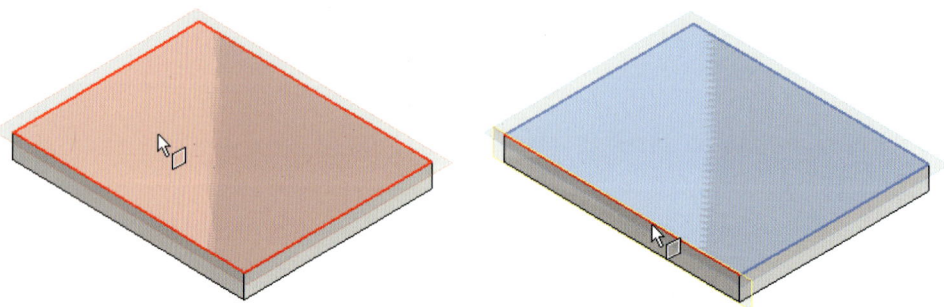

05 각도 넣어주는 입력란이 생기면 60°를 넣은 후 확인합니다.

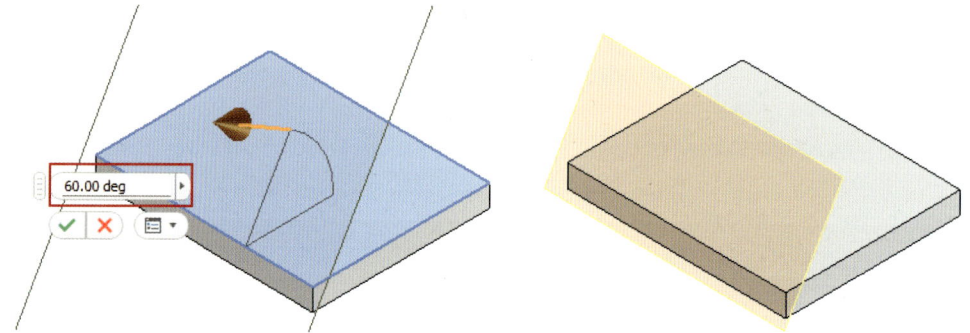

06 만들어진 평면을 선택하여 스케치 작성을 클릭합니다.

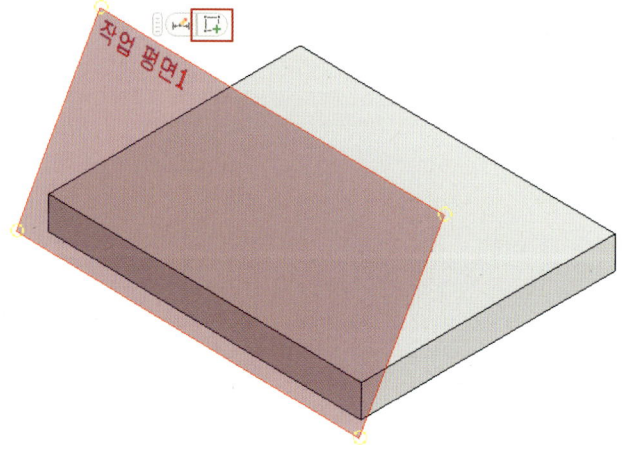

07 아래와 같이 스케치를 작도 합니다. 구속조건과 치수 기입 방식은 다를 수 있으나 어떤 방법을 사용해도 완전 구속해야 합니다.

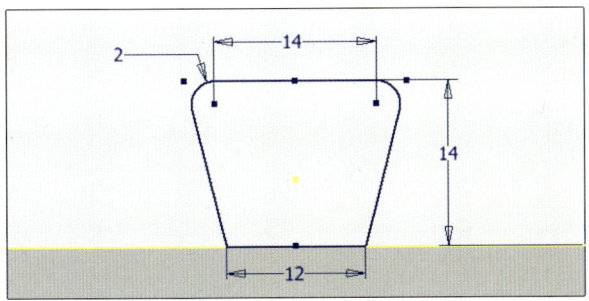

08 3D모형 탭>작성 패널>돌출을 클릭하면 프로파일은 이미 선택된 상태입니다.
방향은 반전을 선택하고 거리는 "다음까지"를 선택하여 확인을 클릭합니다.

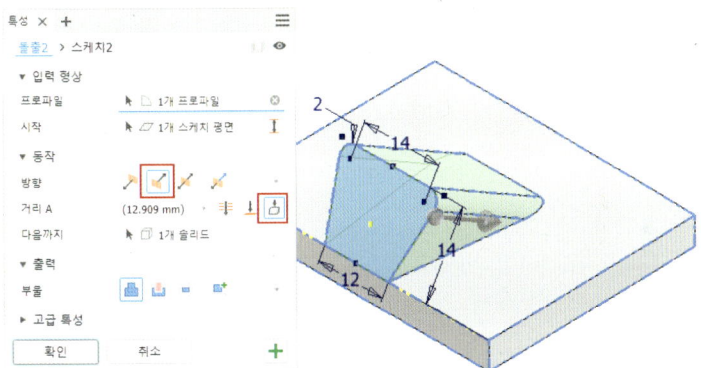

09 3D모형 탭>수정 패널>구멍 도구를 클릭하여 생성될 면을 먼저 선택한 후 모서리 기준4.5mm, 25mm의 위치를 선택합니다. 기타 설정들은 아래처럼 입력하는데 구멍이 종료되는 끝 곡면은 형상의 윗 면을 클릭해야 합니다.

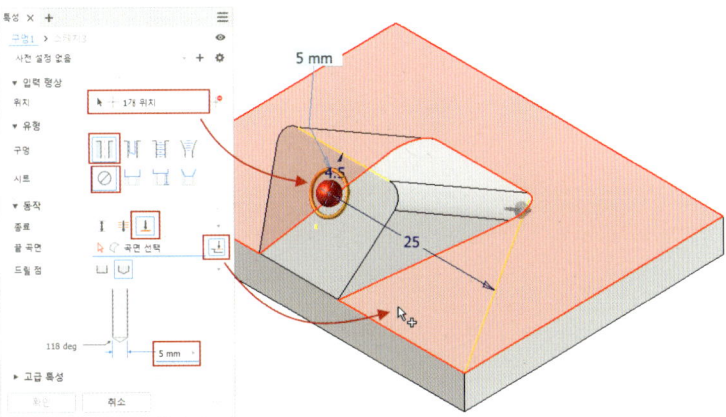

〈NOTE〉
구멍이 종료되는 지점을 피쳐를 진행되는 과정에서는 미리보기를 통해 구멍 생성 후에는 뷰 스타일 혹은 단면도를 통해 검토해볼 수 있습니다.

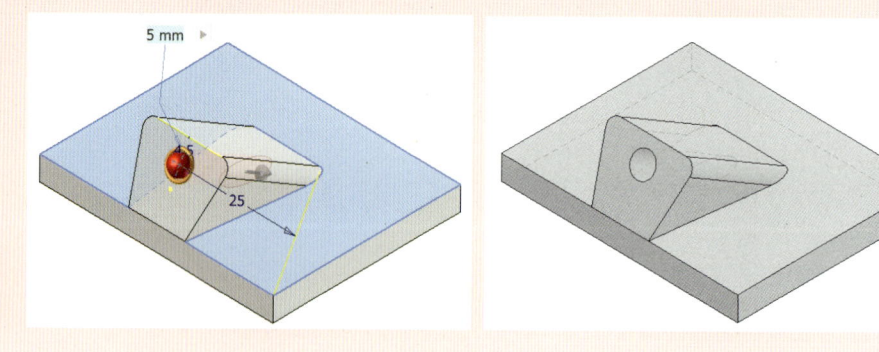

10 추가 구멍 생성을 위해 형상의 윗면을 선택한 후 스케치 작성을 클릭합니다.

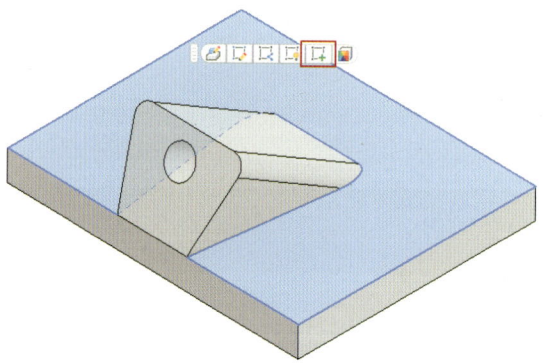

11 스케치 탭>작성 패널>점 도구를 사용하여 아래와 같이 스케치합니다.

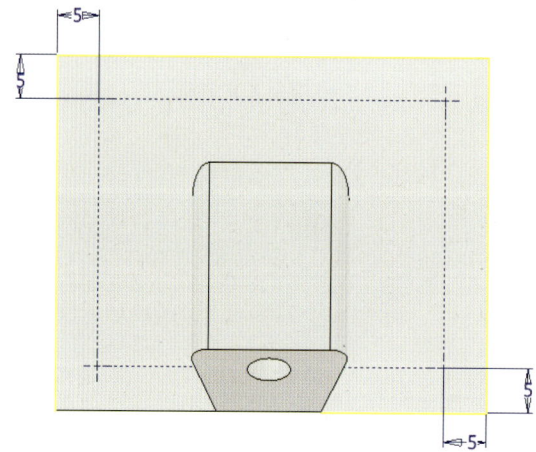

12 3D모형 탭>수정 패널>구멍 도구를 클릭하면 위치는 4개 모두 선택이 된 상태입니다.
아래와 같이 설정한 후 확인을 클릭합니다.

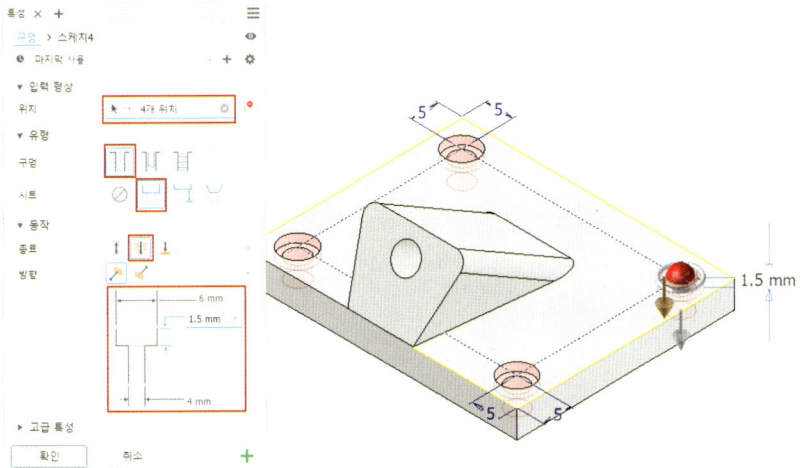

13 3D모형 탭>수정 패널>모깎기 도구를 클릭하여 4개 모서리를 선택하여 2mm 입력합니다.

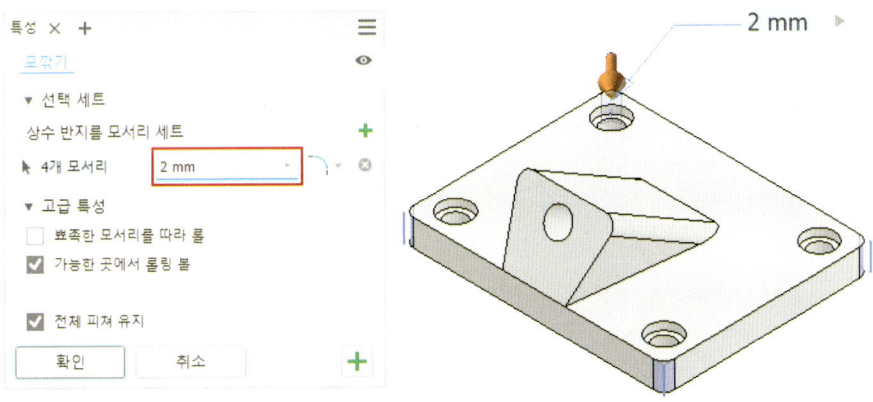

14 모델이 완성되었습니다.

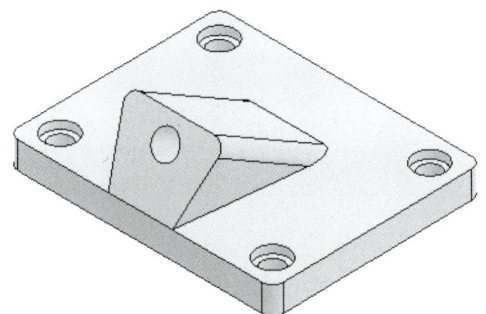

실습 2 : 도면 예제

이 실습에서는 학습할 내용은 아래와 같습니다.

- 모델링을 통한 3D공간의 이해
- 다양한 스케치와 피쳐를 통한 기능 습득

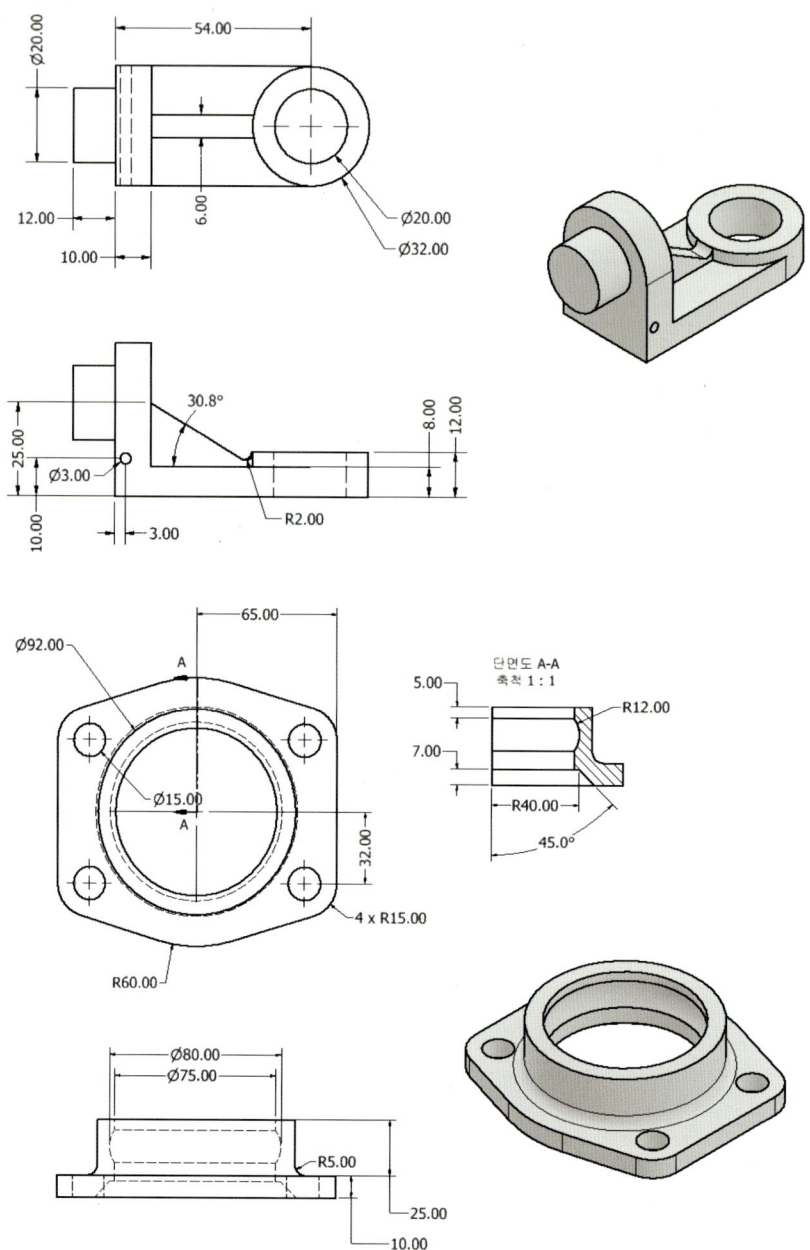

Track

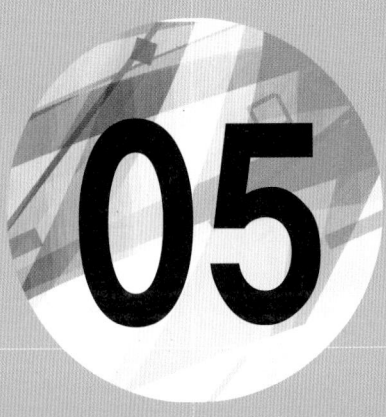

05

판금 생성하기

인벤터의 판금 템플릿을 활용하여 판금 형상을 구성할 경우 자동으로 펼치는 기능을 통해 판금 형상에 대한 전개도를 생성할 수 있습니다. 판금 문서의 경우 일반 솔리드 문서와 다르게 판금 규칙을 기반화하여 문서가 구성되어 있으며 이는 스타일로 구성 및 변경할 수 있습니다. 이 또한 상세한 내용과 관련해서는 도움말을 통해 더 자세히 다양한 기능들에 대해 확인할 수 있으며 해당 교재에 정리된 필수 내용을 통해 각 기능에 대해 파악하고 활용할 수 있습니다.

판금 형상 구성 방법과 전개도 생성과 관련된 각 기능들을 확인해보도록 하겠습니다.

판금 문서를 생성할 때에는 Ctrl + N 또는 인벤터 초기 화면에서의 새로 만들기를 클릭한 후 Sheet metal.ipt 템플릿 또는 별도로 구성하신 판금 템플릿을 더블 클릭하면 됩니다.

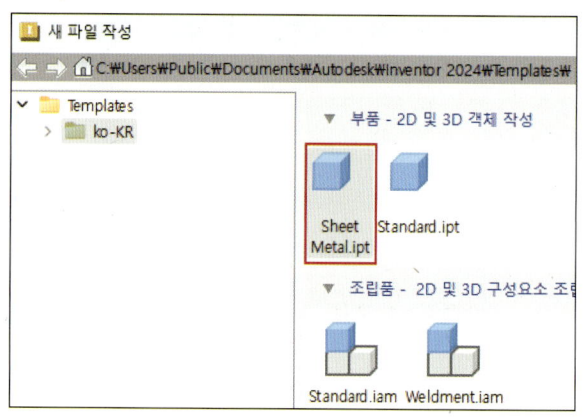

앞의 내용에서 확인할 수 있듯이 판금 문서에는 일반 솔리드와 다른 스타일이 존재하며 이는 판금 문서를 활성화한 후 관리 탭>스타일 및 표준 패널>스타일 편집기를 실행하여 '판금 규칙' 또는 '판금 전개' 하위의 구성된 내용을 통해 세부적인 값을 변경할 수 있습니다.

판금 문서와 일반 솔리드 문서의 구분 방법은 간단히 판금 탭이 표시되어 있는가를 통해서도 확인할 수 있고 추가적으로는 모형 검색기 내의 문서 유형 아이콘을 통해서도 확인할 수 있습니다. 해당 파일의 이름 앞의 아이콘을 통해서도 판금 문서임을 확인할 수 있지만 모형 상태 아래의 접힌 모형을 통해서도 해당 문서가 판금 문서라는 것을 알 수 있습니다.

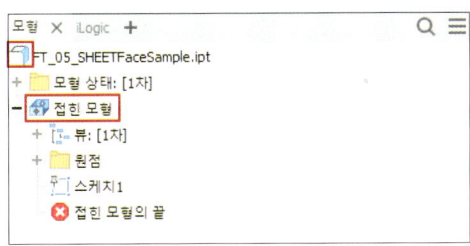

[그림 5-1] 판금 환경의 모형 검색기

판금 규칙 또는 판금 전개 하위에는 판금 형상의 두께, 절곡부에 대한 세부 설정, 두 개 이상의 판금 형상이 닿는 구간에 구석 설정 등을 설정할 수 있습니다.

판금 스타일은 기본 설정으로 설정되어 있지만 사용하는 판금 형상의 두께에 따라 전개되는 스타일을 사용자화 하여 만들고 이를 식별할 수 있는 이름을 지정하여 다른 사용자에게 스타일을 공유해 사용할 수 있습니다.

새로운 스타일을 생성하기 위해서는 [그림 5-2]에서 판금 규칙 또는 판금 전개를 선택한 상태에서 새로 만들기를 통해 새로운 규칙 또는 전개 규칙을 구성하고 적용할 수 있습니다.

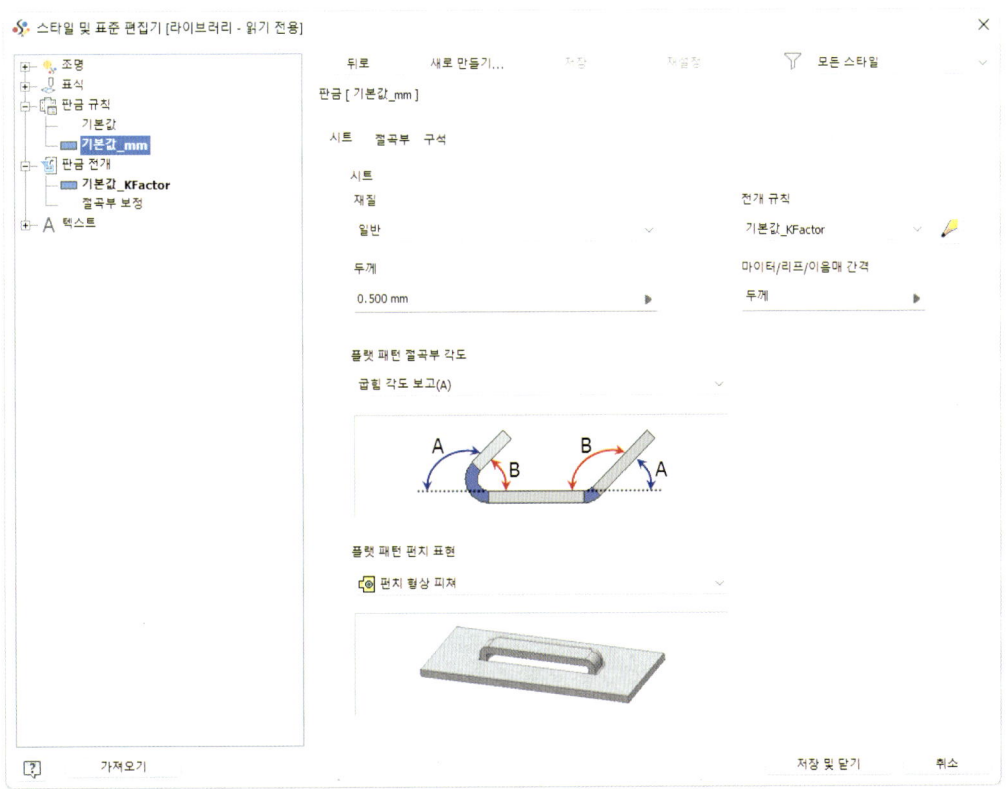

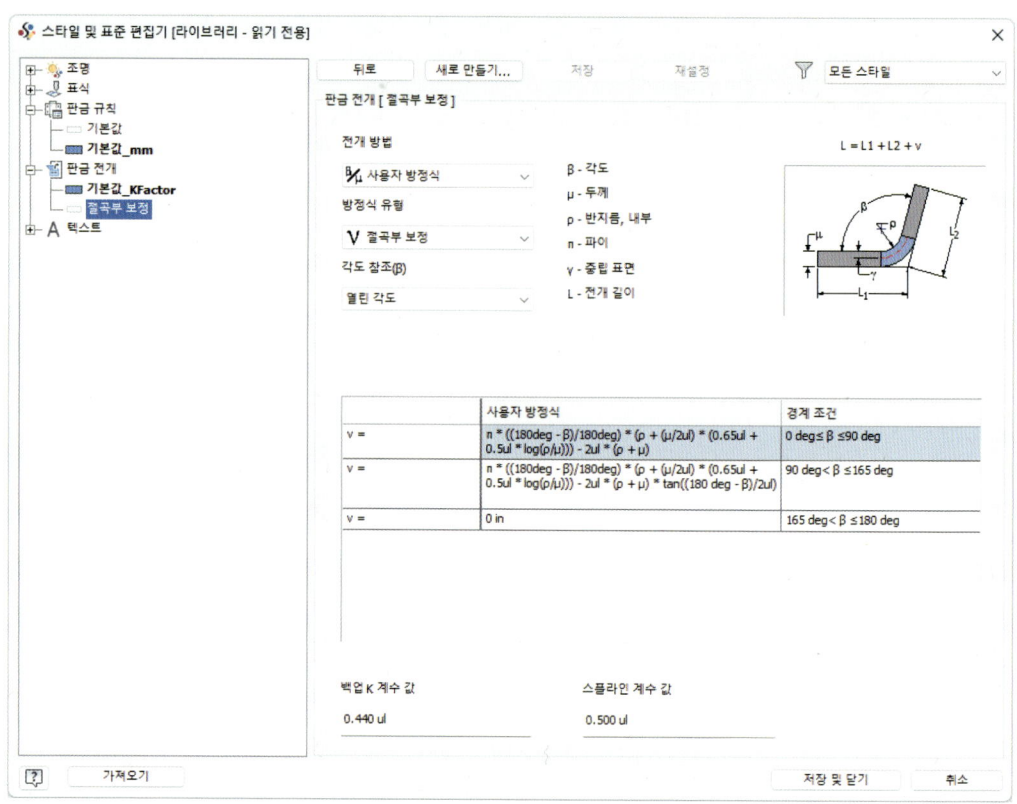

[그림 5-2] 판금 규칙, 판금 전개 스타일 구성

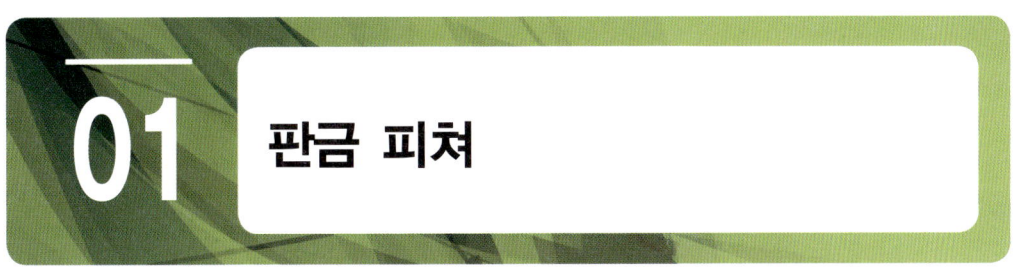

판금 피쳐

판금 형상도 일반 솔리드와 마찬가지로 단일 또는 다중 피쳐로 구성됩니다. 솔리드 형상을 작업할 때에는 3D모형 탭을 활용하지만 판금 템플릿을 통해 판금 문서를 생성하고자 활성화를 할 경우에는 판금 탭이 열리게 되어 해당 탭 내에는 판금 형상 작업에 필요한 전용 기능을 사용할 수 있습니다.

판금 탭 내의 판금 관련 기능은 크게 작성 패널과 수정 패널로 구분할 수 있으며 작성 패널 내에서는 스케치 기반 또는 스케치 없이 새로운 피쳐 또는 판금 형상을 만들 수 있으며 수정 패널에서는 기존 구성된 판금 피쳐 또는 판금 형상을 자르거나 다듬는 기능들로 구성되어 있습니다.

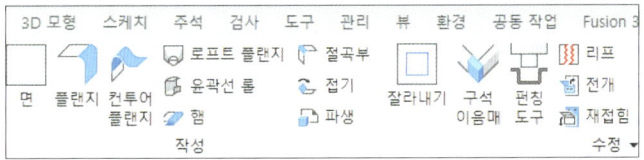

[그림 5-3] 판금 관련 기능

1.1 작성 패널 기능

[그림 5-3]에서 확인할 수 있는 것과 같이 다양한 판금 관련 기능 중 작성 패널에 구성된 기능들에서 기본적으로 자주 사용되는 기능들을 확인해보도록 하겠습니다.

1) 면

판금 탭>작성 패널>면을 통해 구성된 스케치를 사용하여 판금 규칙에서 지정한 판금 두께만큼 판금 면을 구성할 수 있습니다. 만약 일시적으로 다른 두께를 적용한 판금 형상이 필요하다면 면 기능 내에서 특정 두께를 지정하여 구성할 수 있습니다.

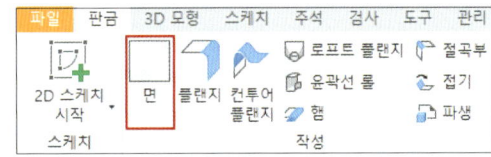

FT_05_SHEETSample파일을 열어 스케치를 확인합니다.

치수의 가시성이 비활성화 되어 있지만 해당 스케치는 완전 정의된 스케치입니다.

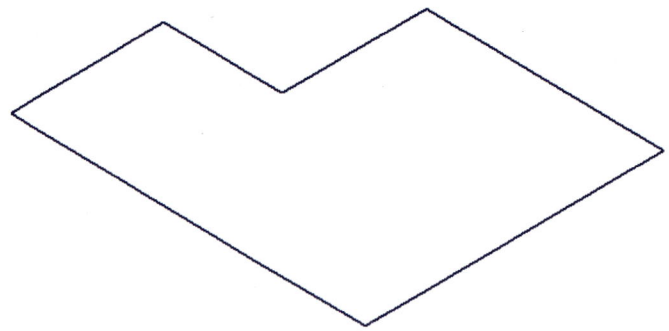

판금 탭>작성 패널>면을 클릭합니다. 면 클릭 시 폐곡선으로 이뤄진 영역이 하나일 경우에는 자동으로 해당 영역이 판금 구성 영역으로 지정됩니다. 여러 프로파일이 폐영역으로 이루어진 스케치가 있다면 특정 영역을 지정해야만 면 피쳐를 생성할 수 있습니다.

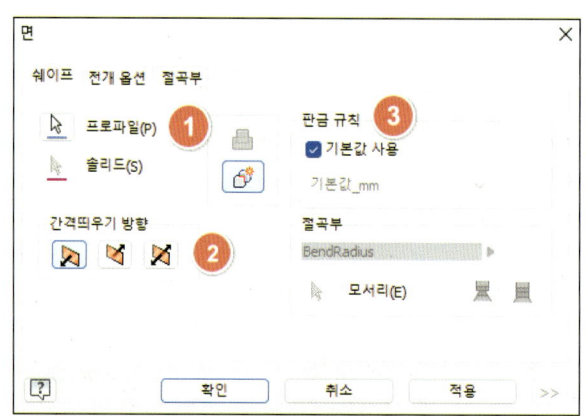

[그림 5-4] 판금의 면 기능

① 프로파일, 솔리드 : 판금 형상을 구성할 영역 또는 솔리드 선택
② 간격띄우기 방향 : 기본, 반전, 양쪽 옵션으로 판금 생성 방향 지정
③ 판금 규칙 : 기본값 사용 또는 별도 값 지정으로 판금 규칙 설정

〈NOTE〉
판금 형상 작업을 하는 중 전개 옵션 또는 절곡부 탭을 통해서는 판금 규칙 스타일에서 적용했던 기본 값이 아닌 별도 값으로 설정하고자 할 경우 각 탭을 활성화하여 세부 값을 변경할 수 있습니다.

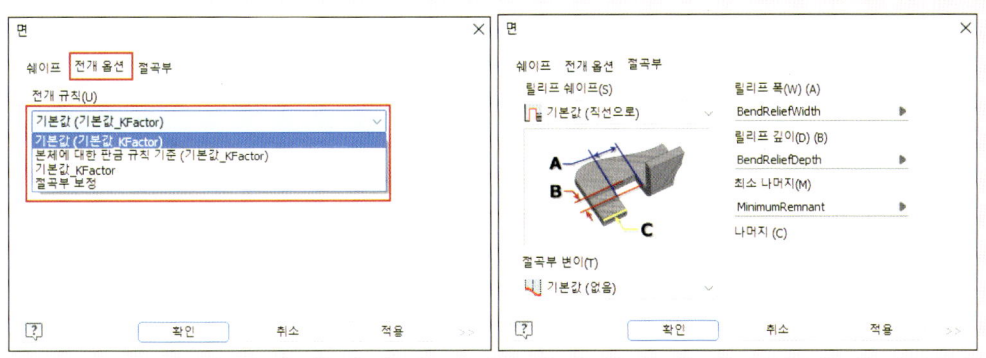

바로 구성된 기본 방향 및 판금 규칙에는 기본 값으로 설정한 상태에서 [그림 5-5]와 같이 확인 버튼을 클릭하면 판금 형상이 생성됩니다.

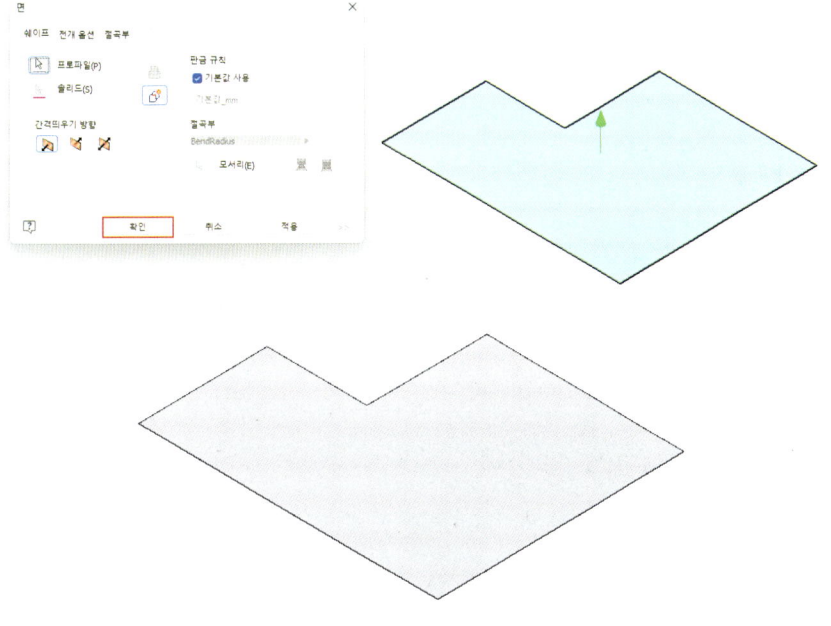

[그림 5-5] 판금 형상 생성

2) 플랜지

판금 탭>작성 패널>플랜지를 통해 판금으로 구성된 형상의 모서리에 지정된 길이 및 각도를 통해 추가적인 판금 형상을 추가 생성할 수 있습니다. 플랜지 기능에는 별도의 두께 설정 관련 부분이 포함되어 있지 않고 면 기능에서의 전개옵션 탭과 절곡부 탭 그리고 플랜지에는 구석 탭이 별도로 추가되어 있으

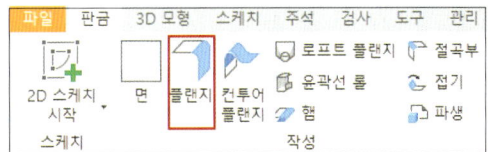

므로 2개의 절곡부 또는 3개의 절곡부가 닿을 때에 구석 부분을 어떻게 형상화할지를 기본 규칙과는 별개로 별도 설정할 수 있습니다.

FT_05_SHEETFlangeSample파일을 열어 확인합니다.

판금 탭>작성 패널>플랜지를 클릭합니다. 면 클릭 시 폐곡선으로 이뤄진 영역이 하나일 경우에는 자동으로 해당 영역이 판금 구성 영역으로 지정되며 여러 폐영역으로 이루어진 스케치가 있다면 특정 영역을 지정해야 면 피쳐를 생성할 수 있습니다.

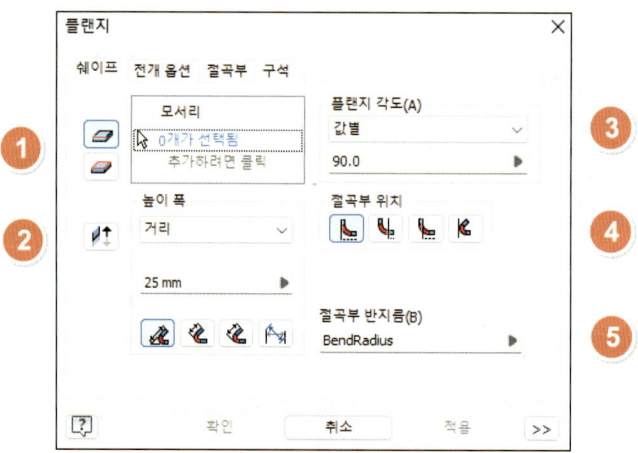

[그림 5-6] 판금 플랜지

① 모서리 : 단일 또는 루프 유형으로 설정 후 플랜지를 구성할 모서리 선택
② 높이 : 플랜지 생성 높이 및 생성 기준 설정
③ 플랜지 각도 : 값, 참조 별 각도 지정
④ 절곡부 위치 : 절곡부 구성 위치 지정
⑤ 절곡부 반지름 : 기본 규칙 또는 별도 절곡부 규칙 설정

〈NOTE〉
구석 탭을 활성화할 경우 2개의 절곡부 또는 3개의 절곡부가 닿을 경우 구석부의 형상을 어떻게 구성할 것인지를 각각 설정할 수 있습니다.

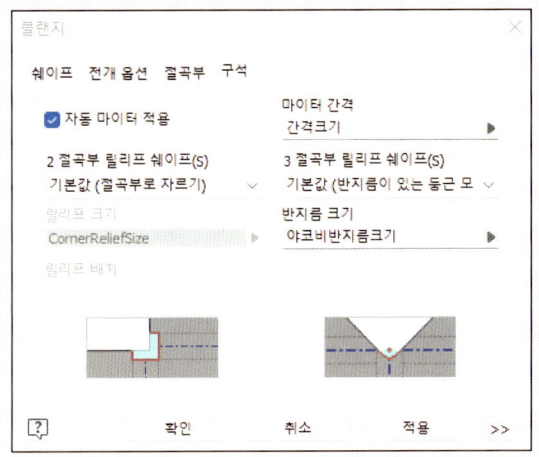

[그림 5-7] 구석 탭을 통한 설정

[그림 5-8]에서처럼 쉐이프 탭에서 모서리 선택 버튼이 활성화되어 있다면 단일 선택일 경우에는 선택될 선이 하이라이트 되고 루프 선택으로 되어 있을 경우에는 하나로 이어진 전체 루프가 하이라이트 되는 것을 확인할 수 있습니다.

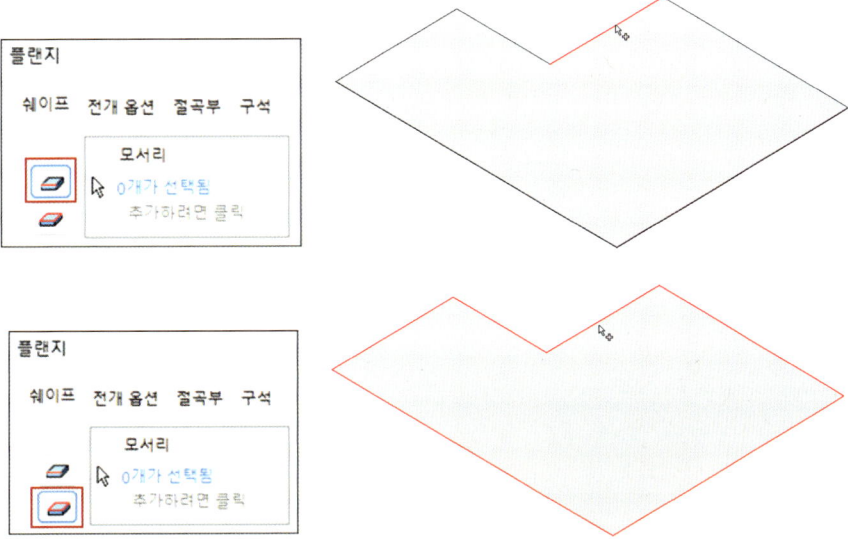

[그림 5-8] 모서리 및 루프 선택 모드

루프 선택을 활성화한 후 모서리선을 클릭할 경우 아래 그림과 같이 지정한 높이 및 각도로 플랜지 구성 예상 형상이 미리보기로 표현되는 것을 확인할 수 있습니다.

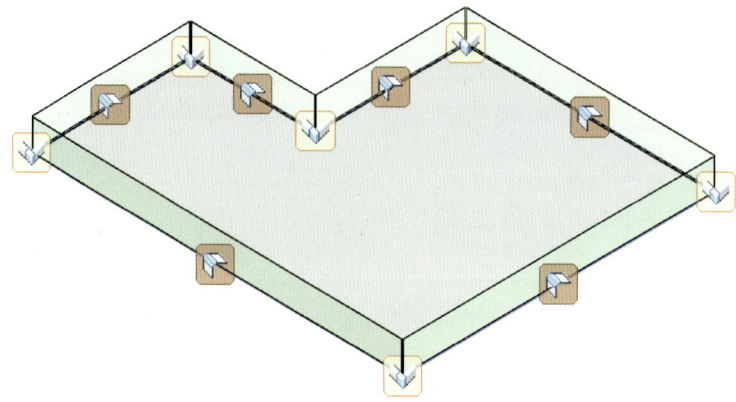

[그림 5-9] 판금의 플랜지

[그림 5-10]과 같이 옵션을 설정하고 확인 버튼을 클릭합니다. 만약 추가적으로 다른 모서리 및 값으로 플랜지 형상을 구성하고자 할 경우에는 적용 버튼을 통해 플랜지에 입력된 정보는 유지한 상태에서 추가 모서리를 선택하여 입력을 다시 하여 플랜지를 완성할 수 있습니다.

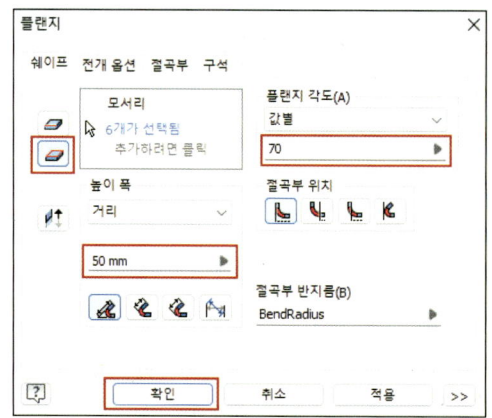

[그림 5-10] 플랜지 옵션 적용

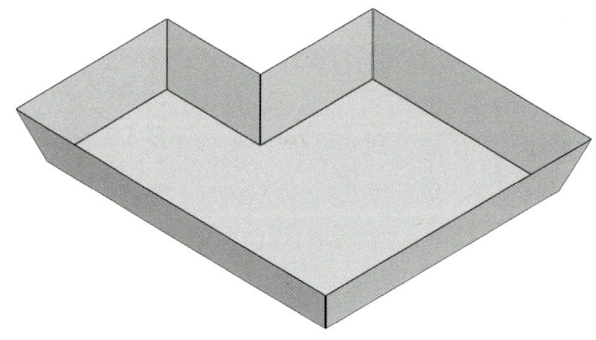

3) 컨투어 플랜지

판금 탭>작성 패널>컨투어 플랜지를 통해 판금으로 구성된 형상에 모서리를 따라갈 별도의 스케치를 구성하여 해당 스케치가 지정한 모서리를 따라 플랜지를 형성하는 방식으로 판금 형상을 구성할 수 있습니다.

FT_05_SHEETContourSample파일을 열어 확인합니다.

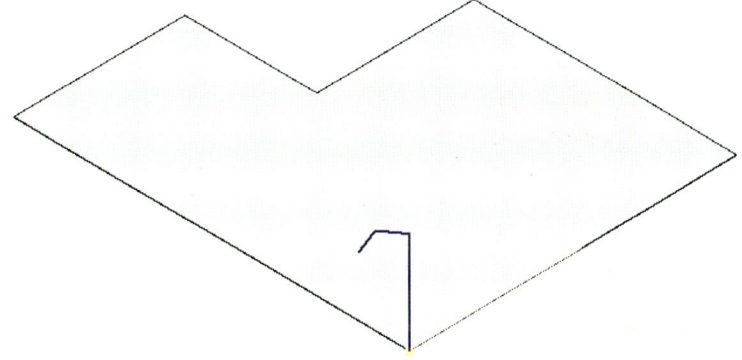

판금 탭>작성 패널>컨투어 플랜지를 클릭합니다. 프로파일로 사용할 수 있는 열린 스케치가 하나일 경우에는 바로 해당 스케치가 프로파일로 설정되며 여러 스케치가 존재할 경우에는 직접 선택하여 컨투어 플랜지의 프로파일로 지정할 수 있습니다.

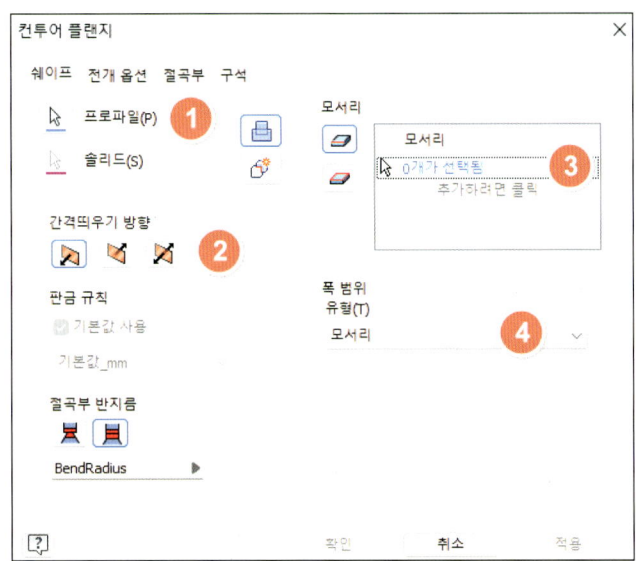

① 프로파일 및 솔리드 : 모서리를 따라 판금이 형성될 스케치 지정. 다중 솔리드일 경우에는 접합할 기존 판금 지정.
② 간격띄우기 방향 : 스케치 선 기준으로 판금 형성 방향 지정
③ 모서리 : 단일 모서리 또는 루프를 통해 플랜지가 구성될 모서리 선택
④ 폭 범위 : 모서리 전체, 폭, 간격 띄우기, 시작 면과 끝면 지정, 거리

예제에서는 열린 스케치가 하나인 관계로 바로 프로파일로 자동 지정되었으며 하나의 판금 솔리드만 존재하기 때문에 자동으로 선택된 솔리드 내의 모서리 선을 바로 선택하여 지정합니다. 단일 모서리일 경우에는 전체에 플랜지 입력이 필요하지 않을 경우 필요한 모서리선만 클릭하여 적용할 수 있으며 전체에 필요한 경우에는 [그림 5-11]와 같이 루프 선택을 통해 전체 모서리 선을 한 번에 선택합니다.

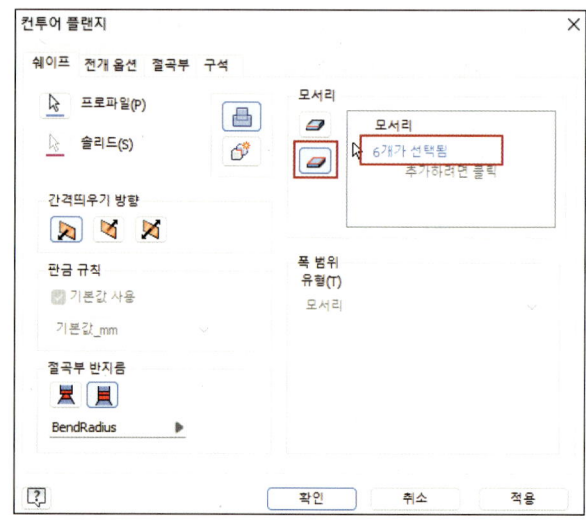

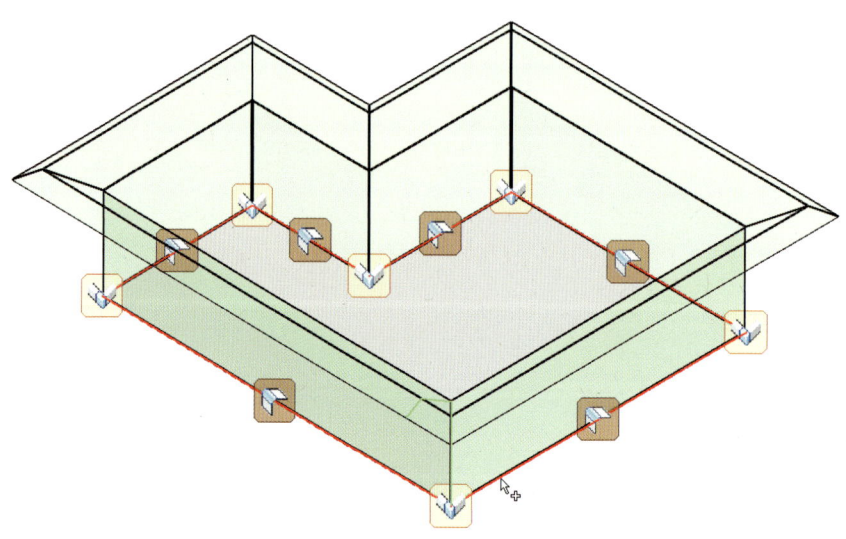

[그림 5-11] 루프 선택을 통한 형상의 모서리 선택

미리보기를 검토한 후 문제가 없다면 확인을 클릭합니다.

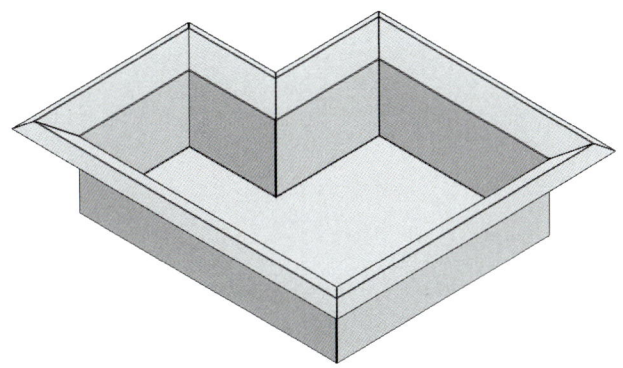

편집 아이콘의 활용

선택된 각 모서리에는 구석 및 폭 범위에 대해 별도의 값을 적용할 수 있도록 아이콘이 구성되어 있습니다. 이 아이콘을 통해 또는 컨투어 플랜지 창 내의 폭 범위 값을 변경함을 통해 별도의 간격을 지정하여 해당 간격 또는 옵션에 따라 플랜지를 구성할 수 있습니다. 보다 자세한 사항은 F1을 통해 도움말 내의 내용으로 확인하실 수 있습니다.

〈NOTE〉
판금을 구성하는 방법에는 접힌 모형으로 구성한 후 펼치는 방법과 펼쳐진 판금 형상을 구성한 후 접는 방법도 있습니다. 작성 패널 내에는 절곡부 및 접기 기능을 통해 펼쳐진 판금 형상을 필요한 방향 및 각도를 통해 접을 수도 있습니다.

1.2 수정 패널 기능

다양한 판금 관련 기능 중 수정 패널에 구성된 기능들에서 기본적으로 자주 사용되는 기능들을 확인해보도록 하겠습니다.

1) 잘라내기

판금 탭>수정 패널>잘라내기을 통해 미리 생성된 스케치를 사용하여 판금 형상을 잘라줄 수 있습니다. 자를 경우에는 펼쳐진 후에 가공할 경우에서의 옵션과 구성된 형상 자체에서 잘라낼 경우에 대한 옵션으로 나뉘어 있습니다.

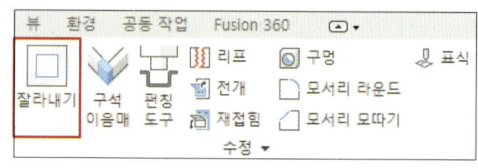

FT_05_SHEETCutSample파일을 열어 형상을 확인합니다.

치수의 가시성이 비활성화 되어 있지만 해당 스케치는 완전 정의된 스케치입니다.

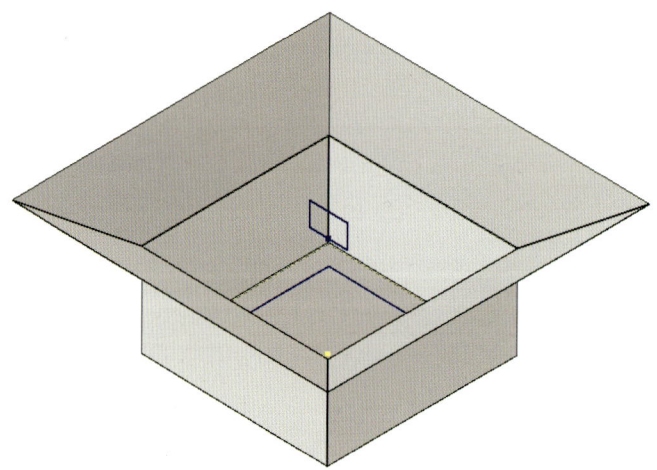

판금 탭>수정 패널>잘라내기을 클릭합니다. 예제 내에는 두 개의 닫힌 영역으로 생성된 스케치가 한 개 이상 이기 때문에 자동으로 잘라내기 할 영역이 선택되지 않았습니다. 잘라내기 기능은 간단히 프로파일과 거리 방향으로 구분되어 있습니다. 바닥부의 스케치를 선택하면 아래 그림과 같이 범위 및 두께 영역이 활성화되는 것을 확인할 수 있습니다.

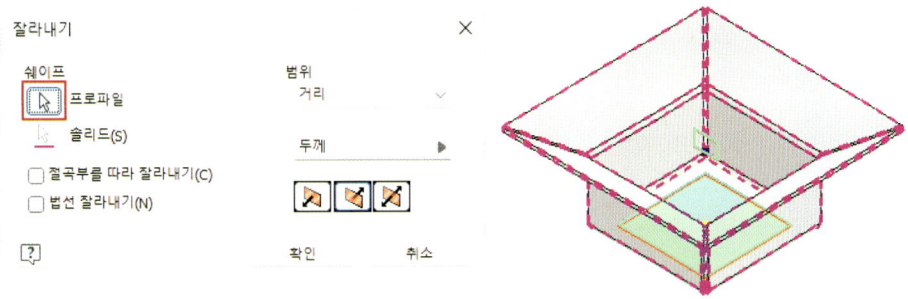

[그림 5-12] 잘라내기 프로파일 선택 시

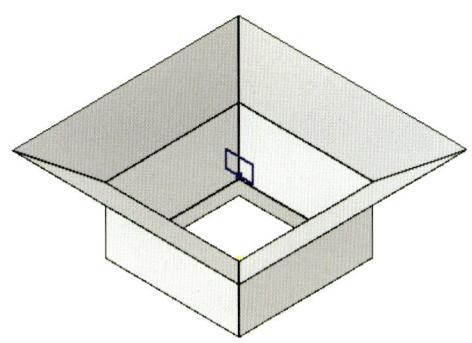

옵션은 두 가지를 제공하고 있습니다. 이 두 개의 옵션은 필요할 경우에 따라 설정하여 형상에 반영할 수 있으며 절곡부를 따라 잘라내기는 직관적으로 표현되었기 때문에 절곡부가 있을 경우 자를 것인지 유무를 설정하는 옵션입니다. 해당 옵션을 활성화할 경우 스케치가 절곡부에 걸쳐있을 경우 절곡부도 함께 자르며 비활성화 되어 있을 경우에는 절곡부를 무시하고 나머지 판금 영역만 잘라냅니다.

법선 잘라내기 옵션의 경우에는 위에 설명된 사항과 같이 법선 잘라내기 옵션이 활성화된 상태에서 잘라낼 경우에는 판금 형상이 펼쳐진 상태에서 컷이 되는 것이며 법선 잘라내기 옵션이 비활성화 된 상태에서 적용할 경우에는 펼쳐진 상태와 무관하게 잘립니다. 이에 대한 부분은 [그림 5-13]와 [그림 5-14]을 통해 확인할 수 있습니다.

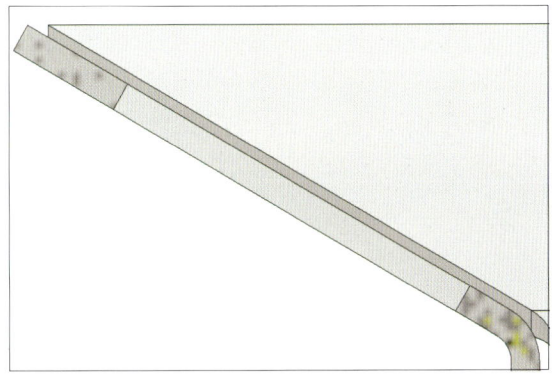

[그림 5-13] 법선 잘라내기 옵션 활성화

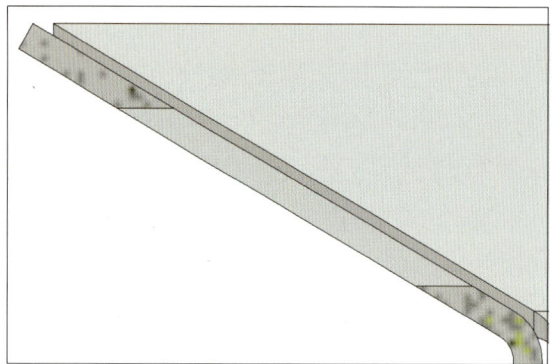

[그림 5-14] 법선 잘라내기 옵션 비활성화

잘라내기를 다시 실행한 다음 나머지 스케치를 선택하여 아래와 같이 설정한 후 잘라냅니다.

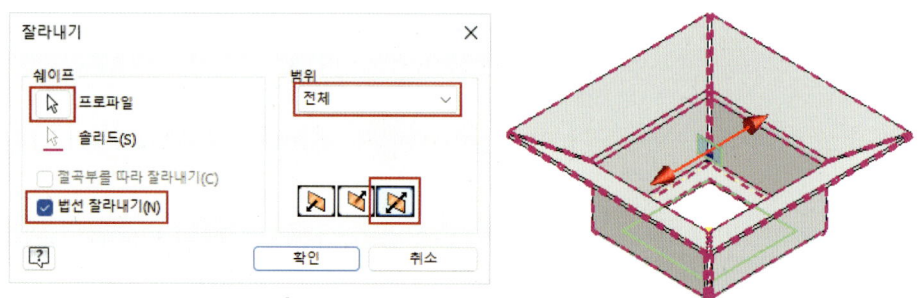

[그림 5-15] 잘라내기 적용 옵션

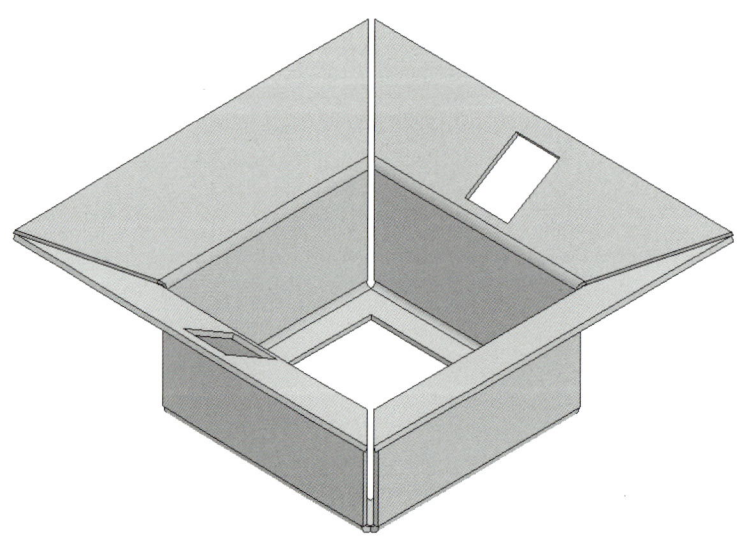

2) 리프

판금 탭>수정 패널>리프를 통해 별도의 스케치 없이 면과 점을 선택하여 필요한 위치에 판금에 틈을 생성할 수 있습니다. 판금 형상을 구성하는 기능 중 로프트 기능을 사용하여 판금 형상을 구성했을 경우 틈이

존재하지 않을 때에는 전개도를 생성할 수 없기 때문에 전개도를 구성하기 위해서는 리프 기능을 통해 판금 형상 사이에 틈을 생성하여 이에 대한 전개도가 자동으로 생성되도록 구성할 수 있습니다.

FT_05_SHEETLipSample파일을 열어 형상을 확인합니다.

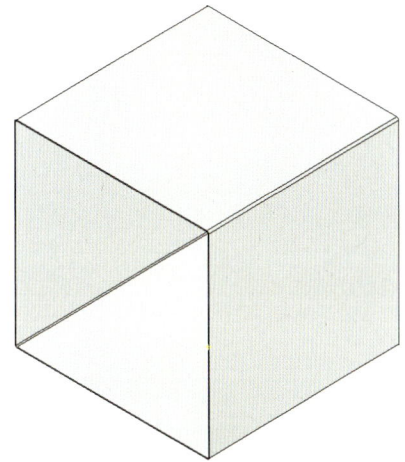

판금 탭>수정 패널>리프을 클릭합니다. 별도로 발생된 리프 창 내에서 리프를 배치할 면과 점을 선택하고 방향 지정과 구성될 리프의 간격을 지정하여 필요한 위치에 점을 구성하고 해당 점 위치에 리프를 생성할 수 있습니다.

리프를 쉽게 구성할 수 있도록 평면들을 활용하여 구성된 작업점1이 있으며 리프 기능 적용 시 해당 작업점을 통해 구성할 수 있습니다. 아래 그림과 같이 리프 면과 작업 점을 지정합니다.

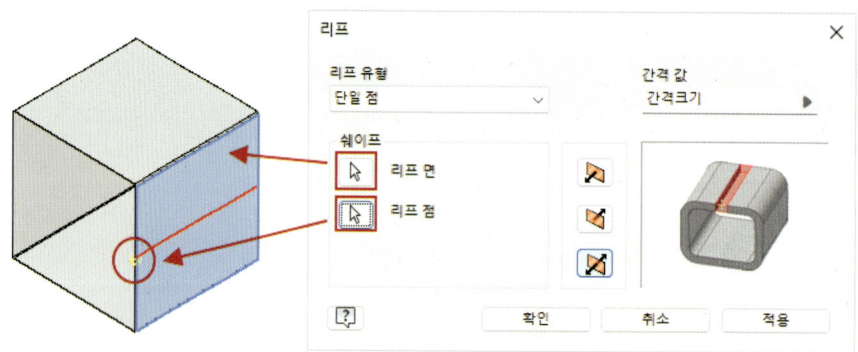

[그림 5-16] 리프 면 및 점 지정

리프 점을 지정한 후에는 해당 점의 위치에서 판금 형상에 틈이 생성되는 것을 확인할 수 있으며 이 틈의 크기는 간격 값에 입력하여 필요한 틈의 크기로 생성할 수 있습니다. 기본 값으로는 판금의 두께 값이 자동으로 인식되어 입력되기 때문에 별도의 값이 필요한 경우 간격크기 칸을 클릭하여 새로운 값을 입력합니다.

아래과 같이 설정한 후 확인하여 리프를 완성합니다.

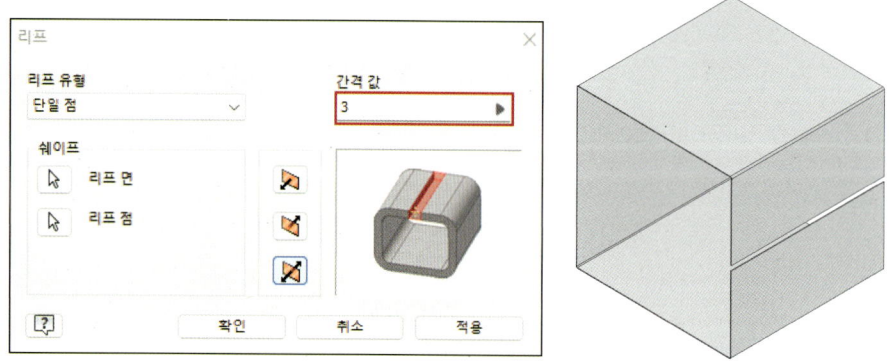

[그림 5-17] 판금의 리프

〈NOTE〉

리프가 생성되어 있고 없고에 따라 판금 탭〉플랫 패턴 패널〉플랫 패턴 작성을 클릭했을 때에 결과가 다릅니다. 리프가 없을 경우에는 펼쳐지지 않고 형상 그대로이며 리프를 생성한 후에는 정상적으로 펼쳐지며 전개도가 생성되는 것을 확인할 수 있습니다.

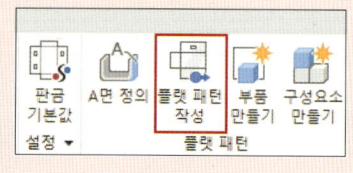

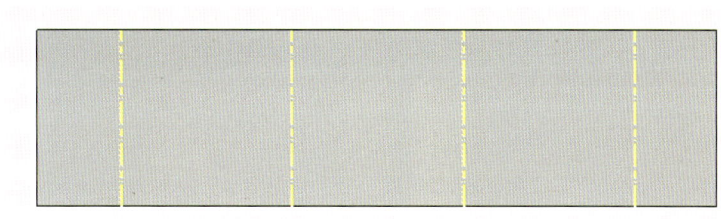

[그림 5-18] 리프 생성 후 플랫 패턴 작성

정상적으로 판금 형상이 펼쳐진 후에는 [그림 5-19]와 같이 플랫 패턴이 모형 검색기에 뜨는 것을 확인할 수 있으며 이후에는 플랫 패턴 작성 기능이 아닌 플랫 패턴으로 이동으로 명칭이 변경됩니다.

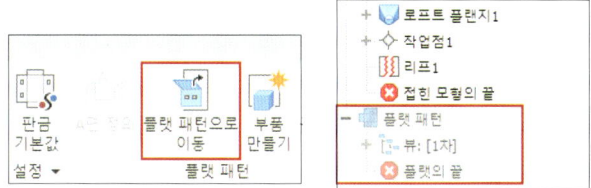

[그림 5-19] 모형 검색기 내의 플랫 패턴 및 플랫 패턴으로 이동 기능

플랫 패턴으로 활성화된 상태에서는 판금 절곡 순서를 지정할 수 있도록 아래와 같이 '절곡부 순서 주석' 기능이 표시됩니다.

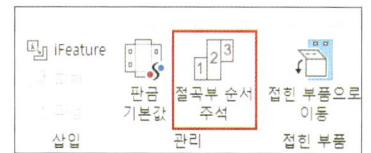

실행할 경우 자동으로 절곡 순서가 아이콘 번호와 함께 판금 형상에 생성되며 각 아이콘을 클릭하여 절곡 순서를 변경할 수 있습니다. 이렇게 변경된 절곡 순서는 도면 작업을 할 경우 도면에 표기할 수 있습니다.

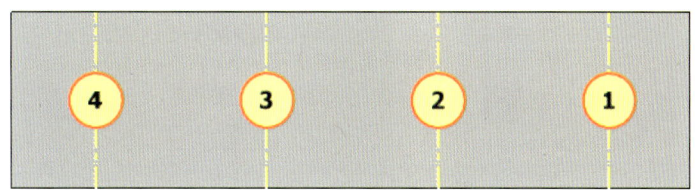

실습 1 : 판금 부품 시작하기

이 실습에서는 학습할 내용은 아래와 같습니다.

- 판금 작업을 위한 기본 스타일 정의하기
- 면, 플랜지, 컨투어 플랜지 피쳐 생성하기

01 새로 만들기 하여 Sheet Metal.ipt 파일을 선택하고 작성 버튼을 클릭합니다.

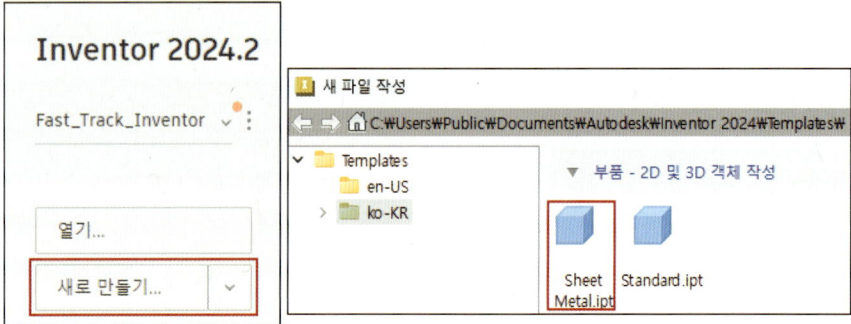

02 판금 탭>설정 패널>판금 기본값을 클릭합니다.

03 판금 규칙을 편집하기 위해 대화 상자의 판금 규칙 편집 버튼을 클릭합니다.

04 시트 탭에서 두께를 3mm 입력합니다.

05 절곡부 탭에서 절곡부 반경, 절곡부 릴리프 모양과 크기와 같은 환경 설정을 할 수 있으며 아래와 같이 변경합니다.

06 구석 탭에서 모서리에 적용할 모서리 릴리프의 모양과 크기를 설정할 수 있습니다.

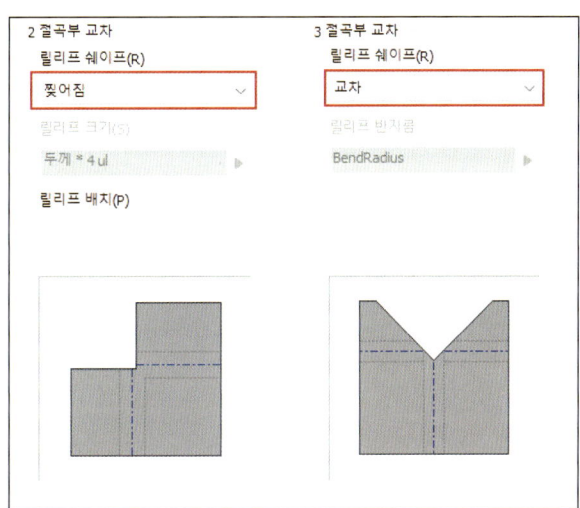

07 대화 상자의 저장 및 닫기를 클릭하여 창을 닫습니다.

〈NOTE〉

전개 규칙은 판금 부품의 접기 및 펼침 방법을 정의합니다. 새로운 전개 규칙을 수정하거나 설정하려면 판금 기본값 대화 상자에서 전개 규칙 편집 버튼을 클릭합니다. 선형 방법 (K 계수지정), 절곡부 테이블 또는 사용자 방정식 입력을 선택하여 펼치기 규칙을 정의할 수 있습니다.

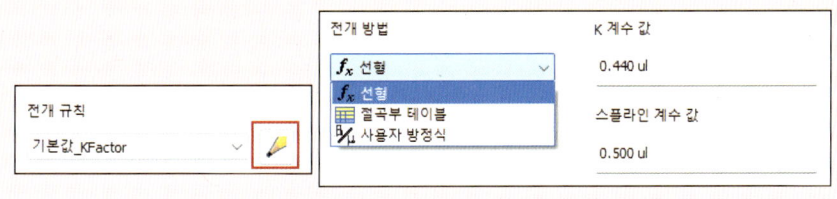

08 판금 탭>스케치 패널>2D스케치 시작 도구를 클릭합니다.

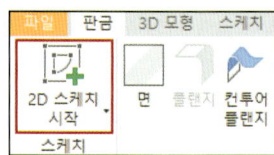

09 XZ평면을 클릭합니다.

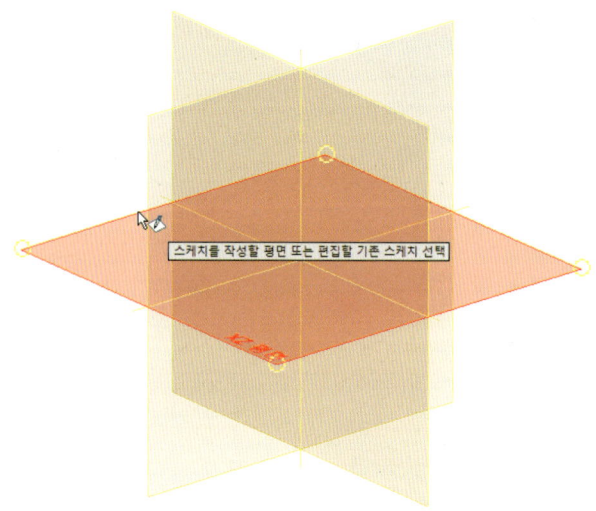

10 스케치 탭>작성 패널>직사각형 두 점 중심 도구를 클릭합니다.

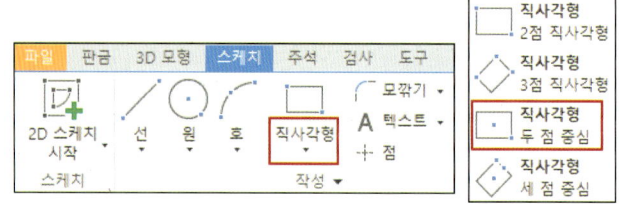

11 아래와 같이 스케치한 후 스케치 마무리를 클릭합니다.

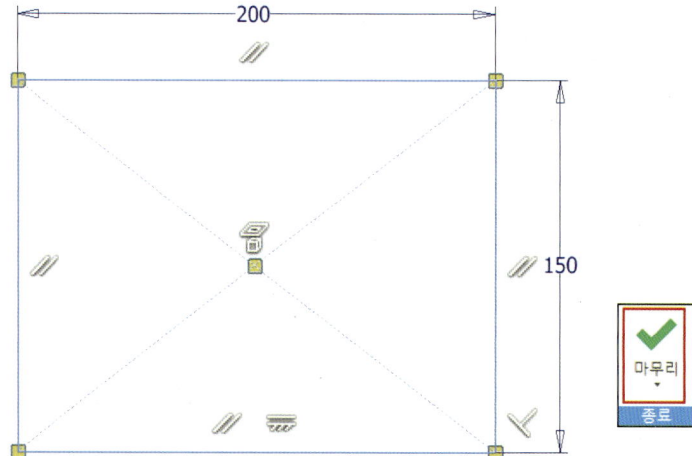

12 판금 탭>작성 패널>면 도구를 클릭합니다.

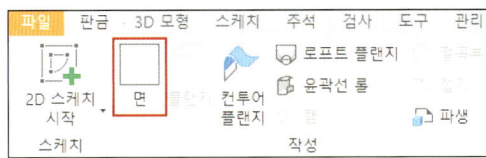

13 확인 버튼을 클릭합니다.

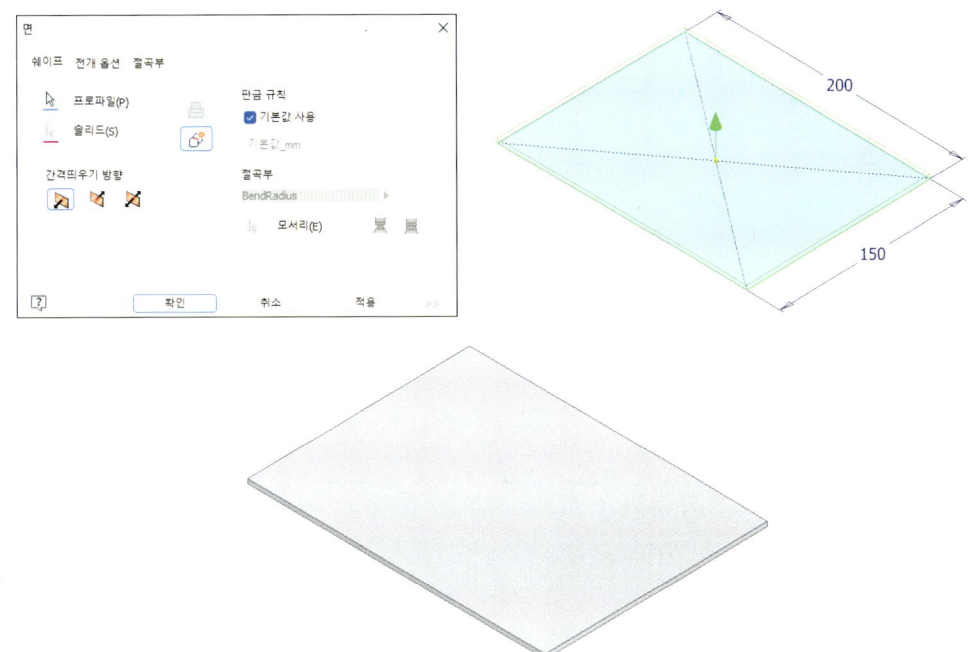

14 판금 탭>작성 패널>플랜지 도구를 클릭합니다.

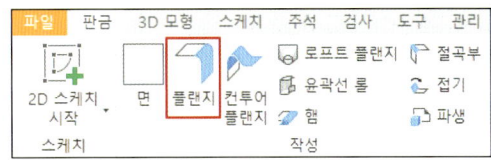

15 모서리를 아래와 같이 선택하고 거리를 100mm 입력합니다.

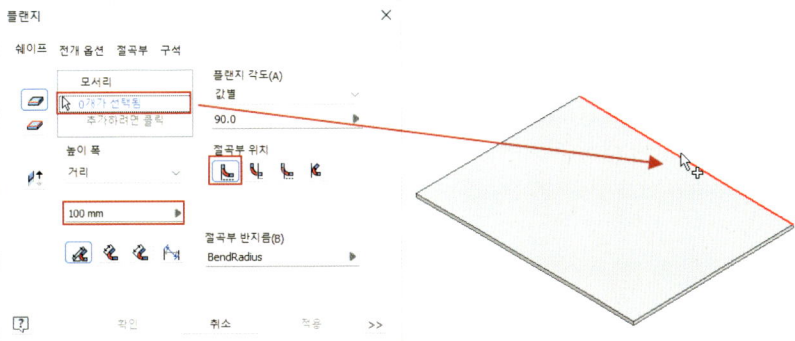

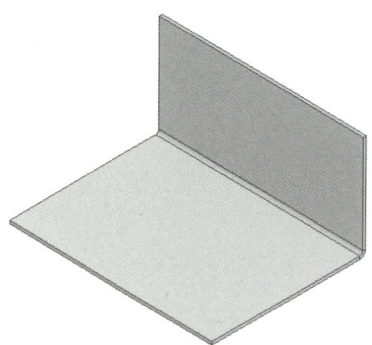

16 판금 탭>스케치 패널>2D스케치 시작 도구를 클릭합니다.

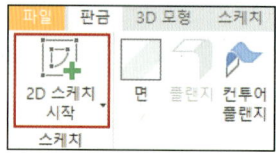

17 스케치하기 위해 아래와 같이 솔리드 면을 클릭합니다.

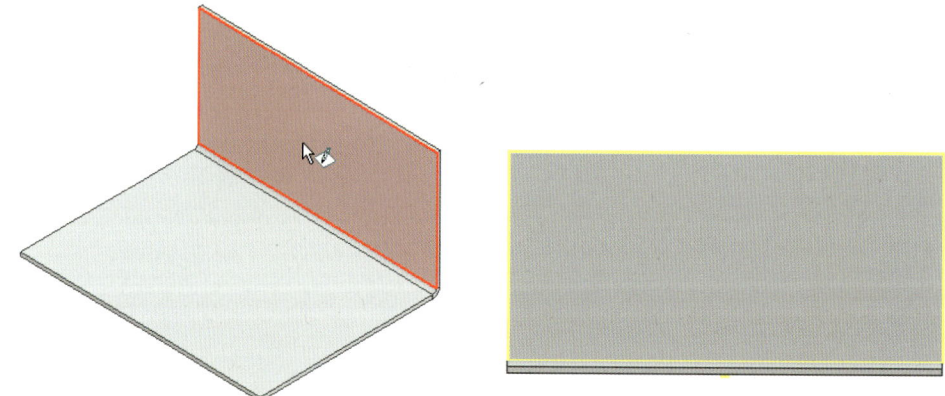

18 스케치 탭>작성 패널>선 도구를 클릭합니다.

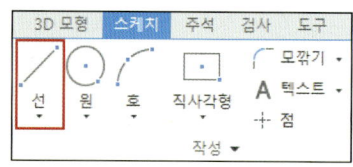

19 아래와 같이 ㄱ자로 아래 부분까지 연결하여 선을 그려 줍니다. 스케치 마무리를 클릭합니다.

20 판금 탭>작성 패널>컨투어 플랜지 도구를 클릭합니다.

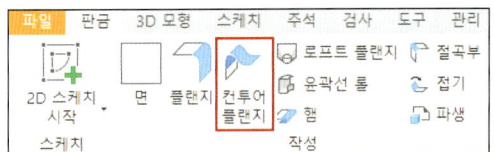

21 프로파일과 모서리를 아래와 같이 선택합니다.

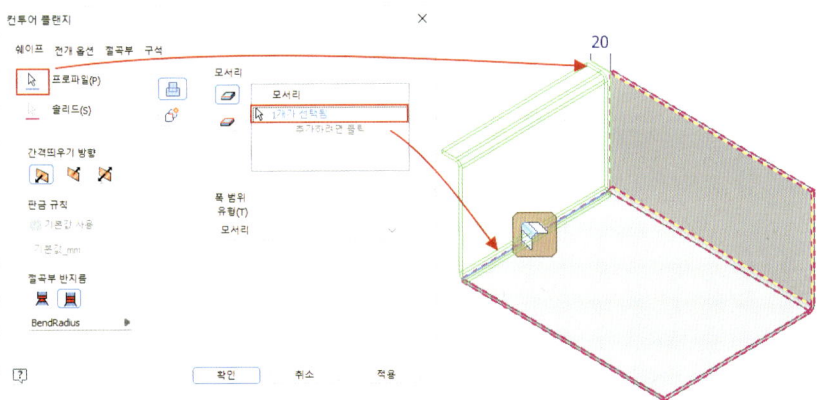

22 확인 버튼을 클릭하여 완료합니다.

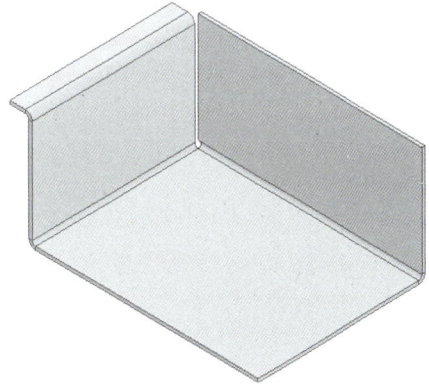

23 뷰 큐브를 선택하여 뷰를 전환합니다.

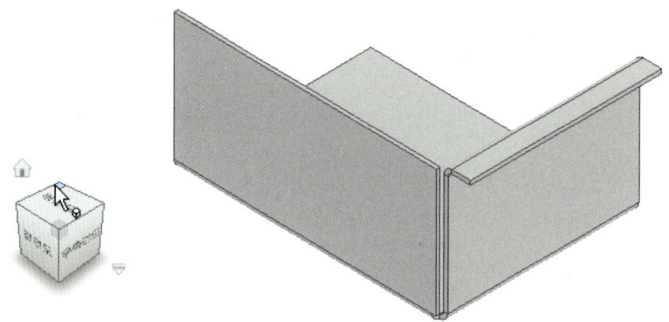

24 판금 탭>수정 패널>구석 이음매 도구를 클릭합니다.

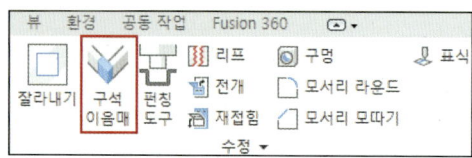

25 두 개의 모서리를 선택하여 구석 이음매는 아래와 같이 설정합니다.

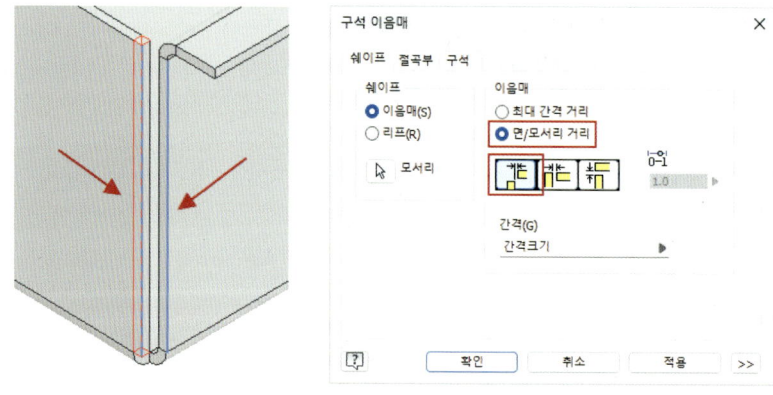

26 확인을 클릭하여 완료합니다.

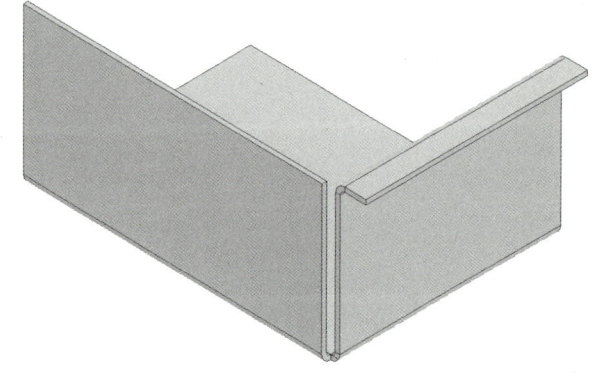

실습 2 : 판금 부품 생성하기

이 실습에서는 학습할 내용은 아래와 같습니다.

- 면, 절곡부, 미러 피쳐 생성하기
- 전개도 작성하기

01 빠른 진입을 위해 신속 막대 도구에서 면을 선택하고 스케치 작성을 클릭합니다.

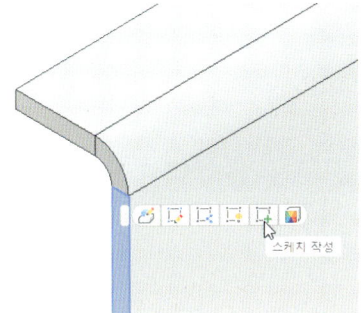

스케치 탭>작성 패널>직사각형 도구를 클릭합니다.

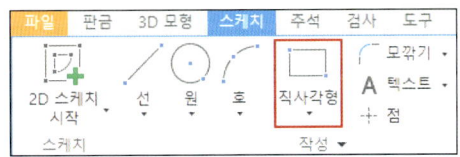

02 아래와 같이 스케치하여 완료합니다.

03 판금 탭>작성 패널>면 도구를 클릭합니다.

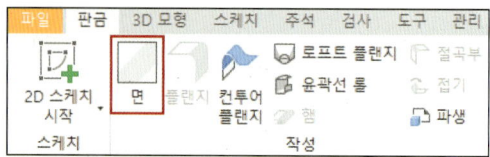

04 아래와 같이 프로 파일이 자동선택 되며 방향을 확인하여 확인 버튼을 클릭합니다.

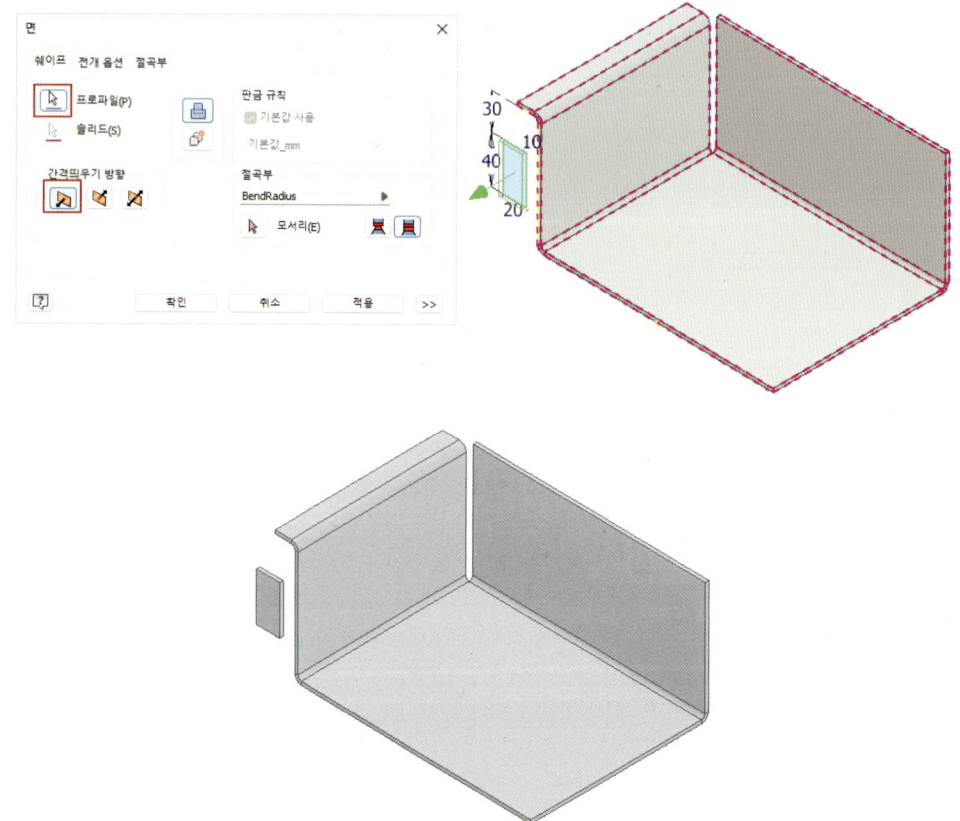

05 판금 탭>작성 패널>절곡부 도구를 클릭합니다.

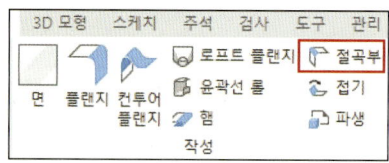

06 두 개의 모서리를 선택하여 절곡부 미리보기를 확인한 다음 확인을 클릭합니다.

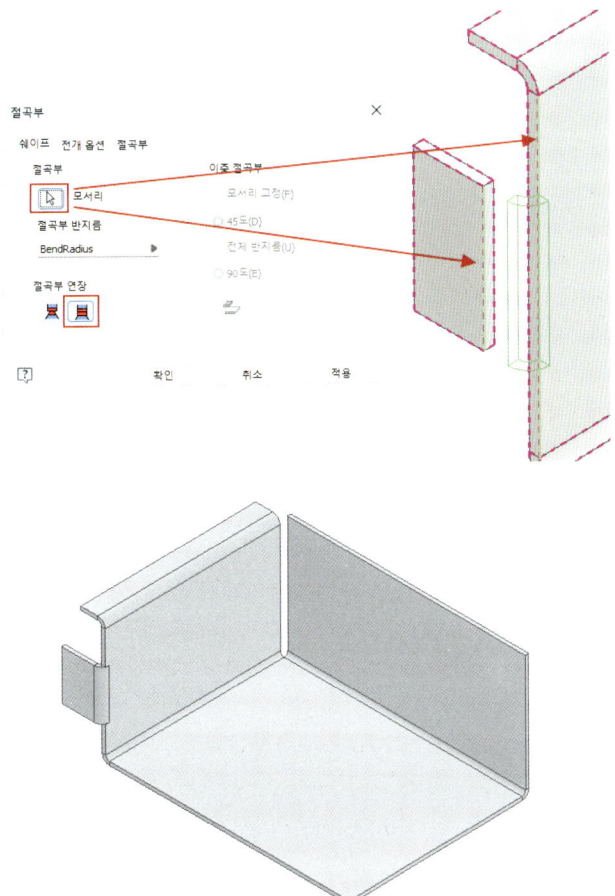

07 판금 탭>패턴 패널>미러 도구를 클릭합니다.

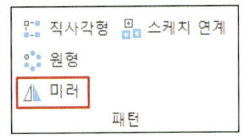

08 피쳐와 미러 평면을 클릭합니다. 이때 모형 검색기의 피쳐를 선택해도 되며 형상을 직접 선택할 수도 있습니다.

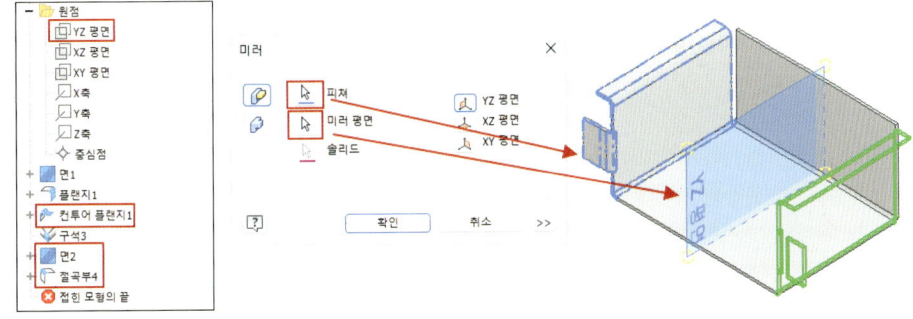

09 확인을 클릭합니다.

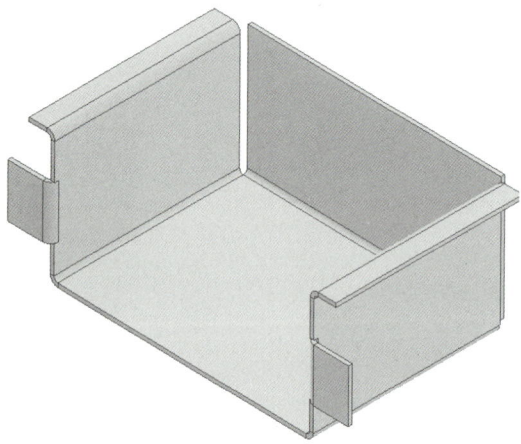

10 판금 탭>플랫 패턴 패널>플랫 패턴 작성 도구를 클릭합니다.

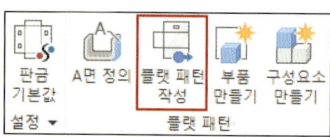

11 플랫 패턴 탭>관리 패널>절곡부 순서 주석 도구를 클릭합니다.

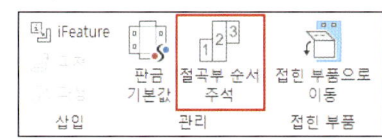

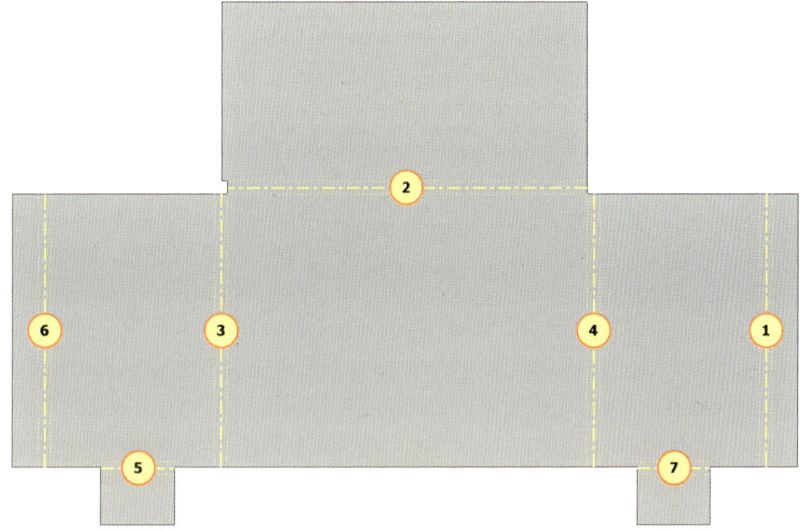

12 절곡부 주석의 순서를 변경하기 위해 표시된 풍선을 클릭하여 5에서 7로 변경한 후 확인을 클릭합니다.

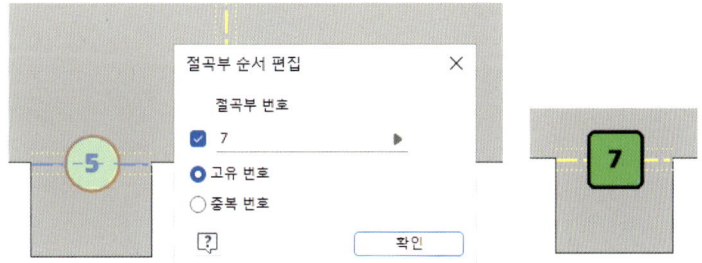

13 플랫 패턴 탭>접힌 부품 패널>접힌 부품으로 이동 도구를 클릭합니다.

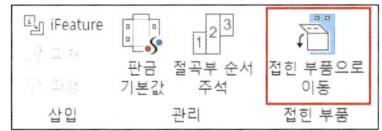

14 저장 버튼을 클릭하여 이름을 FT_SheetMetal로 입력한 후 저장합니다.

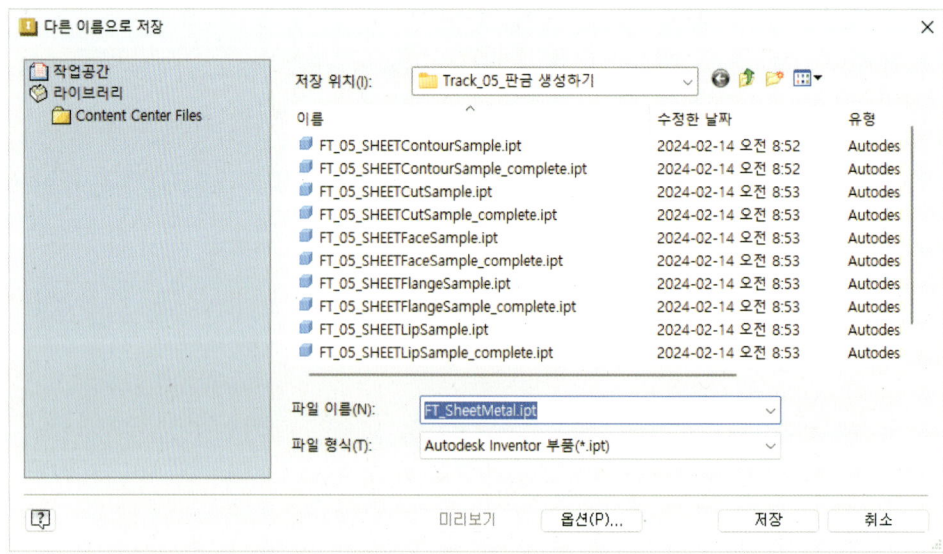

Track

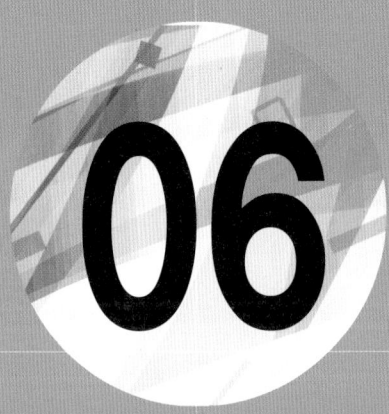

구속을 사용하여 조립하기

01 조립품 시작하기

인벤터에서는 여러 방법으로 구성요소를 조립할 수 있습니다. 그 중에 구속을 사용하여 구성요소를 조립하는 방법이 인벤터 조립품을 만드는 가장 기본적인 방법입니다.

부품과 마찬가지로 새로운 조립품에는 몇 가지 공통적인 특성이 있습니다. 표준화된 템플릿을 사용하면 회사 표준 정보를 반복하여 정의하지 않아도 되므로 조립품을 생성할 때 시간을 절약할 수 있습니다. 따라서 표준 템플릿을 사용하면 어느 설계자든지 동일한 설계에서 시작할 수 있습니다.

새 조립품을 생성하여 이름을 지정했으면 조립품에 부품을 추가할 수 있습니다. 부품 모델에 설계 의도가 있는 것처럼 조립품에도 설계 의도가 있습니다. 조립품의 설계 의도는 맨 처음 조립된 구성요소와 사용자가 조립하는 동안에 사용한 구속을 기반으로 결정됩니다.

설계 의도는 조립품을 편집하고 재생성할 때 조립품이 예측 가능한 방식으로 업데이트됨을 의미하기 때문에 중요합니다. 인벤터에서는 메이트, 플러쉬, 삽입, 각도와 같은 다양한 유형의 구속이 있습니다.

인벤터 조립품의 환경은 기본적으로 아래와 같이 Standard.iam 파일로 시작합니다.

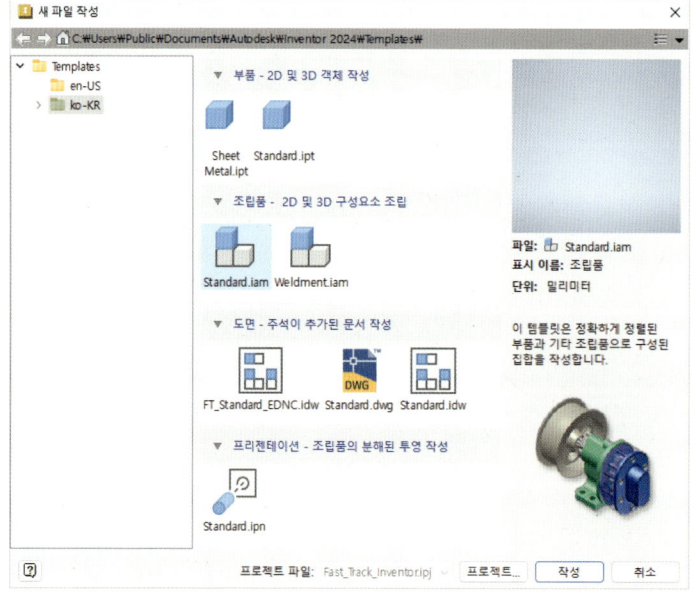

아래는 조립품 환경의 탭 구성입니다. 이때 일부 도구는 비활성화 되는데 구성 요소를 삽입하거나 조립품을 열기 하였을 때만 활성화됩니다.

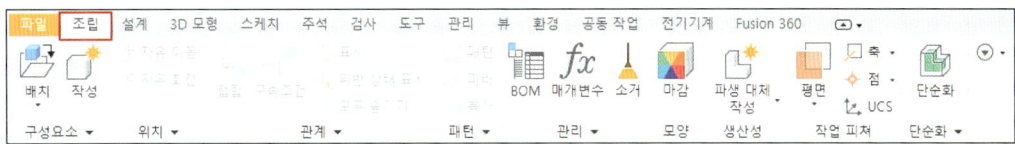

02 조립 방식의 유형

인벤터는 크게 하향식 조립과 상향식 조립의 두 가지 유형으로 조립품을 생성할 수 있습니다. 이상적으로는 하향식 조립의 방법을 추천하나 현실적으로는 상향식을 대부분 활용하고 있습니다.

인벤터로 설계를 할 때는 무조건 위의 두 가지 중에 하나만 골라서 사용하지 않습니다. 기본 방식은 하향식으로 쓰되 중간에 상향식을 섞어서 쓰기도 하며 상향식을 기본으로 하고 하향식을 섞어서 사용하기도 합니다. 두 가지를 적절하게 활용하는 방식을 Middle Out 방식이라고 합니다.

어떠한 방식이 더 좋은 것은 아니며 각자의 설계 환경에 알맞게 사용하는 것이 매우 중요 합니다.

상향식 조립

가장 하위에 있는 부품부터 작성한 뒤 그 부품을 조립 혹은 부분 조립도를 작성하며 최종적으로는 전체 조립도를 만들게 됩니다. 아래 구조부터 위의 구조 순서로 작성되어 Bottom up 방식이라고도 합니다.

하향식 조립

대략적인 레이아웃이 작성되어 전체 조립도가 먼저 나오게 되고 이것을 세분화시켜서 부분 조립도가 나오게 됩니다. 다시 이 부분 조립도를 세분화하여 부품도가 나오게 됩니다. 위의 구조부터 아래 구조 순서로 작성 되어 Top Down 방식이라고도 합니다.

〈NOTE〉 탑다운 어셈블리의 장단점
장점 : 모든 설계를 일괄적으로 제어할 수 있습니다. 따라서 설계 수정에 대해서 신속하게 대응할 수 있습니다.
단점 : 레이아웃 구성요소를 작성하는 시간이 많이 걸리며 설계 제품에 대한 이해 없이는 작성할 수 없습니다. 따라서 초보자가 접근하기에 무리가 있으며 많은 경험과 숙련도를 필요로 합니다.

03 조립품 구속을 사용하여 조립하기

조립 탭>관계 패널>구속 조건

인벤터에서는 5가지 유형의 조립품 구속 조건과 2가지 유형의 모션 구속을 사용하여 구성 요소를 조립합니다. 대부분의 구속은 조립품의 부품 간에 적용됩니다. 조립품의 설계 의도를 기반으로 구속을 선택해야 부품 치수를 변경할 때에도 조립품에서 예상대로 반응합니다.

- **조립품** : 메이트, 플러쉬, 삽입, 각도, 접선, 대칭
- **동작** : 회전, 회전-변환
- **변이** : 면을 따라 이동

[그림 6-1] 구속조건 배치 창

3.1 조립품의 구조

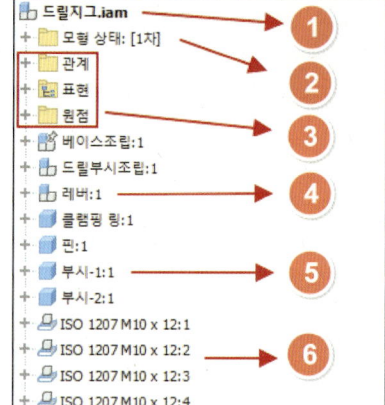

① 메인 조립품 : 가장 상위에 존재하는 조립품입니다.
② 모형 상태 : 부품 또는 조립품의 여러 표현을 사용할 수 있습니다.
③ 관계: 조립품 내에 존재하는 모든 구속조건의 리스트입니다.
　표현 : 뷰의 가시성 및 억제를 만들기 하여 리스트를 보고 관리합니다.
　원점 : 조립품 환경의 기본 피쳐를 볼 수 있습니다.
④ 하위 조립품 : 조립품 환경에 포함된 하위 조립품입니다. 조립품의 복잡성이 더 클수록 조직 및 성능을 위해 여러 수준의 조립품을 사용해야 합니다. 작은 단위의 조립품이 여러 번 사용해야 하며 수정사항 발생이 없다면 하위 조립품으로 위치하는 것이 좋습니다.
⑤ 부품 : 조립품의 기본 구성요소로 일반 부품입니다.
⑥ 컨텐츠 센터 부품 : 컨텐츠 센터에서 가져온 인벤터의 기본 라이브러리 부품입니다.
⑦ 로컬 업데이트 : 활성 구성요소 내에서 수정사항이 발생하면 아이콘이 생성 됩니다.
⑧ 완전히 구속된 항목 표시 : 완전하게 구속됨 [●], 불충분하게 구속됨 [○] 또는 알 수없음 [-]의 총 세 가지로 표시 됩니다.

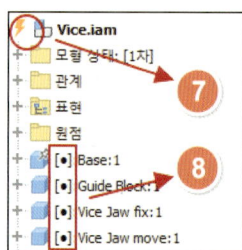

3.2 구속 조건 공통

선택 아이콘의 활용

이 버튼은 메이트 구속 조건을 실행하면 자동으로 선택됩니다. 첫 번째 구성요소의 조건을 선택한 후에는 자동으로 두 번째 구성요소를 선택할 수 있도록 전환됩니다. 사용자는 두 구성요소의 선택된 면에 표시된 법선 방향의 화살표 혹은 강조표시되는 모서리 혹은 점을 참고하여 조립할 수 있습니다. 아이콘에 표시된 선의 색상은 면에 표시된 색상과 일치하기 때문에 구별하기 수월 합니다.

먼저 부품 선택

선택 부분의 우측의 확인란은 수많은 구성요소의 복잡성으로 인해 특정 모서리나 점 등의 요소를 선택하기 어려운 상황에서 해당 구성요소를 먼저 선택하여 우선순위를 정하는 방법입니다.

조립 조건 사용 지침

구속 조건은 참조 쌍의 상대 위치를 지정하며 한 번에 하나씩 추가됩니다. 예를 들어 삽입 옵션을 사용하여 한 부품의 두 구멍을 다른 부품의 두 구멍과 정렬할 수 없습니다. 이 경우 구속을 각각 정의해야 합니다. 또한, 구속조건은 항목이 어느 하나의 부품이 아닌 양쪽 부품에 동시에 표시가 되게 되어 있습니다.

적용 버튼을 선택하기 전까지는 구속이 적용되지 않으며 적용 버튼 클릭 후에 구속조건 배치 창을 열어 놓은 채로 계속 작업할 수 있습니다.

고정 구속은 최소 1개 이상은 지정되어야 합니다.

일반적으로 구성 요소는 단일 조건으로 조립되지 않으며 2~3개의 구속 조건이 필요할 수 있습니다. 동일한 구속 조건을 여러 번 적용할 수도 있습니다.

3.3 메이트 구속 조건

메이트 구속조건은 선택한 구성요소들이 서로 마주보거나 면들이 플러쉬 상태가 되도록 배치합니다. 선택하는 형상은 보통 면이긴 하나 작업 피쳐를 포함한 평면, 모서리 또는 점을 선택할 수 있습니다.

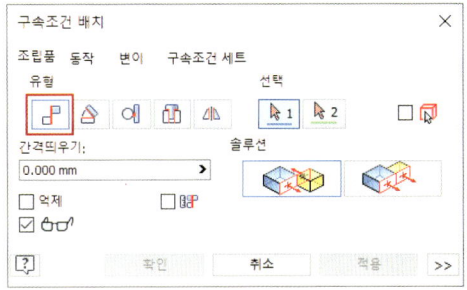

〈NOTE〉
구속조건 배치창이 열려 있는 않은 상태에서 Alt 키를 누른 채 구성요소를 해당 위치로 끌어오면 메이트 구속 조건이 자동으로 만들어집니다.
메이트 구속을 사용하면 두 평면을 동일 평면상에서 서로 마주 보도록 배치할 수 있습니다.

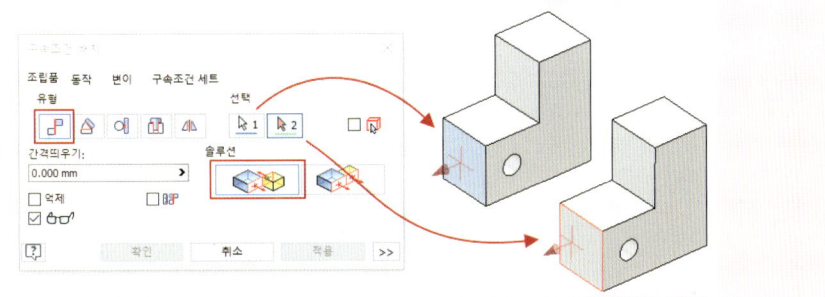

이때 화살표의 방향도 마주 보고 있습니다.

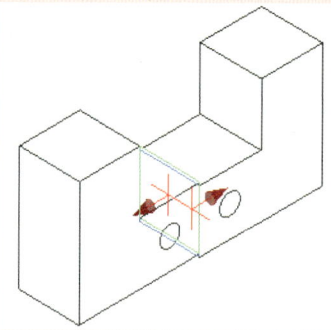

방향을 변경하기 위해서는 플러쉬 버튼을 클릭하여 두 평면이 같은 방향으로 전환합니다. 단, 다른 구속이 미리 되어 있는 경우에는 구속이 충돌된다는 에러메시지가 열립니다.

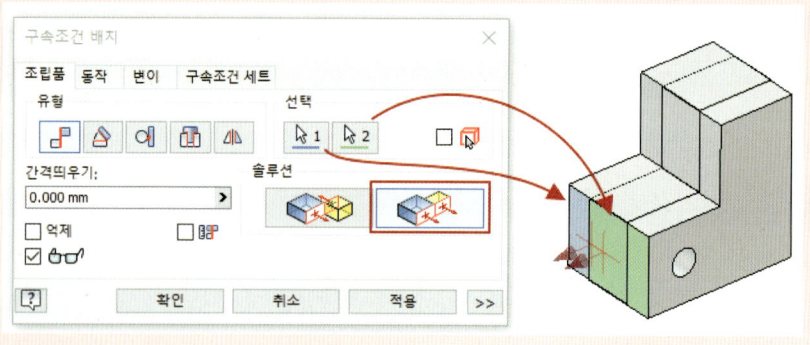

간격 띄우기

구성 요소 사이의 간격을 띄우기 위해서는 구속조건 배치 창에서 직접 입력합니다. 간격 띄우기 값이 0 이면 메이트 구성 요소가 붙어 있는 상태로 조립이 되며 거리가 입력되면 그 만큼 떨어져 배치됩니다.

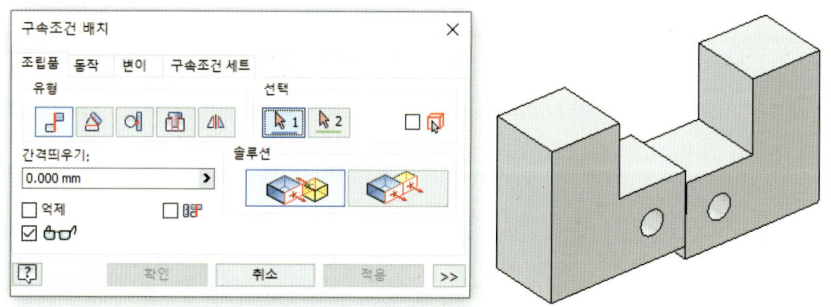

[그림 6-2] 메이트 조건을 활용한 면과 면의 조립

모형 탭의 구속 조건을 선택하면 구속조건 배치 창을 띄우지 않고도 간격띄우기 값을 넣을 수 있습니다.

억제 ☑ 억제

억제 항목을 체크하면 조립 구속 조건 적용 후에 자동으로 억제됩니다. 억제 항목 체크시 미리보기 표시는 비 활성화됩니다.

미리보기 표시 ☑ 👓

미리 보기 표시 항목을 체크하면 구성 요소의 구속 조건이 들어가면서 즉시 모델에 반영됩니다. 체크되어 있지 않는 경우에는 구속조건 배치 창에서 적용을 누르기 전까지는 모델에 변화가 없습니다.

〈NOTE〉

👓 응용프로그램 옵션의 조립품 탭의 업데이트 연기항목을 체크한 경우에는 구속조건 배치 창의 미리보기 아이콘이 비 활성화됩니다. 어느 상황에서든지 조립하는 과정의 업데이트가 필요하지 않는 경우는 이 옵션을 설정합니다.

간격 띄우기 및 간격 예측 ☐

간격 띄우기 및 간격 예측 항목을 체크하면 현재 구성 요소 위치에서의 거리가 자동으로 표시되며 조립 후의 방향 또한 예측할 수 있습니다.

메이트 구속을 사용하여 정렬하기

두 축 사이에 메이트 구속조건을 작성할 때 반대 및 정렬을 사용하여 축 방향을 조정합니다. 작업 피쳐를 활용하여 두 축을 일치되도록 만들거나 두 점을 선택하여 일치시킬 수도 있습니다.

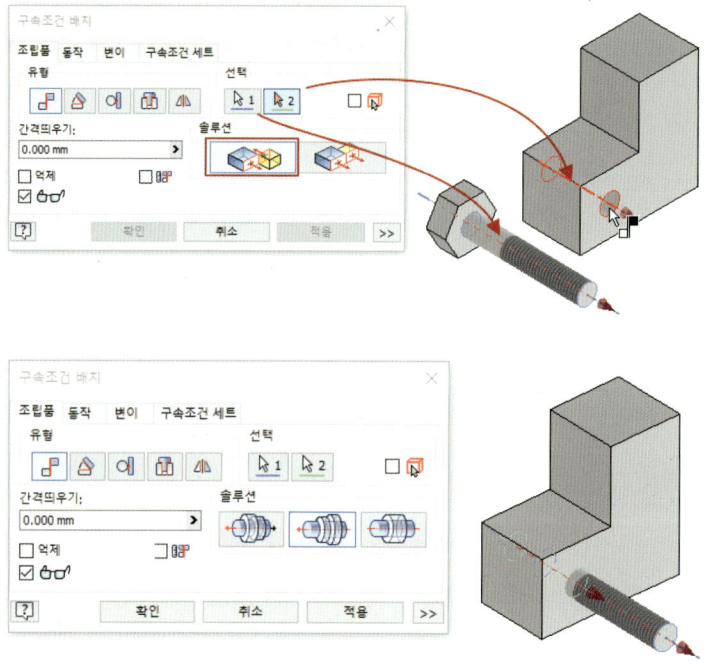

[그림 6-3] 메이트 조건을 활용한 축 방향 정렬

- 반대 (기본값) : 첫 번째로 선택한 구성요소의 메이트 방향을 반전합니다.

- 정렬 : 첫 번째로 선택한 구성요소의 메이트 방향을 유지합니다.

- 미지정 : 가장 가까운 축에 미지정 축 구속조건을 작성합니다.

〈NOTE〉

두 축 간에 메이트 구속조건을 배치하면 현재 방향을 유지하여 최적의 조립을 예측합니다. 예를 들어 한 가지 방향의 축1을 선택한 후 축2를 선택하면 해당 방향 유형(반대 또는 정렬)이 지정된 상태로 가장 적게 회전되는 상대 위치가 유지됩니다.

반대 또는 정렬로 구속이 들어간 경우에는 방향에 대한 구속이 들어간 상태이며 미지정의 구속을 먼저 적용한 경우에는 축끼리 정렬만 된 상태로 이 방향을 추가 구속으로 변경할 수 있습니다.

3.4 각도 구속 조건

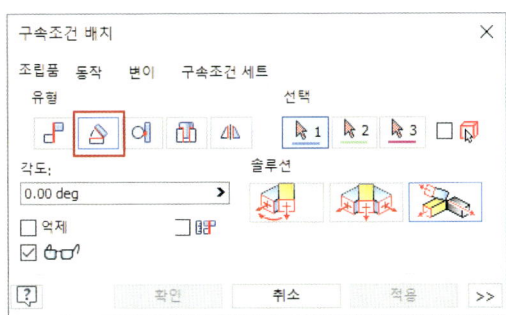

구속 명령 또는 조립 명령을 사용하여 두 조립품 구성요소 사이의 각도 구속조건을 배치합니다. 각도 구속 조건은 모서리나 평면 사이의 각도 위치를 지정하는데 사용합니다.

선택 아이콘의 활용

이 버튼은 앞서 메이트 구속 조건에서 설명한 내용과 동일 합니다.

이 버튼은 솔루션 영역에서 명시적 참조 벡터의 방법을 선택한 경우에만 활성화됩니다.

구속 조건을 적용하기 위한 면이나 축이 존재하지 않으면 만들어서 적용해야 합니다.

솔루션 영역

각 유형 영역에서의 옵션은 아래의 내용과 같습니다.

지정 각도

지정 각도를 선택하여 모든 경우에 오른쪽 규칙을 적용합니다. 각도 표시는 처음 선택한 면 기준으로 생성 됩니다.

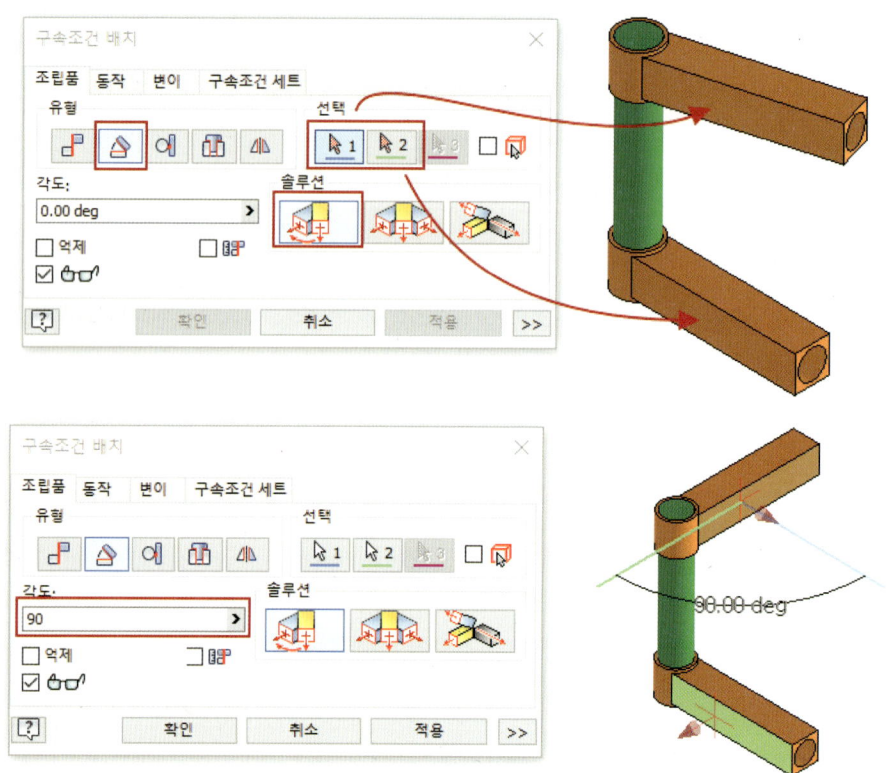

[그림 6-4] 지정 각도를 활용한 조립

미지정 각도

미지정 각도를 선택하면 기본 정렬에 대한 두 방향의 구성 요소 방향을 제한할 수 있습니다. 따라서 양쪽 방향을 모두 허용된 상태의 구속을 적용합니다.

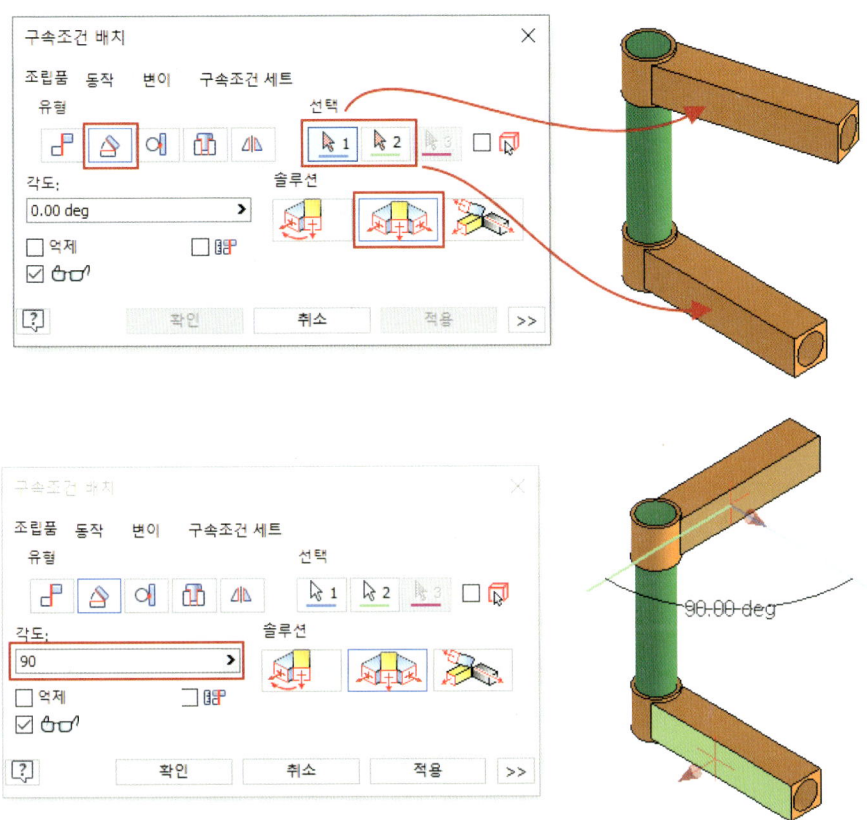

[그림 6-5] 미 지정 각도를 활용한 조립

명시적 참조 벡터

명시적인 Z방향에서 구성 요소의 이동을 허용하려면 이 옵션을 선택합니다. 이를 통해 다른 솔루션으로 전환되는 상황을 제한할 수 있습니다.

이때 참조 벡터는 움직이지 않으면서 선택한 두 면과 수직인 상태를 만들어 주시는 것이 좋습니다.

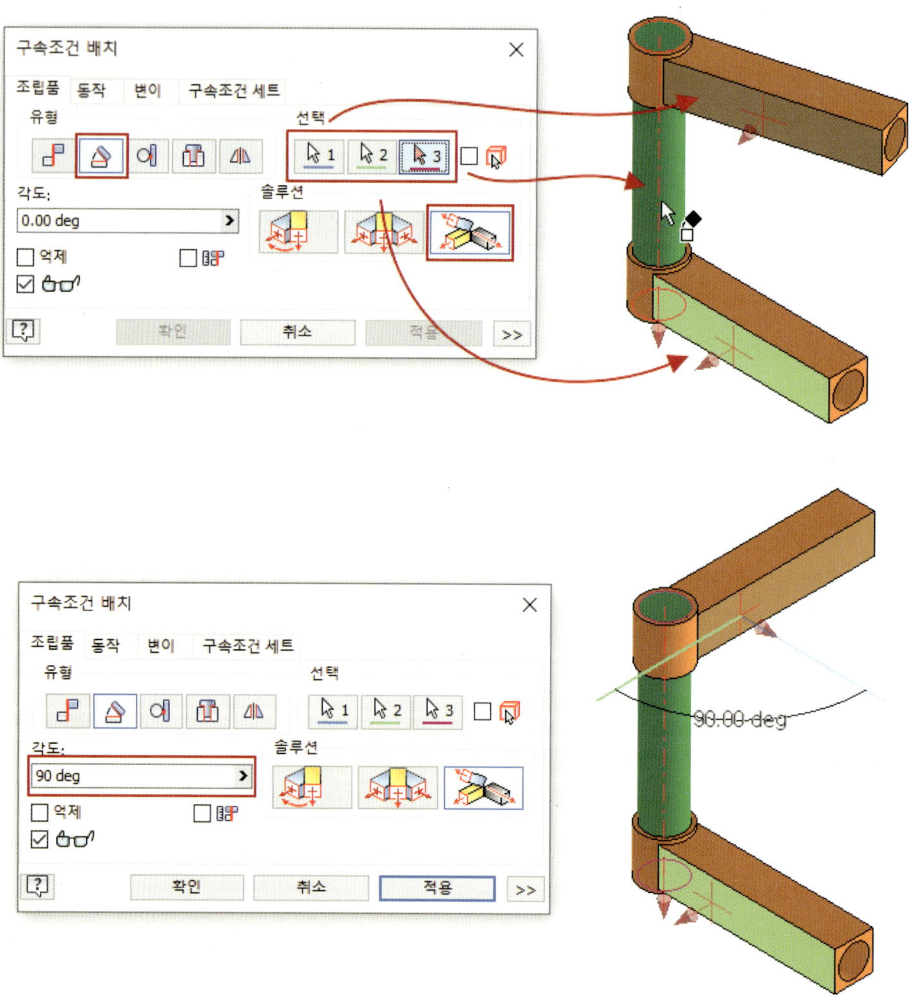

[그림 6-6] 명시적 참조 벡터를 활용한 조립

3.5 접선 구속 조건

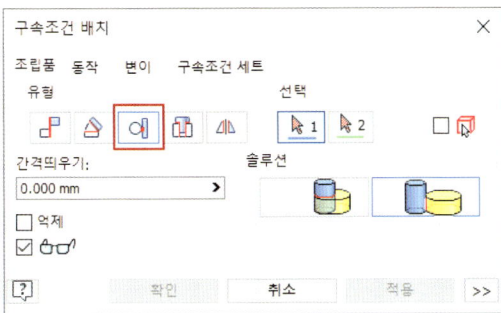

접선 구속 조건은 원통의 면이나 평면, 구 및 원추가 접하는 면에 닿도록 하는 구속입니다. 선택한 옵션에 따라 면의 안쪽 또는 바깥쪽에 위치할 수 있습니다.

솔루션 영역

솔루션 영역에서는 접선 구속에 대한 내부 및 외부 조건을 제공합니다.

내부

첫 번째로 선택한 구성요소의 면이 나중에 선택되는 구성요소의 면과 내부에서 접하게 배치됩니다.

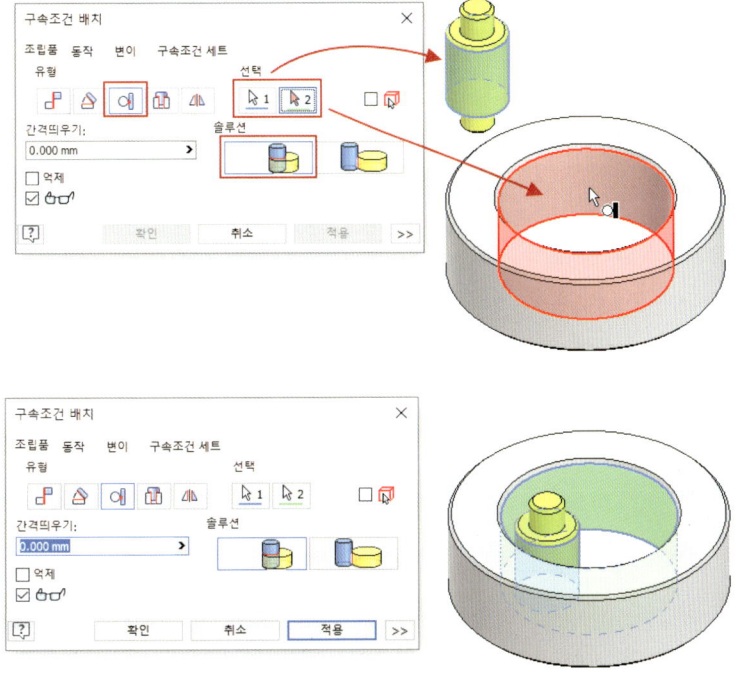

[그림 6-7] 접선 구속의 내부 조립

외부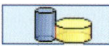

첫 번째로 선택한 구성요소의 면이 나중에 선택되는 구성요소의 면과 외부에서 접하게 배치 됩니다.

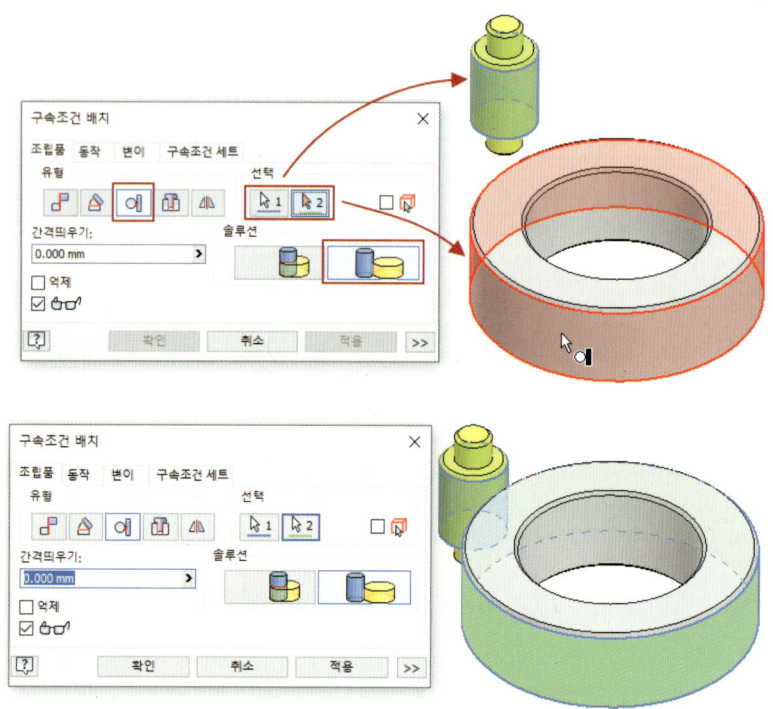

[그림 6-8] 접선 구속의 외부 조립

3.6 삽입 구속 조건

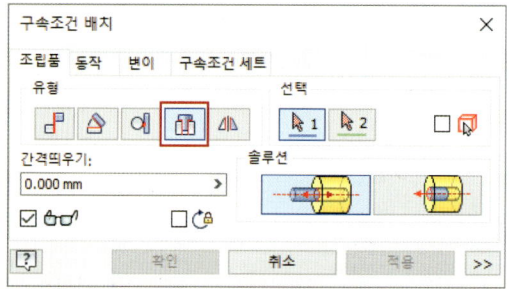

삽입 구속 조건은 두 구성요소의 축을 동일한 위치 및 방향으로 구속하는데 사용합니다. 예를 들면 볼트를 구멍에 조립할 경우 볼트 중심이 구멍의 중심과 정렬이 되도록 하고 볼트 머리의 아랫 부분이 구멍의 윗면과 결합되도록 하는데 사용됩니다.

솔루션 영역

솔루션 영역에서는 옵션을 통해 조립된 면의 동일 혹은 반대로 법선 방향을 정할 수 있습니다.

내부 및 정렬

이 옵션을 통해 두 구성요소의 연결 방향을 변경할 수 있습니다. 설계자는 구성요소간에 간섭이 일어나지 않도록 주의해야 합니다.

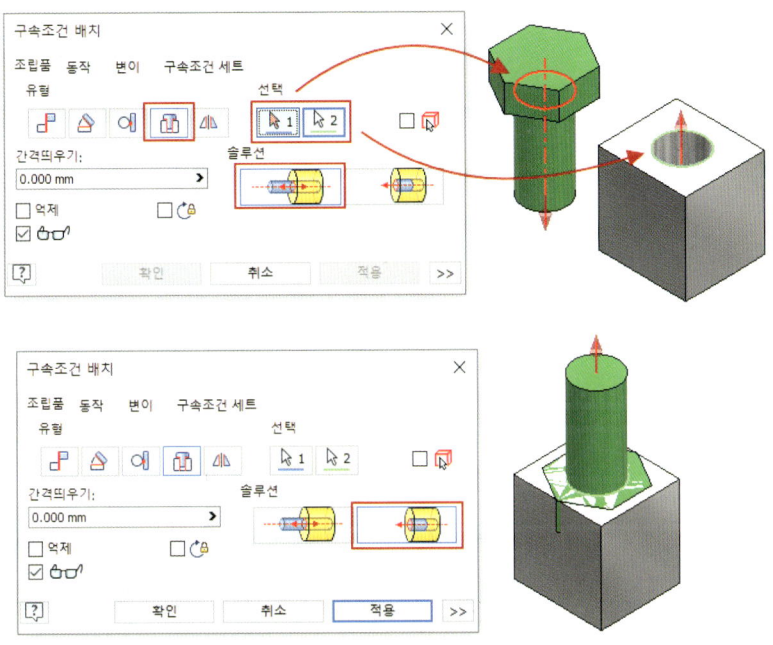

[그림 6-9] 삽입 조건의 내부 및 정렬

회전 잠금

이 옵션을 체크하면 구성요소의 축 중심의 회전 자유도를 구속할 수 있습니다. 추가 구속을 위해 각 구성요소에 작업 피쳐를 만들지 않아도 됩니다.

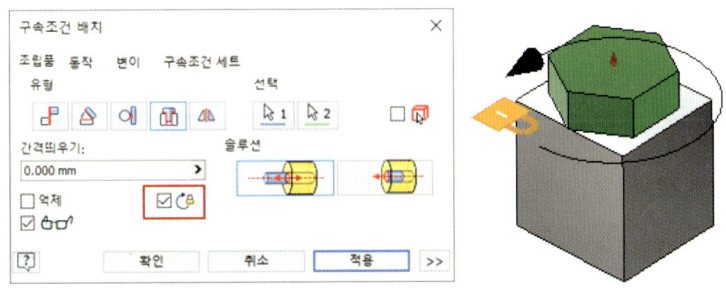

⟨NOTE⟩

삽입 구속은 앞서 설명한 메이트 구속을 활용한 정렬의 방법과 결과가 같지만 삽입 구속의 경우 모서리를 선택할 수 있으며 메이트 구속은 축만 선택할 수 있습니다. 따라서 메이트 구속은 정렬 이후에 평면이나 면 사이에 직접적인 메이트 구속이 한 번더 필요 합니다. 설계자의 작업 의도에 따라 다를 수 있으나 삽입 구속을 권장합니다.

3.7 대칭 구속 조건

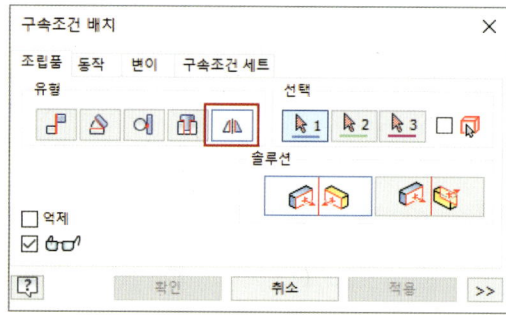

대칭 구속 조건은 두 구성 요소를 하나의 평면 기준으로 대칭을 만드는데 사용됩니다.

두 구성요소를 선택한 후 평면을 선택합니다. 두 구성 요소 모두 대칭 평면에 대해 대칭을 만들 수 있습니다.

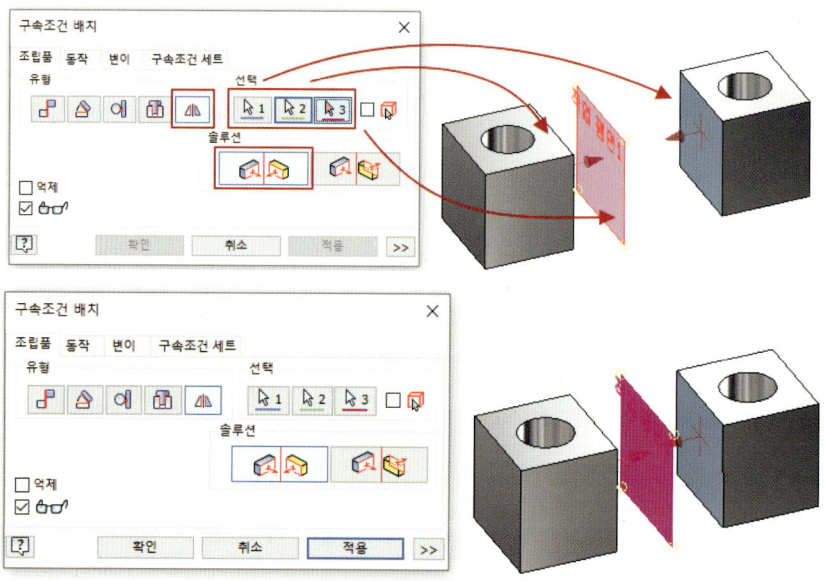

[그림 6-10] 대칭 구속 조건

04 동작 구속을 사용하여 조립하기

동작 탭은 구속조건 배치 창의 두 번째 탭으로 두 구성 요소의 회전 및 이동 동작을 지정하는데 사용합니다. 동작 구속조건은 열린 자유도에서만 작동하므로 위치 구속조건과 충돌하거나, 가변 부품 크기를 조절하거나, 고정 구속요소를 이동시키지 않습니다.

4.1 회전 유형

회전 구속 조건은 두 구성 요소의 축을 선택하여 지정한 비율로 회전하도록 하는 구속입니다. 일반적으로 회전력을 전달하는 기어 및 풀리에 사용합니다.

비율

첫 번째 선택요소가 1회전할 때 다른 부품이 회전하는 비율을 지정합니다. 예를 들어 입력란에 2를 입력한 후 처음 선택요소를 1회전 돌리면 두 번째 선택요소가 2번 회전합니다.

아래 소개된 모델의 경우는 두 구성요소의 지름을 자동으로 비율로 계산된 2.1ul (ul은 단위 없음을 의미)으로 표시됩니다. 원하는 값을 넣을 수도 있으나 그대로 둡니다. 순서를 다르게 하여 선택되었다면 현재 값의 역수인 1/2.1=0.476로 표시됩니다.

솔루션 영역

두 구성요소의 회전 방향을 지정하는데 사용됩니다.

앞으로

이 옵션을 선택하면 회전할 때 두 구성요소가 같은 방향으로 회전합니다.

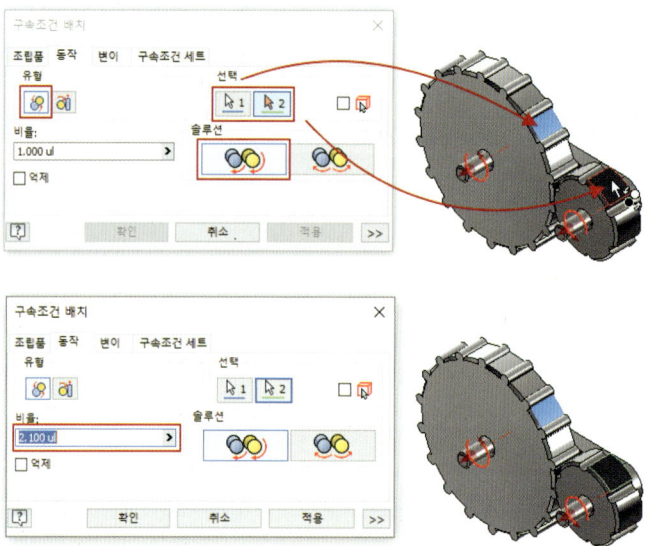

뒤로

이 옵션을 선택하면 회전할 때 두 구성요소가 반대 방향으로 회전합니다.

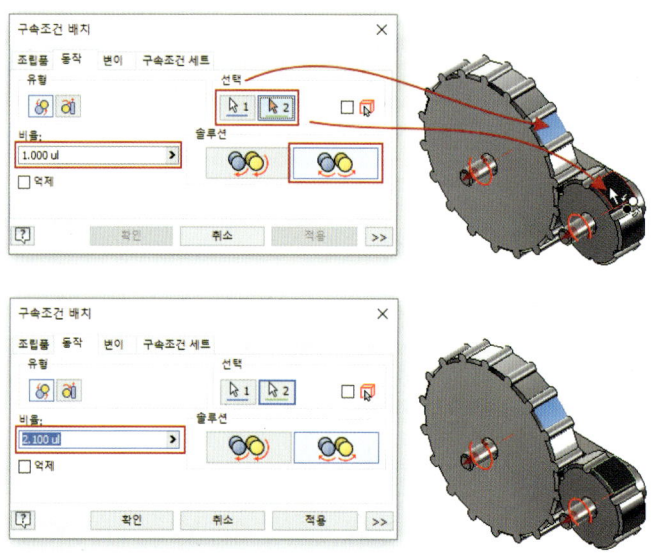

[그림 6-11] 동작의 회전 구속 조건

4.2 회전-변환 유형

회전-변환 구속은 선택한 구성요소가 지정한 거리만큼 다른 부품의 변환에 상대적으로 회전하도록 지정합니다. 일반적으로 랙 및 피니언 같은 평면형 동작을 표시하기 위해 사용합니다.

거리

첫 번째 선택요소가 1회전할 때 두 번째 선택요소가 얼마나 이동하는지를 지정합니다. 완전히 1회전할 때마다 두 번째 선택요소는 4.0mm 이동합니다. 첫 번째 선택요소가 원통형 곡면인 경우 첫 번째 선택요소의 원주인 기본 거리가 계산되어 표시됩니다.

솔루션 영역

두 구성요소의 첫 번째 구성요소가 회전할 때마다 두 번째 구성요소가 앞으로 또는 뒤로 이동할지 결정됩니다.

앞으로

이 옵션을 선택하면 첫 번째 구성요소의 회전 방향으로 두 번째 구성요소가 앞으로 이동됩니다.

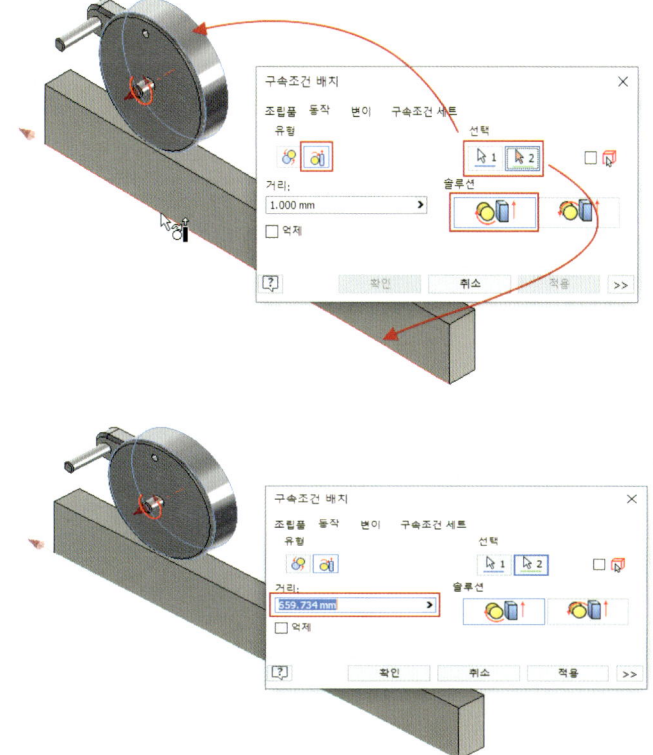

뒤로

이 옵션을 선택하면 첫 번째 구성요소의 회전 방향으로 두 번째 구성요소가 뒤로 이동됩니다.

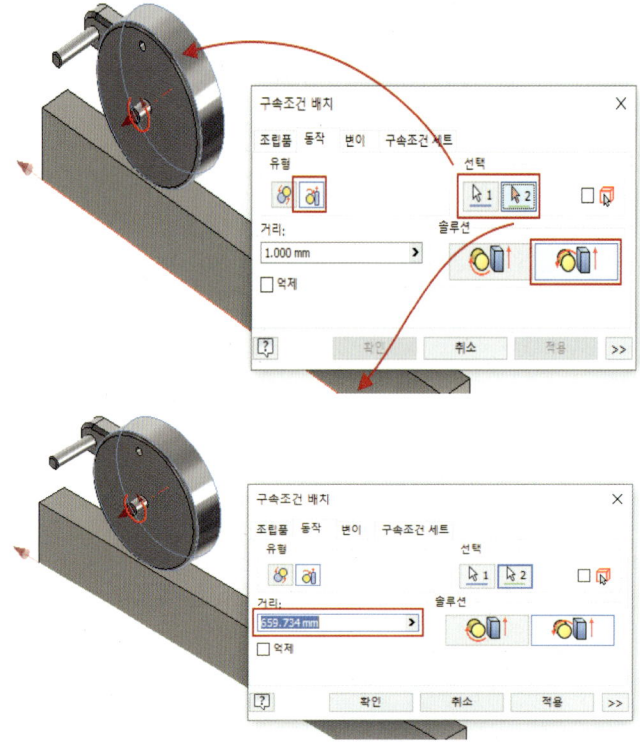

[그림 6-12] 동작의 회전-변환 구속 조건

4.3 변이 구속

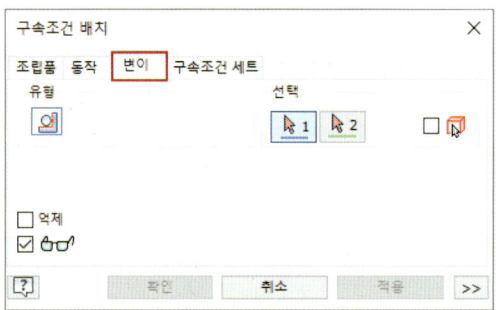

변이 구속조건은 슬롯의 캠과 같이 일반적으로 원통형 부품 면과 다른 부품의 인접한 면 세트 사이의 관계를 지정합니다. 변이 구속조건은 열린 자유도를 따라 구성요소를 이동시킬 때 면 사이에서 접촉이 유지되

도록 합니다.

아래 예시는 일정하지 않은 슬롯의 형상을 따라서 핀이 접촉되어 이동되는 변이 구속조건을 보여줍니다. 이렇게 하면 슬롯이 회전하면서 핀을 통해 연결된 구성요소의 구동을 전달할 수 있게 됩니다. 변이 구속조건 적용 후에 마우스 드래그 회전으로 움직임을 확인합니다.

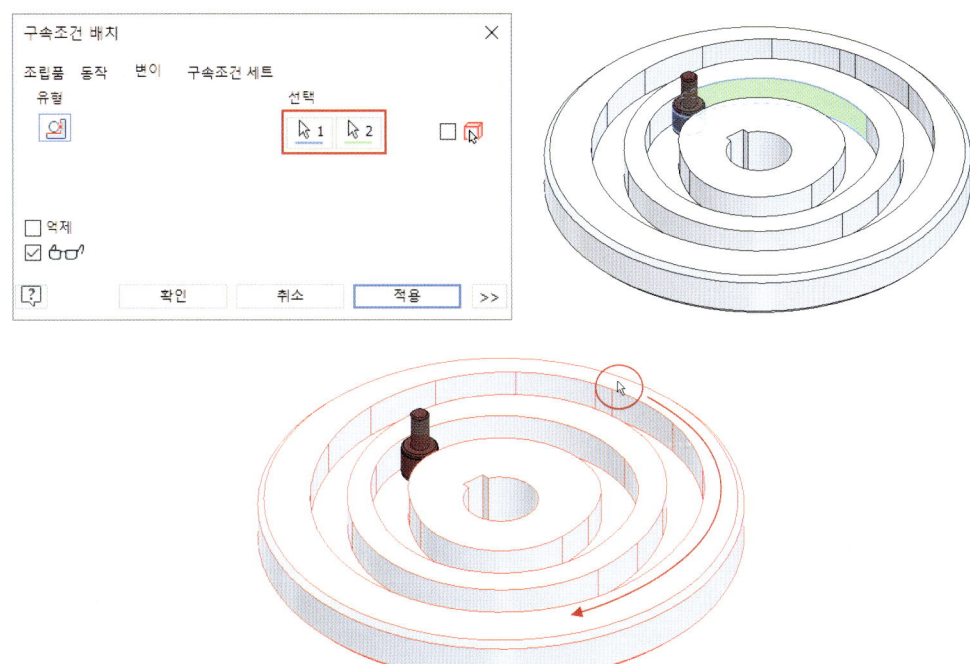

[그림 6-13] 변이 구속 적용 결과

05 구속조건 세트 구속 조건

구속조건 세트 명령을 사용하여 두 UCS를 함께 구속합니다. 구속조건 세트는 배치하고자 하는 각 구성요소에서 UCS를 미리 작성해 놓아야 합니다. UCS를 통해 방향까지 미리 정해져 있는 상태로 매우 신속하게 결합할 수는 있으나 사용하기 위해서는 모든 설계자들이 동일한 UCS의 위치에서 설계 작업해야 합니다.

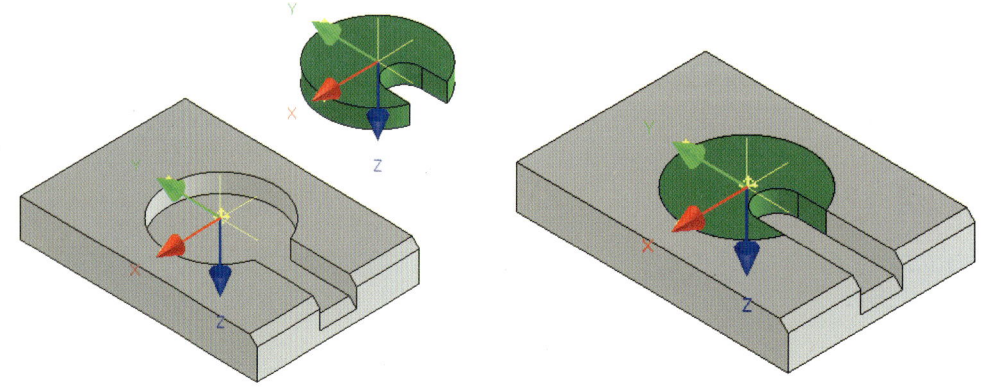

[그림 6-14] 구속조건 세트 결과

구속을 위한 한계 설정 방법

인벤터는 구성 요소를 제한하기 위한 방법으로 최대 및 최소 값을 지정할 수 있습니다. 한계 지정은 이동과 회전이 허용되는 범위를 정의하며 조립품에 대한 구동부 확인과 이에 대한 시뮬레이션을 드라이브로 연결하여 확인할 수 있습니다.

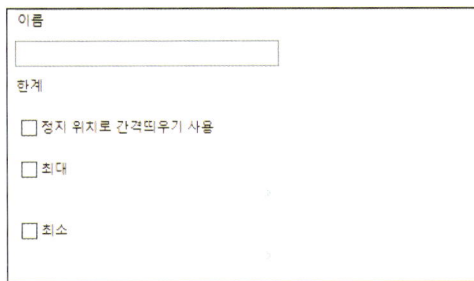

정지 위치로 간격띄우기 사용 : 간격 띄우기 값을 제한이 있는 구속조건의 기본 위치로 설정합니다. 예를 들어 최대값이 100mm, 최소값이 0mm, 간격띄우기 값을 50mm인 구속조건은 선택한 요소 기준으로 50mm가 떨어진 상태로 조립되어집니다.

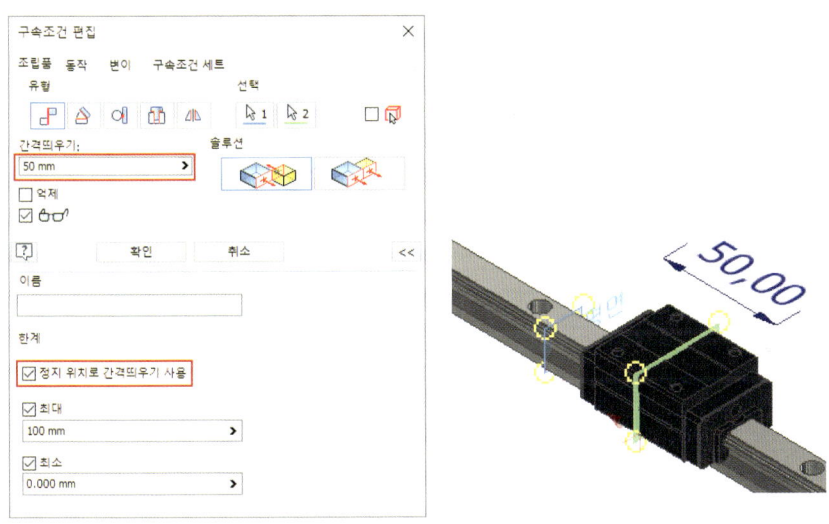

[그림 6-15] 정지 위치로 간격띄우기 사용 옵션

- 최대 : 구속 조건 이동의 최대 범위를 설정 합니다.
- 최소 : 구속 조건 이동의 최소 범위를 설정 합니다.

한계 항목의 범위 확인란의 체크를 해제 하더라도 값은 유지 되며 형상에서의 한계 제어는 되지 않습니다.

구속 조건 드라이브 관계

설계자는 의도에 맞게 동작이 될 수 있는지를 판단하기 위해 드라이브를 통해 시뮬레이트해 볼수 있습니다. 일반적으로는 메이트 및 플러쉬 구속 조건에 간격 띄우기 값이 들어간 경우나 각도의 값으로 지정된 경우에 할 수 있습니다. 해당 구속 조건의 마우스 오른쪽 버튼으로 메뉴를 시작할 수 있으며 구간의 동작을 확인합니다.

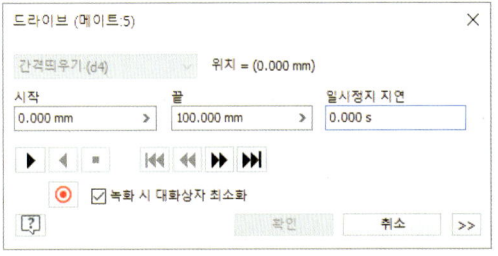

[그림 6-16] 구속 조건의 드라이브 설정

실습 1 : 구속조건의 시작

이 실습에서는 학습할 내용은 아래와 같습니다.

- 메이트, 플러시 구속 조건
- 동작 구속 조건

새로운 조립품 파일 시작하기

01 파일>새로만들기를 클릭 하여 Standard.iam 파일을 선택 하고 작성 버튼을 클릭합니다.

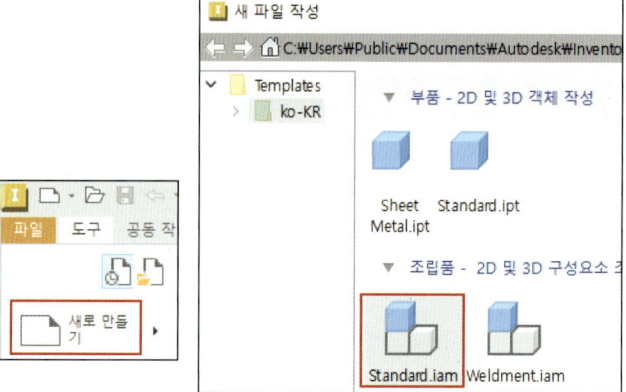

02 조립 탭>구성요소 패널>배치 도구를 클릭합니다.

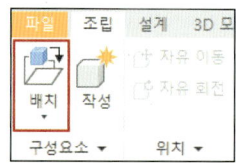

03 구성요소 배치 대화상자에서 FT_06_Base.ipt 파일을 선택하고 열기 버튼을 클릭합니다.

〈NOTE〉

도구 탭>옵션 패널>응용프로그램 옵션>조립품 탭에서 "원점에 첫번째 구성요소 배치 및 고정" 이 체크되어 있으면 자동으로 첫 번째 기준이되는 구성요소는 원점에 자동 배치됩니다.

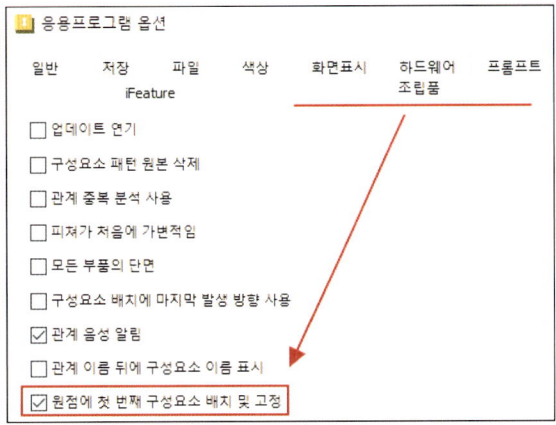

04 화면에서 마우스 오른쪽 버튼을 클릭합니다. 표식메뉴를 사용하여 "홈 뷰"로 방향을 변경한 후 "원점에 고정 배치" 합니다.

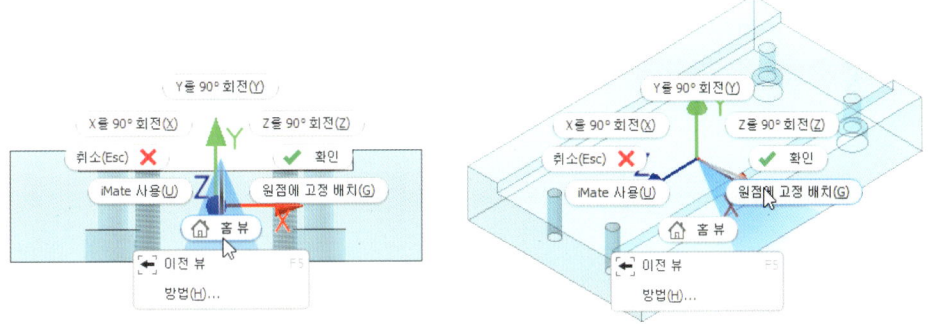

05 배치 명령어 혹은 표식메뉴를 사용하여 두 번째 구성요소를 배치합니다.

〈NOTE〉

하나의 구성요소를 배치한 후 계속 동일한 구성요소를 배치할 수 있습니다. 이때 표식메뉴의 취소 혹은 ESC 키를 클릭하면 초기화 됩니다.

06 구성요소 배치 대화상자에서 FT_06_Guide_Block.ipt 파일을 선택하고 열기 버튼을 클릭합니다.

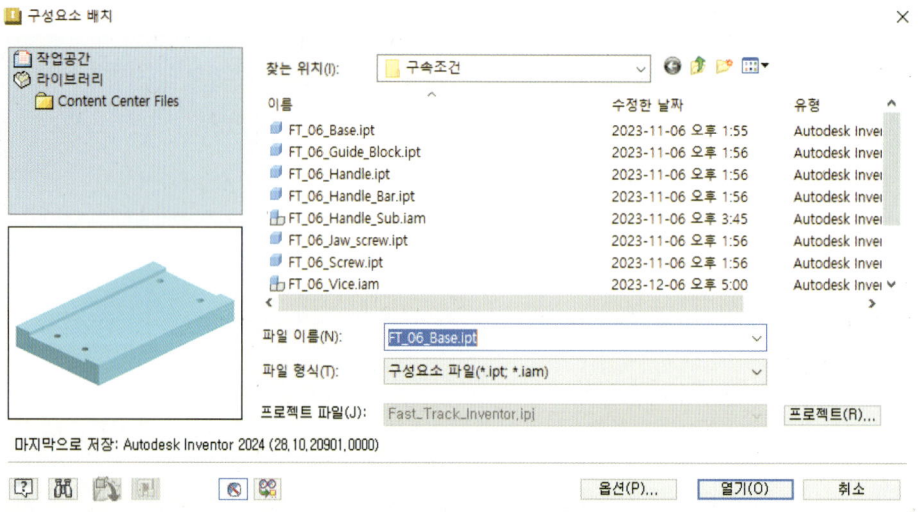

07 마우스 첫번째 버튼을 클릭하거나 표식메뉴를 사용하여 확인을 클릭합니다.

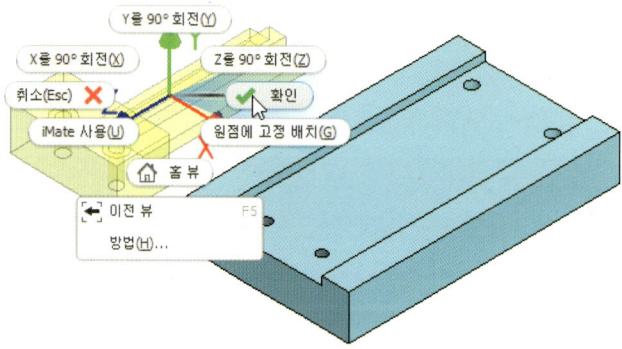

〈NOTE〉
구성요소를 가져올 때의 좌표 방향은 모두 다를 수 있으며 이를 조립품 환경에서 최초 가져올 때 혹은 구속 조건을 주는 과정에서 변경이 가능 합니다. 구속조건을 주기 위해 구성요소를 최대한 유리한 방향으로 배치하는 것이 좋습니다.

08 조립 탭〉관계 패널〉구속 조건 도구를 클릭합니다.

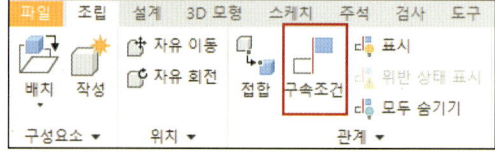

09 구속 배치 대화상자가 나타나면 아래와 같이 FT_06_Base의 옆면과 FT_06_Guide_Block의 옆면을 선택하여 메이트 구속으로 조립니다.

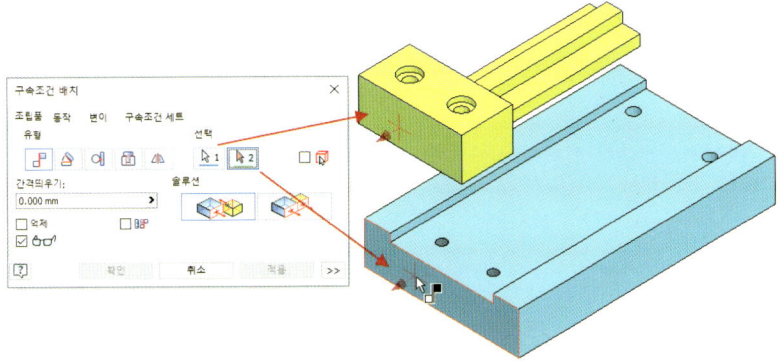

10 이때 플러쉬로 변경해주고 적용 버튼을 클릭합니다.

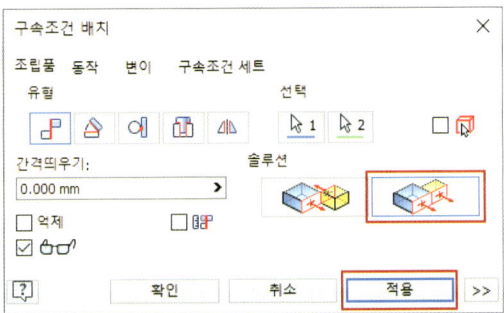

11 검색기 막대에서 FT_06_Base 부품과 FT_06_Guide_Block 부품을 아래와 같이 확장한 후 메이트 유형에서 솔루션을 플러쉬로 변경한 후 각각의 YZ평면을 차례대로 클릭하여 적용합니다.

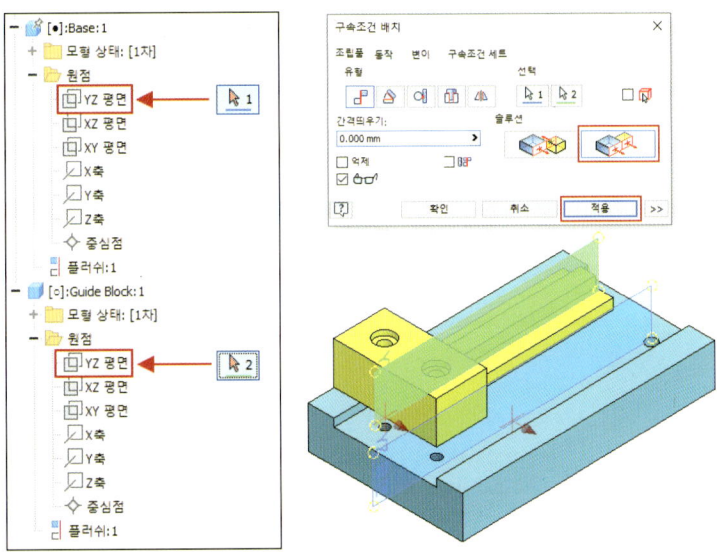

12 구속 배치 대화상자가 나타나면 아래와 같이 FT_06_Base의 윗면과 FT_06_Guide_Block의 바닥면을 선택하여 메이트 구속으로 조립한 후 확인을 클릭합니다.

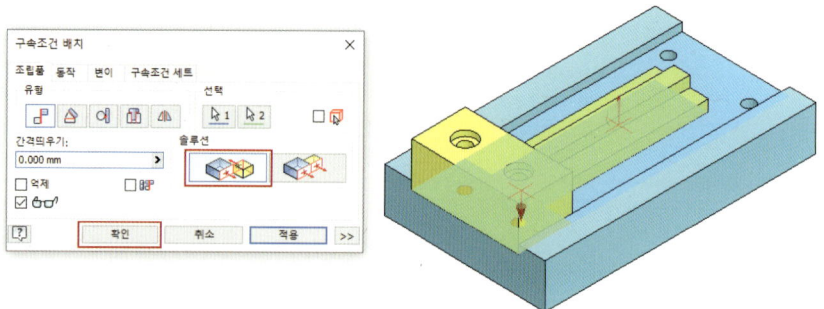

〈NOTE〉
작업자는 모형탭에 생성되는 조립조건 관계를 주시하여 같은 조립조건이 중복으로 만들어지지 않았는지 체크합니다. 구속조건 배치 화면을 상황에 따라 종료하여 마우스로 부품을 움직이며 자유도를 체크해보는 것도 좋은 방법입니다.

조립품 구속 조건 작업 시 아래와 같은 사항들을 생각하며 작업합니다.
① 과도하게 조립되거나 솔루션을 잘못 선택하면 구속조건 위반으로 오류 창이 열립니다.
② 구속조건 배치 화면은 확인을 클릭하지 않는 이상 적용을 클릭하여 계속 작업할 수 있습니다.
③ 플러쉬 구속조건의 선택 순서는 중요하지 않습니다.
④ 동일한 구성요소를 증가하면 활성 문서의 총 발생 수가 늘어납니다.

13 배치 명령어 혹은 표식메뉴를 사용하여 세 번째 구성요소를 배치합니다.
14 구성요소 배치 대화상자에서 FT_06_Vice_Jaw_fix.ipt 파일을 선택하고 열기 버튼을 클릭합니다.

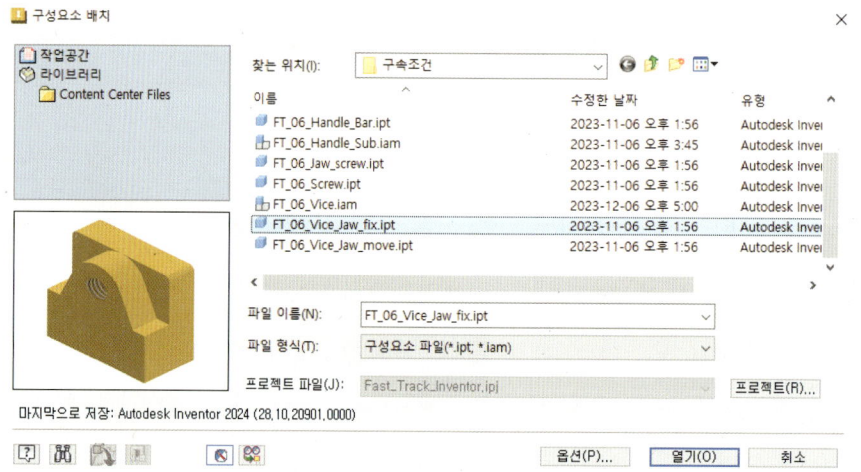

15 마우스 첫번째 버튼을 클릭하거나 표식메뉴를 사용하여 확인을 클릭합니다.

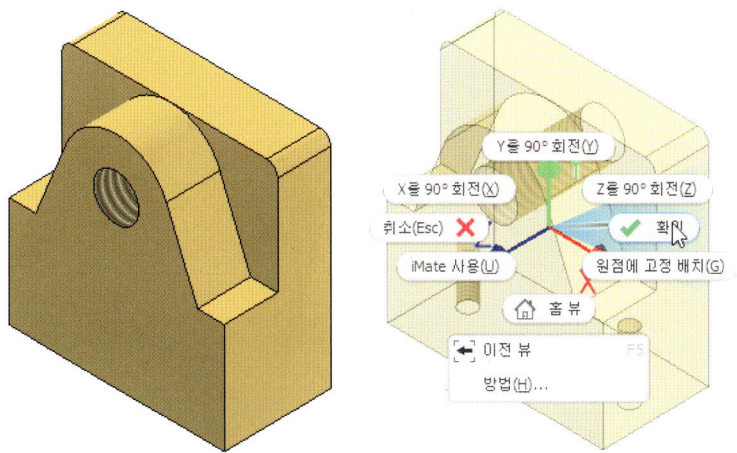

16 조립 탭>위치 패널>자유 회전 도구를 클릭 한 후 FT_06_Vice_Jaw_fix 모델을 선택하여 방향을 변경합니다.

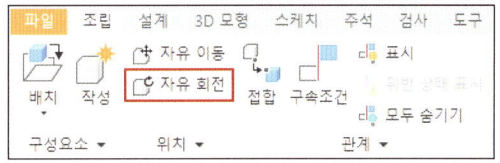

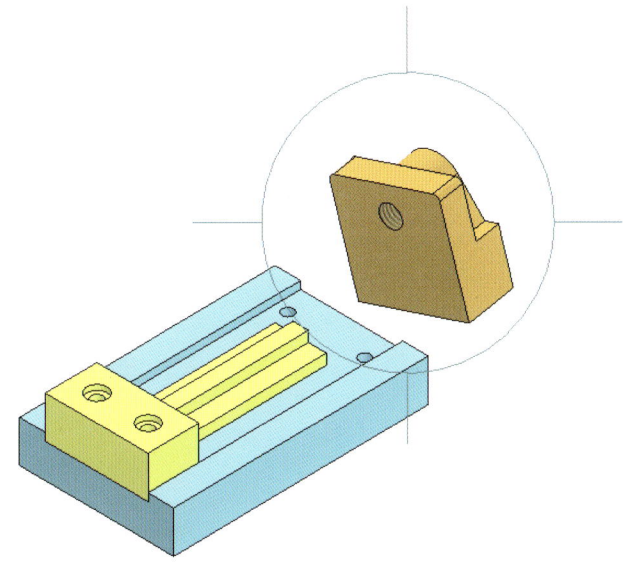

17 조립 탭>관계 패널>구속 조건 도구를 클릭합니다.

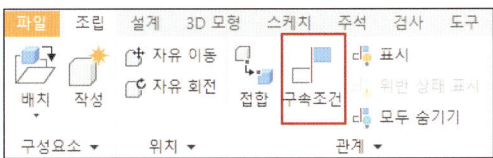

18 구속 배치 대화상자가 나타나면 아래와 같이 FT_06_Vice_Jaw_fix 의 뒷면과 FT_06_Guide_Block 의 끝면을 선택하여 메이트 구속으로 조립한 후 적용을 클릭합니다.

19 마우스 커서에 대기 후 표시되는 선택 필터를 사용하면 뷰를 전환하지 않고 선택이 가능 합니다.

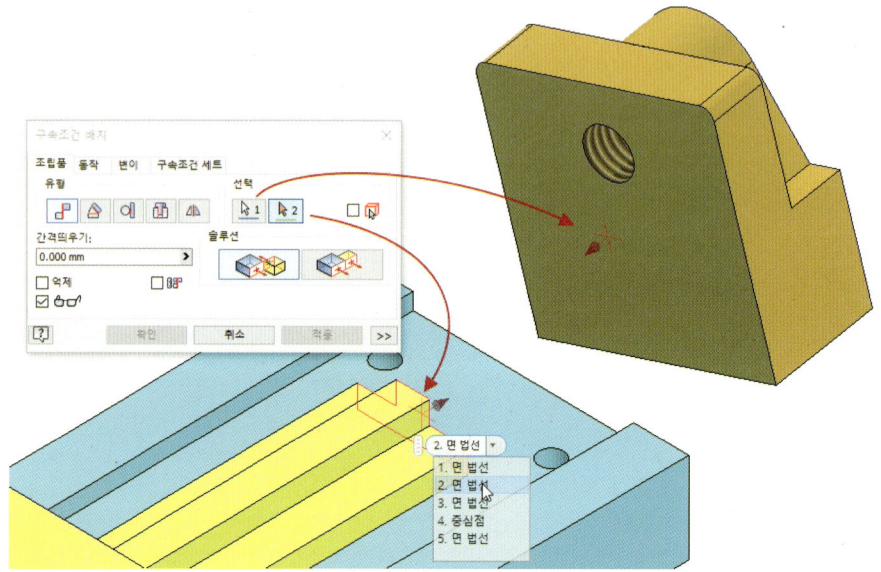

20 검색기 막대에서 FT_06_Guide_Block 부품과 FT_06_Vice_Jaw_fix 부품을 아래와 같이 원점 폴더를 확장한 후 솔루션은 메이트인 상태에서 각각의 YZ평면을 차례대로 클릭하여 적용합니다.

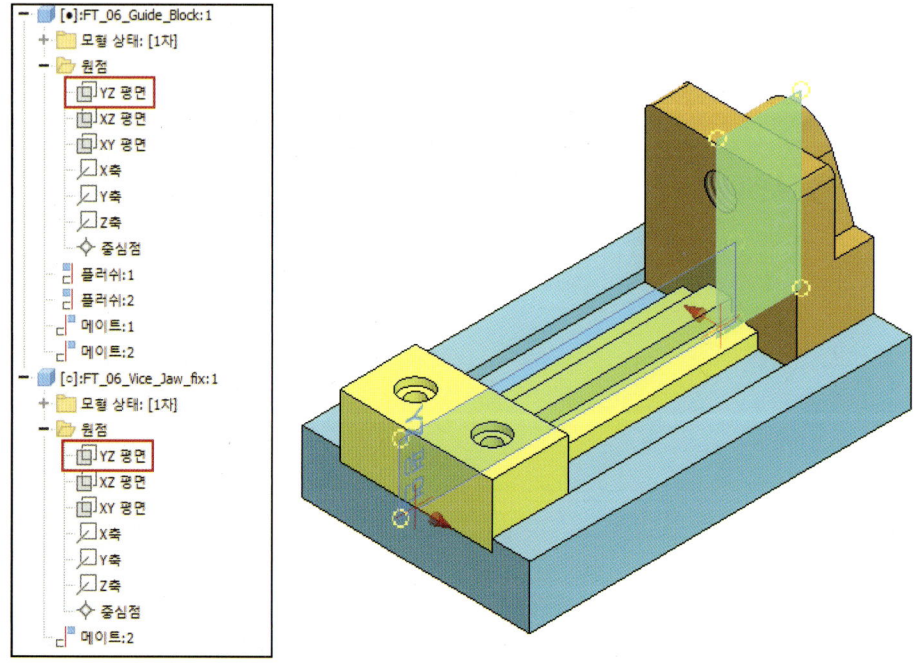

21 검색기 막대에서 FT_06_Vice_Jaw_fix 부품의 바닥면과 FT_06_Base 부품의 윗면을 선택하여 메이트로 완료한 후 구속조건 배치 화면의 확인을 클릭합니다.

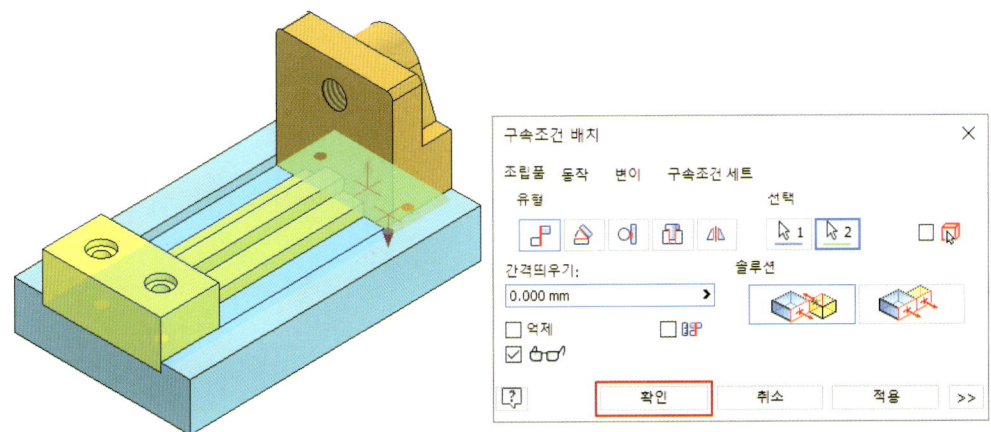

22 배치 명령어 혹은 표식메뉴를 사용하여 네 번째 구성요소를 배치합니다.

23 구성요소 배치 대화상자에서 FT_06_Vice_Jaw_move.ipt 파일을 선택하고 열기 버튼을 클릭합니다.

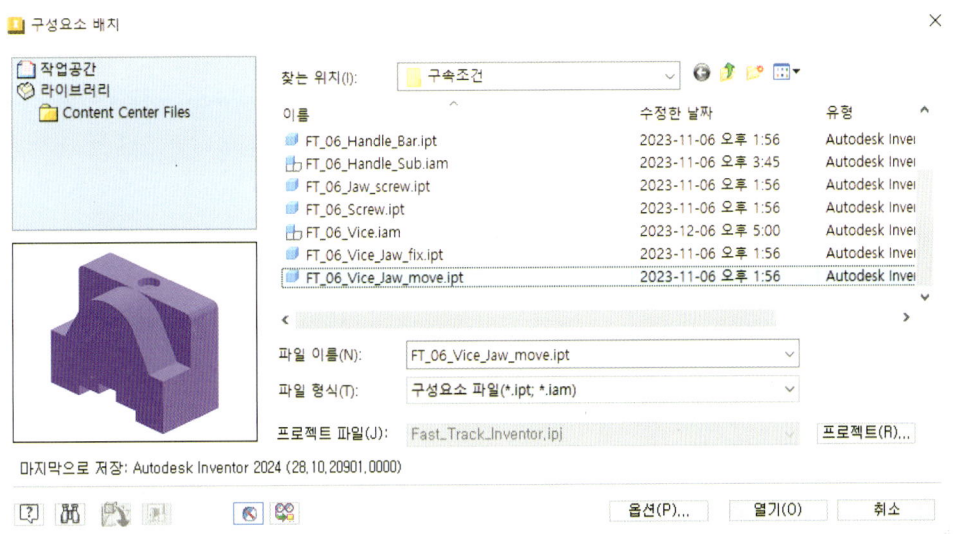

24 마우스 첫번째 버튼을 클릭하거나 표식메뉴를 사용하여 임의 위치에 배치합니다.

25 <u>조립 탭>관계 패널>구속 조건</u> 도구를 클릭합니다.

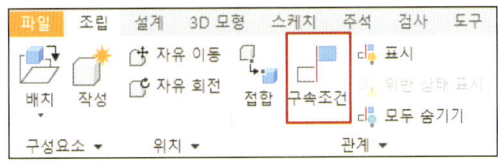

26 구속 배치 대화상자가 나타나면 아래와 같이 FT_06_Vice_Jaw_move의 바닥면과 FT_06_Base의 윗면을 선택하여 메이트 구속으로 조립한 후 적용을 클릭합니다.

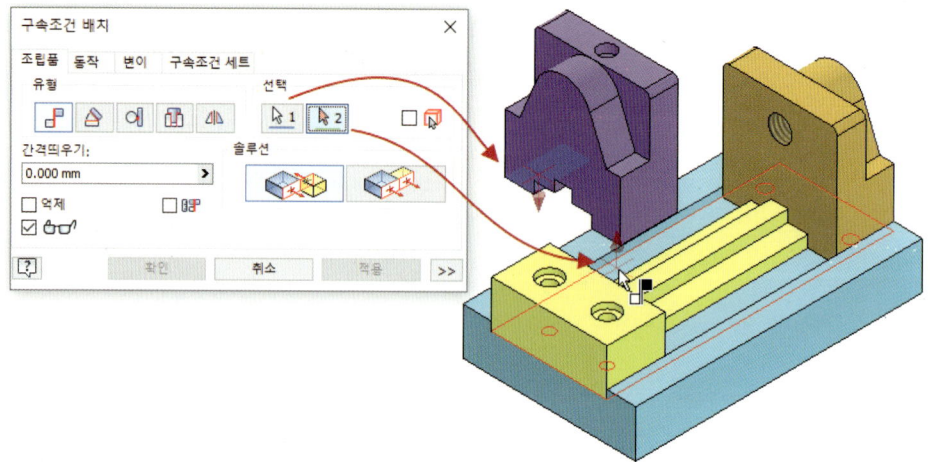

27 검색기 막대에서 FT_06_Guide_Block 부품과 FT_06_Vice_Jaw_move 부품의 원점 폴더를 확장한 후 솔루션은 플러쉬로 변경한 상태에서 각각의 YZ평면을 차례대로 클릭하여 적용합니다.

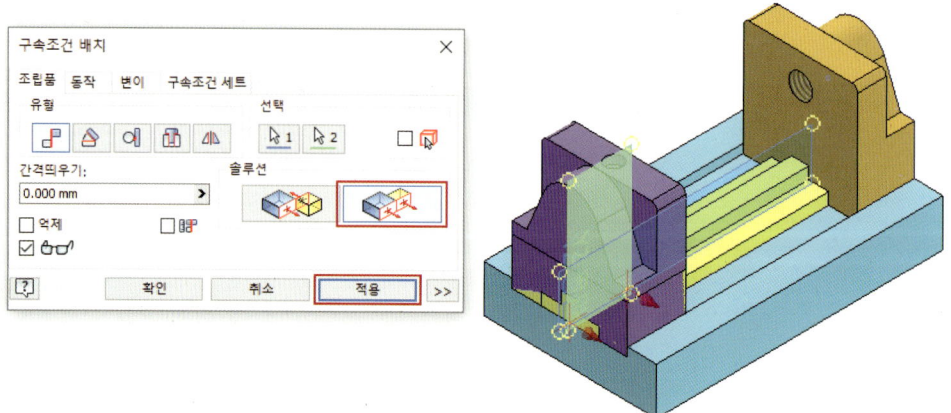

28 뷰 탭>가시성 패널>자유도 도구를 클릭하면 아래와 같이 Vice Jaw move 부품에 화살표 방향으로 자유도가 나타납니다. 이것의 의미는 구속이 아직 적용이 되지 않은 부분을 나타내는 것으로 자유도 확인 후에 버튼을 끕니다.

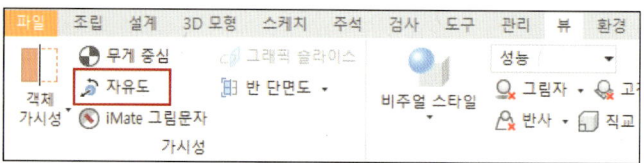

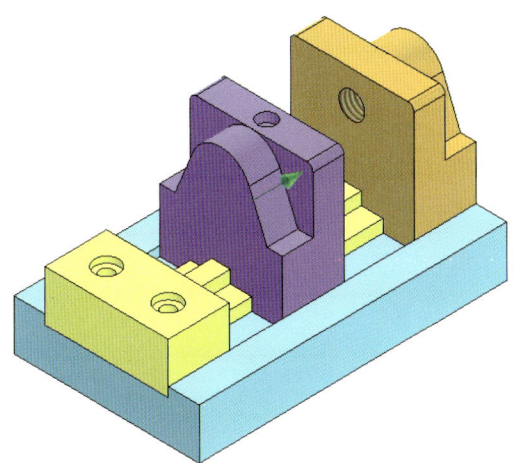

29 배치 명령어 혹은 표식메뉴를 사용하여 마지막 구성요소를 배치합니다.

30 구성요소 배치 대화상자에서 FT_06_Handle_Sub.iam 파일을 선택하고 열기 버튼을 클릭합니다.

31 구속조건을 위해 표식메뉴에서 "Y를 90°회전" 한 후 임의 위치에 클릭하여 배치합니다.

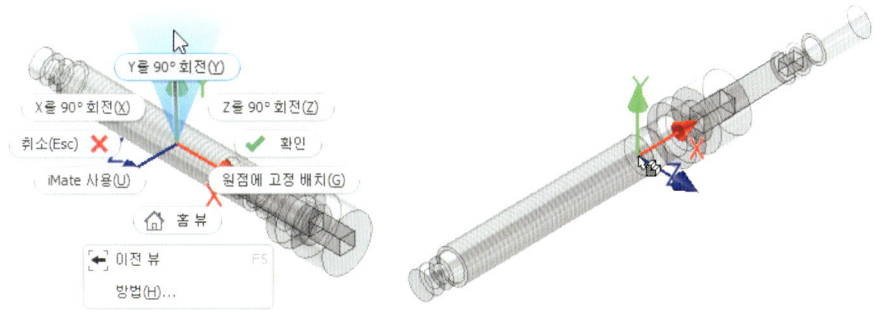

32 조립 탭>관계 패널>구속 조건 도구를 클릭합니다.

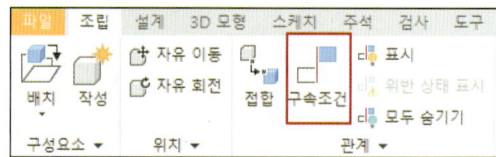

33 구속조건 배치 대화상자가 나타나면 유형은 메이트 구속인 상태에서 FT_06_Vice_Jaw_fix 및 FT_06_Handle_Sub의 축을 조립한 후 적용합니다.

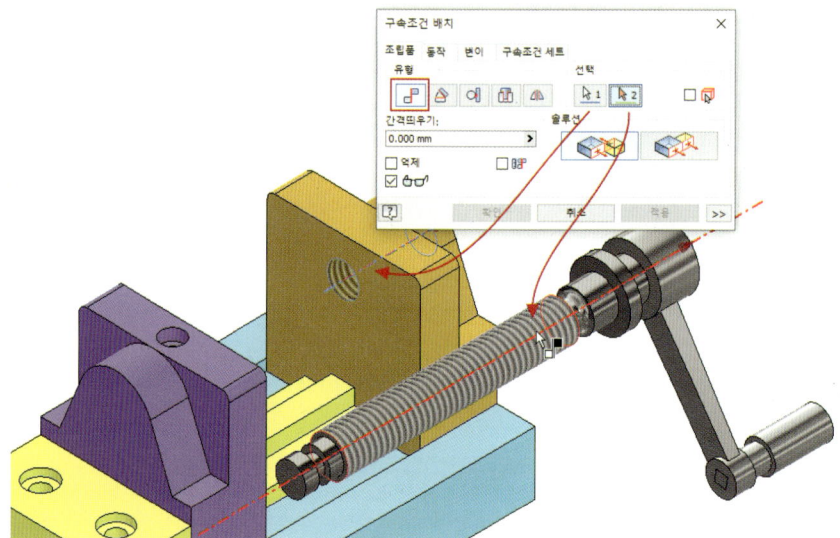

34 FT_06_Vice_Jaw_move의 면과 FT_06_Handle_Sub의 면을 선택하여 조립한 후 확인합니다.

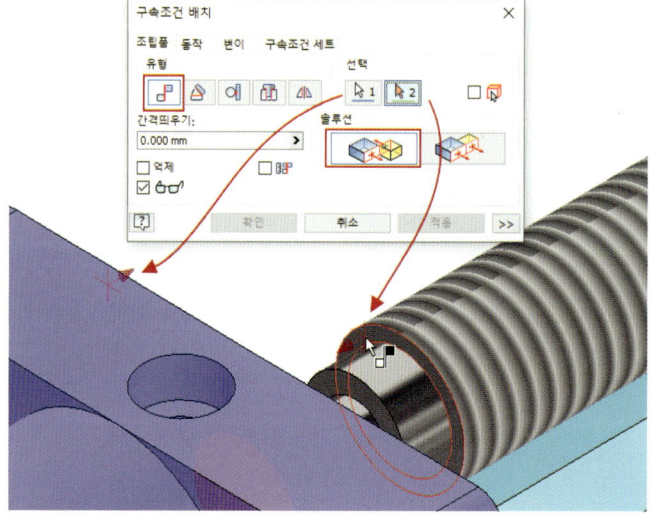

35 Vice 조립이 완료 되었습니다.

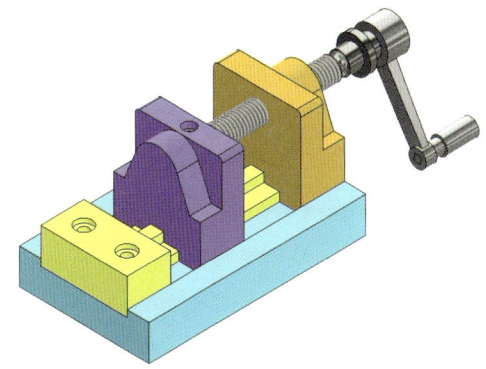

36 저장을 클릭하여 이름을 FT_06_Vice 라고 작성하여 저장합니다.

〈NOTE〉
마우스를 선택하고자 하는 위치에 놓고 기다리면 선택 필터 아이콘이 열리게 되어 모델의 뷰를 제어하지 않고도 선택이 가능한 내용을 예제를 통해 소개가 되었습니다. 모서리나 면의 형상이 많이 겹치는 경우에는 오히려 너무 많은 리스트가 열리게 되기 때문에 이런 경우에는 뷰를 조작하거나 자유 이동 및 회전을 적절하게 활용할 수 있습니다.

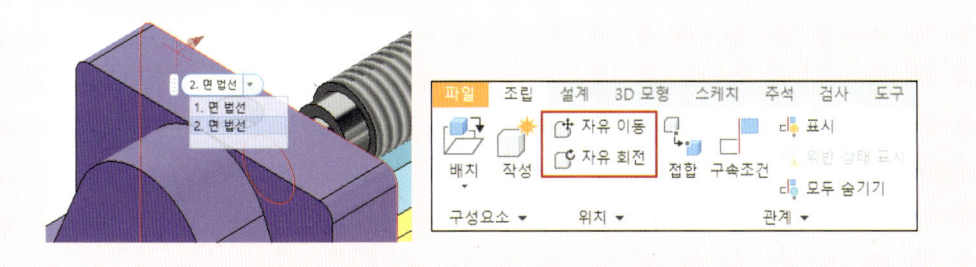

실습 2 : 구속조건 드라이브 설정하기

이 실습에서는 학습할 내용은 아래와 같습니다.

- 회전 - 변환 구속조건
- 동작 구속조건을 사용한 드라이브

01 FT_06_Vice.iam 파일을 열어서 모델을 검토합니다.

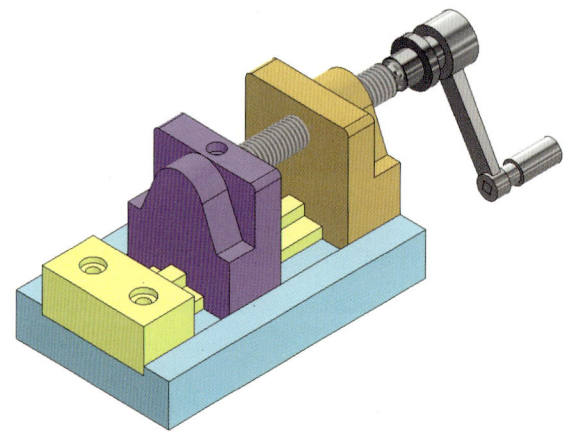

02 뷰 큐브를 사용하여 방향을 전환합니다.

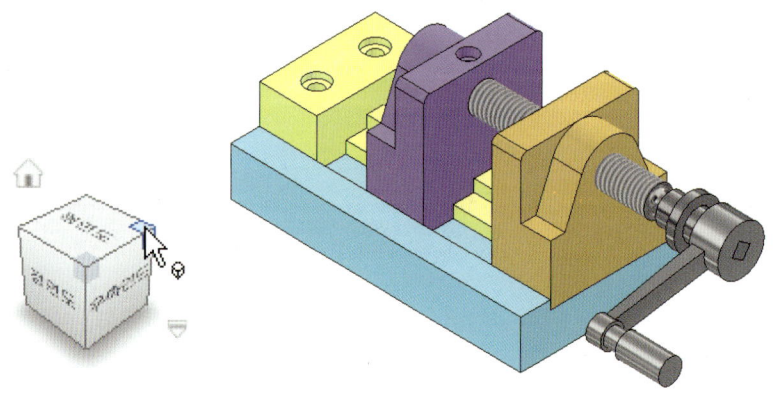

03 조립 탭>관계 패널>구속 조건 도구를 클릭합니다.

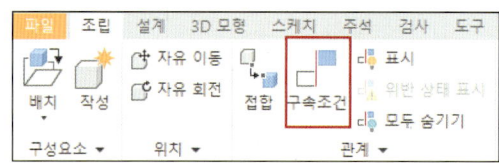

04 구속 배치 대화상자가 나타나면 "동작" 탭의 "회전 - 변환"으로 유형을 선택하고 FT_06_Handle_Sub 축을 먼저 선택한 후 FT_06_Vice_Jaw_move 부품의 앞면을 클릭하여 적용합니다.

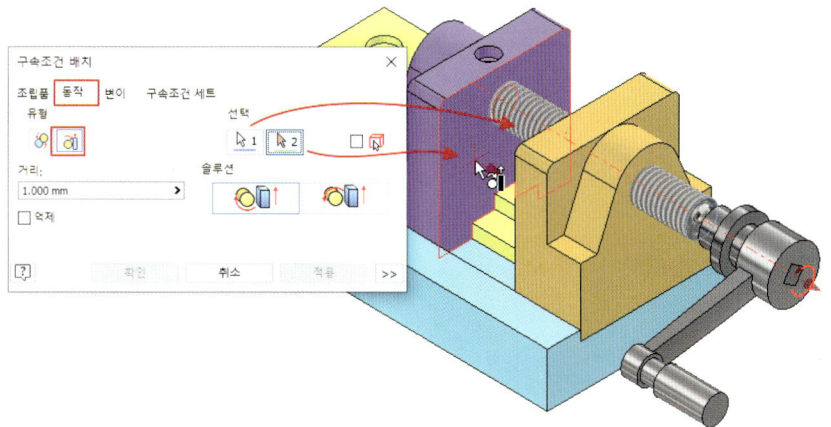

05 구속조건 배치 창을 취소한 후 Handle에 연관된 구성 요소를 마우스 왼쪽 버튼으로 클릭후 움직여보면 FT_06_Vice_Jaw_move 부품이 같이 움직이는 것을 확인할 수 있습니다.

06 FT_06_Vice_Jaw_move의 면과 FT_06_Vice_Jaw_fix의 면을 메이트로 조립한 후 확장 옵션 버튼을 클릭하여 최대와 최소 값을 넣고 확인을 클릭합니다.

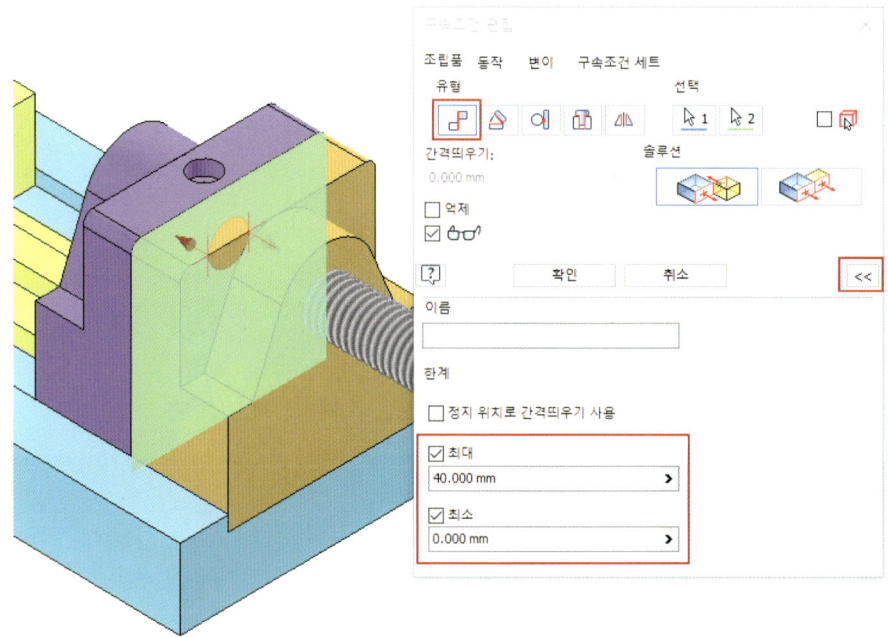

07 구성요소를 마우스 왼쪽 버튼으로 클릭후 움직이면 40mm 범위 이내에서만 움직이는 것이 확인됩니다.

08 값으로 제어된 메이트 구속조건은 +/-로 표시되며 이를 드라이브를 통해 동작 하여 봅니다.

09 레코드 아이콘을 클릭하면 동작을 동영상 파일로 만들 수 있습니다.

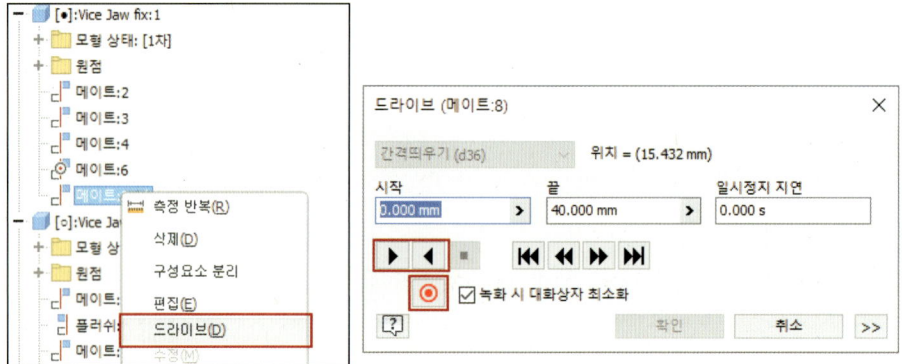

10 드라이브 창의 옵션을 확장하여 충돌탐지를 체크하면 동작시 간섭이 일어나는 지점에서 정지되어 아래와 같은 메시지를 확인할 수 있습니다.

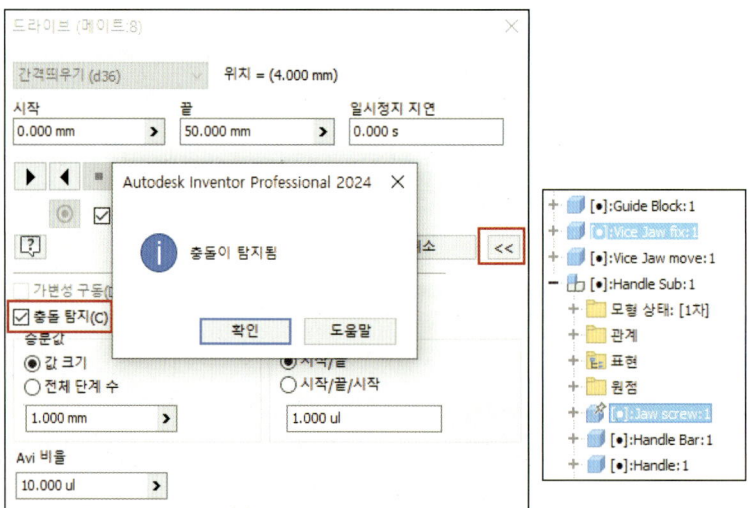

〈NOTE〉
동작에서의 간섭이 아닌 조립되어 진 구성요소 상태의 간섭은 검사 탭>간섭 패널>간섭 분석을 사용합니다.

실습 3 : 원통형 CAM에 변이 구속 적용하기(선택)

이 실습에서는 학습할 내용은 아래와 같습니다.

- CAM 형상에 변이 구속 적용하기
- 각도 구속조건을 활용한 드라이브 구동하기

원통형 CAM에 변이 구속 적용하기

CAM 곡선을 정확하게 구현하기 위해서는 스케치를 계산식에 의해서 구한 후 엠보싱 명령을 사용하여 면을 감싸기 하여 곡선을 따라 형상을 구현하여야 합니다.

이 예제는 CAM모델링에 대한 구동에 목적이 있으며 이에 필요한 Axis 축과PIN 모델 내부에 곡면 피쳐를 만들어서 형상에 따라 움직일 수 있도록 구현되었습니다. 방법은 변이 구속의 특징과 모델의 상황에 따라 여러 가지 있을 수 있지만 소개되는 방법을 통해 유사 모델로 적용할 수 있게 될 것입니다.

01 FT_06_CAMTransition.iam 파일을 선택하고 열기 합니다.

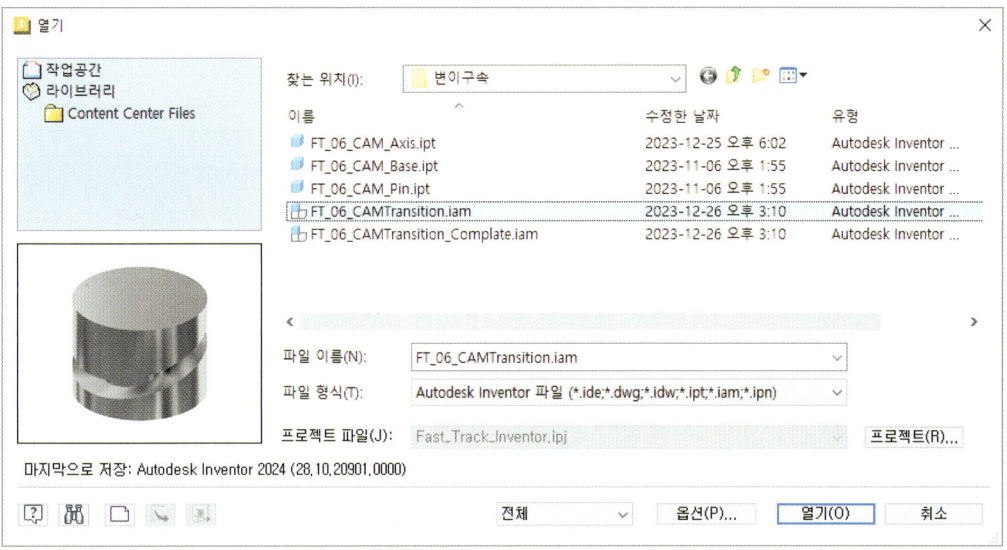

02 조립 탭>구성요소 패널>배치 도구를 클릭합니다.

03 구성요소 배치 대화 상자에서 FT_06_CAM_Pin.ipt 파일을 선택하고 열기 버튼을 클릭합니다.

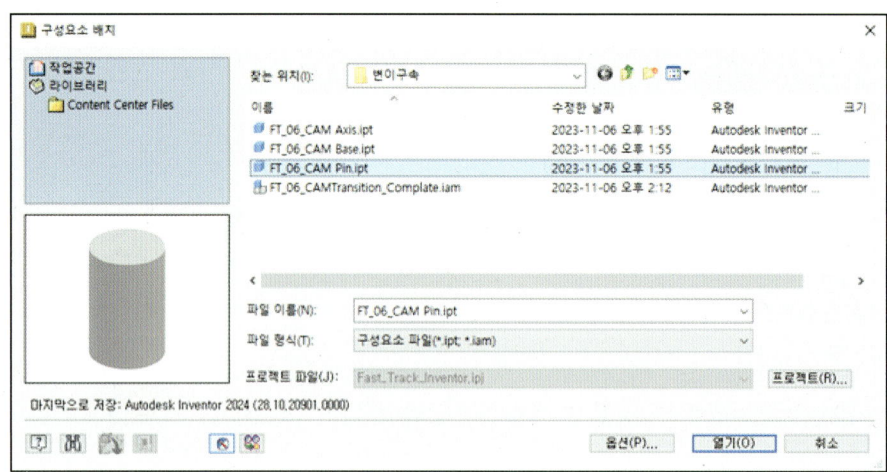

04 X축 기준으로 90도 회전하여 아래의 위치에 FT_06_CAM_Pin 구성요소를 배치합니다.

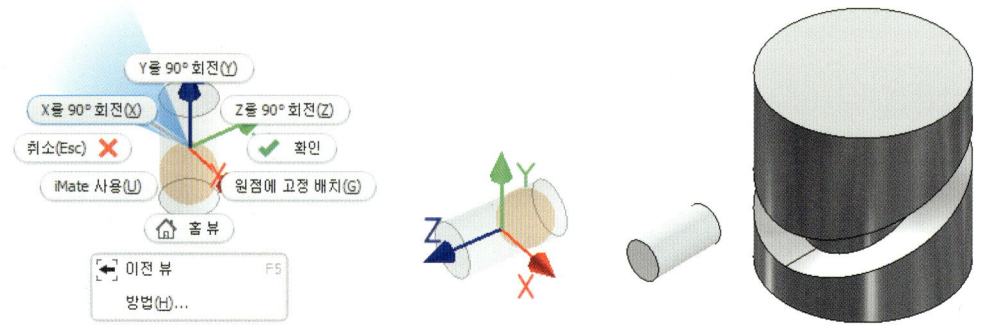

05 조립 탭>관계 패널>구속 조건 도구를 클릭합니다.

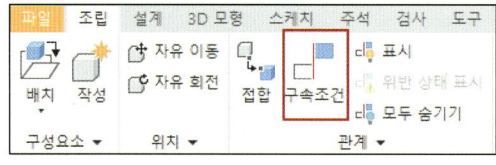

06 FT_06_CAM_Axis 과 FT_06_CAM_Pin의 원점 폴더를 확장한 후 YZ평면을 메이트로 구속 조건을 적용하여 확인을 클릭합니다.

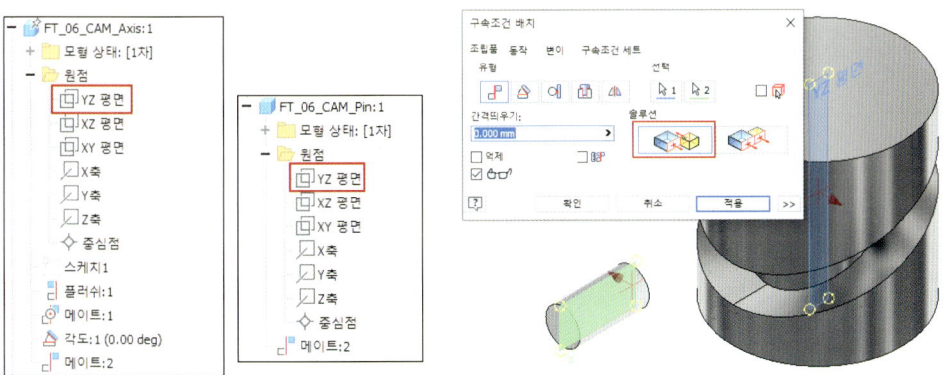

07 FT_06_CAM_Pin의 한쪽 평면과 FT_06_CAM_Axis의 XZ평면을 플러시로 구속 조건을 선택합니다.

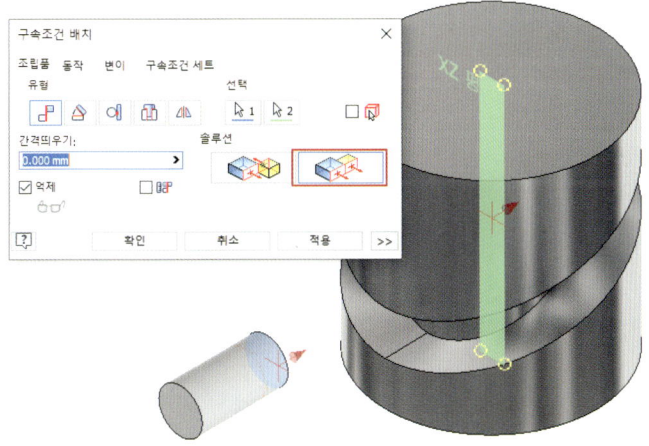

08 구속 조건 편집 창을 유지한 상태에서 간격을 7.6mm 넣은 후 확인을 클릭합니다.

 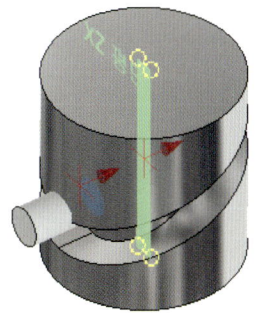

09 구속 조건 도구를 다시 실행하여 대화 상자의 변이 탭을 선택합니다.

10 FT_06_CAM_Pin은 선택 필터를 사용하여 면 법선으로 내부의 구 곡면을 선택하고 FT_06_CAM_Base의 홈의 면을 선택한 후 확인을 클릭합니다.

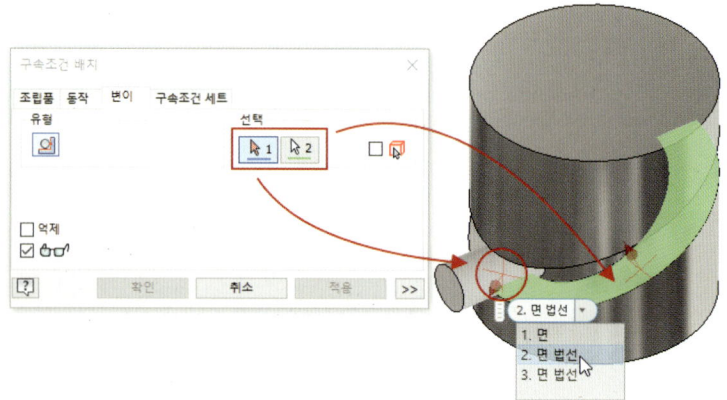

11 FT_06_CAM_Axis 파일의 각도 구속을 선택한 후 드라이브를 통해 구동을 확인합니다.

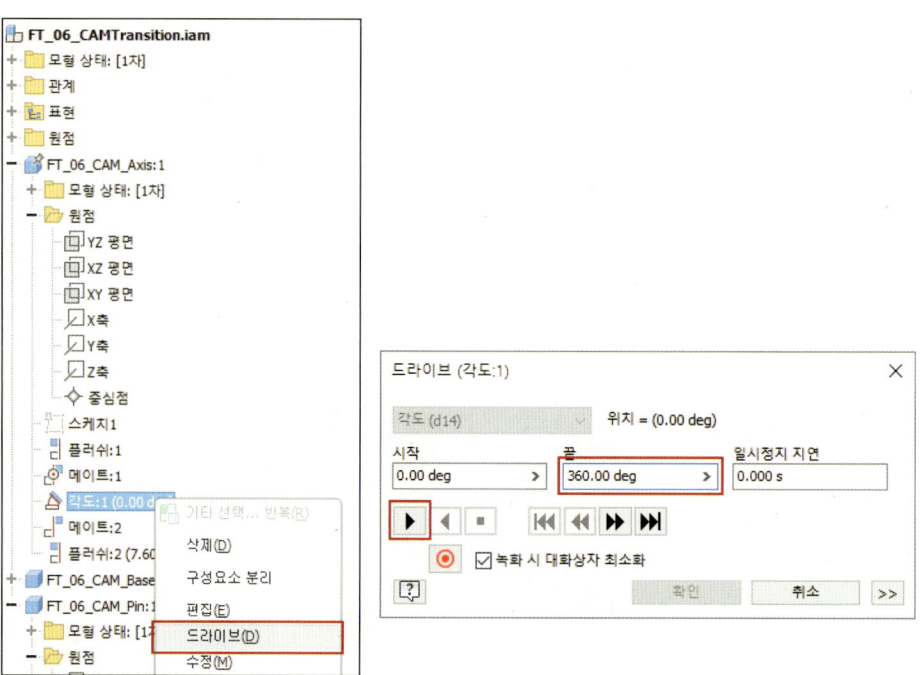

Track

조립 환경의 이해

01 관계를 표시하고 숨기기

설계자는 구속 조건을 검토하기 위해 모형탭의 구조를 확장하거나 축소하지 않아도 됩니다. 인벤터에서는 표시하거나 숨길수 있는 도구를 제공하고 있습니다.

1.1 표시 및 숨기기

조립 탭>관계 패널

표시 및 숨기기 도구를 사용하면 조립품의 관계를 직관적으로 표시할 수 있습니다. 도구를 선택하거나 구성요소를 선택하는 순서는 상관이 없습니다.

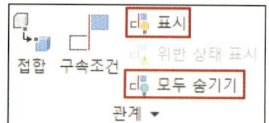

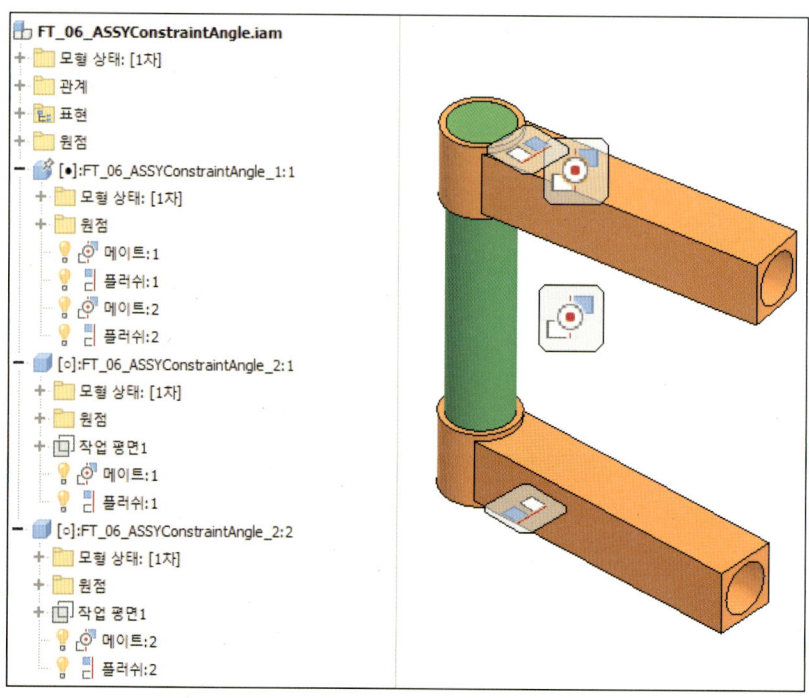

[그림 7-1] 구속조건 표시 아이콘

1.2 편집하기

표시 아이콘에 마우스 오버하면 구속조건의 정보가 보입니다.

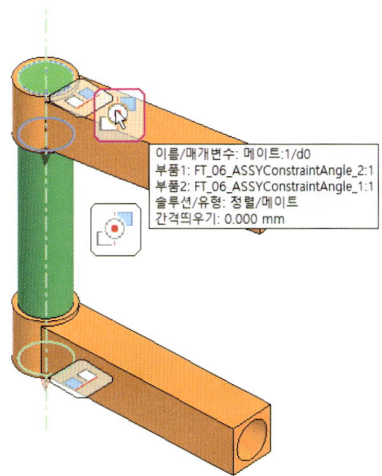

구속조건 표시 아이콘에서 마우스 오른쪽 버튼으로 수정하면 구속에 입력하였던 간격 띄우기 혹은 치수 편집 화면이 보입니다. 모형탭의 구속 조건을 선택하여 수정할 수도 있습니다.

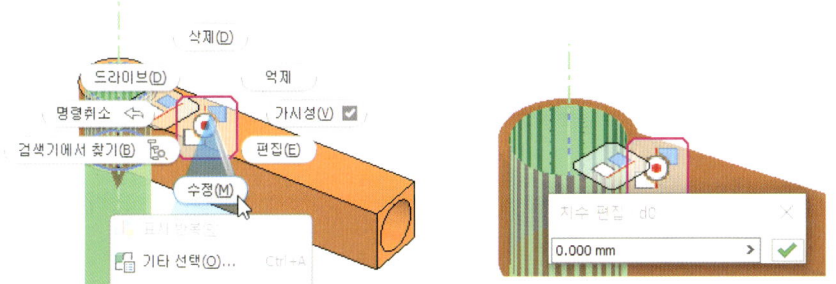

구속조건 표시 아이콘을 더블 클릭 혹은 마우스 오른쪽 버튼의 편집을 클릭하면 구속조건 편집 창이 열립니다.

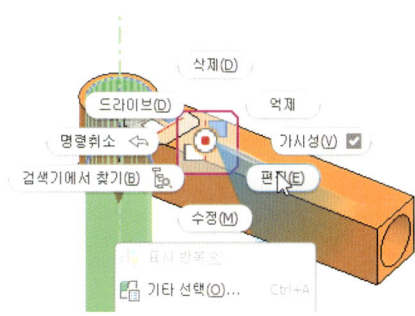 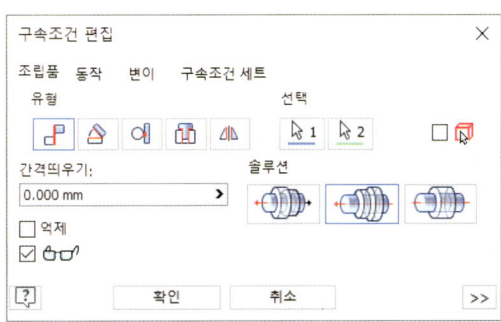

1.3 위반 상태 표시

구속 조건이 과도하게 되면 아래와 같은 충돌 메시지가 열리게 되어 이를 다시 편집할 것인지 우선 승인하여 추후에 재 편집을 할 것인지 정할 수 있습니다.

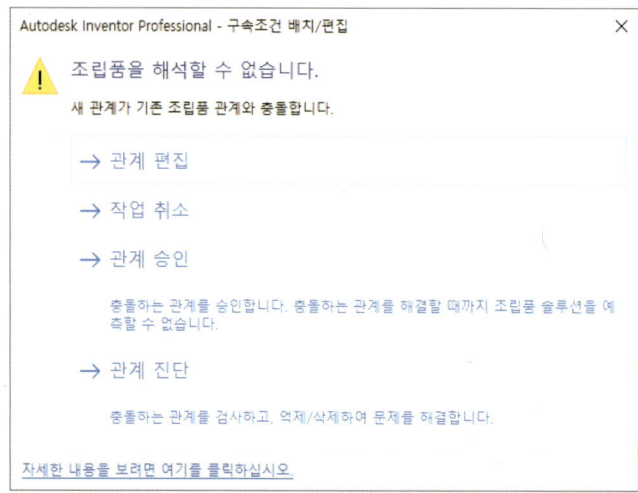

[그림 7-2] 조립품 해석 오류 메시지

위의 충돌 창에서 승인을 하였거나 설계 변경을 통해 참조가 누락되면 아래와 같이 위반된 관계가 표시됩니다. 관계를 해결하려면 표시된 오류 기호를 선택하여 디자인 닥터 대화상대로 관계를 해결할 수 있습니다.

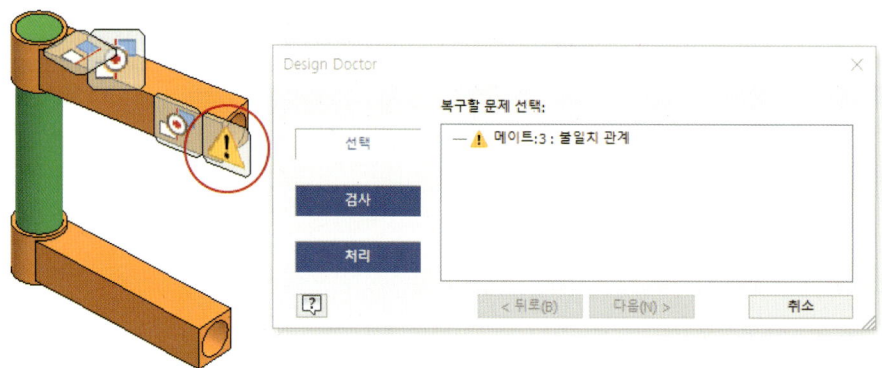

리본 바 아이콘의 위반 상태 표시 도구는 문제가 없을 경우에는 비활성화 되었다가 위반된 구속조건이 있는 경우에는 활성화 됩니다.

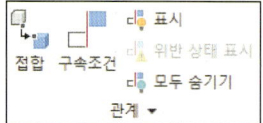 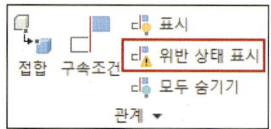

02 구성 요소 조작하기

기본 조작 방법은 부품에서의 환경과 동일합니다. 조립품의 복잡성이 클수록 다른 구성 요소의 위치를 방해하지 않으면서 원하는 구성요소 혹은 요소를 선택할 수 있어야 합니다.

2.1 자유 이동

조립 탭〉위치 패널〉자유 이동

조립품 파일이 구속되어 움직이지 않은 상태에서 자유롭게 이동을 할 수 있습니다. 자유 이동은 "임시적인" 이동이며 아래의 경우에 사용하게 됩니다.

- 구속조건을 주기 위해 가리는 부품에서 면 또는 피쳐를 보려는 경우
- 구성요소를 다른 영역으로 이동하여 선택을 용이하게 하려는 경우
- 관계 분석을 위해 면 또는 피쳐를 보려는 경우

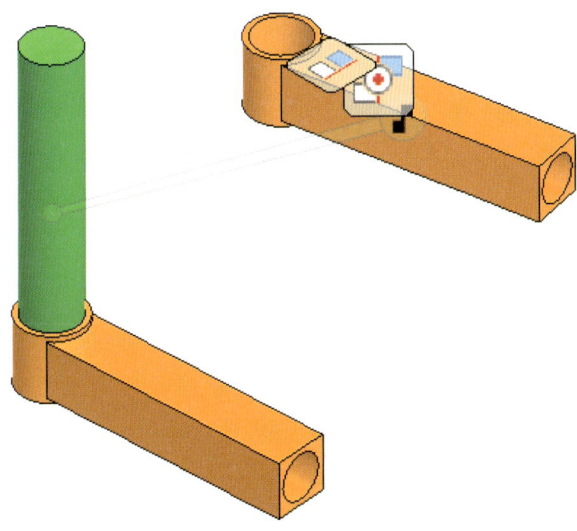

[그림 7-3] 조립품의 자유 이동

2.2 자유 회전

조립 탭>위치 패널>자유 회전

기본적으로 뷰의 조작은 전체가 컨트롤 되지만 조립품에서는 일부 구성요소만 회전할 수 있어야 합니다. 이 작업은 자유 회전 도구를 사용합니다. 회전하려는 구성 요소를 선택하면 마우스 커서가 회전 모드로 변경됩니다. 단, 마우스 커서에 압정 표시가 된 구성요소는 고정 구속조건으로 새 위치로 이동이 되지 않습니다.

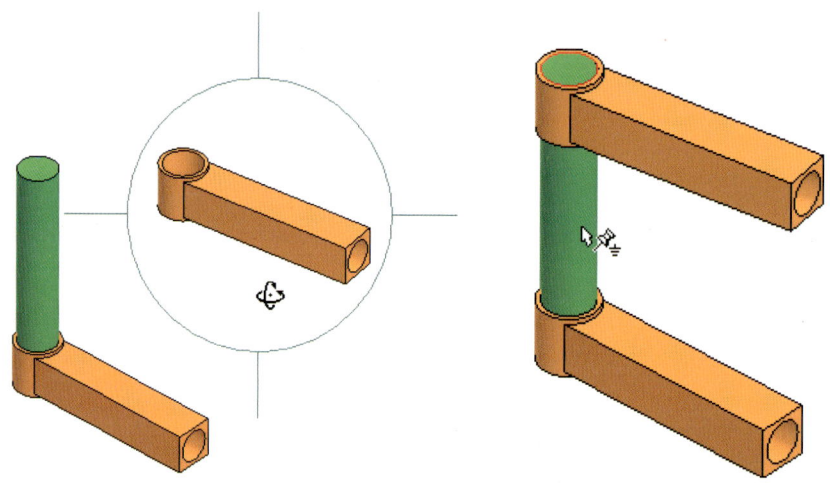

[그림 7-4] 조립품의 자유 회전

위의 두 가지 방법 모두 이동이 시작되면 업데이트가 자동으로 활성화 됩니다. 모든 작업이 끝난 후 업데이트 하게 되면 다른 구성요소의 방해 없이 재 자리에 배치됩니다.

03 가변 설계 기법

가변 작업 피쳐를 사용하면 기하학적 피쳐와 조립품 구성요소 사이의 관계를 형성할 수 있습니다. 보통의 경우에는 부품을 작성 후에 조립품을 생성하는 방식으로 작업을 합니다. 조립품 내에서 필요한 부품을 새로 생성할 때에는 구성 형상(점, 평면 및 축)의 참조를 사용하여 가변 설정을 설계자의 의도에 맞추어 선택적으로 작성할 수 있습니다. 이에 따라 원본 형상이 변경되면 가변이 적용된 부품은 자동으로 업데이트됩니다. 가변 설정은 올바르게 사용하면 무엇보다 강력한 도구지만 대형 조립품에서 무분별하게 사용되거나 설계 의도와는 맞지 않는 경우는 오류나 성능 문제을 일으키기도 합니다. 대형 조립품인 경우는 이를 옵션에서 끄고 관련된 부품을 편집하는 경우는 가변성을 켜서 사용하는 것을 권장합니다. 부품 작업 이후 가변성을 다시 해제할 수 있습니다.

3.1 가변 및 비 가변 작업 피쳐의 차이

가변 작업 피쳐는 형상에 구속되지 않고 다른 부품 형상에 상대적으로 배치할 수 있습니다. 비 가변 작업 피쳐는 간격띄우기 거리 같은 피쳐 작성에 사용도니 형상과 일정한 관계를 유지합니다. 조립품에서 작업 피쳐는 부품 파일에서 작성되기 때문에 가변적이지만 다른 부품 형상에 종속적입니다. 예를 들어 작업 평면에 돌출된 피쳐의 종료 평면으로 사용될 때 원래 부품이 이동하면 돌출 깊이가 변경됩니다. 작업 피쳐는 원래 부품에 구속되기 때문에 이동할 때 돌출이 연장되거나 축소됩니다.

가변으로 만들 수 있는 형상

모든 형상에 적용되는 것은 아니며 다음과 같이 일부 조건이 없는 상태일 경우 형상을 가변으로 지정할 수 있습니다.

- 치수를 기입하지 않은 스케치 형상 및 작성한 피쳐
- 각도 또는 범위를 정의하지 않은 피쳐
- 다른 부품의 형상을 참조하는 작업 피쳐
- 투영된 원점을 포함하는 스케치
- 가변 스케치 또는 피쳐를 포함하는 부품 또는 부품을 포함하는 부분 조립품

04 유연성

조립품 내에서 여러 개의 하위 조립품이 존재하고 이를 제어하기 위해서는 각 구성요소를 유연하게 만들 수 있어야 하며 최상위 조립품에서 이를 설정하고 해결할 수 있습니다.

이러한 동작을 만들기 위해서는 구성요소를 완전히 구속하지 말아야 하며 조립품에서 필요한 이동을 유지하는 관계를 정의해야 합니다.

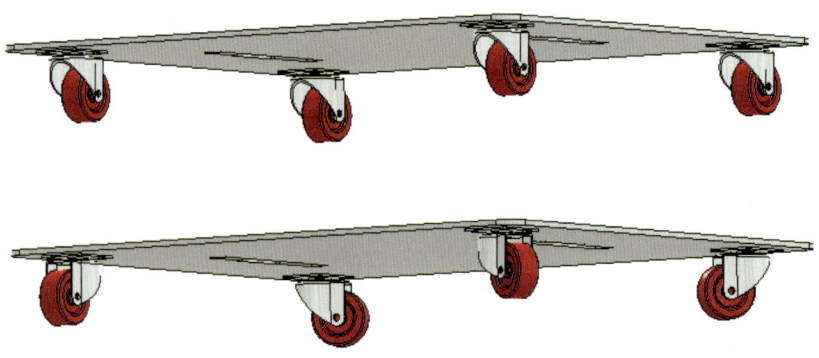

[그림 7-5] 조립품의 유연성

하위 조립품 구성요소를 선택 후 마우스 오른쪽 버튼을 클릭하고 유연성을 선택하면 유연한 하위 조립품 이름 옆에 아이콘이 표시되어 적용 유무를 판단할 수 있습니다. 유연성 있는 조립품은 아래의 지침을 따라야 합니다.

- 용접물 조립품은 유연성을 만들 수 없습니다.
- 하위 조립품은 가변 작업과 동시에 유연성을 적용할 수 없습니다.
- 부품은 유연성을 적용할 수 없습니다.

05 패턴

조립 탭>패턴 패널>패턴

하나 이상의 구성요소를 복제하여 그 결과로 생성되는 발생을 원형 또는 직사각형의 형태로 배열합니다. 직사각형 및 원형 패턴은 부품에서 패턴 피쳐를 사용하여 숫자 및 간격을 설정할 수 있습니다. 패턴을 부품 피쳐 패턴에 연관시켜 해당 패턴을 변경하면 조립품 패턴에 구성요소를 추가하거나 빼도록 할 수 있습니다. 개별 발생 또는 전체 발생에 대해 가시성을 켜거나 끌 수 있습니다.

5.1 연관 탭

조립품 패턴을 연관시킬 피쳐 패턴을 선택합니다. 피쳐 패턴의 이름이 선택 상자에 표시됩니다. 피쳐 패턴을 변경하면 조립품 패턴의 구성요소 수 및 간격이 자동으로 업데이트 됩니다. 패턴을 만든 구성요소에 연관된 관계들을 조립품 패턴에 복제되어 적용됩니다.

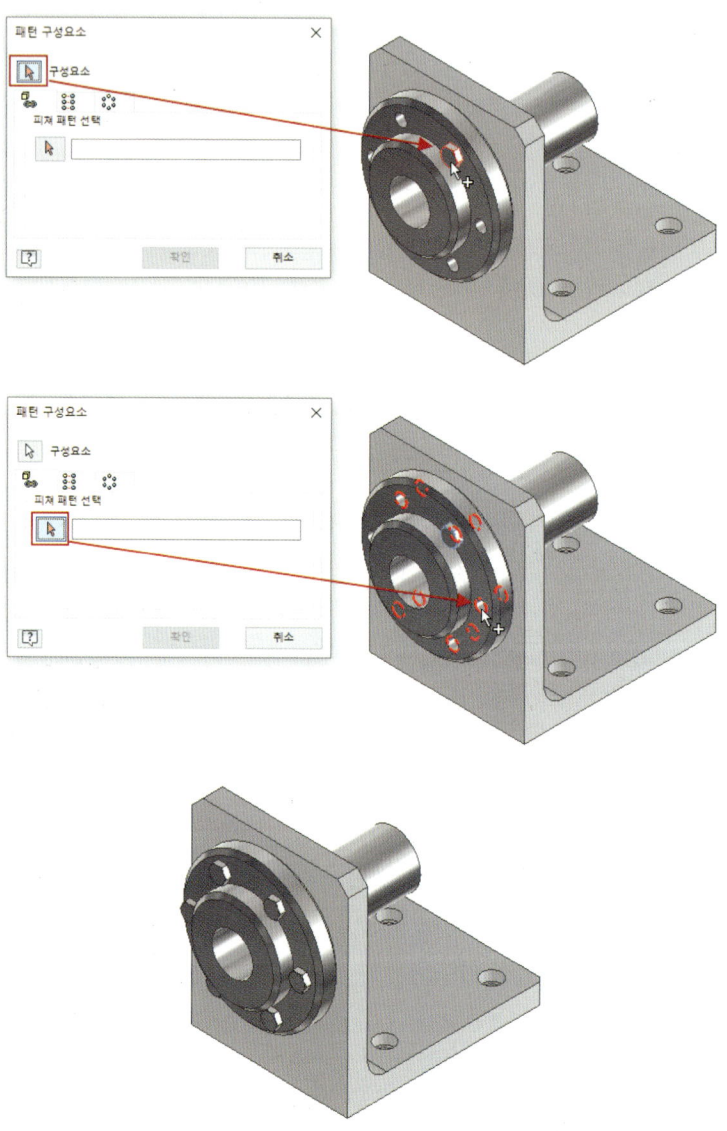

[그림 7-6] 조립품의 연관을 사용한 패턴

5.2 직사각형 탭

수와 간격을 지정하거나 부품에서 패턴화된 피쳐를 일치시켜 선택한 구성요소를 열과 행에 정렬합니다.

열 및 행 배치

- 방향 : 선택한 모서리 또는 축에 의해 정의된 방향으로 선택한 구성요소를 정렬합니다. 구성요소를 배치하여 패턴을 만든 피쳐를 일치시킬 때 선택한 패턴은 간격 및 개수를 설정합니다.
- 반전 : 열 또는 행의 방향을 전환합니다.
- 개수 : 열 또는 행의 발생 수를 지정합니다. 기본값은 2이며 0보다 커야 합니다.
- 간격 : 발생 사이의 간격을 지정합니다. 기본값은 2 이며 음수 값을 입력하여 반대 방향으로 전환하여 작성할 수 있습니다.

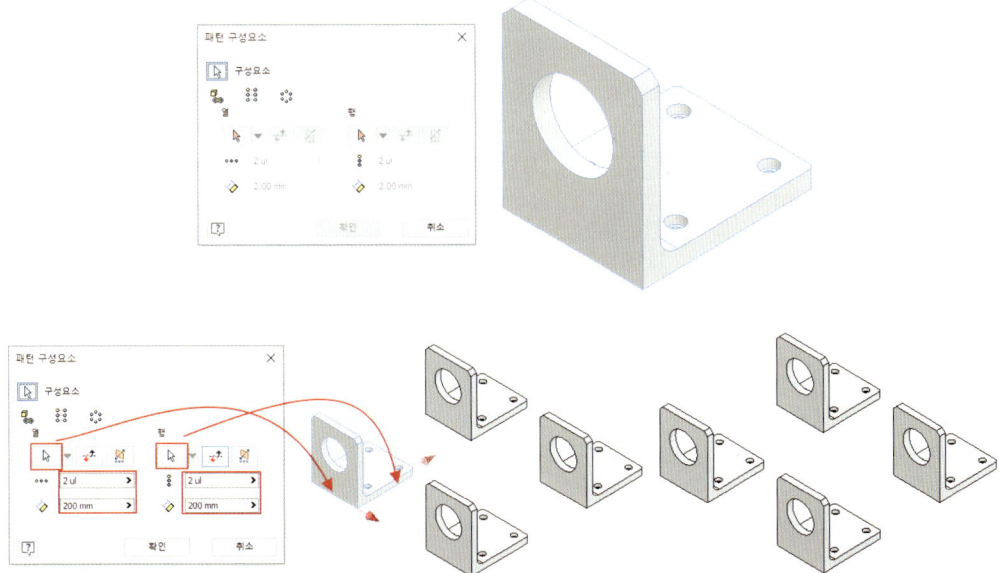

[그림 7-7] 조립품의 직사각형 패턴

5.3 원형 탭

특정 개수 및 각도 간격으로 또는 부품에서 패턴을 만든 피쳐를 일치시켜 선택한 구성요소를 원 또는 호 패턴으로 정렬합니다.

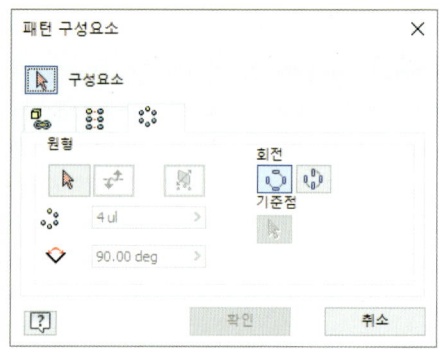

원형 배치

- 회전축 : 반복되는 발생의 축을 지정 합니다. 축은 작업 피쳐 외에 면을 선택할 수도 있습니다.
- 반전 : 패턴의 방향을 전환합니다.
- 개수 : 열 또는 행의 발생 수를 지정합니다. 기본값은 4이며 0보다 커야 합니다.
- 각도 : 각 구성요소 사이의 각도 간격을 지정합니다. 기본값은 90도 이며 음수 값을 입력하여 반대 방향으로 전환하여 작성할 수 있습니다.

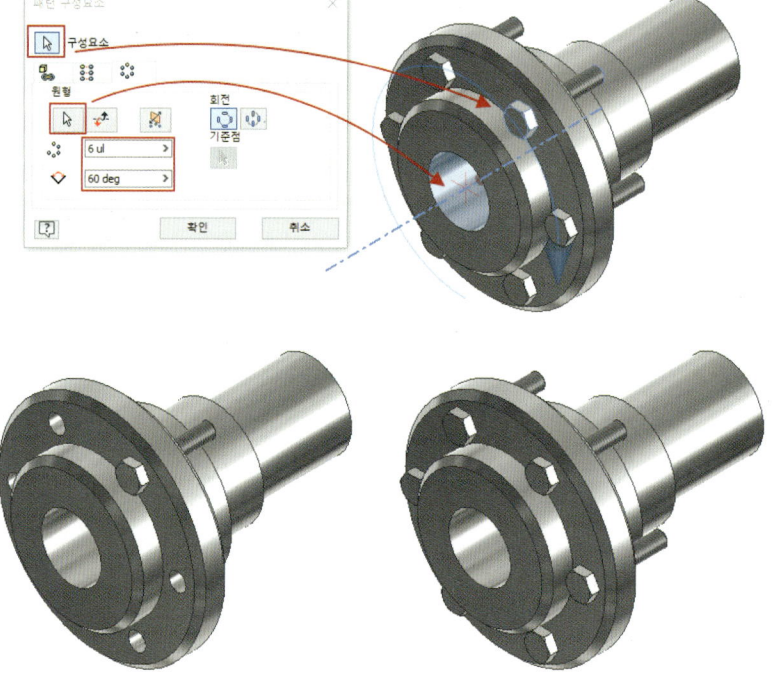

[그림 7-8] 조립품의 원형 패턴

06 미러

조립 탭>패턴 패널>미러

전체 조립품이나 구성요소의 하위 세트를 미러시킬 수 있습니다.

총 세 가지의 상태를 정할 수 있는데 각각의 적용되는 내용이 다르게 작성됩니다. 미러 부품은 공통적으로 구속조건은 따라가지 않으며 작업 피쳐또한 보이지 않습니다. 단, 구성요소 미러 창의 "새 구성요소 고정"을 통해 고정 구속조건을 일괄적으로 적용할 수 있습니다. 제외 상태의 경우는 단독으로 만들 수 없으며 미러 혹은 재사용되는 구성요소가 포함되어야 합니다.

① 미러 : 미러된 구성요소를 작성하여 새 파일에 저장합니다.
② 재사용 : 현재 조립품 파일이나 새 조립품 파일에서 구성요소 복제를 추가합니다.
③ 제외 : 미러 작업에서 부분조립품 또는 부품을 제외합니다.

자세히 버튼 >>

구성요소에 포함된 표준컨텐츠 및 팩토리 부품은 기본적으로 파일에 재사용되며 이를 옵션으로 제어할 수 있습니다. 구성요소 미리보기를 원하지 않는 경우는 체크 박스의 옵션을 끌 수 있습니다.

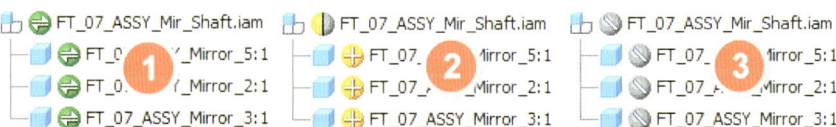

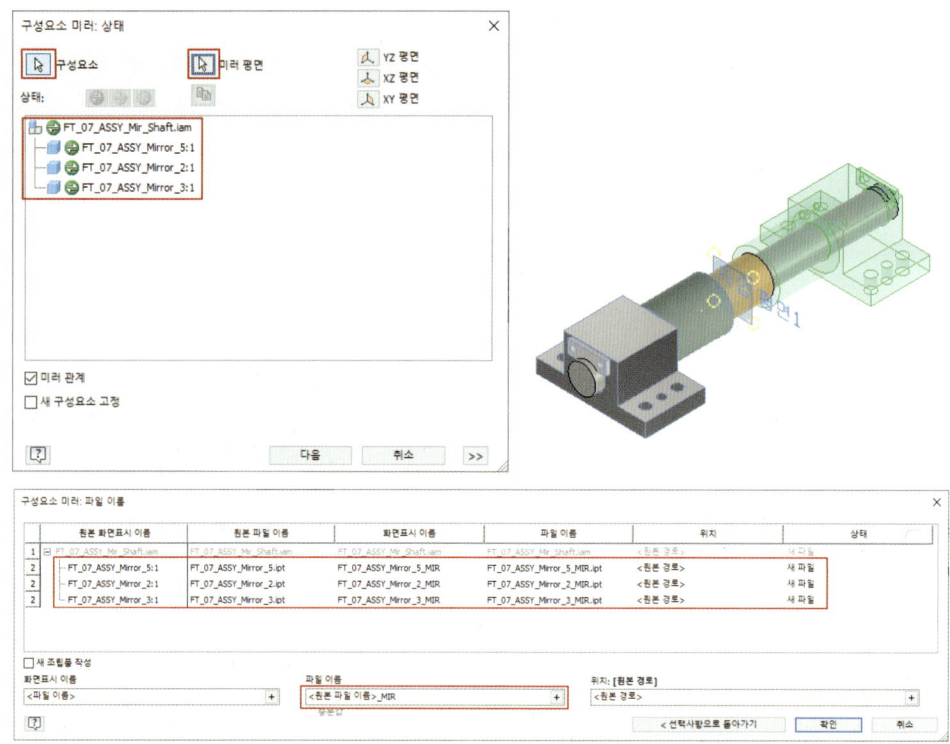

미러 되는 구성요소의 이름은 기본적으로 _MIR 로 되어 있으며 이를 수정할 수 있습니다. 위치항목의 〈원본 경로〉는 마우스 오른쪽 버튼을 클릭하여 사용자 경로에 새로 지정이 가능 합니다.

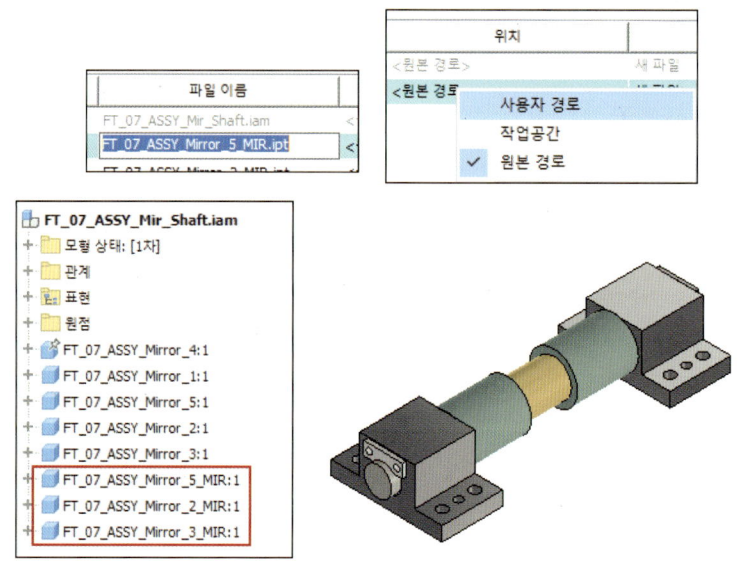

[그림 7-9] 조립품의 미러 복사

〈NOTE〉
미러된 구성요소는 작업된 피쳐가 보이지 않고 파생된 솔리드 형상 상태로 만들어지게 됩니다. 따라서 원본이 변경이 되면 미러된 구성요소가 같이 업데이트 됩니다. 이를 끊어주기 위해서는 아래의 방법으로 링크를 억제 혹은 끊기 하여 놓습니다. 단, 한번 끊어준 링크는 다시 연결할 수 없습니다.

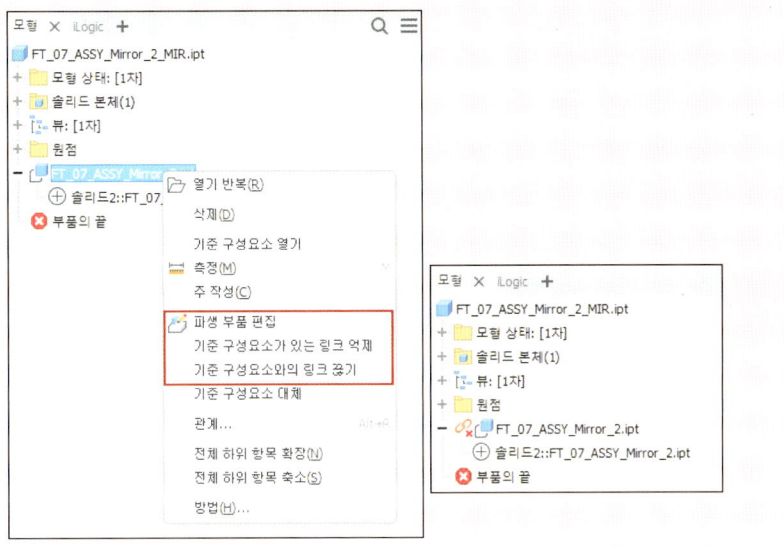

07 구성요소 복사

조립 탭>패턴 패널>복사

복사 명령은 선택한 조립품 구성요소의 사본이나 새 복제를 작성합니다. 편집하고 있는 전체 조립품이나 구성요소의 하위 세트를 복사할 수 있습니다. 관계, 패턴, 표현 및 유동적 상태를 포함하여 원본 조립품의 속성이 다시 작성됩니다. 가변성 상태는 다시 작성되지 않습니다.

설계 과정에 있어 조립품은 새로 생성하는 경우보다 다른 설계에 재사용되는 경우도 빈번하게 발생하기 때문에 이 경우에도 복사 방법이 유용할 수 있습니다.

① 복사 : 구성요소의 사본을 작성합니다. 복사된 각 구성요소는 원본 파일과 연관되지 않은 새로운 파일에 저장됩니다.
② 재사용 : 현재 조립품 파일이나 새 조립품 파일에서 복제를 작성합니다.
③ 제외 : 복사 작업에서 부분조립품이나 부품을 제외합니다.

구성요소 복사 옵션

적용되어 있는 구속조건을 사용할 경우 "관계 복사"는 체크하며 "새 구성요소 고정"은 체크 해제합니다.

자세히 버튼 >>

구성요소에 포함된 표준컨텐츠 및 팩토리 부품은 기본적으로 파일에 재사용되며 이를 옵션으로 제어할 수 있습니다. 구성요소 미리보기를 원하지 않는 경우는 체크 박스의 옵션을 끌 수 있습니다.

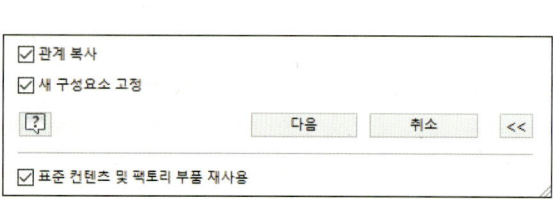
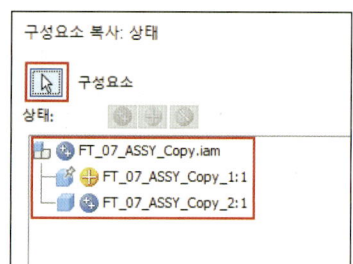

구성요소 복사의 이름 및 구성 방법은 앞의 미러 방법과 동일합니다.

복사된 구성요소는 새로 작성된 파일이기 때문에 원본이 변경되더라도 같이 업데이트 되지 않습니다.

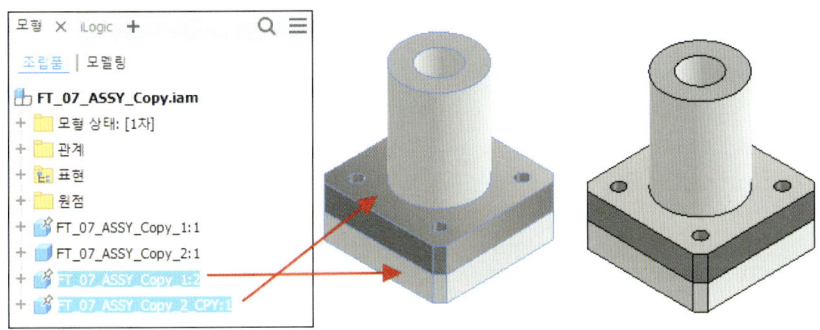

[그림 7-10] 조립품 구성요소 복사

〈NOTE〉

미러 및 복사 구성요소의 기본 이름은 응용프로그램 옵션에서 설정할 수 있습니다.

도구 탭〉응용프로그램 옵션〉파일 탭〉파일 명명 기본값…

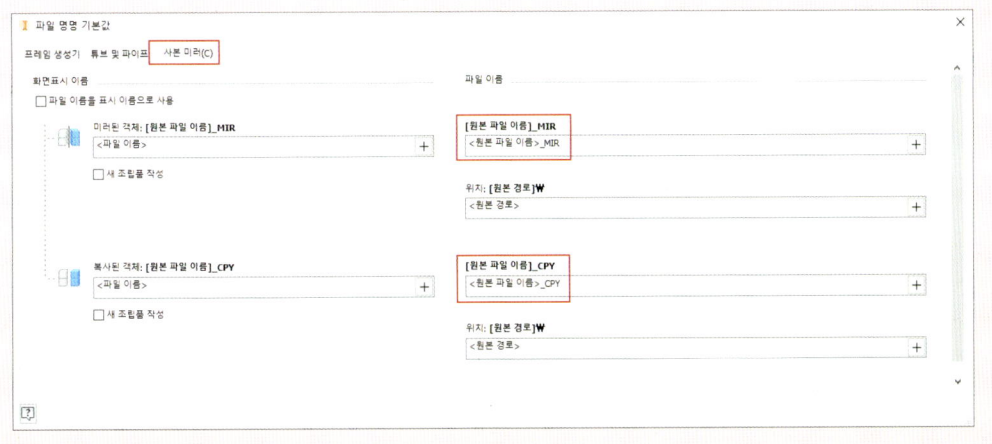

08 접촉 분석 활성화

검사 탭>간섭 패널>접촉 분석 활성화

조립품 내에서 구성요소를 제어하는 방식으로 앞서 소개된 구속조건 드라이브와 함께 접촉 분석 옵션을 제공합니다. 접촉 분석은 구성요소가 서로 구속될 필요 없이 실제 서로 상호 작용하는 것과 거의 같은 방식으로 동작 됩니다. 아래의 예시는 간단한 슬라이드 암으로 슬롯이 통과하여 빠질 수 없도록 제어가 필요한 모델입니다. 접촉이 발생되는 구성요소를 선택하여 접촉 세트를 선택합니다. 그러면 모형탭에서 선택한 3개의 부품 파일의 아이콘이 변경됩니다.

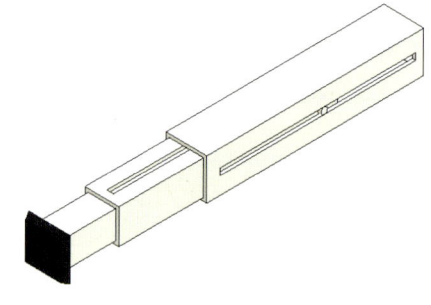

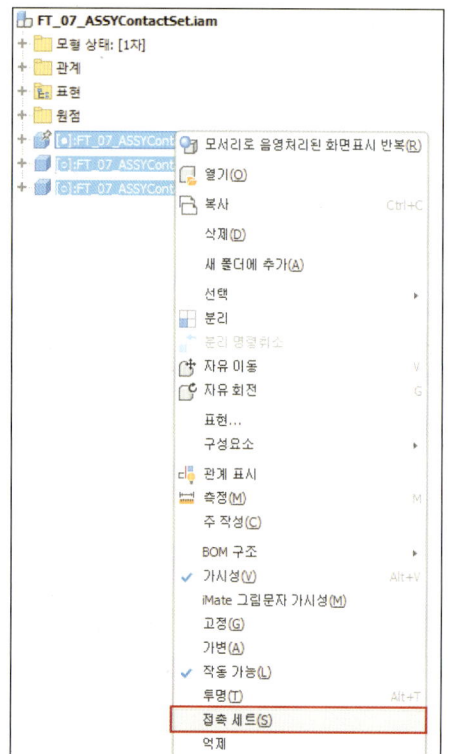

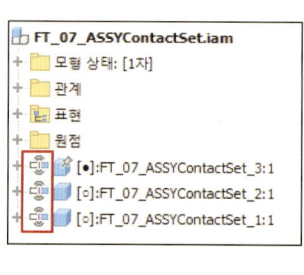

[그림 7-11] 접촉 분석 활성화

접촉 분석 활성화가 켜져 있고 구성요소에 접촉세트가 적용되어 있다면 슬라이드 암들을 마우스 드래그하여 움직임을 검토해 봅니다.

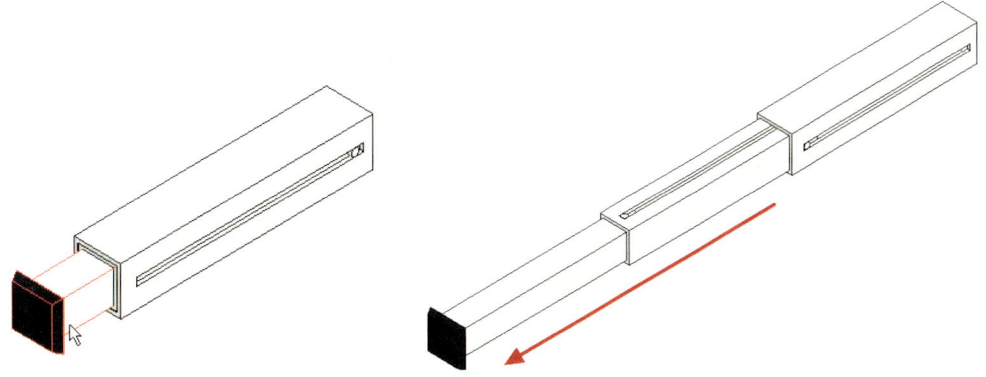

실습 1 : 가변 부품 만들기

이 실습에서는 학습할 내용은 아래와 같습니다.

- 일반 부품을 가변으로 설정하기
- 조립품 내에서 새로운 구성요소 작성하기

01 FT_07_ASSY_Adaptive.iam 파일을 열어서 모델을 검토합니다.

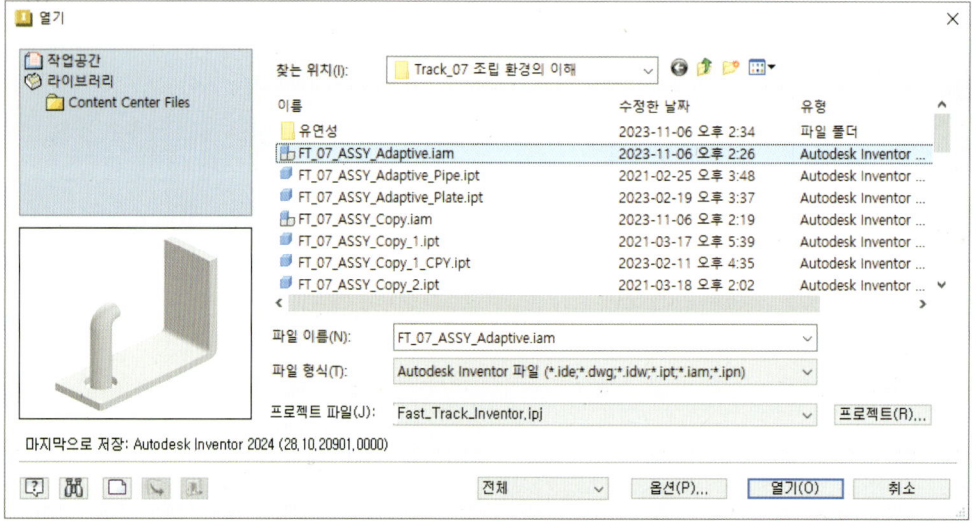

02 모형 탭의 FT_07_ASSY_Adaptive_Plate 부품 피쳐를 확장합니다.

03 구멍 피쳐의 마우스 오른쪽을 클릭하여 가변 설정을 합니다.

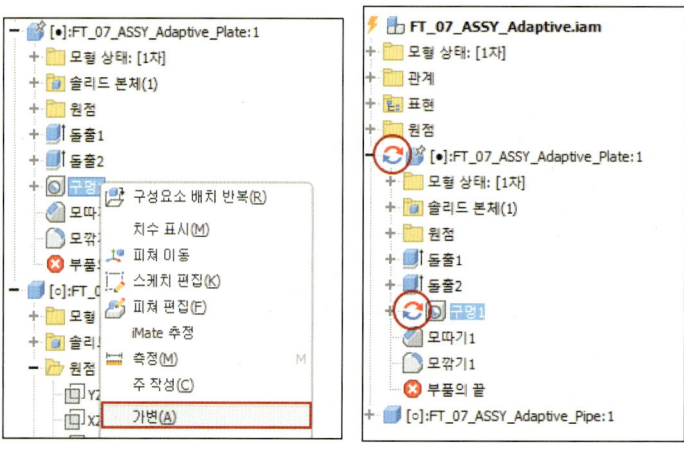

04 Plate와 Pipe부품을 조립 합니다. 이때 Plate의 구멍은 선택필터를 통해 축이 아닌 면이 선택될 수 있도록 합니다.

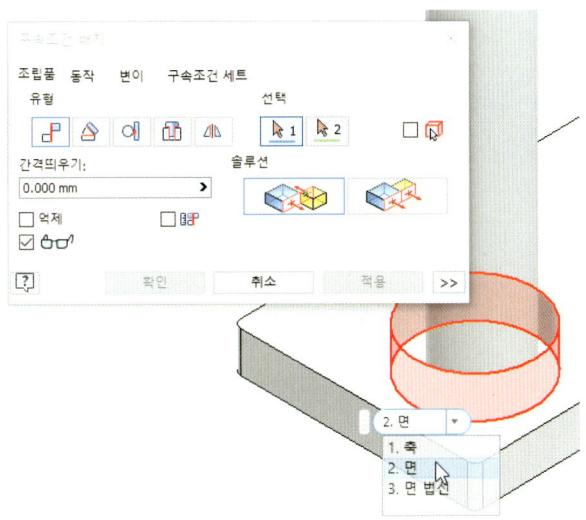

05 FT_07_ASSY_Adaptive_Pipe 부품의 면을 추가로 선택 한 후 간격띄우기의 값을 10mm 입력 합니다.

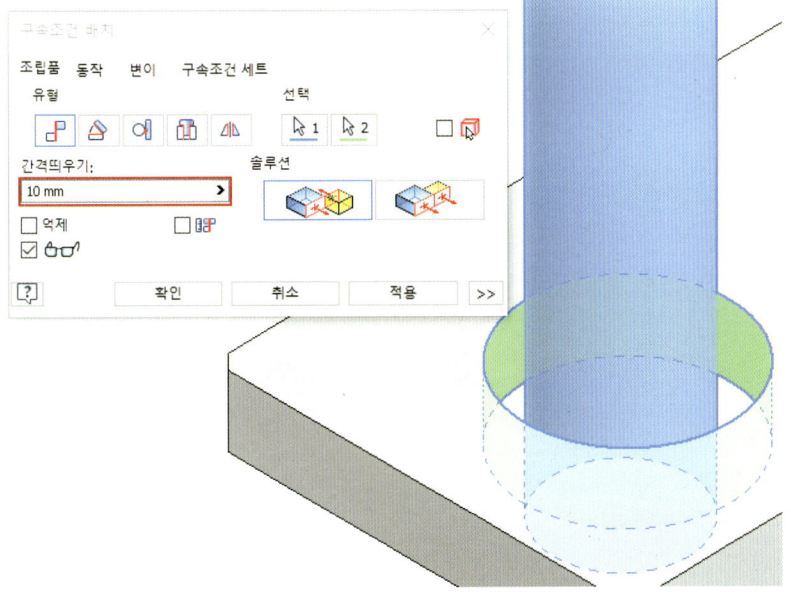

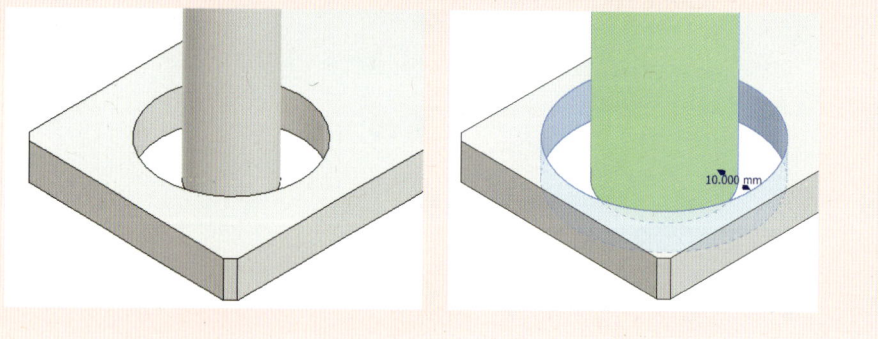

〈NOTE〉
가변 설정이 들어가 있는 피쳐에 구속조건을 유연하게 따라가도록 할 수 있습니다. Pipe의 지름을 변경하면 Plate의 구멍과 Pipe의 간격을 10mm 유지한 상태에서 업데이트 됩니다.

06 조립 탭>구성요소 패널>작성 도구를 선택하고 부품을 추가합니다. 새 구성요소의 이름에 Tube로 명명하고 확인합니다.

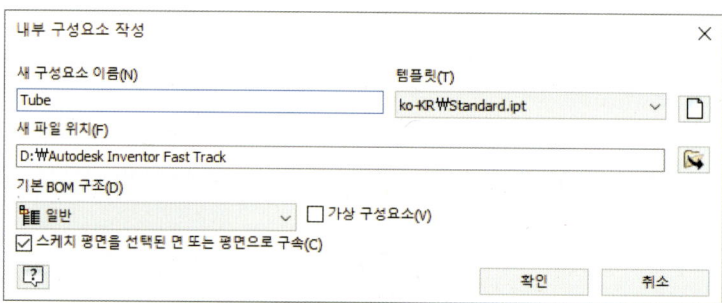

07 스케치를 하기 위해 아래처럼 FT_07_ASSY_Adaptive_Pipe 의 면을 선택합니다.

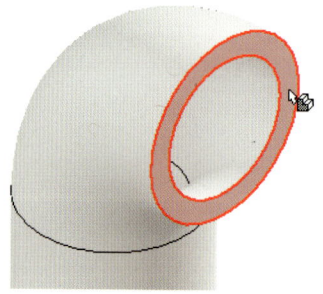

08 자동으로 부품 환경으로 전환된 것을 확인합니다.

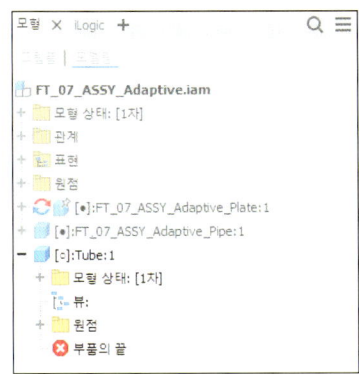

09 을 클릭하여 XY평면을 선택합니다.

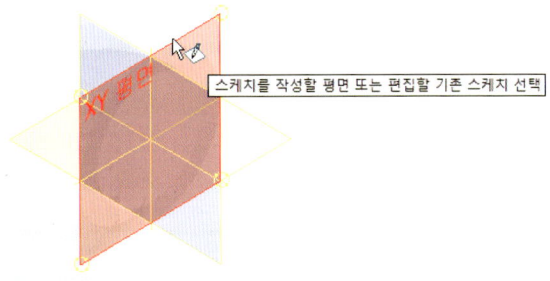

10 형상 투영 아이콘을 클릭하여 단면을 투영합니다. 이때 선택할 수 있도록 뷰 방향을 전환합니다. 모서리를 선택한 후에는 아래 그림과 같이 Tube 부품 앞과 스케치1의 피쳐 앞에 가변 마크가 생성되는 것을 볼 수 있습니다.

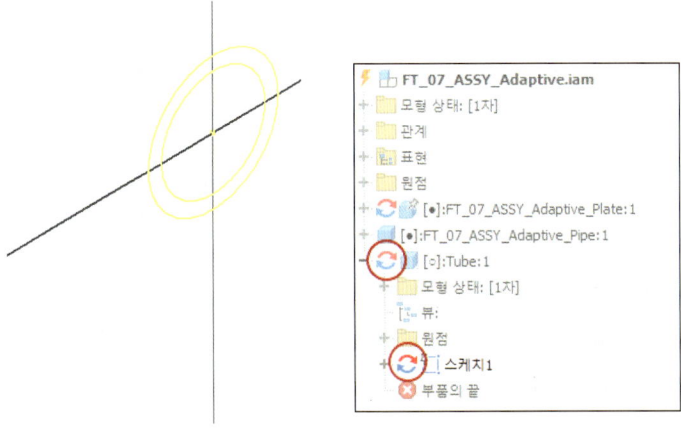

11  스케치 마무리하여 상태를 종료합니다.

12 돌출 돌출 명령어를 사용하여 Tube가 시작되는 면을 프로파일로 선택하고 끝나는 면을 선택하여 확인을 클릭합니다.

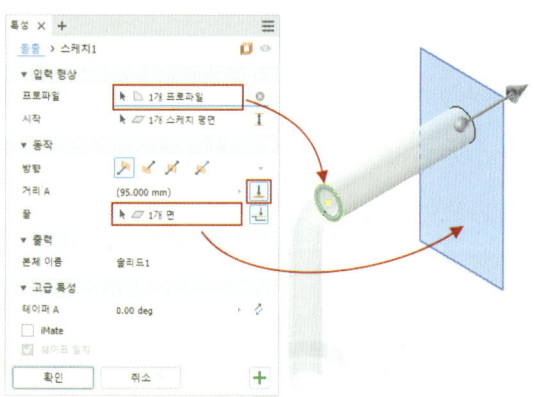

13 복귀를 하여 상태를 빠져나옵니다.

14 FT_07_ASSY_Adaptive_Plate 부품을 다시 편집합니다.

15 돌출1 피쳐의 가시성을 표시합니다.

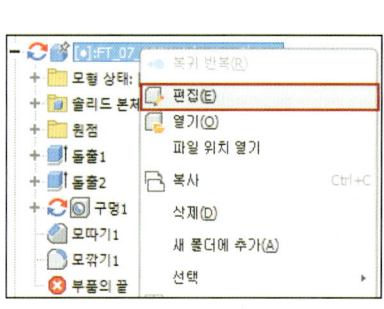

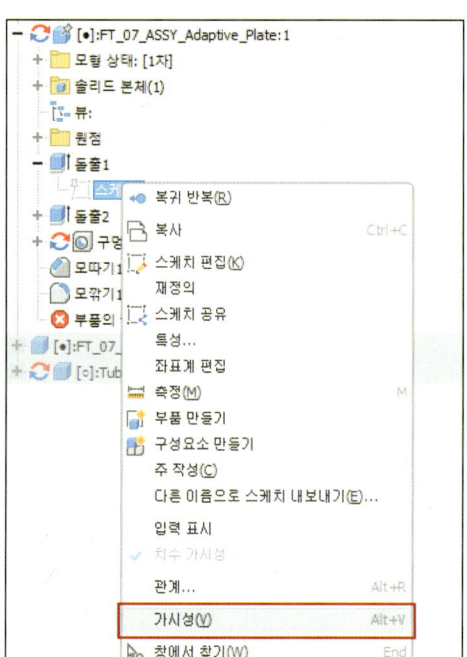

16 150mm 에 해당하는 치수를 200mm 로 변경 해 봅니다.

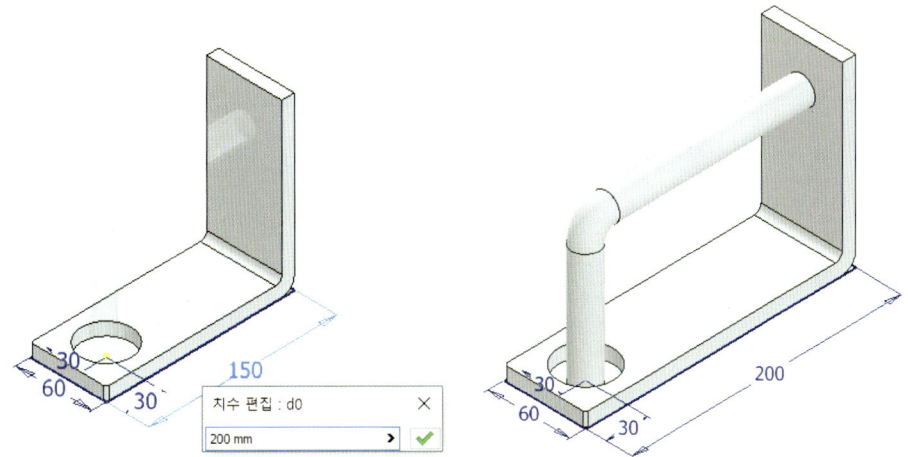

위 그림과 같이 참조된 부품의 치수의 길이를 변경하면 FT_ASSY_Adaptive Pipe의 길이가 늘어가는 것을 볼 수 있습니다. 연관된 면이 이동할 때 길이가 변경되므로 부품의 작업 평면은 가변적인 것이 됩니다.

〈NOTE〉

위의 예제처럼 부품의 길이를 제어해야 하는 경우 즉, 시작과 끝나는 면을 지정해야 하는 경우에는 응용프로그램 옵션의 "가변 피쳐" 항목이 체크되어야 합니다. 옵션 설정이 되지 않아도 가변 마크는 동일하게 생성되지만 참조된 부품의 치수 길이를 변경할 경우에 업데이트 되지 않습니다.

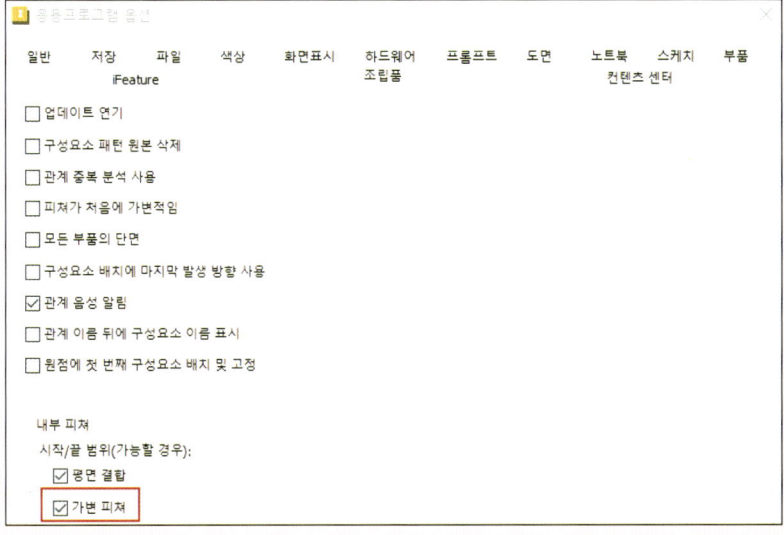

MEMO

Track

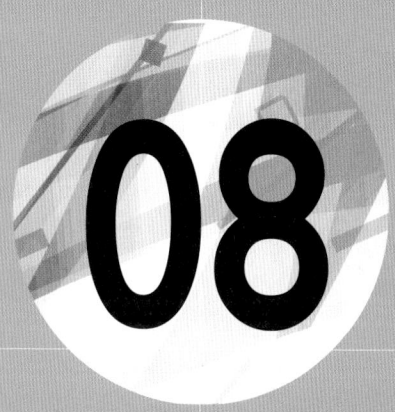

08

대용량 조립품 관리하기

01 설계 뷰 표현

부품이나 조립품 파일에서 화면 표시 구성을 유지할 수 있는 표현 방법을 제공합니다. 이를 활용하면 사용자가 자주 보고싶어 하는 뷰를 사전에 만들어 놓고 사용하기 때문에 일일이 가시성을 제어할 필요가 없습니다. 뷰 표현에 저장되는 정보는 아래와 같습니다.

- 본체 또는 구성요소 가시성
- 구성요소 투명도
- 스케치, 3D 주석 및 스케치 치수의 가시성
- 작업 피쳐 가시성(가시적 또는 비가시적)
- 구성요소의 선택 상태(작동 가능 또는 작동 불가능)
- 모양 및 스타일 특성
- 줌 확대 축소 및 카메라 뷰

뷰 표현의 장점

- BOM에는 영향을 주지 않고 현재의 조립품을 단순화할 수 있습니다.
- 뷰 표현이 생성된 조립품은 도면 뷰 작성 속도를 향상시킬 수도 있습니다.
- 구성 요소에 고유 색상을 지정하여 다른 구성 요소와 구분할 수 있으며 투명도를 지정하여 관통하여 보이게 하는 효과를 줄 수 있습니다. 예를 들어 투명한 유리처럼 보이게 투명도를 지정하여 내부가 보일 수 있도록 할 수 있습니다.
- 조립품의 내부를 볼 수 있도록 덮개에 가시성을 제어하여 볼 수 있습니다.

각 설계 뷰 표현은 조립품 파일 내에 저장되며 개별 부품 또는 하위 조립품에는 영향을 미치지 않습니다.

1.1 뷰 표현

설계 뷰 및 뷰 참조라고도 하는 뷰 표현은 조립품 표시를 구성하고 나중에 사용할 수 있도록 해당 표시를 저장하는 데 사용됩니다. 고정된 표현을 자주 확인해야 할 경우에는 기본값을 사용하지 않고 뷰 표현을 새로만들기 하여 활용하는 것이 효과적입니다.

가시성

대형 조립품에서 특정 환경에만 사용되는 구성요소가 필요할 수도 있고 필요한 구성요소가 다른 구성요소에 의해 가려질 수도 있기 때문에 이를 제어하는 방법이 필요 합니다.

또한, 중요하지 않거나 불필요한 구성요소를 꺼 두면 조립품 파일을 보다 빨리 열고 업데이트할 수 있습니다.

투명

구성요소의 재질의 모양에서 투명도를 설정하는 것이 아니라 조립품 상태에서 바로 투명하게 변경할 수 있습니다. 이 투명 효과는 부품에 영향을 주지 않습니다.

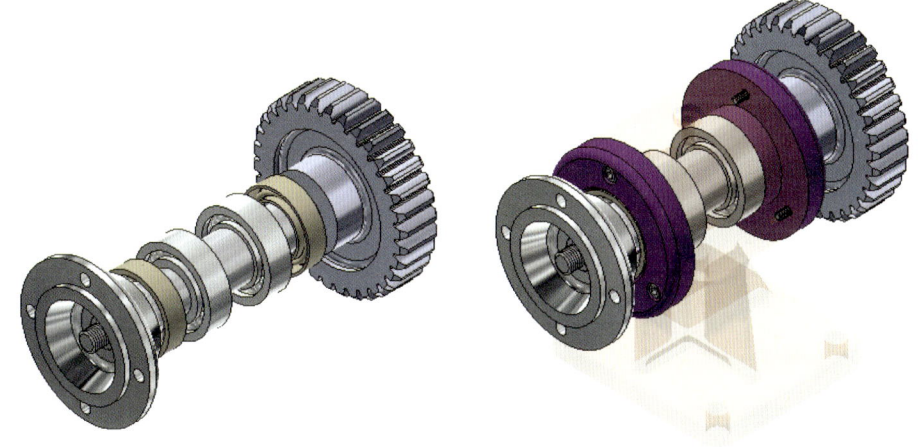

[그림 8-1] 뷰의 가시성 및 투명 표현

1.2 뷰의 객체 가시성 적용 방법

조립품에서 보이는 작업 피쳐는 앞서 소개된 뷰 표현을 활용할 수도 있지만 근본적으로 보이지 않게 하려면 해당 부품 내에서 가시성을 끄고 해당 조립품을 저장해야 합니다.

작업 피쳐, 주석 및 기타 화면 표시 요소의 가시성 설정에 상관없이 전체적으로 제어하려면 객체 가시성으로 할 수 있습니다.

뷰 탭>가시성 패널>객체 가시성

작업 된 조립품을 열기 하였을 때 작업 피쳐 및 기타 요소의 가시성이 그대로 보일 경우가 있습니다. 이러한 상태에서는 정확하게 모델을 식별하기 어려울 뿐 아니라 인벤터의 성능에도 영향을 줄 수 있습니다. 체크가 되어 있는데 요소가 보이지 않는다면 구성요소의 해당 피쳐 가시성을 확인해야 합니다. 가시성 제어는 구성요소가 우선 적용됩니다.

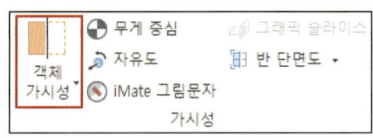

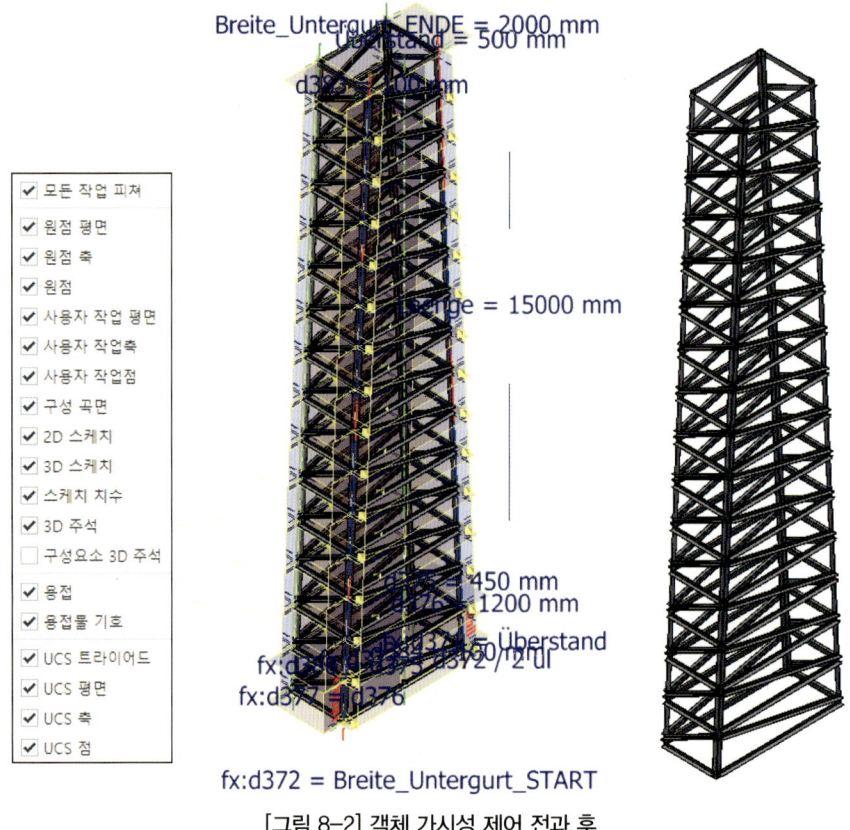

[그림 8-2] 객체 가시성 제어 전과 후

작업 피쳐 중에 원점은 템플릿의 기본 피쳐이며 사용자는 사용자가 필요에 의해 새로 작성 된 피쳐 입니다. 모든 작업 피쳐를 해제하면 위와 같은 결과를 얻을 수 있습니다.

1.3 위치 표현

위치 표현은 구성요소가 움직이는 구조의 장면들을 캡처하여 저장하는 방식으로 설계 의도의 변경이 아닌 다양한 위치의 조립품 분석 및 평가만을 목적으로 사용됩니다. 이 표현 방법은 상위 조립품에 저장되며 언제든지 가져올 수 있으며 도면 뷰 및 파생 조립품에서도 사용될 수 있습니다. 구성요소의 추가, 삭제 및 피쳐 편집 등은 기본 위치 표현[1차]이 활성화되었을 때 가능 합니다.

위치 표현 단계

위치 표현을 새로 만들기 하여 위치 표현에 활용될 구속 조건을 선택한 후 재지정 명령어를 사용할 수 있습니다. 이때 새로 만들어 놓은 위치 표현 항목에 활성화가 되어 있지 않으면 재지정 명령어는 보이지 않습니다.

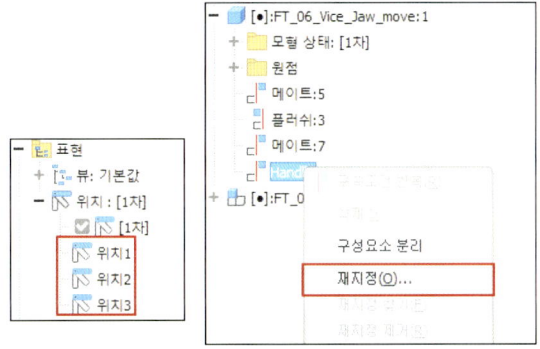

객체 재지정 화면에서 만들어 놓은 위치를 변경하며 각각 값을 입력하면 설정이 완료됩니다. 적용을 클릭하여 값을 입력할 때마다 저장되도록 합니다. 모든 내용이 수정되었다면 모형탭에서 위치 표현의 이름을 직접 변경할 수 있습니다.

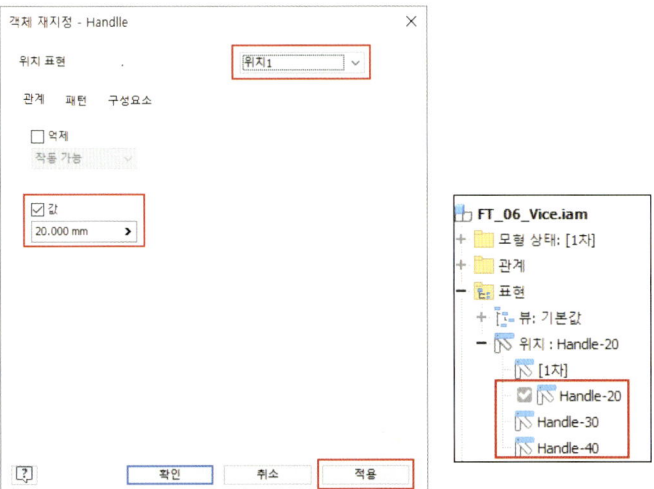

20mm와 40mm 거리일 때를 쉽게 전환할 수 있습니다.

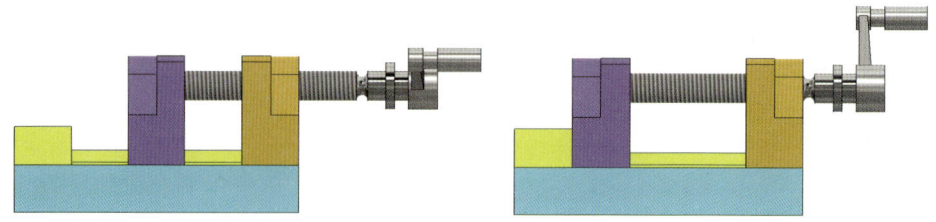

[그림 8-3] 조립품 위치 표현의 전환

〈NOTE〉
저장된 위치 표현은 도면 뷰로 활용이 가능하며 아래의 이미지처럼 오버레이 뷰로도 사용할 수 있습니다. 이 방법은 Track_10 도면 작성하기를 참고 바랍니다.

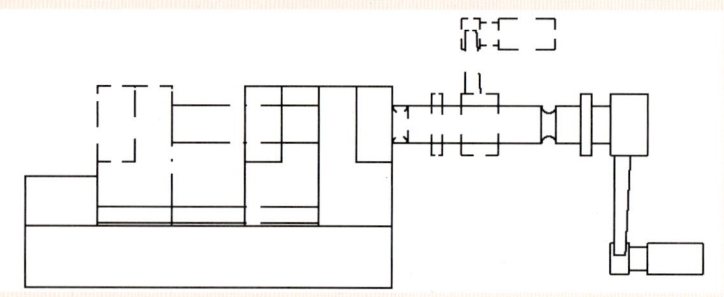

02 모형 상태

모형 상태는 단일 부품 또는 조립품에서의 파일을 제조 단계 및 단순화 수준으로 설계를 표현하는 데 사용됩니다. 새로 생성된 멤버에서는 고유한 매개변수, iProperties 및 BOM 정보를 지정할 수 있습니다. 기본[1차] 모형 상태는 수정할 수는 있으나 이름을 변경하거나 삭제할 수 없습니다.

2.1 세부 수준 표현

세부 수준 표현 LOD(Level of Detail)을 활용하면 하드웨어의 속도가 느려지고 메모리가 확보되지 않은 경우 용량 및 성능을 향상시킬 수 있습니다. 대용량 조립품 작업할 때 특정 부분에 필요하지 않는 구성 요소를 억제하여 이 상태를 세부 수준 표현으로 저장할 수 있습니다. 대용량 조립품을 열기 할때에도 보이지 않는 구성요소는 메모리에 로드되지 않기 때문에 신속하게 열 수 있습니다. 세부 수준 표현은 억제를 활용한 방법으로 인벤터 2022 버전 부터 모형 상태 폴더의 하위에서 생성되어 관리됩니다.

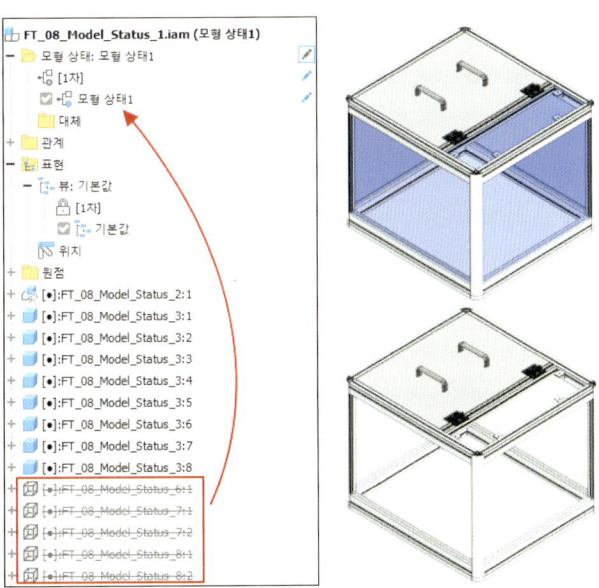

[그림 8-4] 조립품 모형 상태

〈NOTE〉
가시성과 억제는 결과를 같지만 가시성은 열린 문서의 수에 반영되지 않기에 메모리에 남아 있으며 억제는 열린 문서의 수에 반영되어 메모리에 로드되지 않는 방식으로 없는 구성요소로 인식되어 사용되기 때문에 목적에 맞게 사용할 수 있습니다.

2.2 대체를 사용한 단순화 표현

단순화 표현을 사용하면 복잡한 구조의 구성요소들의 형상을 간소화할 수 있습니다.

[그림 8-5] 단순화 표현

단순화 표현은 여러 개의 구성요소를 하나의 부품 파일로 변환하는 방식이기 때문에 작성 후 활성 문서의 총 발생 수는 1개로 줄어들게 되어 조립품을 더욱 가볍게 활용할 수 있게 됩니다. 조립품이 대용량으로 갈수록 가장 상위 레벨에서 단순화를 한 번에 작성하는 방법은 좋지 않은 방법입니다. 데스크탑의 성능과 조립품의 복잡성이 매우 영향이 크기 때문에 단순화 작업 시간이 매우 오래 걸리거나 작성 도중에 실패할 가능성도 있습니다.

따라서 모든 구성 요소에 단순화가 필요하지는 않기 때문에 자주 편집하지 않거나 보기만 하는 하위 조립품 단위로 만들어 활용한다면 매우 효과적입니다.

단순화 표현은 대체를 활용한 방법으로 모형 상태 폴더 하위의 대체 폴더에서 생성되어 관리됩니다.

1) 단순화 표현 메뉴

조립 탭>단순화 패널>단순화

단순화 표현의 메뉴는 아이콘의 방법과 모형 탭의 새 대체를 사용하는 방법 두 가지가 있습니다. 모두 동일한 기능으로 아이콘으로 작성 시 새 창이 열리면서 만들어지게 되며 모형 탭의 새 대체를 사용하면 조립품 내에 만들어지는 차이가 있기에 사용자의 목적에 맞게 사용하면 됩니다.

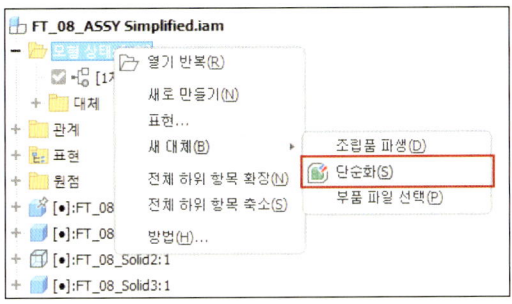

〈NOTE〉
모형이 Express 모드일 때는 단순화 메뉴는 비활성화 되어 명령을 실행할 수 없습니다.

2) 단순화 표현의 옵션

사전 설정

단순화 표현 또한 사전 설정이 가능 합니다. 여기에서는 총 4개의 기본 제공 설정을 제공하여 이 설정은 고정된 값으로 선택할 수 있습니다. 자주 사용하는 조건은 사용자가 설정하여 모든 값을 재지정 할 수 있습니다.

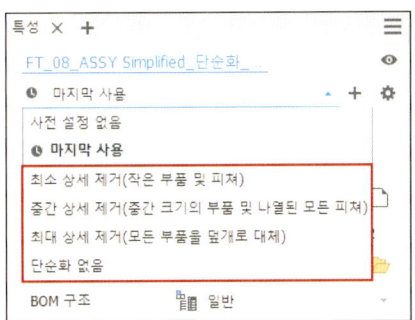

- 최소 상세 정보 제거(작은 부품 및 피쳐) : 작은 부품 및 피쳐를 제거하여 가장 상세한 모형을 생성하도록 옵션 설정 값들이 적용 됩니다.
- 중간 상세 제거(중간 크기 부품 및 나열된 모든 피쳐) : 적당한 상세 크기를 제거하도록 합니다. 모든 피쳐는 제거 하여 단순화 합니다.
- 최대 상세 제거(최상위 구성요소를 덮개로 대체) : 가장 많은 상세 정보를 제거 합니다.
- 단순화 없음 : 모든 상세 정보가 모형에 표시 됩니다.

사전 설정을 선택한 다음 일부 필요한 항목들을 추가 선택함으로 매번 설정해야 하는 번거로움을 줄일 수 수 있습니다.

입력 및 덮개

입력 그룹에서는 모형 상태, 뷰, 위치 표현이 사전에 만들어 놓았다면 이 쉐이프 형태를 그대로 사용하여 단순화 표현에 적용이 가능 합니다.

덮개는 형상을 박스 형태로 단순화 시키는 방식으로 전체 혹은 부분 구성요소로 구분하여 만들 수 있습니다. 데이터 공유 시 단순화하거나 세부 내용이 필요 하지 않고 외부 사이즈만 필요한 레이아웃 설계에 사용되기도 합니다. 모형 상태 및 위치 표현은 덮개 크기에 영향을 줄 수 있으며 뷰 표현은 영향을 주지 않습니다.

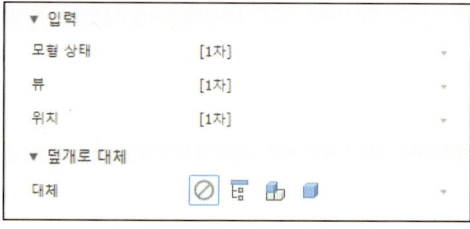

구성요소 제외

단순화에 제외할 부품 및 구성요소를 선택하기 위한 옵션을 제공합니다. 제외할 부품 및 구성요소는 선택하는 즉시 미리보기 되어 화면에 적용됩니다.

크기별로 부품 제외 옵션을 체크하면 구성요소의 대각선 값을 기준으로 경계 상자 안에 맞는 부품이나 구성요소가 제거됩니다. 값을 직접 넣거나 측정 아이콘 을 클릭한 후에 선택을 적용할 수도 있습니다.

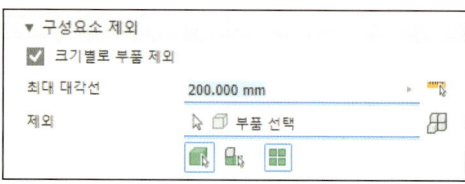

피쳐 제외

단순화된 부품에 포함하거나 제외할 피쳐를 유형별 및 크기별로 선택할 수 있는 옵션을 제공합니다. 유형은 구멍, 모깎기, 모따기, 포켓(빼기), 엠보싱(더하기), 터널이 포함됩니다.

피쳐에 대한 결과는 단순화를 반드시 진행하지 않아도 강조 표시 버튼을 클릭하면 제거할 피쳐에 색상을 적용하여 미리 보기 할 수 있습니다.

강조 표시 버튼을 클릭하였을 때의 파란색은 제거될 피쳐이고 녹색은 유지할 피쳐입니다.

아래와 같이 예를 들어 적용하면 단순화에 대한 결과를 얻을 수 있습니다.

- 구멍 : 전체 구멍을 모두 제거 합니다.
- 엠보싱 : 외곽 쉐이프에서 20mm과 같거나 작은 형상을 제거합니다.
- 유지 : 전체 구멍 중에 일부 피쳐는 원본과 동일하게 작성 됩니다.

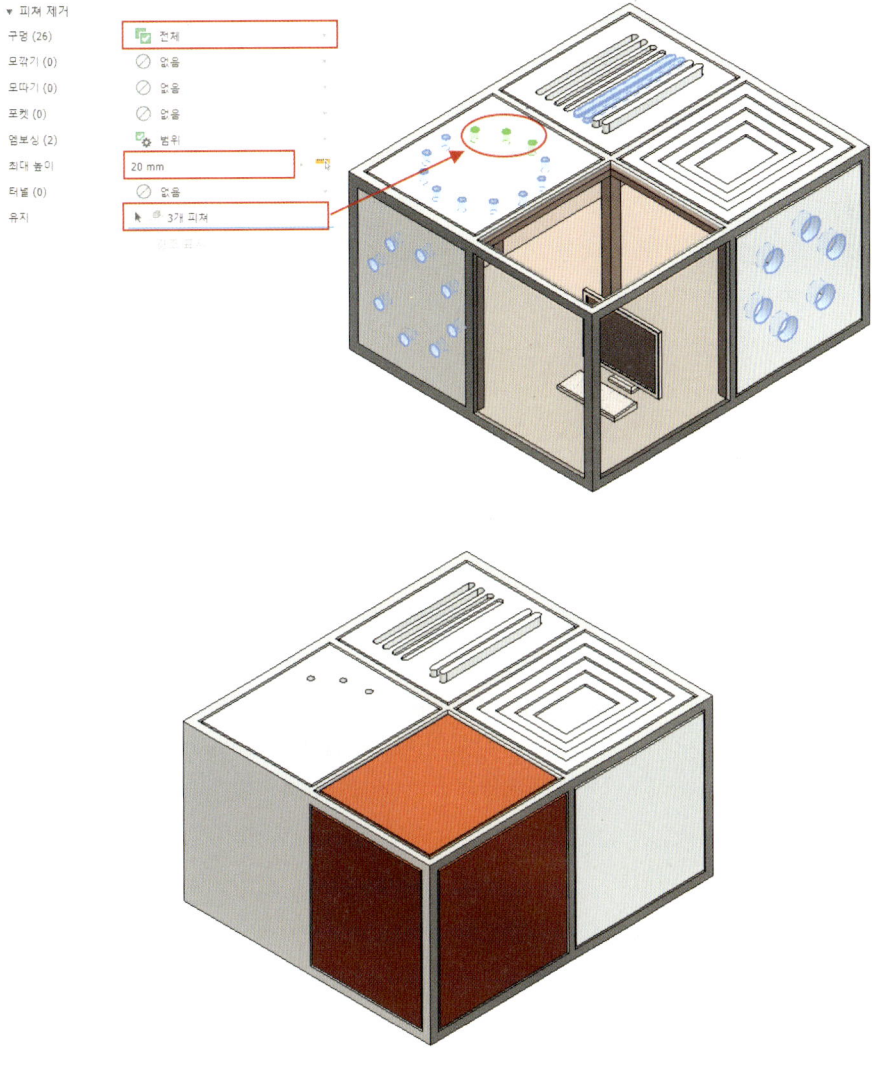

[그림 8-6] 단순화 피쳐 옵션 적용 결과

출력

단순화 표현으로 생성되는 부품은 인벤터의 기본 템플릿을 기준으로 출력됩니다. 활성화된 모형 상태가 이미 대체된 상태라면 단순화 명령을 사용할 수 없으며 비활성화 됩니다.

단순화 부품의 이름을 변경할 수 있으며 생성되는 위치도 조정할 수 있습니다.

단순화 출력의 스타일 옵션은 아래와 같습니다.

- 이음매 없는 단일 솔리드 : 평면형 면 사이에 모서리가 표시되지 않는 솔리드를 작성합니다.
- 이음매 있는 단일 솔리드 : 평면형 면 사이에 모서리가 표시되는 단일 솔리드를 작성합니다.
- 각 솔리드 유지 : 조립품의 각 부품에 대한 고유 본체가 포함된 다중 본체 부품을 작성합니다.
- 단일 복합 피쳐 : 곡면 복합 본체를 작성 하여 내부가 모두 비어 있는 상태로 작성합니다.

이음매 없는 단일 솔리드

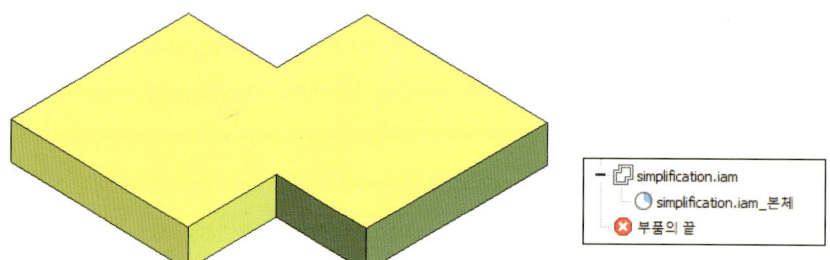

이음매 있는 단일 솔리드

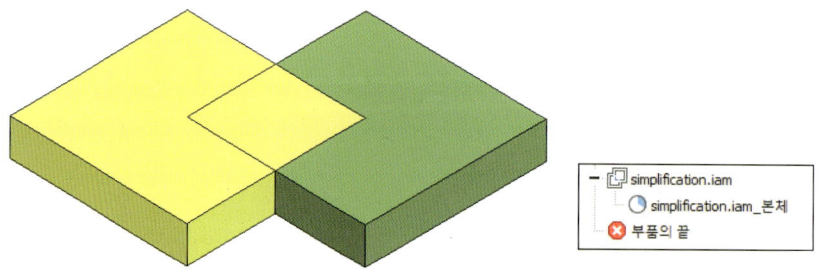

각 솔리드 유지

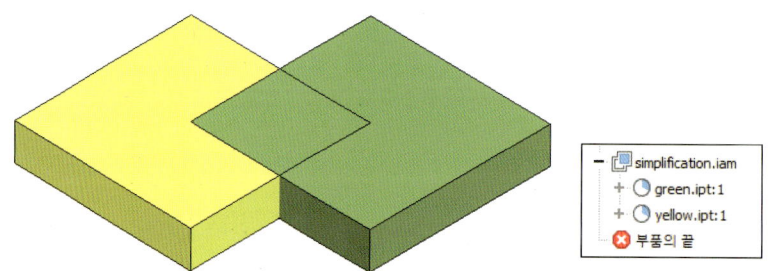

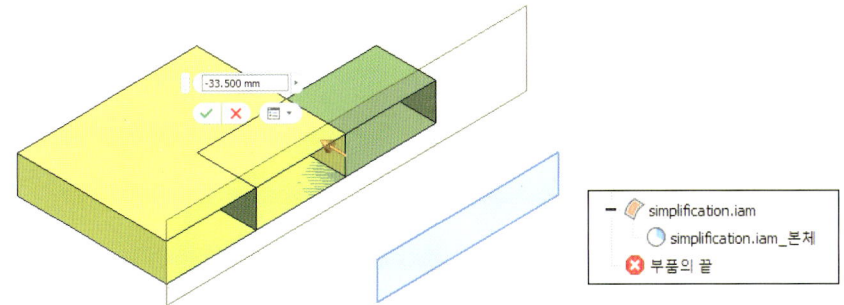

[그림 8-7] 단순화 스타일의 유형

3) 단순화 표현의 편집

단순화 표현은 모형 상태 하위의 폴더에 추가되고 단순화된 모형을 기준으로 작성됩니다.

한번 만들어 놓은 단순화 표현을 편집할 수 있으며 설계 변경으로 인한 상태 변경 또한 업데이트 할 수 있습니다.

단순화 표현의 전환

대체 폴더에 단순화된 항목으로 전환하기 위해서는 마우스 오른쪽 버튼의 활성화를 클릭하거나 더블클릭하면 모형이 업데이트 되어 대체 항목을 표시합니다.

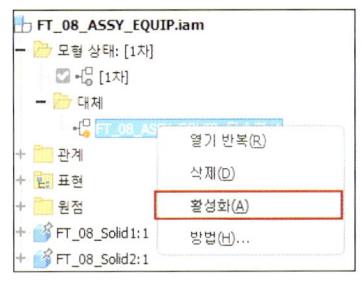

대체 단순화 편집

대체된 단순화 파일도 조립품의 구성요소에서 편집할 때와 동일한 방법으로 진행합니다.

마우스 오른쪽 버튼으로 편집을 클릭하거나 더블클릭하여 단순화 파트를 편집합니다. 단순화된 파일을 직접 열기 하여 작업도 가능 합니다.

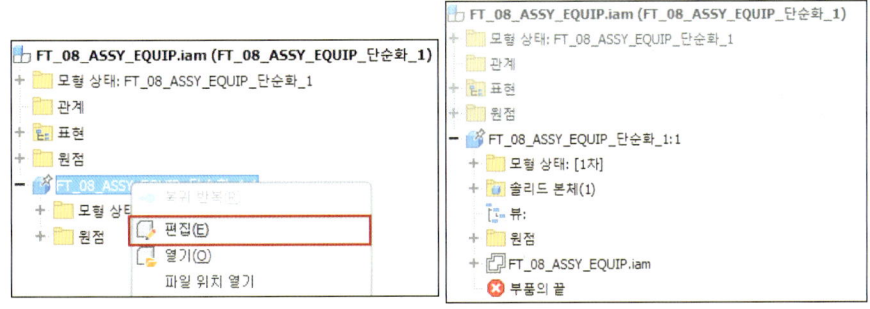

[그림 8-8] 단순화 부품의 편집

검색기에서 마우스 오른쪽 버튼을 클릭하고 단순화된 조립품 편집을 선택합니다. 이렇게 하면 단순화를 처음 만들 때 사용되었던 특성 패널이 활성화되어 수정할 수 있게 됩니다.

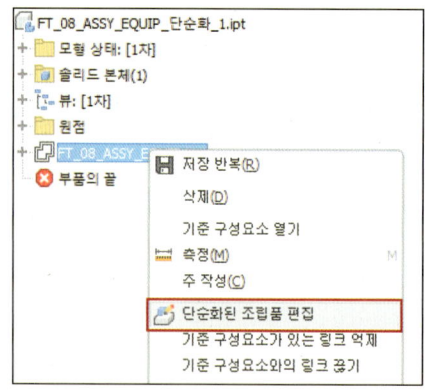

⟨NOTE⟩

링크를 제어하면 기준 구성요소와의 관계를 정의할 수 있습니다. 링크 억제는 다시 연결을 할 수 있으나 링크 끊기를 하게 되면 원본과의 관계는 사라지며 다시 재 연결할 수는 없습니다.

설계 변경 후 업데이트

모델에 대한 설계 변경이 있다면 이를 단순화 부품에 업데이트하여 적용시킬 경우가 있습니다. 여러 가지의 상황이 있을 수 있지만 설계 변경 작업은 반드시 대체 폴더가 활성화된 상태가 아닌 [1차] 마스터 모형 상태에서 편집해야 문제가 없습니다.

예들 들면 아래와 같이 대체 폴더의 단순화 항목을 활성화한 다음 해당 구성요소의 구멍 피쳐를 추가하였을 때 이 피쳐는 단순화 파일에만 존재하며 [1차] 마스터로 전환하였을 때는 구멍 피쳐가 없어지고 업데이트가 되지 않습니다.

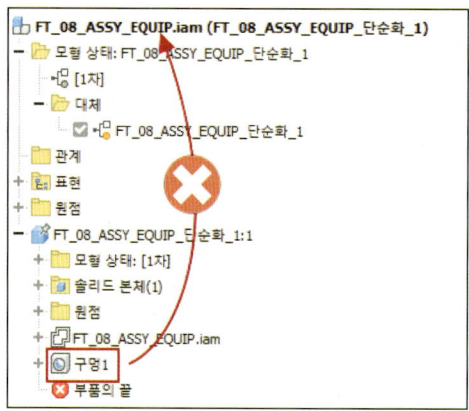

마스터 상태에서 조립품 하위의 구성요소를 편집하면 즉시 업데이트 버튼이 활성화됩니다. 대체 폴더의 단순화된 항목으로 전환할 경우에도 업데이트 아이콘이 활성화됩니다.

[그림 8-9] 단순화 편집 후 업데이트

관리 탭>업데이트 패널>로컬 업데이트 도구 혹은 신속 접근 도구 막대의 아이콘을 클릭하면 아이콘이 사라지면서 수정된 형상을 반영합니다.

단순화 표현 옵션 편집 후 업데이트

마스터 모델의 편집이 아닌 단순화된 조립품 편집을 사용하여 부분적으로 단순화 옵션 설정이 변경될 상황이 있을 수 있습니다. 이때는 아래와 같이 조립품에만 업데이트 아이콘이 생성됩니다.

아래는 단순화 표현의 옵션 중 단일 솔리드 피쳐에서 단일 복합 피쳐로 옵션이 변경되었을 때의 예시로 업데이트 과정을 확인할 수 있습니다.

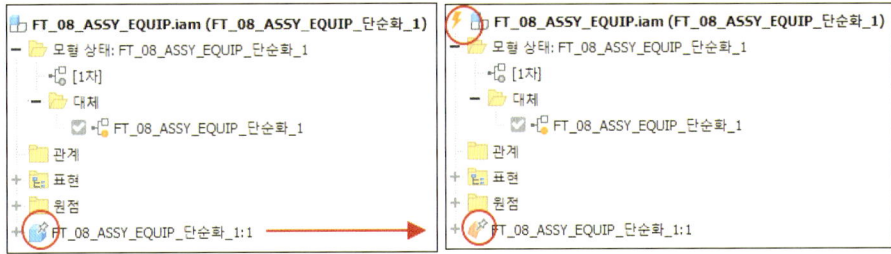

03 파일 열기 옵션

파일을 열 때 미리 저장된 뷰 표현, 모형 상태 등을 바로 적용할 수 있습니다.

이 상태를 항상 동일한 표현으로 적용하고자 한다면 응용프로그램 옵션에서 정의할 수 있습니다.

① 전체 / Express 모드 열기
② 모형 상태: 미리 정의된 모형 상태 및 단순화 표현을 선택할 수 있습니다.
③ 설계 뷰: 설계 뷰에 대한 기본 설정을 제공합니다.
- 마지막 활성 : 조립품 파일과 함께 마지막으로 저장한 설계 뷰 표현을 로드합니다.
- 기본 : 마지막으로 저장한 설계 뷰 표현을 무시하고 [기본]을 로드합니다.
- 컨텐츠 센터 구성요소 숨기기 : 컨텐츠 센터 구성요소가 보이지 않는 상태로 마스터를 로드합니다.
- 모두 표시 : 모든 구성요소가 표시된 설계 뷰 표현을 로드 합니다.
- 표시 안 함 : 구성요소가 표시되지 않은 설계 뷰 표현을 로드 합니다.
- 기본값 : 기본 설계 뷰 표현을 로드합니다.

④ 위치 뷰: 미리 만들어 놓은 위치 뷰를 선택합니다.

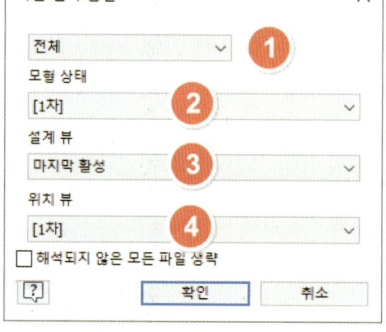

[그림 8-10] 파일 열기 옵션

전체 / Express 모드

- 전체 : 조립품의 맨 위 단계 및 하위 문서에 대한 모든 모형 데이터를 로드하면서 전체를 열기하는 방식으로 대용량인 경우 열기 하는 시간이 저하될 수 있습니다.
- Express 모드(급행) : 조립품의 맨 위 단계의 데이터 및 구성요소의 캐시된 그래픽만을 로드하기 때문에 신속하게 열기 할 수 있으며 일부 기능이 제한 됩니다.

전체 혹은 Express 모드로 열어 놓은 상태라도 아래의 기능을 통해 모드를 전환할 수 있습니다.

전체 열기 후: 조립>생산성>Express 로드

Express 모드로 열기 후: 조립>Express>전체 로드

〈NOTE〉

응용프로그램 옵션의 조립품 탭에는 Express 모드 설정하는 옵션을 제공하여 조립품의 파일 수에 따라 Express 모드가 적용되도록 설정할 수 있습니다.

Express 모드 설정
☑ Express 모드 워크플로우 사용(조립품에 그래픽 저장)
파일 열기 옵션
◉ 참조된 고유한 파일 수가 초과될 때 Express 모드로 열기   500
○ 전체 열기

실습 1 : 뷰 표현 따라하기

이 실습에서는 학습할 내용은 아래와 같습니다.

- 가시성, 단면뷰를 사용한 뷰 표현 작성하기
- 억제를 사용한 모형 작성하기

뷰 표현 시작하기

01 FT_08_Model_Status.iam 파일을 선택하고 열기를 클릭합니다.

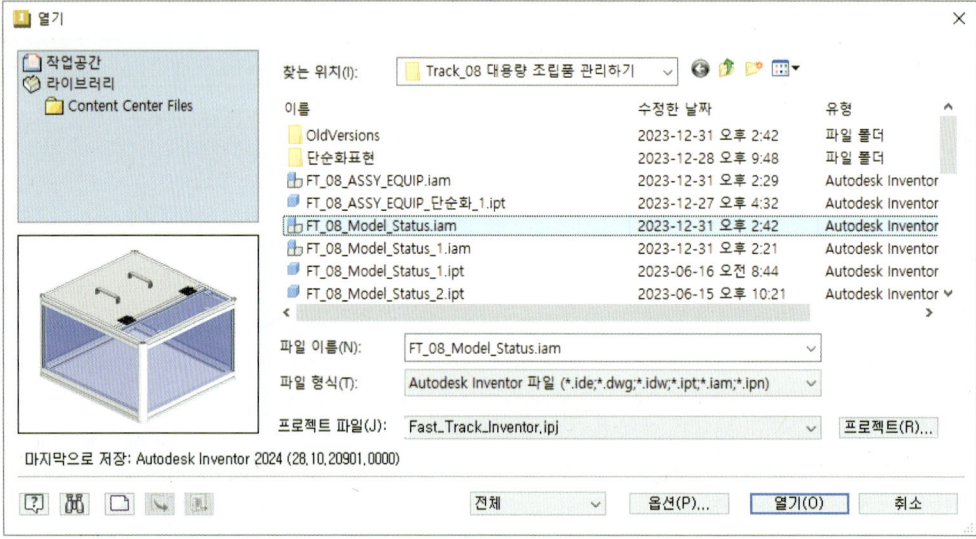

02 모형 탭에 표현 폴더를 확장하여 뷰 : 기본값을 선택한 후 마우스 오른쪽 버튼으로 새로 만들기 합니다. 뷰의 이름은 COVER OFF라고 작성합니다.

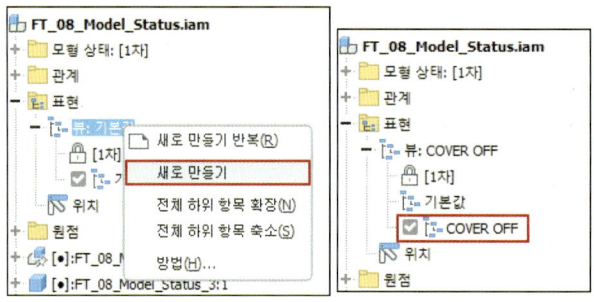

03 위와 동일한 방법으로 SECTION이름으로 뷰를 하나 더 추가합니다.
COVER OFF의 뷰를 만들기 위해 마우스 오른쪽 버튼이나 더블클릭 하여 활성화합니다.

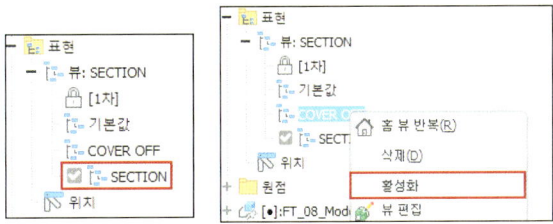

04 구성요소 하단에 있는 COVER 및 HINGE를 선택하여 마우스 오른쪽 버튼으로 가시성을 끕니다.

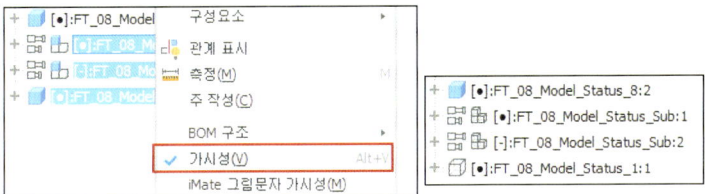

05 SECTION 뷰를 만들기 위해 마우스 오른쪽 버튼이나 더블클릭 하여 활성화합니다.

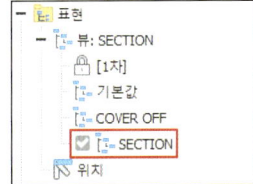

06 뷰 탭>가시성 패널>반 단면도 도구를 클릭합니다.

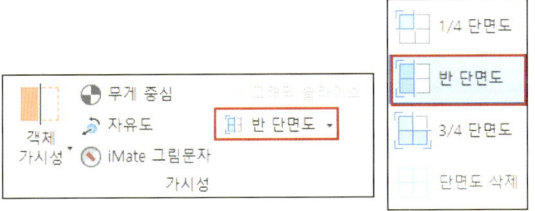

07 모형 탭의 원점 폴더를 확장하여 XY평면을 선택합니다.

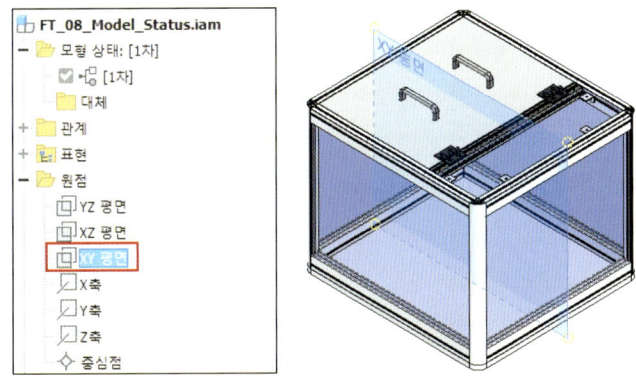

08 확인을 클릭합니다.

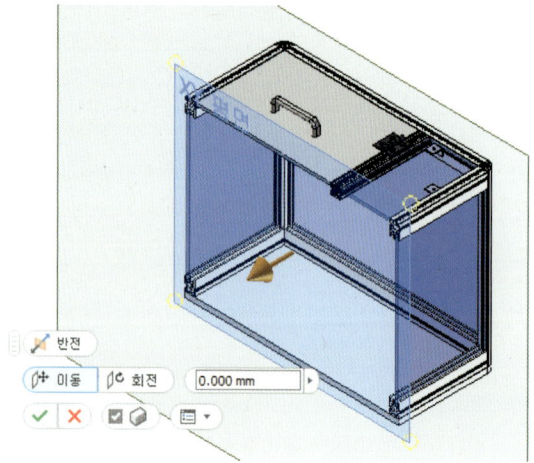

09 모든 뷰 표현 작성이 끝났습니다. 기본값, COVER OFF, SECTION 항목의 활성화를 전환하여 모델을 검토합니다.

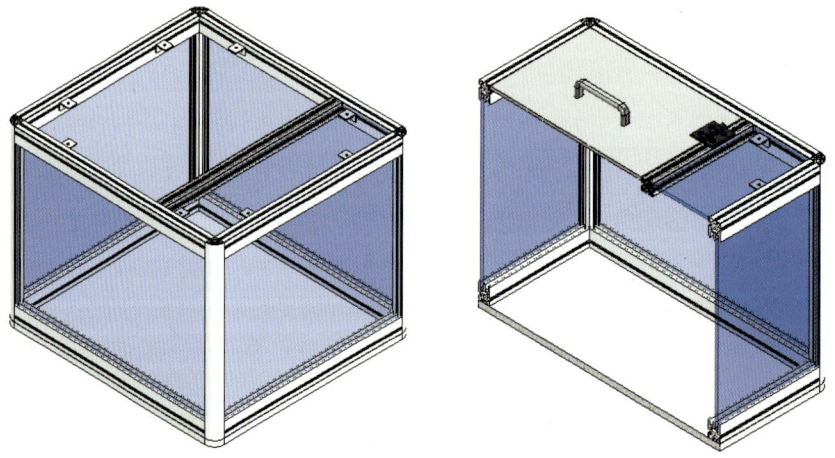

10 표현을 기본값으로 활성화합니다.

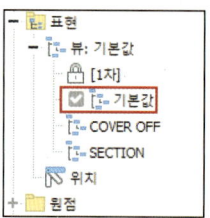

11 모형 상태 폴더를 마우스 오른쪽 버튼으로 새로 만들기를 하며 COVER, FRAME, GLASS 세 가지 항목을 만들어 놓습니다.

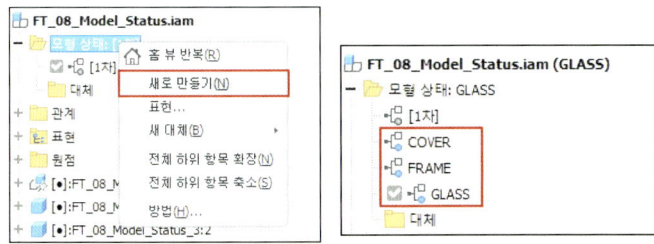

12 팩토리 범위 관련 확인 창을 확인을 클릭합니다.

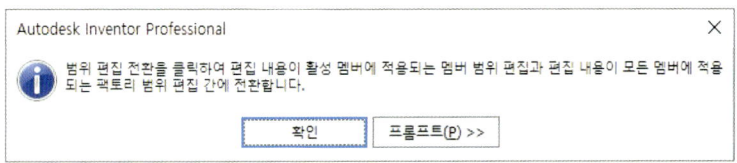

13 COVER 모형 상태를 만들기 위해 마우스 오른쪽 버튼이나 더블클릭 하여 활성화합니다.

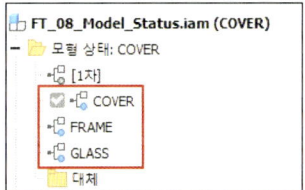

14 COVER, HINGE 구성요소를 제외한 나머지를 선택하여 마우스 오른쪽 버튼으로 억제를 클릭합니다.

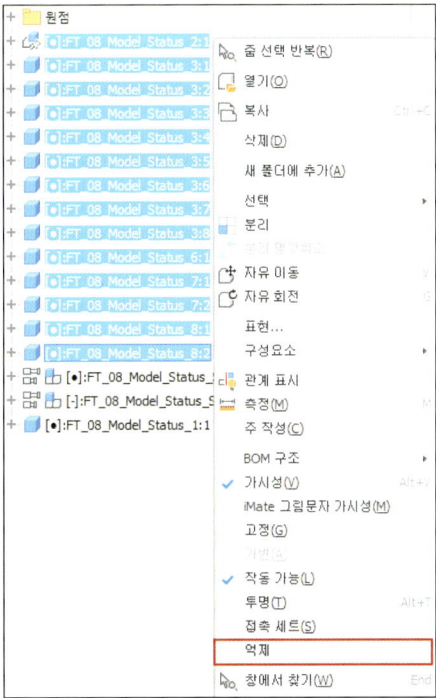

15 BOM 관련 확인 창을 확인을 클릭합니다.

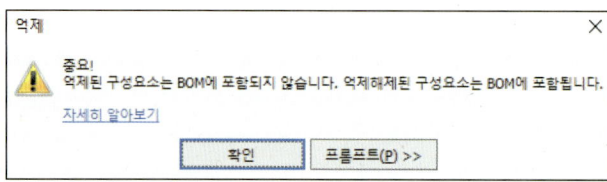

16 FRAME모형 상태를 만들기 위해 마우스 오른쪽 버튼이나 더블클릭 하여 활성화합니다.

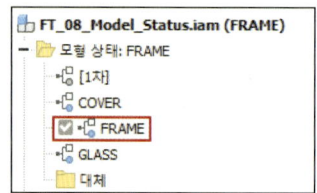

17 FRAME구성요소를 제외한 나머지를 선택하여 마우스 오른쪽 버튼으로 억제를 클릭합니다.

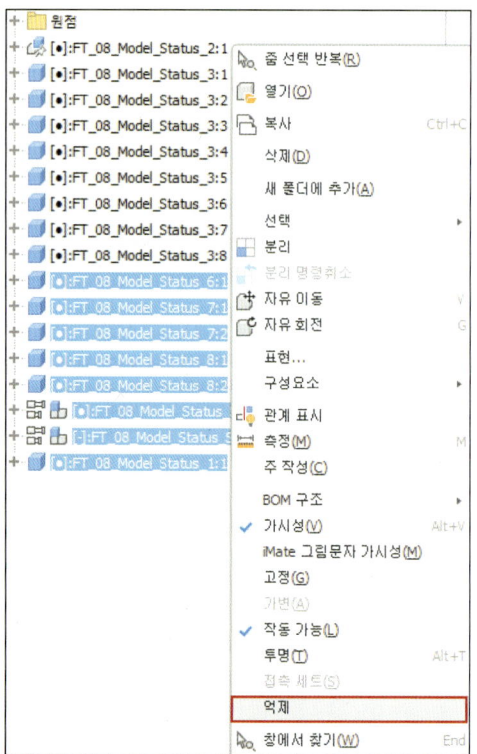

18 GLASS모형 상태를 만들기 위해 마우스 오른쪽 버튼이나 더블클 릭 하여 활성화합니다.

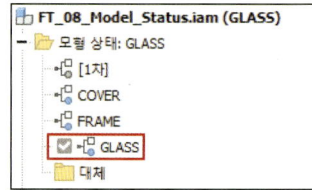

19 GLASS구성요소를 제외한 나머지를 선택하여 마우스 오른쪽 버튼으로 억제를 클릭합니다.

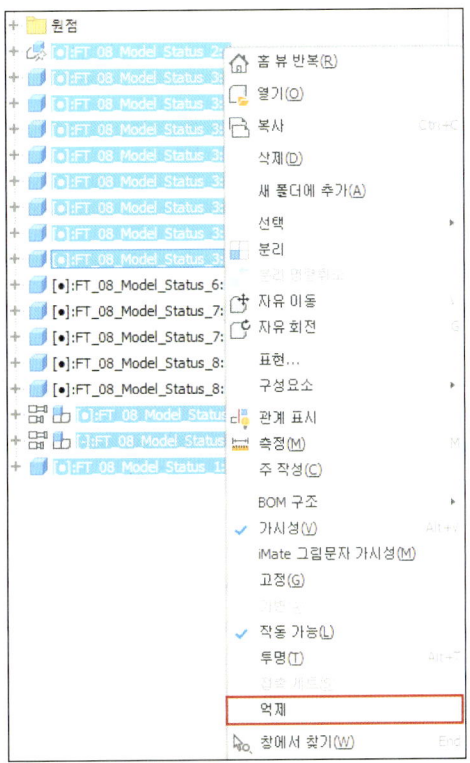

20 모든 모형 상태 작성이 끝났습니다. [1차], COVER, FRAME, GLASS 항목의 활성화를 전환하여 모델을 검토합니다.

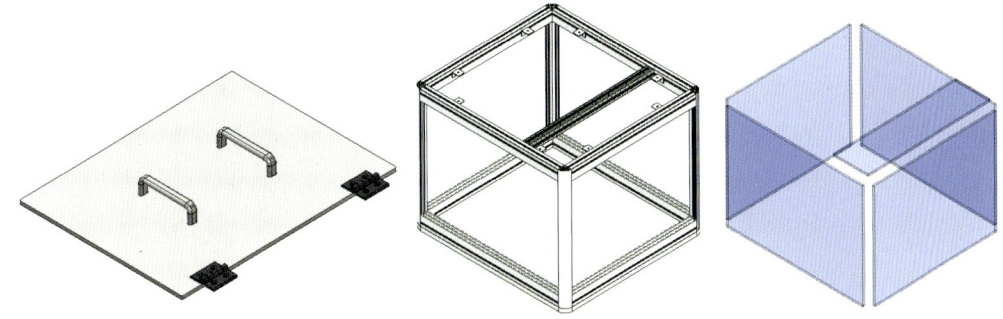

실습 2 : 형상 단순화 따라 하기

이 실습에서는 학습할 내용은 아래와 같습니다.

- 형상 단순화 및 파일 추가 방법
- 형상 단순화 옵션 설정

단순화 조립품 파일 시작하기

01 FT_08_ASSY Simplified.iam 파일을 선택하고 열기를 클릭합니다.

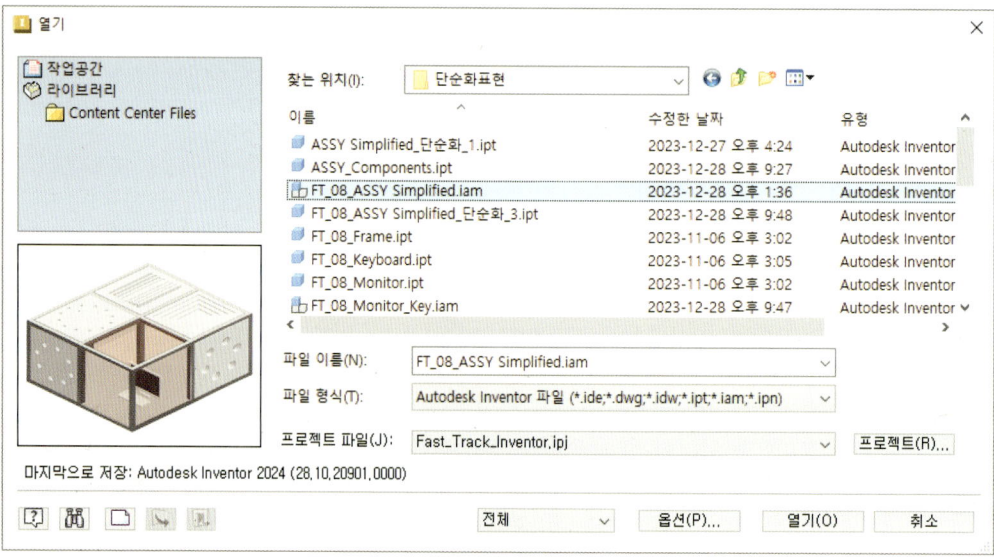

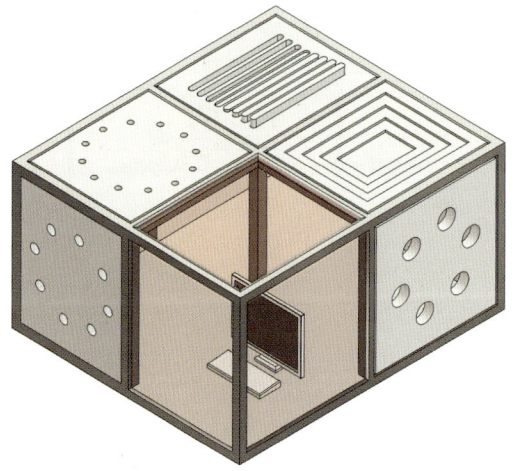

02 모형 상태를 확장한 후 대체 폴더 항목을 확장하여 만들어져 있는 대체를 더블 클릭 혹은 활성화 하여 검토합니다.

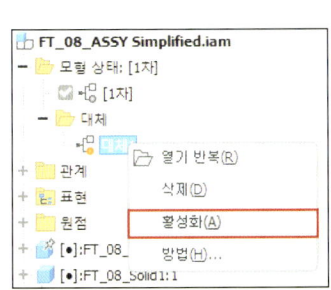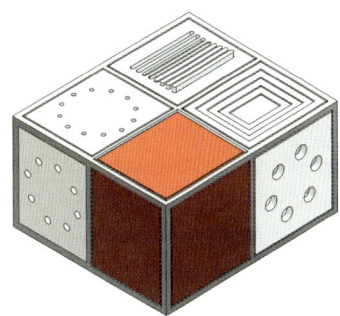

03 [1차] 대체 폴더 항목을 더블 클릭 혹은 활성화하여 원래 기본 상태로 전환합니다.

04 조립 탭>단순화 패널>단순화를 클릭 합니다.

05 단순화 특성 작성 대화상자가 나타나면 출력 항목 부분에 새 부품의 이름을 명명합니다. 본 예제에서는 ASSY_Components 라고 입력하고 템플릿이 Standard.ipt 로 지정 되었는지 확인 합니다.

06 스타일은 단일 복합 피쳐로 선택합니다.

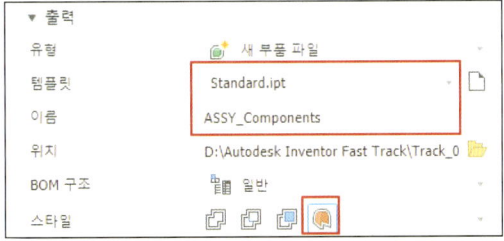

〈NOTE〉
피쳐 제거 항목에 보이는 내용에서 드롭다운을 클릭하여 모두 전체로 변경한 후 강조 표시를 클릭하여 각 항목당 몇 개의 피쳐가 해당되는지 확인해볼 수 있습니다.

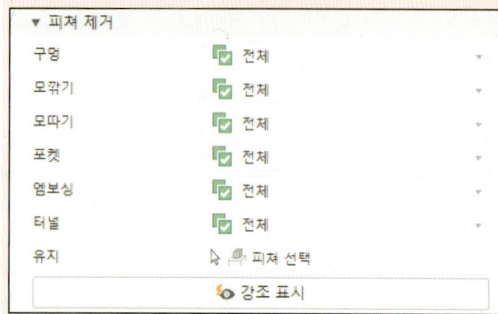 

전체는 모든 피쳐에 적용하겠다는 의미이며 없음 상태는 단순화 옵션을 적용하지 않고 원본에 있는 형상 그대로 유지하겠다는 뜻입니다. 강조 표시의 경우는 옵션을 선택하는 과정에서 바로 초기화 되어 그때의 상황마다 표시해줄 수 있습니다.

07 구멍과 엠보싱의 드롭 다운을 사용하여 범위로 설정을 변경한 후 각각 50mm, 20mm 를 넣고 나머지 피쳐는 없음 상태로 변경 합니다.

08 강조 표시하여 제거하고자 하는 피쳐를 확인합니다.

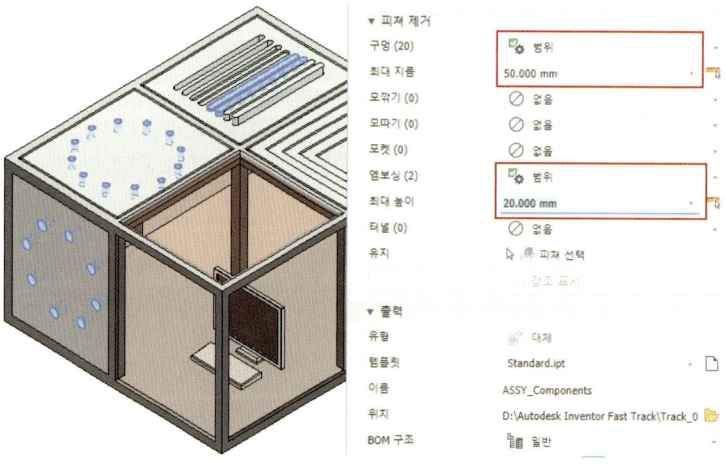

09 미리보기로 표시된 형상 중에 제거를 하지 않고 표현이 되어야 하는 피쳐가 있다면 유지 옵션을 선택한 후 해당 형상의 면을 직접 선택해 줍니다.

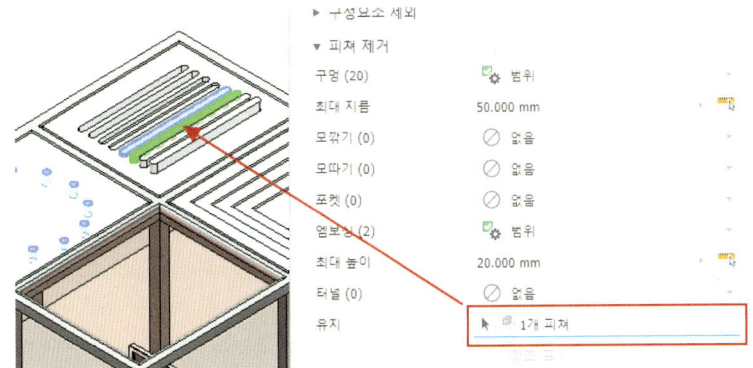

10 확인을 클릭하여 아래와 같은 결과를 확인합니다.

11 <u>뷰 탭>가시성 패널>반 단면도</u> 도구를 사용하여 단일 복합 피쳐의 단면을 검토합니다.

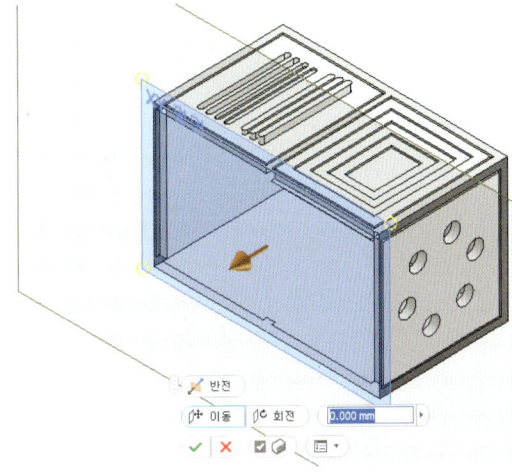

12 단면을 취소한 후 ASSY_Components.ipt 파일을 저장합니다.

13 원본이 있는 조립품 환경으로 이동하여 부품 파일 선택 메뉴를 클릭합니다.

대체 폴더>새 대체>부품 파일 선택

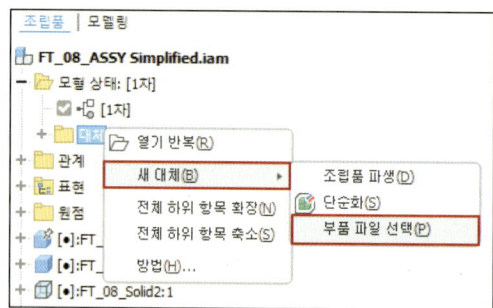

14 저장된 ASSY_Components.ipt 파일을 열기 합니다.

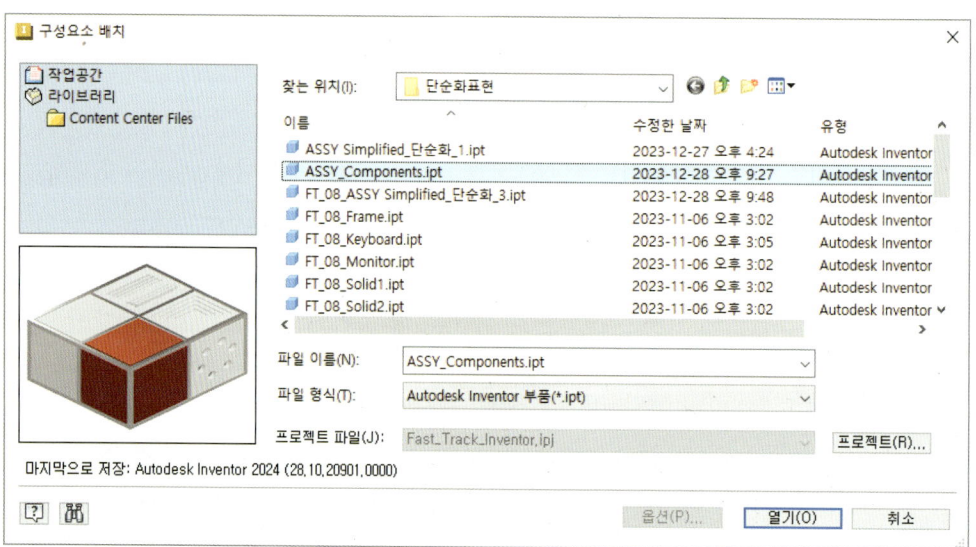

15 대체 폴더에 단순화된 부품이 새로 추가되었음을 확인합니다.

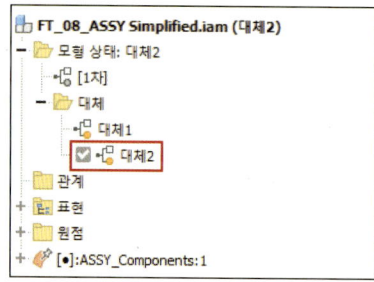

〈NOTE〉

대체 폴더>새 대체>단순화 메뉴를 통해 단순화 부품을 만들면 부품 파일 선택을 하지 않아도 됩니다. 단순화 파일이 만들어지는 것과 동시에 대체 폴더 안에 자동으로 추가됩니다.

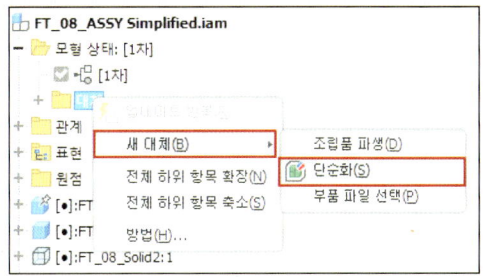

16 [1차]마스터 환경으로 활성화합니다.

17 Solid4 파일을 편집합니다.

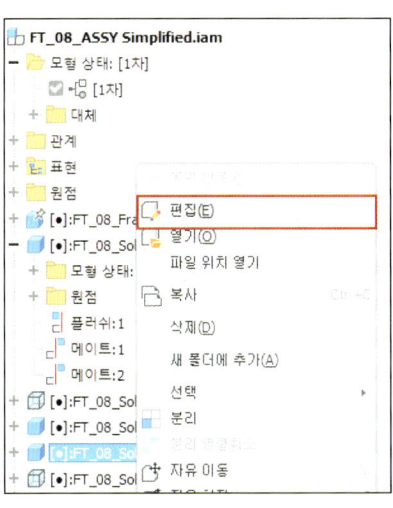 

18 구멍 피쳐를 편집하여 지름을 100mm에서 40mm 로 변경합니다.

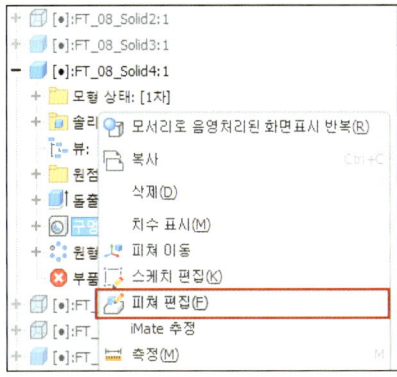 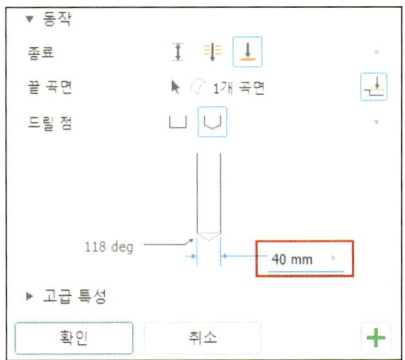

19 ◄●복귀 도구를 클릭하여 상위 조립 환경으로 복귀 합니다.

20 수정된 사항을 단순화 파일에 반영시키기 위해 대체 폴더의 단순화 파일을 활성화하여 각각 업데이트를 진행합니다.

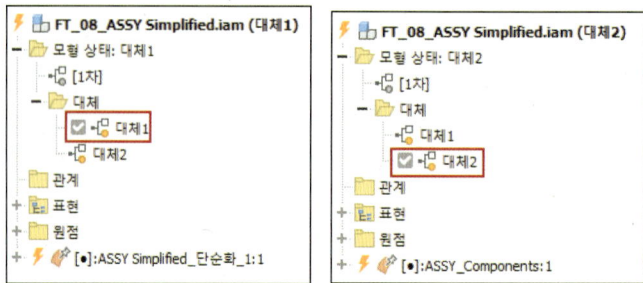

21 업데이트 아이콘이 생겨난 것을 확인한 후 로컬 업데이트 합니다.

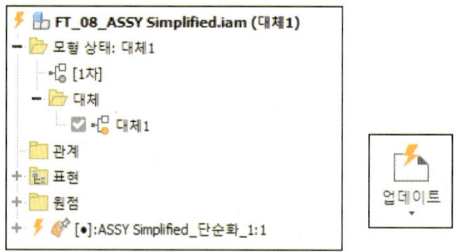

22 대체2의 ASSY Components파일의 경우는 구멍 피쳐가 단순화 옵션 설정에 의해 업데이트 이후 제거됩니다.

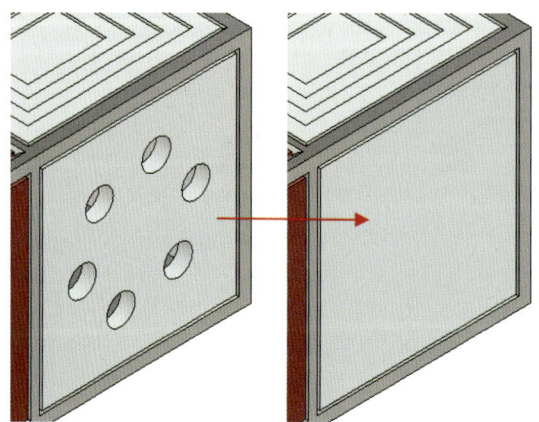

Track

09

프리젠테이션

01 프리젠테이션 환경

인벤터로 조립품 파일을 완성한 후 분해하거나 뷰로 생성하여 분해 조립도를 쉽게 작성하는 방법을 제공하고 있습니다. 또한 프리젠테이션으로 제작된 상태는 애니메이션으로 만들고 비디오 파일을 작성하거나 DWF 파일을 애니메이션으로 만들 수도 있습니다.

프리젠테이션은 직관적인 시각화를 통해 복잡한 절차와 조립 지침을 정확히 알 수 있으므로 보다 효과적으로 소통할 수 있고 시간과 비용을 줄일 수 있습니다.

매뉴얼이나 카달로그 등의 마케팅 차원의 도구로도 활용되기도 합니다. 조립 환경에서는 조립 구속 조건을 해 놓기 때문에 분해 작업을 하는데 쉽지 않지만 프리젠테이션에서는 자유롭게 제어가 가능합니다.

다만, 전문 디자인 툴에서처럼 고품질의 결과를 얻을 수는 없습니다.

이 장에서는 프리젠테이션 도구들을 통해 쉬운 작업 방법을 습득해 봅니다.

1.1 프리젠테이션의 시작

프리젠테이션에 새로 액세스 하려면 파일 확장 명이 Standard.ipn 인 새 파일 템플릿을 사용합니다. 이후에는 조립품 파일을 참조하기 위해 모형을 삽입하는 화면이 자동으로 열리며 수동으로 삽입하고자 할 경우 프리젠테이션 탭>모형 패널>모형 삽입 아이콘을 클릭합니다.

삽입 화면의 파일 열기 옵션을 통해 조립품에서 만들어 놓은 모형 상태 및 뷰 표현을 가져올 수도 있습니다. 조립품이 삽입된 후 모형 삽입 아이콘이 비활성화 되고 나머지 프리젠테이션 기능들이 활성화됩니다.

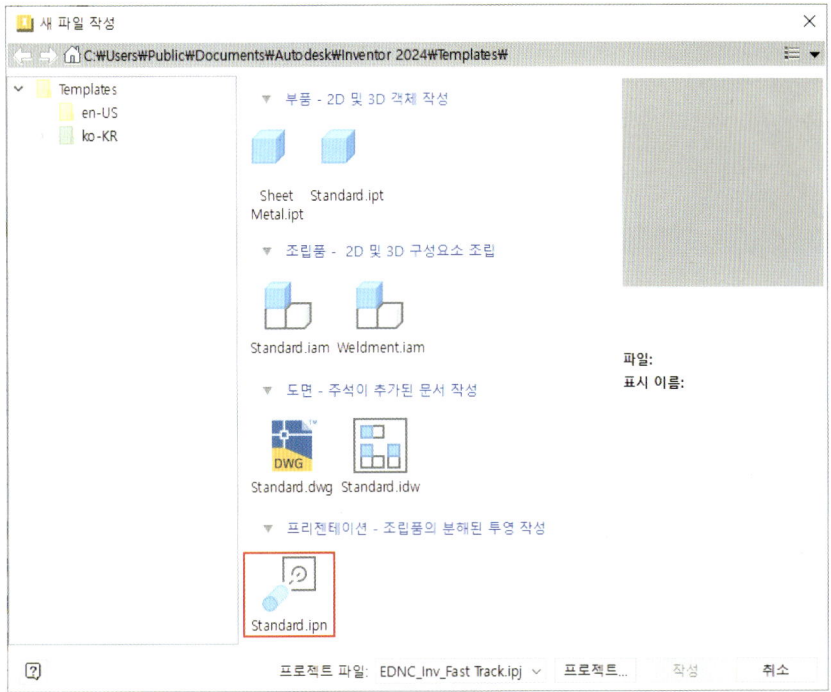

[그림 9-1] 프리젠테이션의 새 파일 작성

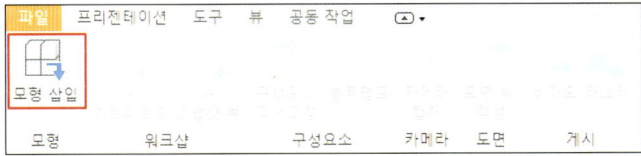

〈NOTE〉
프리젠테이션 환경에서는 조립품 구성 요소를 원본에서 수정하면 변경 사항이 바로 업데이트 됩니다. 프리젠테이션 환경에서는 해당 구성 요소를 수정할 수 없습니다.

02 프리젠테이션 도구

2.1 새 스토리 보드

프리젠테이션 탭>워크샵 패널>새 스토리보드

시간 표시 막대로 하나 이상의 정렬된 작업으로 표시할 수 있습니다. 구성요소 이동 또는 회전, 불투명도, 카메라 위치 변경 등의 작업을 작성 할 수 있으며 스토리 보드를 통해 매우 효과적으로 편집할 수 있습니다.

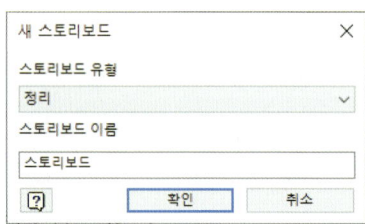
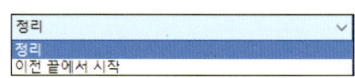

- **정리** : 현재 사용된 설계 뷰 표현을 기준으로 새 스토리보드 탭이 추가됩니다.
- **이전 끝에서 시작** : 이전 스토리보드 위치, 뷰 및 카메라 설정 등의 상태에서 새 스토리보드를 시작 합니다.

2.2 새 스냅샷 뷰

프리젠테이션 탭>워크샵 패널>새 스냅샷 뷰

현재의 상태를 스냅샷 뷰로 저장합니다. 스토리 보드에 연결되어 있는 스냅샷을 사용하기 위해서는 시간 표시 막대를 원하는 위치로 이동한 후 저장합니다.

스냅 샷 뷰를 구성 요소 위치, 가시성 및 카메라 설정을 저장할 수 있으며 뷰는 도면 뷰로도 활용할 수 있습니다.

2.3 구성 요소 미세조정

프리젠테이션 탭>구성요소 패널>구성요소 미세조정

선택한 구성 요소를 이동 또는 회전 시키는 도구 입니다. 작성되는 모든 단계는 검색기에 저장 됩니다. 미세조정을 계속 진행하기 위한 몇 가지 옵션은 아래와 같습니다.

[그림 9-2] 구성요소 미세조정 표시 막대 도구

- 이동 및 회전 미세조정 유형 간 전환
- 선택 세트 변경(추가 또는 삭제)
- 이동 또는 회전 방향 변경
- 시간 표시 막대에서 플레이 헤드 이동

2.4 불투명도

프리젠테이션 탭>구성요소 패널>불투명도

선택한 구성 요소에 대한 불투명도를 설정합니다. 스토리보드에 ▒ 막대가 기록 되며 시간을 조정하면  의 형태로 변경 됩니다.

가시성

애니메이션의 구성요소 가시성을 켜기 또는 끄기로 변경할 수 있습니다. 불투명도와 동일하게 스토리 보드에 ◆ 막대가 기록됩니다. 가시성 작업은 지속 시간을 수정할 수 없으며 명령 버튼은 존재하지 않고 구성요소 선택 후 마우스 오른쪽 버튼을 사용합니다.

2.5 카메라 캡처

프리젠테이션 탭>카메라 패널>카메라 캡처

현재의 카메라 위치를 저장합니다. 처음의 카메라 위치를 조정하고자 하면 플레이 헤드를 처음 위치로 이동 후 카메라 캡처를 추가로 합니다. 이렇게 하면 카메라의 위치를 더욱 다이나믹 하게 변경할 수 있습니다.

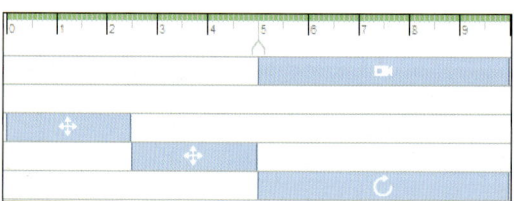

2.6 도면 뷰 작성

프리젠테이션 탭>도면 패널>도면 뷰 작성

프리젠테이션의 스냅샷 뷰를 기반으로 도면 뷰를 작성합니다. 이 뷰는 신규 도면에 배치되며 도면 뷰와 스냅샷 뷰는 링크가 유지됩니다.

여러 개의 스냅샷 뷰가 있다면 선택적으로 도면 뷰를 작성할 수 있습니다.

[그림 9-3] 프리젠테이션의 도면 뷰 작성

2.7 프리젠테이션의 게시

프리젠테이션 탭>게시 패널>비디오

프리젠테이션 파일에 포함된 스토리보드 기반의 작업 내용을 비디오 파일로 작성합니다. 출력 파일의 특성 및 게시 범위를 사용자화 하여 지정할 수 있습니다.

파일 형식은 WMV, AVI 파일의 두 가지를 지원합니다.

프리젠테이션 탭>게시 패널>래스터

스냅샷 뷰 기반의 이미지 파일을 작성합니다. 게시 범위 및 출력 특성을 지정합니다.

BMP, GIF, JPG, PNG, TIFF 유형의 출력 파일이 지원됩니다. 이미지 파일을 게시하기 전에 뷰 탭의 모양 패널에서 이미지에 적용될 비주얼 스타일을 먼저 선택하고 진행합니다. 투명 배경 옵션은 JPG 및 GIF 형식을 제외하고 적용됩니다.

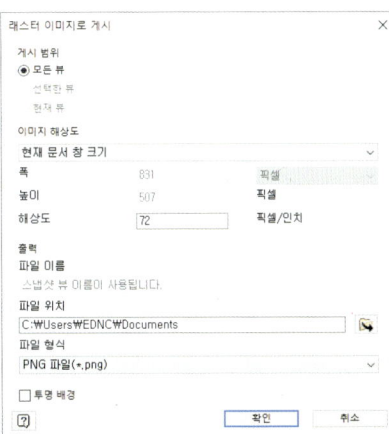

[그림 9-4] 프리젠테이션의 게시 옵션

실습 1 : 조립품에 대한 분해 뷰

이 실습에서는 학습할 내용은 아래와 같습니다.

- 구성요소 미세조정 및 스냅샷 뷰 작성하기
- 스토리보드 활용하기
- 비디오 작성하기

새로운 프리젠테이션 파일 시작하기

01 파일>새로만들기를 클릭하여 Standard.ipn 파일을 선택하고 작성 버튼을 클릭합니다.

02 자동으로 보이는 삽입 대화 상자에서 FT_09_Vice.iam 파일을 선택하고 열기 버튼을 클릭합니다.

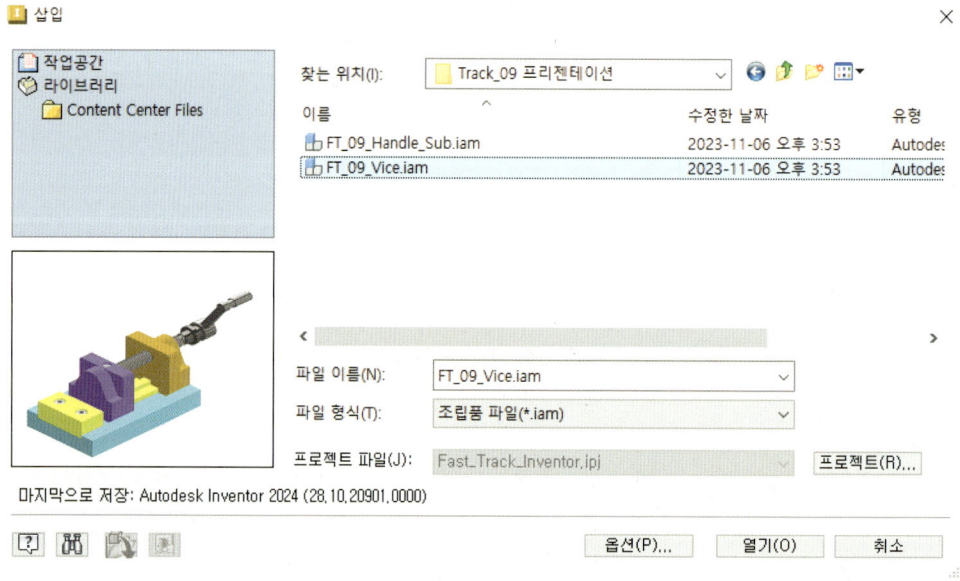

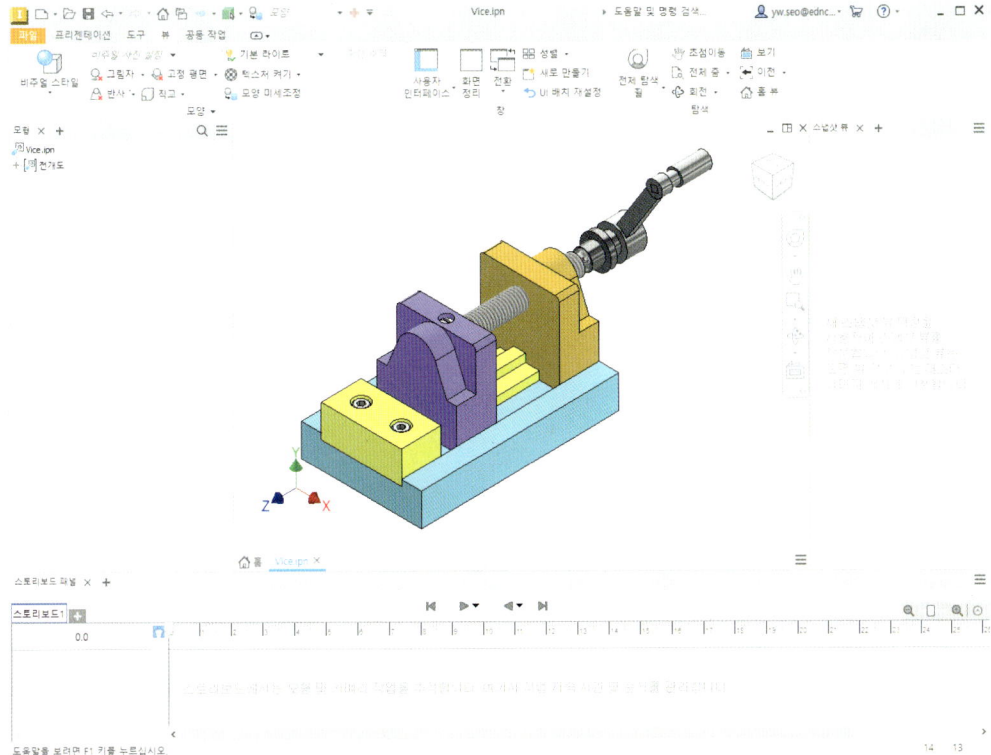

03 프리젠테이션 탭>워크샵 패널>새 스냅샷 뷰 도구를 클릭합니다.

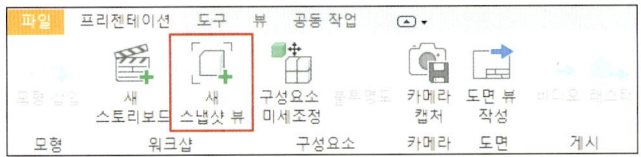

04 아래과 같이 게시 패널의 래스터 아이콘이 활성화 되면서 스냅샷 뷰 막대에 이미지가 추가 됩니다.

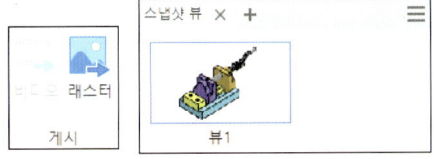

05 프리젠테이션 탭>구성요소 패널>구성요소 미세조정 도구를 클릭합니다.

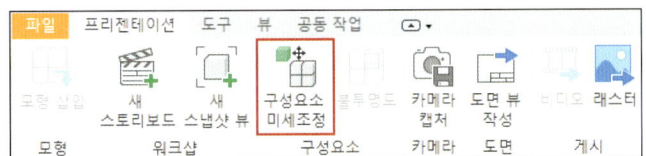

06 Guide Block의 볼트 2개 요소를 Ctrl 키를 사용하여 같이 선택합니다. 트레일 없음 옵션을 제외한 나머지는 기본 상태로 진행합니다.

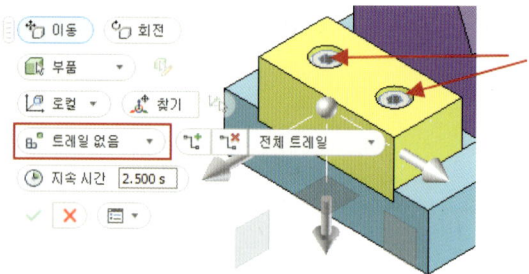

07 미세조정 막대 아래 방향의 화살표를 선택 후 위로 끌어서 구성요소를 이동시킵니다.

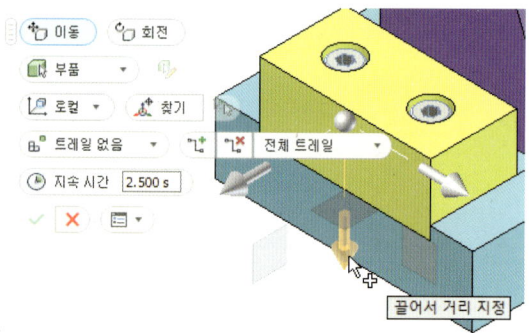

08 거리 입력 공간에 X : -150을 입력 한 후 확인 버튼을 클릭합니다.

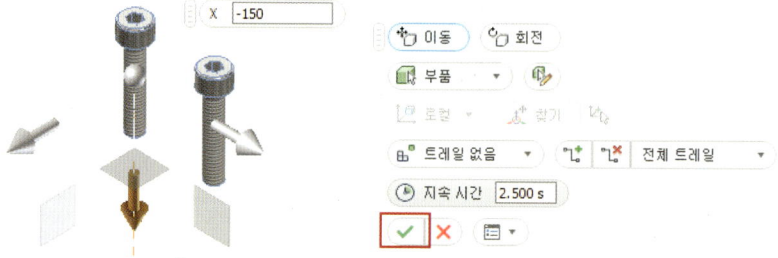

09 뷰를 조정한 후 위와 같은 방법으로 바닥 Base 볼트를 아래로 X : -80 입력 후 확인 버튼을 클릭합니다.

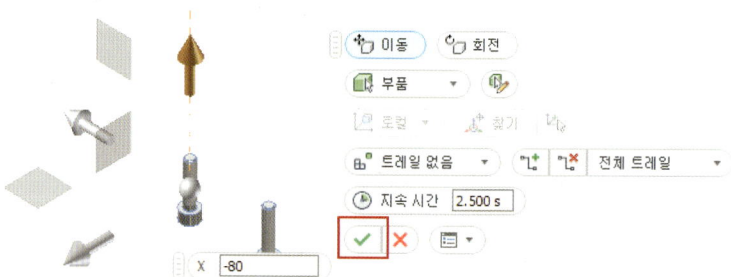

10 뷰 큐브의 우측면도를 선택하여 뷰를 아래와 같이 변경합니다.

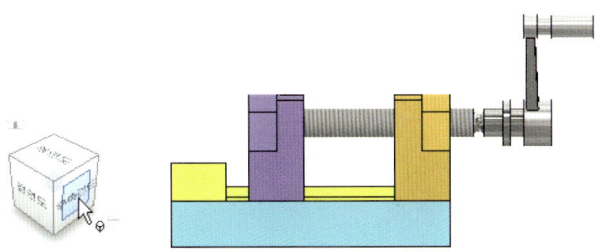

11 아래 그림처럼 오른쪽에서 왼쪽으로 끌기 하여 영역의 구성요소를 한번에 선택합니다.

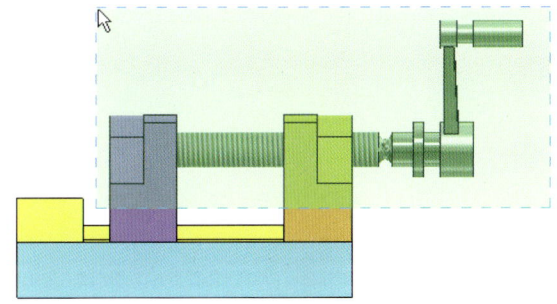

〈NOTE〉

구성 요소 선택은 직접 선택하지 않고 모형 탭에서 직접 선택할 수 있습니다. 조립품 환경에서 미리 서브 조립품으로 구성을 해 놓고 선택하는 것도 하나의 방법이 될 수 있습니다.

구성 요소를 먼저 선택한 후 구성요소 미세조정 도구를 사용해도 되기 때문에 선택 순서에는 상관이 없습니다.

12 화살표를 위로 끌기 한 후 Y : 50 입력 후 확인 버튼을 클릭합니다.

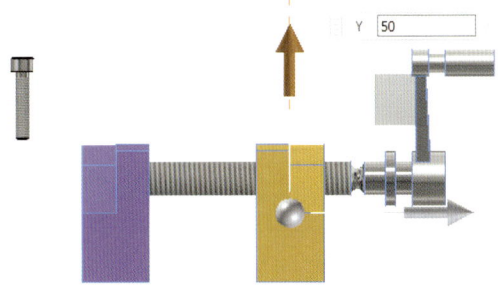

13 Guide Block 구성 요소 선택 후 화살표 끌기하여 Y : 20 입력 합니다.

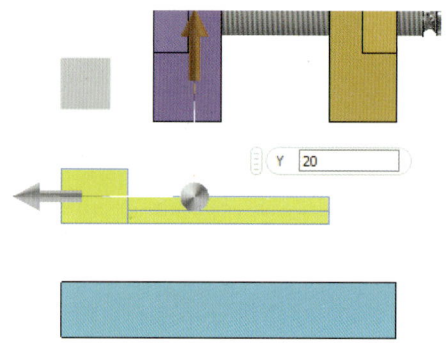

14 아래와 같이 모형 탭의 Handle_Sub을 선택합니다.

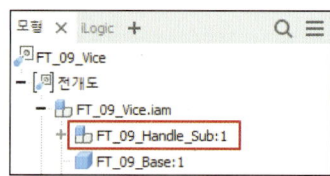

15 Handle Sub구성요소를 X : 70 만큼 오른쪽으로 이동한 후 확인 버튼을 클릭합니다.

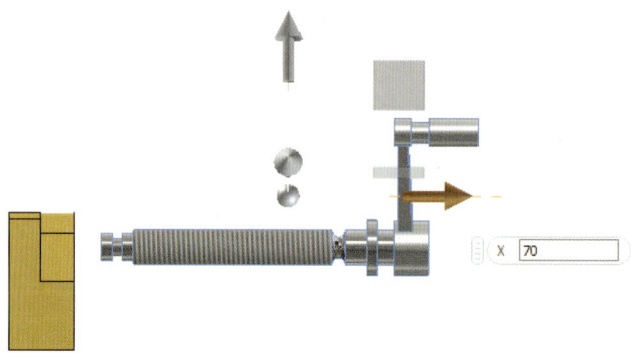

16 홈 뷰로 변경한 후 Handle_Sub 구성요소를 다시 선택한 후 구성요소 미세조정 도구의 회전을 선택합니다.

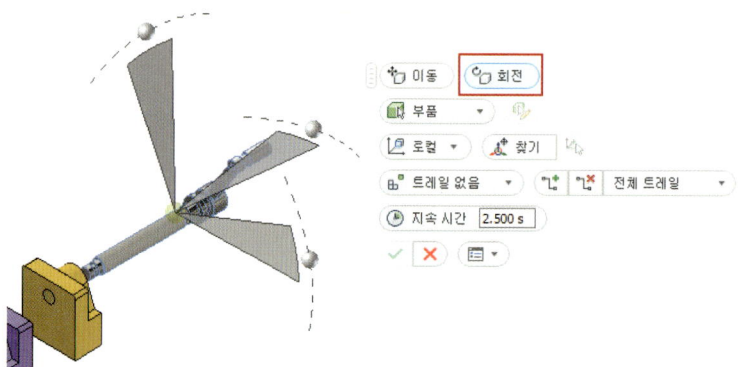

17 Handle축의 중심 기준으로 회전하기 위해 찾기 버튼을 클릭한 후 축 중심을 선택합니다. 축의 중심이 녹색으로 잡히는 어느 곳이라도 상관없습니다.

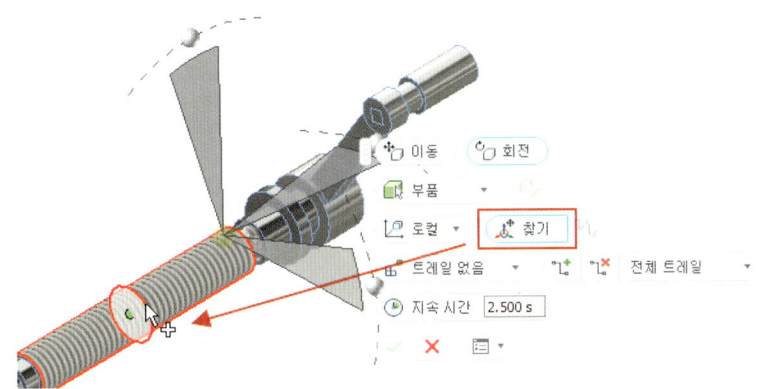

〈NOTE〉
이동하고자 하는 구성 요소가 수직이 아닌 상태인 경우에는 "찾기" 버튼을 통해 다른 구성요소를 참조하여 수직인 상태를 만들어 미세조정 할 수 있습니다. 물론 작업 피쳐의 축이나 모서리도 기준이 될 수 있습니다.

18 미세조정 도구를 클릭하여 입력 창을 띄운 후 시계 방향으로 3회전을 시키기 위한360*3의 수식을 간단히 넣은 후 확인을 클릭합니다.

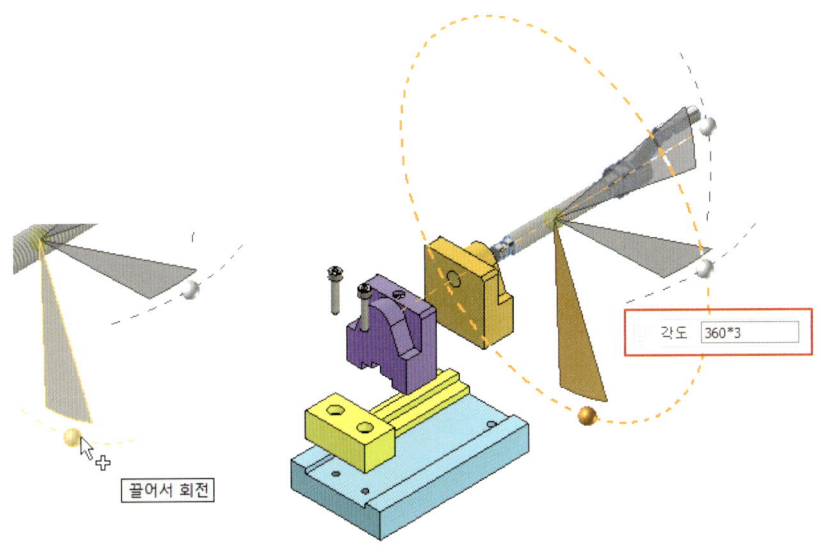

19 프리젠테이션 탭>워크샵 패널>새 스냅샷 뷰 도구를 클릭합니다.

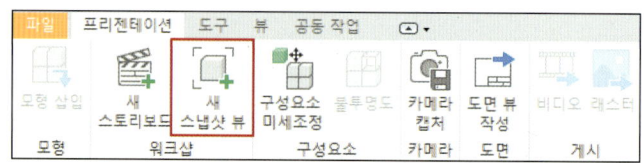

20 스냅샷 뷰 막대에 이미지가 추가된 것을 확인합니다.

21 불투명도 효과를 주기 위해 Guide_Block을 선택한 후 프리젠테이션 탭>구성요소 패널>불투명도 도구를 클릭합니다.

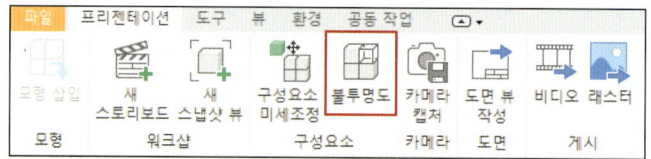

22 재지정 버튼을 클릭합니다.

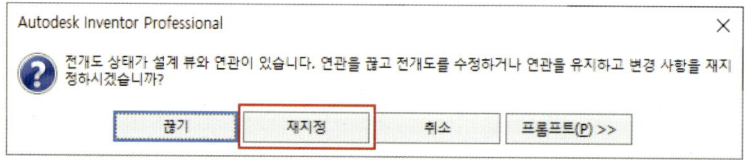

23 입력 창에 20을 입력한 후 확인을 클릭합니다.

24 구성요소 Guide Block 이 이동하는 동안에 투명도를 조정하기 위해 아래 스토리보드를 사용하여 시간 편집합니다. Guide Block 아래 버튼을 클릭하면 숨겨져 있는 불투명도 막대를 확인할 수 있습니다.

25 불투명도 막대를 마우스 클릭으로 늘리거나 이동하여 이동 막대와 동일한 위치로 놓습니다.

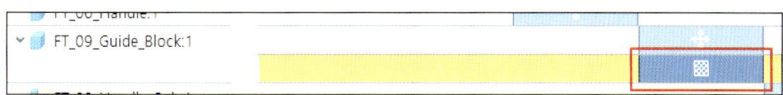

26 Guide Block 구성 요소가 이동할 때 불투명도 효과를 적용하였습니다.

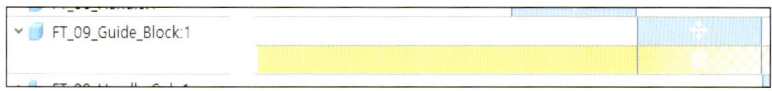

27 카메라 효과를 주기 위해 뷰를 우측면도를 선택하여 변경합니다.

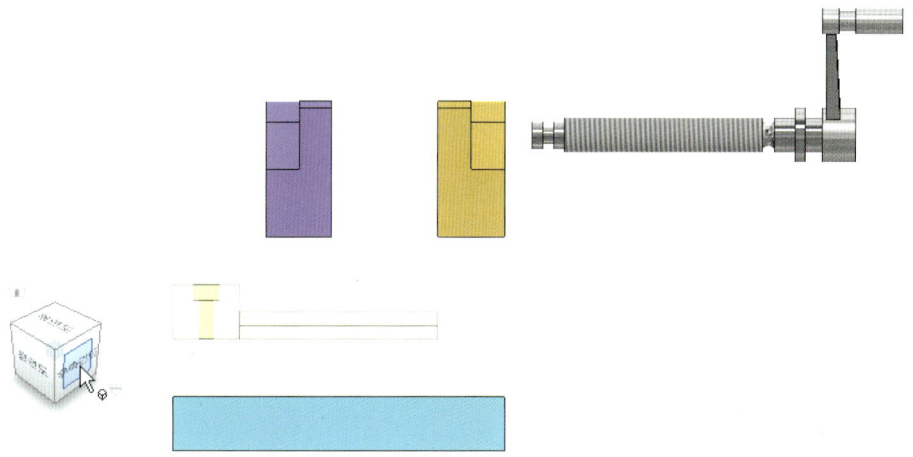

28 프리젠테이션 탭>카메라 패널>카메라 캡처 도구를 클릭합니다.

29 스토리보드에 생성된 막대를 편집하여 지속 시간을 정의 한 후 확인을 클릭합니다.

30 위와 같은 방법으로 홈뷰로 놓고 카메라 캡처를 한번 더 한 후 아래와 같이 시간 편집합니다.

31 아래는 결과 스토리 보드에 완료된 카메라의 이미지입니다.

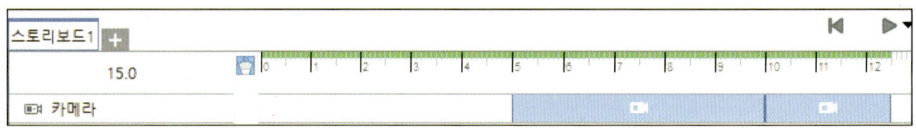

32 스토리보드 패널에는 지금까지 작업된 모든 기록된 막대로 확인됩니다. 스토리 보드 재생 버튼이나 위치 표시 도구를 미리 재생하여 분해되는 순서를 미리 검토합니다.

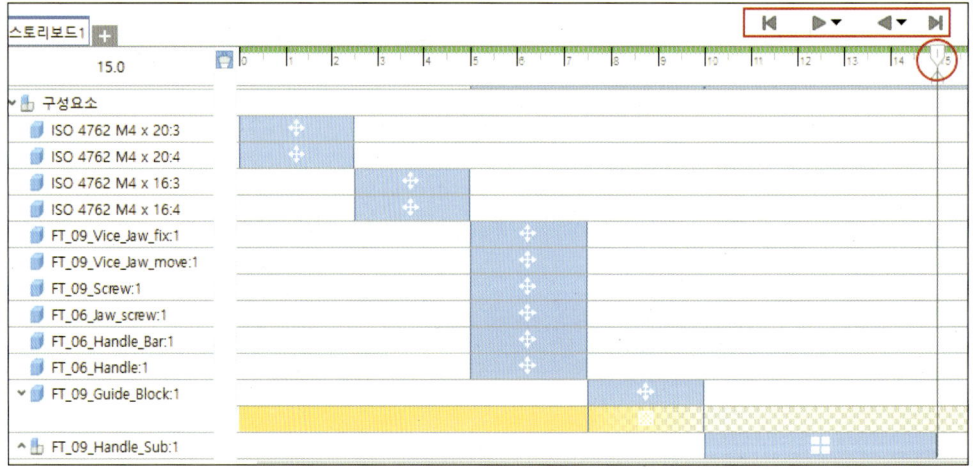

〈NOTE〉

미세조정 시 입력 값들은 처음부터 정확하게 입력할 필요가 없습니다. 위치에 대한 조건만 정확하게 작성한 후 한번에 수정하는 방법이 더 좋을 수 있습니다.

거리나 각도 값은 전체 기록된 값을 한눈에 확인이 가능하여 편집이 쉽게 되며 시간 편집은 별도의 창을 통해서 하는 방법과 막대를 마우스로 드래그 혹은 이동하여 조작하는 방법을 제공하고 있습니다.

미세조정 시 이동 및 시간 입력 방법

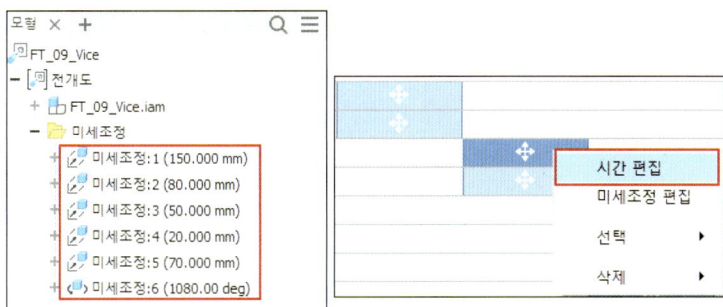

33 Handle_Sub 구성요소를 확장하여 보이는 회전 미세조정 막대를 이동 막대로 겹치게 놓습니다.

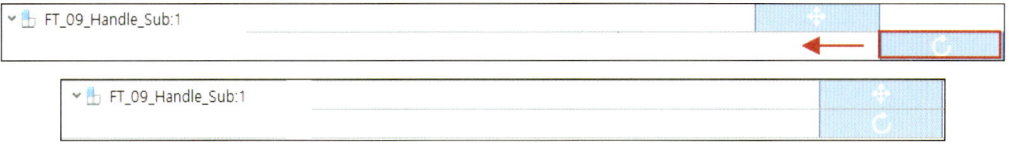

34 스토리보드의 구간을 재생하여 Handle_Sub 구성요소가 이동과 회전을 동시에 하는 장면을 확인합니다.

35 프리젠테이션 탭>게시 패널>비디오 도구를 클릭합니다.

36 아래와 같이 설정을 한 다음 확인 버튼을 클릭합니다.

37 전체 프레임(압축 안 함)을 선택하고 확인 버튼을 클릭합니다.

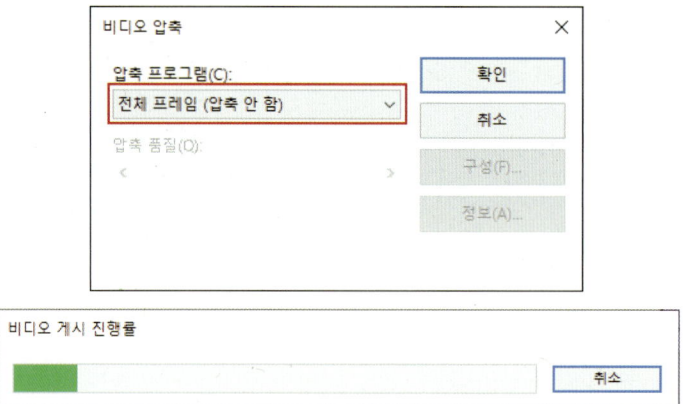

38 확인을 클릭합니다.

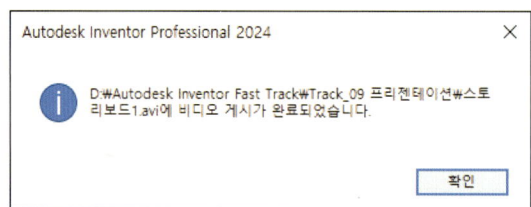

39 작업된 파일을 Vice.ipn으로 하고 저장 버튼을 클릭합니다.

40 윈도우 탐색기를 열어 저장 폴더의 동영상 파일을 재생하여 봅니다.

41 프리젠테이션 탭>도면 패널>도면 뷰 작성 도구를 클릭합니다.

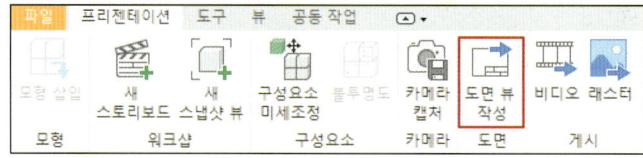

42 아래와 같이 도면 템플릿을 선택한 후 확인 버튼을 클릭합니다.

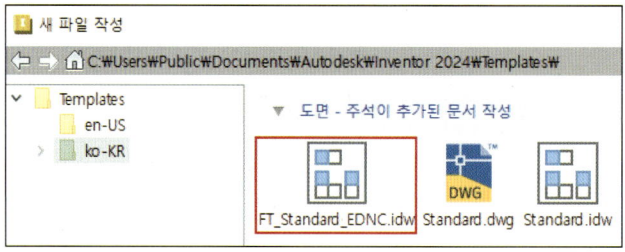

43 스냅 샷 뷰1과 뷰2 중에서 선택하여 도면을 만들 수 있습니다.

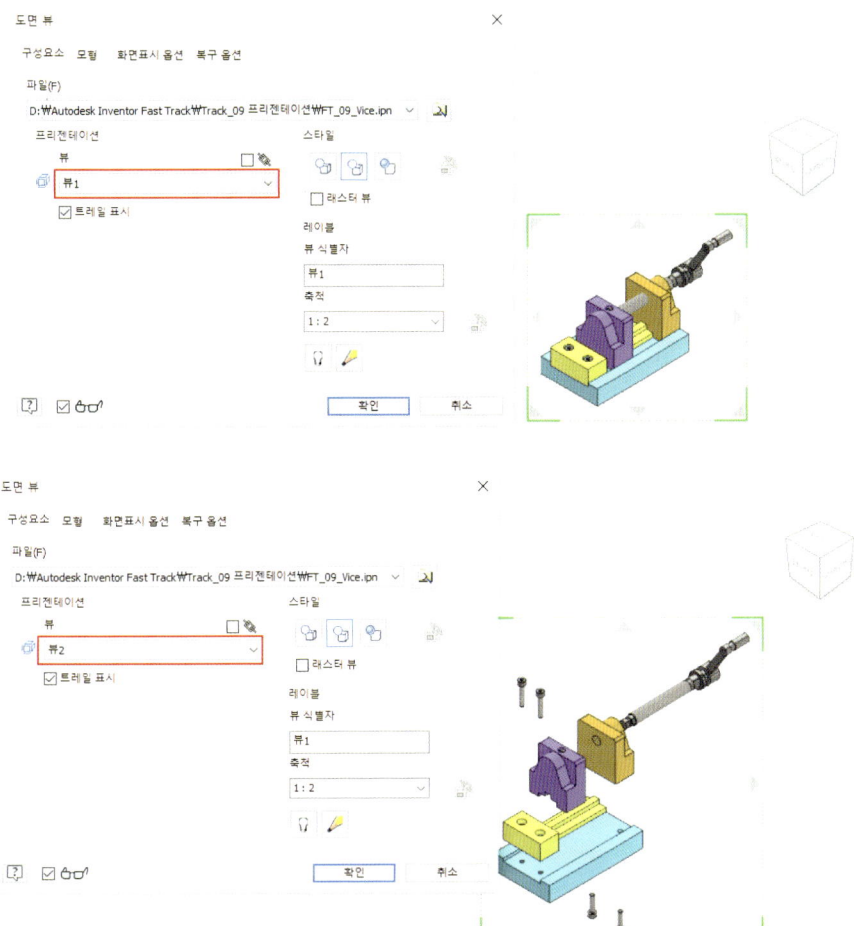

Track

도면 작성하기

3D설계 데이터를 작성한 후에는 도면화 할 수 있습니다. 2D작성은 설계 프로세스의 어느 지점에 상관없이 자유롭게 작성할 수 있으며 3D 데이터 기반으로 뷰를 가져온 후 기존 제도 도구로 문서화 할 수 있습니다. 도면 파일을 열면 경계, 제목 블록 및 템플릿에 지정된 기타 도면요소를 포함하는 기본 시트와 함께 열리며 이 정보는 열기한 파일에 저장됩니다. 이 기본 정보를 바탕으로 뷰와 주석을 작성합니다. 도면은 설계에서 가능하면 최종 단계에 작성하는 것이 좋습니다. 인벤터에서 도면을 사용하기 위한 기본 템플릿을 생성하는 방법과 일반적인 도면 작성 방법을 알아보고자 합니다.

01 템플릿 및 스타일 만들기

템플릿은 기초 제도법에 의한 표준을 기초로 하여 사용자의 요구 사항에 가장 적합한 양식으로 만들어야 합니다. 한번 만들어진 양식은 모든 사용자가 동일한 템플릿을 사용해야 하며 이를 통일하지 않으면 오류 발생을 초래하기도 하여 저마다 잘못된 방식으로 결과가 나올 수 있습니다. 무엇보다 회사의 표준을 정하고 수정이 필요한 경우에 관리자가 스타일을 수정한 후 배포하는 절차가 중요 합니다.

1.1 도면 템플릿 작성

이미 작성된 IDW 도면 또는 AutoCAD 파일에서 도면 템플릿을 작성할 수 있습니다. 인벤터에서 제공하는 파일로 만들 경우 Standard.dwg 또는 Standard.idw 중에서 파일을 선택합니다. AutoCAD에 익숙한 경우에 DWG 포멧을 사용할 수 있으나 두 가지 파일 형식의 기능적인 차이는 없습니다. Inventor IDW 와 Inventor DWG 간에 데이터 손실 없이 저장된다는 점이 특징입니다.

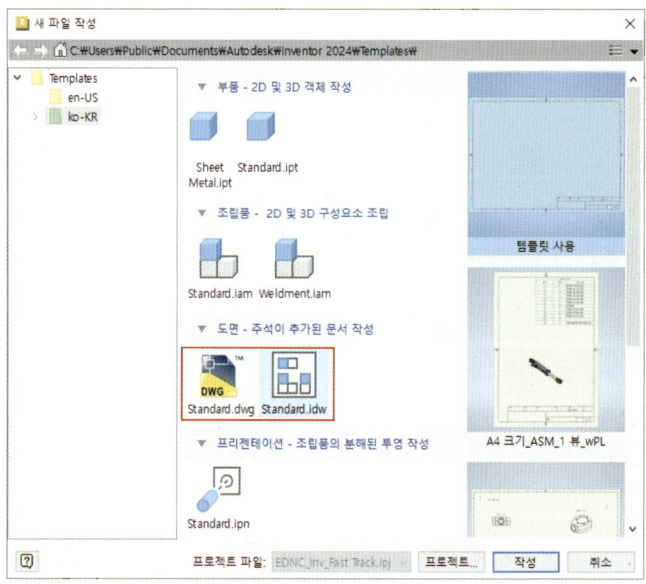

[그림 10-1] 도면의 새 파일 작성

템플릿으로 사본 저장

기존 템플릿을 사용하는 도면에서 템플릿을 작성할 경우 파일>다른 이름으로 저장>템플릿으로 사본 저장 메뉴를 사용할 수 있으며 필수 항목은 아닙니다.

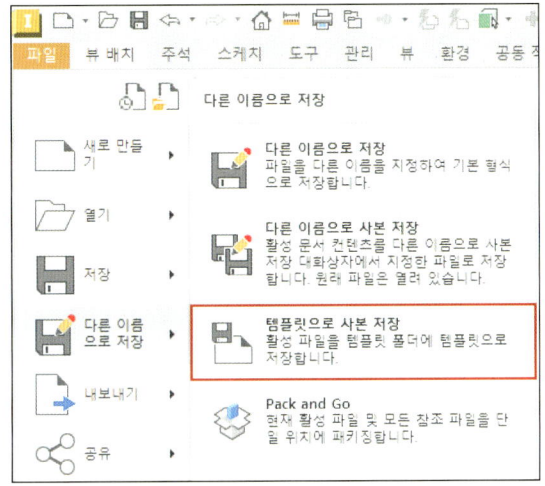

[그림 10-2] 템플릿으로 사본 저장

〈NOTE〉
양식과 스타일이 없는 템플릿에서부터 만들려고 하는 사용자는 아래와 같은 방법을 사용할 수 있습니다. Ctrl 및 Shift 키를 누른 상태에서 시작하기 탭>새 파일을 클릭합니다.

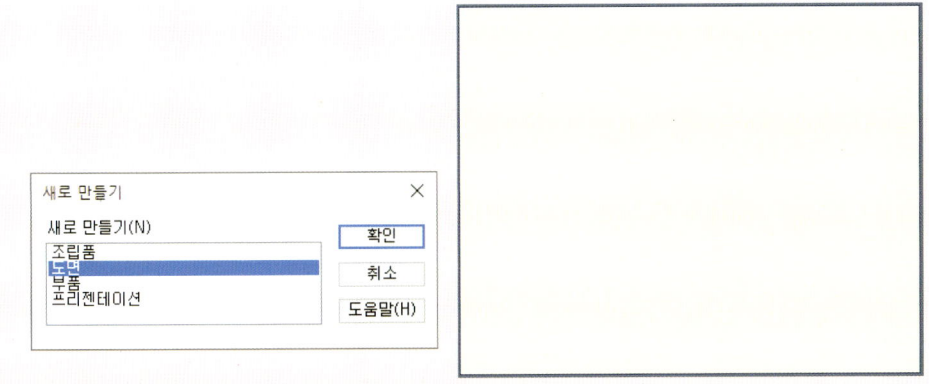

아무런 내용이 없는 상태에서 만들면 우리가 원하는 가장 적합한 설정을 할 수 있으나 시간이 매우 많이 소요되는 작업이기 때문에 이미 존재하고 있는 템플릿과 스타일을 일부 수정하여 직접 생성하는 경우가 더욱 효율적일 수 있습니다.

템플릿 작업이 끝나면 다른이름으로 저장 혹은 템플릿으로 사본 저장하여 작업합니다.

템플릿 위치 이해하기

인벤터 설치 후 아무런 옵션 설정을 하지 않으면 기본 템플릿의 경로는 아래와 같습니다.

C:₩사용자₩공용₩공용문서₩Autodesk₩Inventor 2024₩Templates

프로젝트 파일 별로 위치를 다르게 설정하거나 단일 사용자 혹은 Vault 사용자의 유형에 따라 경로 설정은 변경될 수 있습니다.

템플릿의 위치 설정은 응용 프로그램 옵션과 프로젝트 파일에서 설정할 수 있는데 두 가지 설정이 다르다면 프로젝트 파일 설정이 항상 우선 순위를 갖습니다.

프로젝트 파일에 경로 설정 후 모든 사용자가 동일한 프로젝트의 템플릿을 사용하도록 하면 디자인 그룹의 모든 구성원이 동일한 환경에서 사용할 수 있는 가장 좋은 방법이 될 수 있는데 이 환경은 Vault를 사용하였을 때 가장 이상적입니다.

1.2 도면 자원 활용하기

도면 자원에는 표준 항목인 시트형식, 경계, 제목블록 및 스케치가 포함됩니다.

도면 자원은 검색기 맨 위에 있는 도면 자원 폴더에 표시되며 여러 가지의 형식을 구성할 수 있습니다. 한 도면에 있는 시트 형식, 경계, 제목블록 및 스케치와 같은 도면 자원을 복사하여 붙여넣을 수 있습니다. 도면 자원 노드를 확장하여 나열된 각 도면 자원을 도면에 배치하려면 삽입 메뉴를 클릭하거나 자원을 더블 클릭하여 삽입할 수 있습니다.

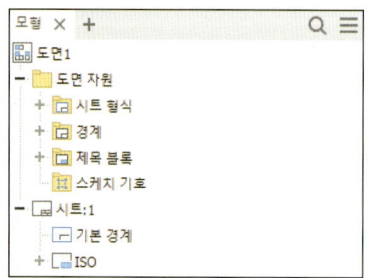 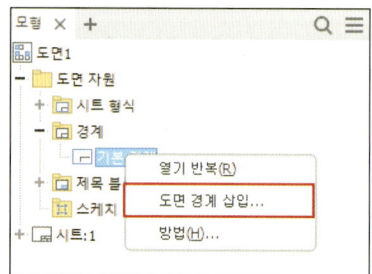

[그림 10-3] 도면 경계 삽입

시트 형식 활용하기

대표적으로 하나의 템플릿에 각 시트 크기 및 제목블록을 여러가지의 형식으로 만들어 유지 관리를 할 수 있지만 일반적으로는 단일 템플릿을 구성하여 각기 다른 구성을 유지 관리하는 것이 더 좋을 수 있습니다. 시트 크기는 검색기에서 시트를 선택 후 마우스 오른쪽 버튼을 클릭한 후 시트편집 메뉴로 변경할 수 있습니다.

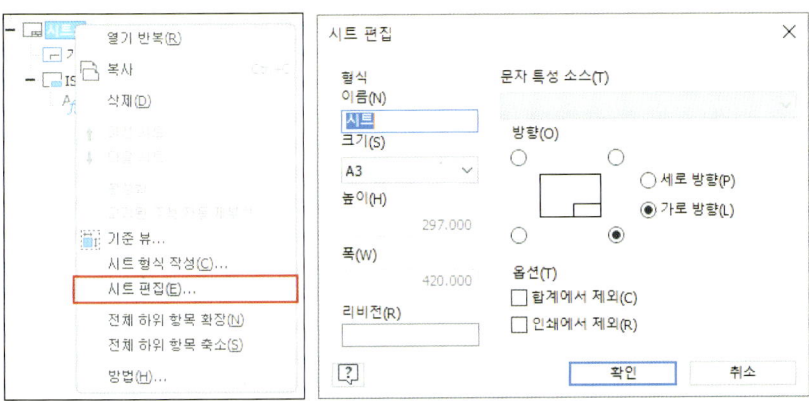

[그림 10-4] 도면 시트 편집

시트 편집 화면에서 크기를 A3에서 다른 사이즈로 변경하면 도면 경계가 자동으로 업데이트 되며 제목 블록 자원도 설정된 우측 아래의 방향으로 위치가 고정됩니다.

템플릿에서 새 파일을 시작하는 경우에 검색기의 도면 자원 정보가 아닌 시트 항목의 자원 기준으로 활성화 됩니다.

다중 시트

설계 도면에서 하나의 파일에 두 장 이상의 도면이 필요하여 다중 시트가 필요한 경우가 있습니다. 도면에 새 시트를 삽입하려면 아래와 같은 방법이 있습니다.

<u>뷰 배치 탭>시트 패널>새 시트</u> 메뉴를 사용하거나 검색기 공간에 마우스 오른쪽 버튼을 클릭하여 새 시트 합니다.

[그림 10-5] 도면의 새 시트 삽입

여러 시트를 만들어 놓고 시트 전환이 필요한 경우는 검색기에 비 활성화 되어 있는 시트를 두번 클릭하여 활성화 합니다.

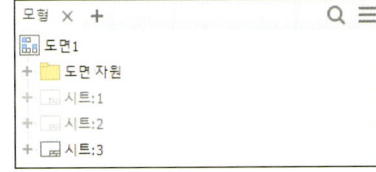

⟨NOTE⟩

3D파일과 함께 도면 또한 크기와 복잡성에 따라 열기 및 조작 속도에 대한 성능을 보장할 수 없으므로 많은 시트 세트를 여러 개 만들기 보다는 조립품의 각 부품 번호에 대해 단일 도면을 작성하는 것을 권장합니다.

1.3 도면 경계 만들기

인벤터에서 기본으로 제공하는 기본 경계를 그대로 사용하는 경우는 많지 않습니다.

검색기 막대에서 시트 노드를 확장하여 보이는 기본 경계를 삭제합니다. (경계 폴더 하위의 기본 경계는 삭제되지 않습니다.)

템플릿에 새로운 사용자 경계를 만들기 위해서는 아래의 두 가지 유형이 있습니다.

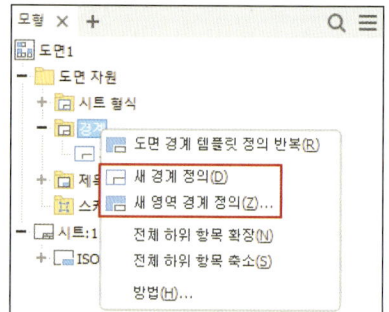

- 새 경계 정의 : 시트의 모서리 네 군데가 투영된 스케치가 자동으로 만들어 집니다. 스케치하여 간단한 사용자 정의 경계를 만들고 치수와 구속 조건을 사용하여 모서리 여백을 지정할 수 있습니다. 시트 모서리에 치수로 제어하면 시트 크기가 변경 되어도 고정된 여백을 유지하면서 제어할 수 있습니다.

- 새 영역 경계 정의 : 가로 및 세로 영역 수, 알파벳 또는 순자 영역 레이블, 글꼴 및 글꼴 크기 및 여백 간격을 지정할 수 있습니다.

⟨NOTE⟩

기본적으로 도면 경계에 작성된 스타일은 경계라는 도면층에 설정됩니다. 따라서 경계의 모든 요소를 수정할 경우에는 도면층에서 수정할 수 있습니다.

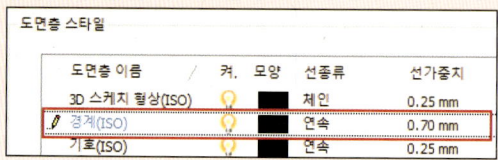

수정하고자 하는 객체를 마우스 오른쪽 버튼을 클릭하여 특성을 선택하면 아래 창을 통해 속성을 변경할 수 있습니다. 이런 경우에는 전체 스타일을 한 번에 제어할 수 없으며 구분이 어려울 수 있으니 이와 같은

내용을 정확히 이해하고 적용할 수 있도록 합니다.

1.4 제목 블록 만들기

제목 블록은 도면 경계를 만드는 방법과 동일하게 생성할 수 있으며 수정도 가능 합니다. 선으로 표제란을 그리는 것보다 3D 데이터 간에 연결이 필요한 텍스트가 더욱 많이 사용됩니다.

제목 블록을 만드는 방법은 다음과 같이 총 세가지의 일반적인 방법이 있습니다.

- AutoCAD 도면에 있는 블록을 인벤터 도면으로 사용하는 방법
- 이미 생성되어 있는 제목 블록을 수정하는 방법
- 인벤터 도면에서 처음부터 완전히 선을 그린 후 텍스트 필드를 삽입하는 방법

사용하게 되는 원래의 도면의 환경에 따라 작업 순서와 시간은 변경될 수 있으나 많은 템플릿 작업을 경험 했던 필자의 경험을 비추어 볼 때 처음부터 새로 작업하는 것이 가장 완벽하게 작업이 될 수 있었습니다. 이전 객체들을 활용하면 빠르게 작업될 수 있을 것 같지만 실제로 작업해보면 처음부터 작업하였을 때의 완성도가 더욱 높았으며 오히려 수정 하는데에 작업 시간이 더 많이 소요되는 경우가 많았습니다.

해답이 정해져 있는 방법은 아니며 아래의 제목 블록을 신규로 작성하거나 기존 파일을 편집하는 방법의 두 가지를 모두 다 고려하여 작성 하도록 합니다.

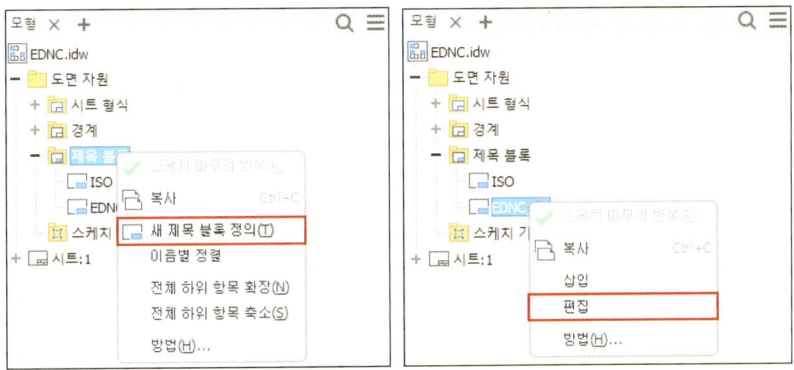

[그림 10-6] 제목 블록 정의 유형

〈NOTE〉
인벤터를 새로 도입하며 기존에 사용했었던 AutoCAD 도면이 있다면 여기에 있는 전체의 제목블록을 복사하여 가져오거나 직접 그릴 경우 셀을 측정해 볼수도 있습니다.

도면 경계의 객체들도 3D스케치 환경과 동일하게 구속 조건에 의해 제어하여 완전 구속을 만듭니다.

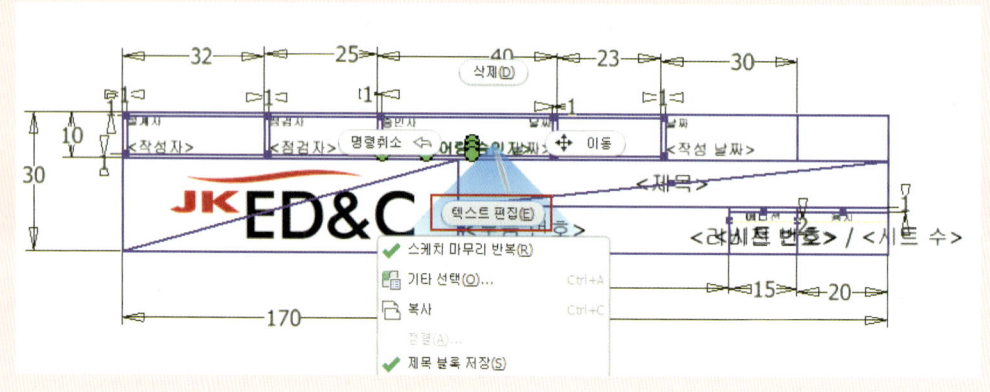

셀의 중심을 설정하기 위해 치수로 구속을 줄 수도 있습니다. 또 다른 방법은 텍스트를 중심자리 맞추기로 설정하여 선의 중간 포인트로 일치 구속을 주는 것입니다. 이때 스케치만을 클릭하여 편집 종료 시 선이 보이지 않게 합니다.

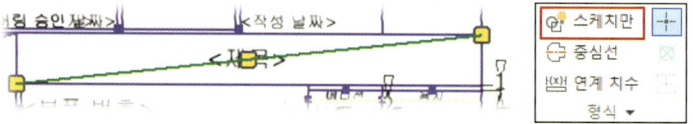

제목 블록의 매개 변수

인벤터 부품 혹은 조립품의 iProperties에 대한 표현식을 도면을 연결시키기 위해 매개 변수 추가를 진행합니다. 표현식은 텍스트 형식 iProperties에 대해서만 작성할 수 있으며 일반적인 매개 변수처럼 수치적인 계산은 되지 않으므로 숫자 또는 날짜 iProperties에 사용할 수 없습니다. 텍스트 형식 창에서 연결하고자 하는 특성 값을 선택한 후 매개변수 추가합니다.

추가된 텍스트는 표현식에 사용자 텍스트와 괄호로 묶인 iProperty 이름 및 매개변수의 조합이 포함됩니다.

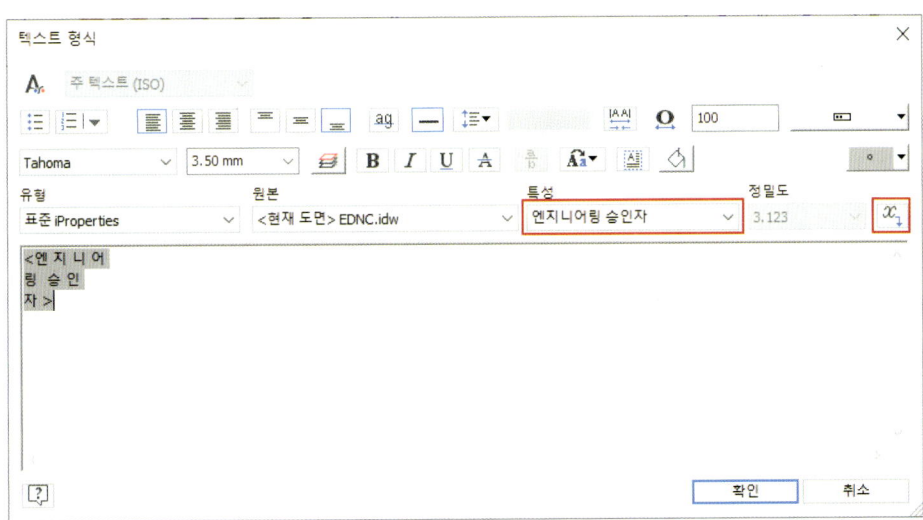

[그림 10-7] 텍스트 형식 편집 대화 상자

편집 창을 닫기 한 후 예를 한 후에 매개변수가 적용된 항목은 제목블록에 표시되지 않으며 부품 혹은 조립품에 iProperties값을 입력하였을 때 자동으로 업데이트 됩니다

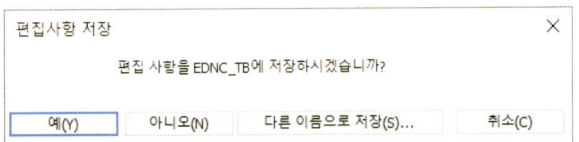

도면의 iProperties 값을 업데이트 하였을 때 도면에 반영이 되는지 확인해볼 수 있습니다.

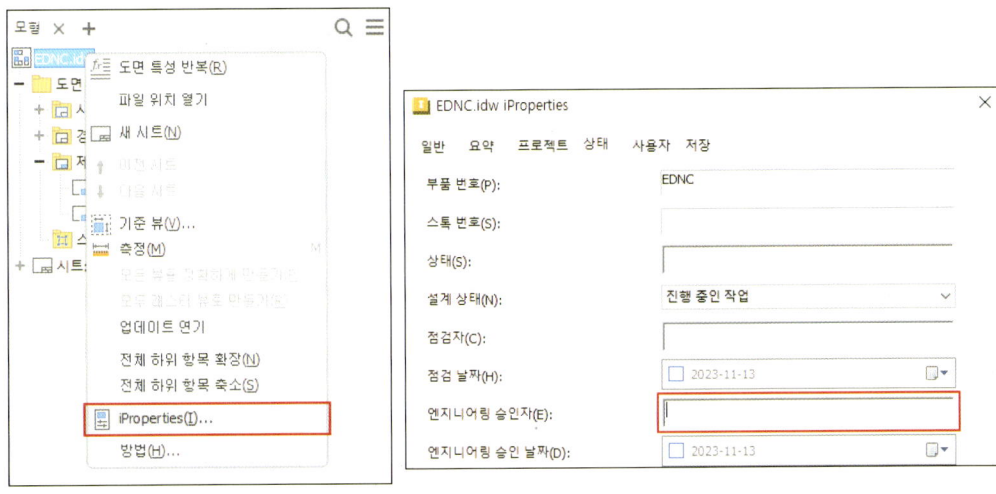

〈NOTE〉

매개 변수 추가의 방법을 활용시 구성 요소에 iProperties 값을 넣은 후 도면에 업데이트 되도록 만드는 것이 일반적이긴 하나 도면의 iProperties 값을 따라 가도록 하는 경우도 있습니다.

따라서 사용자는 초기 표준 작성 시 적합한 방식을 판단하여 적용해야 합니다.

프롬프트된 항목

템플릿으로 새로 도면을 작성할 때 프롬프트 항목을 사용하여 직접 수동으로 정보를 입력할 수 있습니다. 오래 전부터 사용되어 왔으나 현재는 iProperties 에 작성하거나 Inventor iLogic 을 사용하여 정보를 넣는 방식으로 바뀌고 있습니다. 프롬프트로 작성된 경우는 검색에 제한이 있으며 해당 파일 내에만 정보가 저장되는 특징이 있습니다.

텍스트 형식 창에서 유형을 프롬프트된 항목을 선택한 후 특성 필드의 내용을 작성하여 만들 수 있습니다. 프롬프트된 항목은 제목블록 뿐 아니라 기호 라이브러리 작성 시에도 적용하여 활용할 수 있습니다.

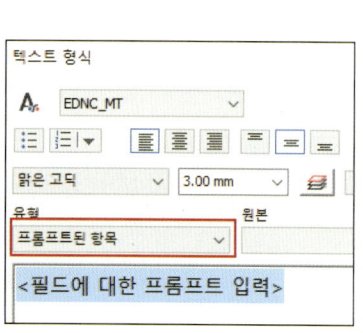 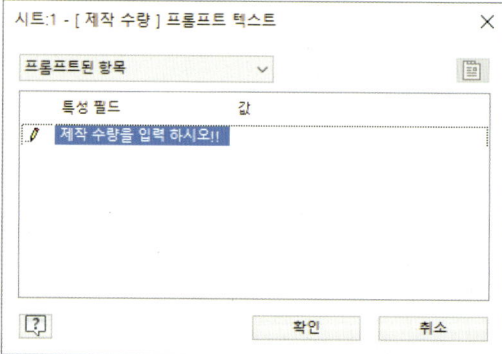

1.5 스케치 기호

스케치 기호는 각 시트에 매번 만들어 넣어야 하는 불편함을 없앨 수 있습니다. 지금까지 템플릿을 표준화 하는 작업처럼 기호 또한 회사의 표준을 정해 놓고 만들어 놓는다면 매우 효과적으로 사용할 수 있을 것입니다. 스케치 기호 객체의 수는 제한이 없으며 로컬(파일)에 저장하거나 기호 라이브러리의 경로를 지정할 수도 있습니다.

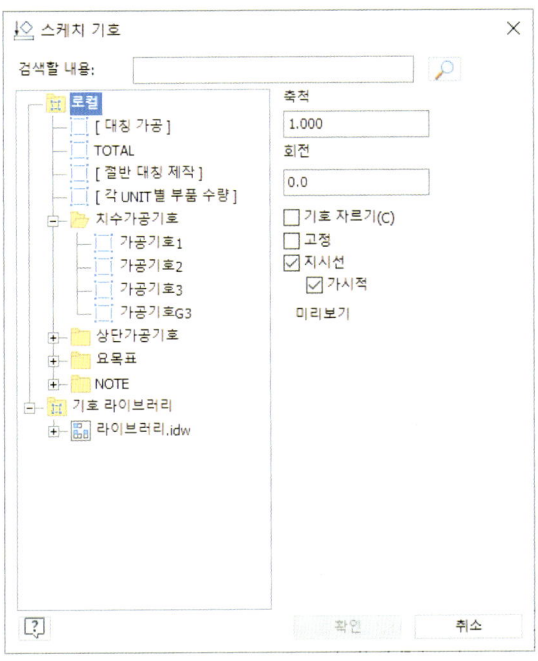

[그림 10-8] 스케치 기호 라이브러리

〈NOTE〉

응용 프로그램 옵션에서 스케치 기호 라이브러리 폴더를 변경할 수도 있으며 회사 공용 네트워크를 통한 공유도 가능 합니다.

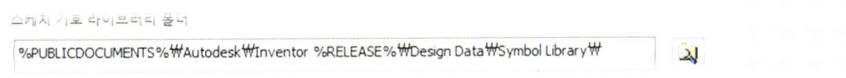

주석 탭>기호 패널>새 기호 정의를 클릭한 후에는 리본 메뉴에 스케치 환경으로 변경되어 만들고자 하는 기호를 자유롭게 작성하면 됩니다.

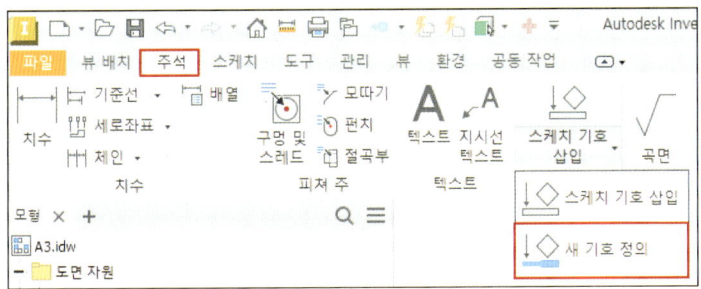

텍스트의 경우 중간 중심 등의 맞춤법을 통해 스케치 구속 조건을 사용하여 기하 형상의 중심을 지정할 수 있습니다. 스케치 기호에 필드 텍스트가 있는 경우에 새 도면 작성 시 제목 필드 텍스트처럼 채워진 상태로 보여집니다.

스케치된 기호는 프롬프트된 항목 입력 텍스트를 사용하기에 좋습니다.

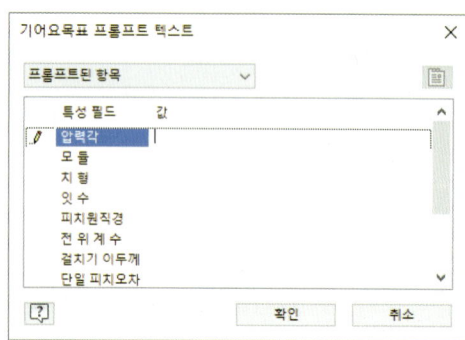 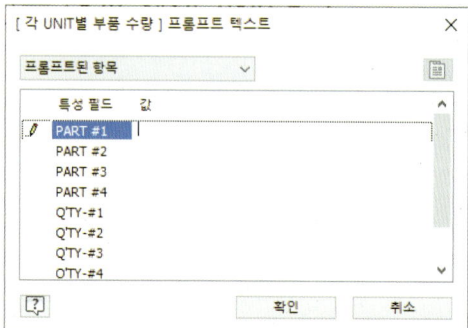

삽입점 그립 설정은 평상 시에는 비 활성화 상태였다가 점을 삽입한 후에 선택상태에서 활성화가 됩니다. 이 방법을 사용하면 스케치된 기호의 삽입 점을 변경할 수 있습니다.

스케치>형식 패널>삽입점 그립 설정

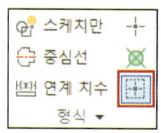

02 뷰 배치하기

인벤터에서는 조립품, 부품, 또는 프리젠테이션에서 다양한 상황에 맞게 뷰를 생성할 수 있습니다. 이렇게 생성하는 도면 뷰는 외부 구성 요소에 의해 참조 되어 링크 관계가 유지됩니다. 처음에 작성되는 기준 뷰, 투영뷰, 보조뷰, 상세뷰, 단면도 및 등각 투영 뷰로 구성된 다중 뷰로 도면을 작성할 수 있습니다.

2.1 기준 뷰

뷰 배치 탭>작성 패널>기준 뷰

도면 시트에 만들어지는 첫 번째 뷰로 가장 상위에 위치되는 뷰로 인식됩니다. 도면 시트에서 하나 이상의 기준 뷰를 작성할 수 있습니다.

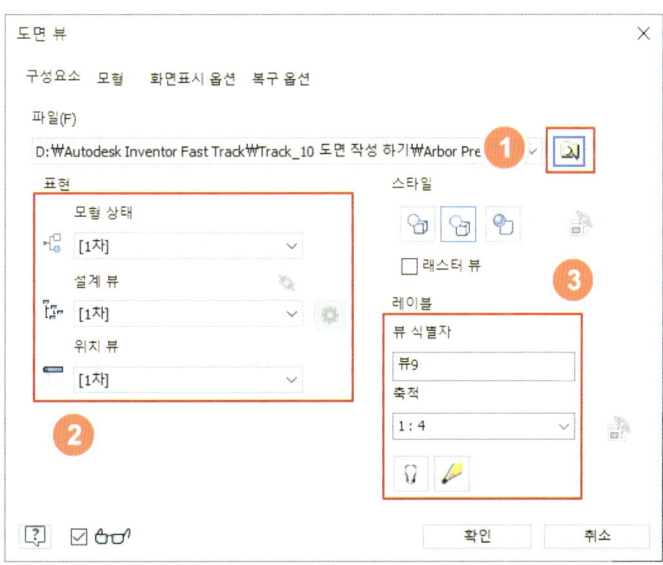

[그림 10-9] 도면 뷰

① 파일 : 도면 뷰에 사용될 원본 조립품, 부품 또는 프리젠테이션 파일을 지정합니다. 인벤터에 이미 모델이 열려 있는 경우에는 자동으로 뷰를 가져옵니다.

② 표현 : 미리 정의한 모형 상태, 설계 뷰 및 위치 뷰를 가져와서 작업할 수 있습니다. 위치 표현의 경우 기준 뷰를 도면에 미리 작성한 후 사용이 가능합니다.

③ 레이블 : 뷰에 표현되는 식별자 및 축척을 표시해야 한다면 레이블 가시성 전환 버튼을 클릭합니다. 축척은 레이블 뿐 아니라 실제 뷰에 대한 축척을 제어합니다.

2.2 투영된 뷰

뷰 배치 탭〉작성 패널〉투영 뷰

도면 제도 표준에 따라 일각법 또는 삼각법으로 투영된 뷰를 작성할 수 있고 이 뷰를 작성하기 전에 기준 뷰가 반드시 있어야 합니다.

투영된 뷰들은 기준 뷰에 정렬되고 기준 뷰의 축척 및 표시 설정을 상속합니다. 등각 투영된 뷰는 기준뷰에 정렬되지 않으며 기준 뷰의 축척을 처음 작성 시에는 따르지만 기준 뷰의 축척을 변경 하였을 때는 업데이트 되지 않습니다.

〈NOTE〉
관리 탭〉스타일 및 표준〉스타일 편집기〉기본 표준〉뷰 기본설정 탭에서 투영 유형을 일각법 및 삼각법으로 변경이 가능합니다. 스타일 편집기의 모든 변경 사항은 라이브러리를 저장하기 전까지 현재의 도면에만 영향을 줍니다.

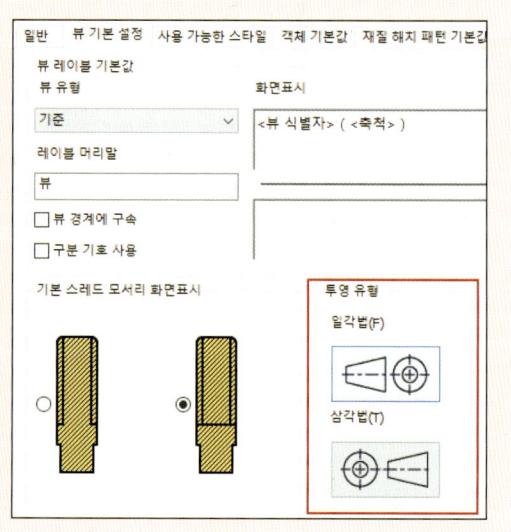

2.3 보조 뷰

뷰 배치 탭>작성 패널>보조 뷰

사용자가 선택한 선 또는 모서리에 직각인 투영된 뷰가 필요할 경우 사용할수 있습니다. 상위 뷰를 기준으로 한 커서의 위치가 보조 뷰의 방향을 결정합니다. 보조 뷰는 상위 뷰에서의 축척과 설정을 따릅니다.

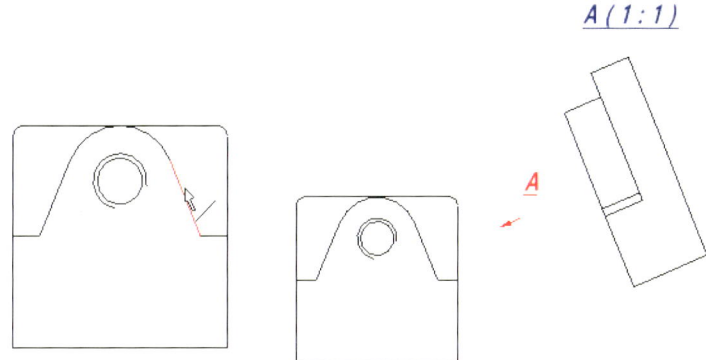

보조 뷰에 대한 뷰/축척 레이블 및 스타일을 수정할 수 있습니다.

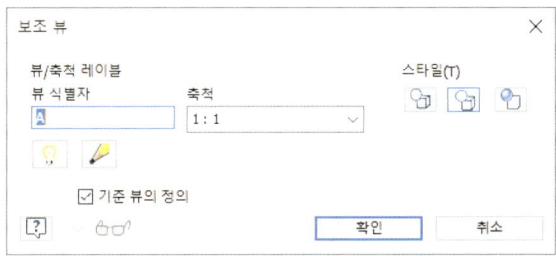

2.4 단면 뷰

뷰 배치 탭>작성 패널>단면 뷰

이미 작성 된 도면 뷰에 중요한 세부사항을 더욱 시각화 하거나 치수 기입을 위한 목적으로 단면도를 작성 할 수 있습니다. 가려지거나 숨겨진 선들로 나타나는 피쳐들은 단면 평면을 표시하는 해치 패턴을 가진 연속적인 선들이 그려집니다.

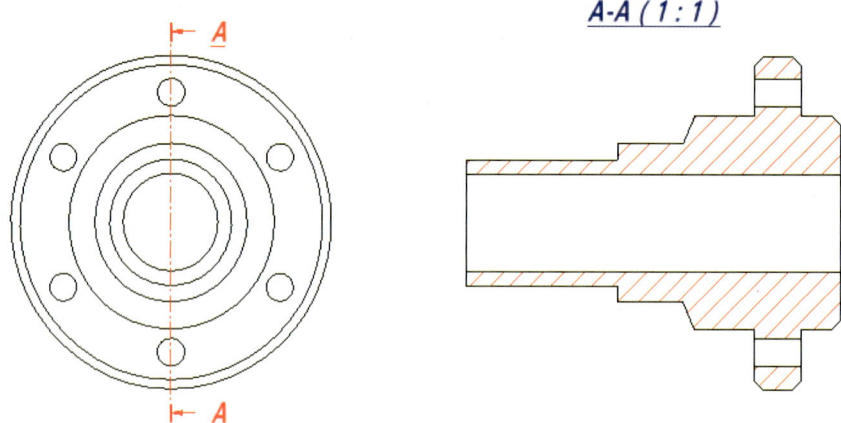

[그림 10-10] 단면도 뷰

단면도에 대한 뷰/축척 레이블 및 스타일을 수정할 수 있습니다.

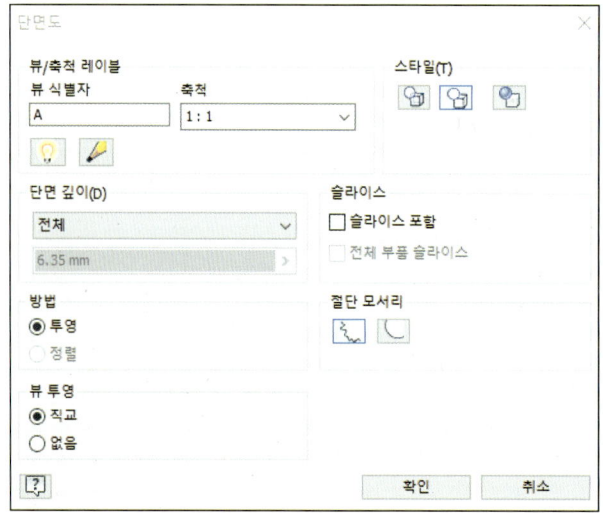

전체 부품 슬라이스를 적용하면 단면 선에 따라 슬라이스와 됩니다. 단면 선이 지나가지 않은 부품들은 뷰에 포함되지 않습니다.

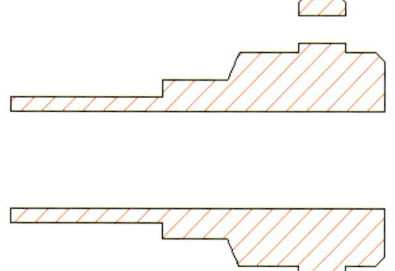

2.5 상세 뷰

뷰 배치 탭>작성 패널>보조 뷰

도면 뷰 작성 시 특정 영역 부분들을 확대하여 복잡한 부분을 뚜렷하게 보이게 하기 위해 상세도를 작성할 수 있습니다.

기본적으로 상세 뷰는 영역을 더 큰 축척으로 그립니다. 원본 뷰와 연관되어 있으므로 모델의 수정이나 어떤 변화도 자동으로 상세뷰에 반영됩니다. 상세 뷰에 치수를 추가할 수 있게 해줌으로 모체 뷰에서 같은 치수를 필요로 하지 않게 해줍니다. 상세 뷰가 축척에 따라 정해지더라도 치수 기입 시 실제 형상 크기를 나타냅니다.

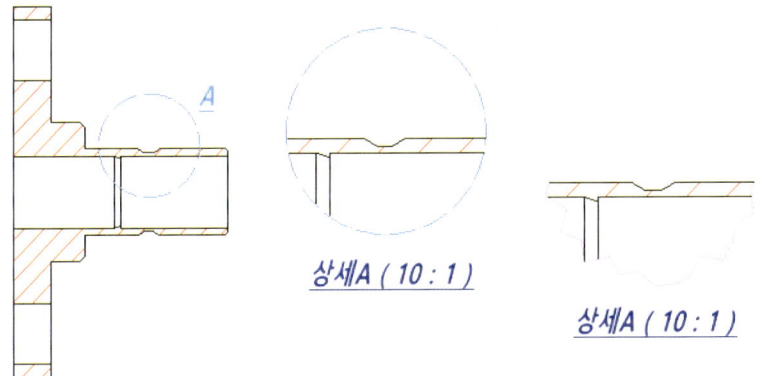

[그림 10-11] 상세뷰

상세도에 대한 뷰/축척 레이블 및 스타일을 수정할 수 있습니다.

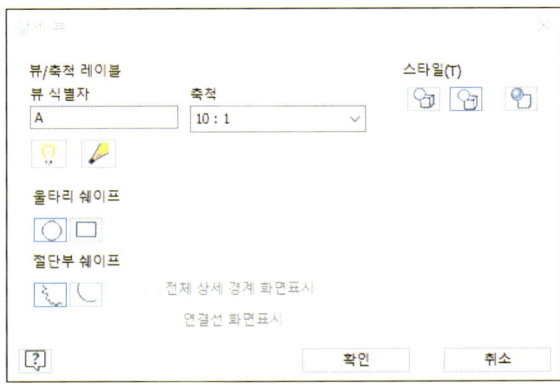

상세뷰에 대한 경계 쉐이프를 옵션으로 선택할 수 있으며 선에 대한 화면 표시도 다르게 할 수 있습니다.

2.6 오버레이 뷰

뷰 배치 탭>작성 패널>오버레이 뷰

오버레이 뷰는 조립품에서 구성 요소의 대체 위치를 표시하는 데 사용됩니다. 이 뷰를 생성하기 위해 조립품 환경에서 위치 표현이 작성되어 있어야 합니다.

솔리드 선 또는 음영처리로 표시하여 구성요소를 강조하기 위한 목적으로 오버레이를 사용할 수 도 있으며 이때는 위치 표현이 필요하지 않습니다.

구성요소간 이동된 거리를 표시하려면 위치 표현 오버레이 간에 치수를 추가할 수 있으며 모형 위치가 변경되면 도면 치수는 자동으로 업데이트 됩니다.

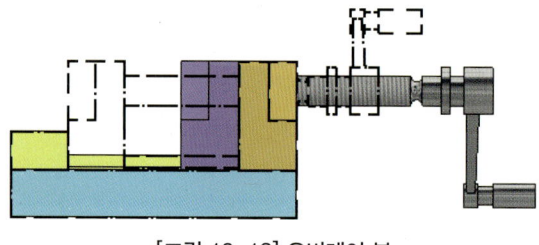

[그림 10-12] 오버레이 뷰

조립품에서 작성된 위치 뷰를 선택하여 도면에 적용합니다. 오버레이 뷰에 대한 화면 표시와 스타일 옵션도 적용할 수 있습니다.

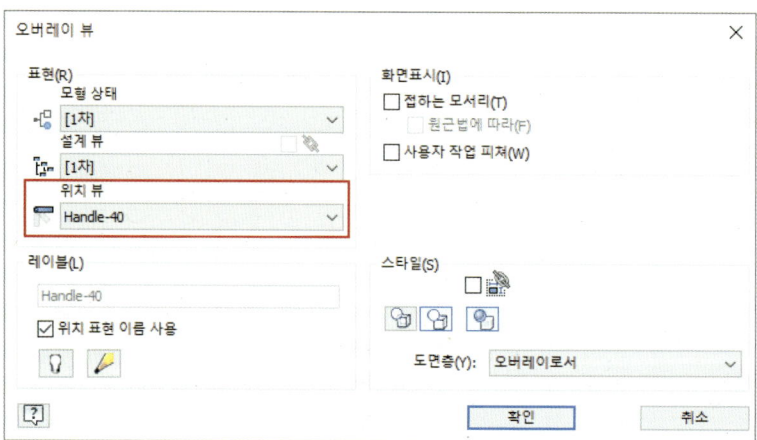

2.7 브레이크 아웃 뷰

뷰 배치 탭>수정 패널>오리기

브레이크 아웃 뷰는 구성요소의 일부를 제거하고 부품 또는 제거된 내부의 영역을 직관적으로 표시하는 데 사용됩니다. 다양한 옵션을 통해 효과적으로 표현할 수 있습니다.

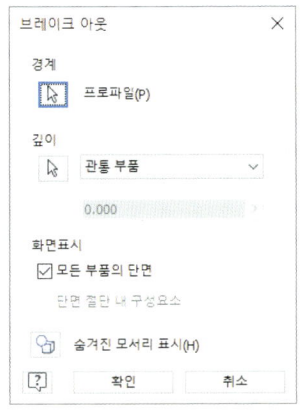 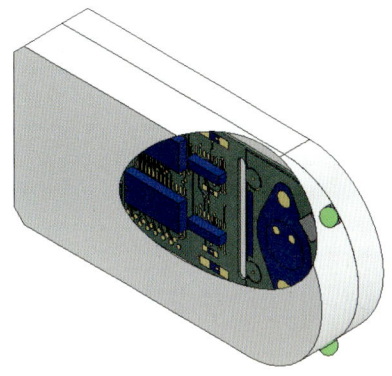

[그림 10-13] 브레이크 아웃 뷰의 관통 부품

2.8 오리기 뷰

뷰 배치 탭>수정 패널>오리기

오리기 뷰는 뷰와 연관되어 닫힌 스케치에 포함된 뷰를 잘라내는 데 사용됩니다.

마우스에 표시되는 자르기 도구를 사용하여 뷰를 자르는 방식으로 사각형으로 윈도우 선택하는 부분은 유지되며 나머지 부분은 제거됩니다.

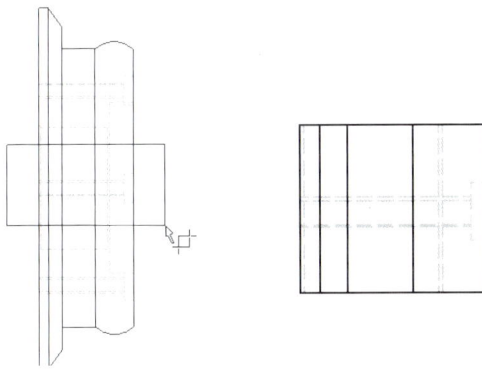

2.9 끊기 뷰

뷰 배치 탭>수정 패널>끊기

끊기 뷰는 도면에 배치하고자 하는 구성요소가 너무 길어서 어려울 때 가운데 부분을 제거하고 양쪽 끝을 유지하여 표시하는 방법입니다. 끊기 뷰는 도면 뷰가 필요한 영역에 맞게 가로 혹은 세로 방향으로 분할 합니다. 끊어진 가장 자리의 치수는 실제 값으로 표시됩니다.

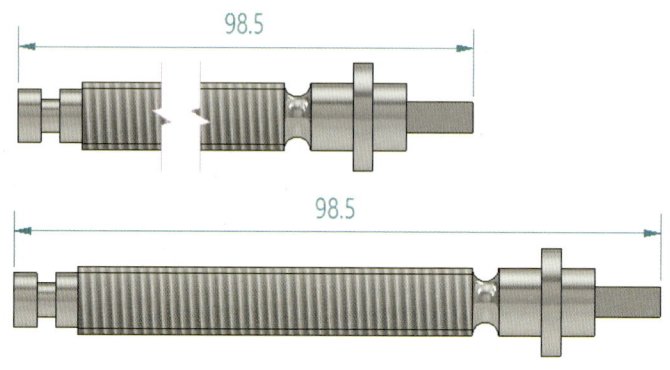

[그림 10-14] 끊기 뷰

끊기 대화 상자에서는 스타일과 간격, 방향 등의 상세 설정 옵션을 제공합니다.

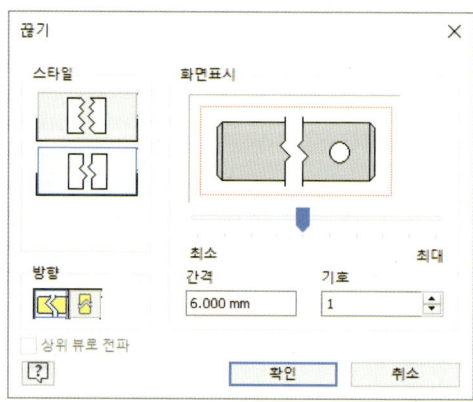

실습 1 : 사용자 템플릿 만들기

이 실습에서는 학습할 내용은 아래와 같습니다.

- 도면 경계 및 제목 블록 작성하기
- 시트 형식 작성하기

새로운 도면 템블릿 시작하기

01 파일>새로만들기를 클릭합니다.

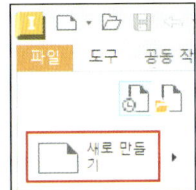

02 새로만들기 창에서 Standard.idw 파일을 선택하고 작성 버튼을 클릭합니다.

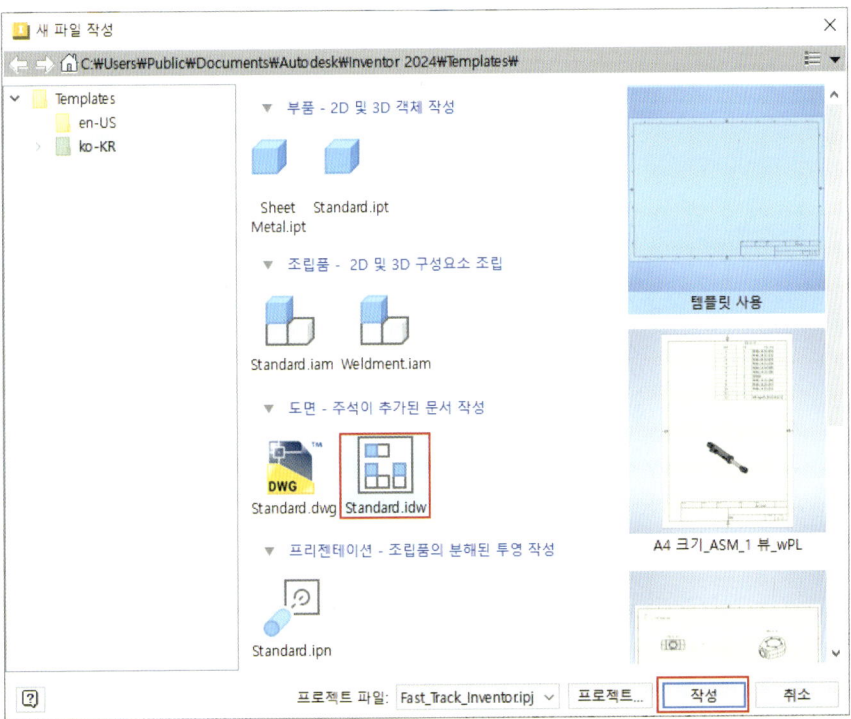

03 모형 탭의 시트: 1을 선택하고 마우스 오른쪽 버튼으로 시트 편집 메뉴를 사용하여 이름을 EDNC_A3 로 변경한 후 확인을 클릭합니다.

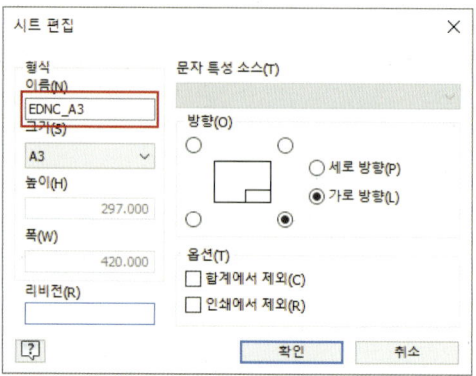

04 시트 아래에 있는 기본 경계와 ISO는 실습을 위해 삭제합니다.

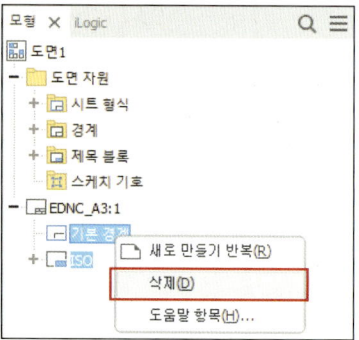

05 모형 탭의 경계 폴더에서 새 경계 정의 메뉴를 클릭합니다.

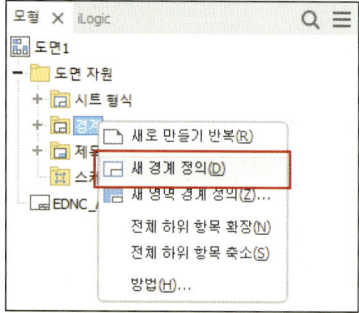

06 이제 리본 메뉴의 스케치탭이 활성화 되어 새 경계를 만들 수 있는 상태가 됩니다.

07 스케치 탭>작성 패널>직사각형 도구를 클릭합니다.

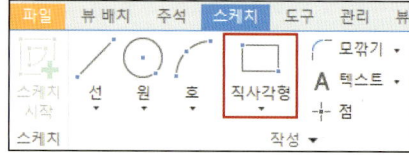

가로 : 400mm, 세로 : 277mm를 만들기 위해 외곽 모서리를 기준으로 10mm 간격을 띄워서 치수 구속을 기입합니다. 치수를 각각 기입해도 상관없지만 아래처럼 하나의 치수를 모든 치수가 따라가도록 변수를 연결합니다.

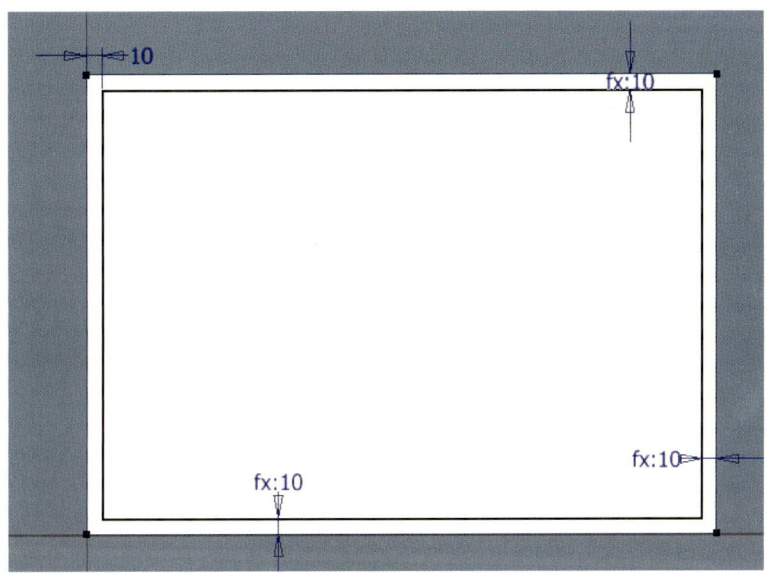

08 스케치 탭>종료 패널>스케치 마무리를 클릭합니다.

09 경계의 이름을 넣는 대화 상자가 나타나는데 EDNC_BL을 입력하고 저장 버튼을 클릭합니다.

10 새로 만든 경계가 생성된 것을 확인할 수 있습니다.

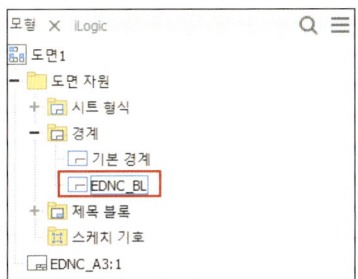

11 제목 블록 폴더의 ISO를 마우스 오른쪽 버튼으로 편집을 클릭합니다.

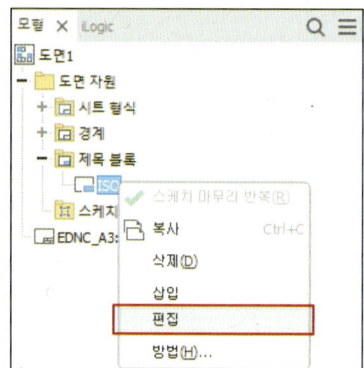

12 이미지 삽입을 위해 표제란에 <회사>라고 쓰여진 텍스트 형식을 삭제합니다.

13 <u>스케치 탭>삽입 패널>이미지 도구</u> 버튼을 클릭한 후 아래 회사 부분에 직사각형 형태로 드래그 합니다.

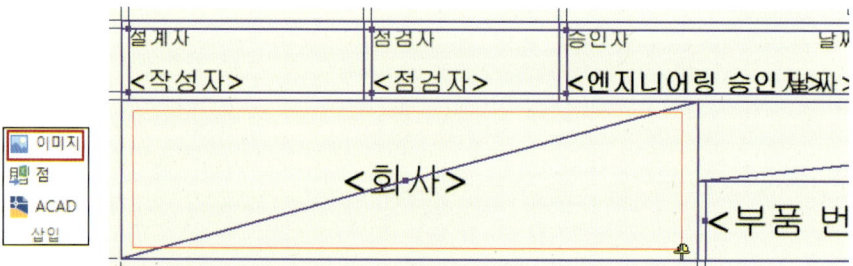

14 이디앤씨 로고를 선택하여 열기 합니다. 이때 링크는 해제하여 이미지와의 도면의 링크가 유지되지 않도록 합니다.

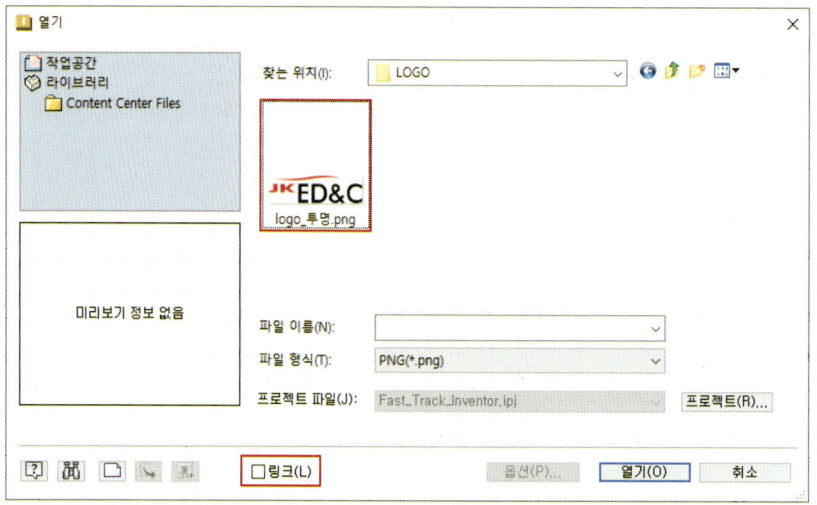

15 로고가 삽입된 형태로 제목 블록이 변경되었음을 확인할 수 있습니다.

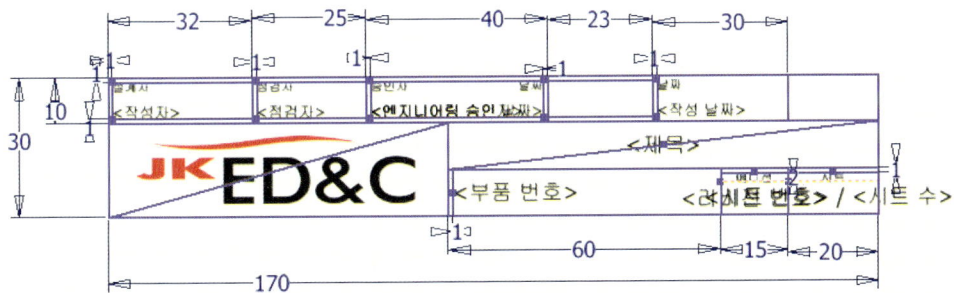

16 스케치 탭>종료 패널>스케치 마무리를 클릭합니다.

17 편집사항 저장 상자에서는 다른이름으로 저장 버튼을 클릭합니다.

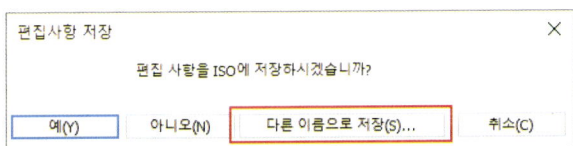

18 제목 블록은 EDNC_TB을 입력하고 저장 버튼을 클릭합니다.

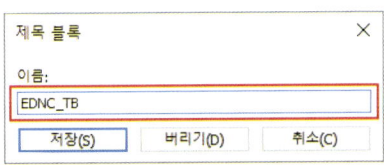

19 지금까지 새로 생성한 EDNC_BL, EDNC_TB를 각각 마우스 오른쪽 버튼을 클릭하여 삽입합니다.

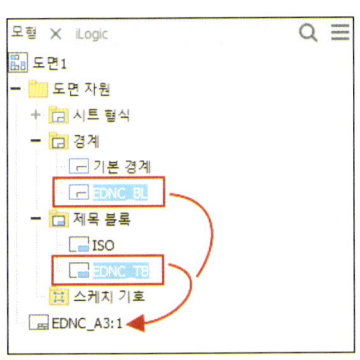
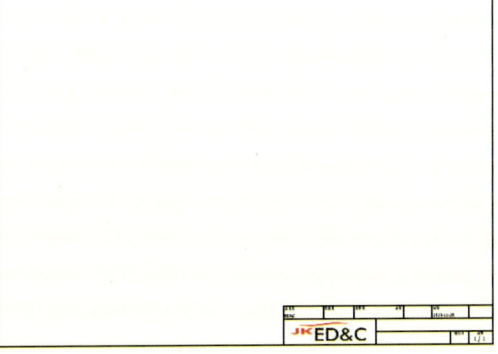

20 모형 탭의 EDNC_A3를 클릭하여 시트 형식 작성을 클릭합니다.

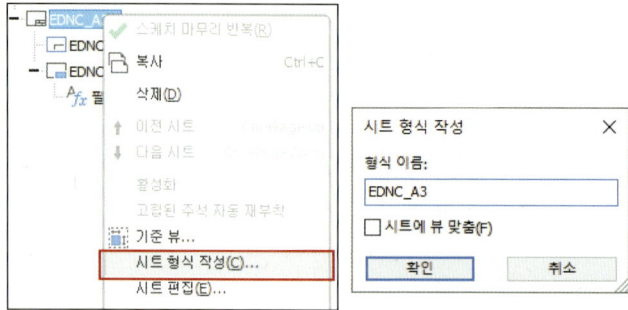

〈NOTE〉
구성요소 및 시트의 크기에 따라 뷰를 자동으로 축척하려면 시트에 뷰 맞춤을 선택합니다.

21 모형 탭의 EDNC_A3 시트를 편집하여 이름은 EDNC_A2, 크기는 A2로 변경한 후 확인을 클릭합니다.

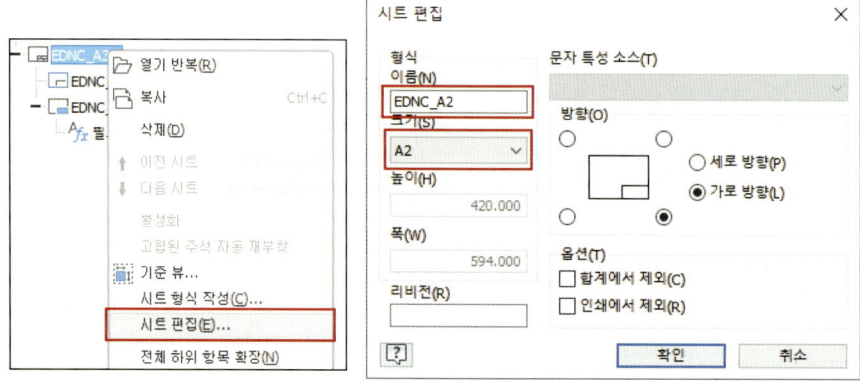

22 도면 사이즈가 A3에서 A2로 변경된 크기를 검토합니다.

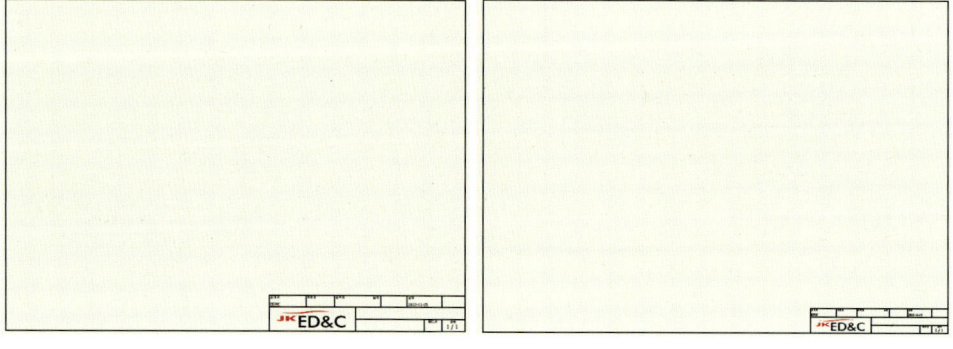

23 모형 탭의 EDNC_A2를 클릭하여 시트 형식 작성을 클릭합니다.

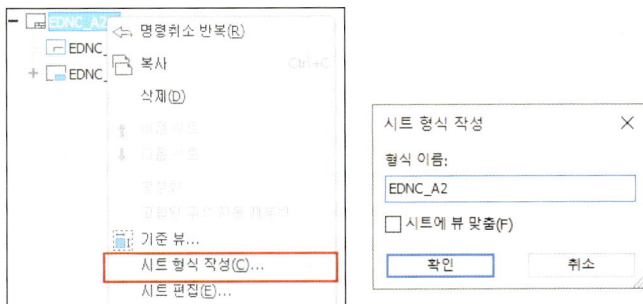

24 모형탭의 시트 형식 폴더에 조금 전 사용자화로 만든 EDNC_A가 추가되었음을 확인합니다.

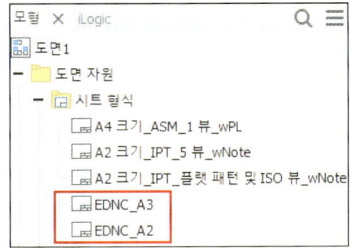

25 파일>다른 이름으로 저장>템플릿으로 사본 저장을 클릭합니다.

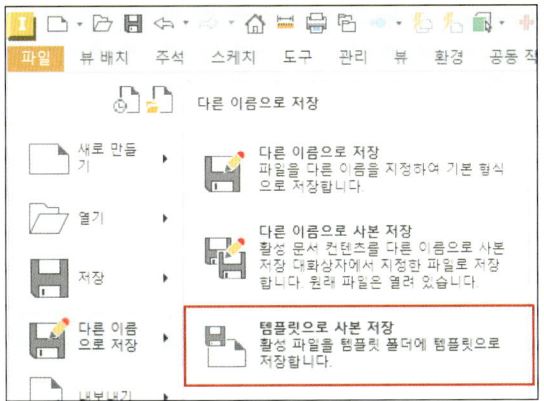

26 파일 이름은 FT_Template 라고 만들고 저장 위치는 기본 템플릿 위치에 저장합니다.

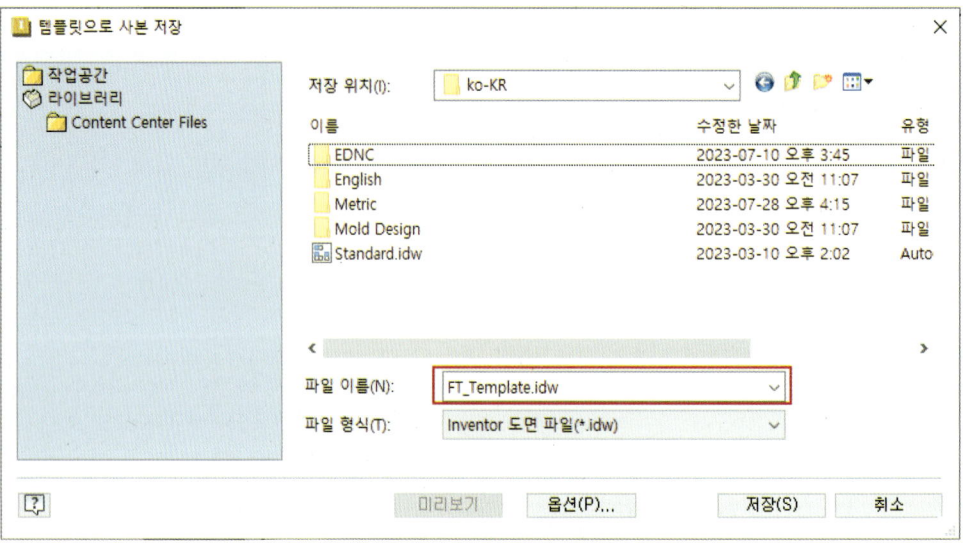

27 아래의 메시지는 "예"를 클릭합니다.

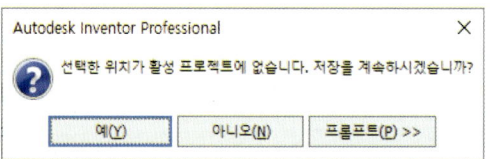

28 이제 도면을 새로 만들기 하였을 때 사용자화 된 시트 형식을 선택하여 시작할 수 있습니다.

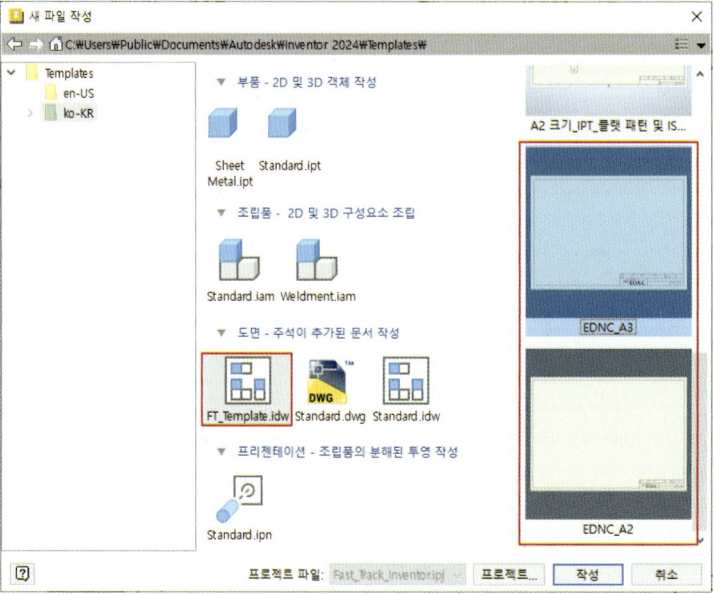

〈NOTE〉

관련 내용으로 아래의 옵션을 고려해볼 수 있습니다. 인벤터의 기본 템플릿은 흰색이 아닌 아이보리 색을 사용하기 때문에 이를 흰색이나 AutoCAD도면과 유사하게 검정색으로 변경할 수 있어야 합니다. 도구 탭>옵션 패널>문서설정>시트 탭에서 설정할 수 있습니다.

"모든 기존 템플릿 시트 삭제"는 체크가 되지 않는 경우에 기본 시트와 선택된 시트 두 가지 시트가 모두 모형탭에 생성되어 보이게 됩니다. 체크된 상태로 템플릿이 저장되어 원하는 시트 형식 하나만 사용될 수 있도록 합니다.

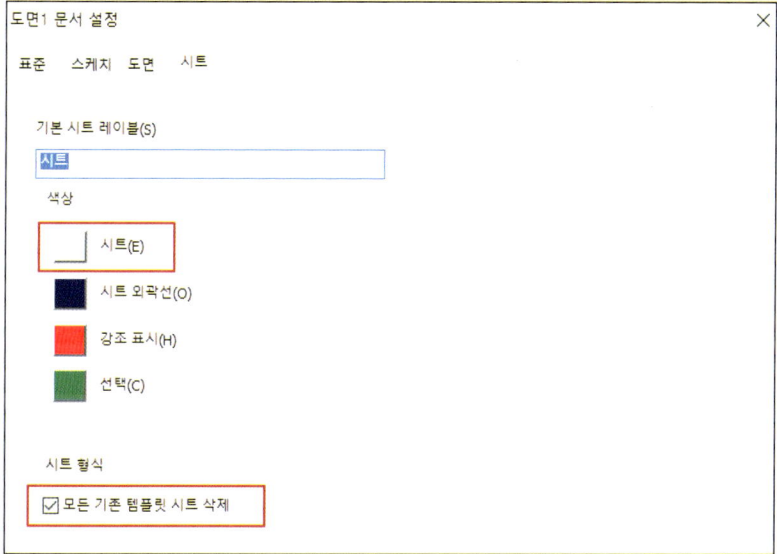

실습 2 : 도면 뷰 작성하기

이 실습에서는 학습할 내용은 아래와 같습니다.

• 기준 및 투영 뷰, 단면뷰, 상세뷰 작성하기
• 치수 기입, 도면 속성 작성하기

새로운 도면 템블릿 시작하기

01 파일>새로만들기를 클릭합니다.

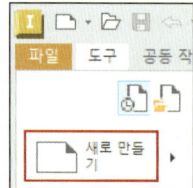

02 FT_Standard_EDNC.idw 파일을 선택하고 작성 버튼을 클릭합니다.

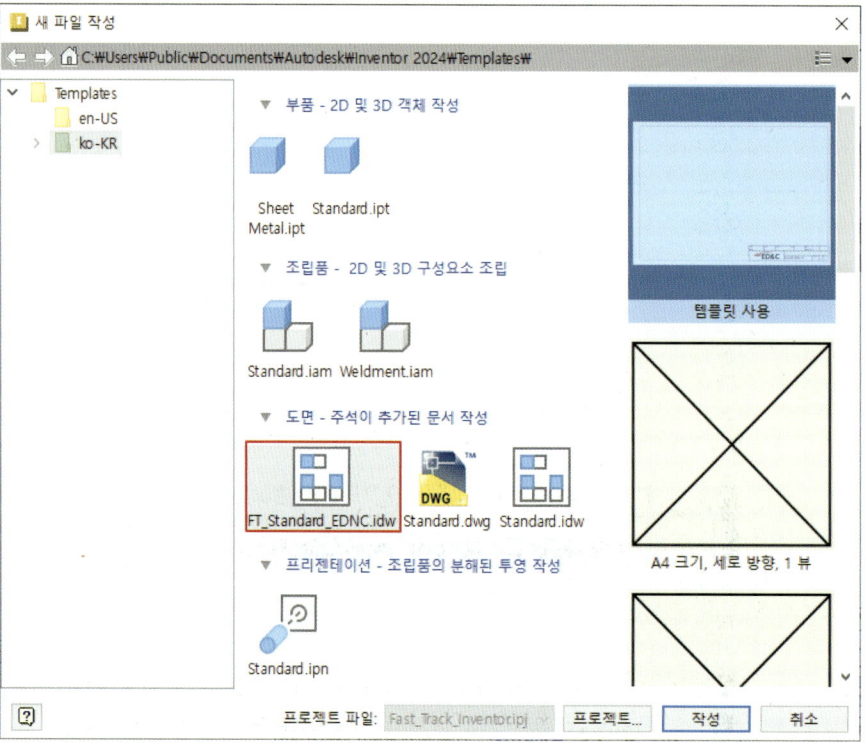

03 뷰 배치 탭>작성 패널>기준 도구 버튼을 클릭합니다.

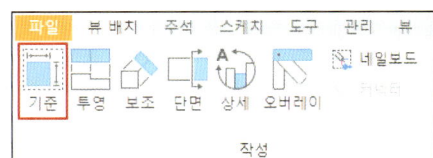

04 도면 뷰 대화상자에서 기존 파일 열기 버튼을 클릭합니다.

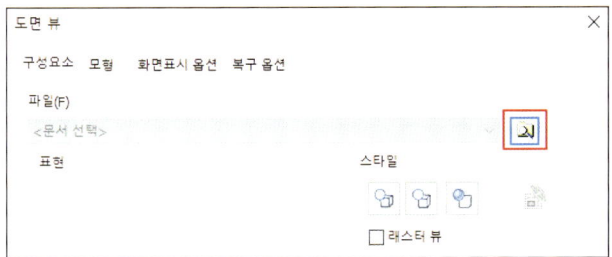

05 FT_10_PULLY.ipt 파일을 선택하고 열기 버튼을 클릭합니다.

06 스타일은 은선 있음으로 설정하고 축척을 1:1로 설정한 다음 창이 열려 있는 상태에서 기준 뷰를 왼쪽으로 배치한 후 확인 버튼을 클릭합니다.

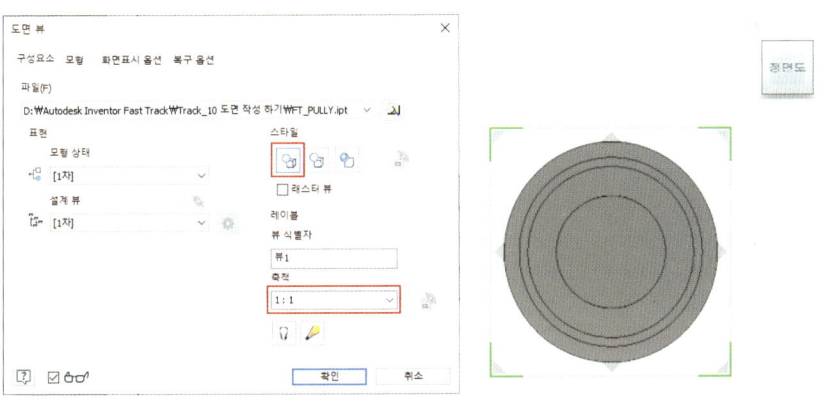

07 위의 과정을 반복하여 FT_10_PULLY.ipt 모델의 기준 뷰를 반복하여 열기 합니다.

08 아래와 같이 은선 없음, 음영처리 선택 및 축척을 조정한 후 뷰 큐브의 모서리를 선택하여 방향을 변경한 후 확인을 클릭합니다.

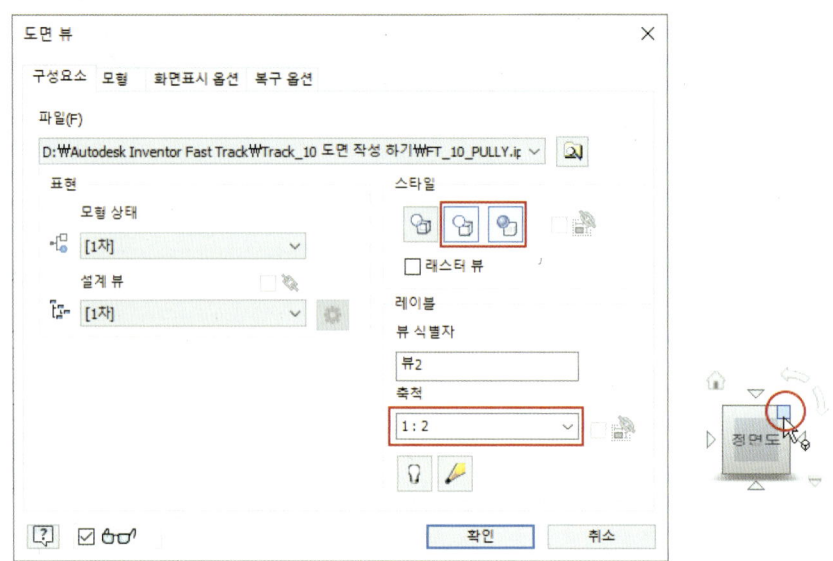

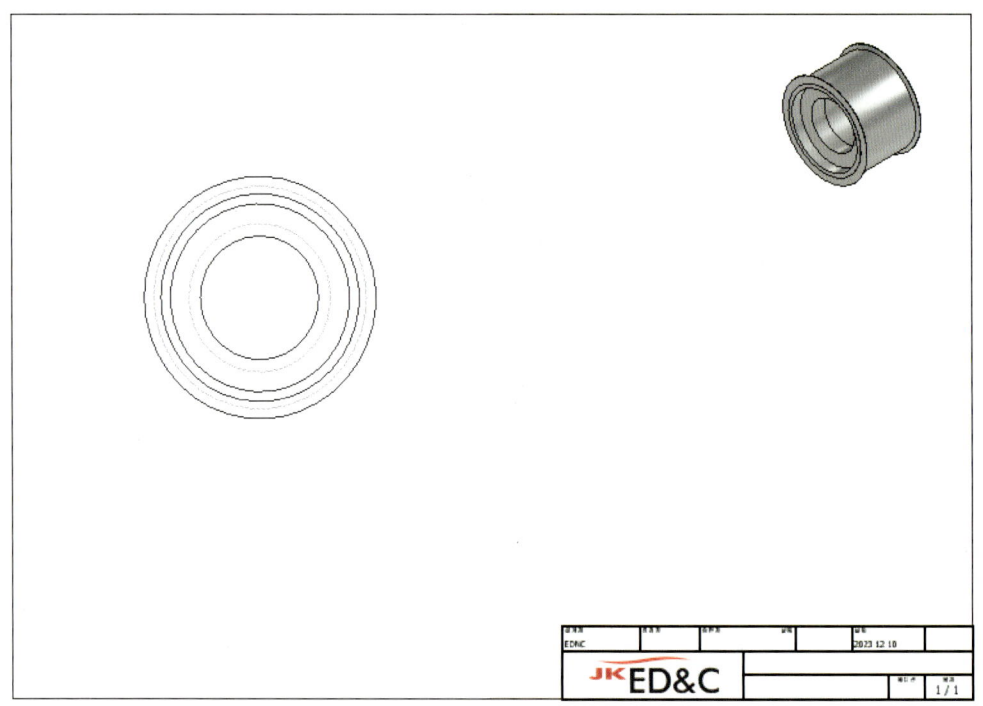

09 뷰 배치 탭>작성 패널>단면 도구 버튼을 클릭합니다.

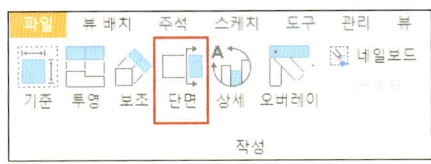

10 앞에서 배치된 기준 뷰를 선택하고 커서를 아래와 같이 원의 중심선에서 위쪽으로 수직하게 놓여 지게 합니다.

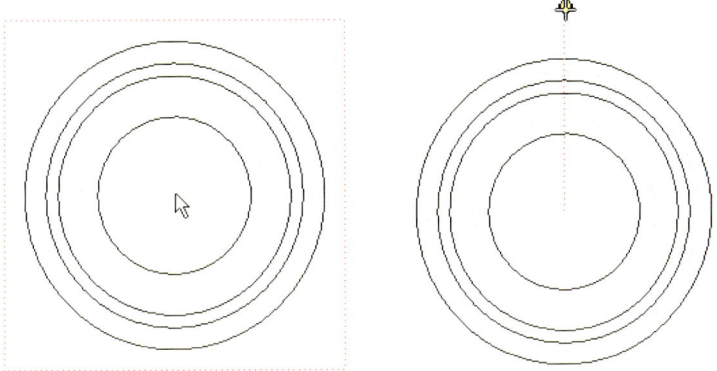

11 클릭한 다음 수직으로 마우스 커서를 움직인 후 클릭 이후에 마우스 오른쪽 버튼의 표식 메뉴에서 계속 버튼을 클릭합니다.

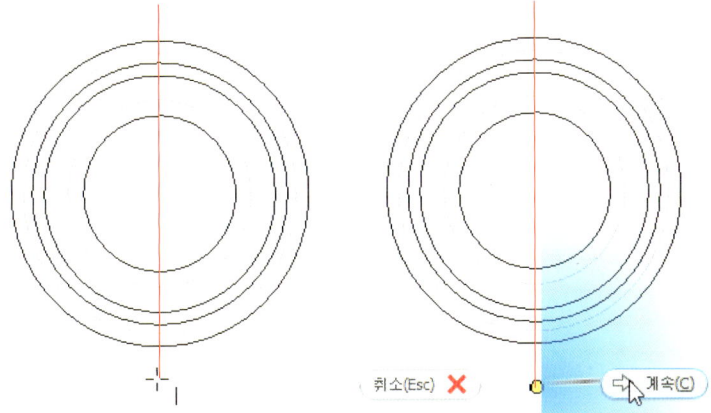

12 아래와 같이 단면 대화상자에서 설정한 후 마우스를 오른쪽으로 드래그한 다음 단면도가 놓일 위치에 배치합니다.

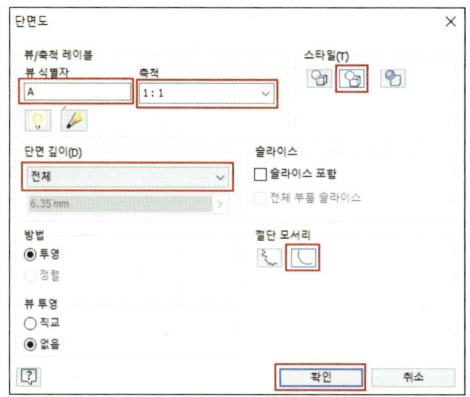

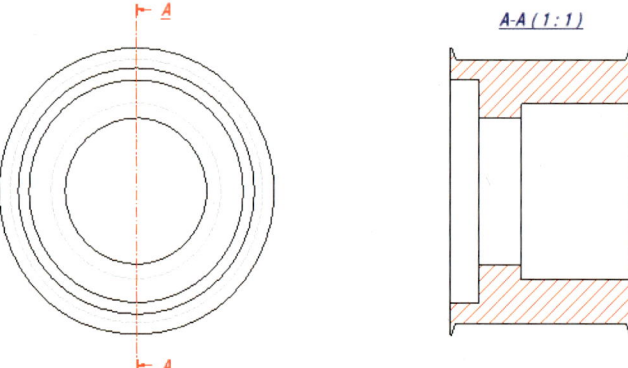

〈NOTE〉

뷰에 표시되는 모든 레이블은 정해진 스타일에 의해 표시되며 텍스트 형식을 수정하면 사용자가 직접 수정할 수도 있습니다.

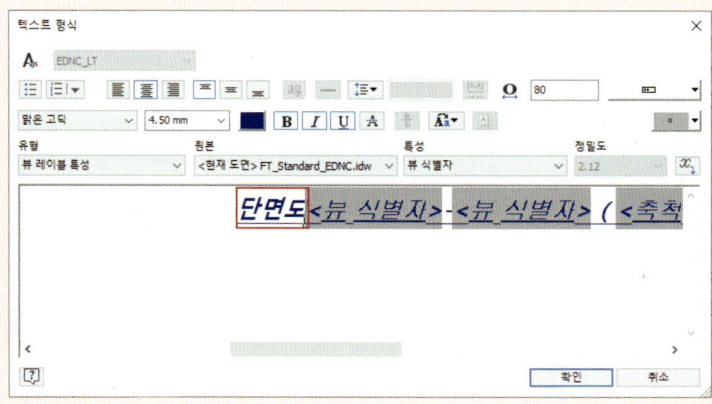

13 단면 뷰를 작성할 때 만들었던 단면선의 길이는 일정하지 않기 때문에 이 부분을 조정합니다. 단면선을 선택한 후 마우스 오른쪽 버튼을 클릭하여 편집을 클릭합니다.

14 스케치 모드로 전환 후 치수를 동일하게 기입한 후 스케치 마무리 버튼을 클릭합니다.

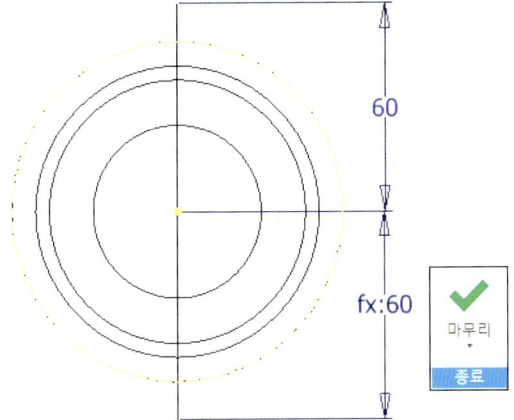

15 뷰 배치 탭>작성 패널>상세 도구 버튼을 클릭합니다.

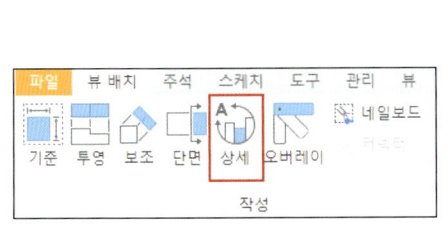
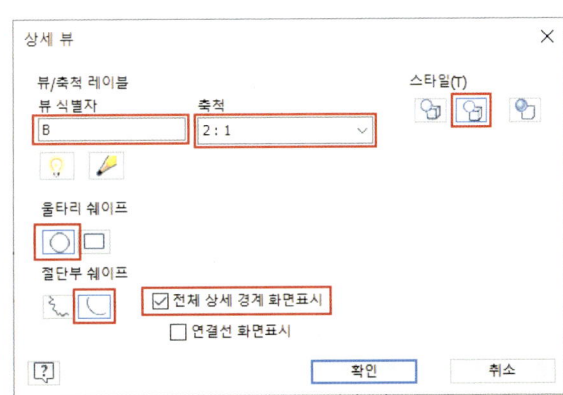

16 단면뷰를 선택한 후 위의 상세뷰 옵션처럼 선택해준 후 클릭하여 원을 만들어 줍니다.

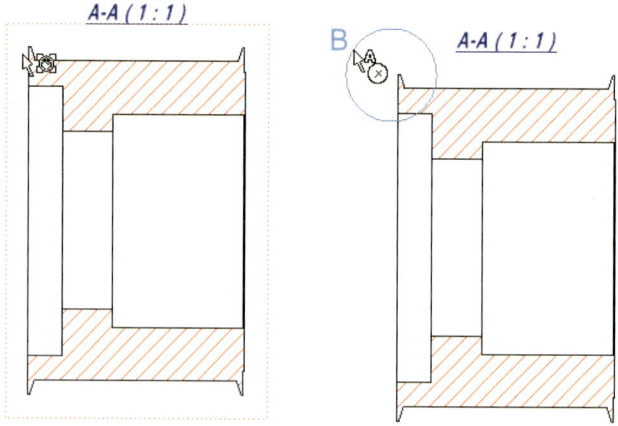

17 도면의 공간에 위치하여 완료한 후 뷰 식별자는 마우스 선택으로 원하는 곳으로 이동합니다.

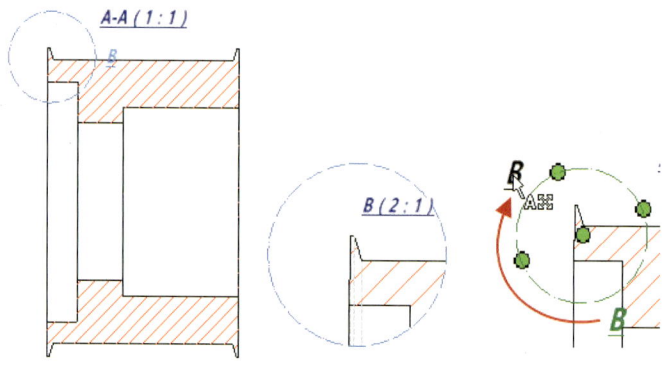

18 상세 뷰 선택 후 마우스 오른쪽 버튼의 메뉴 중 "상세 특성 편집" 메뉴를 사용하여 상세 뷰에 대한 옵션을 수정합니다.

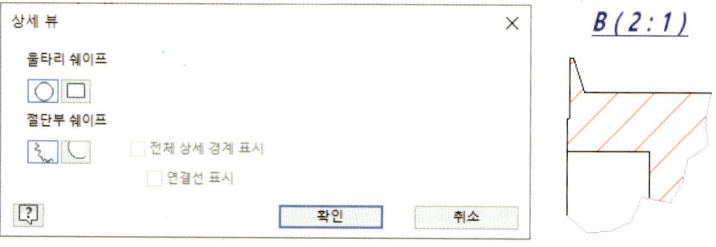

19 주석 탭>치수 패널>치수 도구 버튼을 클릭합니다.

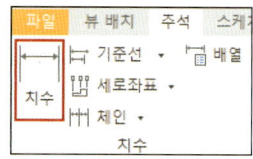

20 아래와 같이 단면뷰의 점이 아닌 선 두개를 선택하고 드래그 하여 치수를 기입합니다.

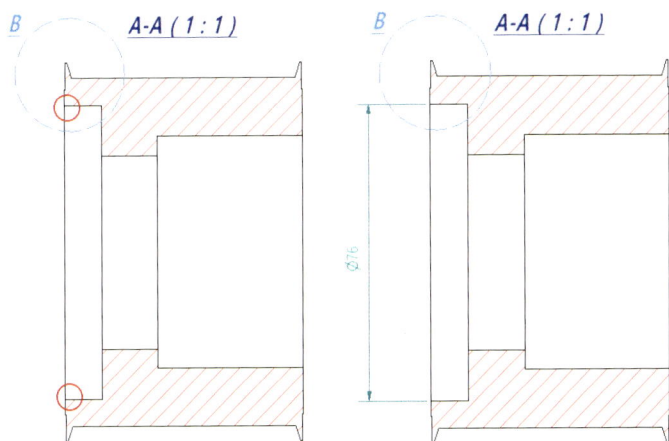

21 동일한 방법으로 나머지 치수들을 기입합니다.

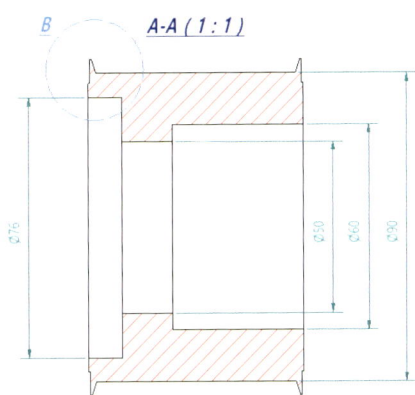

〈NOTE〉
치수 기입 시 보이는 편집 창에서 특성 작성 시 치수 편집 옵션을 해제하면 더 이상 메시지가 뜨지 않습니다. 다시 창을 띄우기 위해서는 응용프로그램 옵션에서 설정할 수 있습니다.

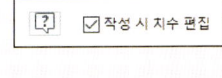

22 주석 탭>치수 패널>배열 도구 버튼을 클릭합니다.

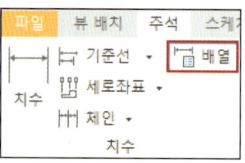

23 윈도우 혹은 개별 선택으로 기입된 치수를 선택한 후 엔터 키를 클릭하면 자동으로 위치를 배열합니다.

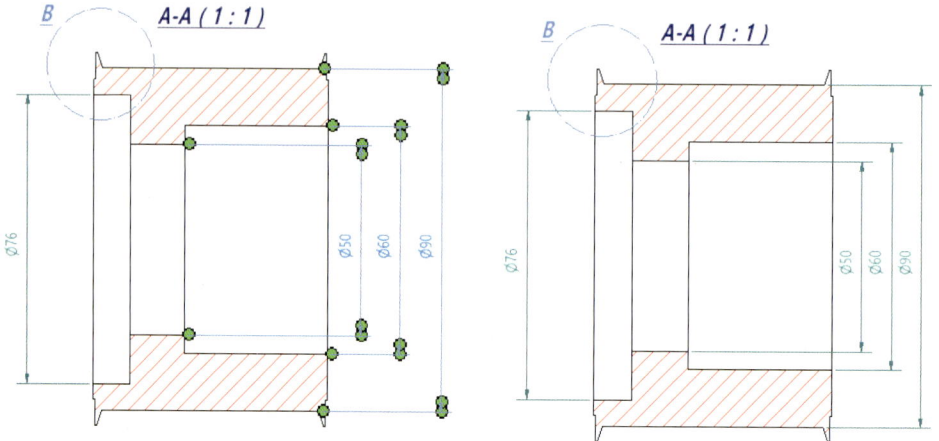

24 주석 탭>치수 패널>기준선 도구 버튼을 클릭합니다.

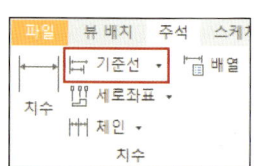

25 상세뷰에 치수 기입을 하기 위해 아래와 같이 윈도우 선택으로 모서리들을 선택하여 치수를 기입해줍니다.

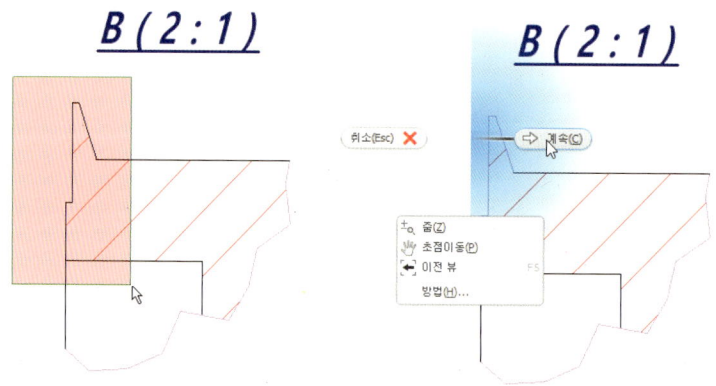

26 뷰 식별자는 치수와 겹치지 않도록 이동합니다.

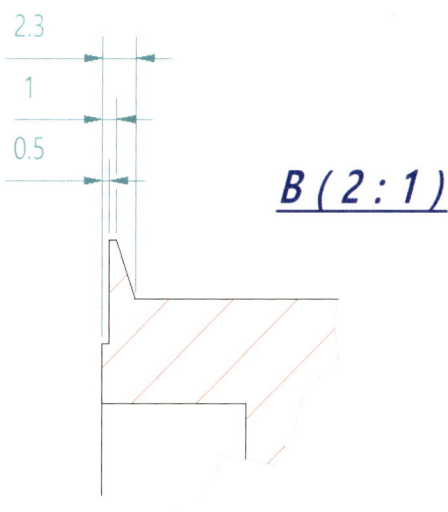

27 작성된 도면을 저장합니다.

28 도면 제목 블록을 확인해 보면 부품번호가 자동으로 매핑되어 적용된 것을 확인할 수 있습니다.

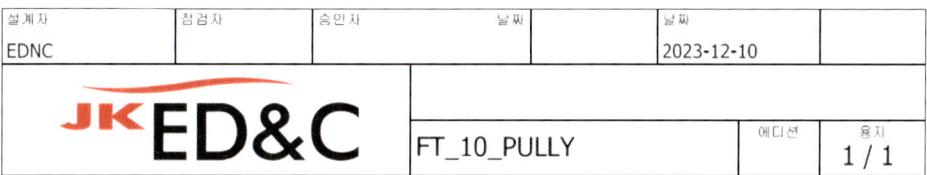

29 모형 공간에서 파일을 선택 후 마우스 오른쪽 버튼을 클릭하여 iProperties를 클릭합니다.

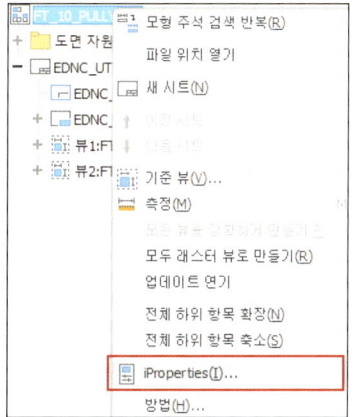

30 각 필드에 필요한 정보를 입력한 후 확인을 클릭합니다.

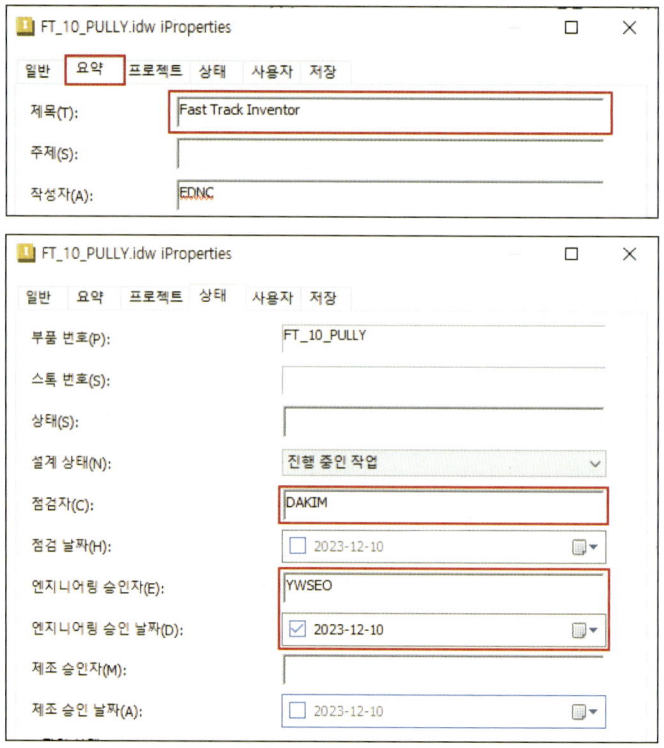

31 도면에서 제목 블록을 확인하면 점검자와 엔지니어링 승인자에 각각 필드 값이 입력되는 것을 확인할 수 있습니다.

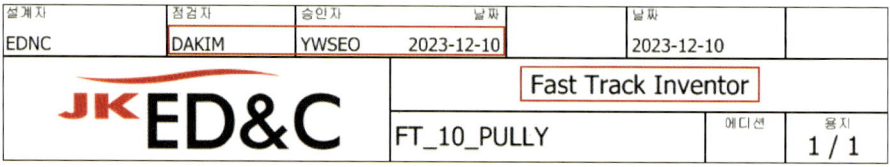

32 다시 한 번 파일을 저장합니다.

실습 3 : 도면의 다양한 표현 방법

이 실습에서는 학습할 내용은 아래와 같습니다.

- 중심선 그리기, 치수 기입
- 구멍 및 스레드, 공차 및 식별 기호

새로운 도면 템블릿 시작하기

01 FT_10_ROLLER.idw 파일을 선택하여 열기를 클릭합니다.

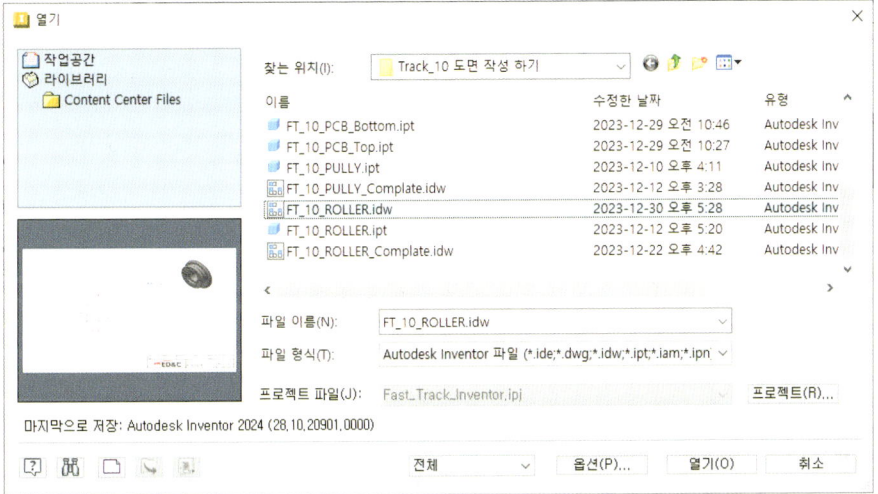

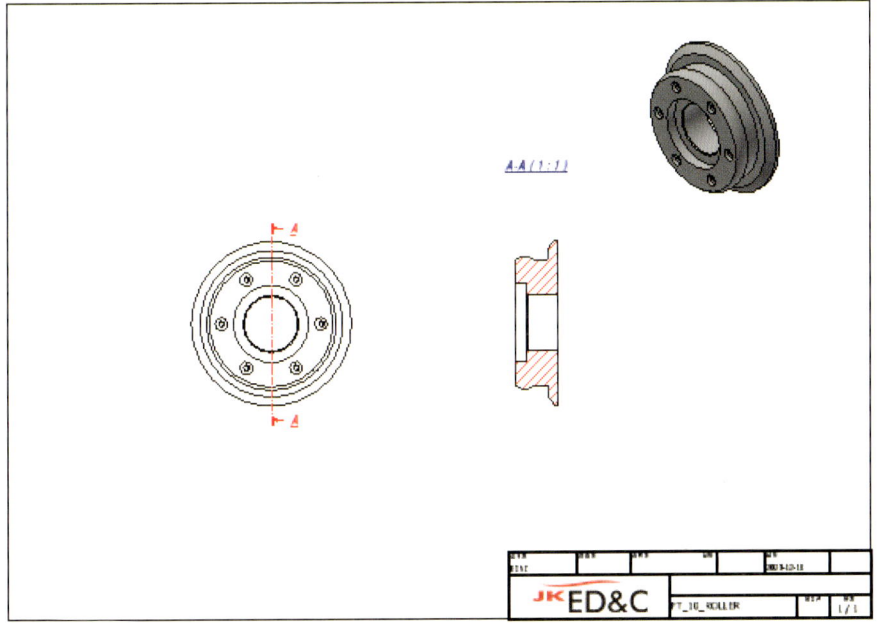

02 주석 탭>기호 패널>중심 패턴 도구 버튼을 클릭합니다.

03 중심 구멍의 안쪽 모서리를 클릭한 후 카운터 보어 구멍의 모서리를 차례대로 선택한 후 마우스 오른쪽 버튼을 클릭하여 작성 명령어를 클릭합니다.

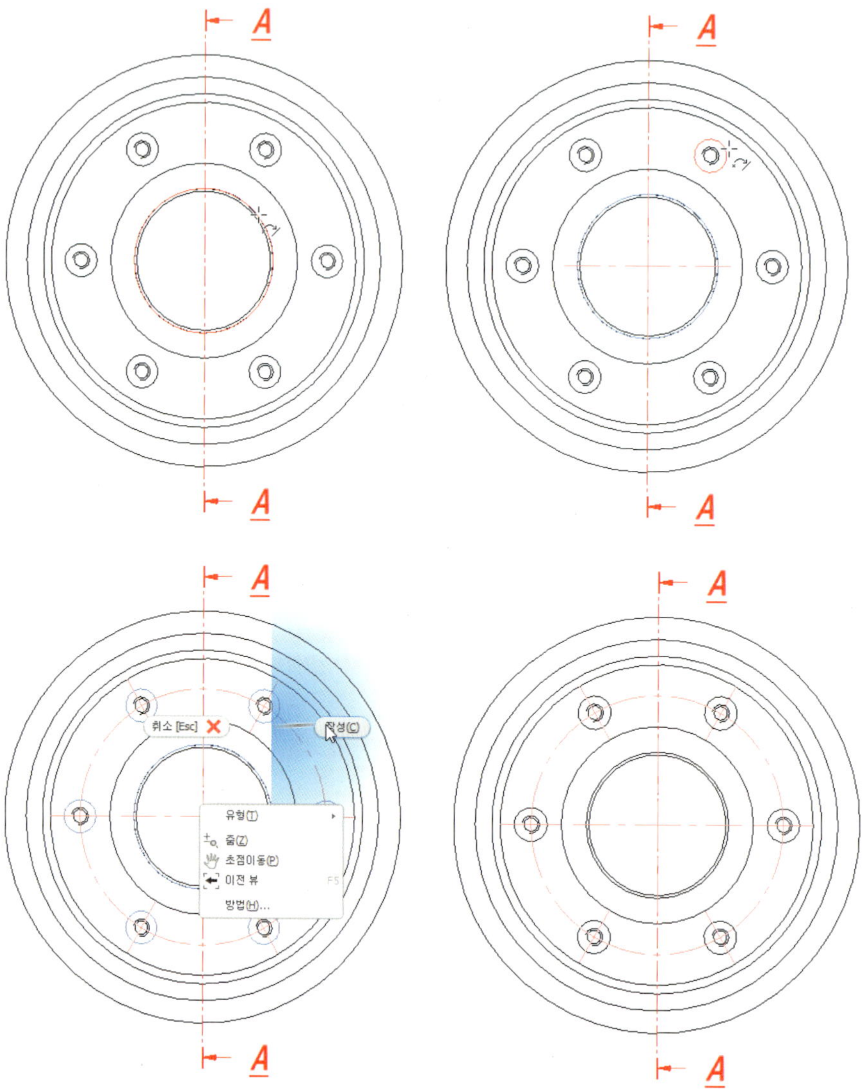

04 주석 탭>치수 패널>치수 도구 버튼을 클릭합니다.

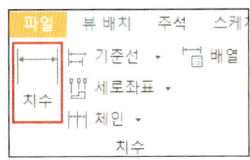

05 카운터 보어 사이의 각도 치수를 기입합니다.

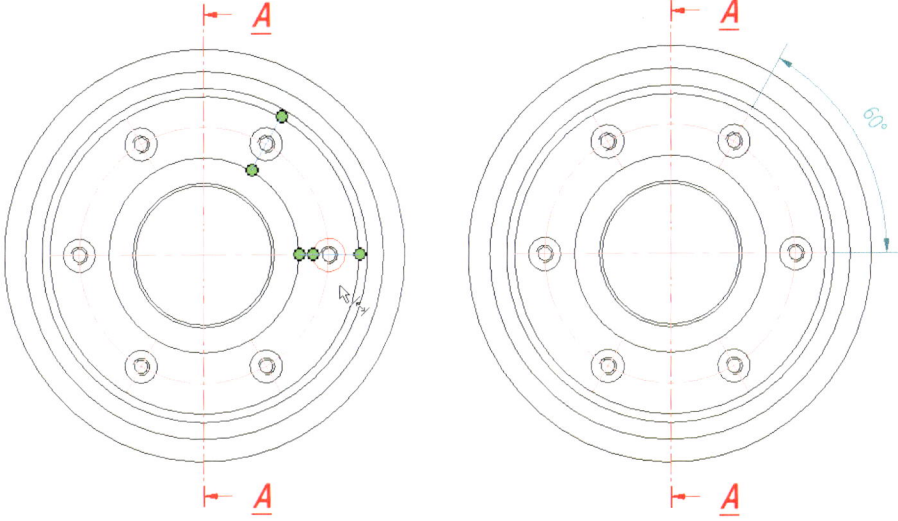

06 카운터 보어의 지름 치수를 기입합니다.

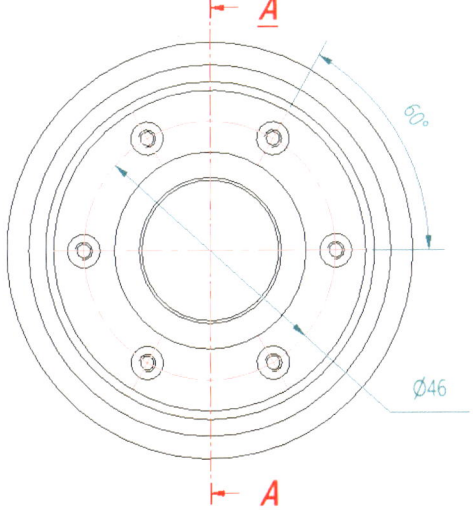

〈NOTE〉
지름 치수 기입 시 마우스 오른쪽 버튼을 클릭하면 치수 유형을 변경할 수 있습니다.

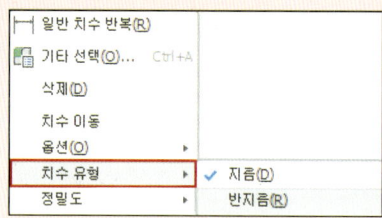

07 주석 탭>피쳐 주>구멍 및 스레드 명령어를 클릭하여 구멍에 대한 피쳐 주를 기입합니다.

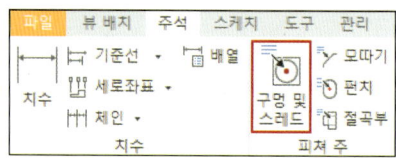

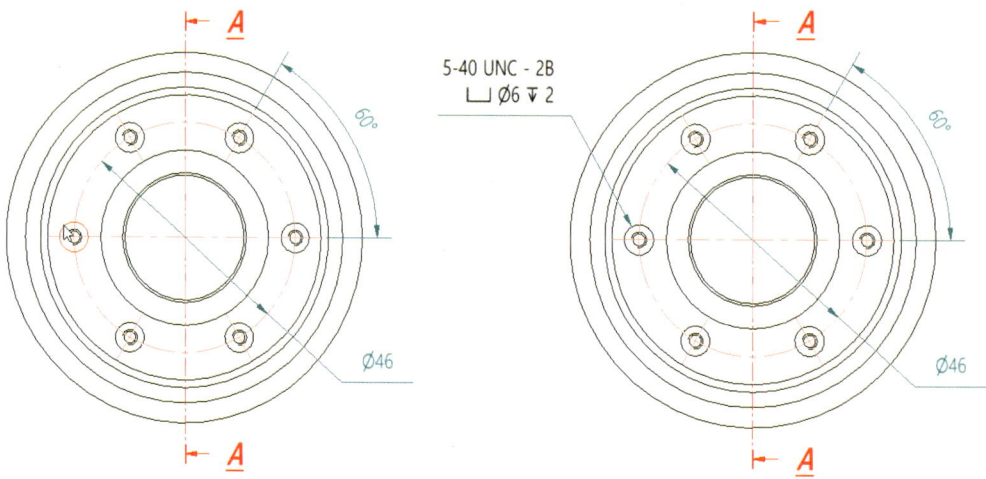

08 주석 탭>검색 패널>모형 주석 검색 도구 버튼을 클릭합니다.

09 뷰를 선택하여 검색되는 치수를 확인합니다.

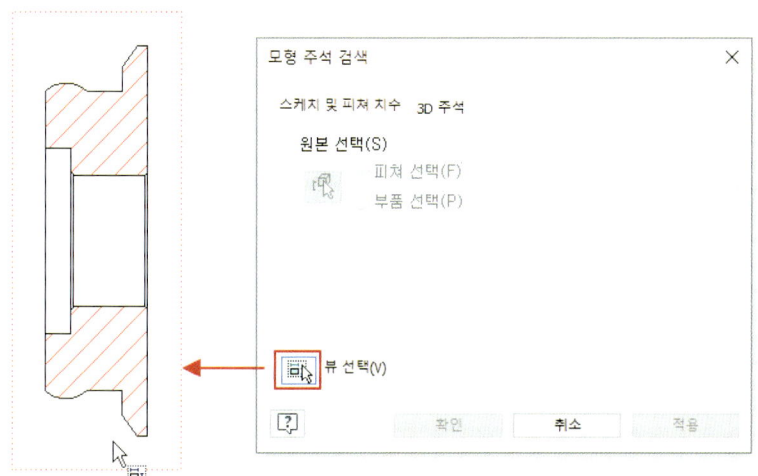

10 사용하게 될 치수를 윈도우 선택 혹은 개별 선택하여 나타냅니다.

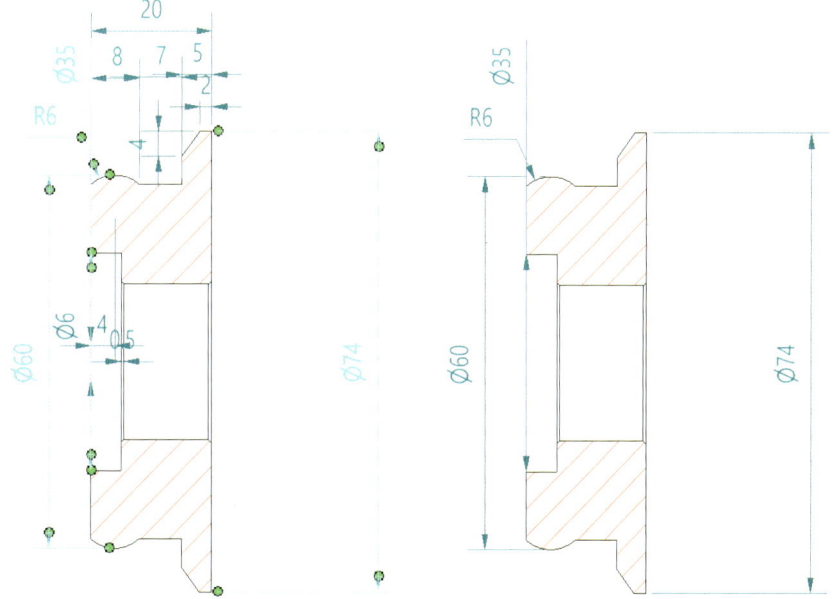

11 주석 탭>치수 패널>치수 도구 버튼을 클릭합니다.

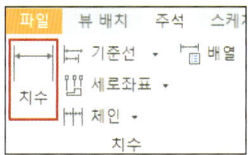

12 아래와 같이 단면뷰의 모서리를 선택하고 치수를 기입합니다.

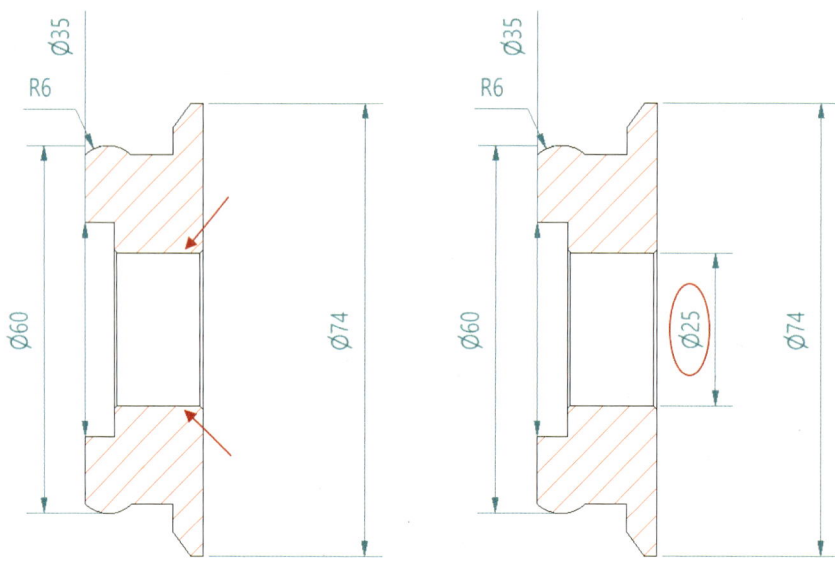

13 치수 편집 창에서 정밀도 및 공차 탭을 선택한 후 아래와 같이 수정합니다.

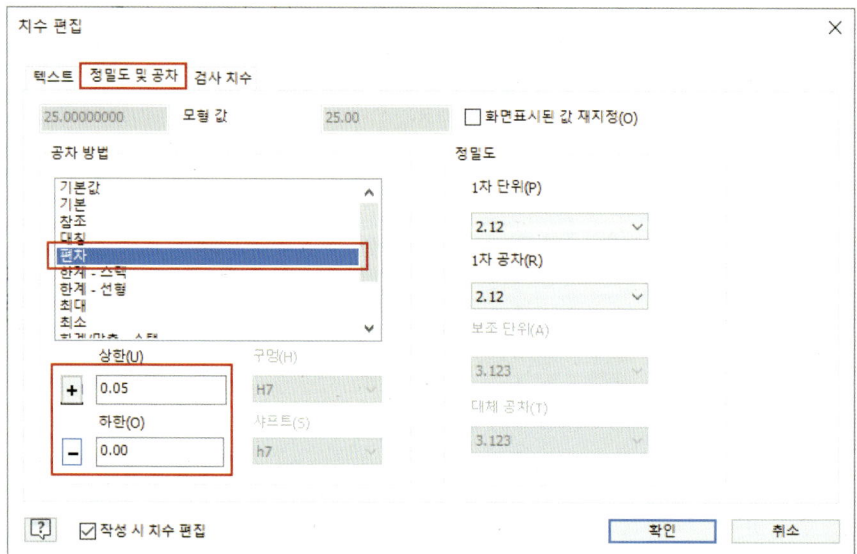

〈NOTE〉
모형 주석 검색으로 표시되는 치수는 모델 피쳐의 스케치에 기입된 정보를 검색해 줌으로 치수를 하나씩 기입하는 시간을 최소화하는 방법으로 사용됩니다. 치수의 정렬이나 배치는 자유롭게 표시되므로 사용자가 직접 수정해야 합니다.

14 주석 탭>치수 패널>배열 도구를 사용하거나 마우스 클릭으로 직접 조정하여 아래와 같이 정리 합니다.

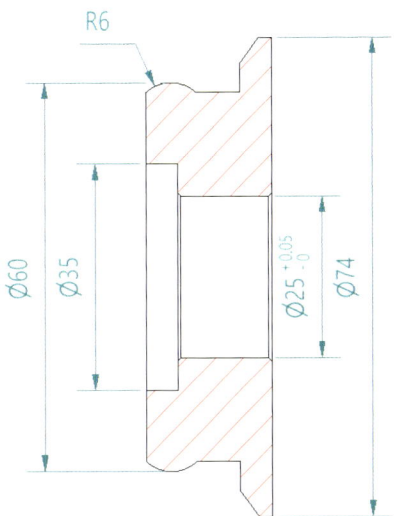

15 주석 탭>기호 패널>데이텀 식별자 기호 도구 버튼을 클릭합니다.

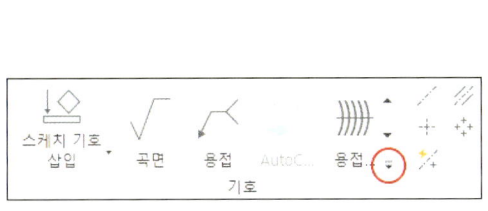 

16 치수 보조선의 녹색 스냅점에 클릭한 후 두 번째 마우스 클릭 후 데이텀 피쳐를 넣습니다. 데이터 형식 창은 확인을 클릭하여 닫습니다.

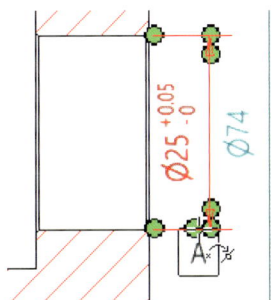 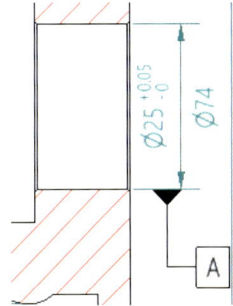

17 데이텀 피쳐를 다시 선택하여 보이는 스냅점을 드래그 하여 일자로 놓습니다.

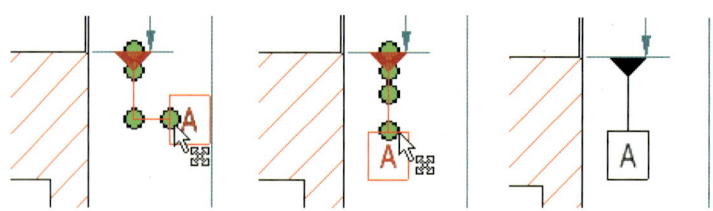

18 주석 탭>기호 패널>데이텀 식별자 기호 도구 버튼을 클릭합니다.

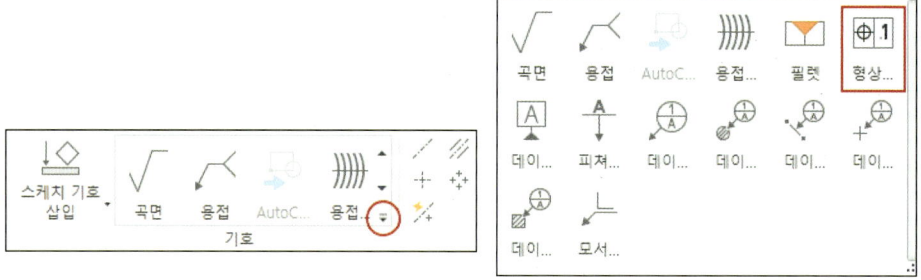

19 치수 보조선의 녹색 스냅점에 클릭한 후 위치를 잡기 위해 두 번째 마우스 클릭합니다.
   마우스 오른쪽 버튼을 클릭한 다음 계속 버튼을 클릭합니다.

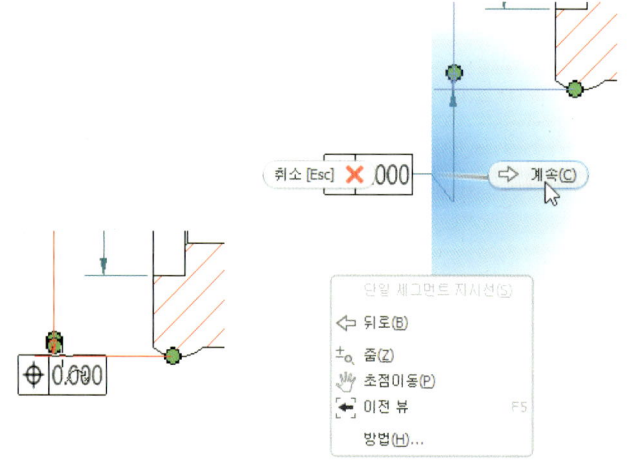

20 형상 공차 대화 상자가 나타나면 아래와 같이 설정하고 확인 버튼을 클릭하여 완료합니다.

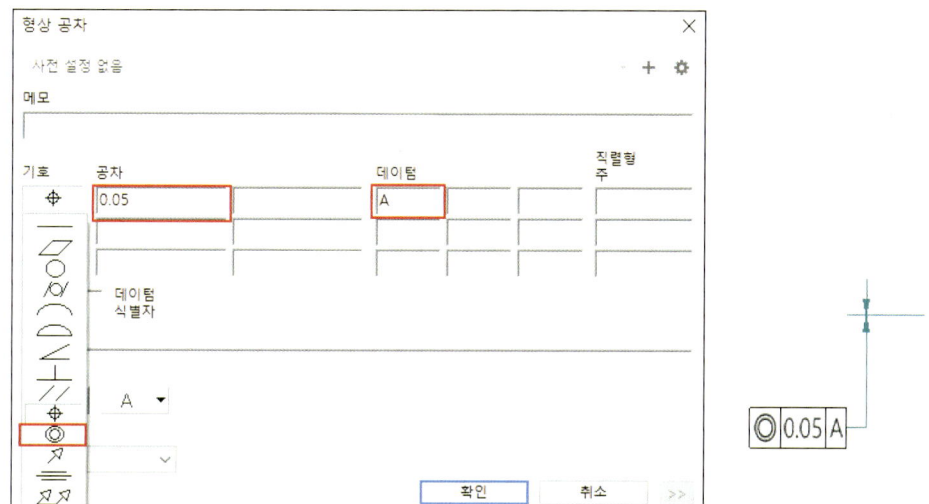

실습 4 : 조립품 도면 만들기

이 실습에서는 학습할 내용은 아래와 같습니다.

- 조립품 도면 및 부품 리스트 작성하기
- 사용자 기호 추가, 품번 기호 배치하기

새로운 도면 템블릿 시작하기

01 파일>새로만들기를 클릭합니다.

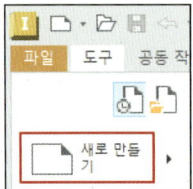

02 FT_Standard_EDNC.idw 파일을 선택하고 작성 버튼을 클릭합니다.

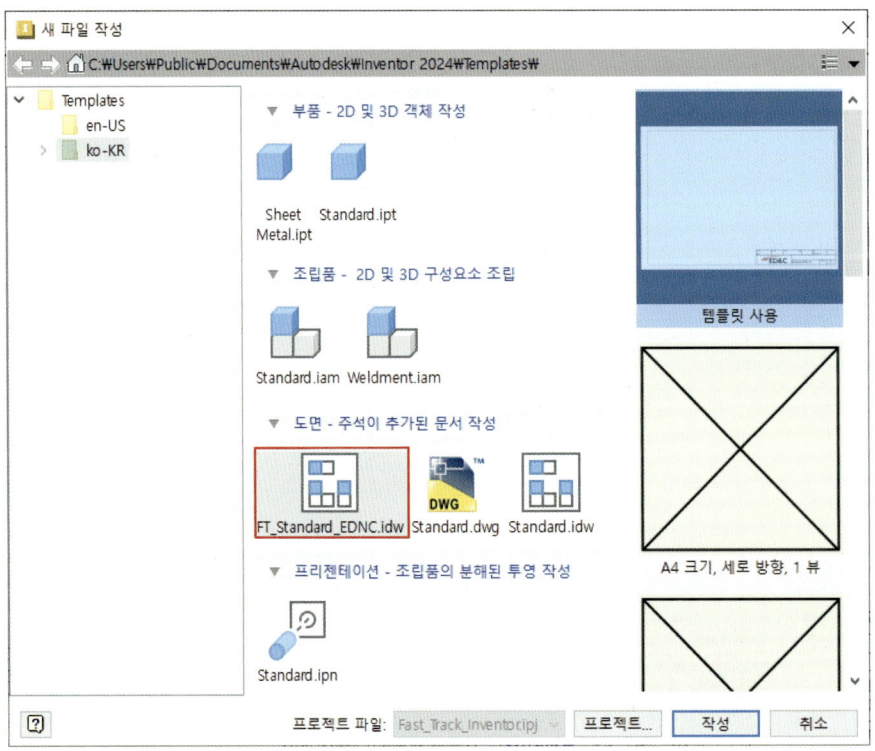

03 뷰 배치 탭>작성 패널>기준 도구 버튼을 클릭합니다.

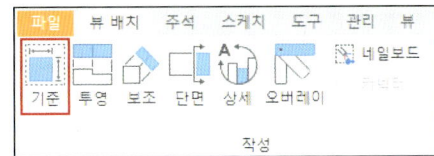

04 도면 뷰 대화상자에서 기존 파일 열기 버튼을 클릭합니다.

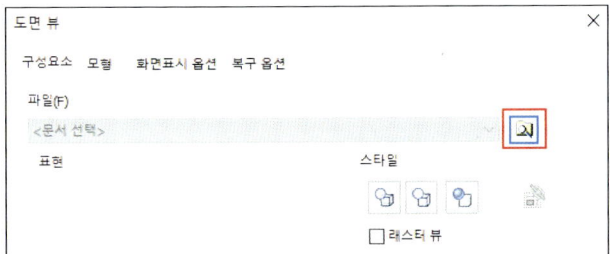

05 열기 대화 상자에서 FT_10_Vice.iam 파일을 선택하고 열기를 클릭합니다.

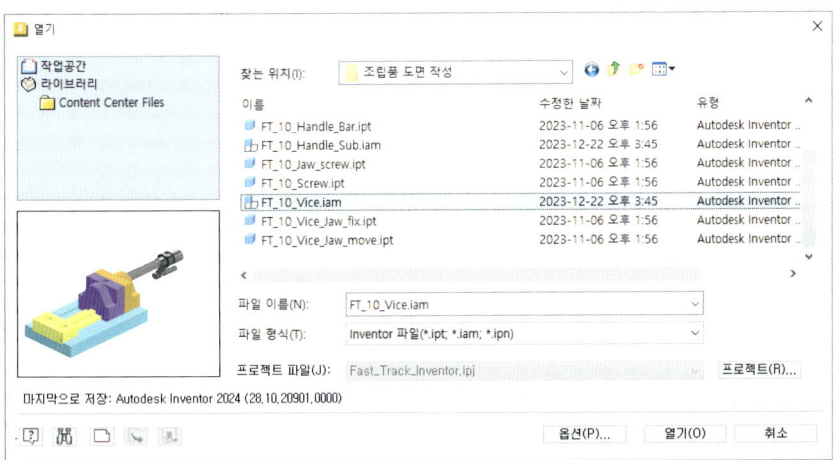

06 도면에서 홈 뷰를 클릭하여 뷰 전환을 합니다.

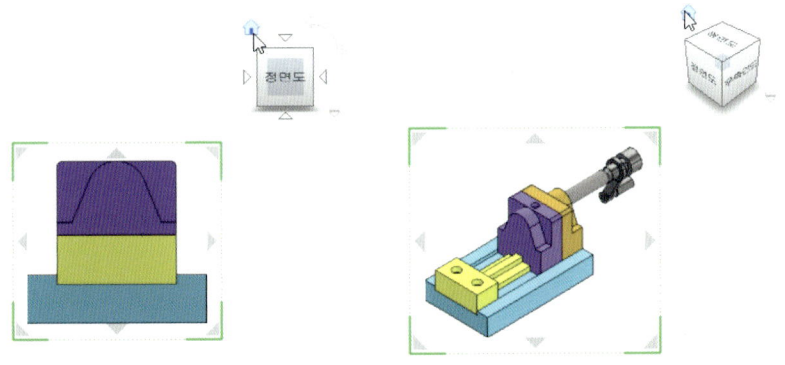

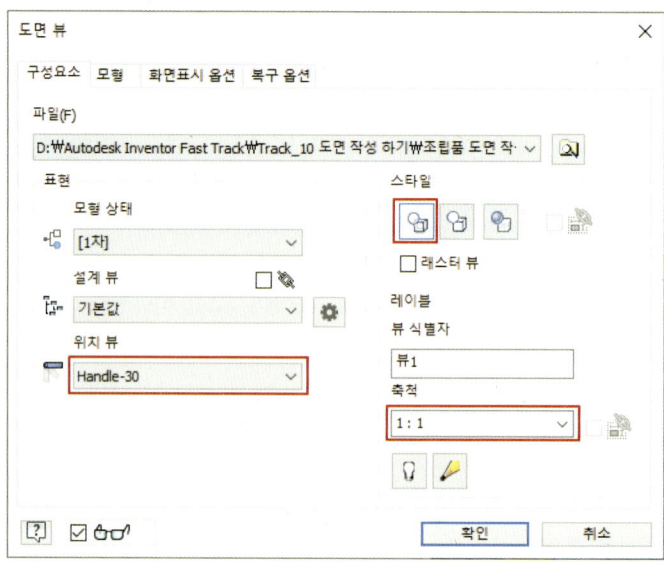

07 확인을 클릭합니다.

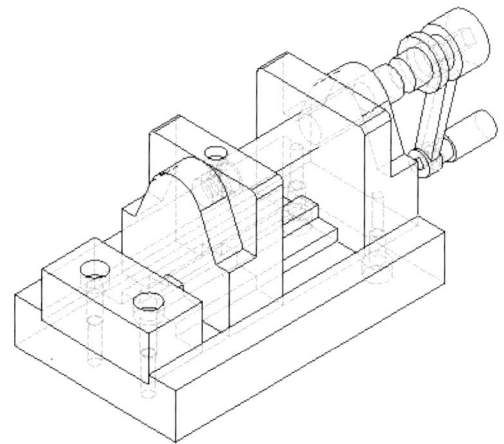

08 주석 탭>테이블 패널>부품 리스트 도구 버튼을 클릭합니다.

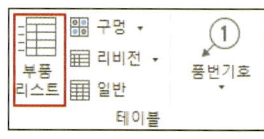

09 뷰 선택을 기준뷰로 선택하고 BOM설정은 기본 값으로 한 후 확인을 클릭합니다.

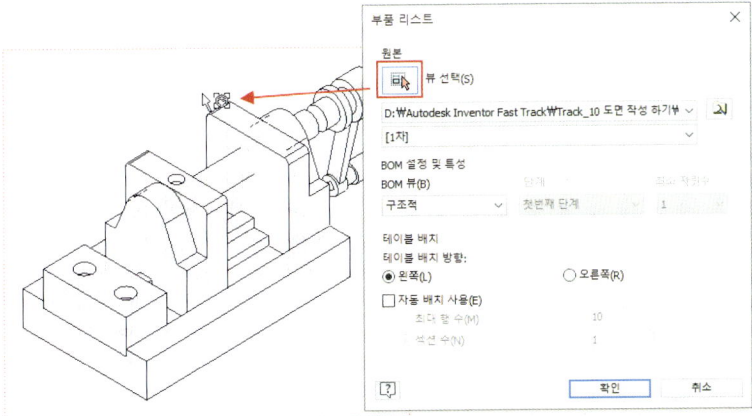

⟨NOTE⟩

부품 리스트는 기본적으로 조립품에 있는 BOM리스트와 연결되어 있습니다. 조립품 BOM에서 BOM 뷰 사용으로 체크된 상태로 리스트를 사용할 수 있습니다.

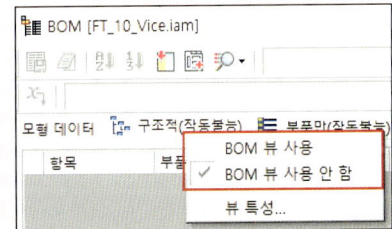

도면 부품 리스트 작성 시 아래의 문구가 뜨게 되면 확인을 클릭하여 진행합니다.

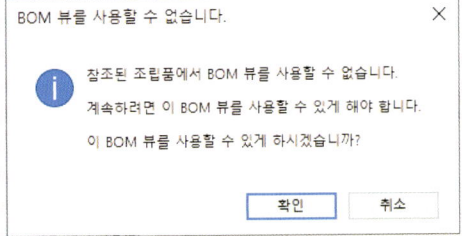

10 도면의 오른쪽 상단에 배치합니다.

No	Part Number	Qty	Material	Description
1	Base	1	일반	
2	Guide Block	1	일반	
3	Vice Jaw fix	1	일반	
4	Vice Jaw move	1	일반	
5	Handle_Sub	1		

11 주석 탭>테이블 패널>자동 품번 기호 도구 버튼을 클릭합니다.

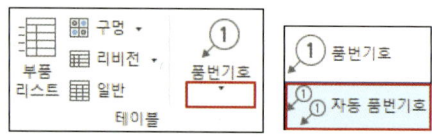

12 뷰 세트는 기준 뷰를 선택하고 BOM 설정은 기본값으로 합니다.

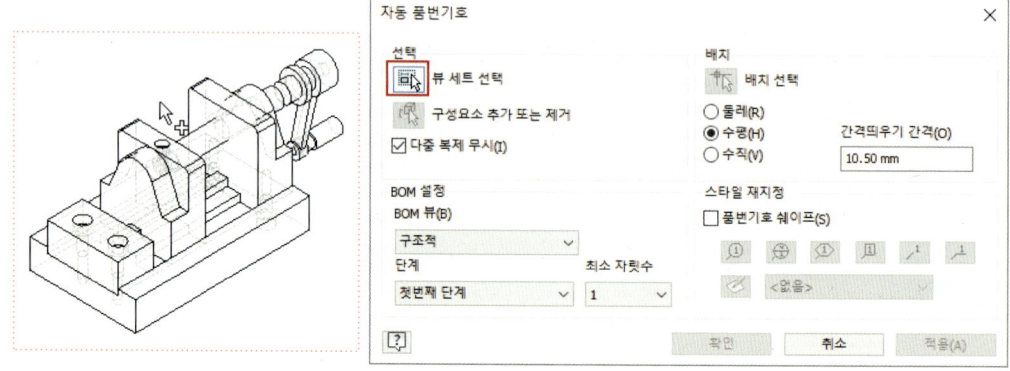

13 구성 요소 추가는 각각 선택해도 무방하나 윈도우 선택으로 전체 부품을 한 번에 선택합니다.

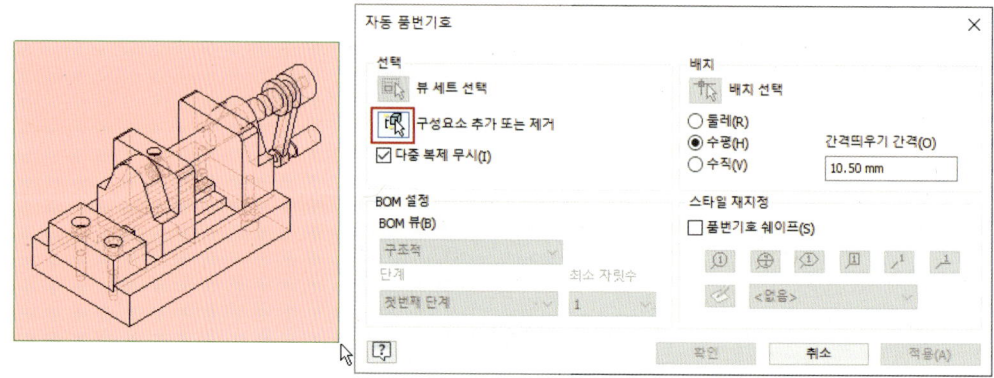

14 배치 옵션은 둘레를 체크한 후 도면 공간을 클릭하여 배치합니다.

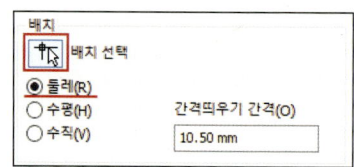

15 마우스 오른쪽 버튼 혹은 대화 상자의 확인을 클릭합니다.

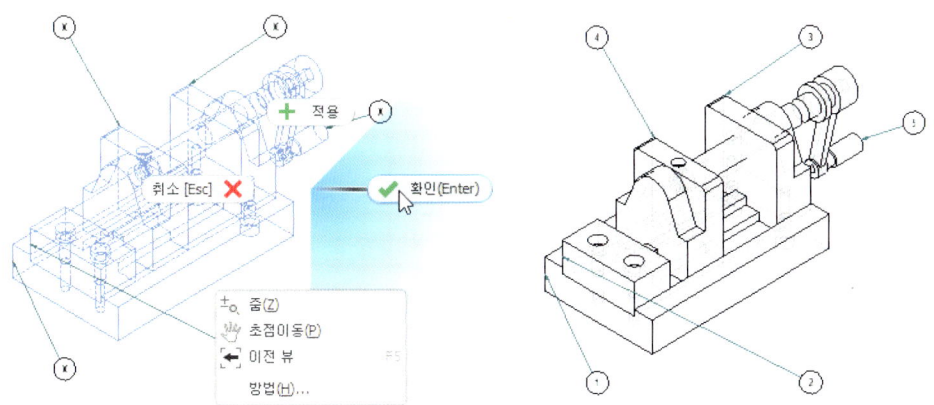

16 자동으로 출력되는 품번기호의 위치는 정확하지 않기 때문에 스냅점을 사용하여 원하는 위치로 변경합니다.

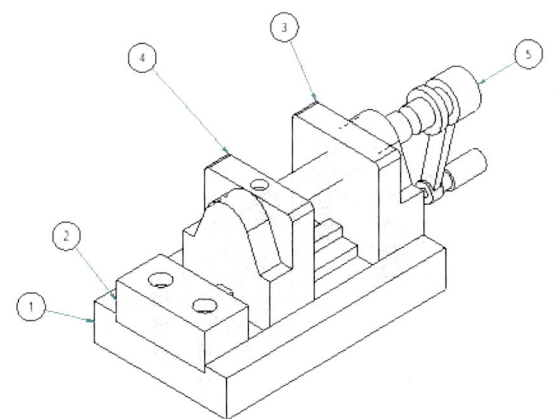

17 부품 리스트를 더블클릭 하거나 마우스 오른쪽 버튼을 클릭하여 부품 리스트 편집을 선택합니다.

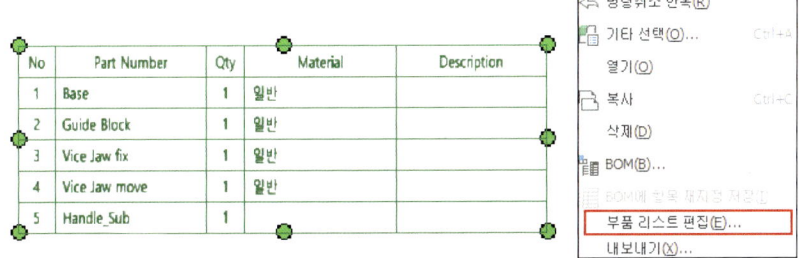

18 리스트의 가장 아래 행을 마우스 오른쪽 버튼을 클릭하여 사용자 부품 삽입을 선택합니다.

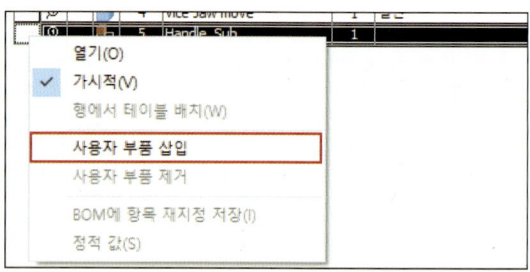

19 아래와 같이 Purchase_Handle을 입력한 후 대화 상자의 확인을 클릭합니다.

20 주석 탭>테이블 패널>품번 기호 도구 버튼을 클릭합니다.

21 도면 뷰에서 부착시키려는 구성 요소를 선택 후 마우스 오른쪽 버튼의 메뉴에 있는 사용자/가상을 선택합니다. 품번 기호 위치를 놓을 공간에 클릭 후에 다시 마우스 오른쪽 버튼을 클릭하여 계속을 선택합니다.

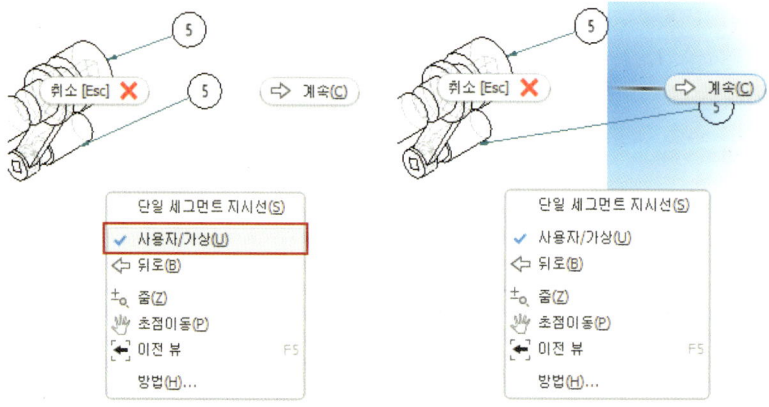

22 이어서 나타나는 사용자/가상 부품 대화 상자에서 Purchase_Handel 부품 앞의 체크 확인 란을 체크한 후 확인을 클릭합니다.

23 이제 사용자/가상 부품과 품번 기호를 매칭 시킬 수 있습니다.

MEMO

Track

모델링 데이터 활용하기

인벤터를 사용하면서 여러 가지 추가적인 기능을 필요로 합니다. 기본적인 기능만 가지고도 설계가 가능하나 원래의 파일을 재 사용하거나 활용할 때에 어려움을 겪게 되는 경우가 종종 있습니다. 상황에 따라서는 매번 수 작업을 해야만 하는 경우도 있으며 매년 신 버전이 나오면 그때마다 사용하는 설계 파일을 변환해야 하는 등의 번거로움이 있습니다.

이 장에는 이러한 작업들을 하기 위한 보조적인 기능을 소개하고자 하며 이 방법들을 통해 설계 효율을 높이도록 합니다.

01 템플릿 생성하기

인벤터는 사용자의 편의를 위해 여러 개의 일반적인 템플릿 파일을 제공합니다. 새로운 부품과 조립품 파일을 만들기 위한 표준 인치와 밀리미터 템플릿이 있습니다.

이 템플릿을 그대로 사용하는 경우는 거의 없으며 회사의 규칙에 맞게 수정하여 사용합니다.

기본적으로는 아래의 경로에 Template를 제공합니다.

C:₩사용자₩공용₩공용문서₩Autodesk₩Inventor 2024₩Templates

1.1 템플릿의 옵션 설정

프로젝트 파일의 폴더 옵션을 수정하면 프로젝트 파일마다 템플릿 경로를 다르게 구성할 수 있습니다.

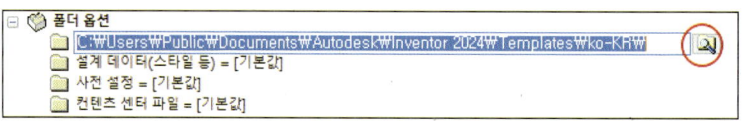

응용프로그램 옵션>파일>기본 템플릿 구성 항목에 설정해두면 프로젝트 설정에 상관없이 항상 경로를 고정할 수 있습니다.

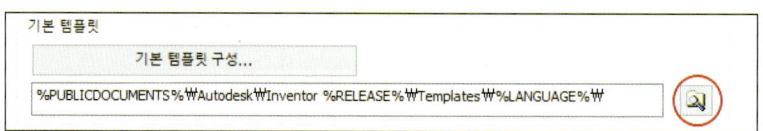

응용프로그램 옵션>부품>새 부품 작성시 스케치 항목을 설정하면 새 파일 생성 시 항상 고정된 평면으로 작업할 수 있습니다. 이 항목은 사용자가 저마다 다른 방법으로 모델링된 상태를 협업이나 나중 수정 시 어려워지는 것을 방지할 수 있습니다. 회사의 표준을 정할 경우에도 중요하게 고려해야 하는 내용입니다.

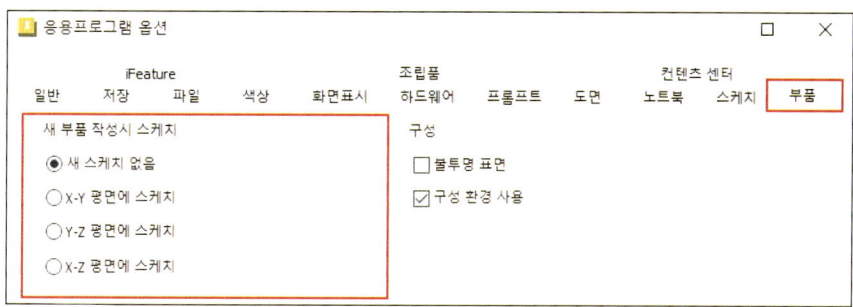

• 새 스케치 없음(기본) : 사용자가 최초 모델링 시 스케치 평면을 선택 합니다.

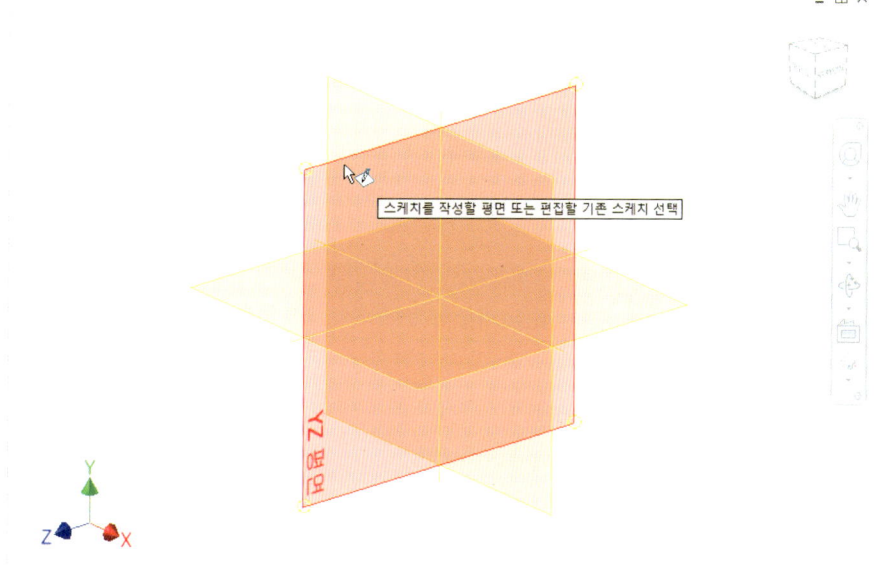

- X-Y 평면에 스케치 : 템플릿으로 새 파일 작성 시 XY 평면을 선택한 상태로 스케치 환경이 바로 시작됩니다.

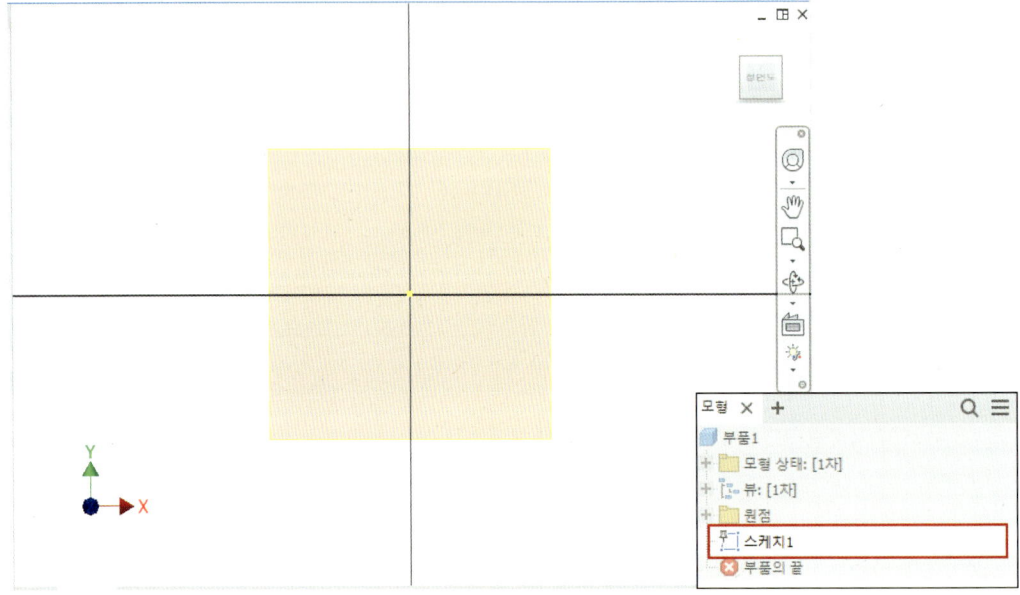

[그림 11-1] 새 템플릿의 고정된 스케치 평면

템플릿 폴더 구성

기존으로 제공되는 English, Metric의 폴더에 파일을 저장하거나 새 폴더를 윈도우 탐색기에서 추가하면 Inventor 새 파일 작성에 즉시 폴더가 보입니다.

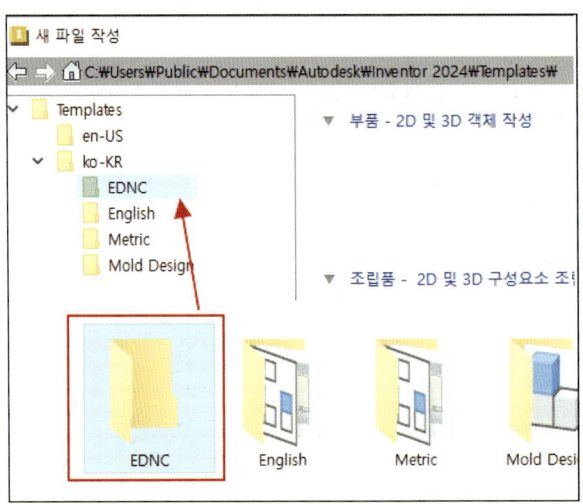

[그림 11-2] 템플릿 폴더의 구성

1.2 템플릿을 라이브러리로 활용

유사한 모델을 많이 생성할 경우 빠른 작성을 위해 Base 모델을 템플릿으로 설정하여 사용하기도 합니다. 드물긴 하나 공용품 파일을 템플릿으로 작성할 수도 있습니다.

작업하는 용도에 따른 템플릿 구성을 할 수 있기에 효과적입니다.

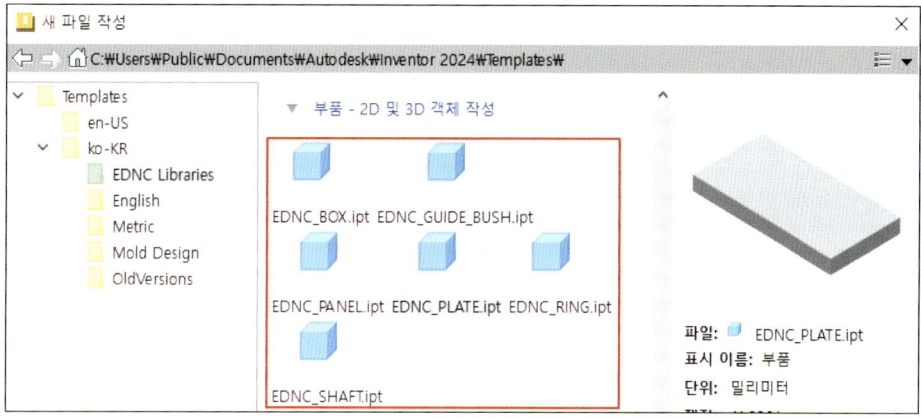

[그림 11-3] 템플릿의 라이브러리 활용

작성하는 방법은 모델링을 직접 하거나 작성된 모델을 열기 한 상태에서 파일>다른 이름으로 저장>템플릿으로 사본 저장을 클릭합니다. 템플릿 폴더에 파일을 저장하면 새 파일 작성 시 모델링을 템플릿으로 활용할 수 있습니다.

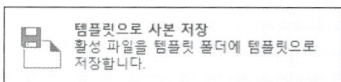

02 인벤터의 설계 복사

신규 모델을 새롭게 작업이 될 수도 있으나 이전 파일을 설계 복사하여 원본을 기반으로 다시 설계를 해야 하는 경우도 많습니다. 인벤터로 작업을 시도하는 과정에서 윈도우 탐색기를 통해 복사를 하면 조립품에 포함되어 있는 부품과 도면들은 링크를 보장할 수 없고 다른이름으로 저장이나 조립품에서의 대체 등을 사용하면 단순 작업에 많은 시간을 소비하게 되어 어려움을 겪게 됩니다.

사본 조립품에 대한 링크들을 유지하면서 이를 효과적으로 수행하려면 구성 요소 복사 도구를 사용해야 합니다.

조립 탭>패턴 패널>복사

검색기의 최 상위에 있는 조립품을 선택하면 구성요소가 모두 선택됩니다. 여기에서 일부만 수정하고 나머지는 재사용하고자 하면 구성요소 앞에 있는 아이콘을 클릭하여 변경할 수 있습니다.

아래의 이미지는 전체 구성요소를 복사하는 경우입니다.

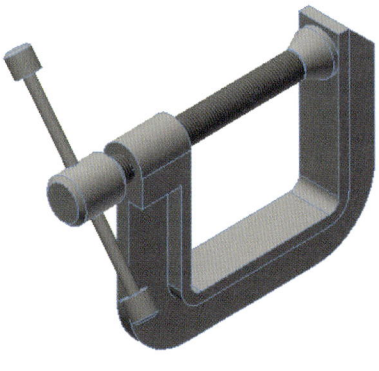

[그림 11-4] 구성 요소 설계 복사

다음 진행 후에는 "새 조립품 작성"을 체크한 후 파일이름을 정의합니다. 기본값으로 _CPY 꼬리말이 작성되어 있습니다.

파일의 위치는 기본의 <원본 경로>를 사용자 경로 옵션을 통해 일괄 변경합니다. 일부만 복사되는 경우에는 개별로 클릭하여 경로를 설정해야 합니다.

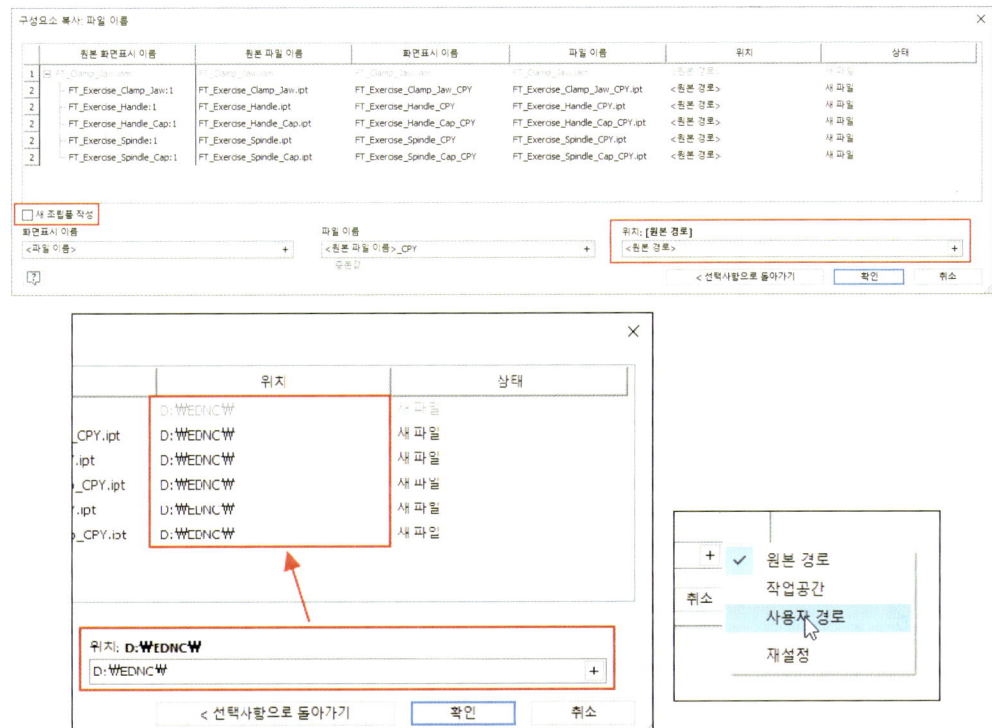

새로운 탭에 만들어진 조립품은 그 상태로 저장하면 해당 폴더에 파일이 생성됩니다.

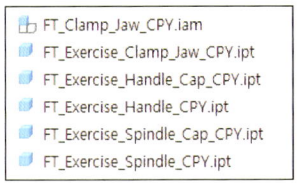

인벤터 구성요소 복사의 장단점

- 링크를 유지할 수 있으며 도면번호 또한 파일명과 같이 변경됩니다.
- 조립품 및 부품과 연관된 도면은 별도의 작업이 필요합니다.
- 구성요소 복사 이후의 조립 조건은 모두 고정됩니다.
- 프로젝트의 작업 폴더 검색 경로 외부로 설정하여도 저장은 가능하나 권장하지 않습니다.

03 Inventor iLogic 설계 복사

iLogic 설계 복사의 기본 개념은 앞서 소개된 구성요소 복사와 같습니다. iLogic 설계 복사를 사용하게 되면 iLogic 규칙이 포함된 설계를 복사할 수 있으며 iLogic 규칙이 포함되지 않는 경우라도 iLogic 설계 복사를 사용할 수 있습니다.

구성요소 복사의 방법으로 할 수 없었던 추가 옵션에 대해 확장하여 사용할 수 있게 됩니다.

도구 탭>iLogic 패널>iLogic 설계 복사

〈NOTE〉
파일이 열려 있을 때는 iLogic 설계 복사 메뉴가 보이지 않습니다.
Inventor 프로젝트의 작업 폴더 경로가 보이면 복사하고자 하는 파일을 체크박스에 선택합니다.
화면에서 보이는 구조는 **도면, 조립품, 부품**으로 구분되며 **비 Inventor 파일**은 설계 파일을 제외한 문서 및 기타 형식의 파일이 모두 선택할 수 있습니다.

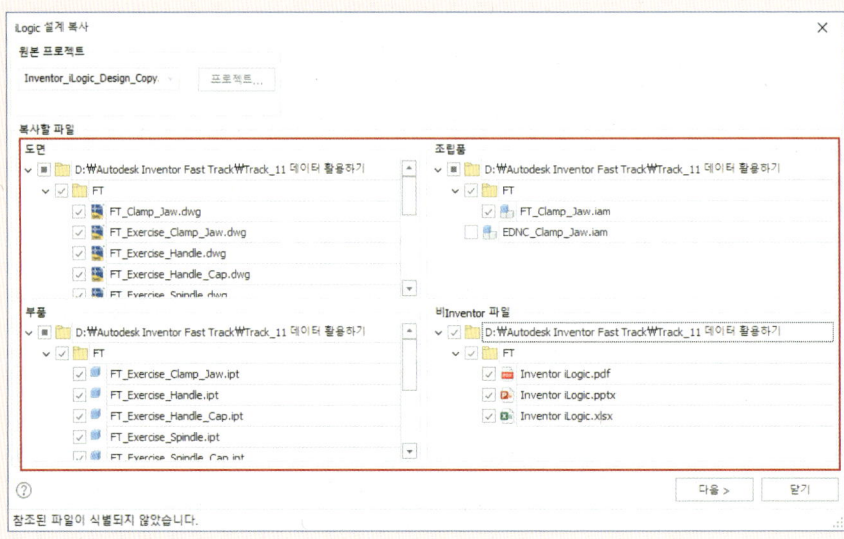

[그림 11-5] iLogic 설계 복사

찾아보기 버튼을 클릭하여 새로운 폴더와 경로를 선택합니다.

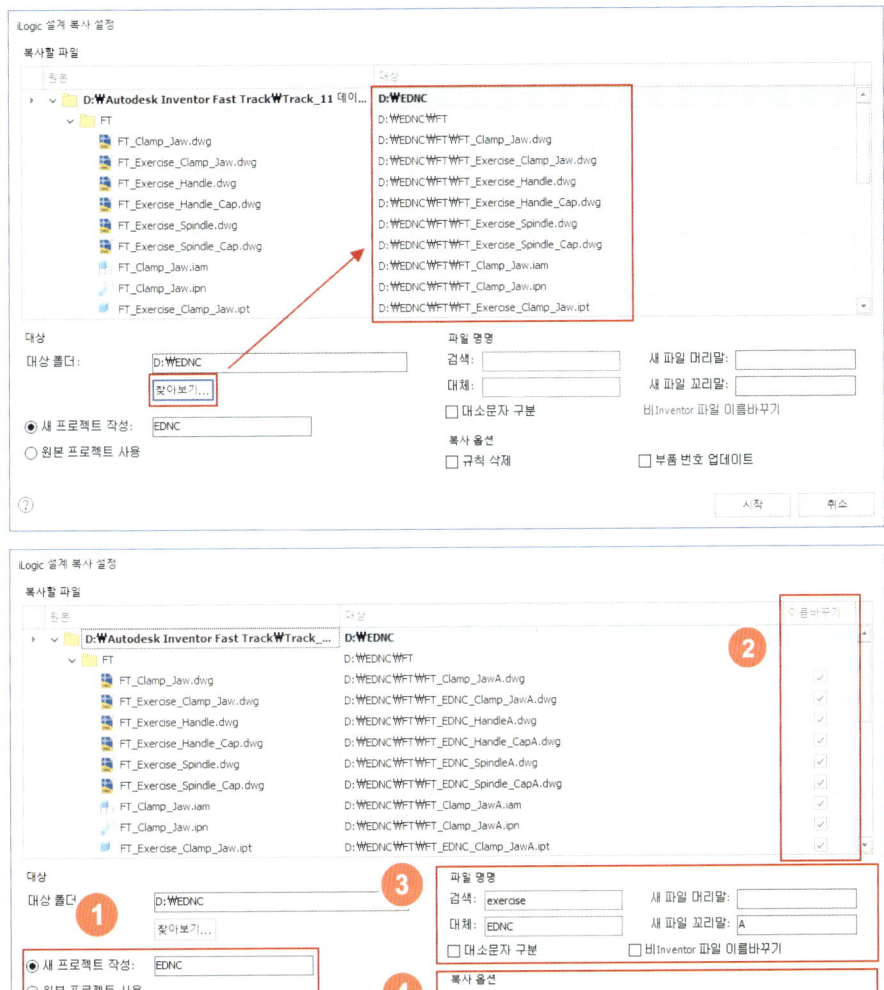

① 프로젝트 : 원본 프로젝트를 그대로 사용하거나 새로운 프로젝트를 작성할 수 있습니다.

② 이름바꾸기 : 체크를 해제하면 파일 명명에서 지정된 내용이 적용되지 않고 원본 이름 그대로 사용됩니다.

③ 파일 명명 : 원본 파일명을 검색하여 대체하거나 머리말 및 꼬리말 등을 일괄로 넣을 수 있습니다. 단, 파일 명명 외에 개별 파일을 수정할 수는 없습니다.
비 인벤터 파일 이름도 유무를 적용할 수 있습니다.

④ 복사 옵션 : iLogic 규칙이 적용된 상태를 삭제 혹은 복사할 수 있습니다.

부품 번호 업데이트를 체크하여 파일명을 부품 번호 그대로 사용할 수 있습니다.

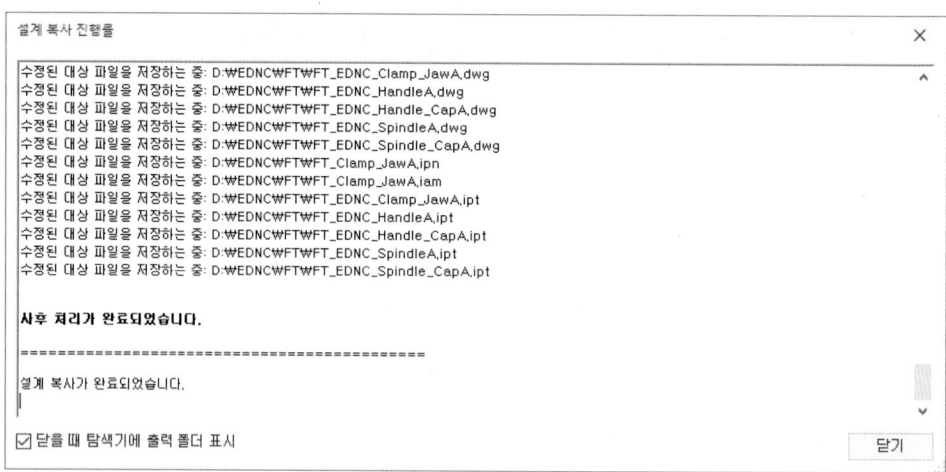

Inventor iLogic 설계 복사의 장단점

- 링크를 유지할 수 있으며 도면번호 또한 파일명과 같이 변경됩니다.
- 조립품 및 부품과 연관된 도면도 같이 변경됩니다.
- 복사 이후의 조립 조건을 유지합니다.

04 Pack and Go를 통한 설계 파일 저장

Pack and Go를 사용하여 설계 데이터의 모든 링크된 파일을 단일 위치에 복사합니다. 선택된 프로젝트나 폴더에서 선택되어 파일을 참조하는 모든 파일도 여기에 포함될 수 있기에 사용자가 일일이 링크된 파일을 찾을 필요가 없습니다.

이 작업을 하게 되면 원본과는 링크가 없는 새로운 설계 파일이 복사되며 설계 구조의 링크와 상관없는 파일은 복사되지 않기에 불필요한 파일을 정리할 수 있는 결과를 얻을 수 있습니다.

부서간 혹은 업체간에 원본파일을 전달할 경우 가장 효과적으로 사용되고 있는 방법입니다.

복사할 대상 파일을 열기 한 후 파일 탭>다른 이름으로 저장>Pack and Go를 클릭합니다.

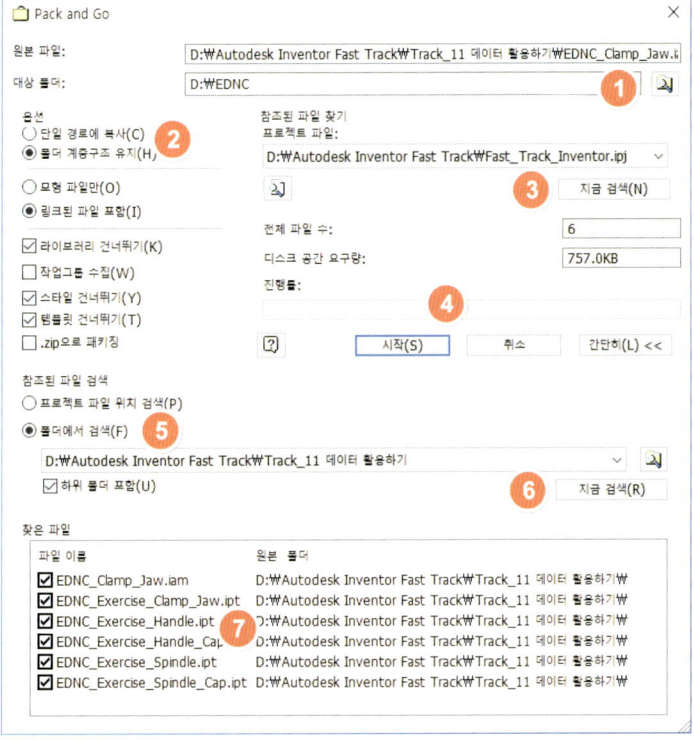

[그림 11-6] Pack and Go

① 대상 폴더 : 사본이 만들어지는 경로를 지정하거나 폴더를 새로 만듭니다.
② 옵션 : 하나의 폴더에 복사 혹은 이전 폴더 구조를 유지하여 복사 유무를 결정합니다.
모형 파일만은 인벤터에 관련 된 파일(iam,ipt,idw,Inventor dwg,ipn) 대상 폴더에 복사 합니다. **링크된 파일 포함**은 스프레드시트, 텍스트 파일 등의 모든 참조된 파일을 대상 폴더에 복사합니다. 설계 파일과 연관된 파일을 포함하거나 제외할 수 있으며 ZIP 파일로 패키징하여 저장할 수 있습니다.
③ 지금 검색 : 현재 열린 문서의 링크 구조를 검색하여 리스트로 보여 줍니다.
④ 시작 : 사본 폴더에 복사를 시작합니다.
⑤ 참조된 파일 검색 : 프로젝트 파일 위치에서 검색하거나 해당 조립품의 폴더 하위에서만 검색하는 기준을 설정합니다. 프로젝트 파일내에 데이터가 많을 경우 검색하는 데에 오랜 시간이 걸릴 수 있기에 관련된 파일이 폴더 하위에 있다면 폴더에서 검색을 활용합니다.
⑥ 지금 검색 : 연관된 참조 파일을 검색 합니다. 검색한 이후에는 추가 버튼을 클릭하여 리스트에 추가합니다. 주로 링크된 도면을 추가할 때 검색합니다.

⑦ 찾은 파일 : 복사하려고 하는 모든 대상 파일이 리스트 됩니다.

05 인벤터 파일의 재 사용

5.1 Design Assistant를 활용한 이름 바꾸기

Design Assistant는 인벤터로 설계한 데이터의 구조나 특성을 편리하게 수정할 수 있도록 도와주는 보조 도구입니다. 가장 대표적으로 조립품, 부품, 도면 간의 링크 구조를 유지하며 변경할 수 있는 장점은 있으나 오래된 방식으로 조립품 하위의 많은 구성요소를 작업을 할 경우 단순 반복적인 작업 시간이 많이 소요될 수 있다는 단점이 있습니다.

[그림 11-7] Design Assistant

01 윈도우 시작>Autodesk Inventor 2024>Design Assistant 2024를 실행합니다.

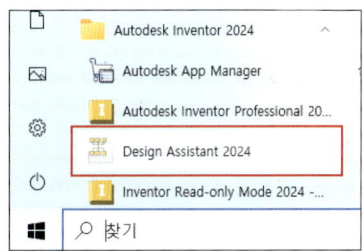

02 Design Assistant 대화 상자에서 열기를 클릭한 후 EDNC_Clamp_Jaw.iam 파일을 열기 합니다.

03 변경하려고 하는 파일의 작업 열을 선택한 후 마우스 오른쪽 버튼 메뉴로 이름바꾸기로 설정을 변경합니다. 이어서 해당 이름을 변경해줍니다.

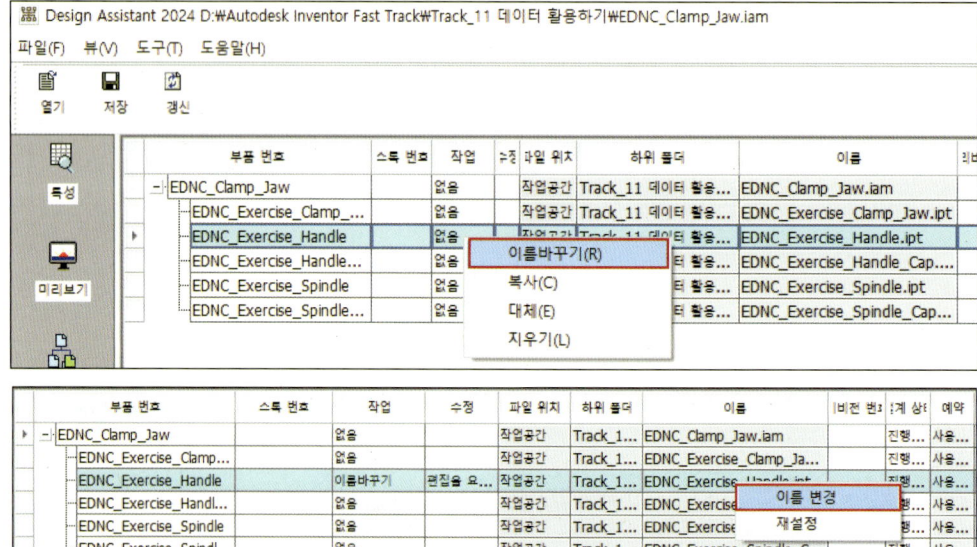

04 열기 화면에서 파일이름을 변경한 후 열기 버튼을 클릭합니다.

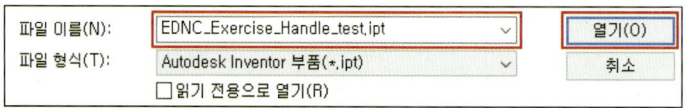

05 변경된 이름을 확인할 수 있습니다.

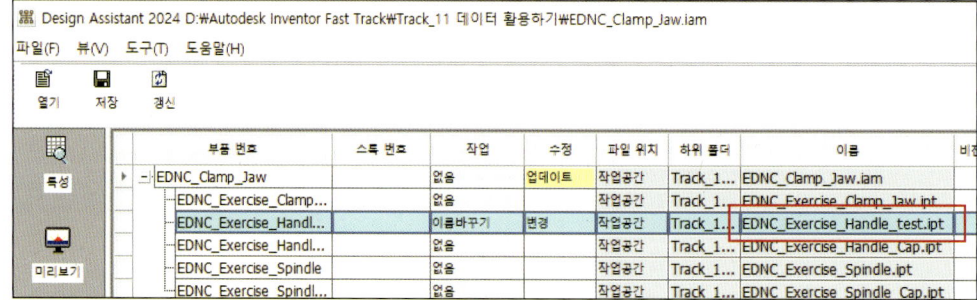

06 저장한 후 업데이트 완료 확인 버튼을 클릭합니다.

07 인벤터에서 상위 조립품 파일 열기 시 링크 해석 오류 없이 열리는 것을 확인합니다.

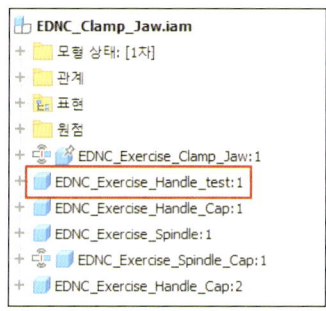

5.2 Design Assistant를 활용한 복사

구성요소에 링크된 도면을 새로 만들지 않고 기존 파일을 재 사용할 경우 인벤터에서 다른 이름으로의 저장을 하거나 윈도우 탐색기에서 직접 파일을 저장할 수 있습니다. 이렇게 되면 파일 이름은 변경되며 복사본 파일이 만들어집니다. 이때 도면 열기 하여 보면 포함되어 있는 뷰 정보 링크는 아직 원본의 구성요소에 있다는 것을 확인할 수 있습니다.

Design Assistant를 활용하면 이와 같은 오류를 방지할 수 있습니다.

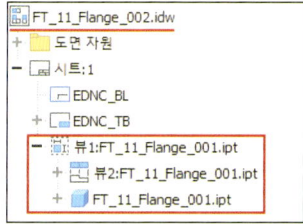

01 윈도우 시작>Autodesk Inventor 2024>Design Assistant 2024를 실행합니다.

02 Design Assistant 대화 상자에서 열기를 클릭한 후 FT_11_Flange_001.idw 파일을 열기 합니다.

03 복사하려고 하는 파일의 작업 열을 선택한 후 마우스 오른쪽 버튼 메뉴의 복사로 설정을 변경합니다. 아래 링크된 부품도 같은 방법으로 변경합니다.

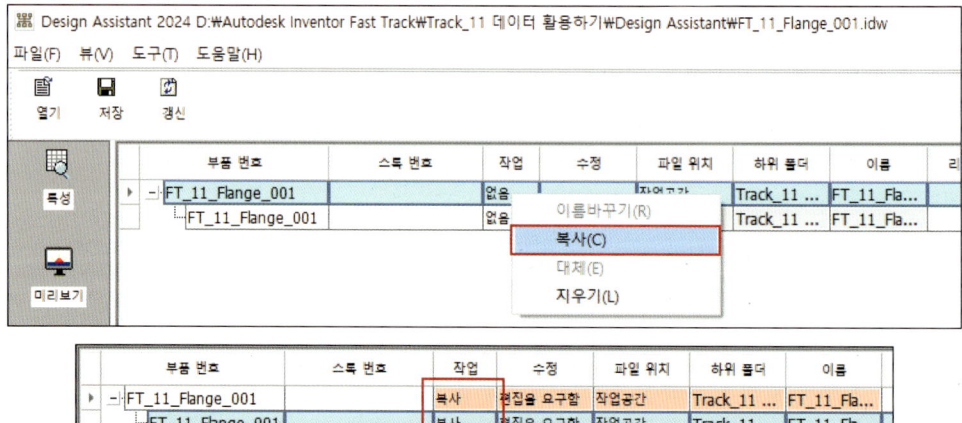

04 이름 열의 셀을 마우스 오른쪽 버튼 메뉴를 사용하여 이름 변경합니다.

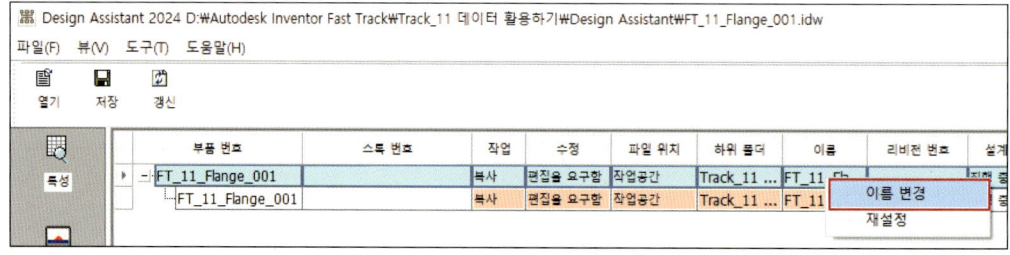

05 작업 탭의 셀을 마우스 오른쪽 버튼을 클릭하고 "복사"로 변경하여 "편집을 요구함" 상태로 변경합니다.

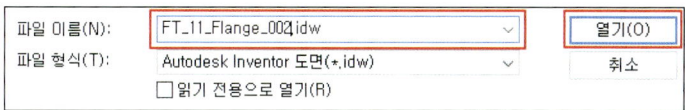

06 위와 같은 방법으로 부품 파일 이름도 아래와 같이 변경합니다.

07 저장한 후 업데이트 완료 확인 버튼을 클릭합니다.

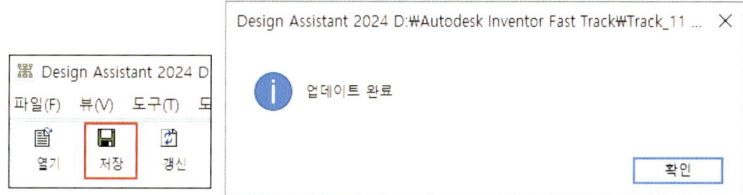

08 인벤터에서 생성된 EDNC_002.idw 를 열기 하여 검토합니다.

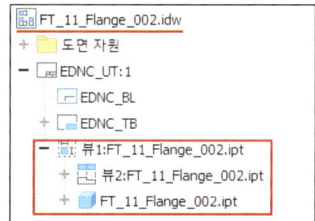

〈NOTE〉

조립품의 경우에도 동일한 방법을 사용하면 링크된 모든 부품의 이름을 변경한 후 복사가 가능 합니다. 파일 구조에 따라 경로를 "파일 위치" 혹은 "하위 폴더"를 지정하여 저장할 수 있습니다.

5.3 모형 참조 대체

기존 파일을 복사하여 새로운 파일로 생성하는 경우는 Design Assistant를 사용할 수 있지만 유사한 모델이 존재하여 이를 대체해야 하는 경우에는 모형 참조 대체를 사용할 수 있습니다.

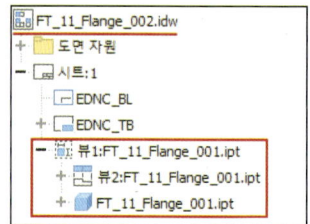

아래에 소개된 따라하기는 모든 형상이 같으며 전체 길이만 변경해야 하는 경우의 예시입니다.

01 FT_11_Bracket_Long.idw 파일을 열기 합니다.

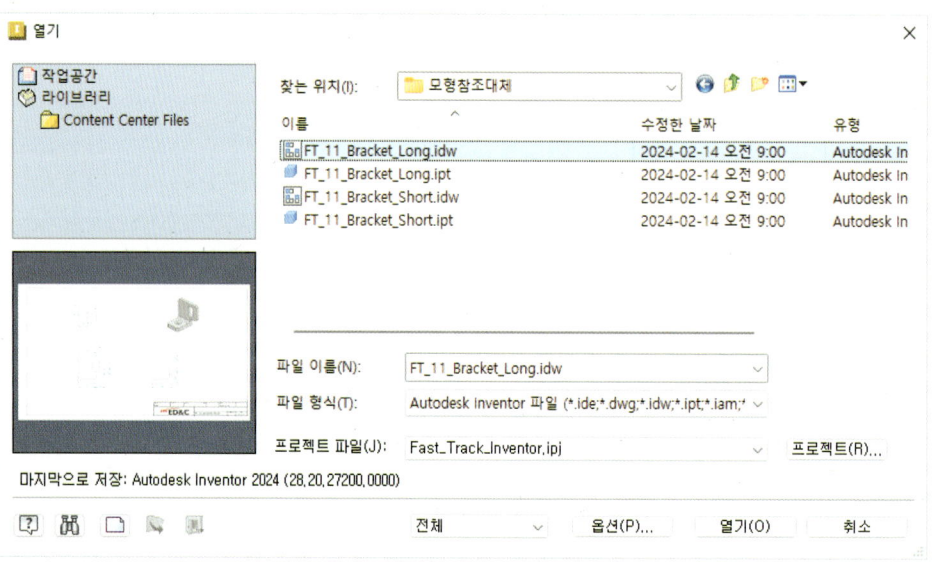

02 도면의 뷰 정보 링크는 아직 Bracket Short 구성요소로 되어 있음을 확인할 수 있습니다.

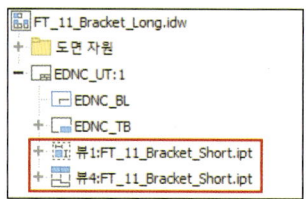

03 관리 탭>수정 패널>모형 참조 대체 도구를 클릭합니다.

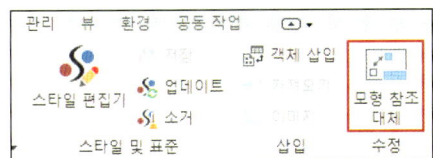

04 모형 참조 대체 대화 상자에서 경로 선택 후 폴더 아이콘을 클릭합니다.

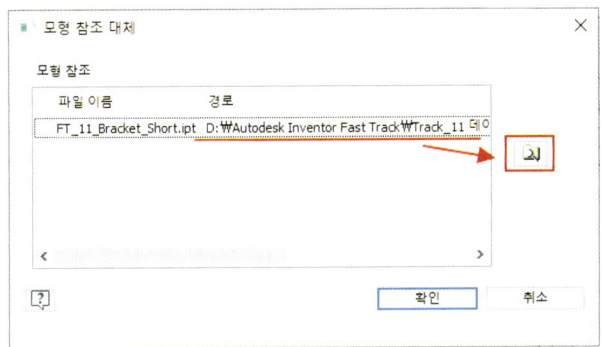

05 FT_11_Bracket_Long.ipt 파일을 열기 합니다.

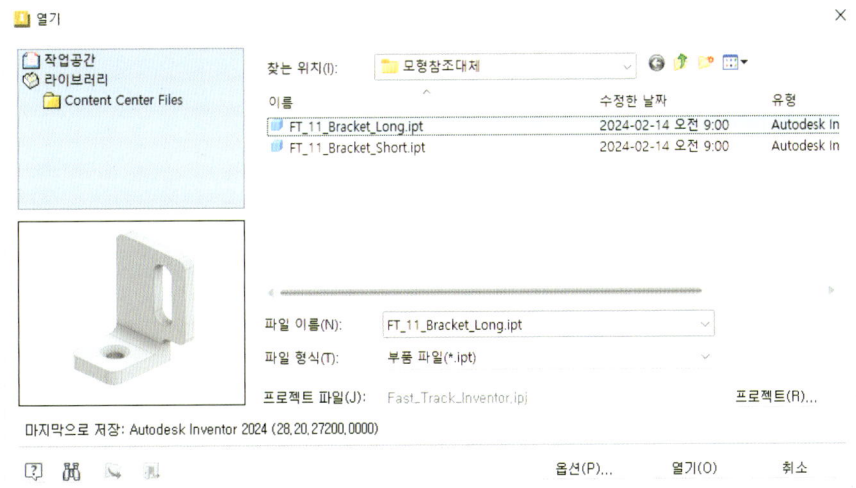

06 아래 창에서 예를 클릭합니다.

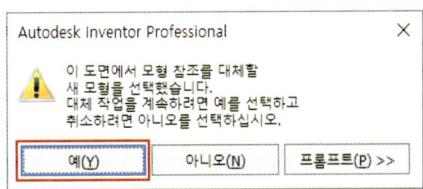

07 모형 참조 대체 대화 상자에서 확인을 클릭합니다.

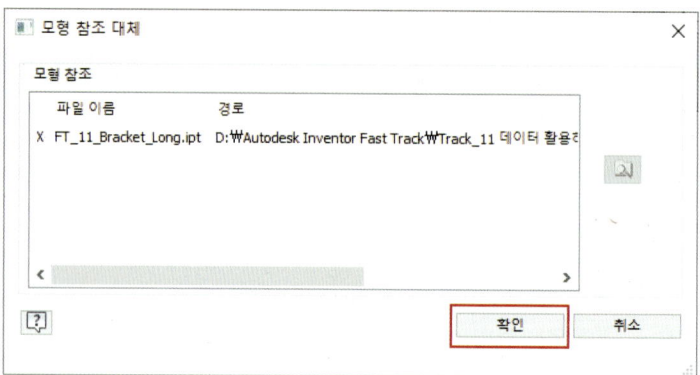

08 도면의 뷰 정보 링크가 Bracket Long 구성요소로 변경되어 있음을 확인할 수 있습니다.

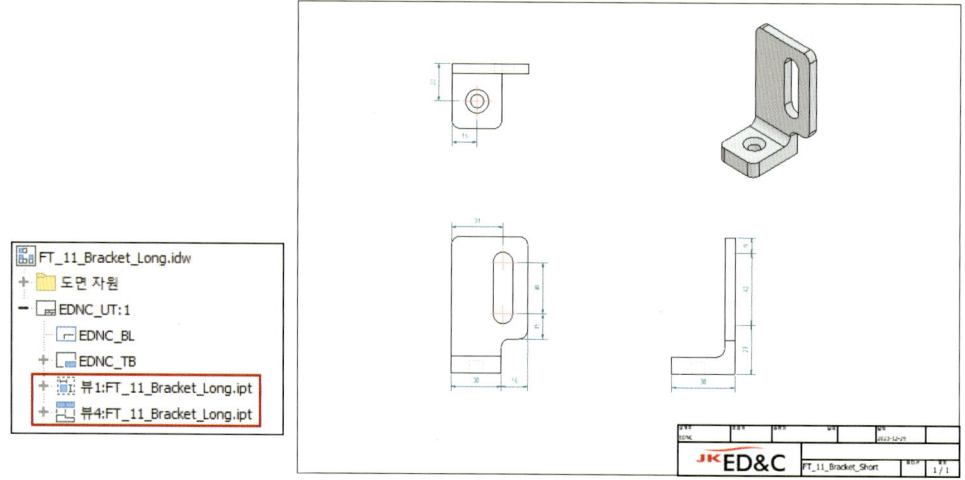

09 파일을 저장한 후 창을 닫습니다.

〈NOTE〉
모형 참조 대체 완료 후 형상 변경에 직접 연관되어 있는 치수는 중심이 이동됩니다.

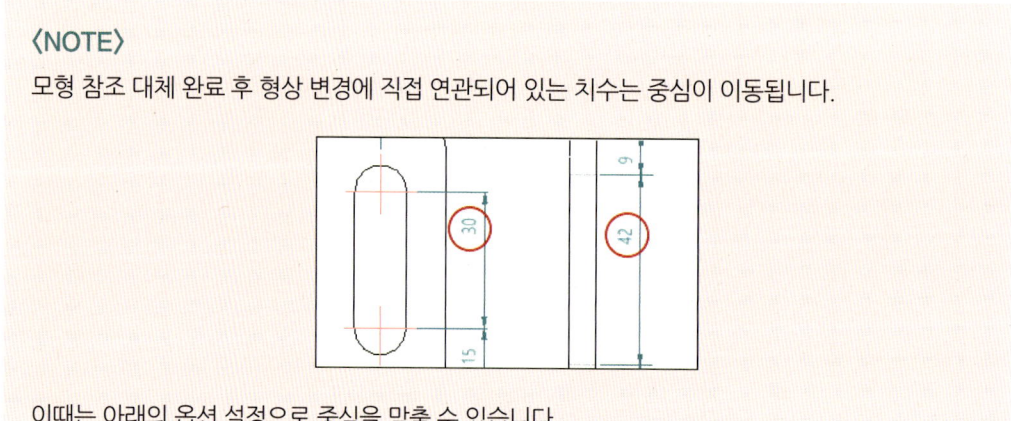

이때는 아래의 옵션 설정으로 중심을 맞출 수 있습니다.

도구 탭>옵션 패널>문서설정>도면 탭

치수 텍스트 정렬을 기본 설정인 뷰 위치에서 뷰 위치 및 가운데 맞춤 유지로 변경합니다.

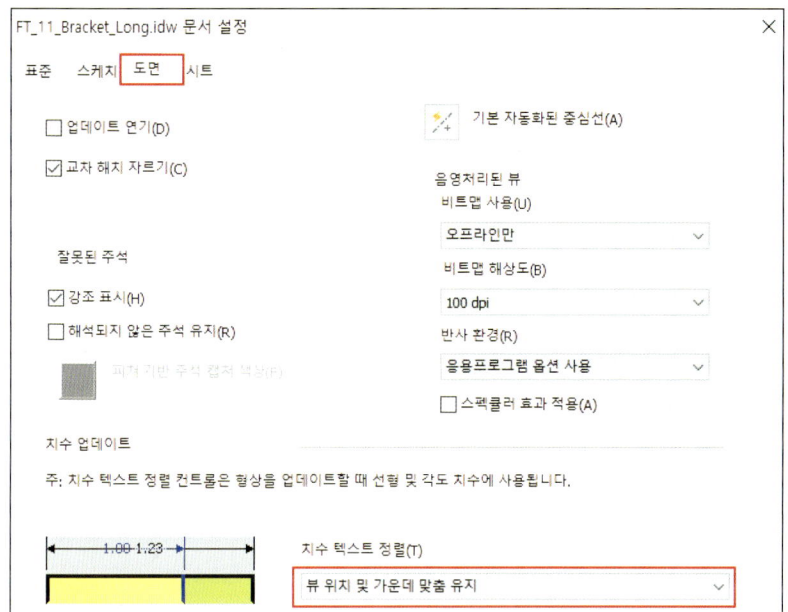

06 도면 자원 전송 마법사

도면 자원 전송 마법사를 통해 제목 블록, 경계 및 스케치된 기호와 같은 선택한 도면 리소스를 원본 도면에 하나 이상의 대상 도면으로 배치 전송하는 작업을 도와주며 수작업을 통해서 해야만 하는 작업 시간을 최소화 할 수 있습니다. 이미 대상도면에 있는 리소스인 경우에는 대치하도록 선택할 수도 있습니다. 도면 자원 전송 마법사는 인벤터를 닫아야만 실행이 가능 합니다.

아래와 같은 경우에 도면 자원 전송 마법사 작업이 필요 합니다.

- 기존 인벤터 도면의 Migration 단계에서 변경해야 할 경우
- 설계부서의 도면 표준이 변경되는 경우
- 협력 업체의 도면을 대치해야 하는 경우

01 윈도우 시작>Autodesk Inventor 2024>도면 자원 전송 마법사 2024 도구를 실행합니다.

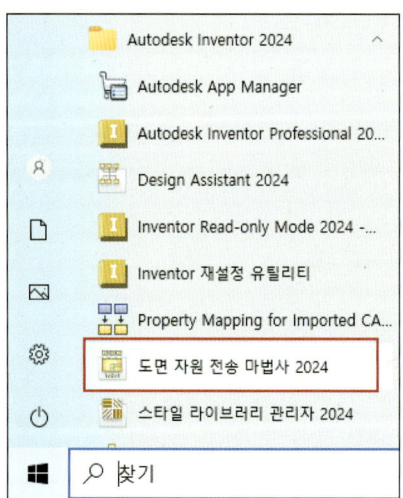

02 도면 자원 전송 마법사에서 다음을 클릭합니다.

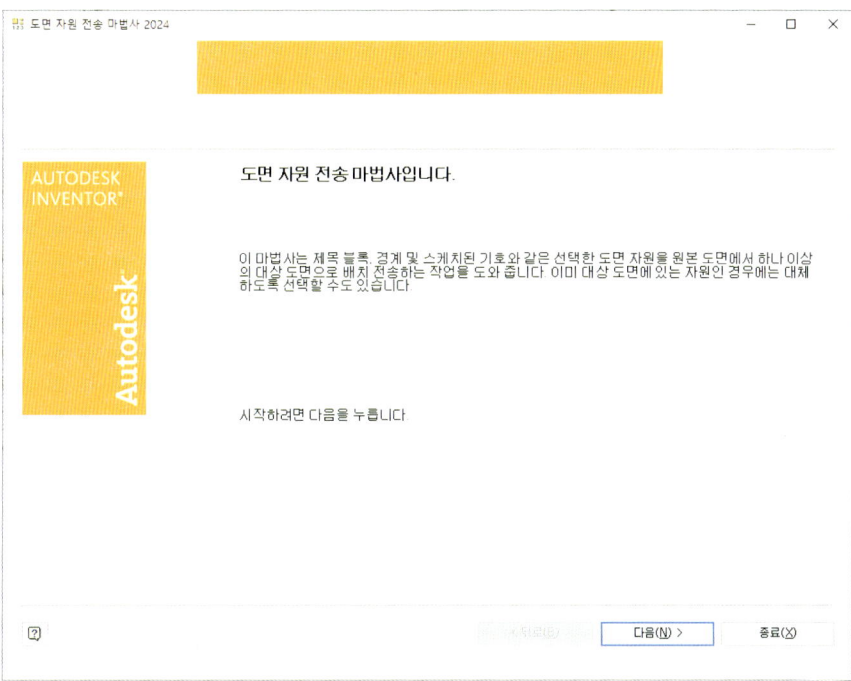

03 도면 자원을 복사할 원본 도면 A3.idw 를 선택한 후 열기 합니다.

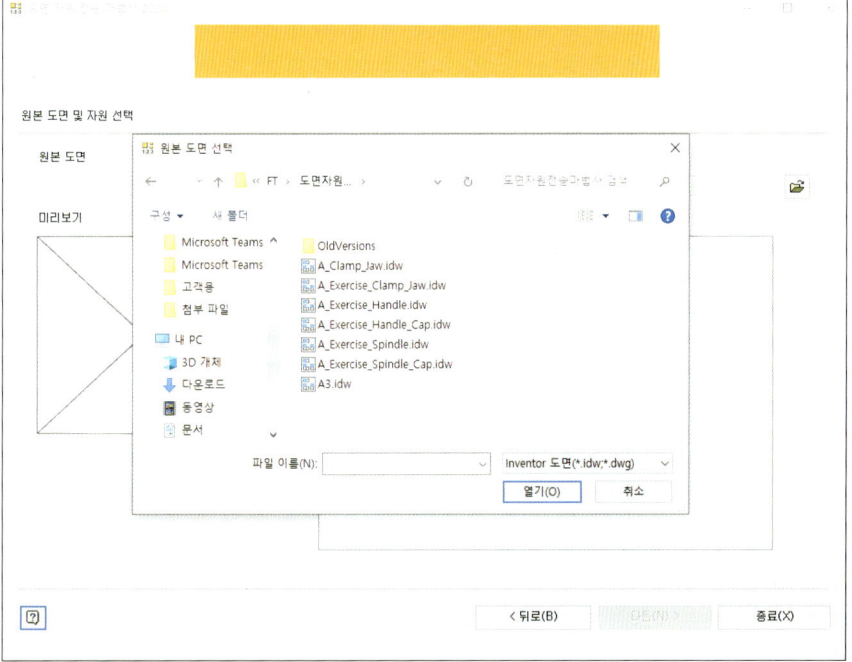

04 그림과 같이 미리 보기에 도면이 표현되고 오른쪽에는 도면 자원의 리소스가 표현됩니다. 체크 박스를 통해 원본 자원의 전체 혹은 일부만 포함시킬 수 있습니다.

다음을 클릭합니다.

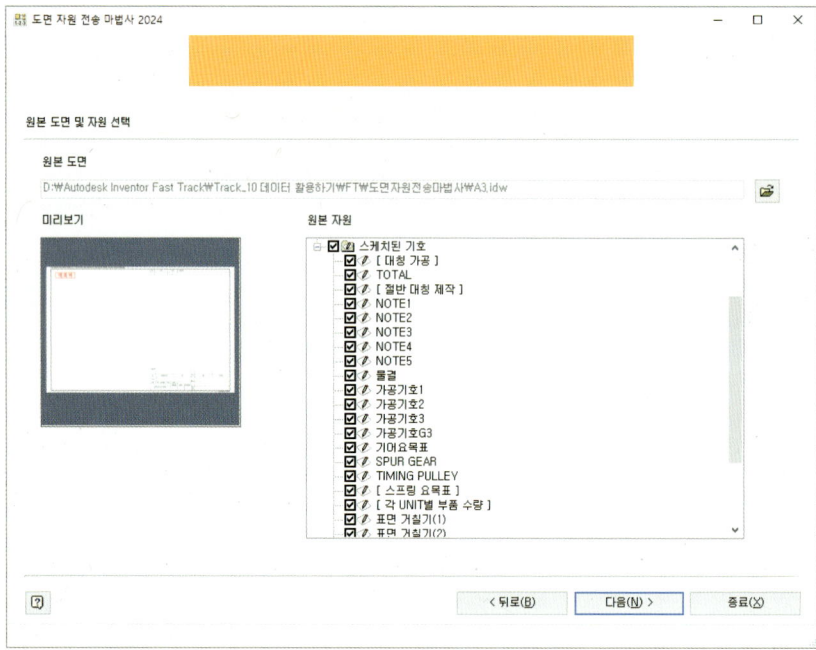

05 변경하고자 하는 대상 도면을 선택합니다. 한 개 또는 다중 선택이 가능 합니다.

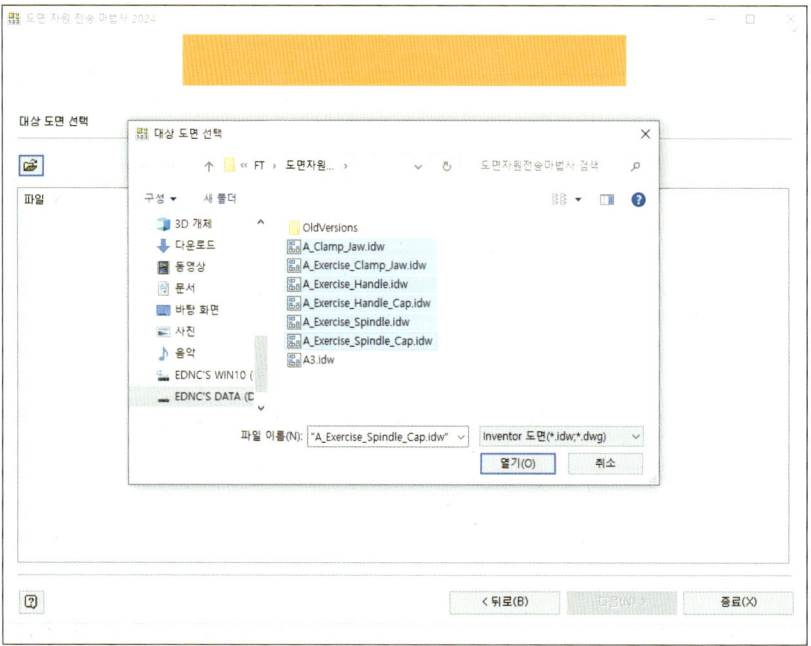

06 대상 도면을 확인한 후 다음을 클릭합니다.

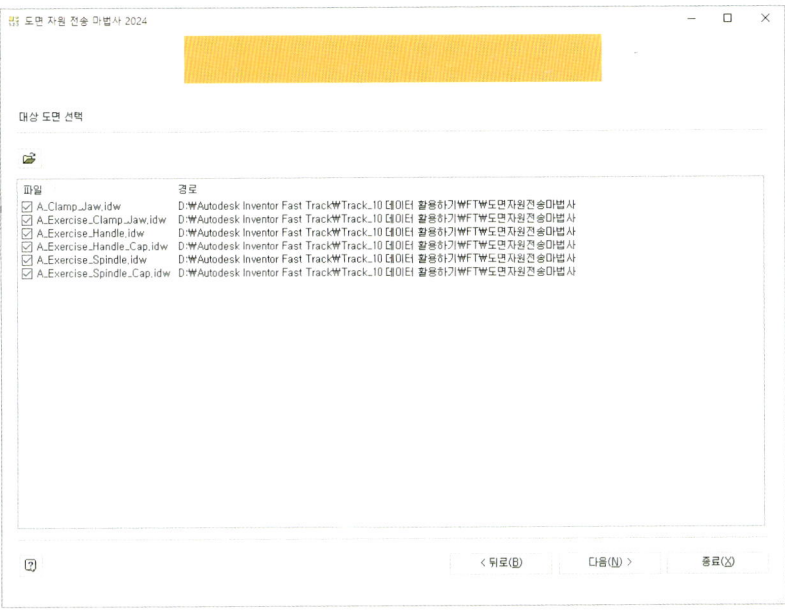

07 원본 파일에 있는 같은 이름의 리소스로 대치할 것인지 유무를 선택한 후 다음을 클릭합니다. 예제는 모든 리소스를 제거한 후 새로운 리소스를 추가해주는 조건이기 때문에 "예"를 클릭합니다.

- 예 : 기존 도면 리소스를 제거하고 변경될 리소스가 저장 됩니다.
- 아니오 : 기존 도면 리소스를 그대로 놓아 두고 새로 변경될 리소스를 추가로 저장합니다. 동일한 이름의 리소스가 있다면 새로운 이름으로 추가됩니다.

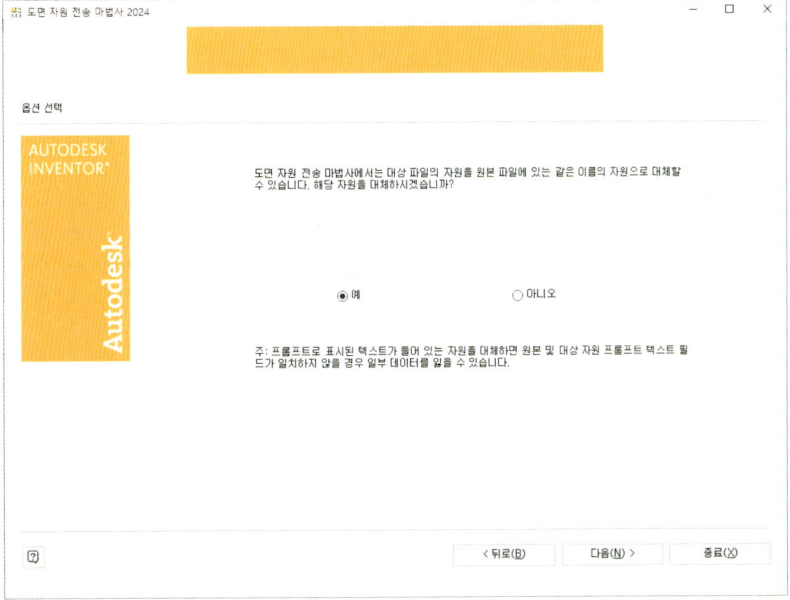

08 시작을 클릭합니다.

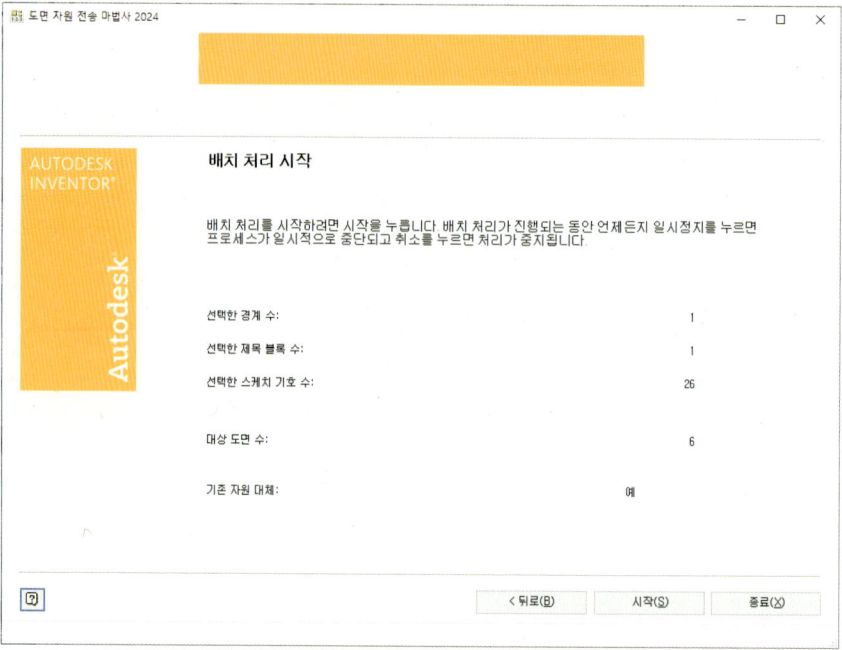

09 모든 작업이 완료 되었습니다.

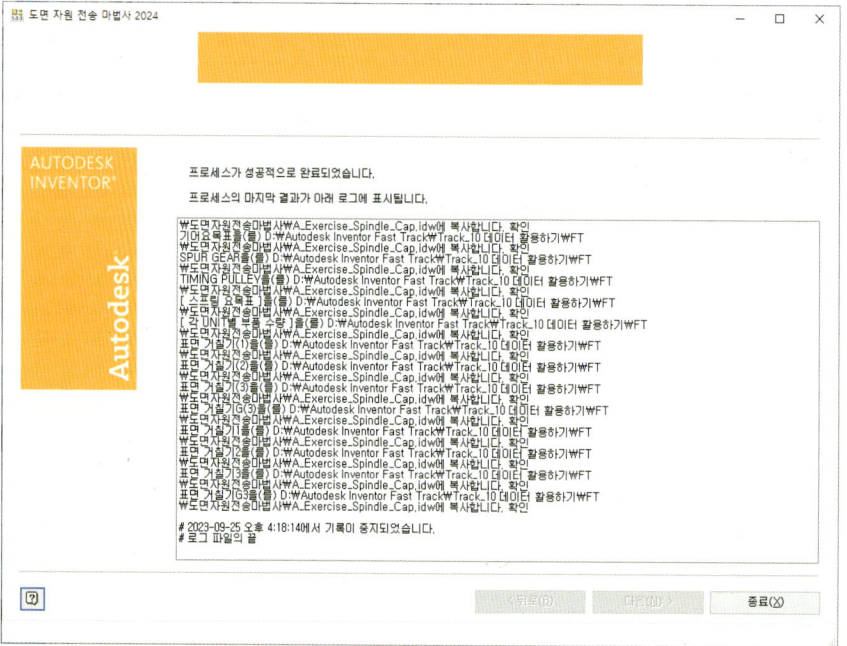

10 변경된 도면을 열기 하여 변경된 사항들을 검토합니다.

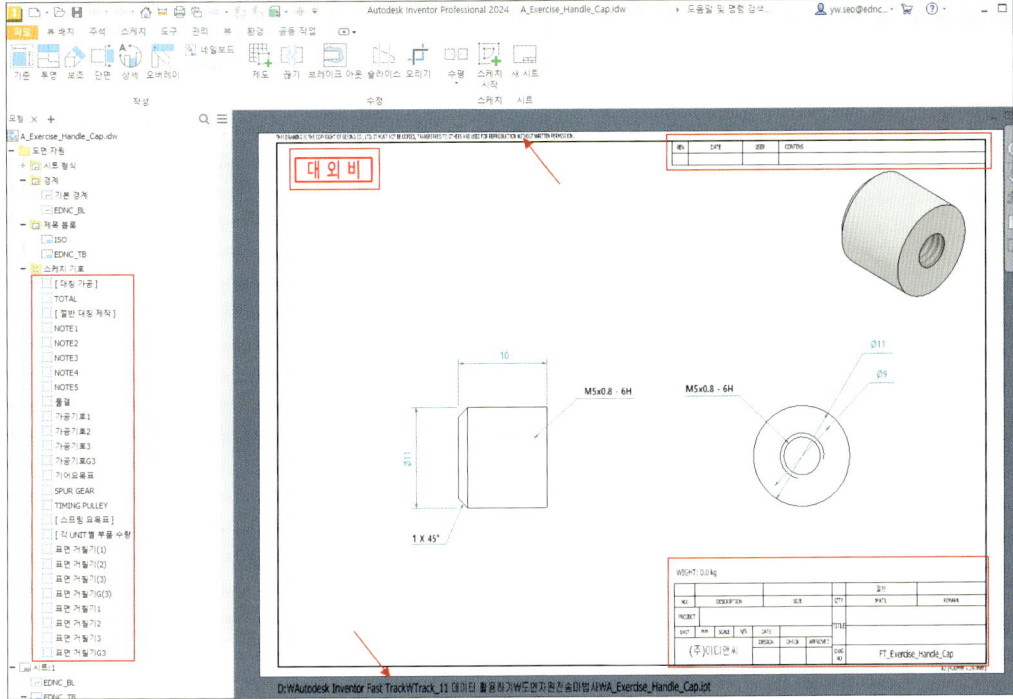

07 작업 스케줄러

작업 스케줄러를 사용하여 단일 또는 다중의 여러 가지 작업을 자동으로 작업하거나 시간을 예약할 수 있습니다. 예를 들어 인벤터를 실행하지 않고 출력이나 파일 변환 등을 일괄 작업하는 기능을 실행합니다. 작업을 실행할 때마다 로그 파일에는 작업 진행률 및 발생하는 오류가 문서화되어 파일에 대한 문제점을 분석할 수 있습니다. 작업 스케줄러는 윈도우의 작업 스케줄러와 유사하여 화면에 창이 표시되지 않아도 예약된 시간에 작업이 종료 될때까지 백그라운드에서 작업을 진행합니다.

시작 메뉴는 <u>윈도우 시작>Autodesk Inventor 2024>작업 스케줄러2024</u>에 있습니다.

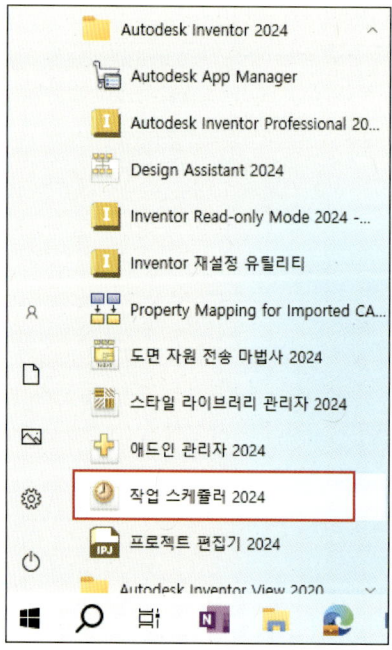

전체 메뉴 구성

- 모든 작업 : 전체 작업한 내용에 대한 결과를 표시 합니다.
- 파일 변환 : 인벤터 이전 파일을 최신 버전의 파일로 변환합니다.
- 설계 업데이트 : 인벤터 프로젝트 및 파일을 예약된 시간에 업데이트 하는 작업을 시행하며 여기에는 전

체 재 생성 옵션이 포함되어 있습니다.
- DWF 파일 게시 : 인벤터 파일 (ipt, iam, dwg, ipn)을 DWF 뷰어 포멧의 형식으로 변환합니다.
- PDF 파일 게시 : 인벤터 파일 (ipt, iam, dwg, ipn)을 3D PDF 포멧의 형식으로 변환합니다.
- 파일 인쇄 : 인벤터의 도면 및 프리젠테이션 파일을 인쇄하는 작업을 수행합니다.
- 파일 가져오기 : 외부 프로그램으로 작성된 형식의 파일을 인벤터 파일로 변환하는 작업을 수행
  Import 파일 형식 예) igs, iges, jt, CATpart, sat, stp, step 등
- 파일 내보내기 : 인벤터 파일을 다른 형식의 파일로 변환합니다.
  Export 파일 형식 예) igs, iges, jt, CATpart, sat, stp, step 등
- Vault에서 체크 아웃 : 지정된 Vault서버 및 데이터 베이스에 대한 사용자 권한을 인증하여 다중의 인벤터 파일을 체크 아웃 하는 작업을 수행합니다.
- Vault에 체크 인 : 지정된 Vault 서버 및 데이터 베이스에 대한 사용자 권한을 인증하여 다중의 인벤터 파일을 체크 인하는 작업을 수행합니다.
- Vault에서 최신 버전 가져오기 : Vault에서 최신 버전의 파일을 다운로드하는 작업을 작성 및 편집하는 작업을 수행합니다.
- IDW를 DWG로 변환 : Inventor idw 파일을 Inventor dwg 파일로 변환하는 작업을 수행 합니다.
- 표준 구성요소 갱신 : 컨텐츠 센터에서 편집하는 조립품과 부품의 복제를 업데이트 하는 작업을 수행 합니다. 적절한 부품 및 조립품을 검색하고 갱신합니다.
- 조립품 형상단순화 : 단순화를 일괄로 작업해야 하는 경우 사용합니다.
- 소거 : 인벤터 파일에 사용하지 않는 스타일을 소거 합니다. 소거 작업하기 전에 다른 문서나 스타일 라이브러리에 저장하지 않으면 영구적으로 삭제됩니다.
- 연속작업 : 지정된 시간에 순서대로 여러 작업을 실행하도록 설정합니다.
- 사용자 작업 : 새 작업 유형을 수행 합니다. 예) 메모장 같은 응용프로그램의 작업

〈NOTE〉
AutoCAD DWG 로 일괄 변환해야 하는 경우는 파일 내보내기 메뉴에서 폴더를 선택해주면 가능합니다. 단, 파일이 ZIP 파일로 생성되고 도면의 확장자도 *.idw.dwg 등의 형식으로 변경된다는 점은 참고해야 합니다.

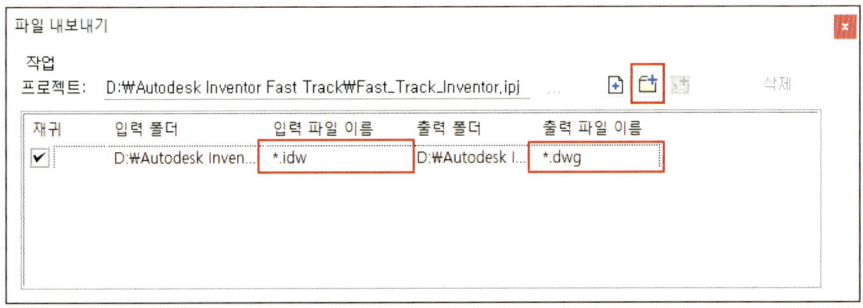

[그림 11-8] 작업 스케쥴러의 파일 내보내기

작업 스케쥴러의 각 항목에 대한 사용 방법은 대부분 동일하기 때문에 어렵지 않게 사용이 가능 합니다. 설계자들이 가장 많이 활용하는 파일 업그레이드 방법을 통해 기능을 알아보도록 합니다.

설계 업데이트

인벤터의 제품 버전을 업그레이드 할 경우 기존의 설계 파일들도 현재의 버전 기준으로 마이그레이션 작업이 필요합니다. 마이그레이션 작업을 하지 않고 사용해도 당장의 문제는 없을 수 있으나 파일의 무결성 및 속도 문제가 보고되기도 하였습니다.

작업 스케쥴러의 다양한 방법 중 설계 업데이트 방법을 통해 세부 옵션을 살펴보고 일괄로 마이그레이션 하는 방법을 습득합니다.

01 윈도우 시작>Autodesk Inventor 2024>작업 스케쥴러 2024를 실행합니다.

02 작업 스케쥴러>작업 작성>설계 업데이트를 선택합니다.

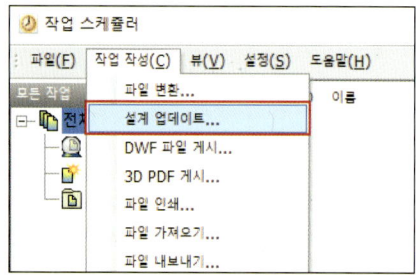

03 상단의 폴더 아이콘을 클릭하여 해당 폴더 내의 모든 파일을 선택합니다.

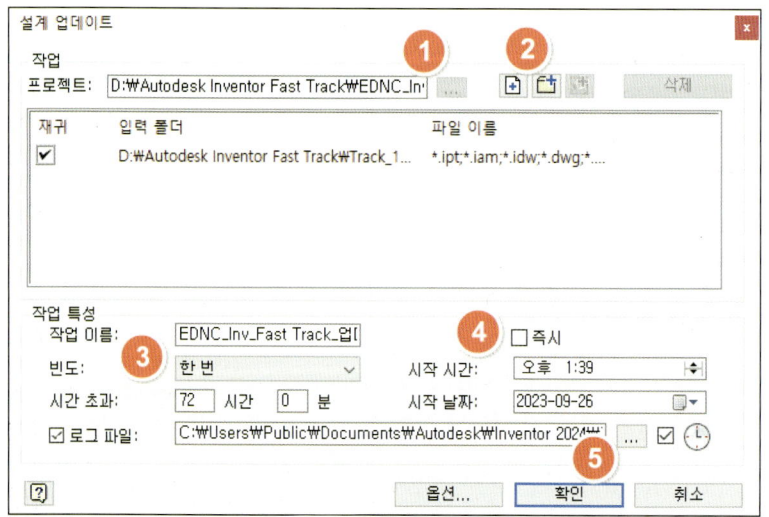

① 프로젝트를 설정하여 작업 폴더에서 쉽게 찾을 수 있습니다.
② 파일 : 파일을 개별로 선택할 수 있으며 조립품만 선택할 경우 도면을 제외한 관련 구성요소들이 모두

업그레이드 됩니다.

③ 폴더 : 링크 구조와 상관 없이 폴더 내에 모든 인벤터 파일을 업그레이드 합니다.

④ 프로젝트 폴더: 프로젝트 기준으로 설정하여 관련된 모든 파일을 업그레이드 합니다.

⑤ 빈도 : 시간과 빈도 수를 예약할 수 있습니다.

⑥ 즉시 : 바로 작업을 원할 경우 즉시를 체크합니다.

⑦ 변환 후의 결과는 문서로 만들어지며 이 내용을 분석할 수 있습니다.

04 하단부의 옵션 버튼을 클릭하여 세부 내용을 확인합니다.

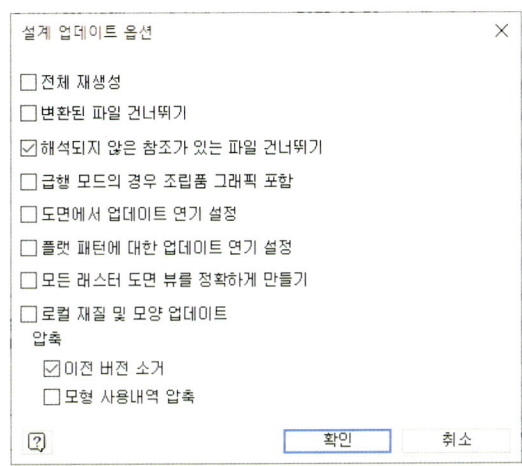

05 설계 업데이트 창의 확인을 클릭하여 업데이트를 진행합니다.

06 모든 작업이 끝나면 상태 탭에 결과가 표시되며 하단 영역에 작업 정보를 확인할 수 있습니다.

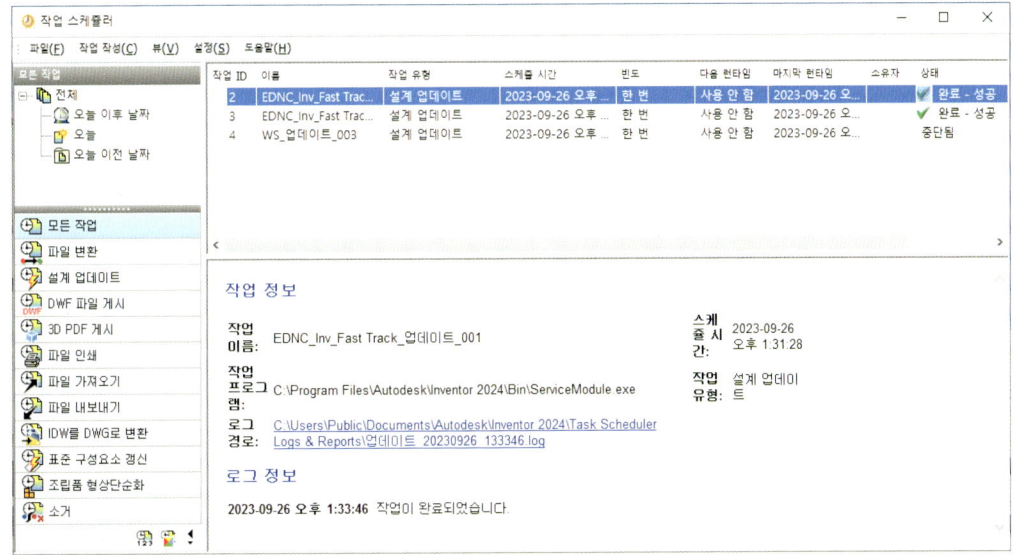

AUTODESK
INVENTOR 2024
To Fast Track

초판 1쇄 인쇄　2024년 4월 10일
초판 1쇄 발행　2024년 4월 15일

저　자	서윤원, 김다애
발행인	유미정
발행처	도서출판 청담북스
주　소	(우)10909 경기도 파주시 하우3길 100-15(야당동)
전　화	(031) 943-0424
팩　스	(031) 600-0424
등　록	제406-2009-000086호
정　가	35,000원
ISBN	979-11-91218-32-9　　93550

※ 이 책은 저작권법에 따라 보호를 받는 저작물이므로 무단 전재나 복제를 금지하며,
　이 책 내용의 전부 또는 일부를 이용하려면 반드시 저작권자나 발행인의 서면동의를 받아야 합니다.

※ 잘못된 책은 구입하신 서점에서 교환하여 드립니다.